北京市高等教育精品教材

医学图像处理与分析

（第二版）

罗述谦　周果宏　编著

科学出版社
北　京

内 容 简 介

本书是《医学图像处理与分析》的第二版，本版在结构上有较大的调整，内容也有所增删，全书分为基础篇和提高篇。基础篇面向教学，分 8 章阐述医学图像处理与分析的基本内容，包括医学图像的发展、医学图像基础、医学图像增强、医学图像分割、医学图像分类、医学图像配准、医学图像可视化、医学图像标准数据库，并附 10 个示例，帮助读者理解所述内容；提高篇面向更多的从事医学图像相关研究人员，分 7 章阐述了图像增强技术应用、图像分割方法应用、图像配准方法应用、图像可视化方法应用、计算机辅助检测与计算机辅助诊断，以及医学图像压缩、存储与通信和图像引导手术与医学虚拟现实。“计算机辅助检测与计算机辅助诊断”为新增内容，较系统地介绍了CAD概念、基本技术、应用和性能评估方法。

本书可作为研究生教材，也可作为本科、专科学校有关专业的医学图像处理课程的教材，从事医学图像处理的研究人员、教师和工程技术人员也可以参考阅读。

图书在版编目(CIP)数据

医学图像处理与分析/罗述谦，周果宏编著．—2 版．—北京：科学出版社，2010

ISBN 978-7-03-029650-4

Ⅰ.①医… Ⅱ.①罗… ②周… Ⅲ.①影像诊断-影像图-图像处理 Ⅳ.①R445

中国版本图书馆 CIP 数据核字(2010)第 231987 号

责任编辑：王淑兰 孙露露 / 责任校对：马英菊

责任印制：吕春珉 / 封面设计：王 浩

科学出版社 出版

北京东黄城根北街 16 号

邮政编码：100717

http://www.sciencep.com

北京虎彩文化传播有限公司 印刷

科学出版社发行 各地新华书店经销

*

2003年8月第 一 版 开本：787×1092 1/16

2010年12月第 二 版 印张：27 3/4

2020年4月第七次印刷 字数：658 000

定价：68.00元

（如有印装质量问题，我社负责调换〈虎彩〉）

销售部电话 010-62136230 编辑部电话 010-62135763-2010（HB08）

第二版前言

时光飞逝，《医学图像处理与分析》一书转眼已经出版 7 年了。在过去的 7 年中，该书被评为北京高等教育精品教材，并被教育部学位管理与研究生教育司推荐为“研究生教学用书”。迄今，该书已被 30 余所大学采用作为医学图像课程的教材和参考书，还有些大学用作医学图像相关专业博士或硕士入学考试参考书目。

原书编著的宗旨是教学和科研并重，内容起点偏高，主要论述医学图像处理和分析的方法学，而不涉及编程实现的语言。一些老师反映内容偏深，希望作些改进。

本书第二版在结构上有较大调整，内容方面有所增删。全书分为基础篇和提高篇。基础篇面向教学，是医学图像处理与分析的基本内容。结合我们过去 15 年讲授该课程的体会，选择部分学生作业练习，在新版中增加 10 个示例，帮助读者理解课程内容。

提高篇面向更多的从事医学图像相关研究人员。考虑到近年来，对基于临床病理图像的自动识别和诊断需求日益增多，第二版新增了阐述计算机辅助检测与计算机辅助诊断的章节，较为系统地介绍 CAD 概念、基本技术和应用，以及性能评估方法。

本书可作为研究生教材，或作为大学、专科学校有关专业的医学图像处理课程的教材。全部内容共需 40～52 学时，其中第 5 章的 5.4 节，第 6 章的 6.3 节，第 8 章的 8.4～8.6 节可以选讲。在基础篇部分增加了彩色编码方法以及关于医学图像分割和配准评估方法的介绍。

对医学图像处理感兴趣的工程技术人员和科学研究人员，使用本书可以学习有关医学图像处理的基本概念，查找有关算法和作为研究工作的参考工具。

为了方便教学，第二版提供了基础篇全部教学课件，以及书中的示例和彩色插图，如有需要可发邮件至360603935@qq.com索取。

当代的医学图像研究充分表现出多学科、大跨度交叉的特点。医学（特别是解剖学、神经科学）知识、物理概念、数学方法和计算机程序设计思想有机地融合在医学图像处理研究之中。作为一门应用科学，医学图像处理与分析的理论日渐成熟，应用水平不断提高。限于我们的水平，书中仍难免不足与疏漏之处。敬请读者批评指正。

罗述谦　周果宏

2010 年 6 月于北京

第一版前言

自 100 多年前伦琴发现 X 射线以来，特别是近 30 年来，医学图像经历了革命性的发展。当代医学图像的研究充分表现出了多学科、大跨度交叉的特点。医学（特别是解剖学、神经学）知识、物理概念、数学方法和计算机程度设计思想有机地融合在医学图像处理研究之中，CT，MRI，PET 等多种医学成像模式的应用，以及医学图像的三维可视化，特别是内部器官和脑的三维体积测定可视化，已经成为日常病人诊断和护理程序标准的组成部分。多种图像模式，例如 MRI 和 PET，在同一个病人身上的应用需要精细的图像配准技术；病理图像的自动识别和诊断也需要图像分割、量化和增强工具，以及关于图像分割和可视化的有效算法。而近年来迅速发展的远程医疗、HIS 和 PACS 系统又迫切寻求数字医学图像的有效压缩技术和通信方法。

笔者从事医学图像处理和分析的研究、教学 10 余年，努力追随这个领域的发展步伐，一刻不敢有所懈怠。本书是笔者多年研究、教学经验的总结和梳理，书中也选编了国内外相关领域专家和学者的研究精华。各章节后列出的参考文献只是其中一部分，限于时间和精力，不免挂一漏万，敬请谅解。

本书力求系统全面地介绍有关医学图像处理和分析技术的广泛的专题和最新发展，内容包括医学图像研究的基础知识、增强技术、分割技术、配准技术和可视化技术。作为扩展知识，还介绍了图像压缩、PACS、标准图谱，以及图像引导手术和引导治疗等关于医学图像的诊断和治疗应用。

本书第 7.7 节、第 8.3～8.6 节、第 9 章和第 10.3 节由周果宏编写，其余章节由罗述谦编写。

本书可作为研究生教材，或作为大学、专科学校有关专业的医学图像处理课程的教材。建议做如下安排。

全部内容共需 54～60 学时。必修内容为：

（1）第 2 章全部内容；

（2）第 3 章的 3.1 节；

（3）第 4 章的 4.1～4.3 节、4.4.3、4.4.4 及 4.6 和 4.7 节；

（4）第 5 章的 5.1、5.2、5.4 和 5.7 节；

（5）第 6 章的 6.1～6.5 节；

（6）第 7 章的 7.3 和 7.4 节。

作为选修内容，第 8 章、第 10 章以及第 9 章关于图像压缩 PACS 的内容可用 6～8 个学时；作为研究生教材则可将内容选得更深入些。

对医学图像处理感兴趣的工程技术人员、教师和科学研究人员使用本书可以学习有关医学图像处理的基本概念，查找有关算法和作为研究工作的参考工具。

限于我们的知识水平和能力，书中的错误在所难免，敬请读者批评指正。

罗述谦　周果宏

2003年2月于北京

目　录

提 高 篇

基础篇

基础篇面向教学，分8章阐述医学图像处理与分析的基本内容，包括医学图像的发展、医学图像基础、医学图像增强、医学图像分割、医学图像分类、医学图像配准、医学图像可视化、医学图像标准数据库，并附10个示例。

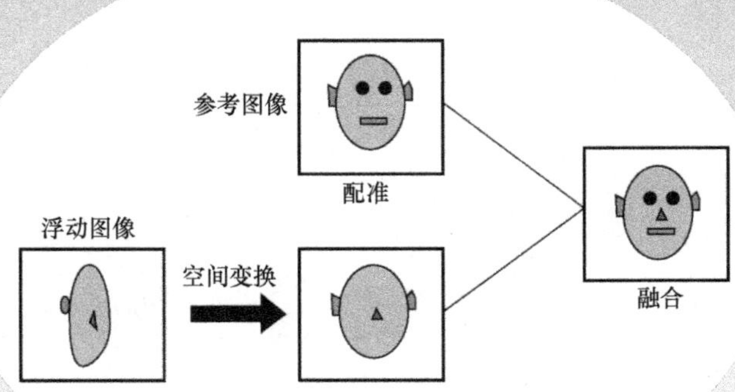

第1章　医学图像的发展

人体各个组织、器官在发挥功能和进行代谢时，都会伴随有某种信息产生。如果我们能够采集这些信息，并对其加工、处理，就能对人体的健康情况有所了解，对疾病进行有效的预防和治疗，从而提高人类生活和健康水平。一般说来，人体的信息可以表现为多种能量形式。例如，电的、光的、热的、压力、化学的等。但从信息检测方面来说，可以将这些信息分做两大类，即电的信息与非电信息。对于电信息，例如心电、脑电、肌电、胃电、肠电等，可以直接用生物电极将其连接到生物放大器进行放大，然后数字化，送到计算机分析和处理。对于非电信息，例如体温、脉搏、血压等，则要用相应的传感器将它们转换为电信号，然后加以处理。早期对于人体信息的处理限于离散的数据点、连续改变的生理曲线。虽然，这些处理结果在临床上具有一定的意义，但很不直观。人们不再满足这种方式，希望能够直接看到人体内部，甚至微观的图像。从而对人体组织形态以及病理改变有个直观的了解。随着科学技术的发展，各种医学图像应运而生，并得到迅速的发展。

1.1　伦琴开创了人体图像的先河

提起医学图像，我们不能不提及一位伟大的科学家，他就是德国物理学家伦琴(Wilhelm Conrad Röntgen)（图1.1）。1895年11月8日，伦琴在调试一组阴极射线仪器时，惊奇地发现该仪器能使远处的乳胶片感光。阴极射线（电子束）不能穿透空气这么长的距离，伦琴就把这未知的射线称做X射线，并用X射线给他夫人的手拍照（图1.2）。这就是人类史上第一张医学图像。为了纪念他，人们将X射线又叫做伦琴射线。伦琴本人也因为这一重大贡献获得第一个诺贝尔物理学奖。

图1.1　德国物理学家伦琴

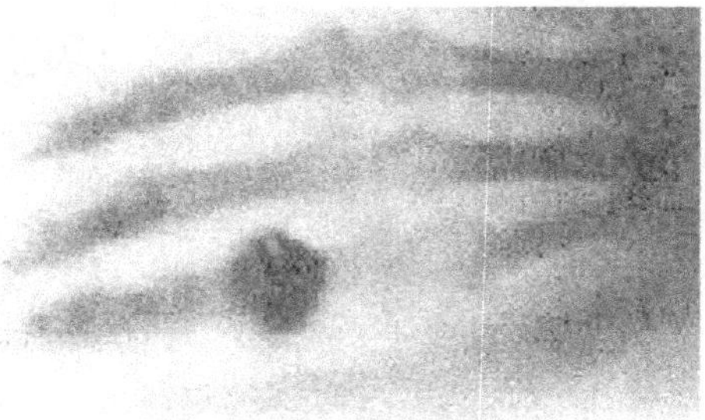

图1.2　伦琴夫人手的X光片

100年来，X光照相技术在临床医学上得到日益广泛地应用，成像技术本身也在不断地发展。现今社会中，几乎应用在所有的医院和诊所之中。X 射线成像是基于待成像物体各组成部分的密度不同，因而对 X 射线的吸收不同，透射 X 射线强度不同，从而在乳胶片上成像的（图 1.3 左）。显然，X 光图片是 X 射线通路上物体对射线吸收的积分效果。一个大小和密度相同的肿瘤或病灶，无论在体内前、中或后部，它在 X 光片上表现的图像是一样的（图 1.3 右）。也就是说，X 光图片不能反映组织或病灶的三维空间位置。

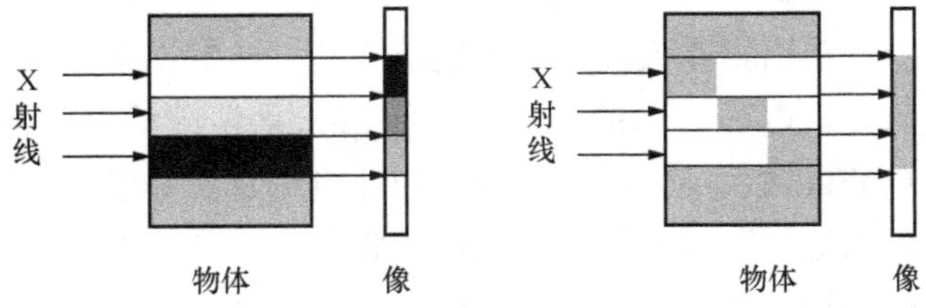

图 1.3　X 射线成像原理

1.2　CT 技术与三维医学图像

如果设想将人体水平方向上的剖面划分为许多正方形或长方形的小单元（称做像素），然后在人体周围沿圆弧方向不断改变 X 光源及接收探测器的位置。这样，每次 X 射线通路上都有不同的像素组合，探测器会记录响应的强度值（图 1.4）。采用一定的数学方法，人们可以很容易从这些记录的探测器强度值倒推出各个像素的密度。这就是反投影图像重建技术。如果从上到下逐层对人体某一部位扫描，这些串起来的层片就构成了三维图像。有了这种计算机断层扫描技术（Computed Tomography，CT），医学图像立体化了。由于是数字化的图像，只需简单的数学运算，就可以从任何方向观察人体内部任何位置的解剖结构。南非开普敦大学讲师 Cormack 因他的 CT 重建数学基础，英国科学家 Housfield 因他用 X 射线实现 CT 在医学中应用，他们共享 1979 年诺贝尔医学奖。今天，人们可以自豪地说，CT 技术让医学图像站立起来了，CT 技术使人们能够看到人体的内部。

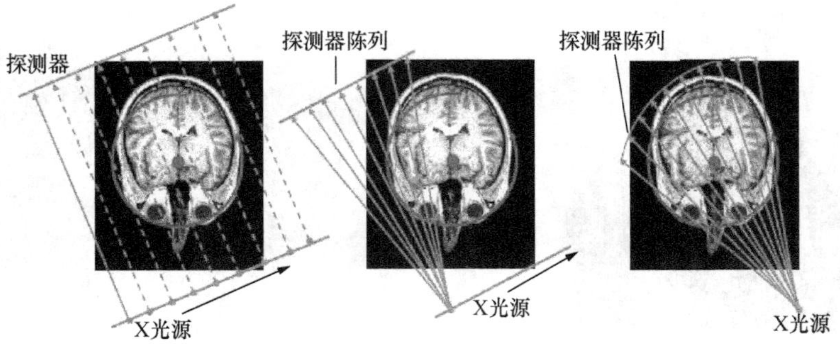

图 1.4　CT 成像原理

1.3 PET 技术与功能医学图像

正电子发射断层扫描成像技术（Positron Emission Tomography，PET）是医学图像发展史上又一重大事件。与 CT，MRI（Magnetic Resonance Imaging，磁共振成像）等反映人体组织解剖信息不同，PET 图像能够反映人体组织、器官的功能和代谢情况。即一般医学图像反映的是人体的静止状态，PET 图像则能反映其生命过程。PET 在研究人体生理、病理，肿瘤成因，代谢机制，药物动力学及脑科学方面都有十分重要价值。PET 的成像原理是，在人体感兴趣的部位（Region of Interest，ROI）注入经放射性核素标记的生物活性示踪剂，例如脱氧葡萄糖、水、氨基酸和多巴胺等。核素衰变过程中产生的正电子很快与人体内的负电子结合。正负电子对湮灭时产生两个沿 180°发射的 γ 光子。在人体周围圆环形排列的探测器中某一对若在该时刻同时接收到信号，就表明在这两个探测器连线上有一次核素衰变。不同方向多个探测器的计数可以反映示踪剂的空间分布位置和浓度（图 1.5）。常使用的核素如 ^{11}C，^{13}N，^{15}O 和 ^{18}F 等。这些核素的半衰期都很短，约几分钟或几十分钟。这就要求在 PET 扫描仪附近必须有生产核素的回旋加速器，使得整个 PET 中心投入过高。此外，由于正电子自由行程的不确定性及探测器尺寸等因素的限制，PET 图像的分辨率较差。

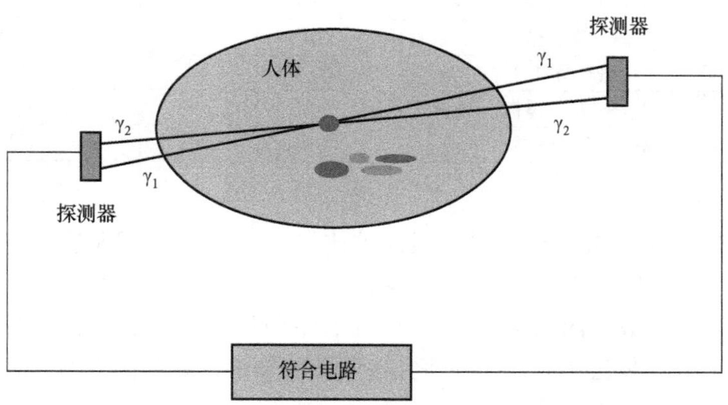

图 1.5　PET 成像原理

1.4 分子成像技术

分子成像（Molecular Imaging，MI）是近年来新出现并迅速发展的一种生物医学技术，是采用某种成像方法对活体组织的细胞和分子通路进行检测，对其中发生的生物学活动实时成像。分子成像并不是要求成像系统提供分子水平的空间分辨率，而是关注对生物学活动过程中基础变化（如基因表达、信号传导、细胞的代谢等）的观察和成像，用它来显示和测定活体内生物过程在细胞和分子水平上的特征，可为深入揭示生理和病理过程的机制，以及对疾病及其治疗进行实时、动态、细致、无创、靶向性的探测和跟踪提供有效手段。

分子成像的基本过程是，根据研究目标选择成像靶点；再根据成像靶点设计合适的分子探针（molecular probe），它是对某一特定生物分子具有特异性靶向，并能够进行体内和（或）体外示踪的标记化合物分子；之后将分子探针引入人体内，使探针与靶点充分结合；最后，将分子水平上的结合中的变化过程用成像方式显示。就成像技术而言，现有的多种成像模式都可以用于分子成像，例如，核医学成像（SPECT，PET）、磁共振成像、光学成像和超声成像等。

预计在不远的将来，分子成像技术的迅速发展可能会带来临床医疗的重大变革。

1.5 多种成像模式

由于成像的原理和设备不同，存在有多种成像模式（imaging modalities）。从大的方面来说，可以分作描述生理形态的解剖成像模式（anatomical imaging modality）和描述人体功能或代谢的功能成像模式（functional imaging modality）。表 1.1 给出几种主要的成像模式。采用两种或多种成像技术对人体 ROI 成像可以获得互补的信息。

表 1.1 多种成像模式

解剖成像模式		功能成像模式	
缩写	术 语	缩写	术 语
X	光照相术	SPECT	单光子发射断层扫描像
CT	计算机断层扫描技术	PET	正电子发射断层扫描像
MRI	磁共振成像	fMRI	功能磁共振成像
US	超声成像	EEG	脑电图
	光纤内窥镜图像	MEG	脑磁图
MRA	磁共振血管造影术		光学内源成像

今天，人体三维图像已经发展到很高的水平。著名的可视人项目（visible human project）就是一例（图 1.6）。该项目的科学家对人体从头到脚进行全身扫描，男、女各一人。共形成 3 种数字图像集。CT，MRI 和组织切片照相图像。图像是以分层形式组织的。可视人数据集已经成为人们研究医学图像和解剖教学的重要工具。一个彻底洞悉人体奥秘的时代为期不远了（图 1.7）。

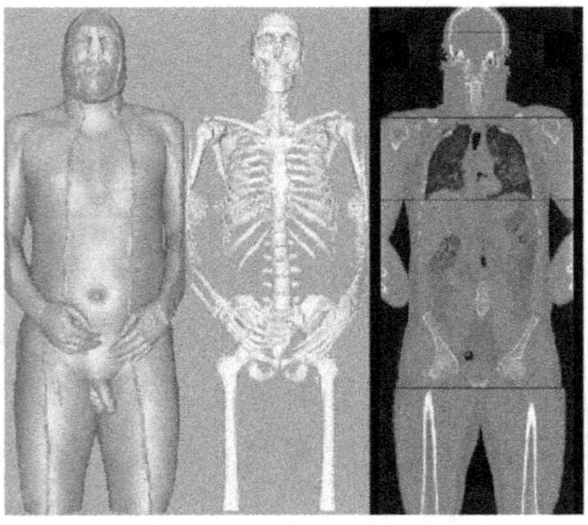

图 1.6 可视人项目

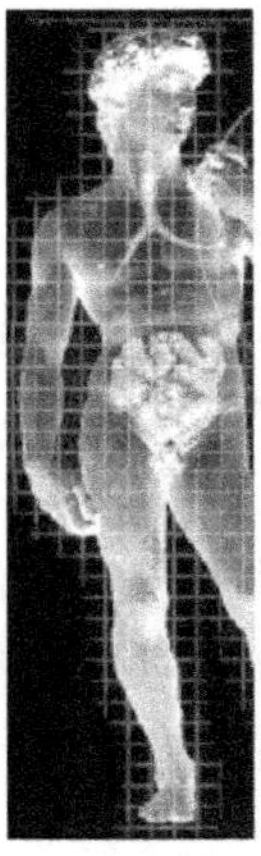

图 1.7 人体内部器官半透明显示

1.6 医学图像后处理概念

人体医学图像研究的结构框图如图 1.8 所示。

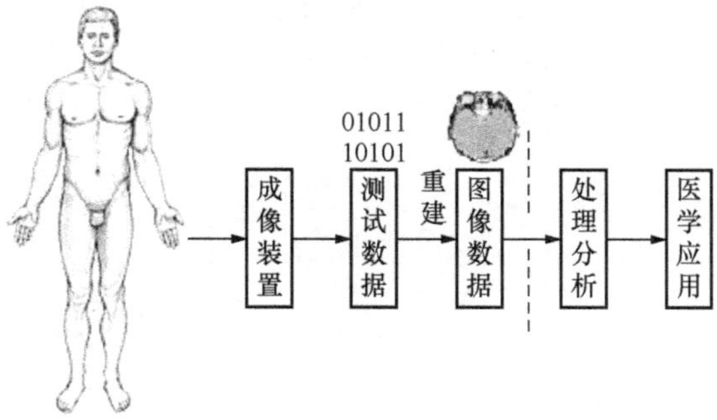

图 1.8 医学图像研究框图

从大的方面来说，医学图像研究可以分做两大部分：医学图像成像技术（medical imaging）研究与医学图像处理与分析。二者又都包含广泛的研究内容。

医学图像成像技术研究包括：

- 图像传感器阵列研究；
- 新成像原理、新成像模式研究；
- 高分辨、高性能显示器件研究；
- 图像感知、观察性能及评估。

这些都属于如何将实际人体信息转换为计算机的二进制数据问题。这些数据是通过传感器获取的测试数据。经过一定的重建算法这些数据转换成与二维图像像素或三维体数据对应的原始图像数据集。这种图像重建是成像时重建，与基于断层扫描数据得到三维几何形态的图像重建是不同的概念。

医学图像处理与分析包括：

- 图像增强技术；
- 图像分割技术；
- 图像配准技术；
- 图像显示技术；
- 图像指导治疗；
- 图像引导手术；
- 医学虚拟环境。

这部分内容统称医学图像后处理（post-processing）及其应用。本书讨论的主要内容就是医学图像处理和分析的方法学，不仅介绍有关的医学知识，物理概念，而且还包括尽可能详细的数学描述和算法介绍。

参考文献

高上凯. 2010. 医学成像系统（第 2 版）. 北京：清华大学出版社.

罗述谦. 2000. 医学图像系列讲座之一：医学图像的发展与应用. 中国图像图形学报 B 辑，5（3）.

余建明. 2009. 医学影像技术学. 北京：科学出版社.

章鲁，陈瑛，龚著琳，顾顺德，等. 2009. 分子成像及医学图像分析. 上海：上海科学技术出版社.

Atam P Dhawan. 2003. Medical Image Analysis. IEEE Press.

第 2 章　医学图像基础

要想对医学图像进行处理，必须对医学图像的性质有最基本的了解。例如，如何找到要处理的对象，了解该对象有什么特点及如何改变这些特点才能得到重要的可视化信息。首先必须知道图像的计算机信息表达形式，即图像数据格式，包括图像灰度和颜色的表示方法。在计算机中平面图像是怎么存放的，三维图像又是怎么存放的。要想在已有的图像数据中增加或减少数据又有些什么样的办法。本章除了重点给出位图文件数据格式外，对体数据集、插值和再采样等基本概念也做了初步介绍。关于图像直方图、形状及纹理等图像特性的定量描述给初学者处理医学图像提供了一定的手段，对增强图像理解也会有所裨益。

2.1　像素、空间分辨和强度分辨

医学图像处理，或加工，这在英文中是同一个意思，即 processing。处理的目的当然是想要图像的质量变“好”些，更有用些。了解图像，让我们从最简单二维图像说起。二维图像最直观的例子就是计算机屏幕上显示的图像。与纸或画布上的图画及照片不同，计算机图像是由一些极小尺寸的矩形小块组合而成的。组成图像的这种最小基本元素称作像素（pixel）。例如，一幅 MR 图像在水平方向上有 256 个像素，垂直方向上也有 256 个像素。整幅图像共有 256×256＝65536 个像素。这就是图像的大小（size），又称作图像的尺度。图像尺度的计算公式为

$$S = N_x \times N_y \tag{2.1}$$

尺度 S 等于图像 x 方向像素个数与 y 方向像素个数之积。空间分辨率是指图像中可分辨的最小细节。但通常也把大小为 $M\times N$ 的图像称作空间分辨率为 $M\times N$ 的图像。图 2.1给出不同空间分辨率的图像。显然，一幅图像的空间分辨率越大，它所能够表现的细节就越细。

(a) 256×256　(b) 128×128　(c) 64×64　(d) 32×32

图 2.1　不同空间分辨率的 Lenna 人物像

图像的空间分辨率中的 M 和 N 不必为 2 的整数幂，可以为任意正整数。例如，图 2.2的 MRI 图像的空间分辨率为 218×226。

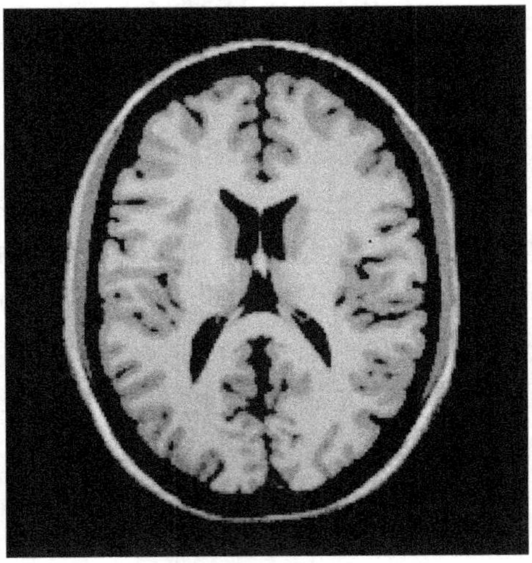

图 2.2 空间分辨率为 218×226 的 MRI 图像

像素本身也有自己的大小，即对应实际物体空间的大小。尽管在图像处理过程中，可以根据需要设定像素的大小，但像素对应的最小尺度是受到成像设备本身的分辨能力限制的。例如某个 MR 扫描仪生成的图像的像素大小是 2mm×2mm。知道像素所代表的实际尺寸，才能了解医学图像中具体的器官或组织的准确大小。

像素除了物理尺寸外，它的另一个重要属性就是强度（intensity）。对于黑白图像来说，图像的强度是用灰度的等级（gray level）表示的。灰度等级往往用 2 的整数次幂表示，例如 8bit（256 个灰度等级）。常用的还有 10bit，12bit 等灰度等级。

图 2.3 给出不同灰度分辨率的图像。一幅图像的灰度分辨率越高，它所能够表现的细节就越细。如果灰度分辨率不够高的话，图像的细节就会丢失，甚至出现图像模糊和马赛克现象。

(a) 灰度分辨256 (b) 灰度分辨128 (c) 灰度分辨64

图 2.3 不同灰度分辨率的 Lenna 人物像

2.2 图像数据格式

图像在计算机中是以数据文件形式存储的。存储的格式多种多样，较常用的有 BMP，Gif，Jpeg，Tiff，PCX 等。这些图像格式原理不同，各有自己的特点和应用价值。好在有很多图像格式转换软件，可以很容易地将一幅图像从一种格式转换为另一种格式。学习医学图像处理，还是从最为直观，易于理解的 BMP 文件格式入手为好。

BMP 文件又叫位图文件（BitMap）。BitMap 文件格式是微软公司为其 Windows 环境设置的标准图像格式，可在 Windows 系统环境下使用，并与设备无关的点阵位图文件格式。Windows 系统软件中还同时内含了一系列支持 BMP 图像处理的 API 函数，随着 Windows 在世界范围内的不断普及，BMP 文件格式无疑也已经成为 PC 机上的流行图像文件格式。BMP 图像文件格式可以存储单色、16 色、256 色以及真彩色四种图像数据，其数据的排列顺序与一般文件不同，它以图像的左下角为起点存储图像，而不是以图像的左上角为起点。

BMP 图像文件的结构可以分为三个部分：文件头、位图信息数据块以及图像数据。

Windows 中将 BMP 图像文件的文件头分成两个数据结构，其中一个数据结构中包含 BMP 文件的类型、大小和打印格式等信息，称为 BITMAPFILEHEADERl；另外一个数据结构中则包含 BMP 文件的尺寸定义等信息，称为 BITMAPINFOHEADER，如果图像文件还需要调色板数据，则将其存放在文件头信息之后。

1. 文件头定义

文件头是一个 BITMAPFILEHEADER 数据结构，其内容见表 2.1。

表 2.1　BITMAPFILEHEADER 数据结构

名　称	类　型	说　明
文件类型	WORD	规定文件类型必须是 BM
文件大小	DWORD	文件大小由字节数给出
保留字段 1	WORD	必须置成 0
保留字段 2	WORD	必须置成 0
数据偏移	DWORD	点阵位图数据区的偏移字节数

说明：其中 WORD（2 字节）和 DWORD（4 字节）均为 Windows 系统定义的数据类型。

BITMAPFILEHEADER 数据结构在 Windows. h 中的定义为：

```
typedef structtagBITMAPFILEHEADER
{
WORD bftype;
DWORD bfsize:
WORD bfReservedl;
WORD bgReserved2:
DWORD bfoffBits:
} BITMAPFILEHEADER;
```

其中：

bfrype 在图像文件存储空间中的数据地址为 0，数据类型为 WORD，内容为固定值“BM”，用于标志文件格式，表示该图像文件为 BMP 文件。

bfsize 的数据地址为 2，类型为 DWORD，它以字节为单位，定义位图文件的大小。

bfReservedl 与 bfReserved2 的数据地址分别为 6 和 8，数据类型则都为 D，二者都是 BMP 文件的保留字，没有任何意义，其值必须为 0。

bfoffBits 的数据地址为 10，数据类型为 DWORD，它以字节为单位，指示图像数据在文件内的起始地址，即图像数据指针对文件头的偏移量。

2. 位图信息数据

位图信息数据由一个位图信息头和一个颜色表组成。

位图信息头是一个数据结构 BITMAPINFOHEADER。内含有设备无关点阵位图的尺寸和颜色格式信息，其内容见表 2.2。

表 2.2　BITMAPINFOHEADER 数据结构

名称	类型	说　明
biSize	DWORD	BITMAPINFOHEADER 结构中的字节
biWidth	DWORD	图像宽度（列数）
biHeight	DWORD	图像高度（行数）
biPlanes	WORD	目标设备的位平面数，必须置成 1
biBitCount	WORD	每个像素的位数。必须是 1、4、8 或 24
biCompression	DWORD	压缩方式。必须为下列值之一： BI _ RGB：未压缩 0 BI _ RI. E8：每像素为 8 位的点阵位图，采用行程编码格式 BI _ RLE4：每像素为 4 位的点阵位图，采用行程编码格式
biSizeImage	DWORD	图像的字节数
biXPelsPerMeter	DWORD	目标设备水平方向每米长度上的像素数
biYPelsPerMeter	DWORD	目标设备垂直方向每米长度上的像素数
biClrUsed	DWORD	颜色表中点阵位图实际使用的颜色数
biClrImportant	DWORD	给出重要的颜色索引值。若被置为 0，则所有的颜色都是重要的

BITMAPINFOHEADER 数据结构用于说明位图的大小，Windows. h 中的定义为

```
type struttagBITMAPINFOHEADER
{
DWORD biSize;
DWORD biWldth;
```

```
DWORD biHeight;
WORD biPlanes;
WORD biBitCount;
DWORD biCompression;
DWORD biSizeImage;
DWORD biXPelsPerMeter;
DWORD biYPelsPerMeter;
DWORD biClrUsed;
DWORD biClrlmportant;
} BITMAPINFOHEADER;
```

其中：

biSize 的数据地址为 14，数据类型为 DWORD，它以字节为单位指定数据结构 BITMAPINFOHEADER 所占用的存储容量，固定值为 40。

biWidth 与 biHeight 的数据地址分别为 18 和 22，数据类型都是 DWORD，它们分别以像素为单位，给出该 BMP 文件所描述位图的宽度与高度。若 biHeight 的取值为正数，则表明位图为 bottom-up 类型的位图，而且位图原点为左下角。若 biHeight 的取值为负数，则表明位图为 top-down 类型的位图，而且位图原点为左上角。

注意：一般位图定义中，这两个字段的取值必须为正数。

biPlanes 的数据地址为 26，类型为 WORD，它代表目标设备的平面数必须为 1。

biBitCount 的数据地址为 28，类型为 WORD，它确定每个像素所需要的位数。当图像为单色时，该字段的取值为 1；当图像为 16 色时，该字段的取值为 4；当图像为 256 色时，该字段的取值为 8；当图像为真彩色时，该字段的取值为 24。

biCompression 的数据地址为 30，类型为 DWORD，它代表 bottom-up 类型位图的压缩类型（注意：top-down 类型位图不能进行压缩处理），其可能取值及其含义分别为：若该字段的取值为 BI-RGB，则表示文件内的图像数据没有经过压缩处理；若该字段的取值为 BI-RLE8，则表示所压缩的图像数据是 256 色，采用的压缩方法是 RLE8；若该字段的取值为 BI-RLE4，则表示所压缩的图像数据是 16 色，采用的压缩方法是 RLE4；若该字段的取值为 BI-BITFIELDS，则表明图像文件内的数据没有经过压缩处理，而且颜色表由分别表示每个像素点的红、绿、蓝三原色的双字组成。

注意：BMP 文件格式在处理单色或者真彩色图像时，不论图像数据多么庞大，都不对图像数据进行任何压缩处理。

biSizelmage 的数据地址为 34，类型为 DWORD。它以字节为单位，给出该 BMP 内图像数据占用的空间大小。若图像文件描述 BI-RGB 位图，则该字段的值必须设置为 0。

biXPelsPerMeter 字段与 biYPelsPerMeter 字段的数据地址分别为 38 与 42，类型都是 DWORD，它们分别以每米像素数为单位，给出位图目的设备水平以及垂直方向的分辨率。

biCkUsed 的数据地址为 46，类型为 DWORD，给出位图实际使用的颜色数。biClrImportant 的数据地址为 50，数据类型为 DWORD，它给出位图显示过程中重要颜色的索引值。若该字段的取值为 0，则表示所有使用的颜色都是重要颜色。

3. 颜色表

颜色表数据段是可变长的，其长度由位信息头中的 biBitCount 值决定，颜色表中的每一项是一个数据结构 RGBQUAD，项数由 biBitCount 值决定，如表 2.3 所示。

表 2.3　颜色表数据结构

biBitCount	颜色表项数	说　明
1	2	像素值为 0 时，使用第一项颜色，为 1 时使用第二项颜色
4	16	若点阵位图数据中某个字节为 0X1F，则该字节代表 2 个像素，第一个像素用第 2 项颜色，第二个像素用第 16 项
8	256	点阵位图中每一字节表示一个像素
24	0	无颜色表。位图数据中 3 个字节表示一个像素的红、绿、蓝值

数据结构 RGBQUAD 的内容如表 2.4 所示。

表 2.4　RGBQUAD 数据结构

名　称	类　型	说　明
rgbBlue	BYTE	像素颜色中蓝色的成分
rgbGreen	BYTE	像素颜色中绿色的成分
rgbRed	BYTE	像素颜色中红色的成分
rgbReserved	BYTE	未使用，但必须置成 0

如果位图的描述还需要颜色表数据，则应该在 BMP 文件头之后定义一个颜色表，它包含若干个表项。其中，每一个表项定义了一种颜色，Windows 将其定义为如下的 RGBQUAD 结构：

```
typedef tagRGBQUAD
{
BYTE rgbBlue;
BYTE rgbGreen;
BYTE rgbRed;
BYTE rgbReserved;
} RGBQUAD;
```

注意：RGBQUAD 数据结构中，增加了一个保留字段 rgbReserved，它不代表任何意义，必须取固定值 00。而且 RGBQUAD 结构定义的颜色值中，红色、绿色与蓝色的排列顺序与一般图像文件的颜色数据排列顺序恰好相反，即：蓝色的亮度由 rgbBlue 字段定义、绿色的亮度由 rgbGreen 字段定义，红色的亮度由 rgbRed 字段定义。若位图中某个像素点的颜色描述为“00，00，FF，00”，则表示该点的颜色为纯红色，而不是纯蓝色。

4. 位图数据

位图数据的长度由图像尺寸、像素的位数和压缩方式等共同决定。实际尺寸可由文件头中的第二项“文件大小”减去第五项“数据偏移值”得到。

注意：由于存储的要求，图像的列数须为 4 的整数倍。否则的话，应在每行的最后增补几个 0，使列数为 4 的整数倍。在使用应用软件或自己编程对已有图像截取时必须注意这一点。

最后，我们结合图例具体说明位图文件的数据格式（图 2.4）。大体上说，BMP 文件的数据格式可分为两大类型：使用颜色表型及直接数据区型。究竟采取哪种方式取决于数据信息头中的 biBitCount 字段。该字段位于整个数据文件的第 29，30 字节处。设 biBitCount=n，根据规定，n 的值只能是 1，4，8 或 24。当 n=1，4 或 8 时，数据区存放的是像素强度在颜色表中的索引值。例如，n=8，数据区中每一个字节与图像中的一个像素相对应。因此，与图像第 5 个像素对应的数据区第 5 个字节中的数（假设是 2）指向颜色表中第 2 项。颜色表包含 256 项。每项由 4 个字节构成，分别是蓝、绿、红色信息及保留字节数字 0。所以，颜色表中第 2 项的内容（00，00，FF，00）才是图像第 5 个像素的真正彩色与强度信息。

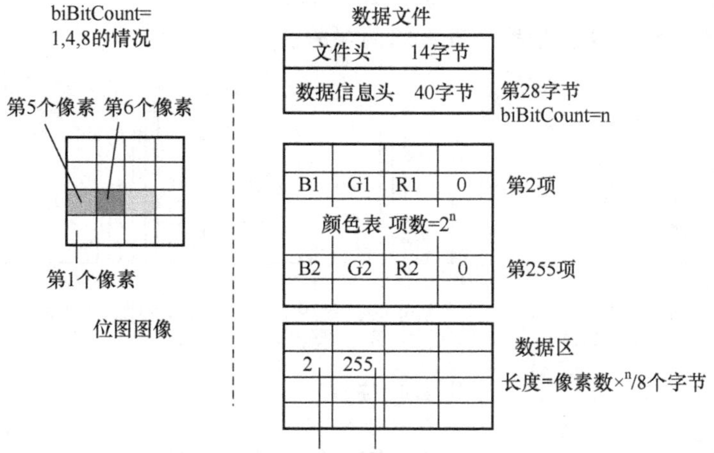

图 2.4 单色、16 色及 256 色位图文件的数据格式图例

当 n=256 时，表明这是一幅 24 位的彩色位图（图 2.5）。24 位的彩色位图没有颜色表，每个图像像素对应 3 个字节，分别代表红、绿、蓝 3 种颜色成分。由于存储需要，每行像素对应的字节数若不是 4 的整数倍，则须补 0 填充。

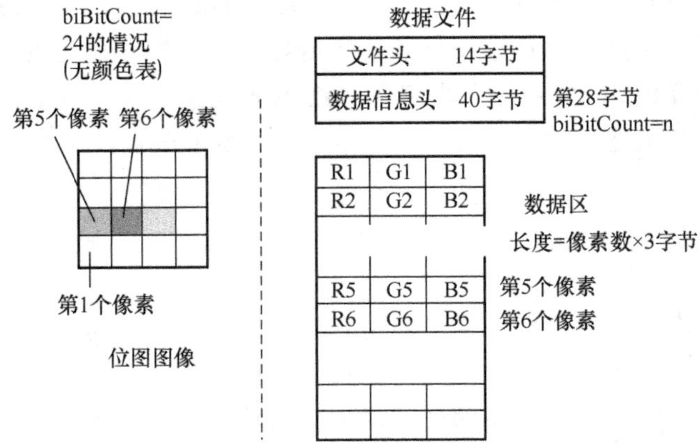

图 2.5 24 位彩色图像位图文件的数据格式图例

2.3 灰度直方图

2.3.1 灰度直方图概念

对一幅图像所包含的全部像素的灰度做统计，并以横坐标表示灰度值，纵坐标表示图像中具有该灰度的像素个数，这样绘制出的曲线称为图像灰度分布直方图（histogram）。对于高分辨灰度的图像，例如灰度分辨 12bit 的图像共有 4096 个不同的灰度值（0，1，2，…，4095）。灰度统计分布近似为一条连续的曲线。当灰度分辨减小后，例如 7bit 的图像共有 128 个不同的灰度值（0，1，2，…，127），灰度统计分布就变成一组离散的线段。如果将这些线段顶部画成水平线段，就得到图 2.6（c）所示的一组直立长方块连接的样子，这就是称为直方图的缘故。

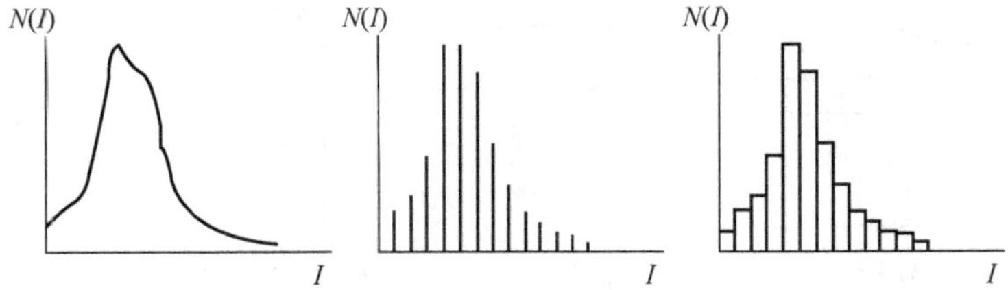

(a) 灰度等级多时，近似连续曲线　(b) 灰度等级减少，呈分离线段　(c) 各线段用长方形表示

图 2.6 灰度直方图

直方图在医学图像处理中有广泛的应用，例如图 2.7 是一幅 T1 加权的 MR 图像及其灰度直方图。图中多个峰值对应不同的脑组织灰度分布。

2.3.2 灰度直方图的性质

（1）灰度直方图反映的是图像灰度的统计性质，不包含空间位置信息

显然，图 2.8 中左右两个图形的直方图完全相同，即无法从直方图本身看出各种强度像素的真正空间位置。

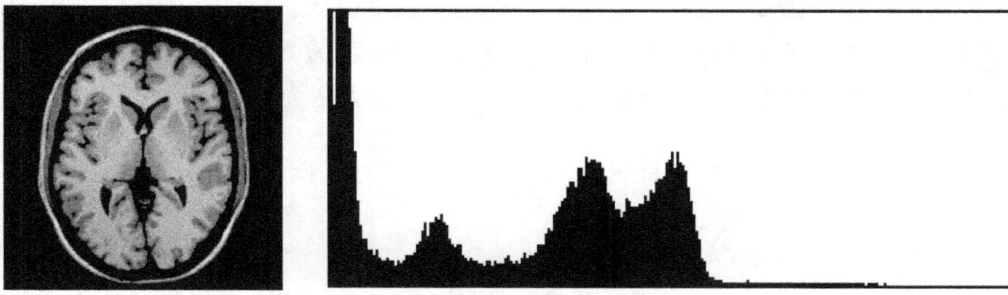

图 2.7　T1 加权 MR 图像及其灰度直方图

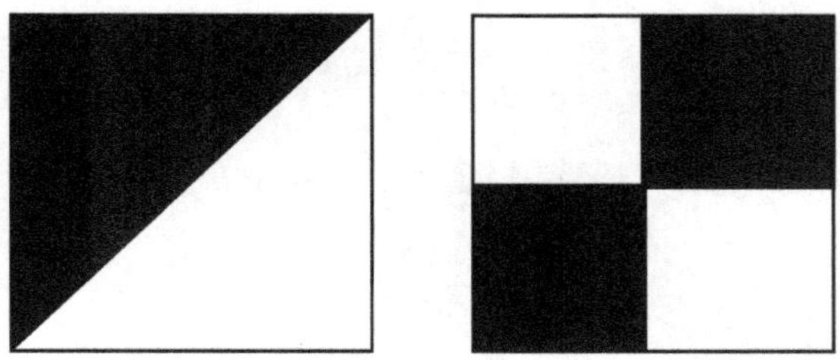

图 2.8　左右两幅图像内容不同，但具有相同的直方图

（2）从直方图可以看出图像的总体性质

直方图反映图像的总体性质，例如图像的明暗程度、细节是否清晰、动态范围大小等。图 2.9 中，图（a）的直方图表示图像中灰度低的像素较多，可能总体显得偏暗。反之，图（b）的直方图则表示图像中灰度高的像素较多，图像总体就明亮些。图（c）的直方图中，大多数像素的灰度集中在一个很窄的灰度范围。图像动态范围小，细节不够清楚。与此相反，图（d）的直方图中，各种灰度的像素数目分布的范围较宽，也很均匀。图像动态范围大小，就会显得清晰明快。仅就图像动态范围来说，图（e）的直方图较为合理些，因为整个灰度范围得到充分的利用。图（f）的直方图中，图像动态范围偏小；图（g）的直方图所占范围则过宽，两条虚线以外的部分将不能正确表示。

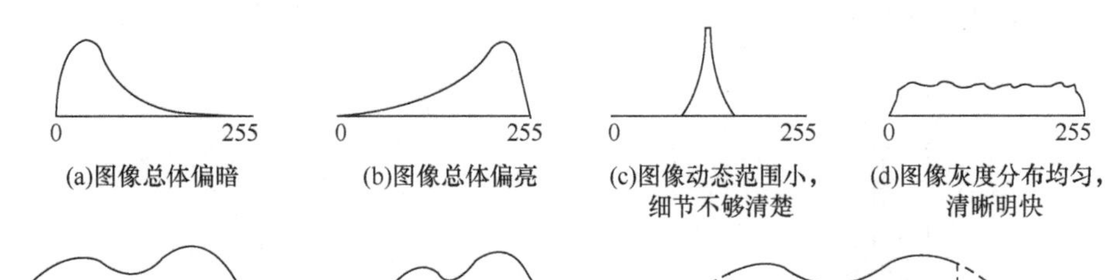

图 2.9　用直方图反映图像的总体性质

2.3.3　归一化直方图

从上述介绍可知，图像动态范围的合理选择是很重要的，但图像纵坐标（即像素

数）尺度的设置也是需要注意的。如果我们知道各灰度值像素数的相对比值，就可以根据峰值计数及所占比值确定纵坐标的刻度。设图像中灰度为 i 的像素个数是 n_i，像素的灰度数为 k，全部像素数为 N，则定义图像的归一化直方图为

$$
\begin{aligned}
p_i &= \frac{n_i}{N} \\
\sum_{i=0}^{k-1} p_i &= 1
\end{aligned}
\qquad i = 0,1,2,\cdots,k-1 \tag{2.2}
$$

鉴于医学图像的特点，低灰度的背景区域较大，往往出现在靠近纵轴处高计数，而在其他灰度处幅度显示过低的情况（图 2.10）。在绘制直方图时采用另一种计数变换效果会好些。

$$
q_i = \alpha \frac{n_i}{n_{\max}} \tag{2.3}
$$

其中，q_i 是变换后的相对计数，$n_{\max}$是峰值计数，α 是常数。一般，取 $\alpha=0.8$ 左右。

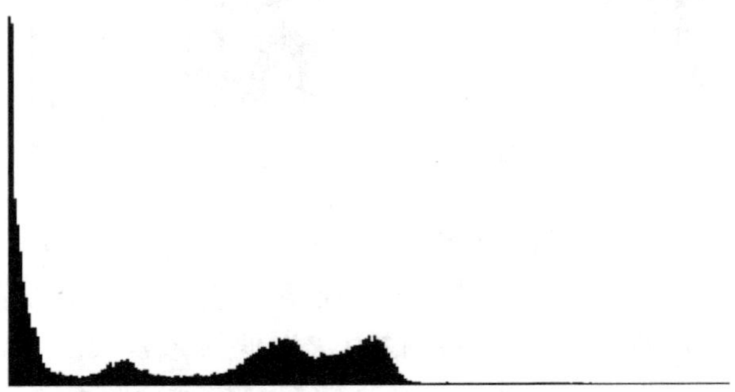

图 2.10　图像背景部分太大使主要对象段幅值过小

2.3.4　直方图的线性拉伸与压缩

假设图像最大灰度为 $I_{\max}$的话，受人眼分辨能力的限制，在该图像中如果相邻两个区域的灰度差小于 $I_{\max}/16$，就很难将这两个区域分开。通过映射的方法将原来的直方图分开些，称为直方图的拉伸（图 2.11）。

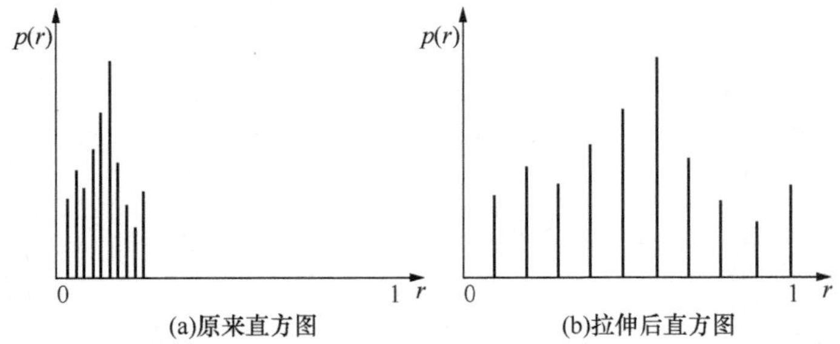

图 2.11　直方图的拉伸

反之，有时如果对某一个灰度范围的图像细节要求不高，我们也可将这灰度段用映射的方法压缩。不管是拉伸还是压缩，最常用的方法都是线性映射。如果对同一幅图像要做两种以上的处理，可以采用分段线性映射。图 2.12 就是直方图分段线性

映射的例子。这里，$p(r) \sim r$ 是原来的直方图，$p(s) \sim s$ 是变换后的直方图。$s \sim r$ 的映射关系为

$$s = \begin{cases} s_1 \dfrac{r}{r_1} & r \leqslant r_1 \\ s_1 + (s_2 - s_1) \dfrac{r - r_1}{r_2 - r_1} & r > r_1 \end{cases} \tag{2.4}$$

在实用的 CT 扫描图像中，常常要将原图像中很小的一段灰度映射到较宽的一个灰度段，称为灰度窗口映射。这样做便于增强图像细节，发现微小的病变。图 2.13 是灰度窗口映射的例子。从 L 到 M 原来的小灰度段称为灰度窗口，该灰度段的范围称为窗宽，记作 $W = M - L$。窗口的中间灰度值 $(M+L)/2$ 叫窗位。W 和 L 的值可以人工设置。原始灰度 z 与映射后灰度 s 的映射关系是

$$\left.\begin{aligned} s &= (z - L) \times (s_k - s_1)/W \quad & s_1 = 0 \\ s &= s + s_1 & s_1 \neq 0 \end{aligned}\right\} \tag{2.5}$$

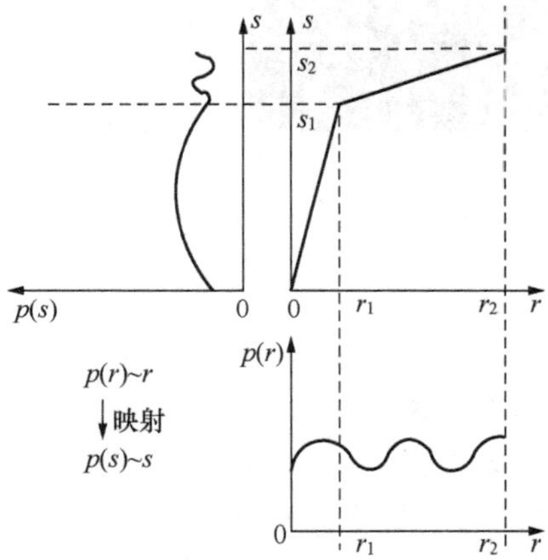

图 2.12　直方图的分段映射

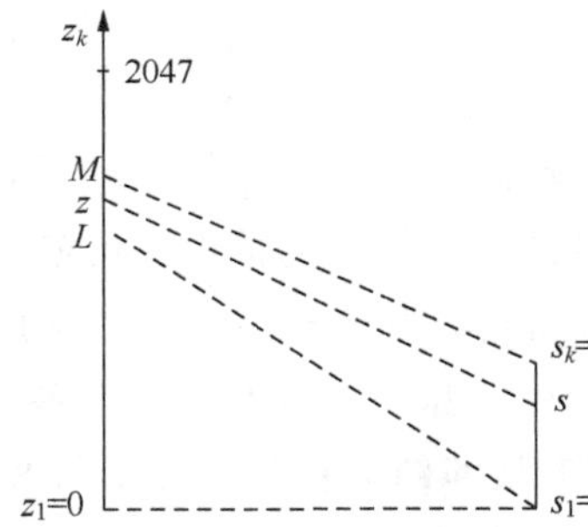

图 2.13　灰度窗口映射

从映射曲线斜率可以看出与直方图拉伸、压缩间的关系。设曲线与横轴夹角为 θ，则有

当 $\theta > 45°$时，灰度段拉伸，有助于观察；

当 $\theta < 45°$时，灰度段压缩，有抑制背景的作用。

图 2.14 给出的是几种灰度映射曲线。图（a）中，高灰度区拉伸；图（b）是低灰度区拉伸；图（c）是中间灰度段拉伸。

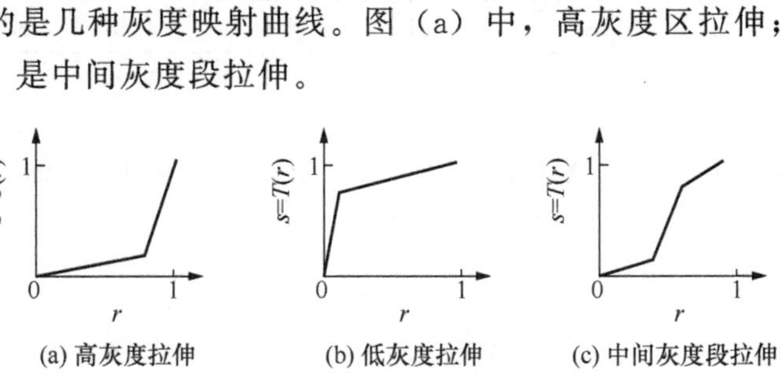

图 2.14　几种灰度映射曲线

值得注意的是，当将某一个中间灰度段拉伸，进行细致观察；同时将高端灰度段压缩。压缩后高灰度部分会变得最亮，形成许多干扰点。一般使高灰度压缩后置为零值，

变成最暗，免除其对目标图像的干扰。

【示例一】　图像数据格式与直方图

实验目的：

1. 了解 BMP 图像的数据格式，图像灰度的表示方法。
2. 学会绘制图像的直方图。

原始数据： MRI 脑图像，分别为 T1 加权像，T2 加权像和 PD 质子密度加权像。该图像为 8bit 的 BMP 格式，整个图像大小为：284×520，见示例图 1.1。

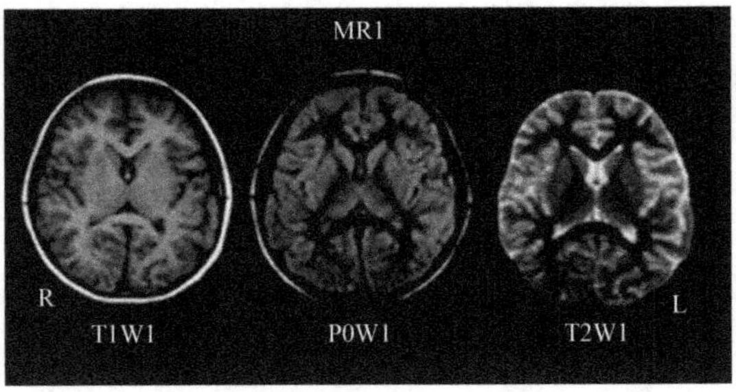

示例图 1.1

实验要求：

1. 解读该图像的文件头和位图信息数据。
2. 将图像拆分为大小相等的 T1，T2，PD 三幅图像。
3. 分别绘出 T1，T2，PD 三幅图像的灰度直方图。

实现方法和结果： 原始图像的文件头和位图信息数据块。

1. 文件头信息（示例表 1.1）。

示例表 1.1

序号	字节数值	名称	说　　明
1	66	文件类型	字母 B 的 ASCⅡ码
2	77		字母 M 的 ASCⅡ码
3	34	文件大小	2×256×256+73×256+34=149794
4	73		
5	2		
6	0		
7	0	保留字段 1	数值为 0
8	0		
9	0	保留字段 2	数值为 0
10	0		

续表

序号	字节数值	名称	说　　明
11	210	数据偏移	偏移为 210+3×256×256=978 图像数据大小为 149794−978=148816
12	3		
13	0		
14	0		

2. 位图信息数据块（示例表 1.2）。

示例表 1.2

序号	字节数值	名称	说　　明
15	40	biSize	位图信息数据块的字节数为 40
16	0		
17	0		
18	0		
19	9	biWidth	图像宽度为 9+2×256=521
20	2		
21	0		
22	0		
23	28	biHeight	图像高度为 28+1×256=284
24	1		
25	0		
26	0		
27	1	biPlanes	目标设备的位平面数，置 1
28	0		
29	8	bitBitCount	每个像素的位数为 8
30	0		
31	0	biCompression	未压缩，为 0
32	0		
33	0		
34	0		
35	80	biSizeImage	图像的字节数为 80+69×256+2×256×256=148816 与文件头的信息相符
36	69		
37	2		
38	0		

续表

<table>
<tr><th>序号</th><th>字节数值</th><th>名称</th><th>说　明</th></tr>
<tr><td>39</td><td>18</td><td rowspan="4">biXPelsPerMeter</td><td rowspan="4"></td></tr>
<tr><td>40</td><td>19</td></tr>
<tr><td>41</td><td>0</td></tr>
<tr><td>42</td><td>0</td></tr>
<tr><td>43</td><td>18</td><td rowspan="4">biYPelsPerMeter</td><td rowspan="4">水平方向上每米长度的像素数
18＋19×256＝4882</td></tr>
<tr><td>44</td><td>19</td></tr>
<tr><td>45</td><td>0</td></tr>
<tr><td>46</td><td>0</td></tr>
<tr><td>47</td><td>231</td><td rowspan="4">biClrUsed</td><td rowspan="4">垂直方向上每米长度的像素数
231</td></tr>
<tr><td>48</td><td>0</td></tr>
<tr><td>49</td><td>0</td></tr>
<tr><td>50</td><td>0</td></tr>
<tr><td>51</td><td>231</td><td rowspan="4">biClrImportant</td><td rowspan="4">重要颜色索引值</td></tr>
<tr><td>52</td><td>0</td></tr>
<tr><td>53</td><td>0</td></tr>
<tr><td>54</td><td>0</td></tr>
</table>

3. 将图像拆分为大小相等的 T1，T2，PD 3 幅图像，见示例图 1.2。

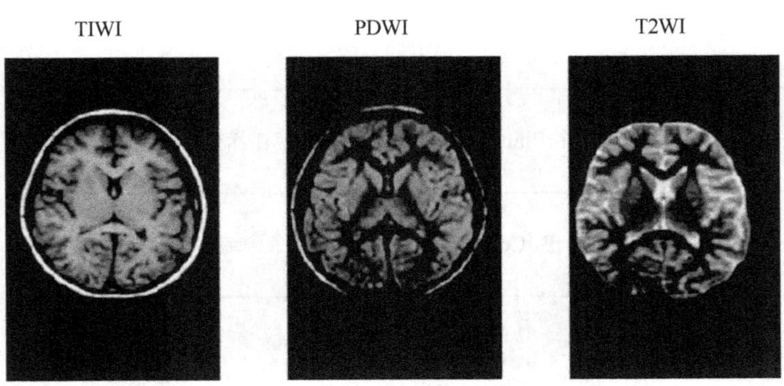

示例图 1.2

(1) 去掉图像中的文字，填充成背景色。

(2) 拆分图像：图像总宽度为 520，分成三等分，则每张图宽 173 个像素，还剩下一个边缘像素，略去。

4. 绘出 T1，T2，PD 三幅图像的灰度直方图，见示例图 1.3。

示例图 1.3 中，图（a）是直接统计得到的 T1 的灰度直方图。由于图像的背景区域很大，低灰度像素数目很多，作为图像的主要部分统计结果被压缩的厉害，很难观察直方图中所表达的信息。图（b）为将低灰度像素部分略去，画出的 T1 的直方图，可以很好看出图像中灰度的分布。

类似地可以得到示例图 1.3（c）～（f）。

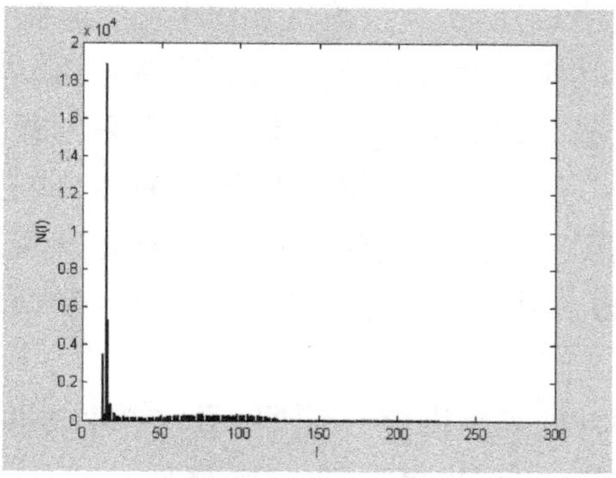

(a) 未经处理的T1加权像直方图

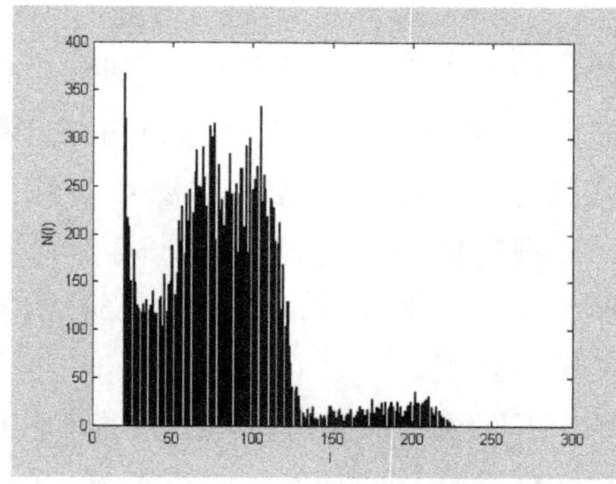

(b) 去除背景（灰度<20）后T1加权像直方图

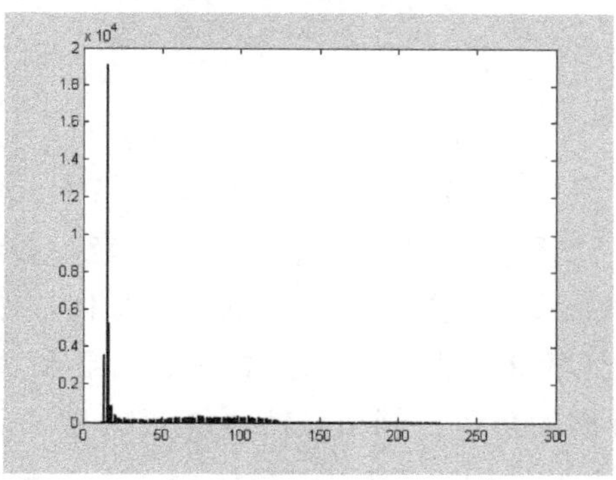

(c) 未经处理的T2加权像直方图

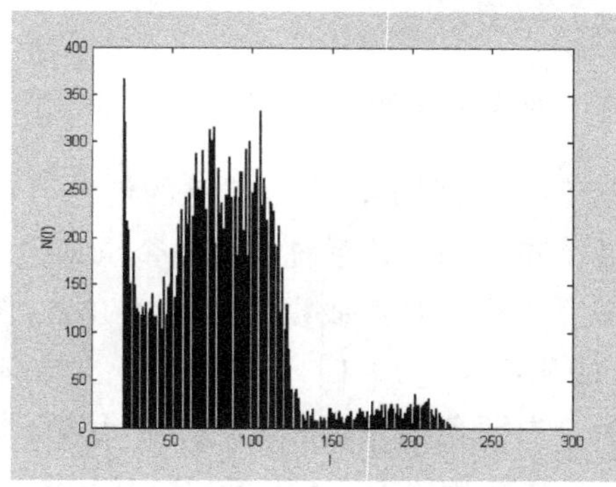

(d) 去除背景（灰度<20）后T2加权像直方图

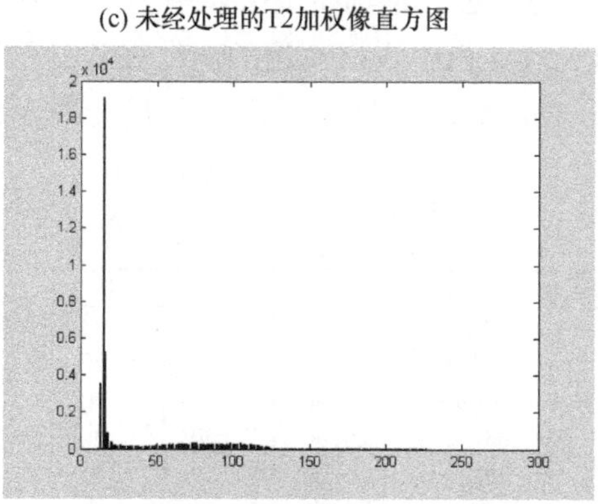

(e) 未经处理的PD加权像直方图

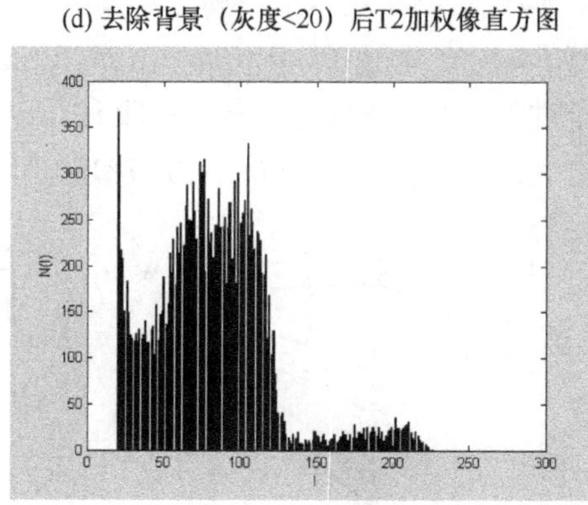

(f) 去除背景（灰度<20）后PD加权像直方图

示例图 1.3

2.4 彩色编码方法

颜色是图像的最重要的属性之一，图像的色彩在医学图像分析和应用中起着重要作用。彩色光大约覆盖电磁波谱400～700nm的范围。尽管彩色图像的色彩多种多样，它们都可分解为三种基本的成分，即可以用红（red，700nm）、绿（green，546.1nm）、蓝（blue，435.8nm）3种基色的组合表示。通常用以区别颜色的基本特性有3个：亮度、色调和饱和度。

亮度（brightness，也称intensity）是视觉系统对可见物体辐射或者发光多少的感知属性。它和人的感知有关。亮度的一个极端是黑色（没有光），另一个极端是白色，在这两个极端之间是灰色。色调（hue）又称为色相，指颜色的外观，用于区别颜色的名称或颜色的种类。色调用红、橙、黄、绿、青、蓝、紫等术语来刻画。它是光波混合中与主波长有关的属性。饱和度（saturation）指的是色彩的纯度，纯度越高，表现越鲜明，纯度较低，表现则较黯淡。完全饱和的颜色是指没有渗入白光所呈现的颜色，例如仅由单一波长组成的光谱色就是完全饱和的颜色。色调和饱和度一起又统称色度。

基于不同领域和应用，对图像的颜色有不同的编码模型，也叫做彩色空间或彩色系统。这里介绍的主要彩色编码模型有RGB模型、CMY模型、HSV模型、YUV模型和YC_rC_b模型。

2.4.1 RGB模型

在RGB模型中，作为基色的红色（R）、绿色（G）和蓝色（B）构成笛卡儿坐标系的3个正交轴。该系统中的每个点都代表一种颜色。例如，原点S代表黑色，白色位于距原点最远的对角线顶点（图2.15）。图中所示的立方体是一个单位立方体，即R，G，B的值都在［0，1］范围取值。立方体的另外3个角点分别是青色、品红和黄色。连接黑、白两色的直线SW上的点代表不同程度的灰色。例如，其中点K表示50%的灰色。S-R轴上的R_{25}、R_{50}和R_{75}代表不同程度的红色。平面RYWM中心点P代表粉色，其RGB分量为（1.00，0.50，0.50）。由于计算机中数据表达的离散性和显示设备物理条件的限制，RGB每个轴一般有8bit的分度，所以，RGB彩色空间所能表示的颜色总数为（256×256×256=16777216）。

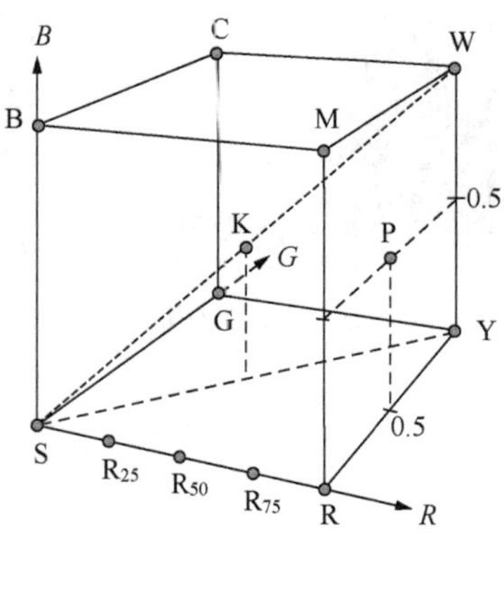

RGB值

Point	Color	R	G	B
S	Black	0.00	0.00	0.00
R	Red	1.00	0.00	0.00
Y	Yellow	1.00	1.00	0.00
G	Green	0.00	1.00	0.00
C	Cyan	0.00	1.00	1.00
B	Blue	0.00	0.00	1.00
M	Magenta	1.00	0.00	1.00
W	White	1.00	1.00	1.00
K	50% Gray	0.50	0.50	0.50
R_{75}	75% Red	0.75	0.00	0.00
R_{50}	50% Red	0.50	0.00	0.00
R_{25}	25% Red	0.25	0.00	0.00
P	Pink	1.00	0.50	0.50

图2.15 RGB彩色空间

2.4.2 CMY 模型

CMY 颜色模型与 RGB 颜色模型几乎完全相同。差别仅仅在于 CMY 模型的原点为白，是定义在白色中减去某种颜色来定义一种颜色。而 RGB 模型的原点为黑，是通过从黑色中加入某种颜色来定义一种颜色。一般图像具有大面积的黑色背景区，不太适于打印输出。在印刷行业通常采用 CMY 模型。CMY 分别是青色、品红、黄色三种油墨色。因为 CMY 是从白光中滤去某种颜色，又被称为补色系统(图 2.16)。

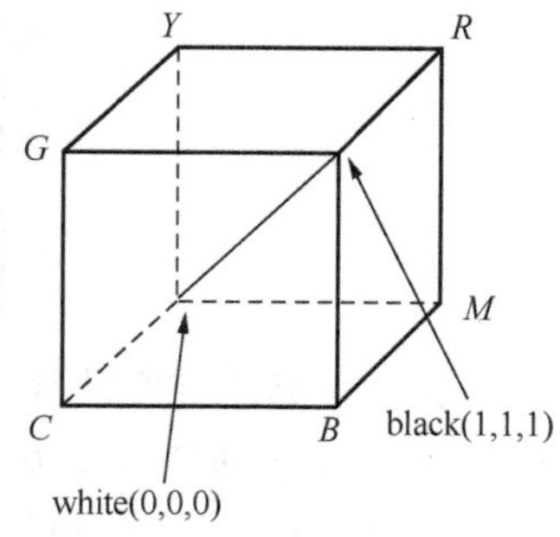

图 2.16 CMY 彩色空间

RGB 颜色与 CMY 颜色的转换关系为

$$\begin{bmatrix} C \\ M \\ Y \end{bmatrix} = \begin{bmatrix} 1 \\ 1 \\ 1 \end{bmatrix} - \begin{bmatrix} R \\ G \\ B \end{bmatrix} \tag{2.6}$$

2.4.3 HSV 模型

HSV 模型经常为艺术家所使用。这种格式反映了人类观察色彩的方式，同时也有利于图像处理。该模型将亮度（V）与反映色彩本质特性的两个参数——色度（H）和饱和度（S）分开处理。光照明暗给物体颜色带来的直接影响就是亮度分量（V），所以若能将亮度分量从色彩中提取出去，而只用反映色彩本质特性的色度、饱和度来进行聚类分析，会获得比较好的效果。这也正是 HSV 模型在彩色图像处理和计算机视觉的研究中经常被使用的原因。

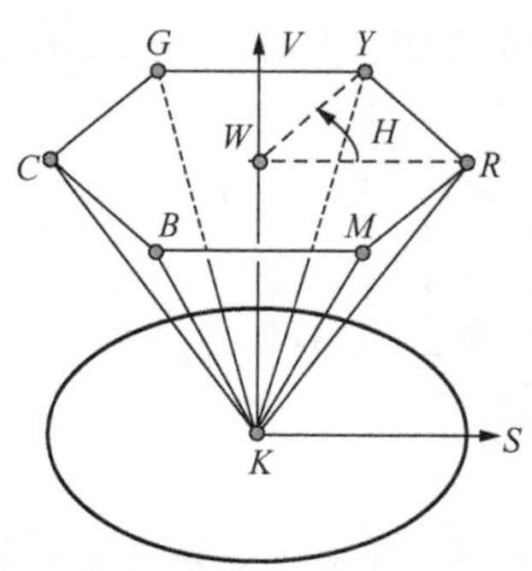

图 2.17 HSV 彩色空间

HSV 模型的三维彩色空间是用一个倒置的六棱锥表示的（图 2.17）。其中，亮度 V 是纵轴，棱锥的顶点 K 代表黑色。用通过 K 点并与 V 垂直的平面内的矢径代表饱和度 S。色调 H 则用角度表示，取值（0°～360°）范围。各个基色，红色（R）、绿色（G）、蓝色（B）、青色（C）、品红（M）和黄色（Y）分辨位于六棱锥底面的六个角点上。底面的中心点 W 代表白色。

V，$S\in[0, 1]$，HSV 与 RGB 之间转换关系如下

$$r = \frac{R}{R+G+B} \qquad g = \frac{G}{R+G+B} \qquad b = \frac{B}{R+G+B}$$

计算 V，S，H 的值

$$V = \max(r,g,b)$$

$$S = \begin{cases} 0 & \text{如果} \quad V = 0 \\ 1 - \dfrac{\min(r,g,b)}{V} & \text{如果} \quad V > 0 \end{cases}$$

$$H=\begin{cases}0 & \text{如果}\quad S=0\\ \dfrac{60\times(g-b)}{S\times V} & \text{如果}\quad V=r\\ 60\times\left[2+\dfrac{(b-r)}{S\times V}\right] & \text{如果}\quad V=g\\ 60\times\left[4+\dfrac{(r-g)}{S\times V}\right] & \text{如果}\quad V=b\\ H=H+360 & \text{如果}\quad H<0\end{cases} \tag{2.7}$$

饱和度是颜色纯度的度量，代表颜色中缺少白色成分的程度。显然，当 $R=G=B$ 时，饱和度 S 的值等于 0；当 RGB 三者中有一个或两个为 0 时，饱和度 S 的值等于 1，对应一种纯色。色调与颜色平均波长成正比，以角度的形式给出颜色的分度。在本模型中，红色对应 0°，绿色对应 120°，蓝色对应 240°。

2.4.4 YUV 模型

YUV 模型是另一种彩色传输模型，主要用于模拟彩色电视信号传输标准。例如，北美的 NTSC 制式、欧洲及中国的 PAL 制式。Y 代表亮度分量，U，V 是彩色信息用以显示彩色图像。YUV 与 RGB 之间的转换关系为

$$\begin{bmatrix}Y\\U\\V\end{bmatrix}=\begin{bmatrix}0.299 & 0.587 & 0.114\\-0.147 & -0.287 & 0.436\\0.615 & -0.515 & -0.10\end{bmatrix}\begin{bmatrix}R\\G\\B\end{bmatrix} \tag{2.8}$$

2.4.5 YC_rC_b 模型

YC_rC_b 是一种彩色传输模型，主要用于数字彩色电视信号传输标准和视频压缩（MPEG，JPEG）方面，被广泛的应用在电视的色彩显示等领域中。YC_rC_b 与 RGB 之间转换关系为

$$\begin{bmatrix}Y\\C_b\\C_r\end{bmatrix}=\frac{1}{256}\begin{bmatrix}65.481 & 128.553 & 24.966\\-37.797 & -74.203 & 112\\112 & -93.786 & -18.214\end{bmatrix}\begin{bmatrix}R\\G\\B\end{bmatrix}+\begin{bmatrix}16\\128\\128\end{bmatrix} \tag{2.9}$$

2.4.6 彩色图像到灰度图像的转换

医学图像处理中，经常要将彩色图像转换为灰度图像。从 RGB 彩色分量转换到灰度 I 的公式如下

$$I=w_R\times R+w_G\times G+w_B\times B \tag{2.10}$$

其中，w_R，w_G 和 w_B 是三种基色的权重。最简单的方式是取 RGB 各分量的平均值作为灰度值，即

$$w_R=w_G=w_B=\frac{1}{3},\quad I=\frac{R+G+B}{3}$$

针对不同的应用，w_R，w_G 和 w_B 也可以选取不同的数值。例如，对模拟彩色信号系统，根据公式（2.8），有

$$w_R=0.299\quad w_G=0.587\quad w_B=0.114$$

2.5 伪彩色与假彩色

组织切片的光学照片数字化后就采用彩色图像数据格式，可以较真实地反映组织特性。

CT，MRI 等扫描图像本身是没有颜色的。临床扫描的医学图像多是灰度图像，一般有 256 个灰度分度或更多。人的肉眼能够直接分辨的灰度等级只有 16 个左右，但是人眼对色彩的微小变化较为敏感。因此，医学上往往用人工方法给这些图像赋予一些颜色，将这些灰度图像转换为彩色图像增强人们对图像的分辨和理解。为了与物体固有的真颜色予以区别，这种人工色彩被称作假彩色或伪彩色。关于假彩色和伪彩色的概念，各个著作定义不同，有的也混用不分。鉴于确实存在两种不同性质的人工色彩，“伪”与“假”二字在汉语中又有不同的含义，本书对伪彩色和假彩色的定义如下。

2.5.1 伪彩色

伪彩色（pseudo color）指图像中像素的颜色与原灰度图像中的灰度值有定量的转换关系。典型的有金属色（metal color）与彩虹色（rainbow color）两种。

1. 金属色

金属在不同温度下表面颜色不同。铁等金属在温度较低时是暗黑色，在加温后颜色会渐渐变红，继续提高温度，就会变成白炽的颜色。金属色是模拟金属加热过程，将原灰度图像中像素的灰度按数值大小映射为相应的颜色。即低灰度对应黑色，强度高些对应红色，再高对应白色等。图 2.18 所示为用金属色表示的人脑 MR 图像。

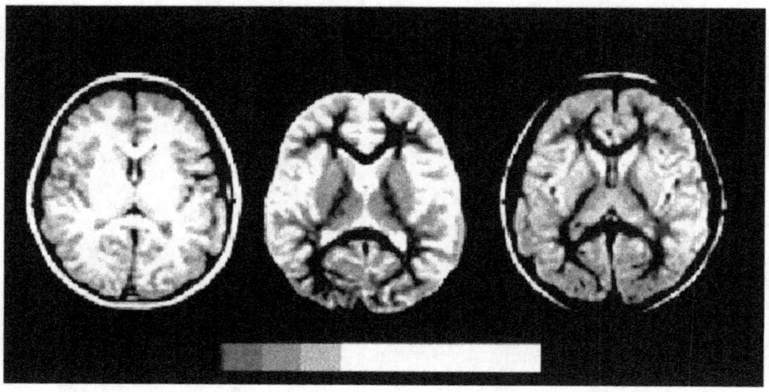

图 2.18　用金属色表示的人脑 MR 图像

2. 彩虹色

彩虹色与金属色原理一样，只不过颜色与灰度的映射关系不同。彩虹色是将图像灰度模拟可见光光谱中多种颜色转换。顺序不限于红、橙、黄、绿、青、蓝、紫，只要有色彩与灰度值的对应关系即可。图 2.19 是用彩虹色表示的人脑帕金森病治疗前后多巴胺含量分布的例子。蓝色等较暗的颜色表示多巴胺浓度较低，红、黄等暖色表示多巴胺浓度较高。

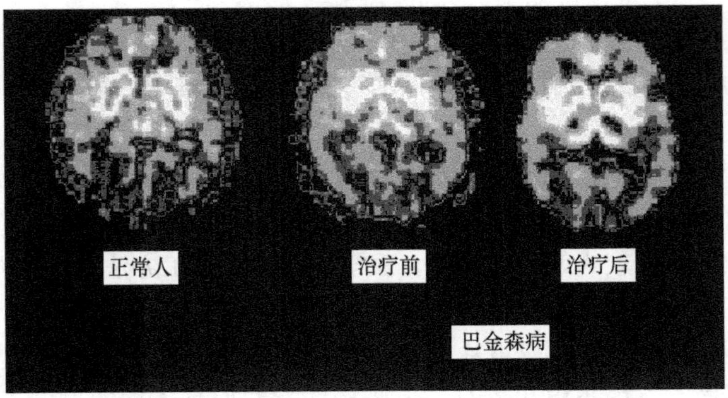

图 2.19　用彩虹色表示的人脑巴金森病治疗前后多巴胺含量分布

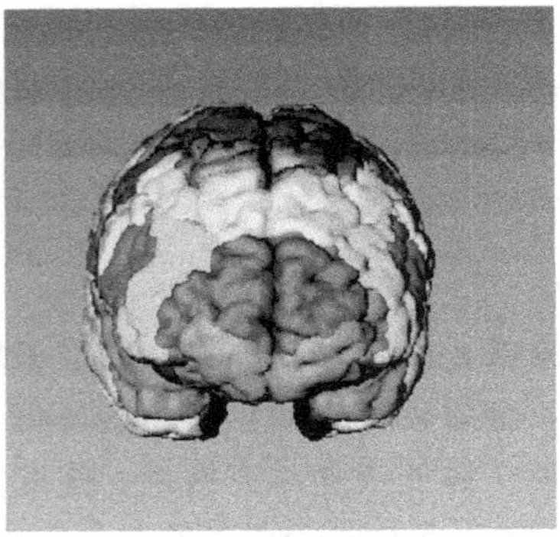

图 2.20　用假彩色表示的人脑表面脑叶图

2.5.2　假彩色

假彩色与伪彩色不同，假彩色（false color）图像的颜色只是为了突出图像中的感兴趣区或将某一对象与周围区域区分开，会人为地赋予这些区域某种特定的颜色。这种颜色与原灰度图没有定量关系。如图 2.20 所示的人脑脑叶的假彩色显示。各种颜色只是用来区分不同的脑叶，没有其他含义。

【示例二】　伪彩色和假彩色

实验目的：

1. 了解图像颜色的表示方法。

2. 学会伪彩色和假彩色，以及两者的区别。

原始数据：示例一中拆分得到的 T1，T2 及 PD 加权 MRI 灰度图像。

实验要求：

1. 把灰度图转换为单色（T1—>红、T2—>绿、PD—>蓝）假彩色图像，要有强度区别。

2. 把红、绿、蓝三张假彩色图像合成，$R:G:B=1:1:1$。

3. 把 T1 用金属色、彩虹色转换，说明彩色标尺及转换方法。

实现方法和结果：

1. 将灰度图 T1，T2，PD 分别转换为红色、蓝色和绿色假彩色图图像，如示例图 2.1所示。

2. 将红、绿、蓝三张假彩色图像按 $R:G:B=1:1:1$ 合成图像，如示例图 2.2 所示。

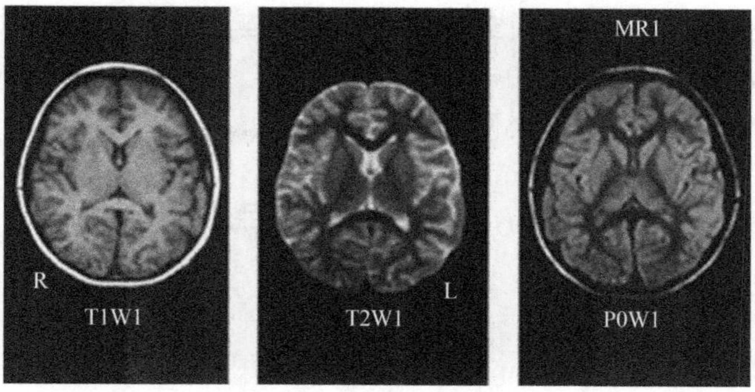

示例图 2.1

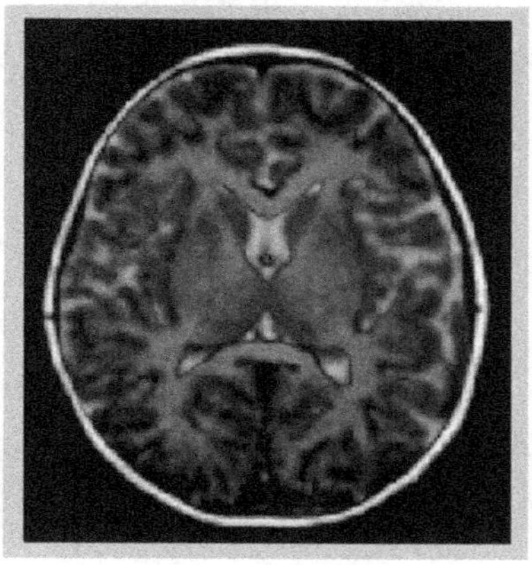

示例图 2.2

3. 把 T1 用金属色、彩虹色转换。

金属色与灰度对应关系为由白色（255，255，255）到黄色（255，255，0）再到红色（255，0，0），最后到黑色（0，0，0），呈均匀梯度（每次增加或减少三个颜色级）变化，如示例图 2.3（a）所示。

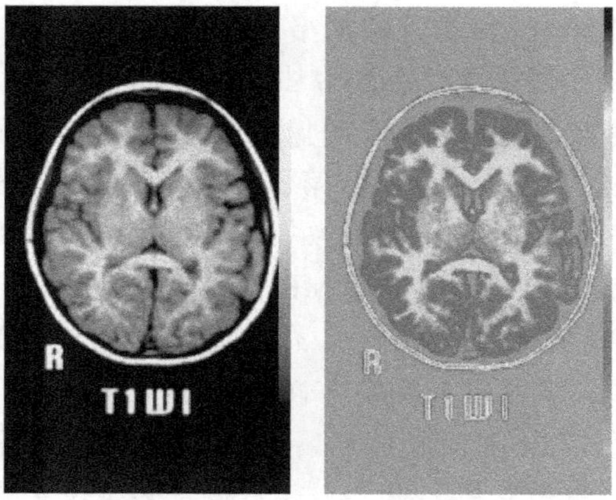

(a)金属色　　(b)彩虹色

示例图 2.3

彩虹色与灰度的对应关系为由红（255，0，0）至黄（255，255，0），绿（0，255，0），青（0，255，255），蓝（0，0，255），紫（255，0，255），呈均匀梯度（每次增加或减少五个颜色级）变化，如示例图 2.3（b）所示。

2.6 图像体数据集

2.6.1 体数据集

前面介绍的以位图文件（.bmp）为代表的二维图像数据串接起来可以构成三维图像数据。但是，许多医学图像，特别是断层图像（tomography）例如，CT，MR，PET 等采集的数据均为体数据集（volume dataset）。体数据文件可有多种格式，例如，DICOM3，MinC 等。体数据，虽为三维，但在机器内部表示仍是一数据序列（数组）。特点是可以整体进行处理，例如分割、配准和显示等。

2.6.2 体数据文件格式

体数据一般由文件头与数据区两部分组成。文件头可包括受试者（subject）及图像本身的信息（表 2.5）。

表 2.5 体数据文件头

文件类型	病人 ID	采集时间	图像类型	图像尺寸	图像分辨	颜色	保留
‘MIL’	Wang	20000305	TIW	256.256.128	8（bit）	黑白 B&W 彩色 RGB	
3B	20B	8B	5B	2B+2B+2B	1B	3B	18B

1. **文件头**（header）

文件头是由一些关于病人信息及数据格式的字段组成。本例的文件头信息占 64 个字节（Byte）。第 1 个字段是文件类型，占 3 个字节。例如，‘MIL’表示 Medical image Lab，即某一图像实验室的自定义图像格式。第 2 个字段是病人 ID，可以是汉语拼音的名字或门诊号（20 个字节）。第 3 个字段是图像的采集时间，包括年、月、日（8 个字节）。第 4 个字段是图像类型，可以是 T1W（T1 加权 MR 像）、T2W（T2 加权 MR 像）、PD（PD 加权 MR 像）、CT、PET、fMRI、SPECT 等（5 个字节）。第 5 个字段是图像尺寸，例如 x 方向有 256 个像素、y 方向有 256 个像素、z 方向有 128 层。该字段占 6 个字节。第 6 个字段是图像的强度分辨，例如 8 位，占 1 个字节。颜色字段是 3 个字节，B&W 表示黑白图像，RGB 表示彩色图像。最后是保留字节，备做它用。总之，究竟设置多少个字段，每个字段占多少字节，完全是根据需要设置。

2. 数据区（data block）

数据区由各体素（voxel）强度值简单排列组成。排列的顺序是每一层面逐行逐个体素。例如，一个由 64 个层片组成的长方形物体，每个层面有 100×100 个像素。其体数据文件的排列顺序如图 2.21 所示。

对于图像体素进行处理须根据该体素在体数据集中的位置，例如所在的行、列号，通过计算索引。

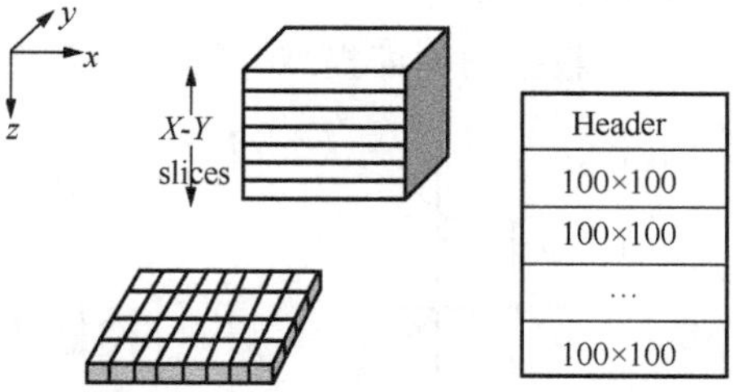

图 2.21　长方体及其体数据集排列

2.7　图像插值技术

2.7.1　插值的概念

插值（interpolation）是实验数据处理中常用的方法。变量 x 的变化规律可能遵循某一函数关系 $f(x)$，但是通常只测得有限个离散的数据点 y_1，y_2，y_3，…，y_n。从已有数据点产生新的数据点的技术称作插值技术。例如

已知

$$\begin{aligned} y_1 &= f(x_1) \\ y_2 &= f(x_2) \end{aligned} \qquad x_1 \leqslant x_0 \leqslant x_2$$

从 y_1，y_2 计算

$$y_0 = f(x_0)$$

从两个端点数据计算内部的数据点称作内插。

若待产生数据点 x_3 在两个端点数据之外

$$x_3 \notin [x_1,\quad x_2]$$

则需用外延法（exterpolation）。

2.7.2　图像灰度插值

断层扫描图像，例如 CT，MR 和 PET 等，扫描数据是各层片位置上的强度（灰度）数值，层的间隙处没有数据。有时我们要从一些扫描的层片数据重建物体的表面或三维结构，由于片数不足，缺乏第三维的信息。重建的图像往往是很薄的一段，产生严重畸变，失去三维的意义。这时就要在这些层片中内插一些层片。但这些新插入层片的数据不是直接来源于实际测试，而是通过算法从已有层片计算出来的。对一幅图像有时想从某一特定角度或断面进行观察，观察平面可能并不通过原来数据格点，这时，也要对显示断面进行灰度插值。插值技术还是医学图像配准的重要准备工作之一。例如，待配准的三维 CT（512×512），像素尺寸 0.9mm×0.9mm×1mm，而 MR 体数据集（256×256），像素尺寸 1.2mm×1.2mm×3mm。要配准这两幅图像，往往要使他们具有相同的数据点数，这也要用到插值技术，即采用一组新的数据点进行处理。这种技术又称作再采样（resampling），或重新采样。对再采样的要求是，图像的分度变，数据

点数变，但物体的形状、性质不变。对于一个特定的图像数据集，有时要做多分辨（多尺度）处理。这时如果只是在原来格点数据重选择一部分使用就无须使用插值技术，将不用的数据简单抛弃即可。这个过程称为子数据集采样（sub-sampling）。反之，若使原来格点数据增加即提高分辨，就需要插值，称为超数据集采样（super-sampling）。

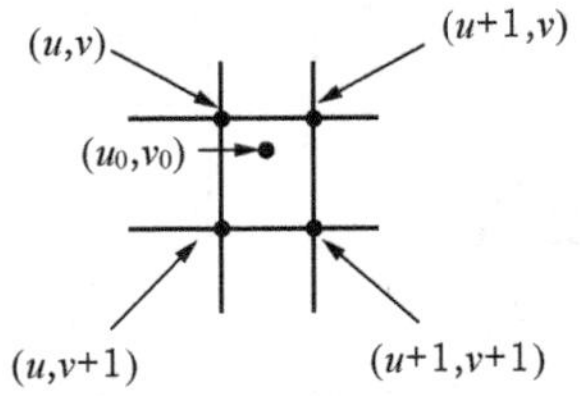

图 2.22　二维图像灰度插值

2.7.3　二维图像灰度插值方法

对于二维图像有多种插值的方法，这里我们主要介绍最近邻法、双线性插值及三次多项式插值。如图 2.22所示，已知 4 个格点上的灰度值，求出非格点（u_0，v_0）处的灰度 $f(u_0, v_0)$。

1. 最近邻插值（nearest neighbour interpolation）

最近邻插值（简称 NN 插值）就是用四个相邻格点中与（u_0，v_0）点最近的点的灰度值作为该点灰度值。假设，图 2.22 中整数坐标（u，v）点与（u_0，v_0）点距离最近，则有

$$f(u_0, v_0) = f(u, v)$$

这种插值方法的特点是只用到距离及一个点的灰度值，简单、快速。但当像素间灰度差值大时，此法的误差也较大。

2. 双线性插值法（bilinear interpolation）

用［S］表示不超过 S 最大整数，则

$$u = [u_0]$$
$$v = [v_0]$$
$$\alpha = u_0 - [u_0]$$
$$\beta = v_0 - [v_0]$$

根据（u_0，v_0）4 个邻点灰值，插值计算 $f(u_0, v_0)$，首先做水平方向插值。

第 1 步：从 $f(u,v)$及 $f(u+1,v)$求 $f(u_0,v)$。

即

$$f(u_0, v) = f(u, v) + \alpha[f(u+1, v) - f(u, v)]$$

第 2 步：从 $f(u,v+1)$及 $f(u+1,v+1)$求 $f(u_0,v+1)$。

即

$$f(u_0, v+1) = f(u, v+1) + \alpha[f(u+1, v+1) - f(u, v+1)]$$

最后，做垂直方向插值

$$\begin{aligned} f(u_0, v_0) &= f(u_0, v) + \beta[f(u_0, v+1) - f(u_0, v)] \\ &= f(u,v)(1-\alpha)(1-\beta) + f(u+1,v)\alpha(1-\beta) \\ &\quad + f(u,v+1)(1-\alpha)\beta + f(u+1,v+1)\alpha\beta \end{aligned} \tag{2.11}$$

本质：根据 4 个邻点灰值，做两方向、共 3 次线性插值。

特点：一般能够得到满意结果，但此法有低通滤波性质，使图像的高频分量受损失。

3. 三次多项式插值（cubic polynomial interpolation）

如果图像灰度变化规律较复杂，就不能简单地用两个临点对其间的数据点线性插值。这时，可用在同一直线方向上的更多采样点灰度对该数据点做非线性插值。典型的有多项式插值。

（1）多项式插值原理

已知数据表列

$$y_i \cong y(x_i)$$

试构造一多项式，使之在所有 x_i 处，满足 $y_i \cong y(x_i)$。插值多项式

$$y = c_0 + c_1 x + c_2 x^2 + \cdots + c_n x^n$$

n 阶多项式，须用 $n+1$ 个数据点来求出 c_0，c_1，…，c_n。

通过线性方程组对系数求解

$$\begin{bmatrix} 1 & x_0 & x_0^2 & \cdots & x_0^n \\ 1 & x_1 & x_1^2 & \cdots & x_1^n \\ \vdots & \vdots & \vdots & & \vdots \\ 1 & x_n & x_n^2 & \cdots & x_n^n \end{bmatrix} \begin{bmatrix} c_0 \\ c_1 \\ \vdots \\ c_n \end{bmatrix} = \begin{bmatrix} y_0 \\ y_1 \\ \vdots \\ y_n \end{bmatrix} \tag{2.12}$$

n 阶多项式插值须用 $n+1$ 个数据点（x_0，y_0），…，（x_n，y_n）。显然，线性插值是多项式插值的一个特例。即用 2 个数据点做直线内插。

考虑到图像数据量较大，一般取三次多项式，精度基本可以保证。对每一维，三次多项式插值需要用同一直线方向上的 4 个数据点做内插。

（2）sin$c$ 函数及 sin$c$ 插值

sin$c$ 函数定义（图 2.23）

$$c(x) = \frac{\sin(\pi x)}{\pi x}$$

由连续信号采样定理可知，若对采样值 x_i 用 sin$c$ 函数 c（x）做插值函数，可准确恢复原函数，即可准确得到采样点间任意点的值

$$y = f(x) = \sum_{-\infty}^{+\infty} c(|\alpha - i|) \times y_i \quad i = \text{整数}$$

$$\alpha = x - [x]$$

式中，y_i 为已知样本点值，x 为待插值点。理论上对全部数据点（包括无穷远处点）对插值点的影响累加求和。考虑到计算量，仅取有限区间做近似计算

$$\begin{aligned} f(x) &= \sum_{i=-1}^{2} c(|\alpha - i|) f(x_i) \\ &= \sum_{i=-1}^{2} c(|\alpha - i|) f(x + i - \alpha) \end{aligned} \tag{2.13}$$

进一步减少计算量，用 $\frac{\sin(\pi x)}{\pi x}$ 的三次近似多项式

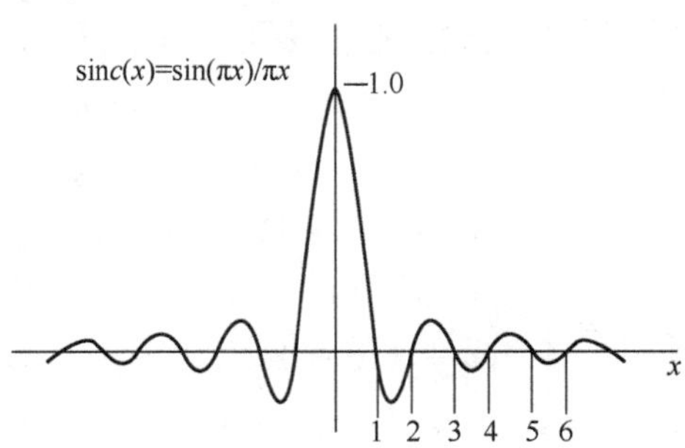

图 2.23　sin$c$ 函数

$$c'(x) = \begin{cases} 1-2|x|^2+|x|^3 & 0 \leqslant |x| < 1 \\ 4-8|x|+5|x|^2-|x|^3 & 1 \leqslant |x| < 2 \\ 0 & 2 \leqslant |x| \end{cases} \tag{2.14}$$

(3) 二维图像的三次多项式插值

以上介绍的是在一个方向上的三次多项式插值计算方法。对于二维医学图像插值须考虑 16 个邻点灰值影响（图 2.24）。

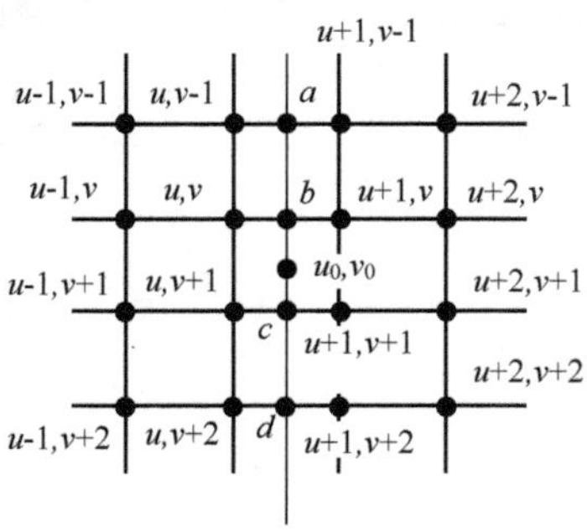

图 2.24　二维三线性插值

根据（u_0，v_0）16 个邻点灰值，插值计算 $f(u_0,v_0)$

$$\alpha = u_0 - [u_0]$$

$$\beta = v_0 - [v_0]$$

首先，在 4 条水平直线上分别用三次多项式插值计算出点 a，b，b，d 处的灰度值。

我们采用 sinc 函数 $c(x)$ 的三次多项式近似。

点 $a, f(a)$

$$f(u_0,v-1) = c(1+\alpha)f(u-1,v-1) + c(\alpha)f(u,v-1) + c(1-\alpha)f(u+1,v-1) + c(2-\alpha)f(u+2,v-1) \tag{2.15}$$

点 $b, f(b)$

$$f(u_0,v) = c(1+\alpha)f(u-1,v) + c(\alpha)f(u,v) + c(1-\alpha)f(u+1,v) + c(2-\alpha)f(u+2,v) \tag{2.16}$$

点 $c, f(c)$

$$f(u_0,v+1) = c(1+\alpha)f(u-1,v+1) + c(\alpha)f(u,v+1) + c(1-\alpha)f(u+1,v+1) + c(2-\alpha)f(u+2,v+1) \tag{2.17}$$

点 $d, f(d)$

$$f(u_0,v+2) = c(1+\alpha)f(u-1,v+2) + c(\alpha)f(u,v+2) + c(1-\alpha)f(u+1,v+2) + c(2-\alpha)f(u+2,v+2) \tag{2.18}$$

由 a，b，c，d 四点在垂直方向上再做三次多项式内插

$$f(u_0,v_0) = c(1+\beta)f(u_0,v-1) + c(\beta)f(u_0,v) + c(1-\beta)f(u_0,v+1) + c(2-\beta)f(u_0,v+2) \tag{2.19}$$

可见，共做五次 sinc 内插，从 16 个邻点计算得到 $f(u_0,v_0)$。特点是插值精度高，但计算量大。

可以将上述插值方法用矩阵表示

$$f(u_0,v_0) = \mathbf{A} \times \mathbf{B} \times \mathbf{C} \tag{2.20}$$

$$\mathbf{A} = [c(1+\alpha), c(\alpha), c(1-\alpha), c(2-\alpha)] \tag{2.21}$$

$$\boldsymbol{B} = \begin{bmatrix} f(u-1,v-1) & f(u-1,v) & f(u-1,v+1) & f(u-1,v+2) \\ f(u,v-1) & f(u,v) & f(u,v+1) & f(u,v+2) \\ f(u+1,v-1) & f(u+1,v) & f(u+1,v+1) & f(u+1,v+2) \\ f(u+2,v-1) & f(u+2,v) & f(u+2,v+1) & f(u+2,v+2) \end{bmatrix} \tag{2.22}$$

$$\mathbf{C} = [c(1+\alpha), c(\alpha), c(1-\alpha), c(2-\alpha)]^T \tag{2.23}$$

【示例三】 图像插值

实验目的：学会图像的采样和差值，掌握各种差值方法。

原始数据：人脑 MR 断层图像（轴向）数据集中的三层图像（示例图 3.1），每幅分辨均为 222×222。

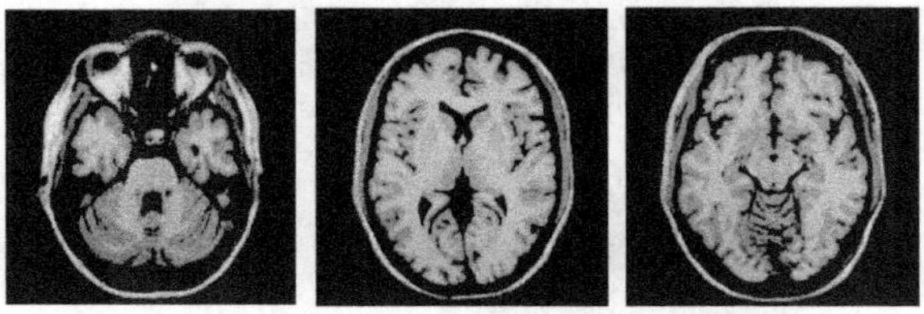

示例图 3.1

实验要求：

1. 对 MRI 图像 T1043 和 T1077 进行下采样，每 3 点采样 1 点，并且显示图像；
2. 分别用最近邻法、双线性及 3 次多项式插值恢复图像并显示；
3. 显示插值后恢复图像与原图像的差值图像；
4. 根据图像 T1043 和 T1077 线性插值计算图像 T1060，并与真实图像 T1060 进行比较。

实现方法和结果：

1. 对图像进行下采样。

采样方法如示例图 3.2 所示。红色的圆点表示原图中被采样的像素，其余点被舍弃。

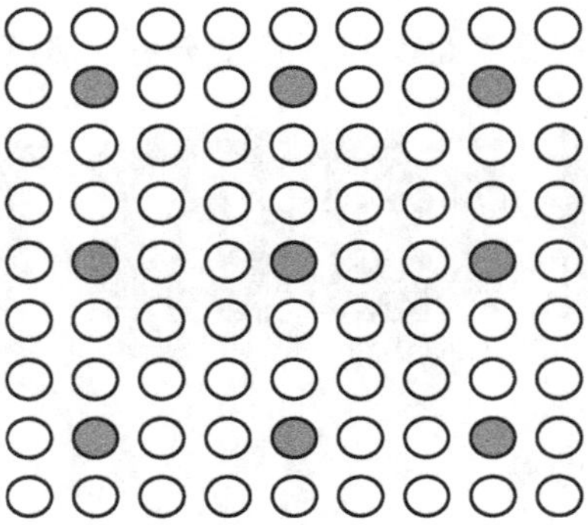

示例图 3.2

原图像为 222×222 的图像，每 3 点采样一点得到的图像像素为 74×74 的图像，图像如示例图 3.3 所示。

(1) T1043 的原始图像和采样后图像。

(2) T1077 的原始图像和采样后图像。

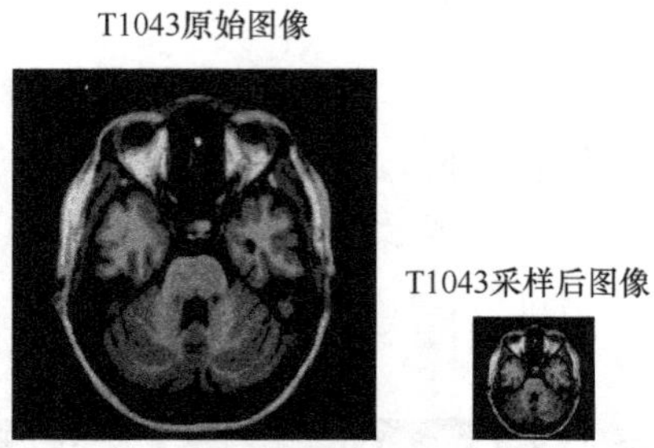

(a) T1043原始图像和采样后图像

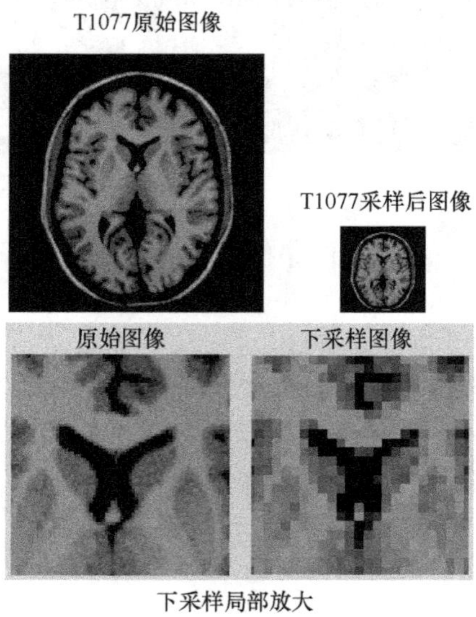

(b) T1077原始图像和采样后图像

示例图 3.3

2. 对采样后的图像进行三种不同的插值处理，并与原图像进行比较。见示例图 3.4 差值得到的最后结果可能会有负数出现，因此要先将负数变为其绝对值，再做图。

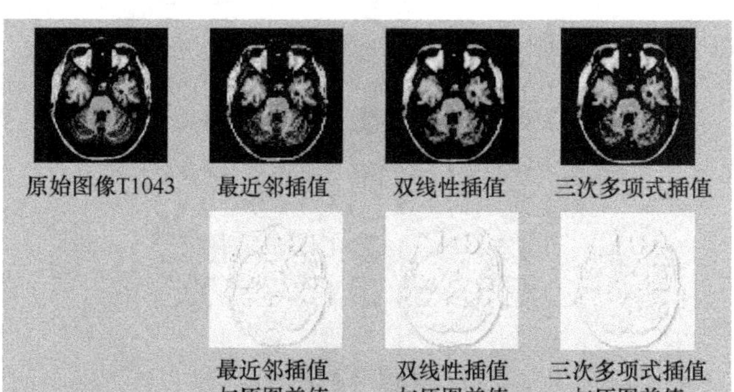

示例图 3.4

差值图背景区应为黑底，差值为白色，为了让图像清晰容易识别，用 255 减去了原来的差值图，得到白底的差值图。

从示例图 3.5 所示的结果可以看到，最近邻插值所示例图 2.30 获得图像质量最差，呈马赛克状；双线性插值获得的图像质量比最近邻插值图像要好；而三次多项式插值获得的图像质量最好，它与原始图像的差值最小。

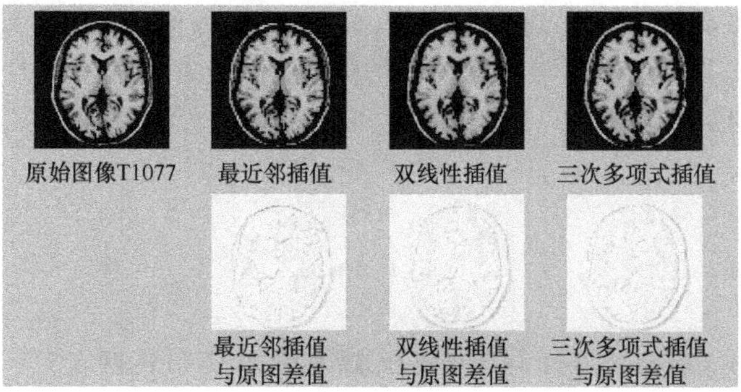

示例图 3.5

3. 根据图像 T1043 和 T1077 线性插值计算图像 T1060，并与真实图像 T1060 进行比较。

示例图 3.6（b）图像为 T1077 与 T1043 线性插值后的图像，图（c）为插值后的图像与 T1060 原始图像的差值图像。通过差值图像能够看出，通过两个距离较远的断层直接进行线性插值获得的图像与原始图像差距较大。上下两层相差太远，形态结构有较大变化，适合用形态插值。

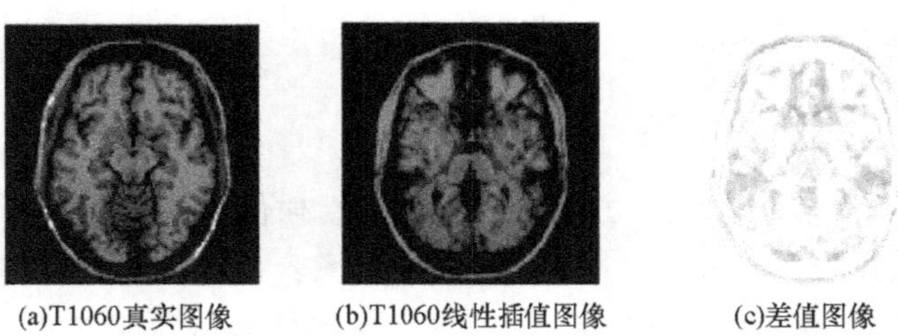

示例图 3.6

2.7.4 三维图像灰度插值方法

1. NN 法

与二维图像一样，三维最近邻插值是用 8 个相邻角点中与 $G(u_0, v_0, w_0)$ 点最近的点的灰度值作为该点灰度值。在图 2.25 中，点 G 的相邻角点为 V_i，对应的灰度值 f_i，$i=1, 2, \cdots, 8$。

设点 G 与角点 V_i 的距离为 $d(G, V_i)$，而且 $k=\arg\min d(G, V_i)$，则点 G 的灰度值 f_g 为

$$f_g = f_k$$

2. 三线性插值（tri-linear interpolation）

在图 2.26 中，待插值的点 $G(u_0, v_0, w_0)$ 的相邻角点为 V_i，对应灰度值 f_i，$i = 1, 2, \cdots, 8$。

利用 8 个邻点灰值计算 G 点的灰度值，须做 3 个方向（x，y，z 方向）的线性插值。首先令 $x = u_0$ 得到的平面与点 G 所在的体素相交于 A，B，C，D 点。

在 x 方向做 4 次线性插值

$$f_5, f_6 \to f_A$$
$$f_1, f_2 \to f_B$$
$$f_4, f_3 \to f_C$$
$$f_8, f_7 \to f_D$$

再令 $y = v_0$，得到过 G 点的平面与平面 $ABCD$ 相交于 E 和 F 两点。

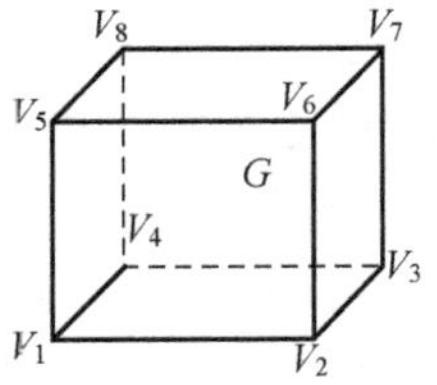

图 2.25　三维最近邻插值

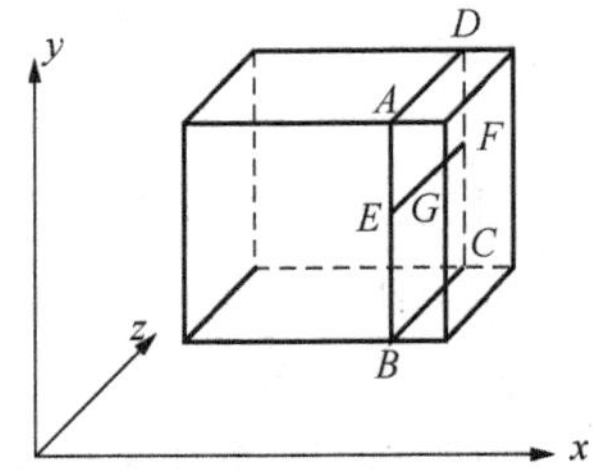

图 2.26　三线性插值

在 y 方向做两次线性插值

$$F_A, f_B \to f_E$$
$$F_D, f_C \to f_F$$

最后，令 $z = w_0$，得 G 点。在 z 方向再做一次线性插值

$$F_E, f_F \to f_G$$

可见，三线性插值在 3 个方向共计做 7 次插值。三线性插值的特点是计算简单，对体数据用的较多，在满足一定精度前提下，计算量不是太大。

3. 三维三次多项式插值（tri-cubic polynormial interpolation）

与二维三次多项式内插相似，三维三次多项式内插是用 64 个邻点，做 21 次三次多项式内插。由于计算量过大，一般较少使用。

值得注意的是，在断层层片图像间插值，要求插值层片距离较近，层间灰度连续，最好导数连续。若相邻两层距离较大，解剖结构变化较大时，应采用形态插值（详见 12.1 节）。图 2.27 中，图（a）与图（b）是一个物体相邻的两个断层层片图像。虽然都是椭圆，但尺寸差异较大。假设整个物体表面是一个从粗到细均匀过度的椭圆剖面，因此期望得到如图（c）的插值图像。然而线性插值的结果却是如图（d）的两个嵌套的灰度介于黑白之间的椭圆。要想得到如图（c）的结果，应当采用层片间的形态插值。实际应用中，如果 MR 扫描图像层片较少，层间距又较大，要想重构内部组织的三维图像用线性插值是不行的。即使用形态插值也会有很大的失真。这一点必须清楚地了解。

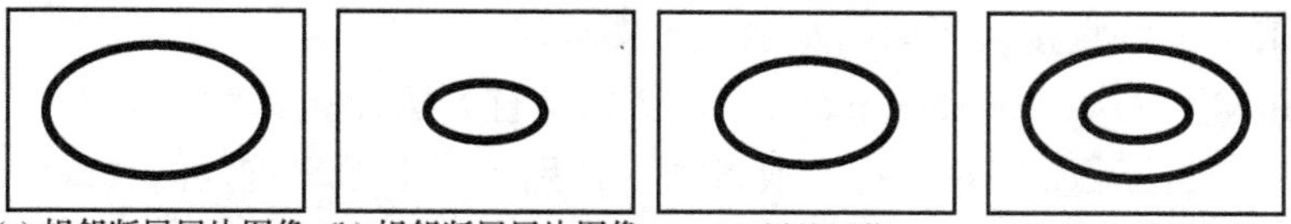

图 2.27　层片间形态差别较大情况下线性插值产生的问题

4. 三线性 PV（trilinear partial volume distribution）插值算法

在基于最大互信息的医学图像配准中（有关互信息配准参见第 6.5 节），首先通过再采样使两幅待配准图像具有相同的空间分辨率，然后进行配准。配准过程中，浮动图像中的样本点在空间变换下，对应的参考图像的像素通常落在非整数坐标上，因此需要使用插值运算。常用的三线性插值法按新数据点到其各邻点的距离产生相应的权重，其灰度值为各邻点的灰度值按相应权重插值结果。插值产生的非整数灰度值给直方图的计算带来很大的问题。一般数字化的医学图像的灰度值均为整数，例如 0-256。将插值结果整数化的过程必然引入误差。此时可采用三线性 PV 插值算法。该算法不是通过邻居点确定变换后新点的灰度，而是按照该点周围 8 个像素与其的空间距离分配权重，使周围 8 个像素点贡献于联合灰度分布统计，即

$$\forall i: h(f, r(i)) += w_i$$

且

$$\sum_i w_i = 1, i = 1, 2, \cdots, 8 \tag{2.24}$$

其中，$r(i)$ 是 8 个邻居点的灰度，w_i 是权重。

与普通三线性按像素灰度值逐次加 1 的统计方法不同，PV 插值算法在各灰度统计结果上每次增加的是分数权值。这不仅使互信息的计算更为精确，而且对于小的空间变换增量 δT，互信息的变化 δS 也更平滑，对于优化过程中的局部极值问题会有所缓解。

2.8　图像形状和纹理量化

形状和纹理是医学图像中最有代表性和诊断启示意义的两种视觉信息。本节介绍适合临床应用与科学研究的一些常用形状和纹理概念和量化方法。内容包括对分割图像进行形状量化的 3 种不同方法：

- 区域致密度与空间矩（compactness and spatial moments）：对一个分割区域内全部像素进行几何与统计计算。
- 径向距离测度、链码、Fourier 描述子：仅对边界像素做几何、统计和谱计算得到编码和表示闭合轮廓的机制。
- 基于骨架的量化方法：当感兴趣的结构被拉长或展宽，重要的形状信息包含在中线之中，可以用细化（thinning）算法提取中线。基于骨架化表示可以得到量化的形状测度，例如长度、角度、曲率或方向等。

对医学图像的检验通常要对组织的外观做解释，例如平滑、粒度、规则性、均匀性

等。这些属性都与图像的局部灰度变化有关，可以用纹理测度量化：

- 统计矩：可以直接从图像的灰度直方图计算。
- 共生矩阵（co-occurrence matrix）：从二维直方图计算，可以保留空间信息。
- 谱测度：由图像的 Fourier 变换得到，特别是当图像有重复的模式时。
- 分型维（fractal dimension）：适合多尺度分析。
- 行程（run-length）统计：适合分析图像中具有相同数值的像素组成的线性条块。

纹理可以是某一个选定的局部区域，也可以是整幅图像的特性。

2.8.1 形状量化

作为图像形状的测度，须满足以下两个条件：

1）按视觉感受，随着物体的形状从简单到复杂，形状测度值应单调增加（或单调减小）。

2）形状测度值应对平移、尺度和旋转都不变。

下面介绍几种常用的形状测度。

1. 区域致密度

区域致密度是常用的形状测度，用分割区域的周长 P 和面积 A 定义

$$C = P^2/A \tag{2.25}$$

区域致密度给出一个物体接近最平滑的形状（圆）的定量描述。这是一个无量纲的测度，对于理想的圆，$C=4\pi$。由于离散数字化误差，实际的圆的 C 的值稍大些。例如图 2.28（a）中的圆的 $C=13.6$。随着图形的复杂程度增加，C 值也增加。但也并非总是如此。图 2.28（c）中的长形椭圆从视觉上看性质并不复杂，但 $C=27.6$，远比图 2.28（b）中图形的 C 值大。但从区域内部像素分布的致密程度来说，这些测度数值还是合理的。

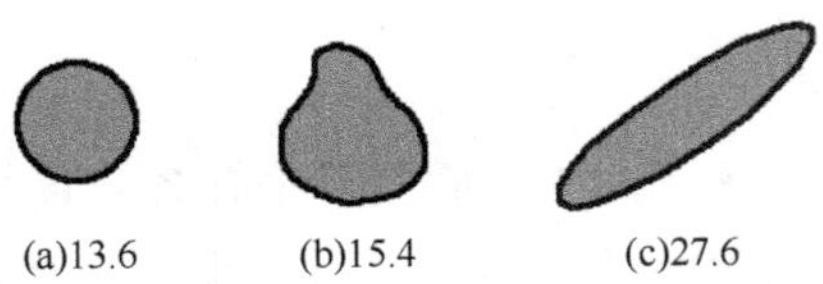

图 2.28 不同形状的区域圆度

作为形状测度，区域致密度应在一定限度内具有平移、旋转和尺度不变性。它的归一化表示也较常使用

$$C' = 1 - 4\pi/C \tag{2.26}$$

2. 空间矩

考虑一个大小为 $M\times N$ 的图像 $f(i,j)$，它的二维 $p+q$ 阶矩定义为

$$m_{pq} = \sum_{i=0}^{M-1}\sum_{j=0}^{N-1} i^p j^q f(i,j) \quad p,q = 0,1,2,3,\cdots \tag{2.27}$$

矩的计算适于二值图像和灰度图像。对二值图像，矩严格量化分割区域；对灰度图像，除形状外矩还包括灰度分布信息。

对平移不变的中心矩定义为

$$\mu_{pq} = \sum_{i=0}^{M-1}\sum_{j=0}^{N-1} (i-\bar{i})^p (j-\bar{j})^q f(i-\bar{i}, j-\bar{j}) \qquad p,q = 0,1,2,3,\cdots \tag{2.28}$$

式中，$\bar{i}=m_{10}/m_{00}$，$\bar{j}=m_{01}/m_{00}$。

由式（2.28）知

$$\left.\begin{aligned}\mu_{01} &= \mu_{10} = 0\\ \mu_{00} &= m_{00}\\ \mu_{11} &= m_{11}-\frac{m_{10}m_{01}}{m_{00}}\\ \mu_{20} &= m_{20}-\bar{i}m_{10}\\ \mu_{02} &= m_{02}-\bar{j}m_{01}\\ \mu_{12} &= m_{12}-2\bar{j}m_{11}-\bar{i}m_{02}+2\bar{j}^2m_{10}\\ \mu_{21} &= m_{21}-2\bar{i}m_{11}-\bar{j}m_{20}+2\bar{i}^2m_{01}\\ \mu_{30} &= m_{30}-3\bar{i}m_{20}+2\bar{i}^2m_{10}\\ \mu_{03} &= m_{03}-3\bar{j}m_{02}+2\bar{j}^2m_{01}\end{aligned}\right\} \tag{2.29}$$

如果图像 $f(i,j)$ 放大 s 倍，则

$$f'(i,j) = f(i/s,j/s) \tag{2.30}$$

相应的矩改变为

$$\mu'_{pq} = s^{p+q+2}\mu_{pq} \tag{2.31}$$

还可以定义尺度不变的中心矩

$$\eta_{pq} = \mu_{pq}/\mu_{00}^{(p+q+2)/2} \quad p+q = 2,3,\cdots \tag{2.32}$$

该中心矩对形状的量化与位置、大小无关。

可以将不同阶的尺度不变的中心矩组合构成一组对平移、尺度、旋转都不变的描述子

$$\phi_1 = \eta_{20}+\eta_{02} \tag{2.33}$$

$$\phi_2 = (\eta_{20}-\eta_{02})^2+4\eta_{11}^2 \tag{2.34}$$

$$\phi_3 = (\eta_{30}-3\eta_{12})^2+(3\eta_{21}-\eta_{03})^2 \tag{2.35}$$

$$\phi_4 = (\eta_{30}+\eta_{12})^2+(\eta_{21}+\eta_{03})^2 \tag{2.36}$$

$$\begin{aligned}\phi_5 = &(\eta_{30}-3\eta_{12})(\eta_{12}+\eta_{30})[(\eta_{30}+\eta_{12})^2-3(\eta_{21}+\eta_{03})^2]\\ &+(3\eta_{21}-\eta_{03})(\eta_{21}+\eta_{03})[3(\eta_{30}+\eta_{12})^2-(\eta_{21}+\eta_{03})^2]\end{aligned} \tag{2.37}$$

$$\begin{aligned}\phi_6 = &(\eta_{20}-\eta_{02})[(\eta_{30}+\eta_{12})^2-(\eta_{21}+\eta_{03})^2]\\ &+4\eta_{11}(\eta_{30}+\eta_{12})(\eta_{21}+\eta_{03})\end{aligned} \tag{2.38}$$

$$\begin{aligned}\phi_7 = &(3\eta_{21}-\eta_{03})(\eta_{12}+\eta_{30})[(\eta_{30}+\eta_{12})^2-3(\eta_{21}+\eta_{03})^2]\\ &+(3\eta_{12}-\eta_{30})(\eta_{21}+\eta_{03})[3(\eta_{30}+\eta_{12})^2-(\eta_{21}+\eta_{03})^2]\end{aligned} \tag{2.39}$$

图 2.29 表示 3 种不同的形状，从左到右图形的粗糙度（roughness）增加。中间一排是放大两倍后的图形，下面是逆时针旋转 60°的结果。对于这 9 个形状，描述子 ϕ_1 的值为

$$\boldsymbol{\phi}_1 = \begin{bmatrix}0.16766 & 0.17150 & 0.17601\\ 0.16796 & 0.17189 & 0.17618\\ 0.16792 & 0.17185 & 0.17616\end{bmatrix}$$

矩阵元素的位置与图 2.29 的形状对应。横向数值的增加反映形状的粗糙度增加。

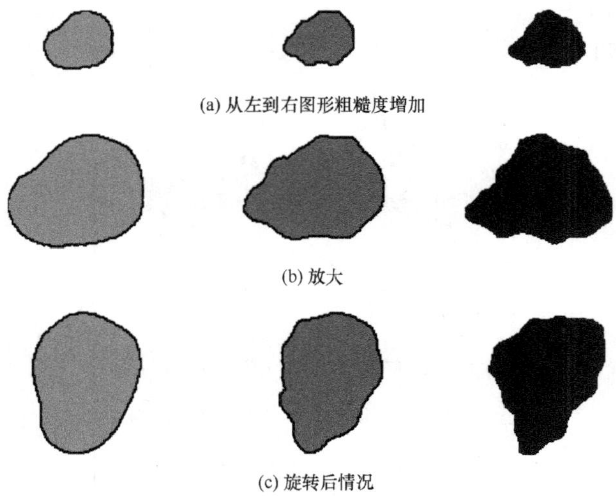

图 2.29　三种不同的形状

纵向数值基本一致表示尺度、旋转不变性。

另一个描述子 ϕ_3 的值也表现相同的趋势

$$\boldsymbol{\phi}_3 = \begin{bmatrix} 1.5608 & 2.6099 & 8.6513 \\ 1.6021 & 2.4246 & 8.7308 \\ 1.6022 & 2.5167 & 8.5768 \end{bmatrix} \times 10^{-4}$$

物体的方向角定义为该物体形状拉长的方向

$$\theta = \frac{1}{2}\tan^{-1}\frac{2\mu_{11}}{\mu_{20}-\mu_{02}} \tag{2.40}$$

该方向以及与此垂直的方向统称物体的主轴。

物体的偏心度定义为

$$\varepsilon = \frac{(\mu_{20}-\mu_{02})^2+4\mu_{11}^2}{(\mu_{20}+\mu_{02})^2} \tag{2.41}$$

对于圆，$\varepsilon=0$；对于直线，$\varepsilon=1$。

3. 径向距离测度

感兴趣结构的形状也可通过分析它的边界变化情况得到量化的信息。具体的实现方法是将结构的边界先转换为一维信号，然后进行分析。例如计算从区域中心（x_c,y_c）到每个边界像素（x，y）的径向距离 $d(n)$

$$d(n) = \sqrt{[x(n)-x_c]^2+[y(n)-y_c]^2},\quad n=0,1,\cdots,N-1 \tag{2.42}$$

N 是边界上像素总数。对 $d(n)$ 归一化得到对于尺度不变的 $r(n)$ 。基于 $d(n)$ 还可定义一些统计矩

$$m_p = \frac{1}{N}\sum_{n=0}^{N-1}[r(n)]^p \tag{2.43}$$

$$\mu_p = \frac{1}{N}\sum_{n=0}^{N-1}[r(n)-m_1]^p \tag{2.44}$$

进一步可以得到平移、旋转和尺度都不变的矩

$$\bar{m}_p = \frac{m_p}{\mu_2^{p/2}} \tag{2.45}$$

$$\bar{\mu}_p = \frac{\mu_p}{\mu_2^{p/2}} \quad p \neq 2 \tag{2.46}$$

仍是对图 2.29 的各个形状，几个统计矩的值为

$$\bar{\boldsymbol{m}}_2 = \begin{bmatrix} 76.047 & 50.080 & 37.882 \\ 76.754 & 49.098 & 38.174 \\ 76.739 & 50.435 & 39.541 \end{bmatrix}$$

$$\bar{\boldsymbol{m}}_4 = \begin{bmatrix} 6084.39 & 2714.65 & 1594.94 \\ 6035.35 & 2614.59 & 1620.81 \\ 5428.31 & 2752.00 & 1731.75 \end{bmatrix}$$

$$\bar{\boldsymbol{\mu}}_4 = \begin{bmatrix} 1.9935 & 2.6930 & 2.8414 \\ 1.9485 & 2.6972 & 2.8653 \\ 1.8845 & 2.7425 & 2.8427 \end{bmatrix}$$

还可以定义两个特征值

$$f_1 = \frac{\mu_2^{1/2}}{m_1} \tag{2.47}$$

$$f_2 = \frac{\mu_4^{1/4}}{m_1} \tag{2.48}$$

差值 $f_{21}=f_2-f_1$。f_{21}具有良好的不变特性，而且数值随形状复杂度单调递增。

【示例四】　图像形状

实验目的： 了解形状概念及量化方法，掌握一些常用形状测度计算方法。

原始数据： 四幅不同形状图像，分别是圆形、椭圆形、葫芦形和星形。见示例图 4.1。

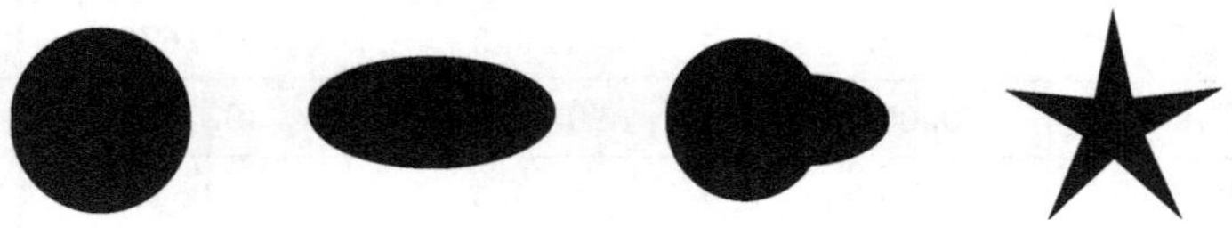

示例图 4.1

实验要求： 对各幅图像计算图像的区域致密、形状主方向、偏心度及径向距离测度 f_{21}，平移、尺度、旋转都不变的空间矩 ϕ 等测度值。

实现方法和结果： 图像中值为 1 的像素点个数定义为面积。周长的计算可有不同的方法。

方法一：所用方法是扫描整个图形，计数边界点个数，把边界点个数的累加和作为周长的值。经此方法计算后，圆的区域圆度为 14.676，而圆形的理想区域圆度应为 4π 即 12.56。

方法二：对图形的直线边缘像素点，每有一个像素点周长增加 1；对于图形的非直线边缘像素点，每两个像素点周长记为$\sqrt{2}$（见示例图 4.2 中短线表示）。

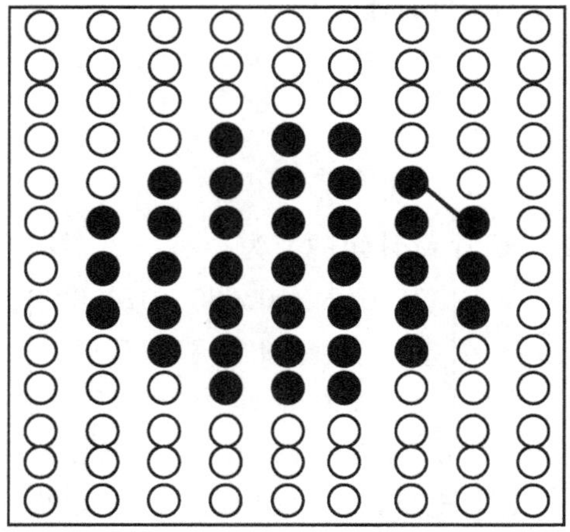

示例图 4.2

示例表 4.1～示例表 4.3 为不同测试参数。

示例表 4.1　形状量化几个基本参数结果

参数					
方法一	周长	247	262	265	266
	面积	4157	3648	4065	1541
	区域致密度	14.67	18.81	17.27	45.91
	归一化区域致密度	0.143	0.332	0.272	0.726
方法二	周长	237	252	253	261
	面积	4157	3648	4065	1541
	区域致密度	13.52	17.53	15.80	44.34
	归一化区域致密度	0.071	0.283	0.204	0.716
形状主方向/(°)		0	0.0043	−0.670	−7.429
偏心度		0.000855	0.476	0.117	0.0118
径向距离测度 $f21$		0.003	0.0384	0.0511	0.0460

示例表 4.2　区域致密度的平移、旋转和尺度不变性

参数	原图	向右平移 5 个像素	逆时针旋转 40°	放大两倍
	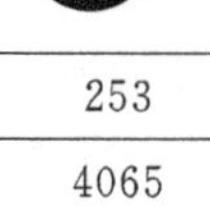	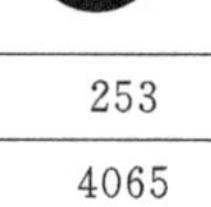	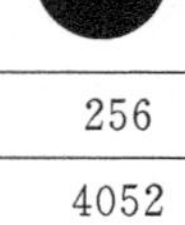	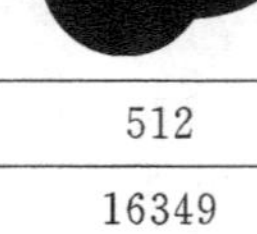
周长	253	253	256	512
面积	4065	4065	4052	16349
区域致密度	15.80	15.80	16.16	16.02
归一化	0.207	0.207	0.222	0.215

示例表 4.3　7 个空间矩

参数				
$\phi1$	0.1592	0.220	0.1754	0.221
$\phi2$	2.16e-005	0.023	3.62e-003	5.76e-004
$\phi3$	2.42e-010	2.32e-008	5.03e-004	1.39e-004
$\phi4$	1.22e-014	5.87e-009	4.49e-005	4.28e-005
$\phi5$	1.06e-026	6.56e-017	6.75e-009	-1.57e-010
$\phi6$	5.70e-017	8.73e-010	2.70e-006	9.89e-007
$\phi7$	0	7.15e-018	5.11e-012	-2.55e-009

注：表中，2.16e-005 代表 2.16×10^{-5}。

4. 链码（chain codes）

一个区域的形状也可以用对其边界上的连续点的相对位置量化的方式实现。图 2.30是在低分辨栅格上显示的脊椎轮廓的分割边界像素及相应的链码。

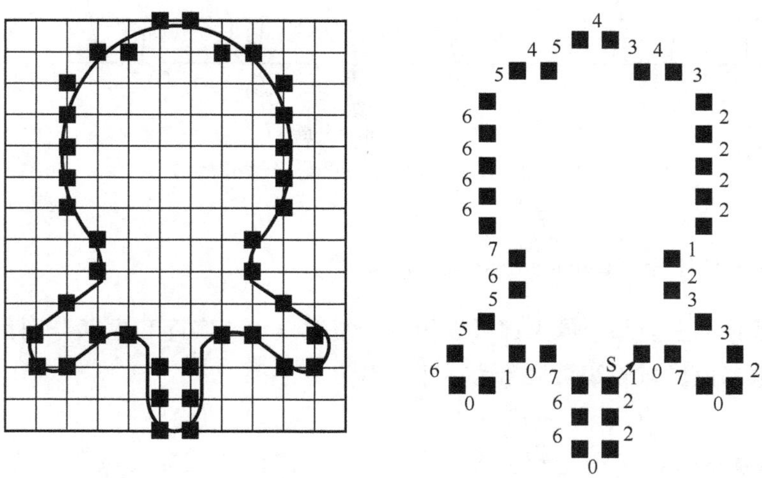

(a)脊椎轮廓和链码栅格　　(b)链码及转换标识

图 2.30　在低分辨栅格中显示

轮廓点的近邻关系可以按 4 连通或 8 连通考虑。图 2.31 是 8 连通近邻关系及相应代码。

图 2.30 中的链码起点 S，链码按逆时针方向跟踪直至整个轮廓闭合。该形状的链码如图 2.32（a）所示。显然，选择不同的起点会得到不同的链码。微分链码是计算链码中连续两点的差值，逆时针改变为正，顺时针改变为负。微分链码是平移、旋转不变。不同边界的微分链码不同，因此可用来区分形状。然而，微分链码本身并不包含任何形状特

3	2	1
4	p	0
5	6	7

图 2.31　8 连通近邻关系及相应代码（P 是当前点）

征，因此不适于直接对某个形状量化或对两个形状进行比较。边界的平滑特性与边界的局部曲率变化有一定关系。因此，边界上所有点的微分链码数值绝对值的平均值能够反映边界的平滑性。

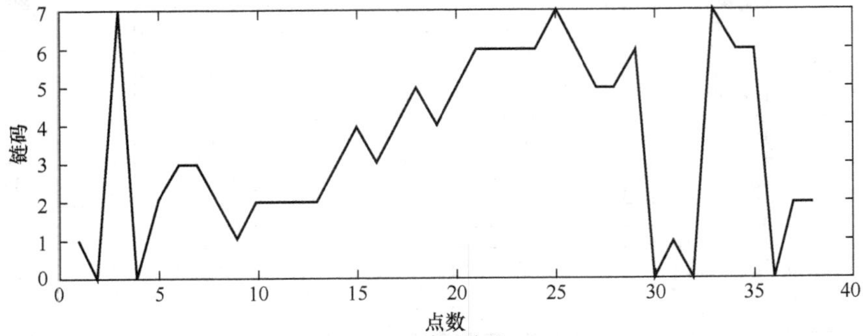

(a) 边界链码

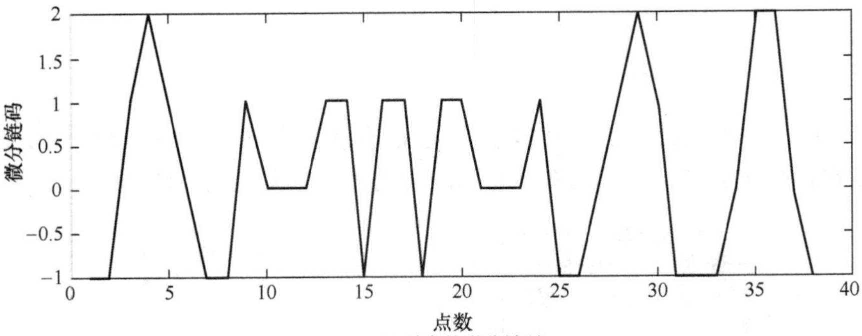

(b) 对应的微分链码

图 2.32　图 2.30 的形状链码及微分链码

5. Fourier 描述子 (fourier descriptors)

二值区域轮廓上的每个像素都可以用一个复数表示，实部和虚部分别代表像素的 x 和 y 坐标。该二值区域轮廓可表示为一个一维复数序列

$$c(n) = x(n) + jy(n) \qquad n = 0,1,\cdots,N-1 \tag{2.49}$$

其中，n 是像素索引，N 是轮廓上像素总数。j 是虚数单位数。该序列的离散 Fourier 变换为

$$d(u) = \frac{1}{N}\sum_{n=0}^{N-1} c(n)e^{-j2\pi nu/N} \qquad u = 0,1,\cdots,N-1 \tag{2.50}$$

$d(u)$ 包含轮廓的全部形状信息。通过逆变换恢复 $c(n)$ 为

$$c(n) = \sum_{u=0}^{N-1} d(u)e^{j2\pi nu/N} \quad n = 0,1,\cdots,N-1 \tag{2.51}$$

二值区域轮廓的主要的形状信息包含在 $d(u)$ 的前几项中，它们构成 Fourier 形状描述子。第一个系数 $d(0)$ 是轮廓的中心，并随平移改变。所有的其他系数都是平移不变。所有系数都与选择的起点像素有关。设以像素 p_0 为起点的 Fourier 系数是 $d_0(u)$，则以 p_0 后面第 n_s 个像素为起点的 Fourier 系数为

$$d_s(u) = d_0(u)e^{-j2\pi n_s u/N} \tag{2.52}$$

尺度扩展 a 倍，绕原点旋转 θ 角后的系数

$$d_{sa\theta}(u) = d_0(u)ae^{-j2\pi n_s u/N}e^{j\theta} \tag{2.53}$$

对起点、平移、尺度和旋转都不变的 Fourier 形状描述子为

$$d_{inv}(u) = \frac{d(1+u)d(1-u)}{d^2(1)} \tag{2.54}$$

$d(1)$ 是与所描述形状近似的圆的半径。归一化描述子为

$$d_n(u) = \frac{d(u)}{d(1)}, \quad u \neq 0 \tag{2.55}$$

还可以定义一个形状因子

$$FF = 1 - \frac{\sum_{u=-N/2+1}^{N/2} || d(u) || / || u ||}{\sum_{u=-N/2+1}^{N/2} || d(u) ||} \quad u \neq 0 \tag{2.56}$$

实验表明，形态因子 FF 对噪声不敏感，对起点、平移、尺度和旋转都不变。FF 的数值在 0 和 1 之间，并且随物体形状的复杂性和粗糙度单调增加。

注意：公式（2.50）的前提是序列 $c(n)$ 的元素是沿轮廓路径等距离的。

6. 细化（thinning）算法

医学图像中经常沿结构主要成分的中心线提取结构的骨架（skeleton）。结构形状的基本信息可以由骨架表示。沿着中心线搜索骨架的算法称做细化算法。这里介绍两种常用的细化算法。

（1）中轴变换（Medial Axis Transform，MAT）

计算从二值化结构每个内部像素 i 到每个边界像素 j 的距离 $d(i,j)$。如果某个内部点 i_0 到边界上的两个像素 j_1 和 j_2 距离最小，即

$$\min\{d(i_0,j)\} = d(i_0,j_1) = d(i_0,j_2) \tag{2.57}$$

则将像素 i_0 标记为 MAT 像素。在某些情况下可能产生多于两个的这样边界像素。MAT 的计算复杂度较高，因为要做大量的距离计算。

（2）骨架提取迭代算法

这是一种根据临近关系判断是否将一个边界点从二值化结构轮廓中消除，从而实现轮廓细化的算法。要消除一个点必须满足一定的条件，即不能导致待细化区域的分裂。如果结构元素是 1，背景像素是 0 的话，应计算两个累加和 $n(p_1)$和 $s_1(p_1)$的值，其中

$$n(p_1) = \sum_{i=2}^{9} p_i \tag{2.58}$$

$n(p_1)$ 是非零相邻像素个数。例如，图 2.33（b）示例中 $n(p_1)=5$。$s(p_1)$定义为相邻像素由 0 过渡到 1 的总次数。

迭代算法分作两步。第一步首先检测整幅图像，搜索边界像素。条件是该像素本身值是 1，并且至少有一个 8 连通像素值为 0。在此基础上判断下述 4 个条件是否同时满足以下要求。

条件 1：$2 \leqslant n(p_1) \leqslant 6$。如果 p_1 只有一个邻点，它就是像素串的端点，不能删除。如果 p_1 有 7 个邻点，删除 p_1 就会删除一块区域并导致区域分裂。

条件 2：$s(p_1)=1$。如果邻域中有多于一个的 0-1 过渡，删除 p_1 会导致区域分裂。

条件 3：$p_2 \times p_4 \times p_6 = 0$

条件 4：$p_8 \times p_4 \times p_6 = 0$

如果 $p_4=0$ 或 $p_6=0$ 或 $p_2=p_8=0$，条件 3 和 4 同时满足。这 3 种情况分别对应图 2.34中的东边界、南边界和西北边界。这 3 种情况下的 p_1 点可以删除。

p_9	p_2	p_3
p_8	p_1	p_4
p_7	p_6	p_5

(a)

0	1	1
1	p_1	1
1	0	0

(b)

图 2.33　像素的近邻关系与举例

1	1	0
1	p_1	1
1	1	0

(a)东边界

1	1	1
1	p_1	1
0	0	0

(b)南边界

0	0	0
0	p_1	1
0	1	1

(c)西北边界

图 2.34　p_1 点的 3 种情况

如果全部 4 个条件都满足的话，将 p_1 标记“可删除”，当图像中全部点都处理完之后统一删除。

第二步是将 4 个条件应用在第一步的结果上。前两个条件与第一步相同，后两个条件如下。

条件 3：$p_2 \times p_4 \times p_8 = 0$

条件 4：$p_8 \times p_2 \times p_6 = 0$

这两个条件对应北边界、西边界和东南边界。

在第二步中，也是先将满足四个条件的 p_1 标记“可删除”，当图像中全部点都处理完之后统一删除。在第二步完成之后，算法开始新的一次迭代。即在第二步的结果之上做第一步处理，直到在两步中都没有像素被标记为“可删除”为止。算法产生一个由 8 连通像素串构成的结构骨架。图 2.35 是将该算法应用在一个小的图像区域的结果。

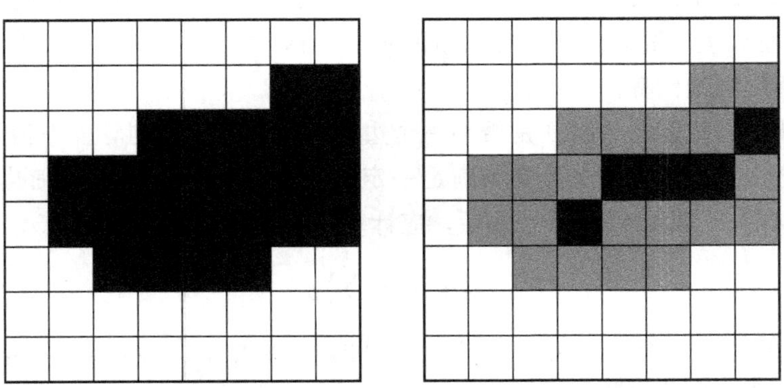

(a) 原始图像　　(b) 细化结果

图 2.35　细化算法示例

骨架提取迭代算法具有较高的效率。细化算法可以应用在冠状动脉血管树分析，肠胃内窥镜图像，DNA 片段的原子力显微图像，眼底图像，以及染色体形状的量化。

【示例五】 图像细化

实验目的：编程实现骨架提取算法对图像进行细化。

实验要求：用骨架提取算法对示例图 5.1 二值图像进行细化。

实现方法和结果：为了便于程序运算，首先将原图像取反。见示例图 5.2。

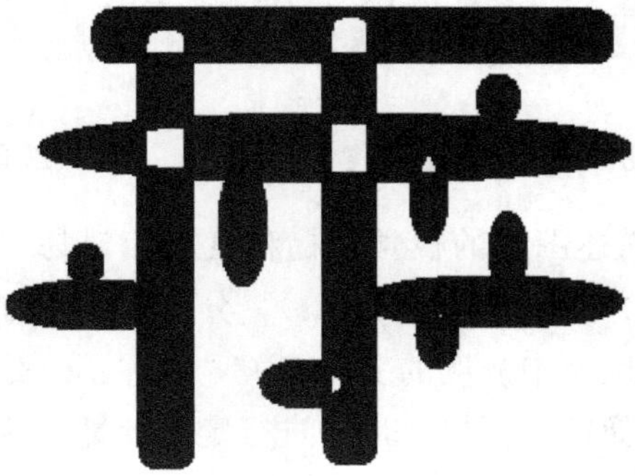

示例图 5.1

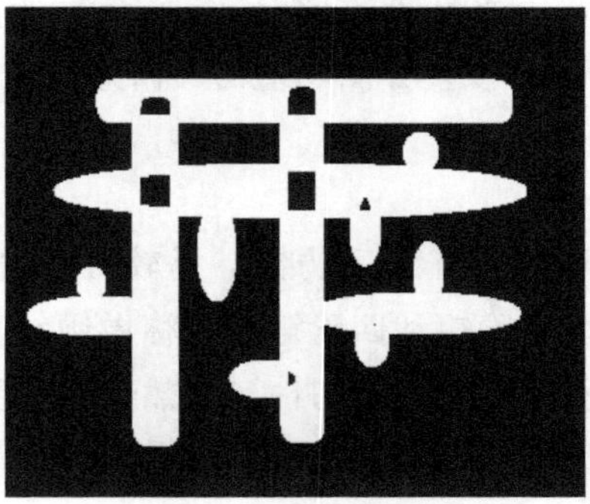

示例图 5.2

示例图 5.3 中的 16 幅图为每次程序迭代后的结果，分别是从第 1 次迭代到第 16 次迭代后的细化图像。

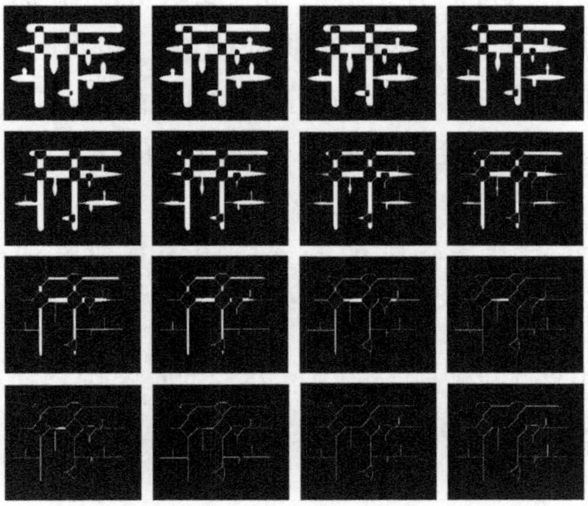

示例图 5.3

最后，将迭代完成的图像取反，得到期望的细化骨架。细化结果与原图的比较见示例图 5.4。

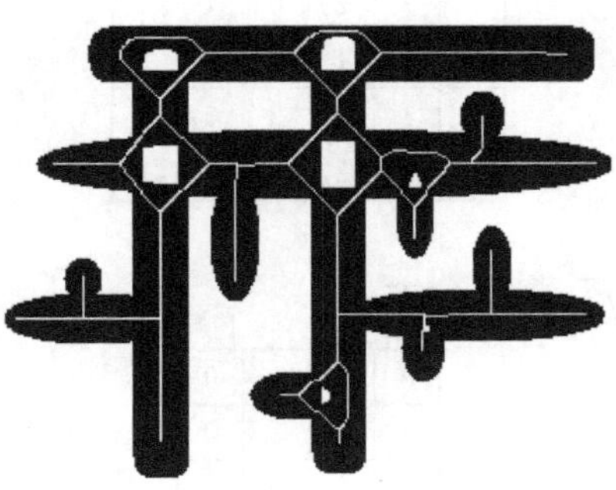

示例图 5.4

2.8.2 纹理量化

纹理是一种视觉感知的图像局部特征的综合。图像某一位置的纹理特征与这一位置周围的灰度变化规律密切相关。图像的平滑区域包含的像素灰度彼此接近，而粗糙区域的像素灰度有较大的变化，因此区域的直方图的统计矩可以作为描述图像纹理的测度。如果一个图像区域有 K 个灰度等级，灰度均值是 μ，直方图 $h(k)$，$k=0, 1, \cdots, K-1$，该直方图均值的 n 阶矩定义为

$$m_n = \frac{1}{N}\sum_{k=0}^{K-1}(k-\mu)^n h(k) \tag{2.59}$$

二阶矩 m_2，又称方差，是较常用的纹理测度，描述图像的视觉粗糙程度且相对易于计算。三阶矩和四阶矩分别称做倾斜度（skewness）与峭度（kurtosis），分别反映直方图的不对称性及均匀性。虽然这些测度确实与图像区域中灰度的变化有关，但并不总是能够反映图像的视觉纹理感受。但还是可以作为图像的特征提取出来进行定量计算，达到特定的模式识别目的。

1. 灰度共生矩阵（co-occurrence matrix）

灰度共生矩阵不仅包含灰度统计信息，而且反映灰度分布的空间信息。图像中相距（Δx，Δy）的两个灰度像素对同时出现的联合频数分布可用一个灰度共生矩阵表示。设图像共有 K 个灰度等级，则灰度共生矩阵的大小为 $K\times K$。灰度共生矩阵反映了图像灰度关于方向、相邻间隔及幅度变化的综合信息。从它出发，可以进一步提取描述图像纹理的一系列特征。

所谓空间信息是指灰度共生矩阵的元素值代表具有特定距离和方向的一对像素出现的频数。典型的方向有 4 个：0°，45°，90°和 135°。常用的距离 $d=1$（对于 $\theta=0°$，90°），$d=\sqrt{2}$，（对于 $\theta=45°$和 135°）。一个大小为 $K\times K$ 的 $H(d,\theta)$ 的灰度共生矩阵的矩阵元 h_{ij} 的数值是所有距离为 d，与水平方向角度为 θ 的像素对数目之和。

作为示例，下面是一个共有 4 个灰度等级，像素总数 $P=36$ 的一个小片图像区域。

1	0	2	3	1	2
1	2	3	2	1	1
2	3	2	0	1	2
3	2	1	0	2	2
2	1	1	2	3	2
0	2	2	3	2	1

它的灰度共生矩阵 $H(\sqrt{2},45°)$ 如下：

0	3	0	0
3	2	1	0
0	2	9	0
0	0	1	4

$H(d,\theta)$ 的像素对总数 $P' < P$ 。本例中 $P' = 25$ 。图像块的最上一行及最右列缺少成 45°的像素对。当距离 d 增加时，这种情况就更突出。

对更一般情况，设图像尺寸是 M 行 N 列。4 个主要方向像素对总数 P' 的值分别是

$$\left.\begin{aligned} &P' = M(N-d), \quad \theta = 0^\circ \\ &P' = N(M-d) \quad \theta = 90^\circ \\ &P' = (M-d/\sqrt{2})(N-d/\sqrt{2}) \quad \theta = 45^\circ, \quad \theta = 135^\circ \end{aligned}\right\} \tag{2.60}$$

归一化灰度共生矩阵 $C(d,\theta)$ 的元素定义为

$$c_{ij} = h_{ij}/P' \tag{2.61}$$

灰度共生矩阵的大小取决图像的总灰度级数。对于 10 位灰度图像灰度共生矩阵是一个 1024×1024 的大矩阵。这对计算机的存储与计算都会产生巨大的困难。解决的办法是将图像降低灰度分辨，例如映射到 $K=64$ 或更少些。虽然某些图像信息可能失去，但纹理信息仍会较好保留。为了取得更好效果，有时采用非线性灰度映射。即对不很重要的信息用大步长灰度级，对重要细节部分用细密的灰度级。

基于归一化灰度共生矩阵可以定义一系列纹理测度，可以根据具体的任务选择使用这些测度。

(1) 角二阶矩（能量）(angular second moment，energy)

$$t_1 = \sum_{i=0}^{K-1}\sum_{j=0}^{K-1} c_{ij}^2 \tag{2.62}$$

反映图像的均匀性。在均匀区灰度变化较小，大部分像素对具有相同或相近值。主要概率发生在 $C(d,\theta)$ 的对角线附近，其他大部分元素为零。非均匀区灰度变化大的像素对较多，在整个灰度共生矩阵上概率均匀分布，而且元素 c_{ij} 的值都很小。所以，非均匀区的角二阶矩比均匀区的角二阶矩要小。该测度对区域内部有无灰度变化较敏感，但对灰度变化数值大小不敏感。即具有高的局部灰度对比度的区域角二阶矩值不一定高。

(2) 惯量 (inertia)

$$t_2 = \sum_{i=0}^{K-1}\sum_{j=0}^{K-1} (i-j)^2 c_{ij} \tag{2.63}$$

又称反差，由于是给 c_{ij} 加权，强调大灰度变化的作用，因此该测度对非均匀区的局部对比度敏感。非均匀区的惯量值大，均匀区的惯量值小。

(3) 逆差矩 (inverse diffence moment)

$$t_3 = \sum_{i=0}^{K-1}\sum_{j=0}^{K-1} \frac{1}{1+(i-j)^2} c_{ij} \tag{2.64}$$

对高对比度赋予低的权重。

(4) 熵 (entropy)

$$t_4 = -\sum_{i=0}^{K-1}\sum_{j=0}^{K-1} c_{ij} \log c_{ij} \tag{2.65}$$

熵反映区域内的随机程度。当所有 c_{ij} 都相等时，熵有最大值。该测度可以用于区分有结构纹理的组织与缺少纹理的组织。前者熵值要小些。

从灰度共生矩阵推导出边缘分布

$$c_x(i)=\sum_{j=0}^{K-1}c_{ij}\quad c_y(j)=\sum_{i=0}^{K-1}c_{ij}\tag{2.66}$$

这些边缘分布的均值和标准差分别用 μ_x，μ_y，σ_x，σ_y 表示。

指定灰度和或差的概率和为

$$c_{x+y}(k)=\sum_{i+j=k}c_{ij}\qquad k=0,1,2,\cdots,2K-2\tag{2.67}$$

$$c_{x-y}(k)=\sum_{|i-j|=k}c_{ij}\qquad k=0,1,2,\cdots,K-1\tag{2.68}$$

基于上述分布还可定义更多的纹理测度。

（5）相关（correlation）

$$t_5=\frac{\sum_{i=0}^{K-1}\sum_{j=0}^{K-1}(ij)c_{ij}-\mu_x\mu_y}{\sigma_x\sigma_y}\tag{2.69}$$

（6）和的均值（sum average）

$$t_6=\sum_{k=0}^{2K-2}kc_{x+y}(k)\tag{2.70}$$

（7）差的均值（difference average）

$$t_7=\sum_{k=0}^{K-1}kc_{x-y}(k)\tag{2.71}$$

（8）和的熵（sum entropy）

$$t_8=-\sum_{k=0}^{2K-2}c_{x+y}(k)\log\{c_{x+y}(k)\}\tag{2.72}$$

（9）差的熵（difference entropy）

$$t_9=-\sum_{k=0}^{K-1}c_{x-y}(k)\log\{c_{x-y}(k)\}\tag{2.73}$$

以上各纹理测度对于一个选定的距离 d，可以根据任务的要求计算某个方向 θ 的值。如果 4 个方向都需要，也可计算这 4 个方向测度的均值和标准差用于图像的纹理特性分析。

【示例六】 图像纹理

实验目的：了解纹理概念及量化方法，掌握一些常用纹理测度计算方法。

原始数据：示例图 6.1 中四幅不同纹理图像，分别是草编、树皮、光线形和土壤。

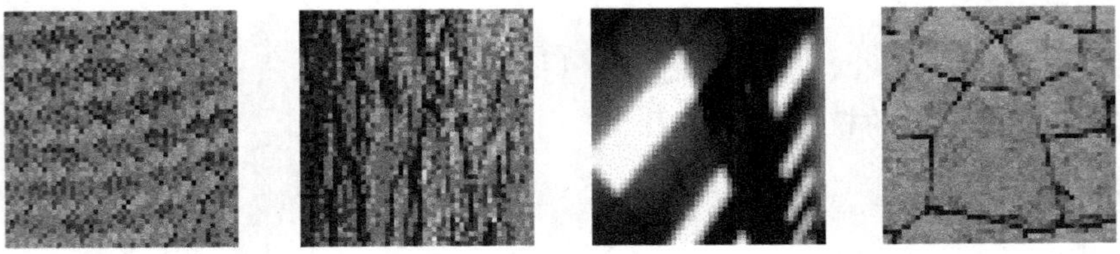

示例图 6.1

实验要求：产生这四幅图像的灰度共生矩阵，计算常用纹理参数。

实现方法和结果：首先将这四幅彩色图像转换成灰度图像，见示例图 6.2。

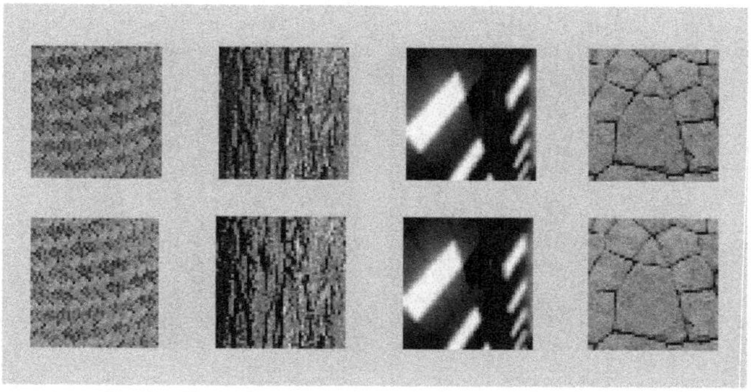

示例图 6.2

对灰度图像分求其 4 个方向上的灰度共生矩阵。本实验中，图像的灰度级为 256，因此灰度共生矩阵的大小为 256×256。根据 4 个方向的归一化灰度共生矩阵计算出纹理参数，并计算出平均值。4 种不同图像 4 个方向的灰度共生矩阵如示例表 6.1 所示。

示例表 6.1　4 个方向（256 个灰度等级）的灰度共生矩阵

256 灰级	草编	树皮	光线	土壤
灰度共生矩阵 $d=1$，$\theta=0°$	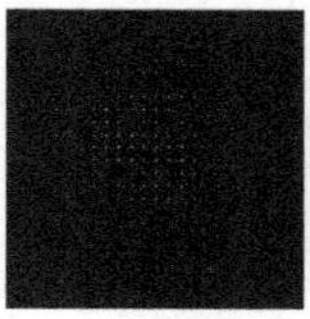			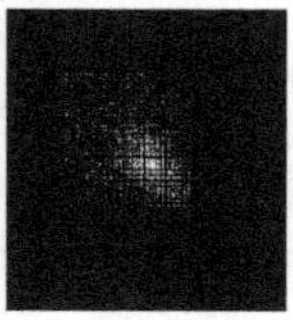
灰度共生矩阵 $d=\sqrt{2}$，$\theta=45°$	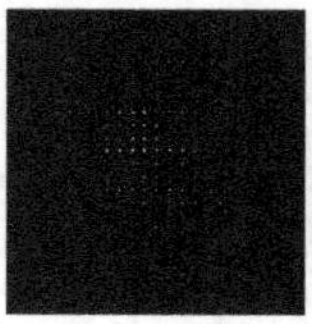			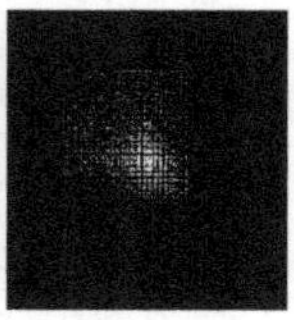
灰度共生矩阵 $d=1$，$\theta=90°$	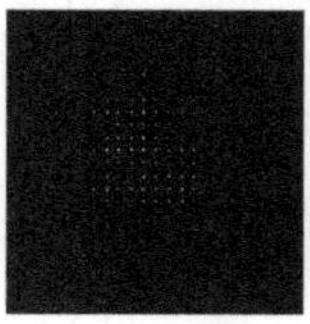	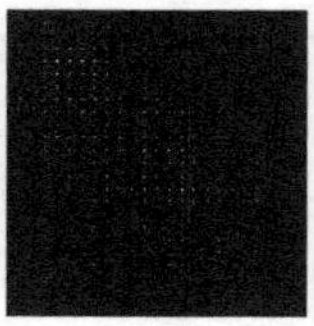		
灰度共生矩阵 $d=\sqrt{2}$，$\theta=135°$				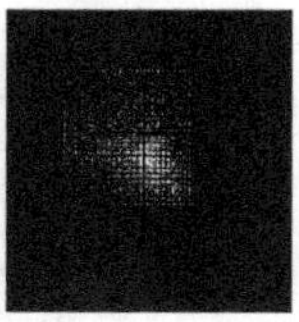

四个方向的灰度共生矩阵的均值，见示例图 6.3 和示例表 6.2。

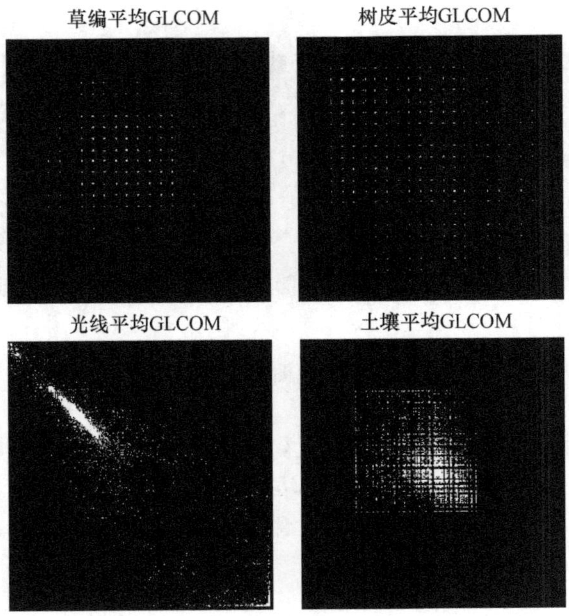

示例图 6.3

示例表 6.2　草编图像的纹理参数

草编	0°	45°	90°	135°	均值	标准差
能量	0.0189	0.0191	0.0188	0.0195	0.0191	0.000268
惯量	937.61	788.34	873.38	867.28	866.66	52.94
逆差矩	0.130	0.142	0.177	0.142	0.148	0.0174
熵	1.89	1.89	1.92	1.89	1.90	0.0109
相关	2.844e07	2.866e07	2.847e07	2.858e07	2.858e07	87856
和的均值	233.68	233.65	233.64	233.63	233.65	0.0163
差的均值	23.79	21.83	22.22	22.64	22.62	0.733
和的熵	1.4414	1.45	1.4667	1.4304	1.4471	0.0132
差的熵	1.2284	1.2173	1.208	1.2339	1.2219	0.010008

同样产生树皮、光线和土壤图像的纹理参数。四种图像纹理参数均值的比较见示例表 6.3。

示例表 6.3　四种图像纹理参数均值的比较

图像 / 参数	草编	树皮	光线	土壤
能量	0.0191	0.0190	0.0057	0.002
惯量	866.66	1513.78	723.54	567.28
逆差矩	0.148	0.1651	0.3172	0.1002

续表

参数 \ 图像	草编	树皮	光线	土壤
熵	1.903	2.0167	2.8041	2.9395
相关	2.8538e+007	2.19e+007	2.4e+08	1.32e+08
和的均值	233.654	196.42	210.35	245.54
差的均值	22.6240	29.5099	12.7136	16.5154
和的熵	1.4471	1.5758	2.2614	2.0595
差的熵	1.2219	1.2564	1.334	1.6290

2. 谱测度（spectral mesurements）

当图像的纹理具有周期性或接近周期性时，用 Fourier 变换对纹理描述更为合适。一个大小为 $M\times N$ 的图像 $f(x,y)$ 的 DFT 为

$$F(u,v)=\frac{1}{MN}\sum_{x=0}^{M-1}\sum_{y=0}^{N-1}f(x,y)e^{-2j\pi\left(\frac{ux}{M}+\frac{vy}{N}\right)} \tag{2.74}$$

DFT 包含纹理方向、粒度及图像对比度等信息。全局的重复模式很难用空间技术描述，但用频谱中的峰表示就容易得多。DFT 的数值大小可通过下式计算

$$S(u,v)=\sqrt{F(u,v)F^*(u,v)} \tag{2.75}$$

$F^*(u,v)$ 是 $F(u,v)$ 的复数共轭。也可以用极坐标表示此功率谱 $Q(r,\theta)$ 。其中每个像素用它到原点的距离 r 和方向角 θ 表示

$$\left.\begin{aligned} r&=\sqrt{u^2+v^2}\\ \theta&=\tan^{-1}(v/u)\end{aligned}\right\} \tag{2.76}$$

基于特定空间频率 r_t 和方向角 θ_t 的纹理特性可以分别由以下公式计算

$$T(r_t)=\sum_{\theta=0}^{\pi}Q(r_t,\theta) \tag{2.77}$$

$$T(\theta_t)=\sum_{r=r_l}^{r_m}Q(r,\theta_t) \tag{2.78}$$

式中，r_l 和 r_m 分别是选择代表最大和最小纹理粒度的感兴趣的最低和最高频率。改变 r_t 和 θ_t 的值可以计算 $T(r_t)$ 和 $T(\theta_t)$，从而得到图像纹理的主周期与主方向。

3. 分形维（fractal dimension）

图像的几何形状（特别是粗糙程度）也可以用分形维描述。分形维有多种不同的定义方式。一个 N 维空间的几何体意味 N 是允许该空间包含此物体的最小整数。例如对于曲线，$N=2$；对于任意表面，$N=3$。一般说来，覆盖一个物体所需的半径（或边长）ε 的小球（或立方体）的数目可表示为

$$n(\varepsilon)=a\varepsilon^{-D} \tag{2.79}$$

式中，a 是尺度常数，D 是 Hausdorff 维。一条直线或平滑曲线的 $D=1$；表明在二维欧式空间中它们是拓扑一维物体，$D=N-1$。然而，同是二维空间中一条弯曲的曲线，Hausdorff 维可能高到 1.98。在这样情况下维数是个分数，称分数维。同样情况适于三维。例如，三维空间的表面可以看作是图像平面加上第三维即图像像素的灰度。该灰度表面面积可以表示为

$$A(\varepsilon) = n(\varepsilon)\varepsilon^2 = a\varepsilon^{2-D} \tag{2.80}$$

该面积是 ε 的函数。ε 可以取一个或几个像素大小。分形维数 D 可以通过几个不同的 ε 值时估算的面积 $A(\varepsilon)$ 按下式做线性回归求得

$$\log A(\varepsilon) = \log a + (2-D)\log\varepsilon \tag{2.81}$$

分形维数还可以根据分数布朗运动模型计算。像素对 (x_1, y_1) 和 (x_2, y_2) 间距离可以表示为

$$\Delta r = \sqrt{(x_2-x_1)^2+(y_2-y_1)^2} \tag{2.82}$$

像素灰度间绝对差

$$\Delta I_{\Delta r} = | I(x_2, y_2) - I(x_1, y_1) | \tag{2.83}$$

$$E\{\Delta I_{\Delta r}\} = b\Delta r^H \tag{2.84}$$

式中 $E\{.\}$表示期望值算符，b 是比例常数。H 是 Hurst 系数。分形维数由下式求得

$$D = 3 - H \tag{2.85}$$

其中，H 是根据选择的不同 Δr 按下式线性回归求得

$$\log E\{\Delta I_{\Delta r}\} = \log b + H\log\Delta r \tag{2.86}$$

Δr 的最小值取做 1，最大值由所考虑结构的尺寸决定。Δr 仅沿水平和垂直方向计算。

粗糙的纹理对应大的 D 值和小的 H。

4. 行程统计（run-length statistics）

行程定义为沿一个指定的方向，具有相同数值的像素串。其长度信息按 $\theta=0°$，45°，90°和 135°等 4 个方向计算。对于一个具体的 θ，统计灰度 k，长度 m 的行程数产生行程直方图 $h_\theta(m,k)$ 。与粗糙结构相比，平滑结构产生更多 m 值大的行程。可以对不同方向的行程直方图分析，计算行程百分比纹理测度为

$$p_\theta = \frac{1}{N}\sum_{k=0}^{K-1}\sum_{m=1}^{M} h_\theta(m,k) \tag{2.87}$$

式中，N 是图像总像素数，K 灰度等级数，M 是最长行程。4 个 p_θ 组成特征向量，描述图像组织纹理特性。这些 p_θ 的均值和标准差还可用来反映图像的全局纹理特性。

参考文献

边肇祺．1988．模式识别．北京：清华大学出版社．

康晓东．2002．医学图像的数字化处理技术．北京：人民卫生出版社．

容观澳．2000．计算机图像处理．北京：清华大学出版社．

王润生．1995．图像理解．长沙：国防科技大学出版社．

魏海涛．2001．计算机图形学．北京：电子工业出版社．

徐建华．1992．图像处理与分析．北京：科学出版社．

Castleman K R. 1999. 数字图像处理. 朱志刚，等译. 北京：电子工业出版社.

Haralick R M，K Shanmugam，I Dinstein. 1973. Textural features for image classification. IEEE Transactions on Systems，Man，and Cybernetics，SMC-3 (6)：610—621.

Isaac N Bankman，Thomas S Spisz，Sotiris Pavlopoulos. 2000. Two-Dimensional Shape and Texture Quantification，Handbook of Medical Imaging Processing and Analysis，Academic Press，215—230.

Kay D C，Levine J R. 1994. 图形图像文件格式大全. 北京：学苑出版社.

Rhodri H Davies，Carole J Twining，Tim F Cootes，John C Waterton，Chris J Taylor. 2002. A Minimum Description Length Approach to Statistical Shape Modeling. IEEE Transactions On Medical Imaging，21 (5)：525—537.

Thomas M Lehmann，Claudia Gonner，Klaus Spitzer. 1999. Survey：Interpolation Methods in Medical Image Processing. IEEE Transactions On Medical Imaging，18 (2)：1049—1075

Wihelm Burger，Mark J Burge. 2008. Digital Image Processing，An Algorithmic Introduction Using Java. Springer.

第 3 章　医学图像增强

图像是信息可视化的重要手段。一幅医学图像以直观的形式给医生提供辅助诊断和治疗的信息。特别是，有经验的放射专家和临床医生能从这些图像中得到很多有用的信息。但是，从扫描设备出来的原始图像由于受到成像设备和获取条件等多种因素的影响，可能出现图像质量的退化，甚至伪迹。即使是高质量的图像，在大多数情况下，也很难用肉眼直接得出有用的诊断。不同能力和背景的人对同一幅医学图像往往会得出不同的结果来。要想对图像有定量的评估就更是不可能的。因此，用计算机对医学图像做后处理，首要的任务就是对获取的医学图像进行增强信噪比的工作。即滤除图像的噪声和干扰，突出感兴趣对象区域或边缘，从而为进一步分析和计算奠定基础，从图像得到定量和更深刻的信息。图像增强技术已经成为医学图像实际应用中不可或缺的一项工作。本章介绍一些基本的图像增强技术，包括直接对像素及其近邻操作的各种卷积算子、局部算子。这些技术是独立于被处理图像的工具型增强技术。本章还要介绍通过对图像做二维傅里叶变换，在频域通过适当地调整傅里叶变换系数，再反变换得到增强的图像技术，以及利用多幅图像运算，例如图像相加再平均提高信噪比，或数字减像突出感兴趣目标的方法。

如果从被处理图像本身的状态和特点出发，使用适配图像滤波就更有效。若将图像的噪声特性与滤波工具特点结合起来就有适配模板滤波技术。对于具有高度冗余特性的离散二进小波系数，适当地调节也能够实现图像增强的目的。这些图像增强技术将在本书的应用篇中讨论。

3.1　设备的非线性特性校正

通常，作为图像输入设备的照相机、扫描仪和输出设备的监视器、打印装置自身的非线性灰度特性都会影响图像输出。例如，照相胶片的曝光函数就表现为一种非线性特性（图 3.1）。图中，横轴 B 代表对数光强；纵轴 D 是胶片密度。

线性段的斜率：$\gamma=\Delta D/\Delta B$，又称作伽玛系数。

不同的设备可能有不同的伽玛曲线（图 3.2），包括指数形、对数形和直线形等。

要想得到线性的效果，就须对这些非线性的伽玛曲线修正（图 3.3）。设像素值 $a\in[0, a_{\max}]$，例如，$a_{\max}=255$，设备的伽玛值 $\gamma>0$，伽玛修正值 $\bar{\gamma}$，则有 $\bar{\gamma}=1/\gamma$ 。对像素值伽玛修正步骤如下。

第 1 步：将像素值归一化，得到 $\hat{a}\in[0,1]$；

第 2 步：计算伽玛函数：$\hat{b}=\hat{a}^{\bar{\gamma}}$；

第 3 步：将经伽玛修正的像素值 $\hat{b}$ 做灰度变换，得到 $b\in[0,a_{\max}]$ ，用公式表示为

$$b = \left(\frac{a}{a_{\max}}\right)^{\gamma} a_{\max} \tag{3.1}$$

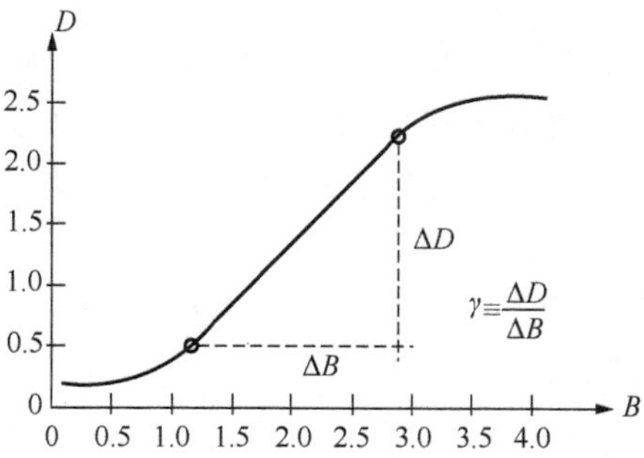

图 3.1 照相胶片的曝光函数

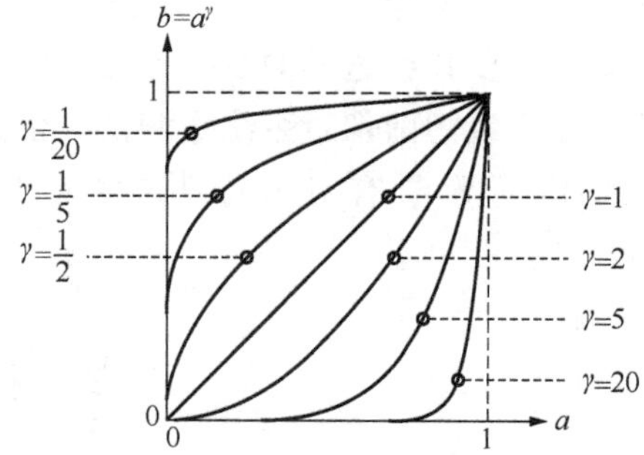

图 3.2 不同的伽玛曲线

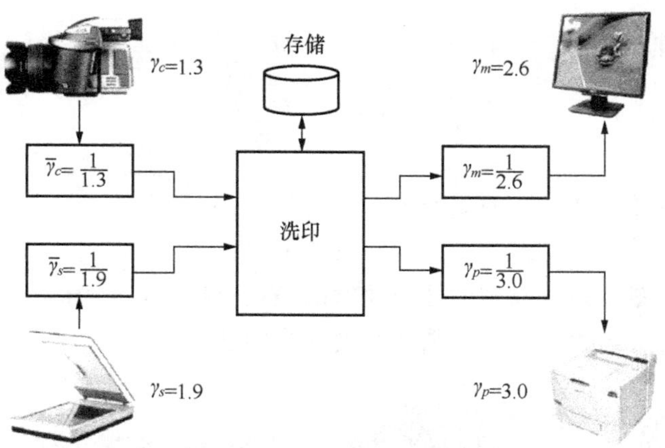

图 3.3 不同设备的非线性修正

实际应用中，将灰度值的起始部分（如 $0-a_0$）做线性变换，其余部分再做伽玛修正会得到更好的效果。改进的伽玛函数定义为

$$f_{\gamma,a_0}(a) = \begin{cases} s \times a & 0 \leqslant a \leqslant a_0 \\ (1+d) \times a^{\gamma} - d & a_0 < a \leqslant 1 \end{cases} \tag{3.2}$$

式中

$$s = \frac{\gamma}{a_0(\gamma-1) + a_0^{(1-\gamma)}} \qquad d = \frac{1}{a_0^{\gamma}(\gamma-1)+1} - 1$$

它的逆函数定义为

$$f_{\gamma,a_0^{-1}}(b) = \begin{cases} b/s & 0 \leqslant b \leqslant s \times a_0 \\ \left(\dfrac{b+d}{1+d}\right)^{1/\gamma} & s \times a_0 < b \leqslant 1 \end{cases} \tag{3.3}$$

更一般地说，这种效果可以用下式表示

$$e(x,y) = C(f(x,y))$$

其中，$f(x,y)$ 是真实灰度图像，$e(x,y)$ 是实际显示图像。$C(\ )$ 是显示系统的非线性算子。为了克服这种不良影响，须对 $e(x,y)$ 做逆变换校正，即

$$
\left.\begin{array}{l}
g(x,y) = T(e(x,y)) \cong C^{-1}(C(f(x,y))) \\
g(x,y) \cong f(x,y)
\end{array}\right\} \tag{3.4}
$$

其中，$T(\cdot)$是非线性校正算子。

实际上要找到这样的变换是很难的。一般可以通过使用一个已知的覆盖整个灰级的线性灰度等级的图像对系统做测试，依据得到的图像对新获取的图像进行校正。例如，有的 CRT 显示具有对数特性。实际上要得到好的图像效果，还必须考虑人眼视觉机制。

3.2 像素灰度变换

下述运算仅涉及对单个像素处理，而不考虑其邻域或图像全局特性。设某个像素的灰度为 f，定义灰度变换 T，使得 $g=T(f)$；g 为变换后的灰度值。

1. 图像反转变换

$$
g = T(f) = f_{\max} - f
$$

$f_{\max}$是最大灰度值。

对于灰度范围［0～255］的图像

$$
g = 255 - f
$$

图 3.4 中原始图像是一幅灰度分布较宽的扫描电镜图像。图 3.5 是做灰度反转后的图像。图的右上角绘出相应的直方图和灰度变换曲线。

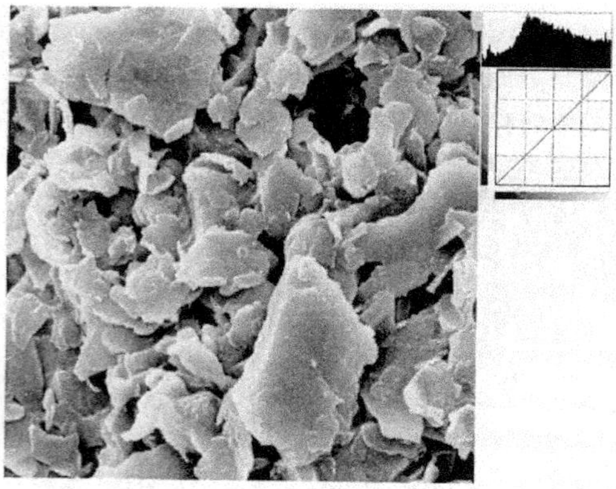

图 3.4　原始图像

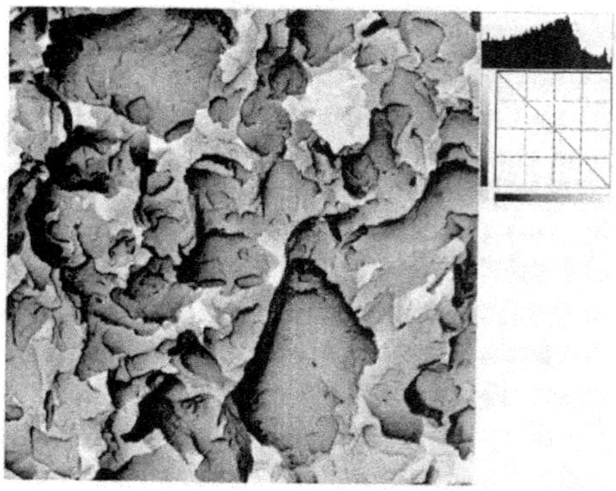

图 3.5　反转图像

一般说来，当两幅相近的图像的差值图像通常是黑色面积占主导地位，或当图像的感兴趣区是暗色区域，其中包含白色或灰色的细节时，图像的反转变换可以增强待观察对象的视觉效果。

2. 感兴趣区灰度变换

当图像的感兴趣区灰度范围仅占动态范围的一小部分时，例如感兴趣区表现为一个模糊亮块或模糊暗块的情况，应对图像灰度做一变换，使感兴趣的灰度区间跨越显示设备的整个动态范围。例如，若 f_1 和 f_2 是感兴趣灰度区间上下限，则可做如下换算

$$e = \begin{cases} f & f_1 \leqslant f \leqslant f_2 \\ 0 & \text{其他} \end{cases} \qquad g = \frac{e - f_1}{f_2 - f_1} \times f_{max} \tag{3.5}$$

这里，e 是一幅中间图像，g 是输出图像，f_{max}是最大显示灰度。

3. 图像对数灰度变换

$$g = T(f) = c \times \log(1 + f) \tag{3.6}$$

其中，c 是正的比率常数。

图像的频域分析是图像处理的重要内容之一。从图像空间变换到频域的傅里叶系数可能处于 $0 \sim 1.5 \times 10^6$ 的大范围，影射到只有 256 个灰度等级的频谱图像后，最重要的低频信息严重丢失。在做了图像的对数灰度变换后，数值范围变为 0～6.2，再利用上述的感兴趣区灰度变换就变得很容易处理了。

4. 图像指数灰度变换

类似 3.1 节中对设备性能做的伽玛修正，在一定情况下指数灰度变换也可用于改善图像的性能。

$$g = c \times f^{\gamma} \tag{3.7}$$

选取较小的指数（$\gamma<1$），可以使图像的中等灰度加亮，改进暗区细节的显示（图 3.6）。反之，选取较大的指数（$\gamma>1$），可以使图像的中等灰度变暗，改进亮区细节的显示（图 3.7）。

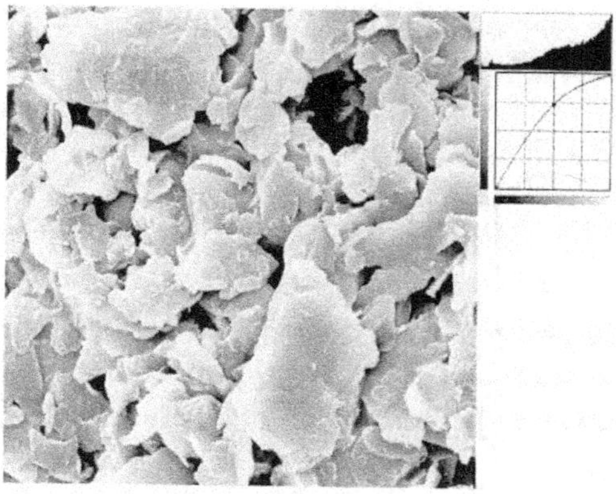

图 3.6　$\gamma<1$ 指数灰度变换

图 3.7　$\gamma>1$ 指数灰度变换

如果对图像的灰度做 S 型变换，则可提高图像的对比度（图 3.8）。图 3.9 给出多种可选择的灰度变换关系。

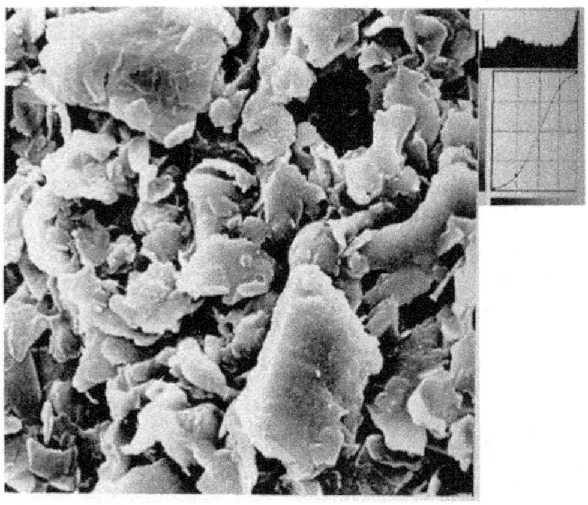

图 3.8　S 型灰度变换

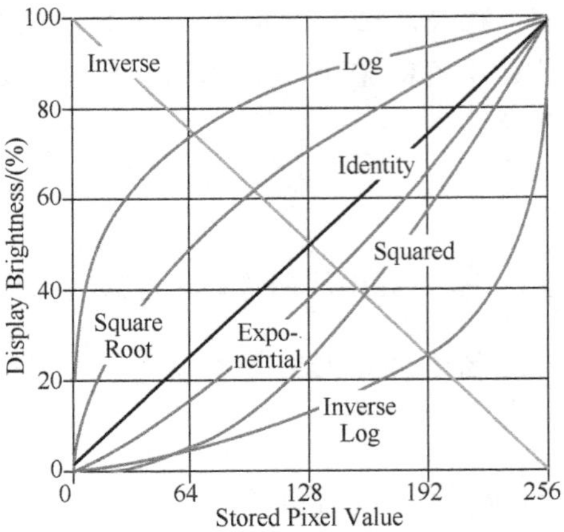

图 3.9　多种灰度变换曲线

3.3　直方图均衡

直方图均衡的作用是将图像灰度信息分布得尽可能均匀。本质上是一个直方图的变换，即将输入图像的直方图映射成为一个最大平展的直方图。具体的做法是，首先从图像的直方图计算归一化累加直方图。

$$H(j) = \frac{1}{M \times N} \sum_{i=0}^{j} h(i) \qquad j = 0, 1, \cdots, P-1 \tag{3.8}$$

具有最均匀直方图的增强图像可由下式计算

$$g(x, y) = (P-1) \times H(f(x, y)) \tag{3.9}$$

图 3.10 是 MRI 脑图像增强的例子。图 3.10（a）是原始脑图像，对应直方图

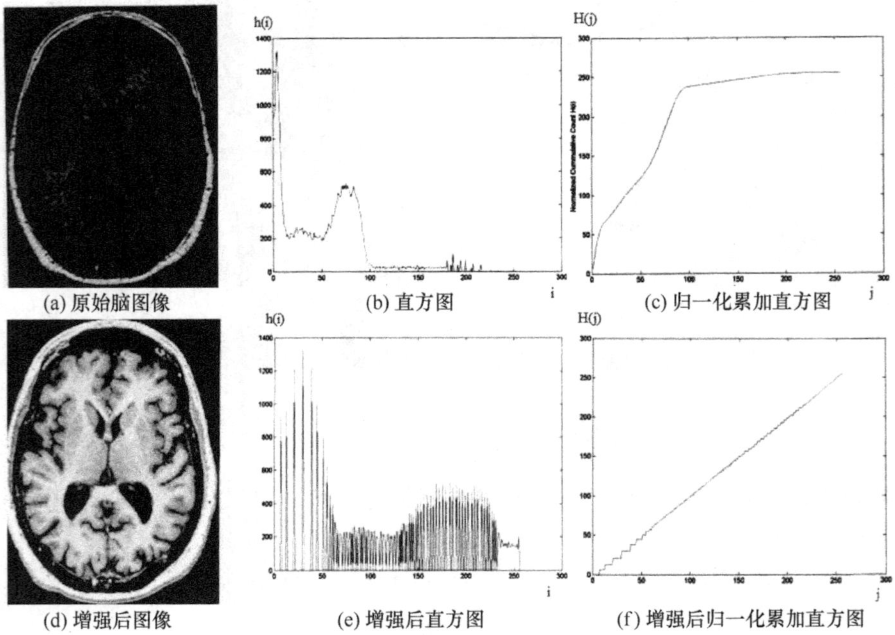

图 3.10　用直方图均衡化的 MRI 脑图像增强

图 3.10（b）中灰度分布很不均匀；图 3.10（c）是归一化累加直方图；图 3.10（d）和图 3.10（e）是增强后的图像与直方图；图 3.10（f）是增强后的归一化累加直方图，接近一条直线。经直方图均衡化处理后 MRI 脑图像中的细节明显得到增强。

3.4 局部区域直方图均衡

将整个图像直方图均衡化的概念应用于小块、彼此重叠的局部图像区域是一种非常有效的图像增强方法。这是一种非线性运算，有利于观察图像的细节。局部区域直方图定义为

$$h_{LA}(x,y)(i)=\sum_{k=-K}^{K}\sum_{l=-L}^{L}\delta(f(x+l,y+k)-i)\quad i=0,1,\cdots,P-1 \tag{3.10}$$

局部区域累加直方图

$$H_{LA}(x,y)(j)=\frac{1}{(2K+1)\cdot(2L+1)}\sum_{i=0}^{j}h_{LA}(x,y)(i)\quad j=0,1,\cdots,P-1 \tag{3.11}$$

相应均衡化后输出图像

$$g(x,y)=(P-1)\cdot H_{LA}(x,y)(f(x,y)) \tag{3.12}$$

例如，图 3.11（a）是口腔内牙齿图像，图 3.11（b）是经局部区域直方图均衡化处理过的图像，可以看出该图像具有非常高的对比度，反映出许多细部结构信息。使用的核尺寸为 $K=L=15$，即核大小为 31×31。局部区域直方图均衡化计算量十分大。由于运算是非线性及高度非单调性，因此，结果图像仅用于分析某些特征细节，而无法对像素灰度定量测量。因为结果图像的像素灰度与邻域特性密切相关，即在图像不同位置上同一像素灰度可能有完全不同的变换方式，即映射成不同的灰度值。

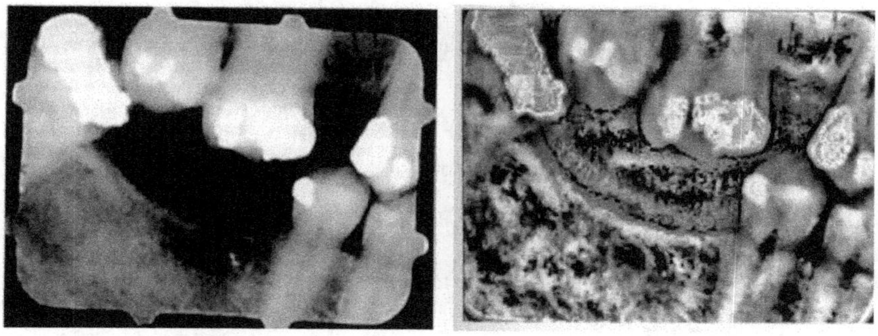

(a) 口腔内牙齿图像　　(b) 直方图均衡化处理后图像

图 3.11　口腔 CT 图像的局部区域直方图均衡化

3.5 空间滤波器

与前几节只考虑图像像素（包括灰度变换和直方图均衡）本身不同，本节介绍的算子同时考虑像素灰度及其邻域特性。

图 3.12（a）与（b）中，白色线条表示水平剖面线。图 3.12（a）是灰度渐变图像；图 3.12（b）包含叠加噪声的 3 个几何图形。图 3.12（c）是剖面线处的灰度变化。显然图 3.12（b）的剖面线带有高频干扰，应该能够通过某种滤波手段减弱或消除干扰。通常，信号的滤波是在频域实现的。但这里的处理是将待处理像素周围一个邻域（窗口）的像素灰度与对应的滤波器元素进行运算。为与频域滤波区别，将本节的滤波称作空间滤波。

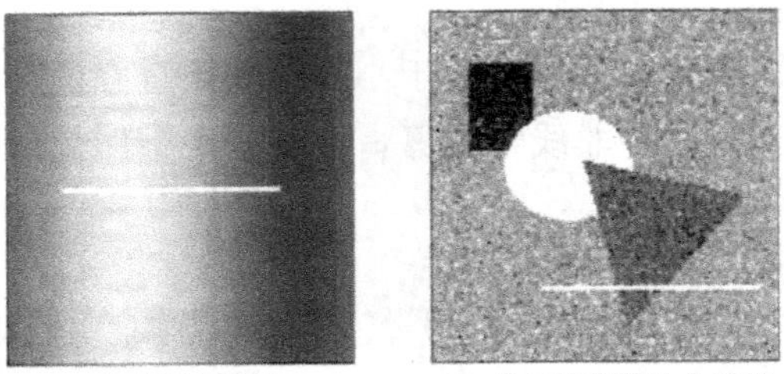

(a) 灰度渐变图像　　(b) 叠加噪声的几个图形

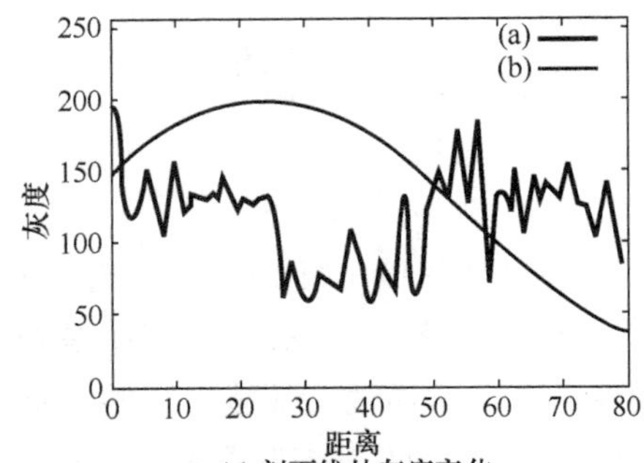

(c) 剖面线处灰度变化

图 3.12　两幅图像及其剖面曲线

根据滤波器运算的性质，可以分为线性滤波器和非线性滤波器两种（图 3.13）。各自又有更细的分类。

- 滤波器
  - 线性滤波器
    - 低通滤波器（均值滤波）
    - 高通滤波器（边缘提取）
  - 非线性滤波器
    - 最大值滤波器
    - 最小值滤波器
    - 中值滤波器

图 3.13　滤波器分类

有许多局部算子可以增强图像特性，本节对两种常用的滤波器加以简单介绍。

1. 均值滤波（mean filtering）

图像与尺度为$(2K+1)\times(2L+1)$核的卷积，核的元素值为总元素个数的倒数，例如，当$K=L=1$时

$$
\boldsymbol{w}(k,l)=\begin{bmatrix}\frac{1}{9} & \frac{1}{9} & \frac{1}{9}\\ \frac{1}{9} & \frac{1}{9} & \frac{1}{9}\\ \frac{1}{9} & \frac{1}{9} & \frac{1}{9}\end{bmatrix}=\frac{1}{9}\begin{bmatrix}1 & 1 & 1\\ 1 & 1 & 1\\ 1 & 1 & 1\end{bmatrix} \tag{3.13}
$$

均值滤波对噪声有平滑作用，但代价是牺牲图像的边缘的锐度。核的大小对成功滤波极为重要。小于核尺寸的图像细节会明显受到抑制，而大于核尺寸的图像细节受影响较小（图 3.14）。

(a) 含10%噪声干扰的图像　　(b) 用5×5均值滤波后的图像

图 3.14　噪声干扰图像和滤波后图像

2. 中值滤波（median filtering）

中值滤波是一种常用的抑制噪声的非线性方法，它不是将图像与核系数卷积，而是在核框架的每个位置上（即将核的中心与待处理的图像像素对齐），输出的像素灰度为该核框架范围下图像所有像素灰度的中位数（图 3.15）。

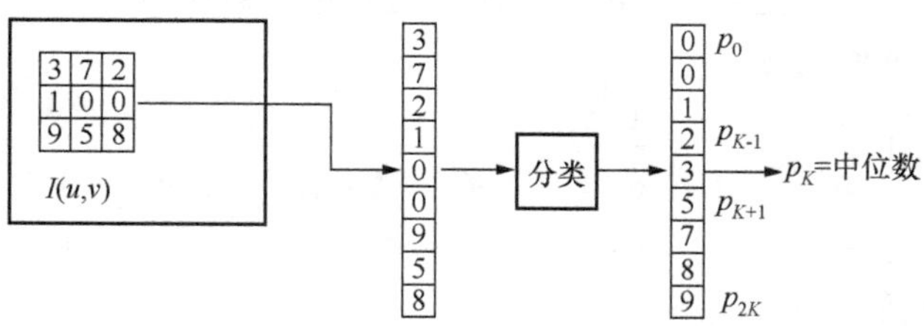

图 3.15　中值滤波器工作原理

一般说来，中值滤波与均值滤波具有不同的平滑特性，比中值滤波核尺寸小于一半的图像特征完全被滤除，而大的不连续性，如边缘或大的图像变化则不受影响，但位置可能移动几个像素。这种滤波器对某些噪声，例如椒盐噪声（pepper and salt noise）非常有效。图 3.16 对均值滤波与中值滤波作了比较。图 3.16（a)是含有 5%噪声的原始图像。

图 3.16（b）是 3×3 均值滤波的结果，对噪声有较好的抑制，图像得到平滑。图 3.16（c)是 3×3 中值滤波的结果，噪声完全消除。

(a) 含5%噪声原始图　　(b) 3×3均值滤波结果　　(c) 3×3中值滤波结果

图 3.16　均值滤波与中值滤波的比较

3.6 卷积算子

平面数字医学图像表现为信号强度连续的空间分布。这些信号以规则间隔采样，强度量化在一个有限的灰度范围内，通常表示为一个二维数组。设图像信号为 $f(x,y)$，x,y 是像素的空间位置，f 是该像素的信号强度。整幅图像尺寸为 M 行 N 列。

一种图像增强运算是用局部算子做卷积，该算子也称做卷积核（kernels）。

设点（k，l）＝（0，0）为核 w 的中心，w 的大小为（$2L+1$）×（$2K+1$），图像与核的卷积定义为

$$g(x,y) = w(k,l) * f(x,y) = \sum_{k=-K}^{K}\sum_{l=-L}^{L} w(k,l) \cdot f(x+k, y+l) \tag{3.14}$$

其中，$g(x,y)$ 是输出的卷积图像。

对图像的全部像素重复上述运算，就会得到一幅卷积后的图像。核选的合适，就会使图像的某些属性得到增强，使不需要的属性得到抑制。在卷积过程中核的部分元素会超出待处理的图像边界，可以对这些像素不做卷积处理，即保留原像素值，等核全部移进图像中时再做卷积运算，因此，输出图像要比输入图像小一个核的部分。

对噪声的抑制和对边缘信息的提取都属于提高信噪比，对图像的增强。下面列举几个简单的边缘增强算子，更多的边缘提取算子将在第 4 章中讨论。

水平边缘或线条增强算子

$$\boldsymbol{W}_{h1}(k,l) = \begin{bmatrix} 1 & 1 & 1 \\ 0 & 0 & 0 \\ -1 & -1 & -1 \end{bmatrix} \quad 或 \quad \boldsymbol{W}_{h2}(k,l) = \begin{bmatrix} -1 & -1 & -1 \\ 0 & 0 & 0 \\ 1 & 1 & 1 \end{bmatrix}$$

竖直边缘或线条增强算子

$$\boldsymbol{W}_{v1}(k,l) = \begin{bmatrix} 1 & 0 & -1 \\ 1 & 0 & -1 \\ 1 & 0 & -1 \end{bmatrix} \quad 或 \quad \boldsymbol{W}_{v2}(k,l) = \begin{bmatrix} -1 & 0 & 1 \\ -1 & 0 & 1 \\ -1 & 0 & 1 \end{bmatrix}$$

全方位边缘增强算子

$$\boldsymbol{K}_{HP}(k,l) = \begin{bmatrix} -\frac{1}{8} & -\frac{1}{8} & -\frac{1}{8} \\ -\frac{1}{8} & 1 & -\frac{1}{8} \\ -\frac{1}{8} & -\frac{1}{8} & -\frac{1}{8} \end{bmatrix} \tag{3.15}$$

值得注意的是，被处理的图像像素灰度值都是正数，而上述卷积核的元素有正有负，这样输出图像的像素值也可能产生负值。解决这个问题有两种方法：一是对得到的输出图像像素灰度取绝对值，这样仍可突出边缘信息；另一种方法是，将得到的输出图像与原图像的对应像素灰度值相加，就会得到一幅全部正值的灰度图像，而且是边缘信息叠加在原来图像上，这样的图像更有辅助诊断价值。这种叠加实际上是一步完成的。只需在相应的核中心元素值上加 1 即可。

3.7 频域增强技术

上节的卷积运算可以在频域实现。图像 $f(x,y)$ 的傅里叶变换 $f(u,v)$ 定义为

$$F(u,v) = \frac{1}{M \cdot N}\sum_{x=0}^{M-1}\sum_{y=0}^{N-1} f(x,y)e^{-2\pi j\left(\frac{ux}{M}+\frac{vy}{N}\right)}$$

$$u = 0,1,2,\cdots,M-1 \qquad v = 0,1,2,\cdots,N-1 \tag{3.16}$$

其中，u，v 是空间频率参数。傅氏变换给出图像的谱表示，可以参照频谱，增强所需要的性质。

然后再做傅里叶逆变换，可以得到该图像的空间域形式

$$f(x,y) = \sum_{u=0}^{M-1}\sum_{v=0}^{N-1} F(u,v)e^{2\pi j\left(\frac{ux}{M}+\frac{vy}{N}\right)}$$

$$x = 0,1,2,\cdots,M-1 \quad y = 0,1,2,\cdots,N-1 \tag{3.17}$$

一幅 $N\times N$ 的图像正傅氏变换或逆傅氏变换都要做与 N^2 正比次数的复数乘法和加法运算。通过将表达式分解和消去冗余项，快速傅氏变换（FFT）将运算次数减少至 $N\times \log_2 N$ 数量级。若 $N=64$，运算量约减少一个数量级；$N=1024$，则减少两个数量级。

用于增强的线性滤波器可以在频域通过调整富氏变换系数再反变换得到增强的图像。在空间域用卷积算子增强

$$g(x,y) = w(x,y) * f(x,y) \tag{3.18}$$

卷积理论表明 $g(x,y)$ 的傅氏变换 $G(u,v)$ 可写作

$$G(u,v) = W(u,v) \cdot F(u,v) \tag{3.19}$$

$W(u,v)$ 及 $F(u,v)$ 分别为核及图像的傅氏变换，即 $G(u,v)$ 可表示为 $F(u,v)$ 逐像素与 $W(u,v)$ 相乘，经过适当调整再求傅氏逆变换，得到增强图像。

通过消除 $F(u,v)$ 的高频分量可以抑制噪声或平滑图像，或消除低频分量增强图像边缘。首先定义 (u,v) 到频率平面原点的距离 $D(u,v)$

$$D(u,v) = \sqrt{u^2+v^2} \tag{3.20}$$

设置一个阈值 D_T，通过 $D(u,v)$ 与 D_T 的比较可以得到各种滤波效果。理想的低通滤波器为

$$W_L(u,v) = \begin{cases} 1 & \text{当 } D(u,v) < D_T \\ 0 & \text{其他} \end{cases} \tag{3.21}$$

但这样的理想滤波并不常用，因为方窗型 W_L 或 W_H 的逆傅氏变换会产生振铃效应，在图像中产生许多虚假结构。较常使用 Butterworth 滤波器克服这类问题。Butterworth 低通滤波器

$$B_L(u,v) = \frac{1}{1+c[D(u,v)/D_T]^{2n}} \tag{3.22}$$

Butterworth 高通滤波器

$$B_H(u,v) = \frac{1}{1+c[D_T/D(u,v)]^{2n}} \tag{3.23}$$

其中，c 是调节转折点位置的系数，n 决定转折的陡度。如果 $c=1$，$D(u,v)=D_T$ 时，两个滤波函数值均为 0.5。若 $c=\sqrt{2}-1$，在截止频率 D_T处产生 0.707（三维 b）衰减。n 的值一般取 1。阈值 D_T 的选取与结果图像中所要保留的频率功率有关。设 S 是保留区域内频率（u，v）的集合，定义一个参数 β

$$\beta=\frac{\sum\limits_{(u,v)\in S}|F(u,v)|^2}{\sum\limits_{\forall(u,v)}|F(u,v)|^2} \tag{3.24}$$

图 3.17 是 Butterworth 滤波器的一个示例。MRI 原图如 3.17（a）所示。图 3.17（e)是其傅氏变换，5 个半径不同的圆环分别对应不同的 β 值。（u，v）=（0，0）是变换图像的原点。当 $c=1$，$n=1$，D_T等于在 $\beta=90\%$处 Butterworth 低通滤波器，如3.17（f)所示，亮区代表高函数值。图 3.17（b）是其滤波结果。D_T 等于在 $\beta=95\%$ 处 Butterworth 高通滤波器，如 3.17（h）所示，输出图像是 3.17（d)。图 3.17（g）是 $\beta=75\%\sim95\%$的带通滤波器，输出图像是图 3.17（c)。

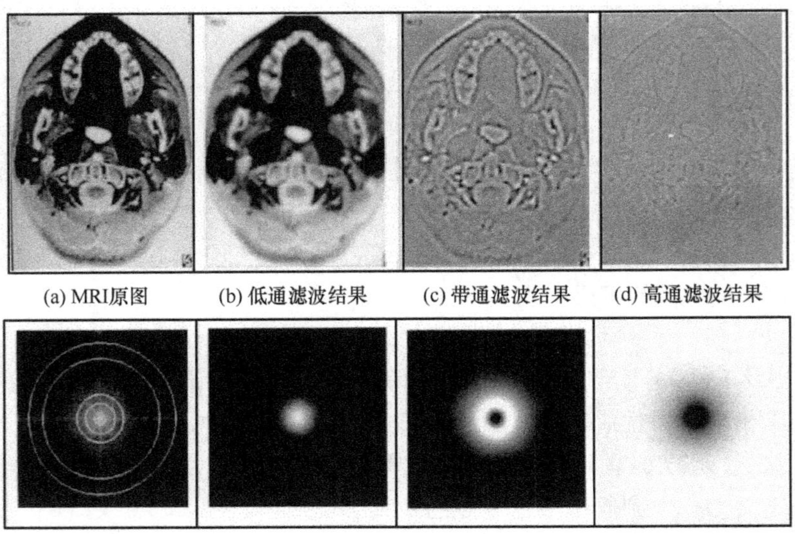

(a) MRI原图　(b) 低通滤波结果　(c) 带通滤波结果　(d) 高通滤波结果

(e) MRI原图的傅氏变换　(f) 低通滤波器　(g) 带通滤波器　(h) 高通滤波器

图 3.17　Butterworth 滤波器效果

3.8　多幅图像运算

有些图像增强方法要求对两幅以上图像进行处理，前提是，这些图像要配准，并且每幅图像的动态范围可以比较。

1. 图像平均法

使用图像平均技术抑制噪声基于 3 个假设，即①图像数量较多；②各幅图像受到同类附加噪声损害；③附加噪声是零均值的随机噪声。

为某种特定目的获取的多幅图像，其中每幅含噪声图像可以表示为

$$a_i(x,y) = f(x,y) + d_i(x,y) \tag{3.25}$$

其中，$f(x,y)$ 是无噪声图像，d_i是附加噪声，如果图像总数为 N，则平均图像为

$$g(x,y) = \frac{1}{N}\sum_{i=1}^{N} a_i(x,y) \tag{3.26}$$

期望值

$$E\{g(x,y)\} = f(x,y)$$

标准差

$$\sigma_g = \frac{\sigma_d}{\sqrt{N}}$$

其中，σ_g 为 $g(x,y)$ 标准差，σ_d 为噪声标准差。使用平均技术，噪声得到有效的抑制。

2. 图像减像法

设 $f_1(x,y)$及 $f_2(x,y)$是两幅已配准的、在不同时间或不同条件下获取的图像，它们的差值图像可表示为

$$b(x,y) = f_1(x,y) - f_2(x,y) \tag{3.27}$$

一般产生的差值图像动态范围较小，可以通过下式映射将动态范围展宽

$$b'(x,y) = f_{\max} \frac{b(x,y) - \min\{b(x,y)\}}{\max\{b(x,y)\} - \min\{b(x,y)\}} \tag{3.28}$$

其中，$f_{\max}$是最大可用灰度值。

参考文献

徐建华. 1992. 图像处理与分析. 北京：科学出版社.

Akay M. 1998. Time Frequency and Wavelets in Biomedical Signal Processing. IEEE Press.

Andrew Laine，Walter Huda. 2000. Enhancement by Multiscale Nonlinear Operators，Handbook of Medical Imaging Processing and Analysis. Academic Press：33—56.

John C Russ. 2007. The Image Processing Handbook. Fifth Edition. CRC Press.

Lawrence O Gorman，Michael J Sammon，Michael Seul. 2008. Practical Algorithms for Image Analysis. Second Edition. Cambridge University Press.

Raman B Paranjape. 2000. Fundamental Enhancement Techniques，Handbook of Medical Imaging Processing and Analysis. Academic Press：3—18.

Wihelm Burger，Mark J Burge. 2008. Digital Image Processing，An Algorithmic Introduction Using Java. Springer.

第 4 章　医学图像分割

医学临床实践和研究经常需要对人体某种组织和器官的形状、边界、截面面积以及体积进行测量，从而得出该组织病理或功能方面的重要信息。精确的测量对疾病的诊断和治疗有重要的临床意义。例如，在一段时间内多次测量同一种与某种疾病相关的组织的体积，可以得到病情发展的信息或用作治疗效果的监测手段。肿瘤学的临床研究经常用肿瘤收缩的程度和时间评估治疗效果，将肿瘤大小的精确量化数值作为疗效的测度。此外，不同模式医学图像间的配准、血液细胞的识别和分类、血管造影图像中冠状动脉边缘的检测、乳腺片中微钙化点的检测、放化治疗、神经外科手术的计划与图像引导的手术等也都要求对组织成分的位置和大小精确定位和计算。对人体各种组织的正确分类不仅可以为临床组织病变提供计算机辅助诊断依据，而且也是图像三维重建、医学图像可视化的基础。由于人体解剖的个体差异较大，临床应用对医学图像分割的准确度和分类算法的速度要求又较高，目前虽然已有多种分割算法，但是远未达到完善。因此，医学图像分割算法的研究仍是当前医学图像处理和分析的热点。本章将首先简要介绍医学图像分割的概念，然后较详细地讨论一些典型的医学图像分割技术。最后，对图像分割中常用的形态运算和边界跟踪技术加以介绍。

4.1　医学图像分割概念

所谓图像分割就是根据某种均匀性（或一致性）的原则将图像分成若干个有意义的部分，使得每一部分都符合某种一致性的要求，而任意两个相邻部分的合并都会破坏这种一致性。图像的分割在很多情况下可归结为图像像素点的分类问题。

因此，图像分割的一个重要手段就是利用边缘检测技术。这种分割方法是基于物体与背景之间在灰度（或纹理）特性上存在着某种不连续性（或突变性）。边缘是指它的两侧分属于两个区域，每个区域内部的特性相对比较均匀一致，而两个区域之间在特性上则存在一定差异。图像区域的边界（或称轮廓）是指包围着连通区域的一条封闭的边缘曲线。图像边界清晰与否在医学上十分重要。例如，X 光片和 CT 片需要勾画出肿瘤的明确边界；在超声图像中只有精确地定出心房、心室的舒张、收缩轮廓，才能计算出心输出量等参数。因此，有必要对图像的边界进行准确提取。

通过对图像像素的灰度特性进行微分运算，可以检测图像边缘像素点处的不连续程度，从而实现对边缘的检测。作为推广，可将高斯-拉普拉斯算子用于三维的边界表面提取。还有其他一些边缘检测技术。例如：

由于小波变换的局部极大值点反映了图像信号的突变点位置，即图像边缘位置，因此可用于图像边缘检测；

图像表面的分形维数是表面纹理的一种描述，可用于不同纹理区域边界的提取。但是在边缘处不满足分形特性，特别是在多尺度下，边缘处的分形维数变化较大；

除分形维数外，也有用多尺度检测方法实现造影血管边缘及细胞边缘的检测；

利用三维矩的计算，推导出相应的边界系数公式，用于拟合边界，可得到边界表面的边界方向、边界位置及边界强度。

常见的分割技术有阈值分割技术、微分算子边缘检测、区域增长技术和聚类分割技术。

4.2 阈值分割技术

4.2.1 全局阈值法

最简单的阈值分割的例子就是从背景图像中提出目标物体图像。全局阈值法假设图像基本上是由感兴趣物体与背景两部分组成。

令位于（x，y）点的像素灰度为 $f(x,y)$，选择灰度阈值为 θ，则分割得的二值图像为

$$g(x,y)=\begin{cases}1 & f(x,y)\geqslant\theta \\ 0 & \text{其他}\end{cases} \tag{4.1}$$

灰度值超过阈值的像素被分做物体，低于阈值的像素划分为背景。分割结果是对应物体（g 值＝1）与对应背景（g 值＝0）的二值图像。这里的 1 与 0 是逻辑值。显示分割结果时，可以根据黑白两色设置对应的灰度值（例如，在 0～255 灰度等级的图像中，白色的物体 g 值＝200，黑色背景 g 值＝0）。图 4.1 是用全局阈值分割细胞图像的例子。图 4.1（a)是未经处理的原始图像，白细胞在黑色背景上。图像 4.1（a）的直方图如图 4.1（b)所示，表现为一高一低两个峰值。如果用 $T=127$ 作为阈值，分割结果如图 4.1（c)所示。图 4.1（d）是用 3×3 Laplace 微分算子得到的细胞边缘。

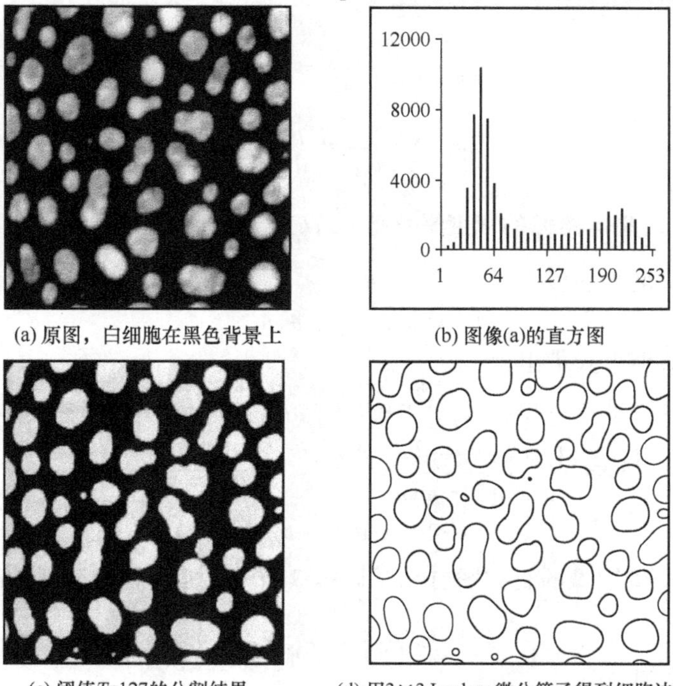

(a) 原图，白细胞在黑色背景上

(b) 图像(a)的直方图

(c) 阈值T=127的分割结果

(d) 用3×3 Laplace微分算子得到细胞边缘

图 4.1　全局阈值分割例

实际上，在几乎所有的医学图像中，无论是物体还是背景的灰度值都有一个分布，而且有时在灰度直方图中呈双峰或多峰情况。采用加权变换后的直方图，可以得到比原直方图更明显的峰谷分界，从而改进图像的分割。

在全局阈值法中，显然阈值的适当选取是一个十分重要的问题。不同的阈值会导致不同的分割结果。一般来说，我们希望阈值的微小变化不要引起分割出物体的面积或周长很大的改变。即分割结果对阈值的变化不敏感。如果用 T 表示阈值，$A(T)$ 和 $P(T)$ 分别代表分割物体的面积与周长，如果所选择的阈值 T^* 满足下式，称 T^* 为最佳阈值。

$$T^* = \arg\min_T \mathrm{d}A(T)/\mathrm{d}T \quad 或 \quad T^* = \arg\min_T \mathrm{d}P(T)/\mathrm{d}T \tag{4.2}$$

4.2.2 大津阈值分割

大津阈值法可以自动寻找阈值，对图像进行划分，将目标物和背景区分开来。把直方图在某一阈值处分割成两组，当被分成的两组间方差为最大时，决定阈值。现在，设一幅图像的灰度值为 $1\sim m$ 级，灰度值 i 的像素数为 n_i，此时我们得到总像素数

$$N = \sum_{i=1}^{m} n_i$$

各灰度值的概率

$$p_i = \frac{n_i}{N}$$

然后用 k 将其分成两组，即 $C_0=\{1\sim k\}$ 和 $C_1=\{k+1\sim m\}$，各组产生的概率如下

C_0 产生的概率 $$\omega_0 = \sum_{i=1}^{k} p_i = \omega(k)$$

C_1 产生的概率 $$\omega_1 = \sum_{i=k+1}^{m} p_i = 1-\omega(k)$$

C_0 的平均值 $$\mu_0 = \sum_{i=1}^{k} \frac{ip_i}{\omega_0} = \frac{\mu(k)}{\omega(k)}$$

C_1 的平均值 $$\mu_1 = \sum_{i=k+1}^{m} \frac{ip_i}{\omega_1} = \frac{\mu-\mu(k)}{1-\omega(k)}$$

其中，$\mu = \sum_{i=1}^{m} ip_i$ 是整体图像的灰度平均值；$\mu(k) = \sum_{i=1}^{k} ip_i$ 是阈值为 k 时的灰度平均值，所以全部采样的灰度平均值为

$$\mu = \omega_0\mu_0 + \omega_1\mu_1$$

两组总的方差用下式求出

$$\begin{aligned}\sigma^2(k) &= \omega_0(\mu_0-\mu)^2 + \omega_1(\mu_1-\mu)^2 = \omega_0\omega_1(\mu_1-\mu_0)^2 \\ &= \frac{[\mu\omega(k)-\mu(k)]^2}{\omega(k)[1-\omega(k)]}\end{aligned} \tag{4.3}$$

$$k^* = \arg\max_k \sigma^2(k) \tag{4.4}$$

k^* 值便是阈值，不管图像的直方图有无明显的双峰，都能得到较满意的结果。

4.3 微分算子边缘检测

边缘检测是基于物体与背景之间在灰度（或纹理）特性上存在着某种不连续性（或

突变性）进行的检测技术。边缘是指它的两侧分属于两个区域，每个区域特性相对比较均匀一致，而两个区域之间在特性上则存在一定差异。图 4.2 是用一阶导数和二阶导数检测均匀灰度分布图像边缘的示例。

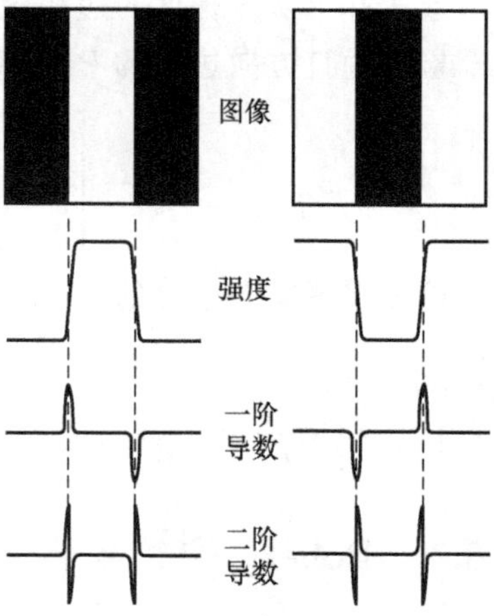

图 4.2　用一阶导数、二阶导数检测图像边缘

4.3.1　灰度梯度及 Prewitt 模板

当图像微分运算后，每个像素处有一梯度值反映该点边缘强度为

$$\nabla f(x,y) = \frac{\partial f(x,y)}{\partial x} i + \frac{\partial f(x,y)}{\partial y} j \tag{4.5}$$

灰度梯度由幅值和方向两个因素构成。幅值为

$$|\nabla f(x,y)| = \sqrt{\left(\frac{\partial f(x,y)}{\partial x}\right)^2 + \left(\frac{\partial f(x,y)}{\partial y}\right)^2} \tag{4.6}$$

方向为

$$\theta(x,y) = \tan^{-1}\left[\frac{\left(\dfrac{\partial f(x,y)}{\partial y}\right)}{\left(\dfrac{\partial f(x,y)}{\partial x}\right)}\right] \tag{4.7}$$

对于数字化离散图像，可用差分代替微分。在图 4.3 中有

$$f(A) = f(x,y)$$

一阶差分梯度算子

$$\begin{aligned}|\nabla f(x,y)| &= |f(A) - f(A_3)| + |f(A) - f(A_5)| \\ &= |f(x,y) - f(x,y+1)| + |f(x,y) - f(x+1,y)|\end{aligned} \tag{4.8}$$

也可表示为

$$|\nabla f(x,y)| = \max(|f(x,y) - f(x,y+1)|, |f(x,y) - f(x+1,y)|) \tag{4.9}$$

利用梯度算子也可以得到二值分割图像

$$G(x,y) = \begin{cases} 1 & |\nabla f(x,y)| \geqslant t_H \\ 0 & |\nabla f(x,y)| < t_H \end{cases} \tag{4.10}$$

这里，t_H是阈值。阈值的选取是面向问题的。

至此，我们已经知道梯度算子有 3 种不同的表示方法：公式（4.6）、公式（4.8）和公式（4.9），它们都可用来做图像的边缘提取。关于三种表示法间的细微差别，感兴趣的读者可以自行研究。

图像水平方向的灰度梯度的差分计算也可用矩阵系数形式表示为

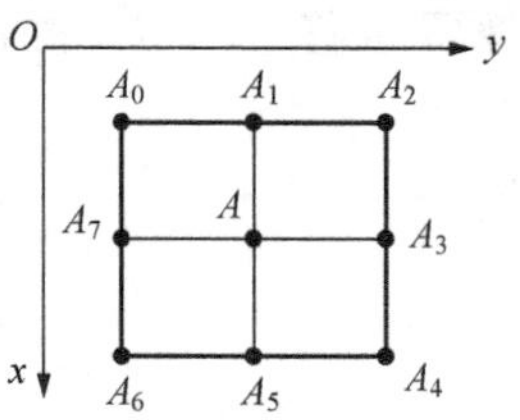

图 4.3　像素 A 及其 8 个邻点

$$\boldsymbol{H}_x = [-0.5 \quad 0 \quad 0.5] = 0.5[-1 \quad 0 \quad 1]$$

类似地，对于垂直方向的灰度梯度的差分计算可用矩阵系数形式表示为

$$\boldsymbol{H}_y = \begin{bmatrix} -0.5 \\ 0 \\ 0.5 \end{bmatrix} = 0.5\begin{bmatrix} -1 \\ 0 \\ 1 \end{bmatrix}$$

上述基于灰度梯度的边缘检测可以用系数矩阵实现。

检测垂直方向边缘的 Prewitt 模板

$$\boldsymbol{P}_{y1}=\begin{bmatrix}1 & 0 & -1\\1 & 0 & -1\\1 & 0 & -1\end{bmatrix}\quad 或 \quad \boldsymbol{P}_{y2}=\begin{bmatrix}-1 & 0 & 1\\-1 & 0 & 1\\-1 & 0 & 1\end{bmatrix}$$

检测水平方向边缘的 Prewitt 模板

$$\boldsymbol{P}_{x1}=\begin{bmatrix}1 & 1 & 1\\0 & 0 & 0\\-1 & -1 & -1\end{bmatrix}\quad 或 \quad \boldsymbol{P}_{x2}=\begin{bmatrix}-1 & -1 & -1\\0 & 0 & 0\\1 & 1 & 1\end{bmatrix}$$

4.3.2 Roberts 交叉算子

普通灰度梯度算子检测图像像素灰度在水平方向或垂直方向上的变化。因此，这种算子对水平方向或垂直方向上的边缘较为敏感。与普通灰度梯度算子不同，Roberts 交叉算子检测的是沿与图像坐标轴 45°角或 135°角方向上的灰度梯度（图 4.4）

$$|\nabla f(x,y)|=\max(|f(x,y)-f(x+1,y+1)|,|f(x+1,y)-f(x,y+1)|)$$

或
$$=\max\left\{\begin{matrix}|f(A)-f(A_4)|,\\|f(A_5)-f(A_3)|\end{matrix}\right\} \tag{4.11}$$

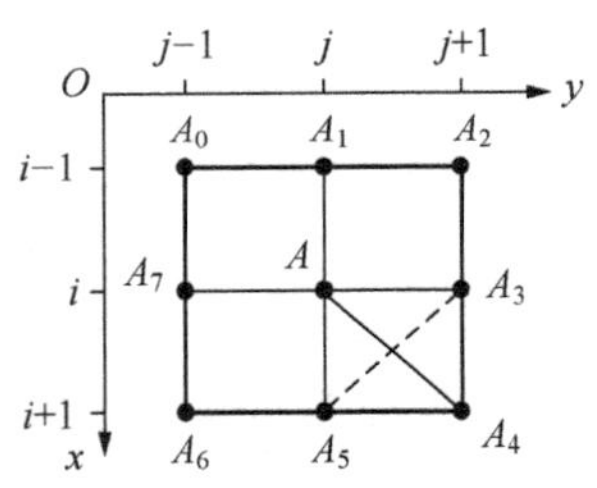

图 4.4 Roberts 算子检测斜方向的像素灰度变化

究竟使用普通灰度梯度算子，还是 Roberts 交叉算子，要看被分割对象的边缘走向。

Roberts 交叉算子的模板表示

$$\boldsymbol{R}_1=\begin{bmatrix}-1 & 0\\0 & 1\end{bmatrix}\quad 或 \quad \boldsymbol{R}_2=\begin{bmatrix}0 & 1\\-1 & 0\end{bmatrix}$$

4.3.3 Sobel 模板

医学图像中大部分梯度算子可以用卷积运算，也就是说，可用局部像素灰度加权和来实现。权系数以与图像中局部邻域对应的数值数组形式列出，也称作模板、窗口或卷积核。当对图像采用边缘检测模板卷积运算后，该值也反映此像点的边界强度。

边缘强度

$$g(x,y)=\max_p\{g_p(x,y)\}$$

这里，p 是选用模板的序号。

$$g_p(x,y)=\sum_{k=-m}^{m}\sum_{l=-n}^{n}h(k,l)f(x+k,y+l) \tag{4.12}$$

其中，$f(x,y)$ 是像素 (x,y) 处的灰度值，$h(k,l)$ 与该像素位移 (k,l) 处的卷积模板元素值。

对 3×3 模板 $k=l=-1, 0, 1$，$m=n=1$，称作 Sobel 模板。

$$\begin{aligned}g_1(x,y)&=\sum_{k=-1}^{1}\sum_{l=-1}^{1}S_1(k,l)f(x+k,y+l)\\&=[f(x-1,y+1)+2f(x,y+1)+f(x+1,y+1)]\end{aligned}$$

$$-[f(x-1,y-1)+2f(x,y-1)+f(x+1,y-1)] \tag{4.13}$$

垂直方向模板 $\boldsymbol{S}_1$

$$\boldsymbol{S}_1 = \begin{bmatrix} -1 & 0 & 1 \\ -2 & 0 & 2 \\ -1 & 0 & 1 \end{bmatrix}$$

如果，$g_1(x,\ y) > t_H$，则在（x，y）处垂直方向有边缘通过。同理

$$g_2(x,y) = \sum_{k=-1}^{1}\sum_{l=-1}^{1} S_2(k,l) f(x+k, y+l)$$

水平方向模板 $\boldsymbol{S}_2$

$$\boldsymbol{S}_2 = \begin{bmatrix} 1 & 2 & 1 \\ 0 & 0 & 0 \\ -1 & -2 & -1 \end{bmatrix}$$

如果，$g_2(x,\ y) > t_H$，水平方向有边缘通过。如不考虑方向，则

$$S(i,j) = |g_1| + |g_2| \tag{4.14}$$

如果，$S(i,j) > t_H$，则有边缘通过。

图 4.5 是用 Sobel 模板做边缘检测的实例。图 4.5（a）是血管造影原始图像；图 4.5（b)是用 Sobel 模板做卷积运算的结果；图 4.5（c）及 4.5（d）是用不同阈值 t_H 做边缘检测的结果。可见阈值的选取对分割结果有较大影响。图 4.5（c）中所用阈值较低，除血管外还残存许多背景部分，图 4.5（d）中用的阈值较高，虽然背景部分消除了，但血管边界不连续，必须做进一步处理。

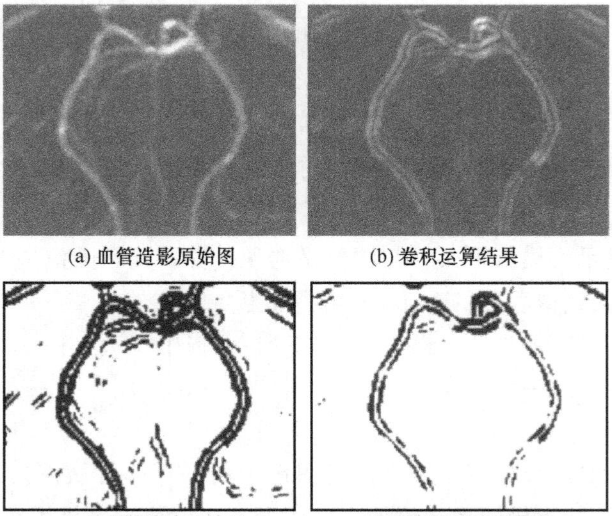

(a) 血管造影原始图　(b) 卷积运算结果　(c) 较低阈值检测结果　(d) 较高阈值检测结果

图 4.5　Sobel 算子做边缘检测例

4.3.4　Kirsch 算子

对像素（x，y）考察其 8 个相邻点。用 3 个相邻点的加权和减去剩下 5 个相邻点的加权和，并令 3 邻点环绕（x，y）移位，经多次计算，取其中差值最大者。计算

$$K(x,y) = \max\{1,\max[5S_i - 3T_i]\} \quad i = 0 \sim 7 \tag{4.15}$$

式中

$$S_i = f(A_i) + f(A_{i+1}) + f(A_{i+2})$$

$$T_i = f(A_{i+3}) + f(A_{i+4}) + f(A_{i+5}) + f(A_{i+6}) + f(A_{i+7})$$

$f(A_K)$ 之下标 K 取 $K=K \bmod 8$。

与阈值比较，如果，$K(x,\ y)>t_H$，则 $(x,\ y)$ 为边缘点。

Kirsch算子又称罗盘算子，本质上是计算每隔45°的8个模板，取8个方向模板计算的最大值作为该点的边缘强度 $K(x,\ y)$。

$$\begin{array}{|c|c|c|}\hline 5 & 5 & 5 \\ \hline -3 & 0 & -3 \\ \hline -3 & -3 & -3 \\ \hline \end{array} \quad \begin{array}{|c|c|c|}\hline -3 & 5 & 5 \\ \hline -3 & 0 & 5 \\ \hline -3 & -3 & -3 \\ \hline \end{array} \quad \begin{array}{|c|c|c|}\hline -3 & -3 & 5 \\ \hline -3 & 0 & 5 \\ \hline -3 & -3 & 5 \\ \hline \end{array} \quad \begin{array}{|c|c|c|}\hline -3 & -3 & -3 \\ \hline -3 & 0 & 5 \\ \hline -3 & 5 & 5 \\ \hline \end{array}$$

$$\begin{array}{|c|c|c|}\hline -3 & -3 & -3 \\ \hline -3 & 0 & -3 \\ \hline 5 & 5 & 5 \\ \hline \end{array} \quad \begin{array}{|c|c|c|}\hline -3 & -3 & -3 \\ \hline 5 & 0 & -3 \\ \hline 5 & 5 & -3 \\ \hline \end{array} \quad \begin{array}{|c|c|c|}\hline 5 & -3 & -3 \\ \hline 5 & 0 & -3 \\ \hline 5 & -3 & -3 \\ \hline \end{array} \quad \begin{array}{|c|c|c|}\hline 5 & 5 & -3 \\ \hline 5 & 0 & -3 \\ \hline -3 & -3 & -3 \\ \hline \end{array}$$

4.3.5 Laplace 算子

由图4.2得知，图像像素灰度的二阶导数也可以用作边缘检测。Laplace算子是无方向性算子，提取的结果与图像本身边缘的方向无关。

$$\nabla^2 f(x,y) = \frac{\partial^2 f(x,y)}{\partial x^2} + \frac{\partial^2 f(x,y)}{\partial y^2} \tag{4.16}$$

用二阶差分表示为

$$\nabla^2 f(x,y) = f(A_1) + f(A_3) + f(A_5) + f(A_7) - 4f(A) \tag{4.17}$$

对于阶跃状边缘检测二阶导数的零交叉点；对于屋顶状边缘则计算二阶导数的最大负值处

$$L(i,j) = -\nabla^2 f(x,y) \tag{4.18}$$

Laplace算子也可表示为模板形式，与图像做卷积计算，提取图像中的边缘。

下面是几种不同近似程度的Laplace卷积模板

$$\boldsymbol{L}_1 = \begin{bmatrix} 0 & -1 & 0 \\ -1 & 4 & -1 \\ 0 & -1 & 0 \end{bmatrix} \quad \boldsymbol{L}_2 = \begin{bmatrix} -1 & -1 & -1 \\ -1 & 8 & -1 \\ -1 & -1 & -1 \end{bmatrix} \quad \boldsymbol{L}_3 = \begin{bmatrix} 1 & -2 & 1 \\ -2 & 4 & -2 \\ 1 & -2 & 1 \end{bmatrix}$$

Laplace算子是二阶导数算子，因此对图像中的噪声非常敏感。另外它常产生双像素宽的边缘，而且不能提供图像边缘的方向信息，所以很少直接用作边缘检测。

4.3.6 Marr-Hidreth 算子

Marr-Hidreth算子是在Laplace算子的基础上实现的。Laplace算子对噪声比较敏感，为了减少噪声的影响，可以对图像先进行平滑然后再运用Laplace算子。根据人眼视觉成像原理，图像中任一个像素点所对应的场景点周围的点对该点光强的贡献呈正态分布。因此，平滑函数选择具有正态分布形式的Gauss函数 $h(x,\ y)$。

$$h(x,y) = -\exp\left(-\frac{x^2+y^2}{2\sigma^2}\right) \tag{4.19}$$

式中，σ 是 Gauss 分布的方差。令 $r^2=x^2+y^2$，则 r 为以像素为中心的极坐标半径。因此，用 Gauss 函数 $h(x, y)$ 对图像 $f(i, j)$ 做卷积，得到平滑后的图像有

$$g(i,j) = h(x,y) * f(i,j) \tag{4.20}$$

这里，符号 * 表示卷积运算。对平滑后的图像再用 Laplace 算子。根据卷积的性质，得到 Marr-Hidreth 算子的表达式

$$\begin{aligned} M(i,j) &= \nabla^2[g(i,j)] \\ &= \nabla^2[h(r) * f(i,j)] \\ &= (\nabla^2 h(r)) * f(i,j) \end{aligned} \tag{4.21}$$

式中

$$\nabla^2 h = \frac{\sigma^2 - r^2}{\sigma^4}\exp\left(-\frac{r^2}{2\sigma^2}\right) \tag{4.22}$$

对于连续函数，二维卷积运算公式为

$$h(x,y) * f(x,y) = \int_{-\infty}^{\infty}\int_{-\infty}^{\infty} h(\alpha,\beta) f(x+\alpha, y+\beta)\mathrm{d}\alpha\mathrm{d}\beta \tag{4.23}$$

对于离散的情况，二维卷积运算公式为

$$h(x,y) * f(x,y) = \sum_{m=-M/2}^{M/2}\sum_{n=-N/2}^{N/2} h(m,n) f(x+m, y+n) \tag{4.24}$$

$\nabla^2 h$ 称作高斯-拉普拉斯算子（Laplacian-of-Gaussian，LoG），又叫“墨西哥帽子”函数，是轴对称的各向同性算子，如图 4.6 所示，剖面图如图 4.7 所示。图 4.8 是它在二维平面的投影。

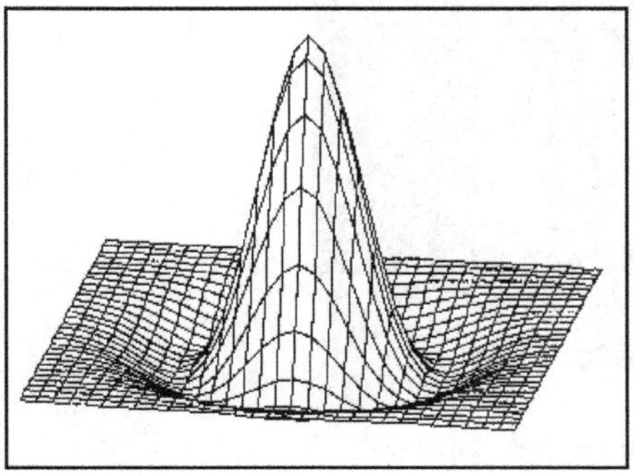

图 4.6　三维空间的 $\nabla^2 h$ 视图

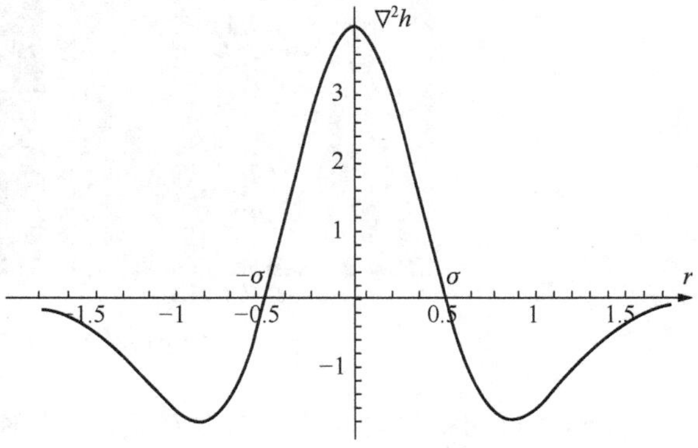

图 4.7　$\nabla^2 h$ 的垂直方向二维剖面

在图 4.8 中

$$G_1 = \exp\left[-\left(\frac{x-50}{8}\right)^2\right]$$

$$G_2 = 0.8\exp\left[-\left(\frac{x-50}{10}\right)^2\right]$$

LoG 函数可以用两个 Gauss 函数的差值来近似。

图 4.9 是用 LoG 算子提取血管边缘示例。其中图 4.9（a）是对图 4.5（a）血管造

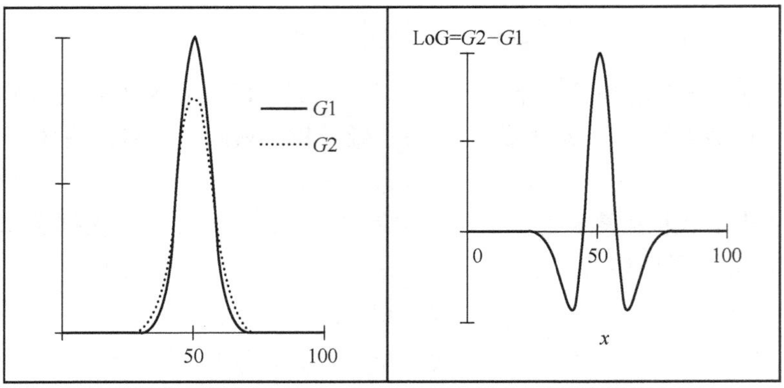

(a) 两个高斯分布　　　　(b) 相减结果

图 4.8　用两个 Gauss 函数相减得到 LoG 函数

影图像应用 3×3 Laplace 模板得到的图像。图 4.9（c）是取其零交叉点得到的图像，对于提取血管边缘这一目标来说，效果显然不佳。图 4.9（b）是应用 LoG 算子的结果，即先对原始图像做 7×7 Gauss 平滑，再用 7×7 Laplace 算子运算的结果。图 4.9（d)是对图 4.9（b）取零交叉的结果。

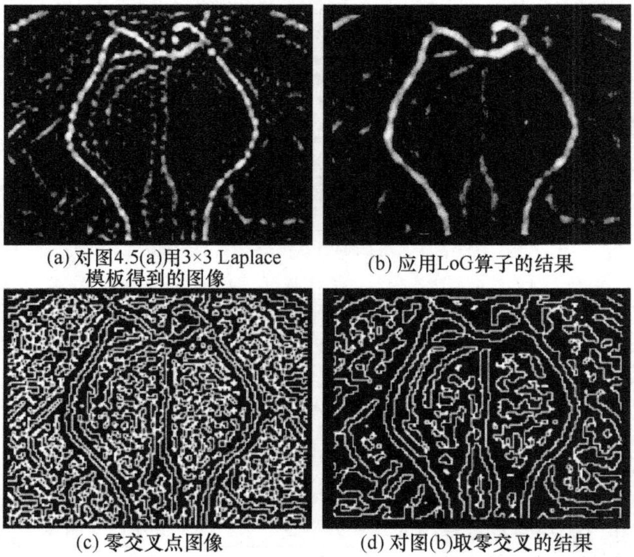

(a) 对图4.5(a)用3×3 Laplace 模板得到的图像　　(b) 应用LoG算子的结果

(c) 零交叉点图像　　(d) 对图(b)取零交叉的结果

图 4.9　用 LoG 算子提取血管边缘示例

显然，检测结果与 σ 值的选取有关，σ 小时，边缘位置较准确，但细节会过多。已经证明，Marr-Hidreth 算子是按零交叉检测阶跃边缘的最佳算子。麻烦的是，Marr-Hidreth 算子所用卷积模板一般较大，典型半径为 8～32 个像素。

4.3.7　Canny 算子

Canny 对边缘检测质量进行分析，提出 3 个准则。

1. 信噪比准则

要想减少把真正边缘丢失或误将非边缘判断为边缘，首先要提高信噪比 SNR。

$$\mathrm{SNR}=\frac{\left|\int_{-w}^{+W}G(-x)h(x)\mathrm{d}x\right|}{n_0\sqrt{\int_{-W}^{+W}h^2(x)\mathrm{d}x}} \tag{4.25}$$

式中，$G(x)$ 是图像的边缘，$h(x)$ 为窗宽 w 的滤波器的脉冲响应，n_0 是高斯噪声均方差。

2. 定位精度准则

检测出的边缘应当落在真正的边缘上，定位精度 L 定义为

$$L=\frac{\left|\int_{-w}^{+W}G'(-x)h'(x)\mathrm{d}x\right|}{n_0\sqrt{\int_{-W}^{+W}h'^2(x)\mathrm{d}x}} \tag{4.26}$$

式中，$G'(x)$ 和 $h'(x)$ 是 $G(x)$ 与 $h(x)$ 的导数。L 值越大表明定位精度越高。

3. 单边缘准则

为了减少或消除检测出多重边缘的情况，$h'(x)$ 的零交叉点平均距离 x_{zca} 应满足下式

$$x_{zca}(h')=\pi\left\{\frac{\int_{-W}^{+W}h'^2(x)\mathrm{d}x}{\int_{-W}^{+W}h''^2(x)\mathrm{d}x}\right\}^{1/2} \tag{4.27}$$

对于阶跃边缘，SNR 和 L 可以写成下列形式

$$\mathrm{SNR}=\frac{A\left|\int\int_{-w}^{0}h(x)\mathrm{d}x\right|}{n_0\sqrt{\int_{-W}^{+W}h^2(x)\mathrm{d}x}} \tag{4.28}$$

$$L=\frac{A\left|h'(0)\right|}{n_0\sqrt{\int_{-W}^{+W}h'^2(x)\mathrm{d}x}} \tag{4.29}$$

式中，A 是阶跃边缘的幅值。如果去除对图像本身特性有关项，定义两个新的测度 $\sum$ 和 Λ，上面两式改写为

$$\mathrm{SNR}=\frac{A}{n_0}\sum(h)\quad \sum(h)=\frac{\left|\int_{-w}^{0}h(x)\mathrm{d}x\right|}{\sqrt{\int_{-W}^{+W}h^2(x)\mathrm{d}x}} \tag{4.30}$$

$$L=\frac{A}{n_0}\Lambda(h')\quad \Lambda(h')=\frac{\left|h'(0)\right|}{\sqrt{\int_{-W}^{+W}h'^2(x)\mathrm{d}x}} \tag{4.31}$$

因此，最佳图像边缘提取的准则就转化为将下式最大化的问题。

$$\sum(h)\Lambda(h') \tag{4.32}$$

尽管如此，也很难得到解析解。但分析表明，高斯函数的一阶导数（First Derivative of Gaussian，DoG）是一个较好的近似。

Canny 算子的实现过程如下：

1）高斯函数的一阶导数由两步完成，高斯平滑及 Sobel 算子提取边缘。

2）非最大值抑制（non-maximal suppression）。

3）双阈值法连接边缘点（hysteresis thresholding）。

（1）非最大值抑制

Gauss 平滑可以抑制图像的噪声，但也减弱了边缘信息。因此要通过 Sobel 算子提取图像的边缘，得到的边缘线可能较粗。要想沿边缘走向尽量留取少数点，非最大值抑制过程先找出一个边缘点处的边缘走向；在与其垂直的法向方向去除灰度梯度小的边缘点，仅保留灰度梯度最大的边缘点。这样就可得到沿边缘走向的较细的边缘线。具体做法如图 4.10 所示。

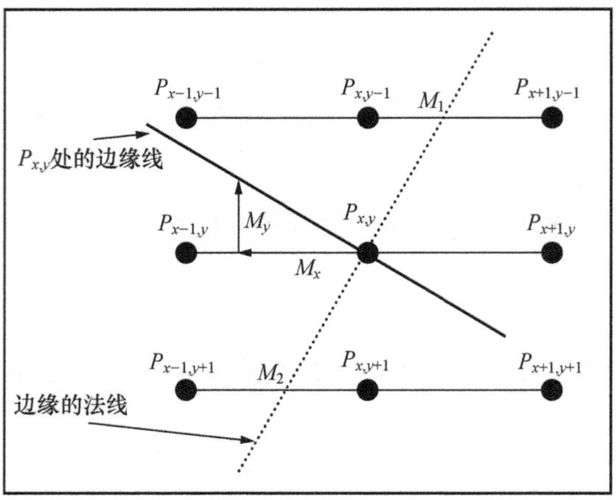

图 4.10　非最大值抑制

设 $P_{x,y}$是步骤 1）提取的一个边缘点。过 $P_{x,y}$ 的边缘如图 4.10 所示，$P_{x,y}$的灰度梯度$M(x, y)$的两个分量分别是 M_x 和 M_y。将过 $P_{x,y}$的边缘法线向两个方向延伸，与点 $P_{x,y}$的 8 邻域网格相交于两点。设这两个交点的灰度梯度分别为 M_1 和 M_2，其数值可用 $P_{x,y}$邻点的灰度梯度做内插计算。

$$M_1 = \frac{M_y}{M_x}M(x+1,y-1) + \frac{M_x - M_y}{M_x}M(x,y-1) \tag{4.33}$$

$$M_2 = \frac{M_y}{M_x}M(x-1,y+1) + \frac{M_x - M_y}{M_x}M(x,y+1) \tag{4.34}$$

如果 $M(x, y) > M_1$ 并且 $M(x, y) > M_2$，将点 $P_{x,y}$标记为灰度梯度最大值点，否则，将点 $P_{x,y}$舍去。这样就使原来获得的边缘变窄许多。

（2）双阈值法连接边缘点

对非最大值抑制标记的灰度梯度最大值点继续搜索。如果某个点的梯度值（图 4.11中的强度）超过上阈值，标记为种子点，输出白色（255）。

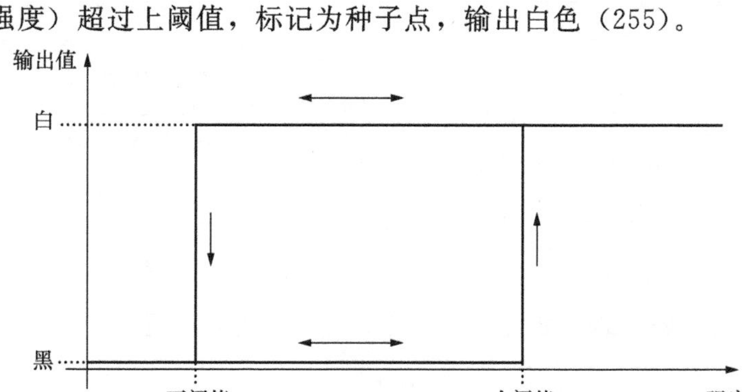

图 4.11　双阈值传递函数

然后考察该点的 8 个邻域点。如果哪个点的灰度梯度超过下阈值，就将该点标记为新的种子点。将低于下阈值的点舍去，输出黑色（0）。再对新的种子点的 8 个邻域点同样考察。反复重复这一过程，就可得到一条条的边缘线。箭头指示可能的移动方向。从黑色得到白色只有一种方式，反之亦然。

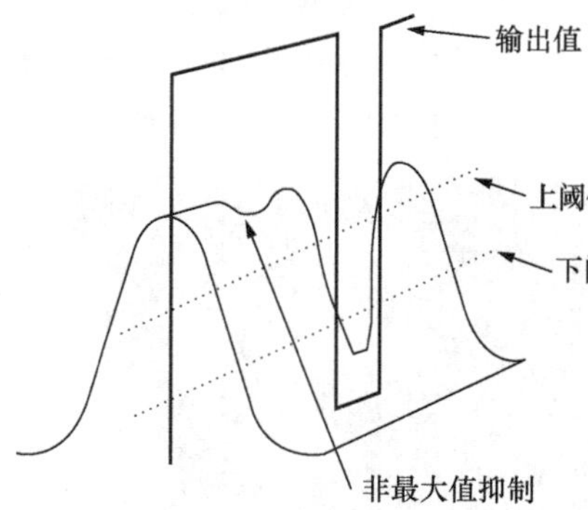

图 4.12　非最大值抑制与双阈值工作示意图

图 4.12 给出非最大值抑制与双阈值法如何联合工作的。随着图像边缘点的灰度梯度相对上、下阈值的变化，输出呈相应的二值灰度。由于边缘点可能反复超过上阈值或低于下阈值，又称迟滞阈值法。

超声图像通常包含较多噪声和伪迹，需要经过适当的图像处理才能得到有用的信息。图 4.13 给出一幅低对比度、高噪声的超声图像及多种边缘检测算子的结果。比较起来，显然只有 Canny 算子检测性能最佳。

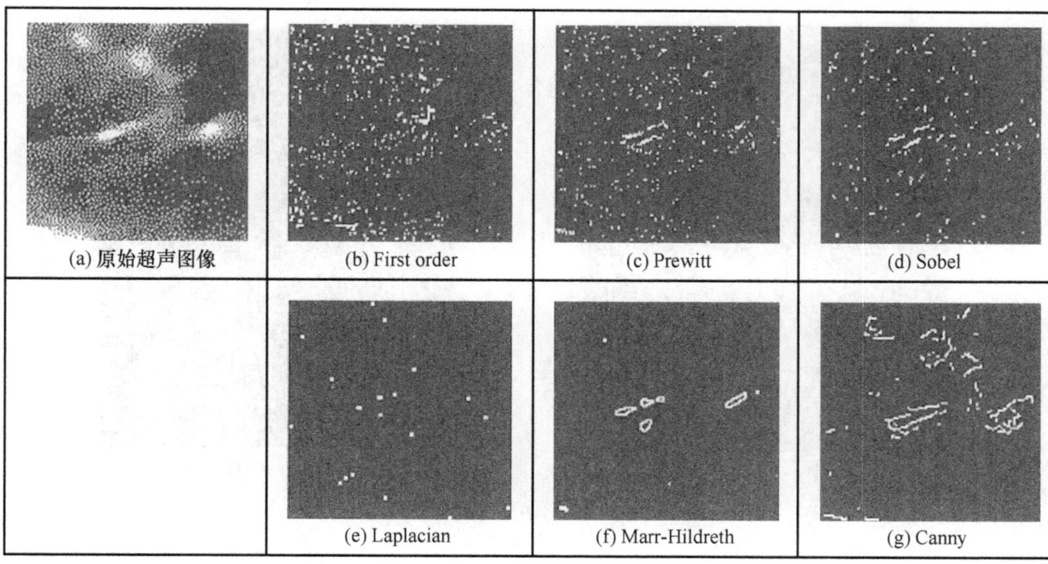

图 4.13　边缘检测算子性能的比较

【示例七】边缘检测

实验目的：

1. 掌握常用的边缘检测算子。
2. 讨论阈值对边缘检测的影响。

原始数据：

1. Lenna 图像，见示例图 7.1（a）。
2. 从直方示例图 7.1（b）可以看出 Lenna 头像的灰度范围较大，经常被计算机研究人员用作图像数据压缩算法和其他图像处理新方法的测试图像，便于不同方法性能的比较。该图像中条纹粗细不同，各方向线条丰富，适合做边缘提取研究。

3. 计算机合成图像 Simulation，见示例图 7.1（c）。该图像是计算机合成的仿真图像，包含大小不一的多个椭圆、圆形和正方形图形。有的灰度分布均匀，有的混有噪声。示例图 7.1（d）是单线条的边缘图像，适合边缘检测算法的定量评估。

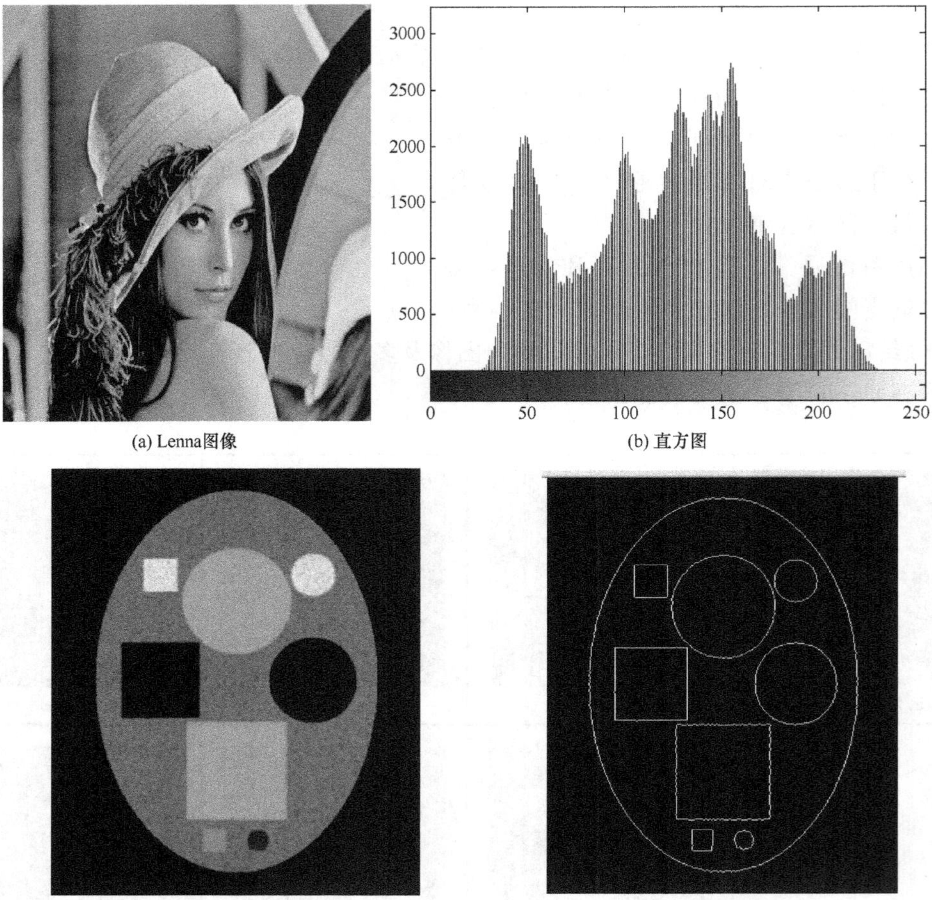

(a) Lenna图像　(b) 直方图

(c) 计算机合成图像　(d) 单线条边的边缘图像

示例图 7.1

实验要求：

1. 用 3 种不同的灰度梯度算子（平方根法、最大值法和绝对值法）对 Lenna 图像进行边缘提取。

2. 用 Kirsh 算子对 Lenna 图像进行边缘提取，比较阈值的影响。

3. 用 Roberts 交叉算子、Sobel 算子、Kirsch 算子、Laplace 算子、Marr-Hildreth 算子和 Canny 算子对 Lenna 图像进行边缘检测。

4. 对计算机合成图像 Simulation 作边缘检测，试对检测结果定量评估。

实现方法和结果：

1. 灰度梯度算子。

计算图像的灰度梯度有三种不同的表达式，效果见示例图 7.2。

(1) 平方根法

$$|\nabla f(x,y)| = \sqrt{\left(\frac{\partial f(x,y)}{\partial x}\right)^2 + \left(\frac{\partial f(x,y)}{\partial y}\right)^2}$$

(2) 绝对值法

$$|\nabla f(x,y)| = |f(x,y) - f(x,y+1)| + |f(x,y) - f(x+1,y)|$$

(3) 最大值法

$$|\nabla f(x,y)| = \max(|f(x,y) - f(x,y+1)|, |f(x,y) - f(x+1,y)|)$$

平方根法检测结果略好些，但计算量大些。绝对值法和最大值法结果相近。

(a) 平方根法　　(b) 绝对值法　　(c) 最大值法

示例图 7.2

2. 用 Kirsh 算子对 Lenna 图像进行边缘提取，比较阈值的影响。如果 $K(x, y) > t_H$，则 (x, y) 为边缘点。见示例图 7.3。

阈值对结果的影响：阈值选取的小，可以检测到细微的边缘信息，但会引入噪声；阈值选取的大，可以有效抑制噪声，但是会丢失细微的边缘信息，一些边缘会检测不到。

(a) t_H=500　　(b) t_H=250　　(c) t_H=150

示例图 7.3

3. 用 Roberts 交叉算子、Sobel 算子、Kirsch 算子、Laplace 算子、Marr-Hildreth 算子和 Canny 算子对 Lenna 图像进行边缘检测。

人物像的边缘提取没有定量的性能评价。根据主观视觉感受，手工调节 Robert 算子、Sobel 算子和 Kirsch 算子的阈值。由于是计算灰度的二阶导数，Laplace 算子效果较差。Marr-Hildreth 算子中，Gauss 滤波函数的参数 $\sigma=1$，模板尺寸 8×8。Canny 算子可以得到单像素的边缘。见示例图 7.4。

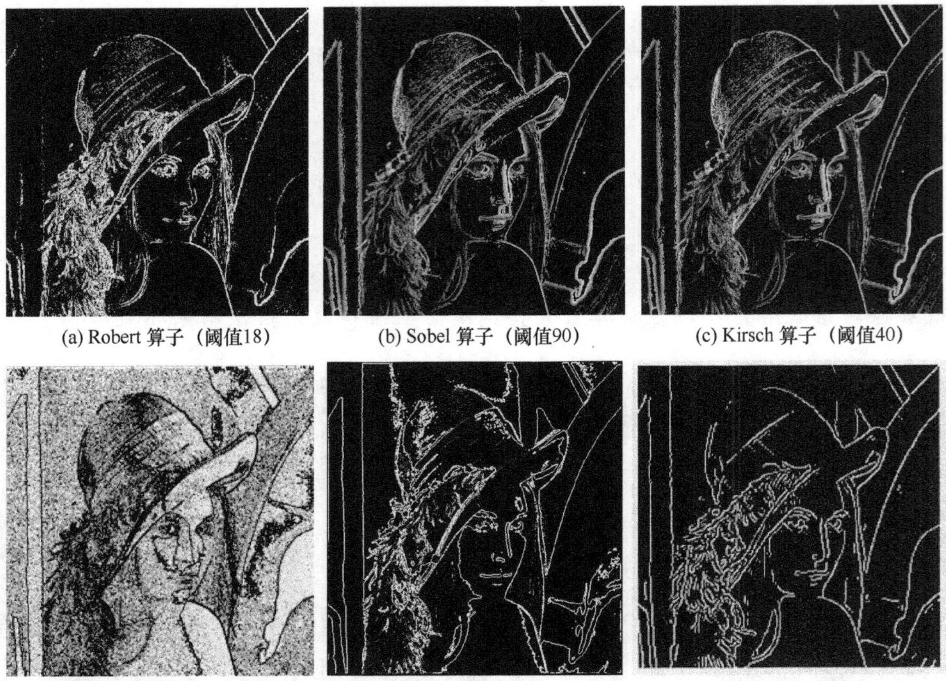

(a) Robert 算子（阈值18） (b) Sobel 算子（阈值90） (c) Kirsch 算子（阈值40）

(d) Laplace 算子零交叉 (e) Marr-Hildreth 算子 (f) Canny 算子

示例图 7.4

4. 对计算机合成图像 Simulation 作边缘检测，试对检测结果定量评估。应用 Sobel 算子（双方向模板）对 Simulation 的边缘提取。对不同阈值得到不同的检测边缘。

由于是计算机合成图像，可以精确知道应当获得的单像素边缘结果。将原始数据中的示例图 7.4（c）作为参考图像与获得图像做定量比较。见示例图 7.5。

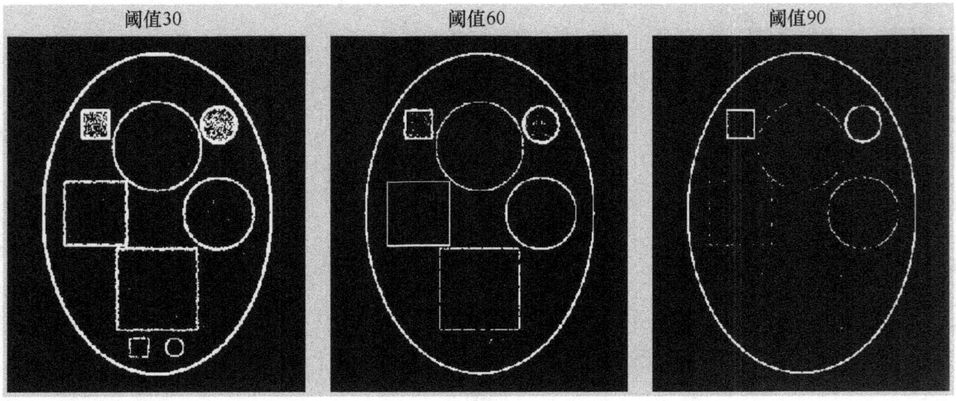

示例图 7.5

边缘提取的性能很难定量评估，有以下两个测度可供参考。

（1）边缘检测错误率

$$P_e = \frac{N_1}{N_0}$$

其中，N_1 是漏检的边缘点数及误增加边缘点数之和，N_0 是真正（参考）边缘点数。

(2) 边缘检测性能指数

$$P_c = \frac{1}{\max(N_0, N_p)} \sum_{i=1}^{N_p} \frac{1}{1 + \alpha d_i^2}$$

其中，N_p 是实际检测到的边缘点数，N_0 是真正（参考）边缘点数。d_i 是检测到的第 i 个边缘点到真正边缘点最近的距离，α 是修正系数。性能指数 P_c 的取值范围为 [0～1]。

4.3.8 Hough 变换

图 4.14（a）中的数据点分布基本是一条直线。要想将这些数据点组成一个连续的边缘，通常需要用最小二乘法拟合。图 4.14（b）是带分支的直线段，要想提出这些线段就更加困难。图 4.14（c）则是图 4.14（b）的分支线段增添一些干扰。几乎无法用拟合的方法得到这些连续的线段。

(a) 数据点分布　(b) 带分支的直线段　(c) 图(b)支线段增添干扰

图 4.14　图像中呈直线形的图形

Hough 变换方法是利用图像全局特性直接检测目标轮廓，即将边缘像素连接起来组成封闭边界的一种常用方法。在预先知道区域形状的条件下，利用 Hough 变换可以方便地得到边界曲线而将不连续的边缘像素点连接起来。由于可以从图像中寻找预期的形状，Hough 变换可以作为简单的模板匹配技术对图像对象进行识别。

Hough 变换的主要优点是受噪声和曲线间断的影响较小。Hough 变换的原理如图 4.15所示。

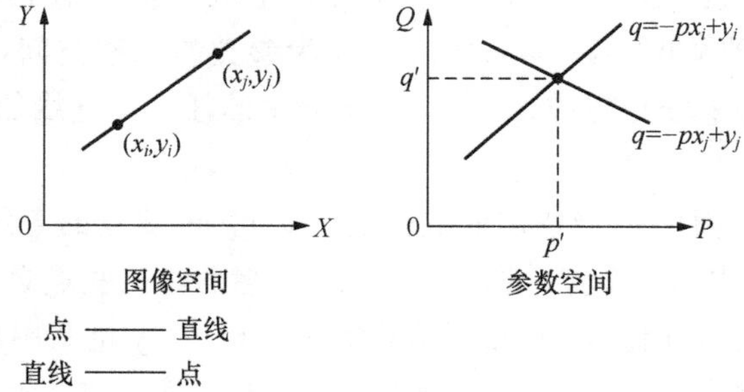

图 4.15　点-直线对偶性（duality）

图像空间（二维平面），像素点坐标由（x，y）表示。所有通过点（x，y）的直线满足方程

$$y = px + q$$

其中，p 代表斜率，q 是截距。我们可将该式改写为

$$q = -px + y$$

可以看作参数空间中经过点（p，q）的一条直线。

图像空间中的一个点对应参数空间中一条直线，反之亦然。这种对应关系称作点-直线对偶性（duality）。根据这种对偶性，图像空间中的点（x_i，y_i）对应参数空间中的直线

$$q = -px_i + y_i$$

类似地，图像空间中的另一个点（x_j，y_j）对应参数空间中的直线

$$q = -px_j + y_j$$

因此，如果在图像空间中有多个数据点共线，它们在参数空间中所对应的那些直线必定有一个共同的交点。

Hough 变换将图像空间直线的检测问题转换为参数空间进行简单累加（图 4.16）。具体累加方法如下：

PQ 空间的二维数组 $A(p, q)$，初值 $A(p, q) = 0$，全部的 p，q [$p_{\min}$，$p_{\max}$] 和 [$q_{\min}$，$q_{\max}$] 是预期斜率和截距的范围。

对 XY 空间中每个点，在 p 轴上从左向右逐个取值，计算相应 q 值。对 XY 空间中全部点做二维 PQ 直方图累加。$A(p, q)$ 的值即过（p，q）处共线点数目。累积最大数目的单元 $A_{\max}$ 对应的 p_0，q_0 即所求的 XY 空间直线的斜率和截距。按此参数可以直接绘出连续的线段，无须拟合，而且对噪声干扰不敏感。

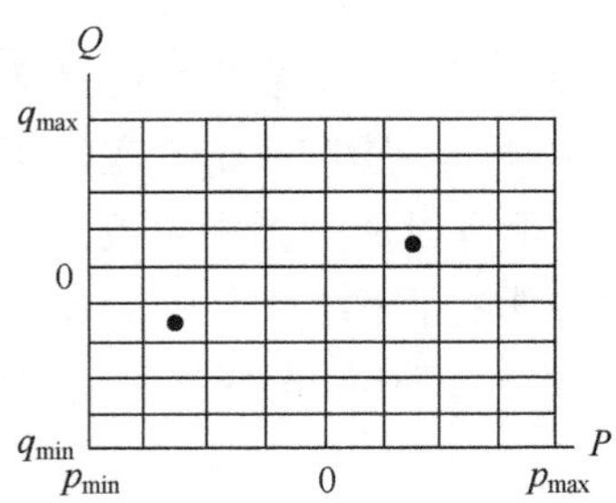

图 4.16 图像空间直线的检测问题转换为参数空间的简单累加

关于累加器设置的影响，有两点需要加以注意：

1）统计准确性由累加数组大小和分辨率决定，即 P 分 K 等份与 K 的大小有关。

2）当直线接近垂直方向时，$p \to \infty$，$q \to \infty$，累加器尺寸变大，计算量骤增。

直线 $y = px + q$ 也可以用极坐标表示为

$$\rho = x\cos(\theta) + y\sin(\theta) \tag{4.35}$$

这里，（ρ，θ）是从坐标原点到该直线垂足的向量。考虑以 ρ 和 θ 为参数的二维空间，该空间中每个点都与 x，y 平面中的一条直线相对应。即 x，y 平面中的任一条直线的 Hough 变换是 ρ，θ 空间的一个点。

现在考虑 x，y 平面的一个特定的点（x_1，y_1）。过该点的直线可以有很多，每一条都对应了 ρ，θ 空间中的一个点［图 4.17（a）］。然而，这些点必须满足以 x_1 和 y_1 作为常量时的等式（4.35）。因此，在 ρ，θ 参数空间中与 x，y 空间中所有这些直线对应的点的轨迹是一条正弦型曲线，而 x，y 平面上的任一点［图 4.17（b）］对应了 ρ，θ 空间的一条正弦曲线［图 4.17（c）］。

如果有一组位于由参数 ρ_0，θ_0 决定的直线上的边缘点，则每个边缘点对应了 ρ，θ 空间的一条正弦型曲线。所有这些曲线必交于点（ρ_0，θ_0），因为这是它们共享的一条直线的参数［图 4.17（c）］。

为了找出这些点所构成的直线段，我们可以建立一个在 ρ，θ 空间的二维累加器。

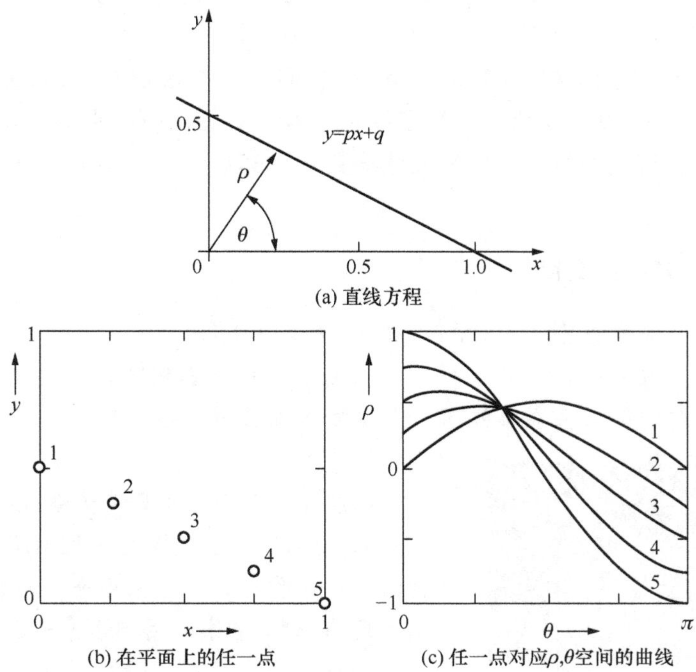

(a) 直线方程

(b) 在平面上的任一点

(c) 任一点对应ρ,θ空间的曲线

图 4.17　图像空间点与参数空间正弦曲线的对应

对每个边缘点（x_i，y_i），我们将给所有与该点的 Hough 变换（正弦曲线）对应的 ρ，θ 空间的累加器单元一个增量。当对所有边缘点施行完这种操作后，包含（ρ_0，θ_0）的累加器单元将具有局部最大值。对 ρ，θ 空间的直方图进行局部最大值搜索就可以获得直线边界线段的参数。

Hough 变换不仅适于直线，当已知一幅图像中隐藏有圆形对象时，也可以利用 Hough 变换找出圆心和半径，绘出连续的圆形轮廓。

已知圆方程

$$(x-a)^2+(y-b)^2=r^2$$

如果（x，y）是某个未知圆上的点，若求 a，b，r 三个参数可累加 $A(a, b, r)$，计算量过大。若已知 r，则变为圆→圆的对偶性，上面方程中（x，y）与（a，b）形式对偶。将图像空间可能为圆形的大量边缘点坐标在参数空间（A，B）累加器计数，然后搜索局部极大值得到的参数（a_0，b_0）就是图像空间圆形对象的圆心坐标，结合已知的半径就可绘出连续圆形边缘（图 4.18）。

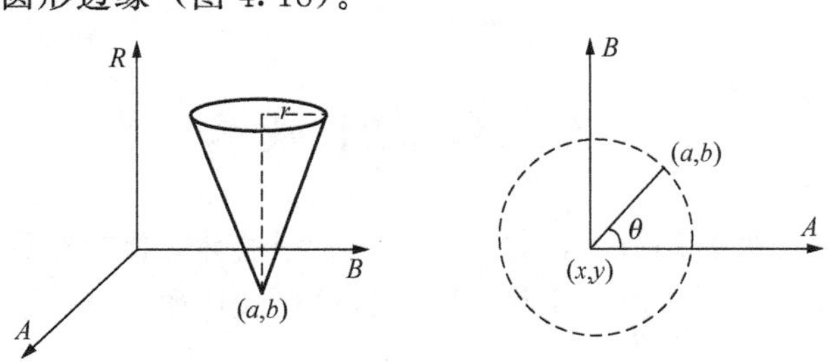

图 4.18　圆形边缘的 Hough 变换

Hough 变换还可以推广到已知对象形状为一般解析式的情况。

$$f(\boldsymbol{x},\boldsymbol{c})=0$$

其中，$\boldsymbol{x}$ 是笛卡儿空间坐标向量，m 维（图像空间），$\boldsymbol{c}$ 是参数向量，n 维（参数空间）。图像空间的一个点 $\boldsymbol{x}_0$ 对应参数空间的多维累加器。对图像空间数据点坐标值在参数空间累加器中计数，得到的最大值即为最佳参数 $\boldsymbol{c}_0$，然后根据解析式 $f(\boldsymbol{x},\boldsymbol{c}_0)=0$ 绘出曲线。

【示例八】　Hough 变换

实验目的：了解和掌握 Hough 变换的原理和初步应用。

原始数据：生成一个尺寸 256×256，灰阶 256 的仿真图像，圆内灰度值：160；背景灰度：96；半径：80；并在整幅图像上添加随机噪声，幅度范围（－48，＋48）。见示例图 8.1。

示例图 8.1

实验要求：用 Sobel 算子检测边缘点（注意域值的选取），用 Hough 变换找出圆心位置并显示；以此圆心、半径作图，并与原图叠加比较。

实现方法和结果：用 Sobel 算子对仿真图像检测，得到的边缘点图像见示例图 8.2（a）。对图像示例图8.2（a）的像素坐标值在参数空间累加器计数，累加结果如示例图 8.2（b）所示。其中最亮点的坐标就是用 Hough 变换找出的圆心位置。根据半径（80）和得到的圆心坐标绘出圆形对象示例图 8.2（c）。与原始仿真图像相减得到的差值图像示例图 8.2（d）实际是原始图像中人工添加的噪声，表明 Hough 变换确实在噪声图像中准确提取已知形状的对象边缘。

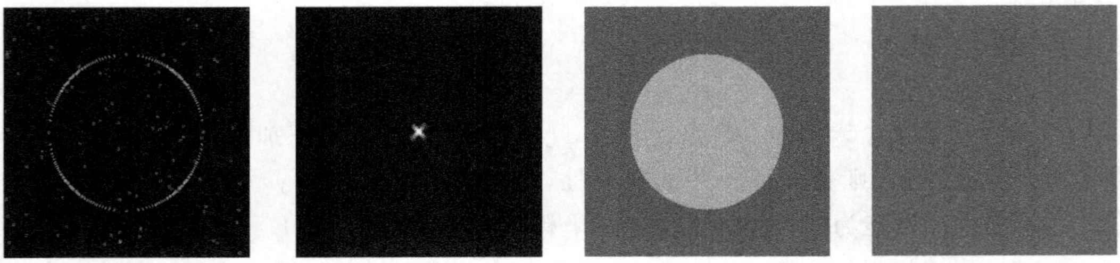

(a) Sobel算子检测结果　(b) 累加器结果显示　(c) 绘出圆形对象　(d) 差值图像

示例图 8.2

4.4　区域增长技术

区域增长是一种图像分割方法，在人工智能领域的计算机视觉界受到广泛关注。利用区域增长法进行分割就是求图像中相似的像素的最大连通集合。这可通过合并相邻的相似像素来实现。

4.4.1 基于局部区域性质一致性的区域增长

这种方法是从把一幅图像分成许多小区域开始的。这些初始的区域可能是小的区域甚至是单个像素。在每个区域中，对经过适当定义的能反映一个物体内成员隶属程度的性质（度量）进行计算。用于区分不同物体内像素的性质（度量）包括可以是平均灰度值，纹理或颜色信息。因此，第一步是赋给每个区域一组参数，这些参数的值能够反映区域属于哪个物体。接下来，对相邻区域的所有边界进行考查。相邻区域的平均度量之间的差异是计算边界强度的一个尺度。如果给定边界两侧的度量差异明显，那么这个边界很强，反之则弱。强边界允许继续存在，而弱边界被消除，相邻区域被合并。

这是一个迭代过程，每一步重新计算被扩大区域的物体成员隶属关系并消除弱边界。当没有可以消除的弱边界时，区域合并过程结束。这时，图像分割也就完成。检查这个过程会使人感觉这是一个物体内部的区域不断增长直到其边界对应于物体的真正边界为止的过程。

作为以邻域的平均灰度值和方差为特性的区域增长法，根据问题的难易程度有时也可简化处理。例如，通过将像素的灰度值与某一邻域的平均灰度值比较，如果差值小于两倍的标准差就将该像素划分为此区域；否则就定义该点为边缘像素。

$$|p(i,j)-\mu|\leqslant 2\times\sigma$$

其中

$$\sigma=\sqrt{\frac{\sum_{i,j}(p(i,j)-\mu)^2}{N-1}}\qquad N=(2n+1)(2n+1)$$

区域增长具体过程如下。

第 1 步：选择一个像素点作为种子点，$n=1$；

第 2 步：检查该种子点的（$2n+1$）×（$2n+1$）邻域，计算该邻域的灰度平均值 μ 和标准差 σ；

第 3 步：符合上述公式的像素值可判为增长点，否则判为不可增长点；

第 4 步：如果该邻域中再没有新的增长点产生，或满足某种停止条件，增长过程结束；

第 5 步：令 $n=n+1$，将种子点邻域扩大，转向第 2 步。

区域的初始大小可从一个种子点开始。种子点可用手工、自动或半自动方式选取。通常，不同的种子点增长后会形成并非完全一致的区域。区域增长的同质性（homogeneity）是通过一致性（uniformity）检验来保证的。显然，检验的准则的选取对最后形成的区域有着十分重要的影响。如果选择不当，就会造成部分区域漏划到邻接的区域或将本不属于该区域的像素错误地合并进来。区域增长方法的好处是它能将具有相同性质，但在空间上分开的区域正确的划分。另一个优点是能够分割出连续的区域。

【示例九】 区域增长

实验目的：通过一个二值图像区域增长实例了解基于局部特性一致性的区域增长方法。

原始数据：已知二值图像，见示例图9.1。黑色像素=1，白色像素=0，代表两种不同性质。

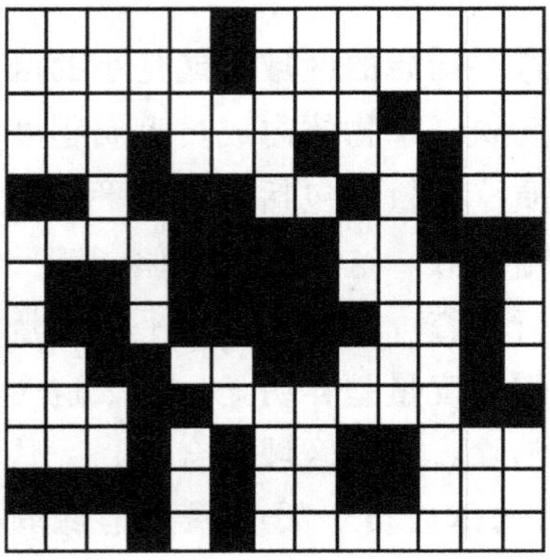

示例图 9.1

实验要求：利用区域增长法分割出中间部位的目标连通区。

实验方法和结果：由于是二值图像，相同颜色像素特性一致。区域增长条件设为“每次新增长像素数>待判定像素数的30%”。

1. 选择一个中心像素 p，$n=1$。

2. 第一次迭代：P 的 3×3 邻域中，8个像素满足相似性准则，占待判定像素的8/8，足增长条件，标记可增长，$n=n+1$。

3. 第二次迭代：P 的 5×5 邻域中，9个像素满足相似性准则，占待判定像素的9/16，满足增长条件，标记可增长，$n=n+1$。

4. 第三次迭代：P 的 7×7 邻域中，6个像素满足相似性准则，占待判定像素的6/24，少于待判定像素的30%，因为已经满足停止条件，停止增长。

增长的过程见示例图9.2 (a) 所示，最终得到的结果见示例图9.2 (b)。

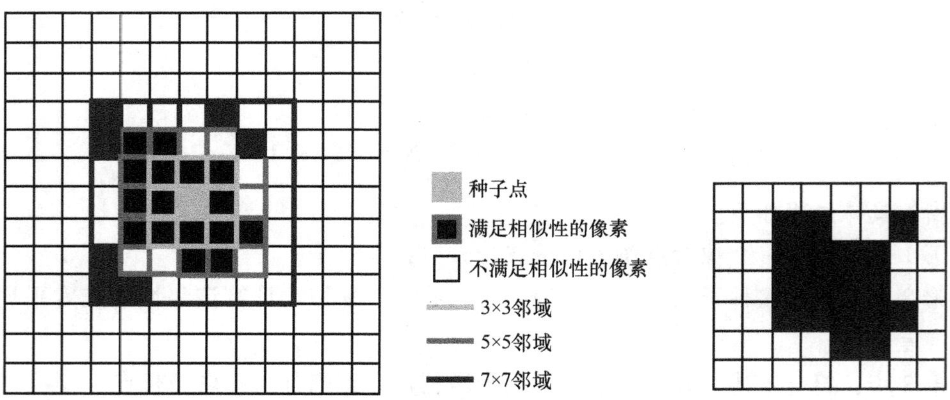

(a) 增强过程　　(b) 最终结果

示例图 9.2

4.4.2 登山算法

登山法（hill climbing）是一种变形的区域增长技术。它基于这样的事实，对于图像 $f(x, y)$，待分割的微钙化点的边缘是围绕在一个局部灰度极大值的已知像素 (x_0, y_0) 周围的闭合轮廓线。对一个像素，斜率值 $s(x, y)$ 定义为

$$s(x,y)=\frac{f(x_0,y_0)-f(x,y)}{d(x_0,y_0,x,y)} \tag{4.36}$$

式中，$d(x_0, y_0, x, y)$ 是像素 (x, y) 与局部最大值像素间的欧式距离。

首先，从局部最大值像素沿径向从里到外搜索目标的边缘点。搜索是在16个等角度间隔的方向上进行的。遇到最大斜率值处的点被认为是到了边缘。然后，以这些边缘点为种子点在一定的约束条件下进行区域增长。空间约束是朝向局部最大值像素，从外

向里增长；灰度约束是像素灰度值在朝向局部最大值像素方向单调增加。图 4.19 说明登山算法分割的步骤。该技术成功地应用在乳腺图像中低对比度微钙化点群的分割。该算法的优点是它不需要选择阈值。而且，由于是从边缘向中心增长，因此避免了区域的过度增长。登山法还在心脏图像中分割心室、血管造影图像中提取血管及脑图像中提取大脑表面方面得到应用。

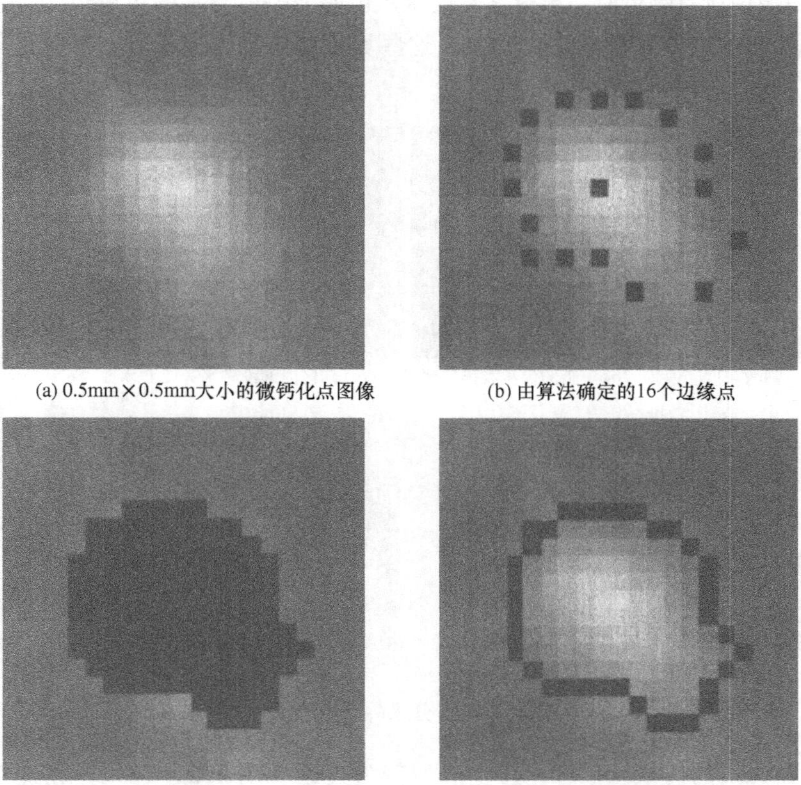

(a) 0.5mm×0.5mm大小的微钙化点图像　(b) 由算法确定的16个边缘点

(c) 区域增长结果　(d) 由分割得到的微钙化点区域边缘

图 4.19　登山算法区域增长例

4.4.3　分水岭算法

分水岭算法（watershed algorithm）是利用图像形态学的基于区域的分割技术。它将图像中每个物体（包括背景）都看作是单独的对象，并要求在每个物体的内部至少要有一个标记（或种子点）。标记是根据面向应用的关于该物体的知识，操作者手工或通过自动程序选择的。物体经标记后就可用形态的分水岭变换进行区域增长。为了理解分水岭的思想，下面以一个例子说明分水岭形成的过程。

图 4.20（a）是一幅待分割的灰度图像，希望得到左右两个近似环形区域的单像素边界。如果我们将该灰度图像看作一幅地形图，像素的灰度就是该点的高度。把图像中明亮的像素看作山头，黑暗的像素看作谷底［图 4.20（b）］。设背景区的高度最低，左环内渐高，右环内更高些。开始时，令图像从最低处（对应背景区最低灰度）进水，水面逐渐升高，但仍低于两个环区内部高度，所以环区内部都没进水［图 4.20（c）］。在

涨水过程中，假设全部图像空间是潜连通的，即只要水位足够高，不管环内、环外，水面同步上涨。当某一时刻，水面达到左环内高度，左环进水［图 4.20（d）］。水面继续升高，右环也开始进水［图 4.20（e）］，而且环绕两环周围的高山脊越来越窄［图 4.20（f）］。在水面恰要淹没某处山脊时，就要构建水坝避免改变目标对象的连通性［图 4.20（g）］。构筑的水坝在以后的过程中保持不变，这样，水面达到全部像素最大值（水面没过图像中所有物体时，单像素宽的水坝就是我们所寻求的边缘）。图 4.20（h）给出得到的边缘叠加在原始图像上的结果。这些堤坝就是水池的边界，也就是图像物体的边界。

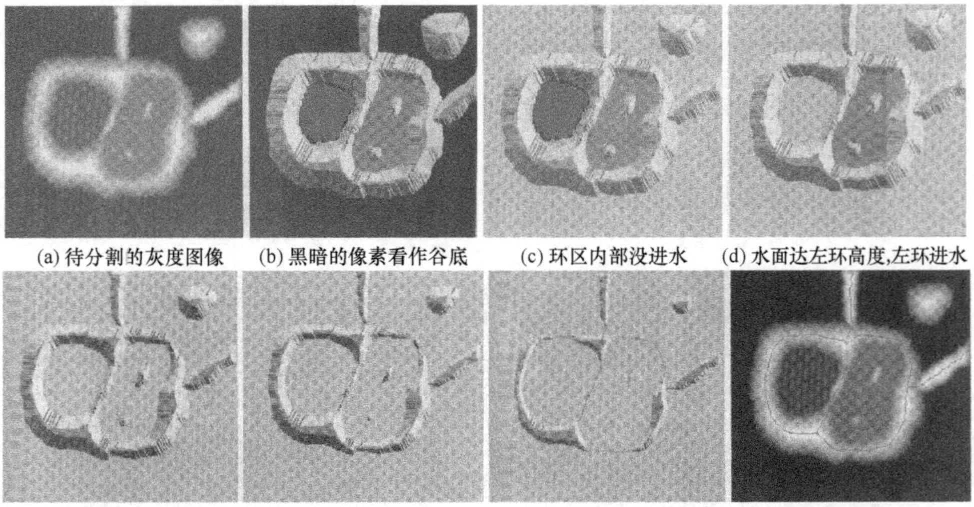

(a) 待分割的灰度图像　(b) 黑暗的像素看作谷底　(c) 环区内部没进水　(d) 水面达左环高度，左环进水

(e) 水面继续升高，右环进水　(f) 高山脊渐窄　(g) 建坝避免目标对象连通性　(h) 边缘叠加到原始图像的结果

图 4.20　分水岭形成过程

图 4.21（a）的两个区域在水位上涨后变为连通［图 4.21（b）］。在连接区域保留单线条水坝，图 4.21（c）中有“×”的标记。

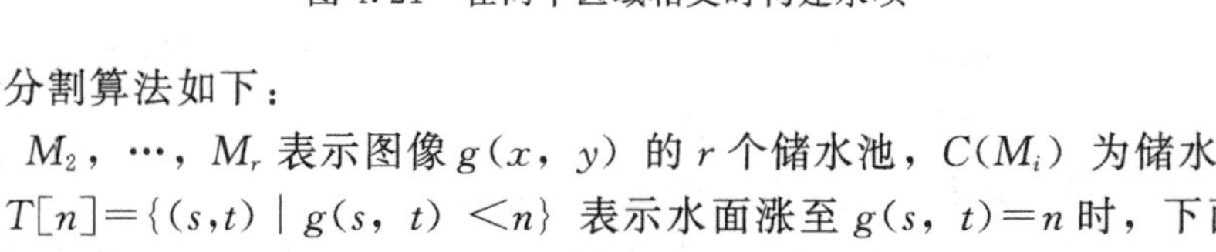

(a) 两个区域　(b) 水位上涨后连通　(c) 连通区或保留单线条水坝

图 4.21　在两个区域相交时构建水坝

分水岭分割算法如下：

令 M_1，M_2，…，M_r 表示图像 $g(x, y)$ 的 r 个储水池，$C(M_i)$ 为储水池 M_i 内的像素集合。$T[n]=\{(s,t) \mid g(s, t) < n\}$ 表示水面涨至 $g(s, t)=n$ 时，下面的像素集合。min 和 max 分别是灰度 $g(x, y)$ 的最小值和最大值。

水位以整数量从 $n=\min+1$ 向 $n=\max+1$ 不断上涨。图像中部分低矮地形会逐渐淹没。如果从上向下俯视，将水面上下两部分看作二值图，便于下面描述的理解。

$C_n(M_i)$ 为水面涨至 n 时，储水池 M_i 内的像素集合

$$C_n(M_i) = C(M_i) \cap T[n]$$

令 $C[n]$ 表示水面涨至 n 时的所有储水池被淹没的合集

$$C[n] = \bigcup_{i=1}^{r} C_n(M_i)$$

$C[\max+1]$ 为最终所有储水池合集

$$C[\max+1] = \bigcup_{i=1}^{r} C(M_i)$$

开始设定：$C[\max+1]=T[\max+1]$，进入递归调用。

假设在第 n 步时，已经构造了 $C[n-1]$。从 $C[n-1]$ 求解 $C[n]$ 的过程是令 Q 代表 $T[n]$ 中连通分量的集合，则对于每个连通分量 $q \in Q[n]$，有下列 3 种可能：

1) $q \cap C[n-1]$ 为空——将 q 并入 $C[n-1]$ 构成 $C[n]$，加入一个新储水池。

2) $q \cap C[n-1]$ 包含 $C[n-1]$ 的一个连通分量——将 q 合并入 $C[n-1]$ 构成 $C[n]$，扩大已有的储水池。

3) $q \cap C[n-1]$ 包含 $C[n-1]$ 的一个以上连通分量——必须构筑堤坝。

最后得到的 $C(M_i)$ 就是应用分水岭算法得到的多个目标区域。

图 4.22 给出一个分水岭算法的实例。图 4.22 (a) 中有 6 个对象，由于图像模糊，很难应用灰度阈值确定它们的边界。通过计算该图像的灰度梯度，得到图 4.22 (b) 多个高山脊围成的盆地。应用分水岭算法得到各个区域的边缘 [图 4.22 (c)]，并叠加在原图 [图 4.22 (d)] 上。

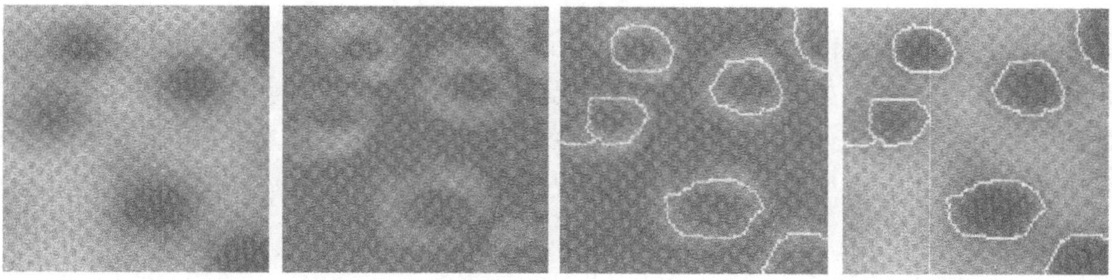

(a) 带有斑点的图像　(b) 该图像的梯度图像　(c) 分水线　(d) 迭加在原图上的分水线

图 4.22　分水岭算法实例

应用分水岭分割算法在 CT 图像中提取淋巴结的例子如图 4.23 所示。要求将此低对比度图像中的淋巴结与背景分开。开始时，操作者将光标放在结的内部 [图 4.23 (b)]。在此标记半径两个像素内的全部像素都作为淋巴结的种子点。为标记淋巴结的外部区域，可将鼠标拖动在结的外部画一个圆圈，把该淋巴结全部包围在内 [图 4.23 (c)]。圆圈外部的像素都是背景。接下来，用 Sobel 边缘算子提取边缘 [图 4.23 (d)]。较强边缘像素具有高强度值。接下来，用分水岭算法继续分割过程，将淋巴结与周围组织分开。得到单像素的淋巴结轮廓，叠加在原图 [图 4.23 (f)] 上。

与简单的阈值分割不同，分水岭算法还可用来对两个灰度相近、互相邻接、边界模糊的目标进行分割。图 4.24 是一幅图像的一个剖面。其中灰度值较高的两个峰分别对应目标 O_1 和 O_2。分割的任务是将两个目标从背景中提取出来并相互分开。先用一个较大的阈值 T_i 进行分割，可以将图像中两个目标与背景分开，只是其间的间隙过宽。如果逐渐减小阈值，目标的边界会相向扩展。最终，这两个目标会碰到一起。如果不让两

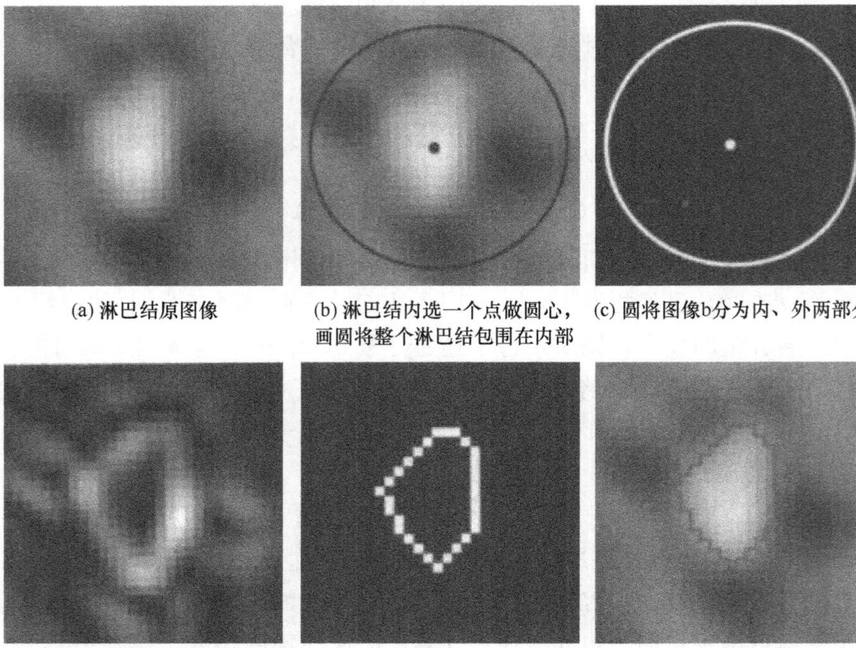

(a) 淋巴结原图像　(b) 淋巴结内选一个点做圆心，画圆将整个淋巴结包围在内部　(c) 圆将图像b分为内、外两部分

(d) 由3×3 Sobel边缘检测算子对原图作用结果　(e) 用图像c的掩片对图像d的分水岭算法结果　(f) 图像e淋巴结边缘叠加在原图上

图 4.23　分水岭算法淋巴结图像区域增长例

个目标合并，在相遇前保留的像素集合就给出两个目标的最终边界。初始阈值的选取很重要，如果选得过高（如图中 T_b 所示），低反差目标在开始时就会被漏掉，其后在减小阈值的过程中始终被合并；反之，若初始阈值选的过小（如图中 T_a 所示），目标在开始时就会被合并。另外，最终阈值的选取也很重要，它确定最终边界与目标吻合的程度。

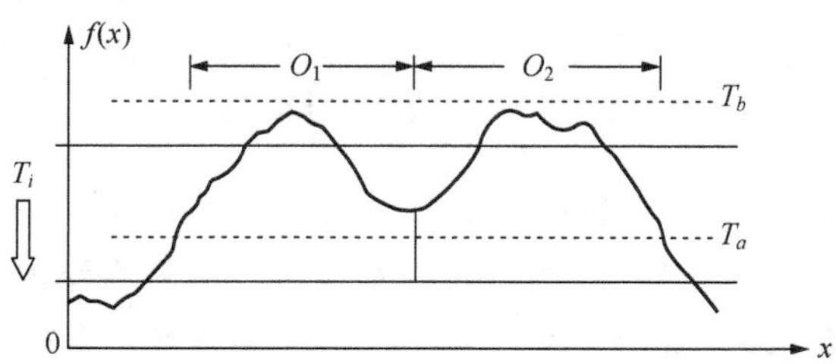

图 4.24　对灰度相近的两个对象用分水岭分割算法

分水岭算法在视网膜显微图像分割及心脏体积图像分割方面都有较好效果。

4.4.4　区域的拆分与合并

前面介绍的区域增长法都是从一个种子点（单个像素或小的均匀区域）开始，根据待扩展区域与种子的性质异同决定是否增长。其实，基于区域的图像分割也可以逆向进行。即将整幅图像看作由多个对象（背景也是一个对象）构成。图像的分割就是各个区域不断拆分与合并的过程。

令 R 表示整幅图像区域，分割就是将 R 分成 n 个子区域 R_1，R_2，…，R_n 的过程。这些子区域满足下述条件：

1) $\bigcup\limits_{i=1}^{n} R_i = R$；

2) R_i 是一个连通的区域，$i=1, 2, \cdots, n$；

3) $R_i \cap R_j = 0$，$i \neq j$；

4) $P(R_i) = \text{true}$，$i = 1,2,\cdots,n$；

5) $P(R_i \cup R_j) = \text{false}$，$i \neq j$。

具体的区域的拆分与合并过程如图 4.25所示。令 R 表示整幅图像区域并选择一个谓词 P。

第 1 步：将 R 分成 4 个区域，对于每个区域 R_i，如果 $P(R_i)=\text{false}$，就将该区域拆分为 4 个相邻的子区域。

第 2 步：将 $P(R_j \cup R_k)=\text{true}$ 的任意两个相邻区域 R_j 和 R_k 合并。

第 3 步：直到无法拆分或合并时为止。

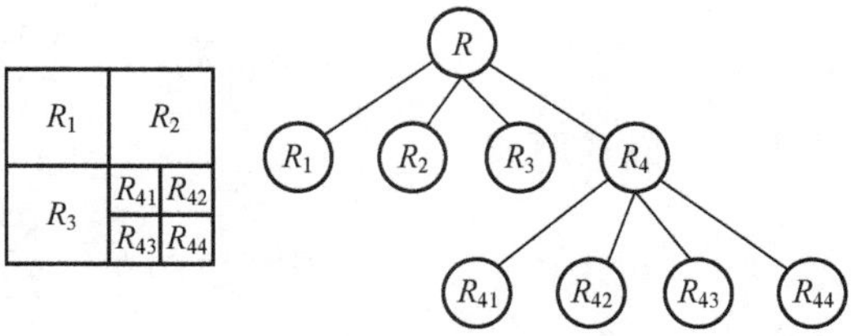

图 4.25　区域的拆分与合并过程

常用谓词可以是局部灰度均值、标准差，例如

$$|p(i,j) - \mu| \leqslant 2 \times \sigma$$

$$\sigma = \sqrt{\frac{\sum\limits_{i,j}(p(i,j) - \mu)^2}{N-1}} \quad N = (2n+1)(2n+1)$$

也可用纹理、颜色等谓词。

4.5　聚类分割技术

在大多数情况下，仅从对象的灰度差别来分割图像是不够的，它们的差别还表现在图像的纹理，或从图像灰度派生的其他统计参数中。因此，我们可以在由原始图像的灰度、纹理及其他统计参数共同构成的多维特征空间中进行聚类分析。如果特征变量选择得合适，被识别的对象点就会在这个多维特征空间中成团成簇的分布。主要应用有对人脑 MR 图像和 CT 肝脏图像进行组织分类、处理微循环图像计算血管面积、对电镜图像中的细胞特性进行提取、计算、识别和分类以及对隔膜图像的结构进行分析等。

在模式类别数不清时，用聚类分析较好，用相似性和距离量度作为聚类分析准则。聚类分析的一般原则如下。

第 1 步：用适当的相似性准则对图像像素分类。

第 2 步：对第一步分类的结果测试，用簇间距离等测度检测所分的各簇（或子集），看它们是否彼此明显分开。如果不能，就要对某些簇（或子集）进行合并。

第 3 步：反复对生成的结果再分类、测试和合并，直到没有新的簇（或子集）生成或满足某一停止条件为止。

聚类分析用的相似性准则可以是多种形式的广义距离测度。设 X_i 和 X_j 为任意两个给定的样本（模式向量），其分量为 X_{i1}，…，X_{iN} 和 X_{j1}，…，X_{jN}。下列测度可以表示相似性。

点积

$$X_i \cdot X_j = |X_i||X_j||\cos(X_i, X_j)| \tag{4.37}$$

以下式中，$X_i \cdot X_j = \sum_{k=1}^{N} X_{ik} X_{jk}$

相似比

$$S(X_i, X_j) = \frac{X_i * X_j}{X_i * X_i + X_j * X_j - X_i * X_j} \tag{4.38}$$

加权欧式距离

$$d(X_i, X_j) = \sum_{k=1}^{N} W_k (X_{ik} - X_{jk})^2 \tag{4.39}$$

不加权欧式距离

$$d(X_i, X_j) = \sum_{k=1}^{N} (X_{ik} - X_{jk})^2 \tag{4.40}$$

布尔“与”

$$\sum_{k=1}^{N} X_{ik} \cap X_{jk} \tag{4.41}$$

归一化相关

$$\frac{X_i * X_j}{\sqrt{(X_i * X_i)(X_j * X_j)}} \tag{4.42}$$

4.5.1 c 均值聚类

将一幅图像分成 c 个区域的一种常用的方法是 c 均值法。令 $x=(x_1, x_2)$ 代表一个像素的坐标，$g(x)$ 代表这个像素的灰度值，c 均值法是将代价函数 J 最小化。

$$J = \sum_{i=1}^{c} \sum_{x \in Q_j^{(i)}} \left\| g(x) - \mu_j^{(i+1)} \right\|^2 \tag{4.43}$$

其中，$Q_j^{(i)}$ 代表在第 i 次迭代后赋给类 j 的像素集合，μ_j 表示第 j 类的均值。代价函数 J 为各像素与其对应类均值的距离之和。

具体的 c 均值法步骤如下。

第 1 步：任选 c 个初始类均值，$\mu_1^{(0)}$，$\mu_2^{(0)}$，…，$\mu_c^{(0)}$。

第 2 步：$i=i+1$。

根据下面准则将每个像素都赋给 c 类之一

$$x \in Q_l^{(i)} \quad 如果 \left\| g(x) - \mu_l^{(i)} \right\| < \left\| g(x) - \mu_j^{(i)} \right\|$$

$$j = 1,2,\cdots,c; \quad l = 1,2,\cdots,c; \quad l \neq j \tag{4.44}$$

第 3 步：重新计算各类均值

$$\mu_j^{(i+1)} = \frac{1}{N_j} \sum_{x \in Q_j^{(i)}} g(x) \quad j = 1,2,\cdots,c \tag{4.45}$$

其中，N_j 是 $Q_j^{(i)}$ 中的像素个数。

第 4 步：如果对所有的 $j=1, 2, \cdots, c$，都有 $\mu_j^{(i+1)}=\mu_j^{(i)}$ 则算法收敛；否则，转至第 2 步继续迭代。

分类数目、初始聚类中心的选择及数据集的集合特性对 c 均值聚类的性能都有重要的影响。c 均值聚类简单而易理解，是许多复杂聚类分析的基础。

4.5.2 ISODATA 算法

ISODATA 是迭代自组织数据分析（Iterative Self-Organizing Data Analysis）之意。其主要特点是可以通过类的自动合并与分裂，得到较为合理的类型数目。

给定控制参数与试验样本，以及初始聚类中心。

ISODATA 算法步骤简述如下。

第 1 步：将样本按照最近邻准则，分到每个聚类中去，并舍去样本数目过少的聚类。

第 2 步：计算各类参数，聚合中心 m_j、类内平均距离 $\overline{D}_j$、类内总平均距离 $\overline{D}$。

第 3 步：若是偶数次迭代或分类数大于期望分类数的 2 倍，则转向第 6 步。

第 4 步：对每个聚类 j 求出具有最大标准偏差的分量 $\sigma_{j\max}$，若 $\sigma_{j\max}$ 大于规定值且有

1）$\overline{D}_j>\overline{D}$ 且类内样本数$>2x$（规定类内最少样本数+1）。

或

2）分类数<（期望分类数/2），则将其分裂为两个新的聚类，转向第 2 步。

第 5 步：对所有聚类中心，计算两两之间的距离 D_{ij}。将小于指定值的前 k 个 D_{ij} 从小到大排列，k 是每次迭代可允许合并的最大聚类对数。从最小的 D_{ij} 开始，依次合并 m_i 和 m_j，且每个聚类只允许被合并一次。

第 6 步：若迭代超过最大迭代次数，则终止。若需改变参数，则转第 1 步，否则转第 2 步。

【示例十】 c 均值算法分类器

实验目的：掌握 c 均值算法的原理，设计 c 均值算法分类器。

原始数据：已知 2 类样本共计 18 个数据点的空间分布，见示例图 10.1。

实验要求：

1. 设计 c 均值算法分类器面对该组二维模式向量进行分类，计算聚类中心与分类结果；
2. 动态显示分类过程；
3. 显示迭代次数；
4. 任意输入数据，重复上述分类；
5. 程序具有通用性和扩展性，例如最大类数 10，最大模式样本数 500。

实验方法和结果：实验方法和结果，见示例图 10.2。

1）示例图 10.1 为样本空间分布。在示例图 10.1 的二维空间中任选 2 个点（不必位于格点上），作为两类的初始聚类中心。应用 4.5.1 节 c 均值聚类算法步骤进行迭代。每次迭代后新的聚类中心位置及动态变化轨迹如示例图 10.2 所示。只经过 2 次迭代就

找到两类的聚类中心。

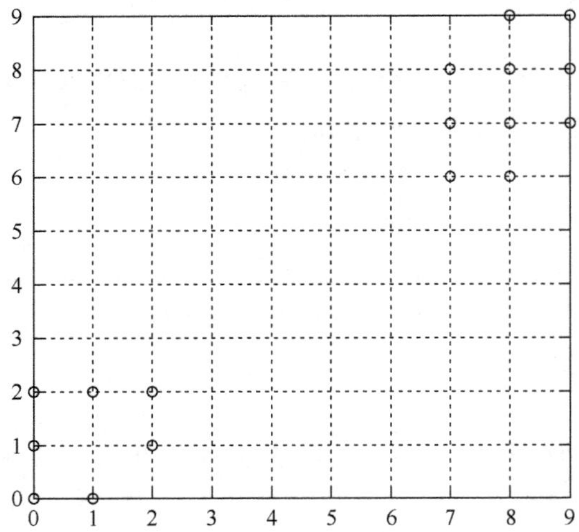

示例图 10.1

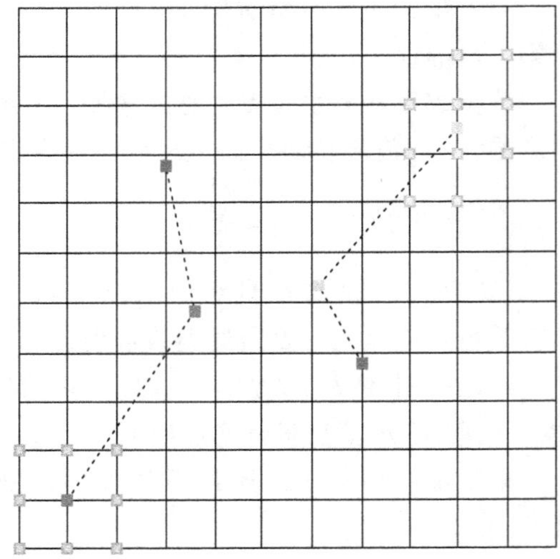

示例图 10.2

2）选取不同的初始聚类中心，迭代的次数和迭代过程中聚类中心动态变化轨迹可能不同，但最后收敛到相同的聚类中心，见示例图 10.3。初始聚类中心的选取对分类结果影响不大。

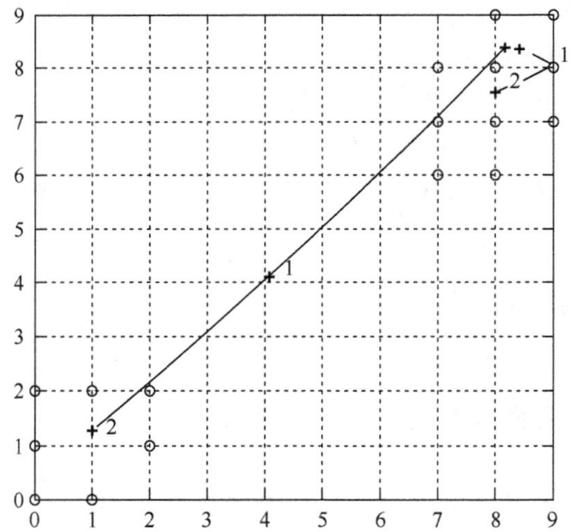

示例图 10.3

3）任意输入样本数据，进行 c 均值聚类分类。

示例图 10.4 是三类 c 均值聚类分类，是限定空间范围随机产生的样本点（三类样本分别用不同颜色表示）。任选 3 个初始聚类中心（示例图 10.4 中右下角的点）。聚类过程如示例图 10.4 所示。

当样本空间分布形成的聚类不够清晰时，应用 c 均值聚类分类仍能进行分类。所用迭代次数增加，见示例图 10.5。这种情况表明样本特征向量的特征分量选取不够合适，分类结果较难解释。

应当重新选取特征，使模式样本在特征空间中分布形成数个彼此分开的数据点群。

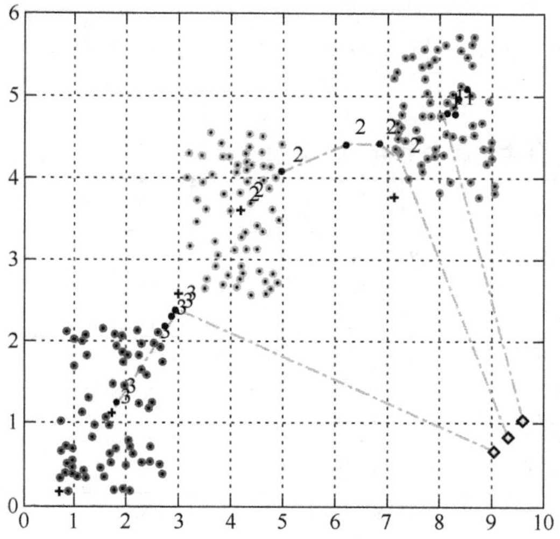
示例图 10.4

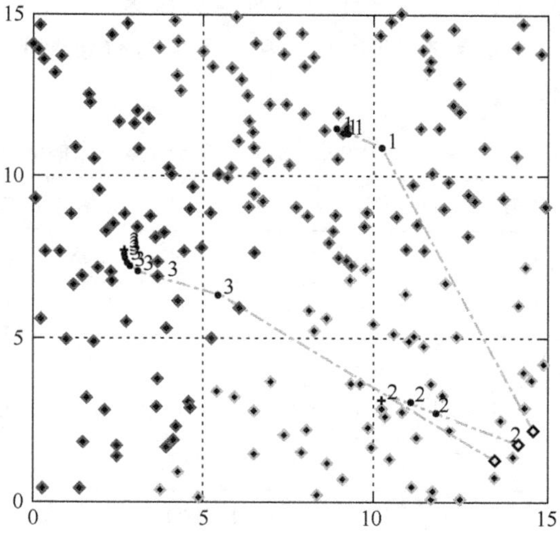
示例图 10.5

4）c 均值聚类分类的前提是待分类样本的类数已知。即样本数 C 确定后，不管样本的实际空间分布如何，最终结果只能是 C 类。如示例图 10.6 的样本按空间分布，分成 4 类较为合理。但实现若定为 C=3 类，就会得到示例图 10.6 的分类结果（3 种不同

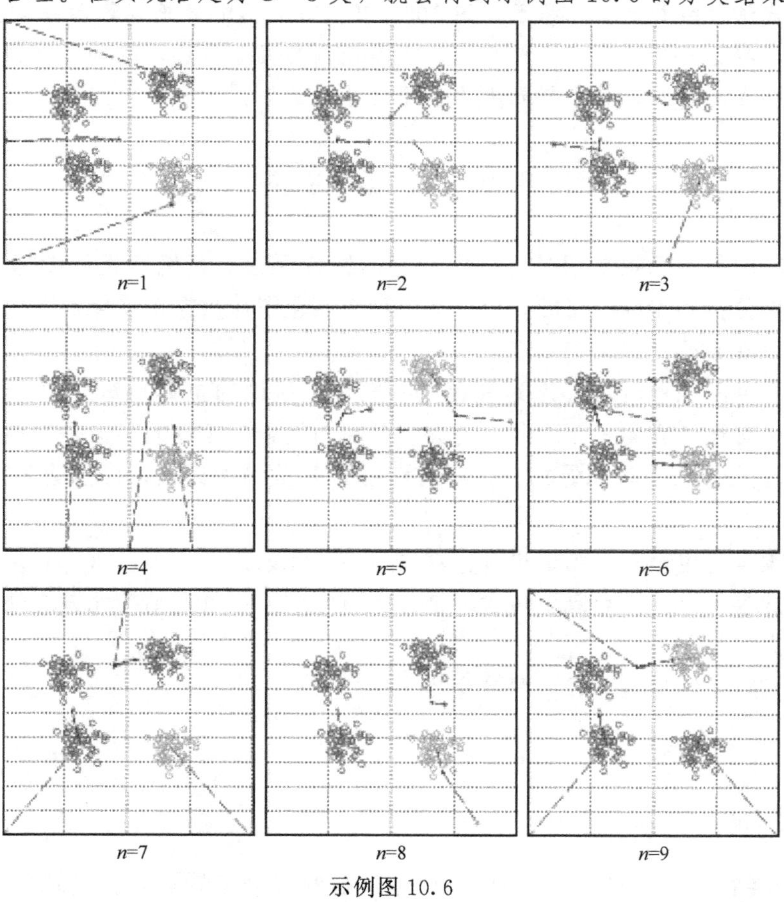

示例图 10.6

颜色表示)。图中的 n 是不同初始聚类中心选择方法的编号。可见，初始聚类中心的选择不同，但 c 均值聚类分类的结果不变，各聚类中心位置稳定。

示例表 10.1 给出 9 种不同的初始聚类中心坐标和相应的迭代次数。迭代收敛结果相同。

示例表 10.1　初始聚类中心的选取对分类结果的影响（聚类中心＝3）

编号	初始聚类中心坐标	迭代次数
1	(0.285，19.9112)、(0.0855，10.0296)、(0.0285，0.0296)	4
2	(9.9430，12.0414)、(8.1197，9.9704)、(11.7664，9.9704)	3
3	(9.5442，14.1124)、(1.9658，9.8521)、(11.1966，10.4438)	4
4	(4.9858，0.0888)、(10.057，0.0296)、(15.0712，0.0296)	3
5	(8.2336，11.568)、(10.6838，9.9112)、(19.5157，10.6213)	4
6	(10.057，13.9349)、(10.00，10.7988)、(10.057，7.071)	7
7	(10.00，19.9145)、(0.0855，0.0296)、(19.8521，0.0296)	8
8	(6.1254，7.4852)、(14.2735，10.7396)、(16.8946，1.0947)	4
9	(19.9715，0.0296)、(0.0855，0.0296)、(0.0855，19.9112)	8

虽然迭代结果很稳定，但将示例图 10.6 中左面的两群数据点划为一类显然是不合适的。因此，在这种情况下应用第 4.5.2 节的 ISODATA 算法，在分类过程中对形成的中间类进行合并与拆分，就会得到更为合理的分类结果。

4.6　形态运算

形态运算的基本思想是用具有一定形态的结构元素去量度和提取图像中的对应形状，达到图像分析和识别的目的。形态运算可以简化图像数据，在保持图像的基本特性的基础之上消除不相干的结构。

虽然对灰度图像也可做形态运算，但我们这里讨论的主要是对二值图像的形态运算。基本的形态运算有 4 种：膨胀、腐蚀、开启与闭合。运算的对象是像素的集合。习惯上，被处理的图像 A 称图像集合，对其作用的 B 称结构元素。形态运算是用 B 对 A 进行操作。

结构元素本身也是一个图像集合。对每个结构元素指定一个原点，它是结构元素参与形态运算的参考点。原点既可包含在结构元素之中，也可在结构元素之外，二者的运算结构不同。

下面我们对 4 种形态运算做简要介绍。

4.6.1　膨胀与腐蚀

1. 膨胀（dilation）

膨胀是在结构元素的约束下，将与物体接触的部分背景点合并到该物体之中的过程。运算结果使物体的面积增大了相应数量的点。例如，假设结构元素是半径为 r 个像素的小圆，被作用的物体是一个大圆（图 4.26）。膨胀运算的结果是沿大圆边界向外增长了 r 个像素的宽度，即直径增加 $2r$。如果被作用的图像中有两个相邻的物体在某一处相隔少于 $2r+1$，膨胀的结果将使这两个物体在该点连通，合并成为一个物体。

膨胀运算的数学定义为

$$A \oplus B = \{x \mid [(\hat{B})_x \cap A] \neq \phi\} \tag{4.46}$$

式（4.46）的含义是，先对结构元素 B 关于自身原点做映射，得到（$\hat{B}$）。再将其平移至点 x 与 A 的交集不为空集的像素点 x 的集合。也就是说，$\hat{B}$ 位移后与 A 至少有一个非零元素相交时，B 的原点位置的集合。图 4.27 说明形态膨胀运算的过程。

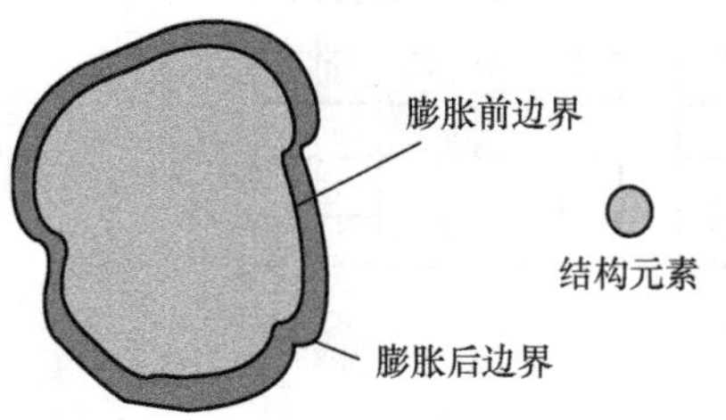

图 4.26　形态运算——膨胀

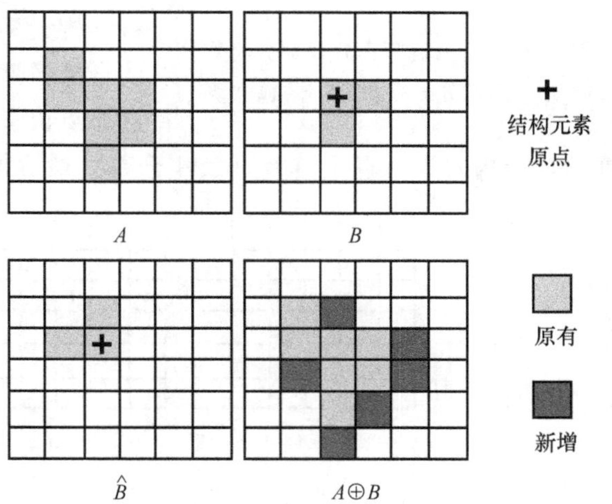

图 4.27　膨胀过程示例

A 是由多个像素点连接成的图像物体，结构元素 B 是直角连接的 3 个像素。符号"＋"代表该结构元素的原点，本例中，原点位于结构元素之内。将结构元素中各像素做关于原点的映射得到 $\hat{B}$，再将结构元素的原点移至图像 A 起始部分并求出二者的交集。若交集非空，则此时处在结构元素原点位置的像素记作"1"，否则，记作"0"。继续移动结构元素，直至遍历图像 A 全部。最后得到的二值图像就是膨胀运算的结果。

2. **腐蚀**（erosion）

腐蚀是在结构元素的约束下，消除物体的部分边界点的一种过程。运算结果使物体的面积减少了相应数量的点。例如，假设结构元素是半径为 r 个像素的小圆，被作用的物体是一个大圆。腐蚀运算的结果是沿大圆边界向内减少了 r 个像素的宽度，即直径减少 $2r$（图 4.28）。如果被作用的图像中的物体在某一处宽度少于 $2r+1$，腐蚀的结果将使物体在该点断开，分裂成为两个物体。在任何方向宽度不大于 $2r$ 个像素的物体将被消除。因此，腐蚀运算将一幅图像中除去小且无意义的物体，突出主要感兴趣目标（图 4.29）。

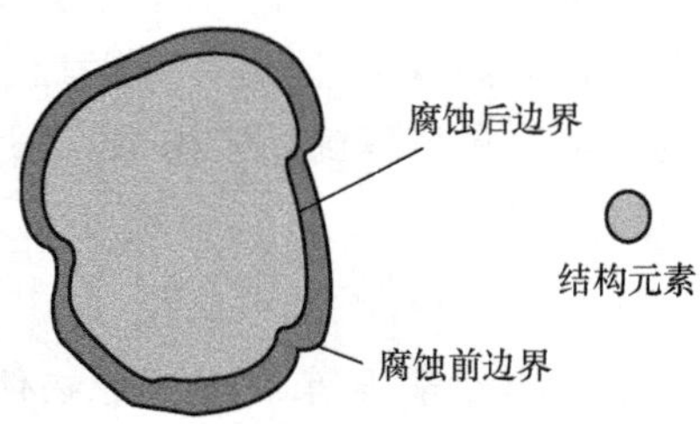

图 4.28　形态运算——腐蚀

腐蚀运算的数学定义为

$$A\Theta B = \{x \mid (B)_x \subseteq A\} \tag{4.47}$$

式（4.47）的含义是，结构元素 B 平移至点 x 后仍在 A 中，或 B 完全包含在 A 中时，B 的原点处像素点 x 的集合。

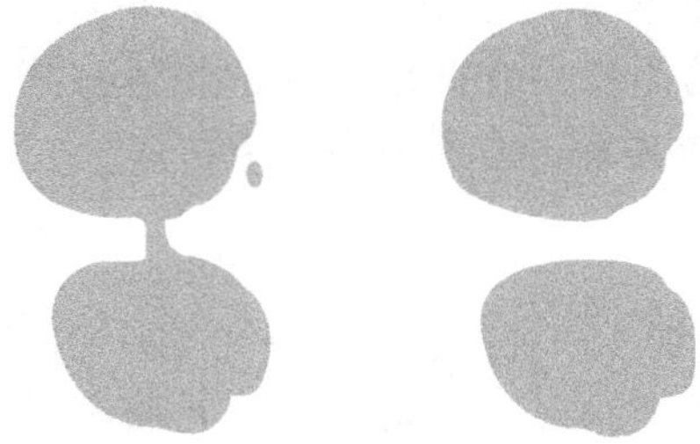

(a) 腐蚀前　　(b) 腐蚀后

图 4.29　腐蚀运算在狭长部分将物体分成两部分，并消除小的孤立块

图 4.30 说明形态腐蚀运算的过程。

A 是由多个像素点连接成的图像物体，结构元素 B 是直角连接的 3 个像素。符号“+”代表该结构元素的原点，本例中，原点位于结构元素之内。将结构元素的原点移至图像 A 起始部分，如果 B 的全部像素都包含在 A 之中，则此时处在结构元素原点位置的像素记做“1”，否则，记做“0”。继续移动结构元素，直至遍历图像 A 全部。最后得到的二值图像就是腐蚀运算的结果。

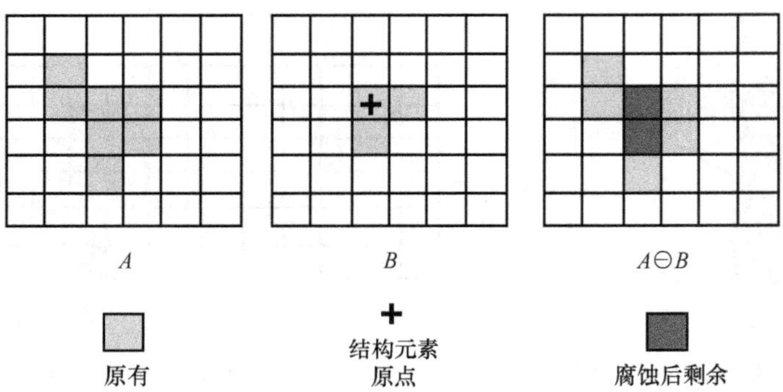

图 4.30　腐蚀过程示例

3. 膨胀和腐蚀的其他定义（移位法）

膨胀和腐蚀有多种定义的方法。下面我们介绍用移位法的定义方法。

（1）膨胀

$$A \oplus B = \bigcup_{b \in B} (A)_b \tag{4.48}$$

用结构元素 B 来膨胀图像物体 A，就是按 B 中每个非零元素对原点的相对位置 b 使 A 位移。最后将全部位移结果进行“或”运算得到膨胀图像。

图 4.31 是用移位法定义的膨胀过程。本例中结构元素是由斜方向的两个像素组成，原点不在结构元素内部。第一个非零元素在原点的右边一个像素的位置。所以，先将图像 A 右移一个像素位置（右上方图）。第二个非零元素在原点的下边一个像素的位置。因此，再将图像 A 下移一个像素位置（左下方图）。最后将两个移位后的图像作对应像素的“或”运算得到膨胀图像。

（2）腐蚀

$$A\Theta B = \bigcap_{b \in B} (A)_{-b} \tag{4.49}$$

用结构元素 B 来腐蚀图像物体 A，就是按 B 中每个非零元素对原点的相对位置 b 使 A 反方向位移。最后将全部位移结果进行“与”运算得到腐蚀图像。

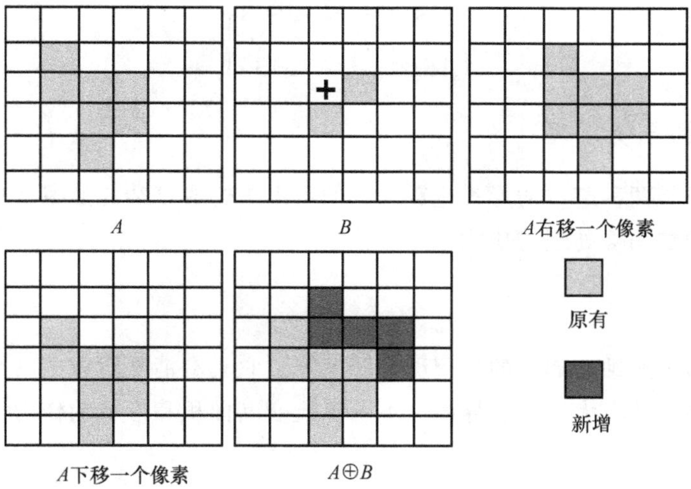

图 4.31　移位法定义的膨胀过程

图 4.32 是用移位法定义的腐蚀过程。本例中结构元素是由斜方向的两个像素组成，原点不在结构元素内部。第一个非零元素在原点的右边一个像素的位置。所以，先将图像 A 反方向移动，即左移一个像素位置（右上方图）。第二个非零元素在原点的下边一个像素的位置。因此，再将图像 A 上移一个像素位置（左下方图）。最后将两个移位后的图像做对应像素的“与”运算得到腐蚀图像。

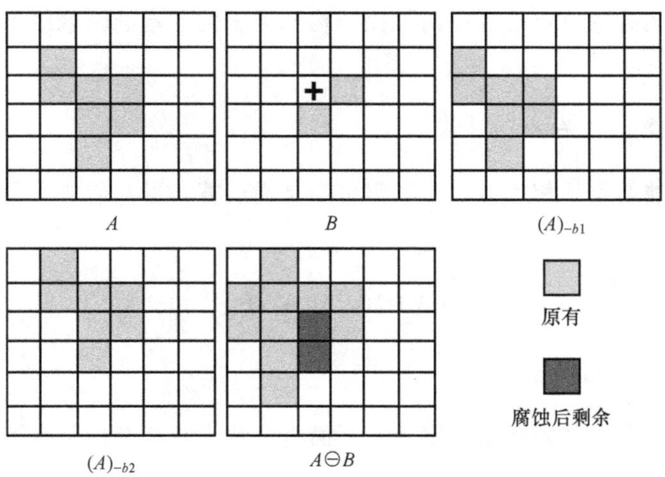

图 4.32　移位法定义的腐蚀过程

4. 膨胀与腐蚀的关系

虽然膨胀与腐蚀都是在结构元素的约束之下对图像的形态进行操作；一个使图像物体增大，另一个使图像物体减小，二者之间并非逆运算的关系。但这两种形态运算存在对偶性（duality）。如果我们用 A^c 表示 A 的补集，即

$$A^c = \{x \mid x \notin A\}$$

对偶性

$$
\left.\begin{aligned}
(A \oplus B)^c &= A^c \Theta \hat{B} \\
(A \Theta B)^c &= A^c \oplus \hat{B}
\end{aligned}\right\} \tag{4.50}
$$

4.6.2 开运算与闭运算

膨胀和腐蚀是两种基本的形态运算。它们可以组合成复杂的形态运算，例如开运算和闭运算等，增加图像处理的功能。

1. 开运算（open）

对图像物体先腐蚀后膨胀的过程称作开运算。它具有消除图像中细小物体、在纤细处分离物体，和平滑较大物体边界而又不明显改变其面积和形状的作用。开运算的算符是"∘"。定义

$$
A \circ B = (A \Theta B) \oplus B \tag{4.51}
$$

2. 闭运算（close）

对图像物体先膨胀后腐蚀的过程称作闭运算。它具有填充图像物体内部细小孔洞、连接邻近的物体，在不明显改变物体的面积和形状的情况下平滑其边界的作用。闭运算的算符是"•"。定义

$$
A \bullet B = (A \oplus B) \Theta B \tag{4.52}
$$

开与闭两种运算共有的特点是可以消除比结构元素小的特定的图像细节，同时不会产生全局性几何失真。

3. 开、闭运算间的关系

和膨胀与腐蚀的关系相类似，开和闭也不是逆运算，但它们之间具有对偶性。

$$
\left.\begin{aligned}
(A \circ B)^c &= A^c \bullet \hat{B} \\
(A \bullet B)^c &= A^c \circ \hat{B}
\end{aligned}\right\} \tag{4.53}
$$

4.6.3 形态运算举例

前面介绍了形态运算的概念和原理，下面简要给出几个利用组合形态运算对图像滤波、边界提取及分割的例子。

1. 噪声滤除

图 4.33 中，图像 A 是一幅受到噪声严重干扰的图像。内部有零散的蚀洞，外部还有一些孤岛状的干扰。现在，要用结构元素 B 对其进行如下的一组形态运算：

$$
\{[(A \Theta B) \oplus B] \oplus B\} \Theta B = (A \circ B) \bullet B \tag{4.54}
$$

它的整个运算等价于先开后闭。具体的过程是，结构元素 B 对图像 A 先腐蚀。物体周围整个小了一圈，孤岛小于结构元素，因而被消除。但是图像 A 内部的蚀洞却被扩大了。紧接着再用同一个结构元素对上述结果进行膨胀，缩小的边缘得到些恢复，蚀洞恢

复近于原状。与初始的图像相比，图像 A 的四角变得圆滑。再对结果图像膨胀，内部的蚀洞消失。最后再进行一次腐蚀，得到噪声全部去除但有些圆角的图像，实现噪声滤除的效果。

2. 边界提取

形态运算可以用来提取图像物体的边界。如果用 $\beta(A)$ 代表图像物体 A 的边界的话，下面的形态运算可以得到 A 的边界（图 4.34）。

$$\beta(A) = A \cap (A \Theta B)^c \tag{4.55}$$

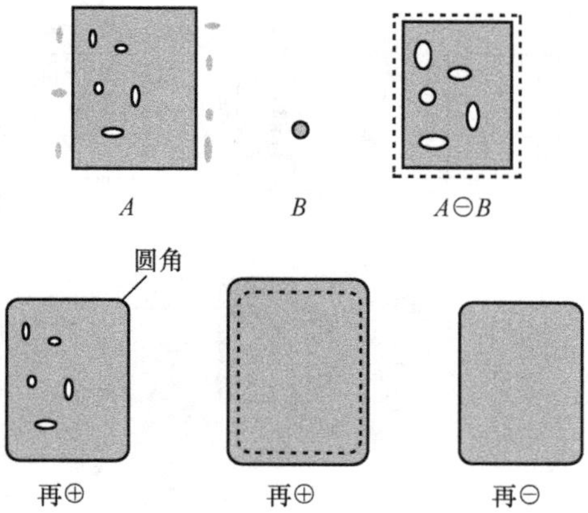

图 4.33 利用形态运算的组合消除图像中噪声举例

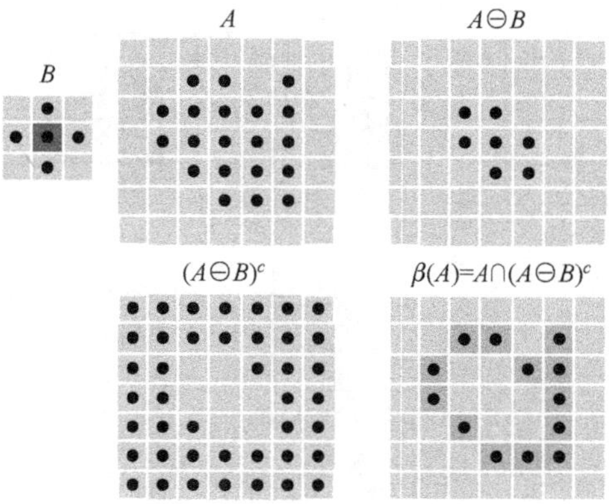

图 4.34 用形态运算提取边缘

从一幅图像减去对其做开运算后得到的图像 $\delta(A)$，可以得到一些重要的标志点，例如高曲率点。这些标志点可以用于识别算法及图像配准。

$$\delta(A) = A - (A \circ B) \tag{4.56}$$

3. 细化（thinning）

如果我们有条件的做腐蚀，即被标为消除对象的像素不立即消除。只将那些消除后不破坏连通性的像素消去，否则，予以保留。这样处理的结果会使一个曲线剖面的物体细化为一条单像素宽的线，从而图形化地显示其拓扑性质。详细的细化算法已在第 2.8 节介绍。

4.6.4 灰度形态运算

将二值形态运算（膨胀、腐蚀、开启、闭合）推广到灰度图像空间。区别是操作对象不再是二值像素集合，而是灰度图像。结构元素是实系数窗口。

设 $f(x, y)$ 是输入图像，$b(s, t)$ 是结构元素。

1. 灰度膨胀的定义

灰度膨胀的定义为

$$(f \oplus b)(x,y) = \max_{(s,t)\in b,} \{f(x+s,y+t)+b(s,t)\} \tag{4.57}$$

计算各对应位置元素局部位置和，令局部位置和中最大值为灰度膨胀结果（图 4.35）。

灰度膨胀作用是，如果结构元素的值都是正的，则输出图像比输入图像亮。图像中暗细节灰值若很低，可能被减弱或消除。

2. 灰度腐蚀的定义

灰度腐蚀的定义为

$$(f\Theta b)(x,y)=\min_{(s,t)\in b,}\{f(x+s,y+t)-b(s,t)\} \tag{4.58}$$

计算各对应位置元素局部位置差，令局部位置和中最小值为灰度腐蚀结果（图 4.36）。

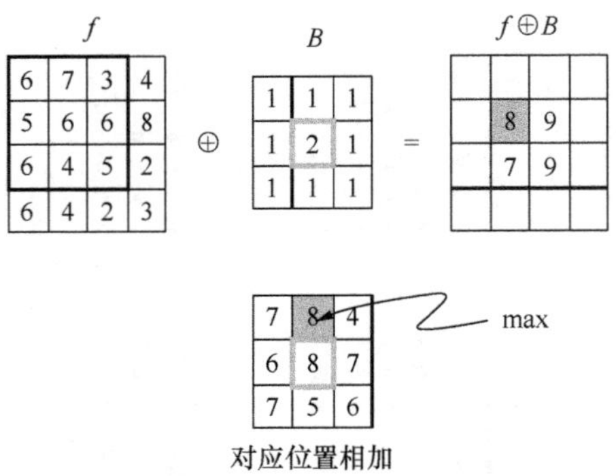

图 4.35　灰度膨胀

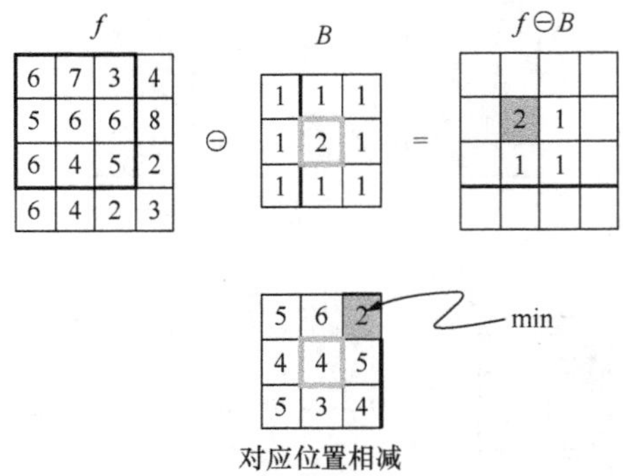

图 4.36　灰度腐蚀

灰度腐蚀作用是，如果结构元素的值都是正的，则输出图像比输入图像暗。如果图像中亮细节比结构元素小，可能被减弱或消除。

3. 灰度开运算和灰度闭运算

与二值形态运算类似，也由灰度膨胀、灰度腐蚀组成复合灰度开运算和灰度闭运算。

灰度开运算定义

$$f\circ b=(f\Theta b)\oplus b \tag{4.59}$$

灰度开运算能够消除尺寸较小的亮细节。

灰度闭运算定义

$$f\bullet b=(f\oplus b)\Theta b \tag{4.60}$$

灰度闭运算能够消除尺寸较小的暗细节。

对于灰度形态运算，有以下定义和性质。

图像的补集

$$f^c(x,y)=-f(x,y)$$

结构元素原点映像

$$\hat{b}(x,y)=b(-x,-y)$$

对偶性

$$(f\circ b)^c=(f^c\bullet\hat{b})\quad(f\bullet b)^c=(f^c\circ\hat{b}) \tag{4.61}$$

也可改写为

$$-(f\circ b)=(-f\bullet\hat{b})\quad -(f\bullet b)=(-f\circ\hat{b}) \tag{4.62}$$

4. 形态学梯度

$$g=(f\oplus b)-(f\Theta b) \tag{4.63}$$

由灰度开运算及灰度闭运算组合成的形态学梯度能够增强灰度过渡区域对比度。用对称结构元素得到的形态学梯度 g 受边缘方向影响较小。

5. 高帽（top-hat）变换

如果结构元素等值，下面运算称作白高帽变换（white top-hat）

$$h=f-(f\circ b) \tag{4.64}$$

结果总是非负的，白高帽变换作用是，增强图像中暗区细节；在暗背景区中求出亮的团块；在噪声污染的图像中提取边缘。

它的对偶算子是黑高帽变换（black top-hat），可以用于波谷检测。

$$h_b=(f\bullet b)-f=-f-[(-f)\circ b]=h(-f) \tag{4.65}$$

6. 灰度膨胀和灰度腐蚀的移位法定义

与二值形态运算一样，灰度膨胀和灰度腐蚀也可用不同方式定义。其中，移位法定义也称明可夫斯基形式定义。

明可夫斯基的形式膨胀定义

$$D(f,b)=f\oplus b=\max\{f_x+b(x):x\in D[b]\} \tag{4.66}$$

对结构元素定义域 $D[b]$ 中每个点 x 将图像 f 平移 x，再将每次平移后的图像值加上 $b(x)$，对所有和求最大值。

让我们以一个具体例子说明移位法膨胀运算操作（图 4.37）。其中，结构元素相对其原点位置为

$$D[b]=\{(0,1),(0,0),(1,1),(1,0)\}$$

$f_{x,y}$表示图像沿（x，y）作空间平移。移位法膨胀运算

$$D(f,b)=f\oplus b=\max\{f_{0,1}+0,f_{0,0}+3,f_{1,1}+3,f_{1,0}+4\}$$

明可夫斯基差的形式腐蚀定义

$$E(f,b)=f\Theta b=\min\{f_x+\hat{b}(x):x\in D[\hat{b}]\} \tag{4.67}$$

对结构元素定义域 $D[\hat{b}]$ 中每个点 x 将图像 f 平移 x，再对每次平移后的图像值加上 $\hat{b}$（x），对所有和求最小值。

让我们以一个具体例子说明移位法腐蚀运算操作（图 4.38）。其中，镜像结构元素相对其原点位置为

$$D[\hat{b}]=\{(-1,0),(-1,-1),(0,0),(0,-1)\}$$

$f_{x,y}$表示图像沿（x，y）作空间平移。移位法腐蚀运算

$$E(f,b)=f\Theta b=\min\{f_{-1,0}-4,f_{-1,-1}-3,f_{0,0}-3,f_{0,-1}-0\}$$

求出四个矩阵及 min 元素，可以得到 $E(f,b)$ 矩阵，即图像经腐蚀运算的结果。

$$f=\begin{bmatrix} * & 0 & 2 & 2 & 2 & 1 \\ * & 1 & 2 & 6 & 2 & 1 \\ * & 0 & 6 & 7 & 2 & 1 \\ * & 1 & 1 & 6 & 1 & * \\ * & 1 & 0 & 2 & 2 & 1 \\ * & * & * & * & * & * \end{bmatrix} \qquad b=\begin{bmatrix} 0 & 3 \\ 3 & 4 \end{bmatrix}$$

图像矩阵　　结构元素　　原点

$$f_{0,1}+0=\begin{bmatrix} * & 1 & 2 & 6 & 2 & 1 \\ * & 0 & 6 & 7 & 2 & 1 \\ * & 1 & 1 & 6 & 1 & * \\ * & 1 & 0 & 2 & 2 & 1 \\ * & * & * & * & * & * \\ * & * & * & * & * & * \end{bmatrix} \quad f_{0,0}+3=\begin{bmatrix} * & 3 & 5 & 5 & 5 & 4 \\ * & 4 & 5 & 9 & 5 & 4 \\ * & 3 & 9 & 10 & 5 & 4 \\ * & 4 & 4 & 9 & 4 & * \\ * & 4 & 3 & 5 & 5 & 4 \\ * & * & * & * & * & * \end{bmatrix}$$

$$f_{1,1}+3=\begin{bmatrix} * & * & 4 & 5 & 9 & 5 \\ * & * & 3 & 9 & 10 & 5 \\ * & * & 4 & 4 & 9 & 4 \\ * & * & 4 & 3 & 5 & 5 \\ * & * & * & * & * & * \\ * & * & * & * & * & * \end{bmatrix} \quad f_{1,0}+4=\begin{bmatrix} * & * & 4 & 6 & 6 & 6 \\ * & * & 5 & 6 & 10 & 6 \\ * & * & 4 & 10 & 11 & 6 \\ * & * & 5 & 5 & 10 & 5 \\ * & * & 5 & 4 & 6 & 6 \\ * & * & * & * & * & * \end{bmatrix}$$

max

$$D(f,b)=\begin{bmatrix} * & 3 & 5 & 6 & 9 & 6 \\ * & 4 & 6 & 9 & 10 & 6 \\ * & 3 & 9 & 10 & 11 & 6 \\ * & 4 & 5 & 9 & 10 & 5 \\ * & 4 & 5 & 5 & 6 & 6 \\ * & * & * & * & * & * \end{bmatrix}$$

* 图像中无定义点，在取极值运算时按$-\infty$处理

图 4.37　明可夫斯基形式灰度膨胀举例

$$f=\begin{bmatrix} * & 0 & 2 & 2 & 2 & 1 \\ * & 1 & 2 & 6 & 2 & 1 \\ * & 0 & 6 & 7 & 2 & 1 \\ * & 1 & 1 & 6 & 1 & * \\ * & 1 & 0 & 2 & 2 & 1 \\ * & * & * & * & * & * \end{bmatrix} \qquad \hat{b}=\begin{bmatrix} -4 & -3 \\ -3 & 0 \end{bmatrix}$$

图像矩阵　　原点　　结构元素

* 图像中无定义点，在取极值运算时按∞处理

图 4.38　明可夫斯基形式灰度腐蚀举例

4.7 边界跟踪

用灰度梯度检测出的物体边界时，由于噪声等原因，往往是复杂分布点集构成的宽带子。如何除去其中虚假的边缘点，获得单像素宽的连续物体边界是边界提取的重要问题。边界跟踪（boundary tracking）就是在从灰度图像中一个边缘点出发，依次搜索并连接相邻边缘点，从而逐步逐步检测出边界的方法。边界跟踪主要包括 3 个步骤：

1）确定作为搜索起始点的边缘点，起始点的选择是很重要的。

2）采取一种合适的数据结构或搜索机理，在已找出的边界点的基础上确定新的边界点。

3）确定搜索终结准则或停止条件，例如边界闭合等。在满足条件时结束搜索。

这里介绍一种 8 邻域搜索的边界跟踪方法。

给定只有一个目标的图像，先计算出其梯度图，从梯度图中选择梯度最大的点作为边界跟踪的起点，然后在该点的 8 个邻域中选择梯度最大的点作为第二个边界点。设采用逆时针方向搜索，目标在边界跟踪方向的左方。以已经确定的两个边界点分别作为当前边界点 C 和前一个边界点 P，每次在以当前边界点 C 为中心的 3×3 邻域中选取下一个边界点。根据点 C 和点 P 的不同位置，得到如图 4.39 所示的 8 种组合。为了保证边界的光滑，每次只在标有阴影的 3 个候选像素中根据梯度值的大小选取下一个边界点。这样可以得到 8 连通，且没有大于 45°的转折。接下来以刚才的当前边界点 C 作为新的前一个边界点 P，而以刚确定的新边界点作为新的当前边界点 C 继续搜索直到回到起点形成封闭轮廓。

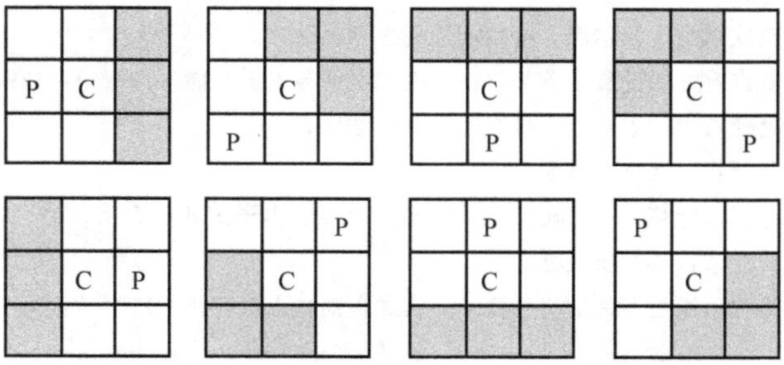

图 4.39　8 邻域搜索

上述方法对噪声较小的图像效果较好，可以确定目标具有最大梯度的边界。该方法可以将分割出来区域的边界找出来。当图像中噪声较大时，跟踪边界时会出现偏离正确边界或迷失甚至跑出图像范围的情况。此时，可对图像先做平滑然后再开始搜索。

4.8　边界分段拟合

可以采用数据点拟合的方法直接将边缘点连接成边界段。如果已选出的边缘点很稀疏，可以通过直线或样条函数拟合获得边界段并进而得到完整的边界。下面介绍迭代端点拟合法。

迭代端点拟合（iterative endpoint fitting）的基本思想是，设在边缘点 A 与 B 之间有一些已检测出的边缘点，例如图 4.40（a），希望通过它们中的一些点用直线段把 A 和 B 连接起来。为此，首先用一条直线连接 A 和 B，然后计算各散布边缘点到这条直线的垂直距离。将对应最大距离的点 C 当作 A 和 B 间边界中的一个点，它有分别连接 A 点和 B 点的两个分支。对这两个分支的每个分支重复上述过程，直到没有边缘点到已建立的直线段集合的距离大于某个预先设定的阈值为止。例如图 4.40（b）中，在 A 和 C 间确定 D 点为一个新的边界点；而在 B 和 C 之间就不需要新的边界点了，因为 E 点已在 B 和 C 的连线之上。再如图 4.40（c）中 D 点的两个分支，设 F 点和 G 点与对

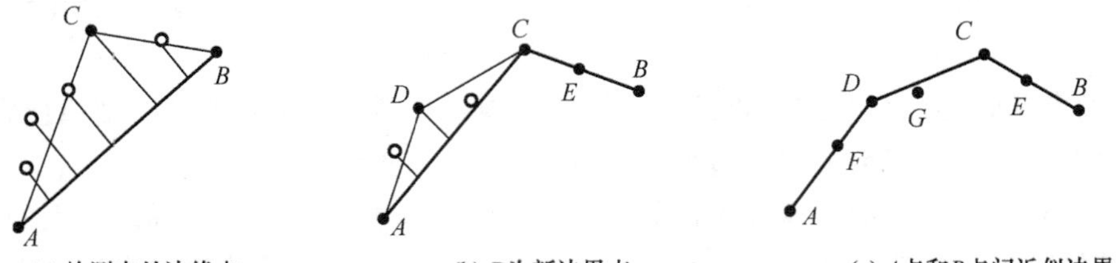

图 4.40 迭代端点拟合例

应线段的距离均小于预先设定的阈值，因此线段 $ADCB$ 构成 A 点和 B 点间的近似边界。如果将上述过程绕目标一周就可得到一个多边形边界。

参考文献

崔屹．2000．图像处理与分析——数学形态学方法及应用．北京：科学出版社．

黄凤岗，宋克欧．1999．模式识别．哈尔滨：哈尔滨工程大学出版社．

靳宏磊，等．1999．二维灰度直方图的最佳分割方法．模式识别与人工智能，12（3）：329—333．

李介谷，等．1988．图像处理技术．上海：上海交通大学出版社．

徐建华．1992．图像处理与分析．北京：科学出版社．

杨淑莹．2008．模式识别与智能计算——Matlab 技术实现．北京：电子工业出版社．

章毓晋．2001．图像分割．北京：科学出版社．

周凌翔，顾伟康．1998．最佳边缘检测的准则与算子．模式识别与人工智能，11（1）：54—61．

Jadwiga Rogowska. 2000. Overview and Fundamentals of Medical Image Segmentation，Handbook of Medical Imaging Processing and Analysis. Academic Press：69—86.

John Canny. 1986. A Computational Approach to Edge Detection. IEEE Transactions On Pattern Analysis and Machine Intelligence. 8（6）：679—698.

Kassim A A，Tan T，Tan K H. 1999. A Comparative Study of Efficient Generalized Hough Transform Technique. Image and Vision Computing，17：737—748.

Lawrence O Gorman，Michael J Sammon，Michael Seul. 2008. Practical Algorithms for Image Analysis，Second Edition. Cambridge University Press.

Liang K H，Tjahjadi T，Yang Y H. 1997. Roof Edge Detection Using Regularized Cubic B-spline Fitting. Pattern Recognition，30（5）：719—728.

Mark Nixon. Alberto Aguado. 2010. Feature Extraction & Image Processing. Second Edition. Elsevier.

Petrou M，Kittler J. 1991. Optimal Edge Detection for Ramp Edges. IEEE-PAMI，13（5）：483—491.

Pietro Perona，Jitendra Malik. 1990. Scale-Space and Edge Detection Using Anisotropic Diffusion. IEEE Transactions On Pattern Analysis and Machine Intelligence，12（7）：629—639.

Richard O Duda，Peter E Hart，David G Stork. 2004. Pattern Classification，Second Edition. John Wiley & Sons，Inc.

第5章　医学图像分类

医学图像分类（classification）与分割（segmentation）二者具有相近含义，有时很难严格区分。本书把它们作为两个独立的章节介绍是考虑到“分割”一词更强调几何形态方面的操作，而分类往往还给出明确的解剖标识。因此，第4章的内容偏重在图像几何形态处理的算子和算法，第5章则介绍一些面向医学应用的实用算法。后者涉及的数学知识既有第4章的基础内容，也有比较深入的数学方法，例如神经网络与马尔可夫随机场模型等。在以下的叙述中，我们也并不刻意对“分割”与“分类”加以区分，因为大多数文献对二者也是经常混用的，只是在强调解剖标识时才使用“分类”一词。

磁共振成像（以下简称MRI）是一门新兴的影像学检查手段。磁共振信号含有较丰富的、有关受检体生理与生化特性的信息，尤其能够准确地显示中枢神经系统的解剖结构。然而，目前MRI的临床应用还达不到人们预期的效果，对MRI区域的自动划分和自动识别人体器官组织的解剖结构仍是有待解决的问题。

在医学图像分析时，很多研究对象，例如人体的器官在图像中并没有明显的边界，不同组织间也没有清晰的分界线。在这种情况下，图像分割的任务就更为困难些。例如，临床应用中计算机人脑组织分类对象，用得最多的有脑灰质、白质、脑脊液（CSF）、大脑皮层和背景五类。在磁共振图像中，虽然不同的组织和背景表现为不同的灰度等级，但每种组织并非单一灰度值，而是有一个分布范围。这种分布一般可用高斯分布来近似表述。而且，各类组织的分布函数间相互覆盖（图5.1）。这使我们不能简单地用对像素灰度值取阈值的方法进行组织分类。由于处理对象与应用场合不同，有很多医学图像的分类方法。下面我们以人脑图像为例介绍几种较典型、常用的医学图像分类方法。

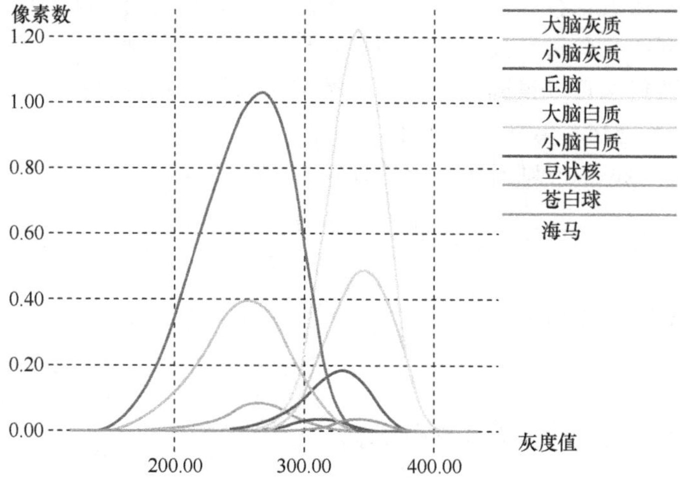

图5.1　MR图像中人脑组织灰度分布

5.1 单谱 MR 图像分割

所谓单谱图像是相对于下一节的多谱图像而言的，指单一模式、单通道的医学图像。如果只有一幅 MR 图像，可将图像的原始灰度值与该图像的某一个特征参量构成二维特征空间进行聚类分析，实现对人体组织分类的目的。

从 MRI 各解剖区域的划分情况来看，同一解剖结构所对应的灰度值并不唯一，而是在一定的区间内呈正态分布，灰、白质间，灰质、脑脊液间的灰度分布曲线都有部分交叉，因而利用简单的设定灰度阈值的方法显然不可能准确的划分不同结构，关于脑组织的先验知识与聚类分析法的结合可用来对各类结构进行初始分类。

对单谱图像进行自动分类识别时，借助图像特征提取的方法，从原始图像中提取不同纹理特征作为特征参量。基于纹理相似度的区域分割方法的一般原理为：从图像原始数据出发，计算出其纹理的二阶统计参数分量图像，并与原始灰度图像构成多维特征空间进行分类及计算相关隶属概率。

1. 基于灰度和纹理参数的组织分类算法

第 1 步：选取各类组织的初始聚类中心（g_{i0}，h_{i0}），（$i=1$，…，N）；g 是图像像素的灰度值，h 是该像素的一个纹理参数，N 是组织总的类数。

第 2 步：对图像的每一像素点求出其在二维特征空间中与各聚类中心的欧氏距离，选择它们中最小者，把该像素点标记到这类中。若采用 K 近邻法可以消除部分噪声干扰。这样将原始像素点划分为 N 组对应于不同解剖结构的区域。

第 3 步：重新计算各聚类中心。

第 4 步：若符合收敛条件，则输出标记像素集合，否则返回第 2 步。

2. 像素分类的概率松弛迭代

由于计算机断层成像存在部分体积效应的特点，而且初始聚类图像也不能把不同的区域清楚地划分开，尤其边界处像素的归属难以确定，只能采用连续的“隶属函数值”表示。利用松弛迭代法可以得到像素关于各类别隶属概率的向量图像。这里采用了 Peleg 的方法进行松弛迭代。算法步骤如下。

第 1 步：根据 Bayes 准则对各类组织计算初始概率（$n=0$）

$$p_i^0(\lambda) = p(\lambda \mid x_i) = \frac{p(x_i \mid \lambda)p(\lambda)}{\sum_{\lambda} p(x_i \mid \lambda)p(\lambda)} \tag{5.1}$$

第 2 步：计算相容系数

$$r_{i,i+\delta}(\lambda,\lambda') = \frac{p_{i,i+\delta}(\lambda,\lambda')}{p(\lambda)p(\lambda')} \tag{5.2}$$

第 3 步：重新计算各像素的类别概率 $p_i^n(\lambda)$

$$s_{i,i+\delta}^n(\lambda) = \sum_{\lambda' \in \Lambda} p^n(\lambda)p^n(\lambda')r_{i,i+\delta}(\lambda,\lambda') \tag{5.3}$$

$$q_{i,i+\delta}^{n}(\lambda) = \frac{s_{i,i+\delta}^{n}(\lambda)}{\sum_{\lambda' \in \Lambda} s_{i,i+\delta}^{n}(\lambda')} \tag{5.4}$$

$$p_i^{n+1}(\lambda) = \frac{1}{8}\sum_{\delta} q_{i,i+\delta}^{n}(\lambda) \tag{5.5}$$

第 4 步：$n=n+1$，重复第 3 步，直至收敛条件满足。

图像的每一项特征参数均突出描述了它某一方面的特征，因而考虑将几种特征参数组合起来构成多维特征空间进行聚类分析。关于图像纹理参数的详细讨论参见第 2.8.2 节。除了对二维空间中区域划分外，还可以将几个参数以 1∶1 的权重分别组合构成三维、四维、五维特征空间，仍然按照以上方法进行聚类分析。

图 5.2 是 T2 加权的原始灰度图像及其几个纹理参数分量图。图中下面一排显示的是由图像灰度、熵和反差 3 个参数在特征空间概率分类的结果，包括脑灰质、白质、脑脊液和皮层。

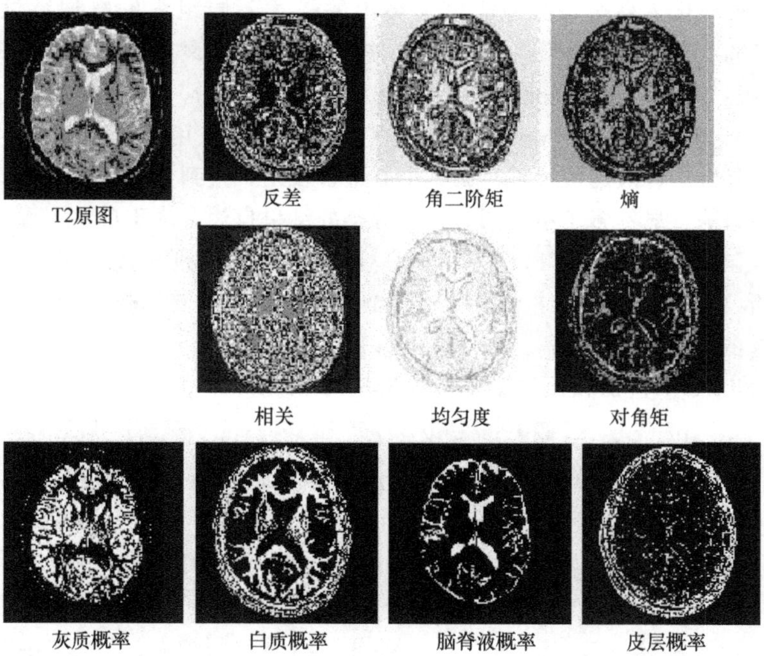

图 5.2　基于图像灰度与纹理参数的脑组织分类

5.2　多谱图像分析

核磁共振过程是指有磁矩和自旋的核子（例如人体中大量含有的氢原子核）在外界射频磁场的作用下产生共振，吸收外界射频磁场能量，由低能态（顺磁矩）转变为高能态（逆磁矩）以及能量释放的过程。在核磁共振原理中有一个很重要的概念：核磁共振弛豫（relaxation）包括纵向弛豫时间 T1 和横向弛豫时间 T2。T1 反映原子核与周围环境的能量传递速度，T2 则反映原子核与周围微磁环境之间的相互影响。一般说来，T1≫T2。根据 TR，TE 等参数的不同设置磁共振图像可分为 T1 加权像，T2 加权像和质子密度图像 Pd 像。与 CT 相比，磁共振成像对人体造成的危害要小得多，且对于含水较多的软组织如脑部、胸部、腹部等部位的成像质量也要优于 CT。因此，磁共振图像被广泛的应用于临床诊断，这其中又以脑部磁共振图像最为复杂。各种脑组织的正确分类不仅可以为临床脑组织病变提供计算机辅助诊断，而且也是图像三维重建和医学图像可视化的基础。因此人脑磁共振图像的分类是一个很有研究价值的课题。从 Pd，T1 和 T2 三幅加权像的灰度直方图可以看出，它们并不具有多个可明显区分的峰值，因此不能使用简单的阈值方法进行分类。而传统的基于单幅图像的不连续性检测、基于灰度值的区域划分，以及基于纹理相似度的区域划分等分类结果都不很理想。相比起来，使用几幅 MR 图像联合分析的多谱人脑磁共振图像聚类分析的方法效果要好一些。

多谱图像这个词最初来源于卫星遥感技术。卫星对地面上同一区域采用不同波长的光，拍摄多幅图像，利用地面上的不同物质对不同波长光选择性吸收的原理来探测地表情况、地下矿藏等。医学上的多谱图像是指在同一时间获取的同一个人相同解剖结构的 Pd，T1，T2 加权像，各个加权像能较为突出的描述不同组织的物理特性以及生物特性。通过人工选定初始点，计算各种组织的均值，形成初始聚类中心，例如对人脑的几种重要生物组织：灰质（gray matter）、白质（white matter）、皮层（cortex）、脑脊液（CSF）以及图像背景（background）分类。在聚类分析中采用 K 近邻法，对选定图像的像素逐点进行分析。每次迭代过程对聚类中心进行校正，直到各类中心保持稳定为止。从多幅图像得到的信息显然多于单幅图像，其分类的结果自然会优于单幅图像的分类结果。

可以将人脑 MR 图像（T1，T2 和 Pd）两两组合，分别构成二维空间，或将三幅图像一起分析（三幅图像的加权比例为 1∶1∶1），或用不同加权比对三幅图像一起分析（三幅图像的加权比例为 $W_{\mathrm{Pd}}:W_{\mathrm{T1}}:W_{\mathrm{T2}}$）。

Pd，T1 和 T2 不同加权距离公式如（5.6）式所示

$$D_k=\sqrt{W_{\mathrm{Pd}}(G_{\mathrm{Pd}}-M_{\mathrm{Pd}}^{(k)})^2+W_{\mathrm{T1}}(G_{\mathrm{T1}}-M_{\mathrm{T1}}^{(k)})^2+W_{\mathrm{T2}}(G_{\mathrm{T2d}}-M_{\mathrm{T2}}^{(k)})^2} \tag{5.6}$$

其中，D_k 表示像素与第 k 类聚类中心的距离（$k=1, 2, \cdots, 5$）；G_{Pd}，G_{T1}，G_{T2} 是分别从三幅加权像中读取的该像素空间位置的灰度值；$M_{\mathrm{Pd}}^{(k)}$，$M_{\mathrm{T1}}^{(k)}$，$M_{\mathrm{T2}}^{(k)}$ 是 3 幅加权像中 5 种组织的均值；W_{Pd}，W_{T1}，W_{T2} 是每幅图像的权重。因为图像背景和皮层的灰度取值范围相对较小，故除个别分类图外，各种分类结果相差不大，而对于灰度取值范围比较复杂的灰质、白质和脑脊液 CSF 而言，各种分类结果差别较大。加权 Pd-T1-T2 分类图比较突出的一个优点是对脑室区附近的灰质分辨得比较好。这一点在临床诊断中是十分重要的。

图 5.3 是用于实验的 3 幅原始图像：Pd，T1 和 T2 磁共振脑图像。哈佛大学医学院使用同一组数据进行分类，该方法计算较为复杂。我们以其分类结果作为组织的参考分类对简单多谱图像的实验结果分析和比较。

T1 和 T2 加权像的多谱分类结果（图 5.4）。与参考分类图相比较，CSF 和灰质的误分辨较多，特别是脑室区的灰质分辨较差。对白质和皮层的分辨基本可以满意。

Pd-T1-T2 多谱分类图（图 5.5）效果明显优于上面两幅加权像生成的分类图结果，已经与参考分类图相当接近。

表 5.1 给出 5 种组合的多谱图像分类方法分类结果与参考图的分类结果的定量比较。可以看出，因为图像背景和皮层的灰度取值范围相对较为单一，故除个别分类方法

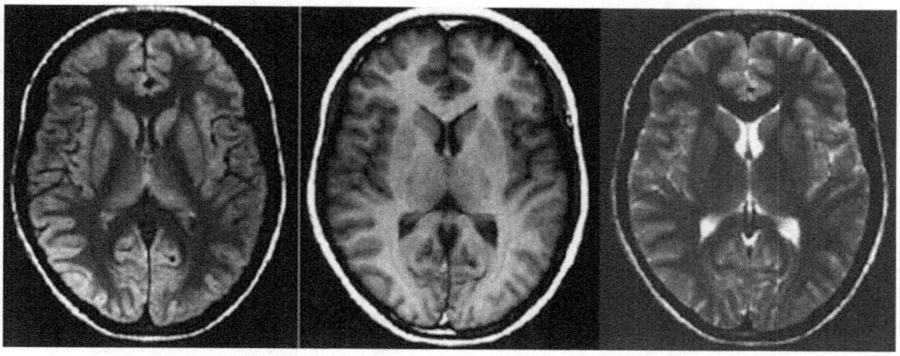

图 5.3　原始的多谱 MR 图像，依次分别为 Pd，T1 和 T2 加权像

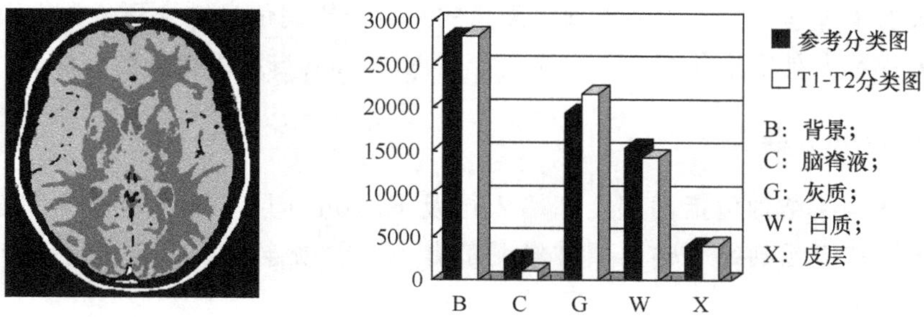

(a) T1-T2多普分类图　　(b) 分类结果与参考分类图的比较

图 5.4　T1，T2 加权像的多谱分类结果

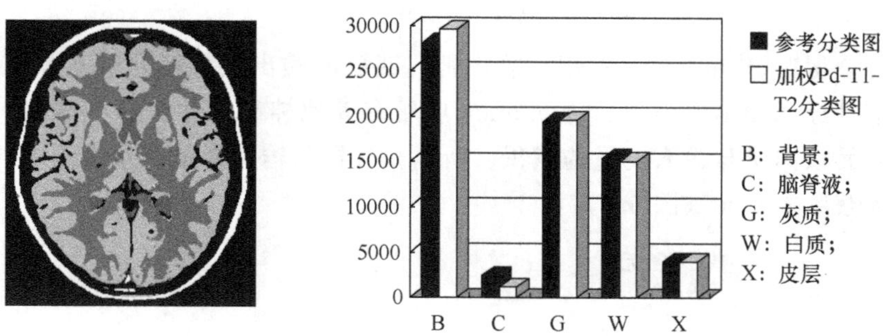

(a) 加权的Pd-T1-T2分类图　　(b) 分类结果与参考分类图的比较

图 5.5　Pd-T1-T2 多谱分类图

外，多数分类方法结果相差不大；而对于灰度取值范围比较复杂的灰质、白质和脑脊液 CSF，几种分类结果差别则较大。

表 5.1　5 种组织在各分类图中所占像素数与总像素数的百分比

分类	Background/(%)	C. S. F/(%)	gray matter/(%)	white matter/(%)	cortex/(%)
参考分类	40.62	3.51	27.96	22.18	5.73
T1-T2 分类	40.86	1.52	31.22	20.55	5.85
Pd-T1 分类	44.86	18.78	12.00	18.53	5.83
Pd-T2 分类	51.34	1.73	17.52	27.19	2.22
Pd-T1-T2 分类	44.20	1.87	27.53	20.64	5.76
加权 Pd-T1-T2 分类	42.70	1.69	28.17	21.69	5.75

在临床实践中，如果对灰质和白质的分类要求不是很高，可以只采用 T1 加权像和 T2 加权像进行分类，这不但可以提高运算速度，而且分类结果基本上可以被接受。一般说来，由 3 幅图像生成的分类图会比由两幅图像生成的分类图要好些，如果权系数的比例选择合适的话，加权三维分类图的效果最佳。在使用 Pd，T1，T2 这 3 幅加权像时，由于图像获取过程相对较长，受试者位置的移动可能形成伪影，因此需要对这三种加权像配准之后再进行分类。

5.3 神经网络分类

人工神经网络在监督及非监督医学图像分割，概率图像分类中有广泛的应用。这些方法模仿人的生理学习功能，并能够将图像的灰度与空间信息结合到分类规则中去。神经网络的另一特点是容易并行实现。这里介绍 Kohonen 自组织特征图方法。

5.3.1 Kohonen 模型

Kohonen 网络结构包括两层，即输入层及 Kohonen 层。两层之间是完全连接的，即每个输入层神经元到每个输出层神经元都有一个前馈连接。图 5.6 是一维 Kohonen 网络结构。

假设输入是归一化的，即 $\|x\|=1$，Kohonen 层的输入可按式（5.7）计算

$$I_j = \sum_{i=1}^{n} w_{ij} x_i \tag{5.7}$$

根据“赢者全得”（Winner-take-all）的规则，获胜的输出层神经元就是具有最大 I_j 的神经元。该神经元输出值为+1，Kohonen 层所有其他神经元什么都不输出。式（5.7）实际是神经元权向量与输入向量的点积。所以，选择与输入向量夹角最小的权向量对应的神经元为获胜神经元（图 5.7）。

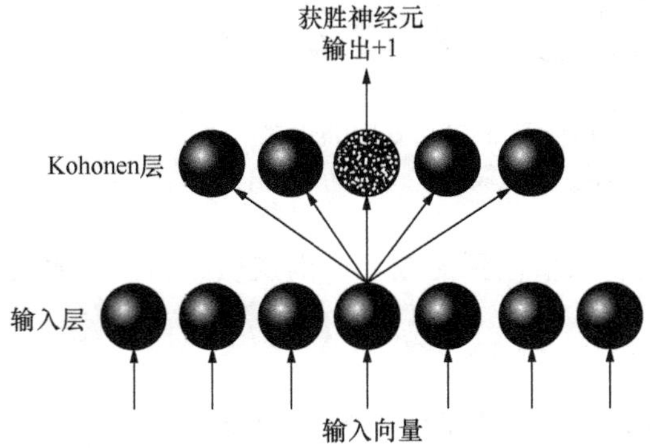

图 5.6　一维 Kohonen 网络结构

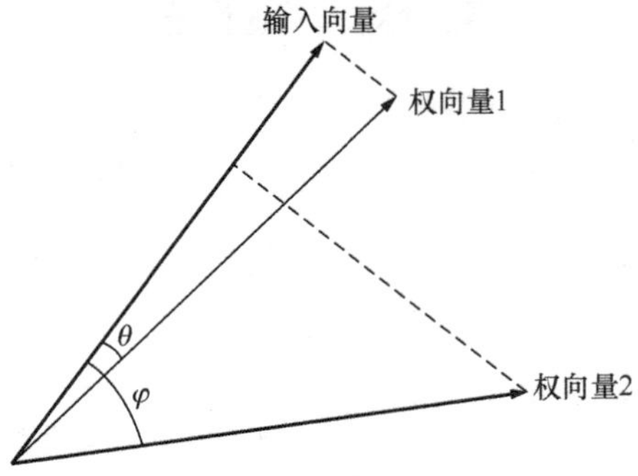

图 5.7　输入向量与权向量的点积

还可以根据权向量与输入向量的最小欧式距离（$d_i = \|w_i - x\|$）选择获胜神经元。对于单位长的向量，两种方法等价。然而，用欧式距离选择获胜神经元并不要求权向量或输入向量归一化。Kohonen 网络的权向量是通过非监督式竞争学习获得的。当将一个输入向量放在该网络的输入端时，Kohonen 层内的神经元就会按照上述方法之一竞

争获胜神经元。

Kohonen 网络的学习过程为

$$w_{ij}^{\text{new}} = w_{ij}^{\text{old}} + \eta(x_i - w_{ij}^{\text{old}}) \tag{5.8}$$

式中，η 称作学习参数或增益，典型初始值小于 0.25。在迭代过程中 η 逐渐减小。权系数初始值可以面向问题或随机选取。

5.3.2 带有侧反馈的 Kohonen 网络

上述 Kohonen 网络完全不涉及网络的几何结构，而我们希望比较相似的属性在输出层能以某种格点形式彼此靠近。在 Kohonen 网络中增加侧反馈可以解决这个问题。图 5.8 与图 5.9 分别给出一维及二维带有侧反馈的 Kohonen 网络结构。

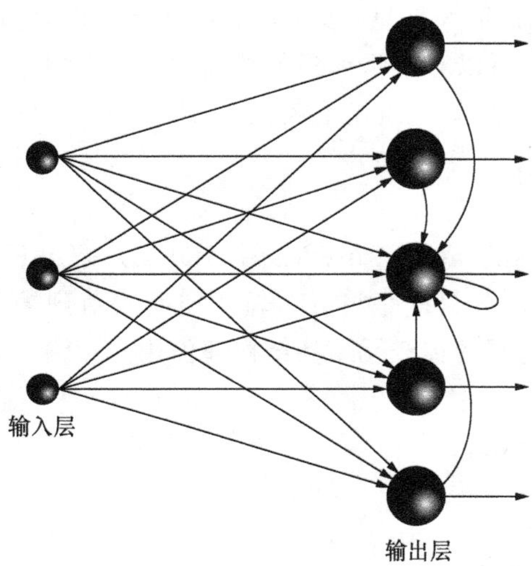

图 5.8 带有侧反馈的一维 Kohonen 网络

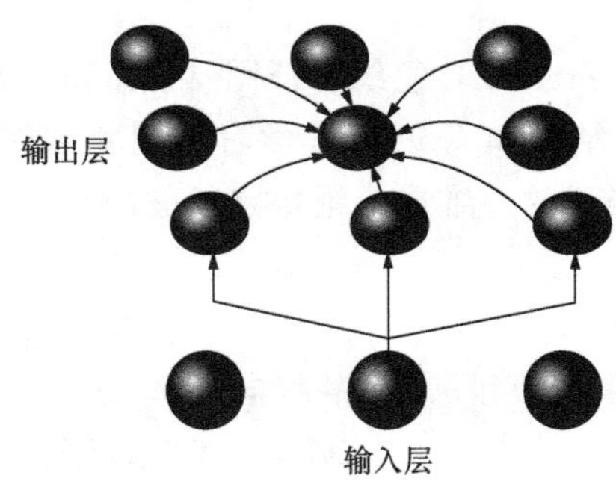

图 5.9 带有侧反馈的二维 Kohonen 网络

反馈的大小和类型（兴奋或抑制）以侧反馈权系数形式表示，是格点内神经元间距离的函数。到底什么样的侧反馈能够实现这个目的呢？模仿人脑视觉皮层中短距离侧反馈，可以采用墨西哥帽子函数作为 Kohonen 网络的侧反馈模型。

$$\nabla^2 h = \left(\frac{r^2 - \sigma^2}{\sigma^4}\right) e^{-\frac{r^2}{2\sigma^2}} \tag{5.9}$$

从图 5.10 中可以看出，作为神经元间距离的函数，墨西哥帽子函数有 3 个不同的作用区域。当距离小于 R_0 时，侧反馈是兴奋型；距离在 R_0 和 R_1 之间，侧反馈是抑制型；而当距离大于 R_1 后，侧反馈又变为弱兴奋型。加入侧反馈后，输出层第 j 个神经元的输出由两部分组成

$$net_j = I_j + \sum_{k=-K}^{K} c_{j,j+k} y_{j+k} \quad j = 1,2,\cdots,n \tag{5.10}$$

其中，I_j 是前馈项，如式（5.7）表示；第二项是侧反馈的贡献，K 确定最大的侧反馈区域。第 j 个神经元的最后输出是 net_j 的非线性函数

$$y_j = \phi(net_j) \tag{5.11}$$

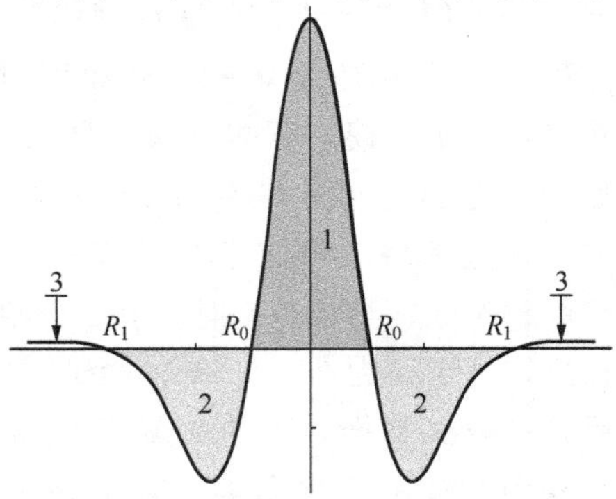

图 5.10 墨西哥帽子函数作为 Kohonen 网络的侧反馈模型

ϕ 的选择应满足 $a > y_i \geqslant 0$，a 是任意常数。

侧反馈体现在权系数 C_{jk} 上，这些层内反馈系数是固定的，即它们不是由学习过程产生而是通过公式（5.9）计算得到的。这样的侧反馈连接可以保证对临近的神经元兴奋激励，而使远处的神经元抑制。式（5.10）和式（5.11）的求解是通过迭代过程完成的，随着迭代进展输出层的神经元逐渐达到平衡状态。

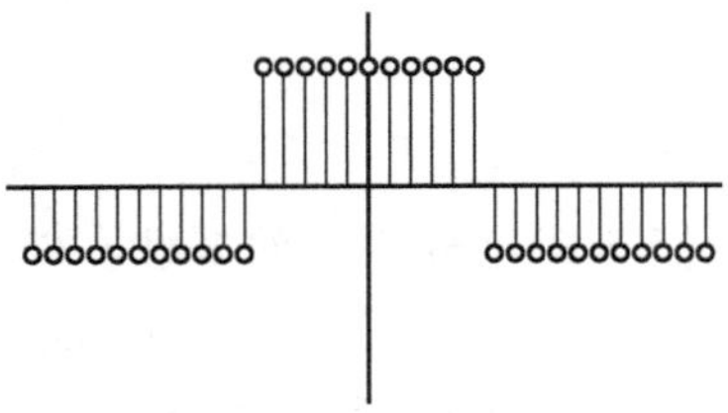

图 5.11 简化的侧反馈权系数模型

$$y_j(n+1) = \phi\Big(I_j + \beta \sum_{k=-K}^{K} c_{j,j+k} y_{j+k}(n)\Big) \quad j = 1,2,\cdots,N \tag{5.12}$$

其中，n 是离散的时间增量，β 是控制收敛速率的常数。大多数情况下，可以对墨西哥帽子函数做一个近似，如图 5.11 所示，产生侧反馈权系数。

5.3.3 Kohonen 自组织特征图

Kohonen 自组织特征图（Kohonen Self-organizing Feature Map，SOFM）采用 Kohonen 结构和 Kohonen 学习机制并增加侧反馈。其目的是将 n 维输入空间映射到输出层神经元的一维或二维格点组成的空间，使输出层的神经元拓扑结构起作用。设输入向量为

$$x = [x_1, x_2, \cdots, x_p]^T \tag{5.13}$$

输出层神经元 j 对应的权向量 W_j 是

$$W_j = [W_{j1}, W_{j2}, \cdots, W_{jp}]^T \qquad j = 1,2,\cdots,N \tag{5.14}$$

如前所述，在没有侧反馈的情况下获胜神经元可按最小欧式距离准则选取。若用 $i(x)$ 代表获胜神经元的索引值的话，则

$$i(x) = k \qquad if \left\| W_k - x \right\| < \left\| W_j - x \right\| \qquad j = 1,2,\cdots,n \tag{5.15}$$

下面，让我们考虑侧反作用。如果参与侧反馈的神经元的个数，它们与输出神经元的距离以及这些神经元的空间分布都能对最终结果产生适当的影响的话，就更能够实现 SOFM 的目的。

首先考虑图 5.12 所示的方形格点近邻关系。用 $\Lambda_{i(x)}(n)$ 表示输入向量 x 对应的输出神经元邻域，它是离散时间过程的函数，即第 n 次迭代时的邻域。在训练网络产生权系数的过程中，该值是变化的。开始时邻域较大，意味有更大正反馈，更能反映全局水平的性质；以后邻域逐渐缩小，表示生成的类别更明确。对方形格点邻域，邻域半径为零时，邻域仅包含获胜神经元；半径为 1 时，有 8 个相邻神经元参加反馈；半径为 2 时，有 24 个相邻神经元参加反馈；依次类推，大的邻域半径意味更多周围神经元对输出产生影响。有了邻域函数，网络的学习过程就可表示为公式（5.16）。

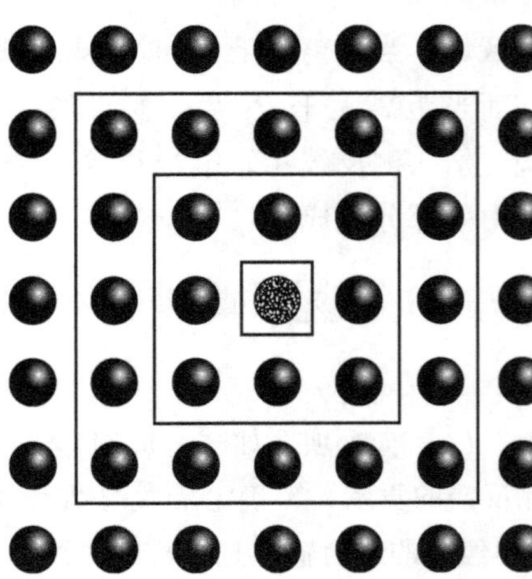

图 5.12 方形格点近邻关系

$$W_j(n+1) = \begin{cases} W_j(n) + \eta(n)[x - W_j(n)] & j \in \Lambda_{i(x)}(n) \\ W_j(n) & \text{其他} \end{cases} \tag{5.16}$$

SOFM 算法可总结如下。

第 1 步：初始化。给权向量 $W_j(0)$ 赋随机数值，一般数值不要太大。与此相反，学习速率 $\eta(0)$ 与邻域函数 $\Lambda_{i(x)}(0)$ 的初始值则应大些。典型值 $\eta(0)=1.0$。

第 2 步：

①将输入向量 x 加到网络的输入层。

②相似性匹配。将权向量与输入向量最匹配的神经元选作获胜神经元。如果采用欧式距离准则的话，获胜神经元的索引值为

$$i(x) = k, \text{当} \left\| W_k - x \right\| < \left\| W_j - x \right\| \quad j = 1,2,\cdots,n$$

③学习。在邻域函数确定的相邻神经元影响下，按下式不断学习和调整权系数

$$W_j(n+1) = \begin{cases} W_j(n) + \eta(n)[x - W_j(n)] & j \in \Lambda_{i(x)}(n) \\ W_j(n) & \text{其他} \end{cases}$$

第 3 步：更新学习速率 $\eta(n)$。一般，$\eta(n)$ 线性减小会产生满意的结果。

第 4 步：缩小邻域范围。减小邻域函数 $\Lambda_{i(x)}(n)$。

第 5 步：检验停止条件。当邻域半径减为零并且权系数值稳定，或迭代达到规定次数时算法停止；否则，转向第 2 步。

5.3.4 BP 神经网络

BP 算法（Back Propagation）是前向多层网络的反向传播学习算法。BP 神经网络是一个多层神经网络，结构如图 5.13 所示。输入层的神经元个数等于输入特征向量的维数，输出层的神经元数目即分类数。两层之间有一个或多个隐含层。隐含层的神经元个数面向具体问题而定。输入层与隐含层、隐含层与输出层神经元之间是全连接的。即每个输入层神经元与隐含层的所有神经元连接；反之，每个隐含层神经元也是与输入层的全部神经元连接。每个隐含层神经元与输出层的所有神经元连接；当然，每个输出层神经元也是与隐含层的全部神经元连接。神经元之间的作用大小用权系数表示。输入层与隐含层间的权系数 ω_{ji}；隐含层与输出层间的权系数 ω_{kj}。

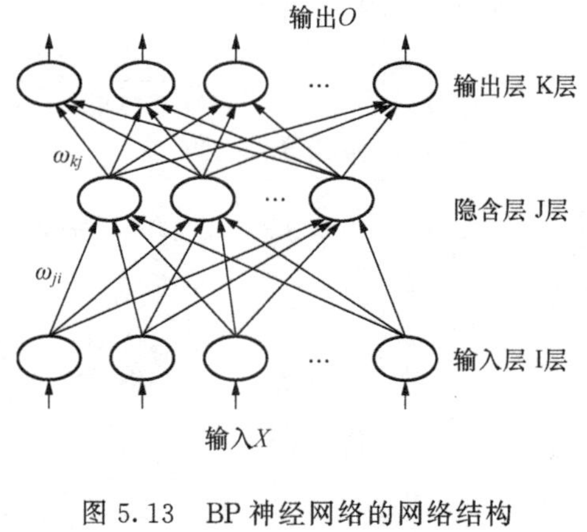

图 5.13　BP 神经网络的网络结构

神经网络的设计就是适当确立这些权系数的过程。它是有指导的训练，训练的过程是一个用大量已知类型的训练样本不断调整网络权系数值的过程。

根据样本的希望输出与实际输出的平均误差，利用梯度下降法从输出层开始逐层修正权系数。设输入样本是 n 维向量，输出 c 个分类，隐含层有 h 个神经元。每个修正周期分两个阶段，前向传播阶段和反向传播阶段。

1. 前向传播

输入样本

$$X = (X_1, X_2, \cdots, X_n)^T$$

第 J 层节点输入

$$Y_j = \sum_{i=1}^{n+1} \omega_{ji}\theta_i, \quad X_{n+1} = 1, \quad \theta_i = X_i \tag{5.17}$$

第 J 层节点输出

$$\phi_j = f(Y_j) \quad j = 1, 2, \cdots, h \tag{5.18}$$

第 K 层节点输入

$$Z_k = \sum_{j=1}^{h+1} \omega_{kj}\phi_j, \quad \phi_{n+1} = 1 \tag{5.19}$$

第 K 层节点输出

$$O_k = f(Z_k) \quad k = 1, 2, \cdots, c \tag{5.20}$$

2. 反向传播

假设输入样本 $X=(X_1, X_2, \cdots, X_n)^T$ 的希望输出是 $d=(d_1, d_2, \cdots, d_c)$，经过前向传播，网络的实际输出为 $o=(o_1, o_2, \cdots, o_c)$。

定义平方误差为

$$E = \frac{1}{2}\sum_{n=1}^{c}(d_k - o_k)^2 \tag{5.21}$$

BP 算法以 E 为准则函数，采用梯度下降法求解，使准则函数达到最小值时的权系数。由于有误差，说明网络权系数不合适，应该进行修正。

$$\left.\begin{aligned} \omega'_{kj} &= \omega_{kj} + \Delta\omega_{kj} \\ \Delta\omega_{kj} &= -\eta\frac{\partial E}{\partial\omega_{kj}} = -\eta\frac{\partial E}{\partial Z_k}\frac{\partial Z_k}{\partial\omega_{kj}} \end{aligned}\right\} \tag{5.22}$$

其中，η 是步长，E 与 ω_{kj} 没有直接关系。

由公式（5.19）得到

$$\frac{\partial Z_k}{\partial\omega_{kj}} = \frac{\partial}{\partial\omega_{kj}}\sum_{j=1}^{h+1}\omega_{kj}\phi_j = \phi_j$$

公式（5.22）可改写为

$$\Delta\omega_{kj} = \eta\left(-\frac{\partial E}{\partial Z_k}\right)\phi_j = \eta\delta_k\phi_j \tag{5.23}$$

公式中

$$\delta_k = -\frac{\partial E}{\partial Z_k} = -\frac{\partial E}{\partial o_k}\frac{\partial o_k}{\partial Z_k}$$

由公式（5.21）得

$$\frac{\partial E}{\partial o_k} = -(d_k - o_k)$$

由公式（5.20）得

$$
\left.\begin{aligned}
\frac{\partial o_k}{\partial Z_k} &= f(z_k) \\
\delta_k &= (d_k - o_k) f'(z_k)
\end{aligned}\right\} \tag{5.24}
$$

隐含层权系数修正

$$
\left.\begin{aligned}
&\omega'_{ji} = \omega_{ji} + \Delta\omega_{ji} \\
&\Delta\omega_{ji} = -\eta \frac{\partial E}{\partial \omega_{ji}} = -\eta \frac{\partial E}{\partial y_j} \frac{\partial y_j}{\partial \omega_{ji}} = \eta\left(-\frac{\partial E}{\partial y_j}\right)\frac{\partial y_j}{\partial \omega_{ji}} = \eta\beta_j \frac{\partial y_j}{\partial \omega_{ji}}
\end{aligned}\right\} \tag{5.25}
$$

由式（5.17）得

$$
\frac{\partial y_j}{\partial \omega_{ji}} = \theta_i
$$

又有

$$
\beta_j = -\eta \frac{\partial E}{\partial y_j} = -\eta \frac{\partial E}{\partial \phi_j} \frac{\partial \phi_j}{\partial y_j} \tag{5.26}
$$

由式（5.18）得

$$
\frac{\partial \phi_j}{\partial y_j} = f'(y_j) \tag{5.27}
$$

由式（5.21）得

$$
\begin{aligned}
-\frac{\partial E}{\partial \phi_j} &= -\frac{\partial}{\partial \phi_j}\left(\frac{1}{2}\sum_{k=1}^{c}(d_k - o_k)^2\right) = \sum_{k=1}^{c}(d_k - o_k)\frac{\partial o}{\partial z_k}\frac{\partial z_k}{\partial \phi_j} \\
&= \sum_{k=1}^{c}(d_k - o_k) f'(z_k)\omega_{kj} = \sum_{k=1}^{c}\delta_k \omega_{kj}
\end{aligned} \tag{5.28}
$$

将式（5.27）、式（5.28）代入式（5.26）得

$$
\beta_j = f'(y_j)\sum_{k=1}^{c}\delta_k \omega_{kj} \tag{5.29}
$$

采用单极型 Sigmoid 函数 $f(y) = \dfrac{1}{1+e^{-y}}$作激励函数

$$
\begin{aligned}
f'(y_j) &= \frac{e^{-y_j}}{(1+e^{-y_j})^2} = \frac{1}{1+e^{-y_j}}\left(1 - \frac{1}{1+e^{-y_j}}\right) \\
&= f(y_j)[1 - f(y_j)] = \phi_j(1 - \phi_j)
\end{aligned} \tag{5.30}
$$

类似有

$$
f'(z_k) = o_k(1 - o_k) \tag{5.31}
$$

将式（5.31）代入式（5.24）得

$$
\delta_k = (d_k - o_k)o_k(1 - o_k) \tag{5.32}
$$

将式（5.30）代入式（5.29）得

$$
\beta_j = \phi_j(1 - \phi_j)\sum_{k=1}^{c}\delta_k \omega_{kj} \tag{5.33}
$$

上述权系数修正总结如下。

输出层节点权系数修正公式

$$
\omega_{kj}{}' = \omega_{kj} + \eta\delta_k\phi_j \quad k = 1,2,\cdots,c \quad j = 1,2,\cdots,h+1 \tag{5.34}
$$

隐含层节点权系数修正公式

$$
\omega_{ji}{}' = \omega_{ji} + \eta \cdot \beta_j \cdot \theta_i \quad i = 1,2,\cdots,n+1 \quad j = 1,2,\cdots,h \tag{5.35}
$$

$$\beta_j = \phi_j(1-\phi_j)\sum_{k=1}^{c}\delta_k \cdot \omega_{kj}$$

$$\theta_i = x_i \quad k=1,2,\cdots,c \quad j=1,2,\cdots,h+1 \tag{5.36}$$

可见，修正隐含层权系数 ω_{ji} 时，需要上一层算出 δ_k 及上一层修正后的权系数 ω_{kj} 公式（5.33），即由输出层向输入层逐层反推的学习算法。

图 5.14 给出 BP 神经网络设计的流程图。

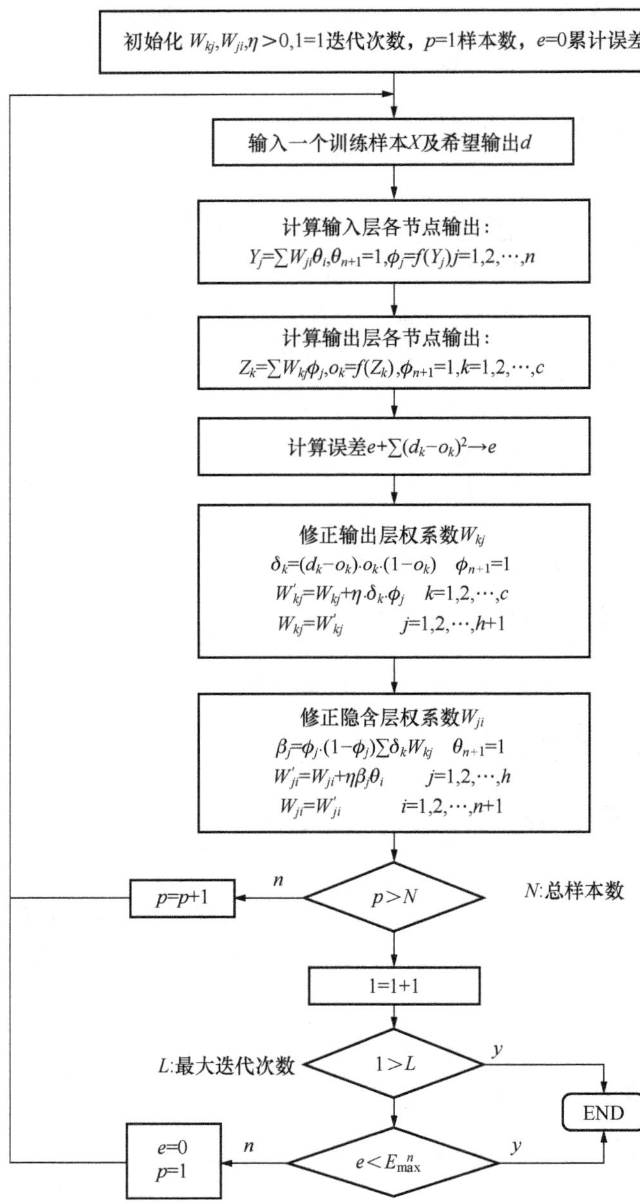

图 5.14　BP 神经网络流程图

在各层网络的权系数确定之后，分类器的设计工作就完成了，可以用于对未知样本的分类。将待识别的模式 X 送入网络输入层，根据训练阶段得到的权系数进行计算。先求隐含层输出，再求输出层输出。最后，对某个 k 值，当 $o_k\approx1$，其他 $o_m\approx0$　k，

$m=1, 2, \cdots, c \quad k \neq m$，则

$$x \in \omega_k$$

对 MR 脑图像的单谱图像分类，就可以令像素的灰度及几个纹理参数组成多维输入向量。例如，灰度、熵和反差三个输入分量（$n=3$），分类结果是脑白质、脑灰质、脑脊液与图像背景（$c=4$），则输入层有 3 个神经元，输出层 4 个神经元。可以选用一个隐含层，隐含层数目在 10～30 之间，根据具体性能确定。对 MR 脑图像，选用人工专家手工分割得到的脑组织分类，或使用 BrainWeb 那样的仿真数据库对 BP 神经网络的权系数进行修正。最终得到的网络就可以用于对同类型的 MR 脑图像进行分类。

在 BP 神经网络的设计和使用过程中，有一些典型的问题需要注意：

1）因 Sigmoid 激励函数 $0<f(x)<1$，所以期望变量分量 d_k 不宜设为 1 或 0，可以选择 0.1 和 0.9。

2）学习速率 η 要选择恰当的值。如果学习速率 η 较小，学习速度比较慢，而若学习速率 η 过大则会引起网络出现振荡，不能收敛。因此。在开始时选大些，可以使学习速度加快，在临近最佳点时 η 要小些。

3）BP 算法属于非线性优化问题，不可避免会遇到局部极值问题。解决方法包括：

- 给权值加小的扰动；
- 重新初始化权系数；
- 适当增加噪声。

4）权系数初始值不宜取相同的值，可以用随机函数确定。

5）节点数的选择：

- 输入层节点数=模式特征分量个数；
- 输出层节点数=分类数；
- 隐含层节点数：取决问题，隐含层可以是 1 或 2 层。

隐含节点个数不可太多，否则可能对训练样本造成“过拟合”，实际应用效果差。

5.4 马尔可夫随机场与期望值最大化方法

基于组织平均灰度值的聚类方法（例如多谱图像分类）显然无法准确对医学图像分类。因为每种组织的灰度值都呈现跨越一定范围的分布；也就是说，像素的灰度只是组织分类的一个信息。图 5.15 中像素的灰度值 I_0 就可能对应大脑白质、小脑白质、大脑灰质、小脑灰质、丘脑、苍白球、豆状核等不同组织。要对像素正确分类，还应考虑不同组织的灰度分布，把图像中各个像素点的灰度值看作是具有一定概率分布的随机变量。统计学方法的实质就是从统计学的角度出发对数字图像进行建模。

用统计学方法对图像分割，最初采用最大似然法，受噪声等因素影响，分割结果经常会出现一些小的孔洞。引入最大后验概率准则（MAP）后，这个问题才得到解决。MAP 将最大似然问题转化为类概率 $p(x)$ 与类条件概率 $p(y|x)$ 乘积最大的问题。在计算类概率 $p(x)$ 时，利用到马尔可夫随机场与吉布斯分布的等效性；类条件概率 $p(y|x)$ 的计算则涉及像素强度分布及模型参数拟合问题。下面的介绍将兼顾该方法的数学表达和图像应用。

5.4.1 有限混合模型

设有标号集$\mathcal{L}=\{1, 2, \cdots, l\}$和索引值集$S=\{1, 2, \cdots, N\}$，对每个$l\in\mathcal{L}$及$i\in S$，$P(X_i=l)=\omega_l$与$S$中单个位置$i$无关，称为混合参数。用$\phi$表示模型参数

$$\phi = \{\omega_l;\theta_l \mid l \in \mathcal{L}\}$$

有限混合模型（finite mixture model）假定两个组态x和y是成对独立的，它们的联合概率分布为

$$p(x,y|\phi)= \prod_{i\in S}p(y_i,x_i|\phi) = \prod_{i\in S}\{\omega_{x_i}f(y_i;\theta_{x_i})\} \tag{5.37}$$

边缘概率分布为

$$p(y|\phi) = \sum_{l\in L}p(l,y|\phi) = \sum_{l\in L}\omega_l f(y;\theta_l) \tag{5.38}$$

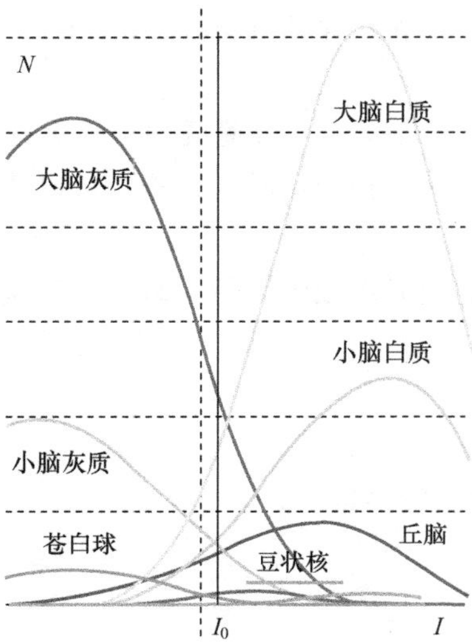

图 5.15 MR 图像中脑组织的灰度分布

图 5.15 中多个脑组织灰度分布的综合包络就构成有限混合模型。该模型数学形式简单，并已广泛应用于许多模式识别问题之中。但模型仅考虑统计信息，而不包含任何空间信息。应用在图像分割中，这意味仅根据图像的直方图进行分类。相同的直方图可以对应各种不同的图像强度空间分布。因此，仅用有限混合模型做图像分类是不完全的，必须考虑图像像素间的近邻关系。马尔可夫随机场理论提供了这方面的解决办法。

5.4.2 马尔可夫随机场

为了定义图上的马尔可夫随机场（Markov Random Fields，MRF），首先给出图的概念。设$S=\{s_1, s_2, \cdots, s_n\}$是$R^2$中的点集，$G$表示连接$S$中任意两点所组成线段的集合，则称$\{S, G\}$为图。二维格点上的像素矩阵$X$就是一个图。若图像$X$的任何像素的分布满足以下两个条件：

(1) $P(x)>0$，$\forall x\in X$

(2)

$$\begin{aligned}P(X_{i,j}= x_{i,j} \mid X_{i',j'}= x_{i',j'},(i',j') \neq (i,j))\\ = P(X_{i,j} = x_{i,j} \mid X_{i',j'}= x_{i',j'},(i',j') \in N_{ij})\end{aligned}$$

其中，x为X的一个实现，则称X为关于G的马尔可夫随机场，简记作 MRF。

邻域系统N_{ij}的定义是：如果像素(i, j)在像素(i', j')的邻域内，则像素(i', j')也在像素(i, j)的邻域之中。

如果

$$(i,j) \in N_{i'y'}$$

则

$$(i',j') \in N_{ij}$$

像素不属于自己的邻域

$$(i,j) \notin N_{ij}$$

$$N_{ij} = \{0 < d((i,j),(i',j'))^2 \leqslant n;\ i',j' \in G\}$$

式中 $d((i,j),(i',j'))$ 是像素 (i,j) 和 (i',j') 之间的欧式距离。$n=1$ 称为一阶邻域系统，$n=2$ 则称为二阶邻域系统，依次类推。图像分割中常用二阶邻域系统。因此，MRF 有效地表达了当前像素的分类仅与其邻域中的像素相关，与其他位置像素的情况无关。

5.4.3 Gibbs 分布与 MRF

根据 Hammersley-Clifford 定理，MRF 可以等效地用 Gibbs 分布描述

$$P(x) = Z^{-1}\exp(-U(x)) \tag{5.39}$$

其中，Z 是归一化常数，$U(x)$ 是能量函数，其表达式为

$$U(x) = \sum_{c\in C} V_c(x) \tag{5.40}$$

基团（Clique）c 定义为 S 中位置的子集，除了单位置基团外，在该子集中不同位置上的点对是邻居。因此，能量函数是所有可能的基团 C 上基团势能 $V_c(x)$ 之和。$V_c(x)$ 的值取决于基团 c 的局部构型。以二阶邻域系统为例，对应的不同基团构型如图 5.16 所示。

在确定势能 $V_c(x)$ 时，我们采用多层 Logistic 模型（MLL）。MLL 模型对每种类型的基团定义了相应的系数。以二阶邻域系统为例，对仅由一个像素构成的基团，定义了 k 个系数，分别对应图像中不同的组织。对由两个或两个以上的像素构成的基团，则每种基团类型定义一个系数，如图 5.17 所示。

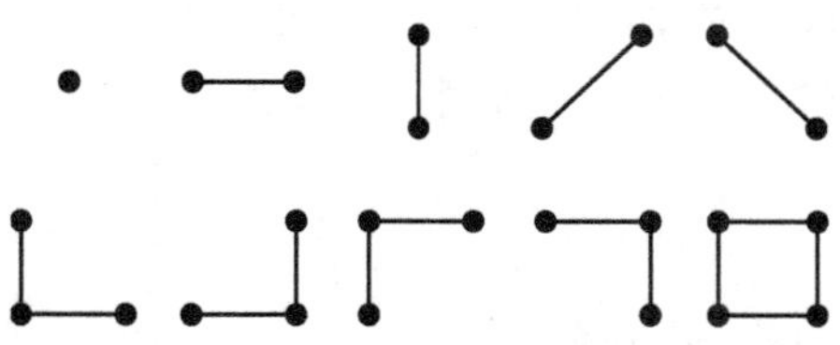

图 5.16 二阶邻域系统的不同基团构型

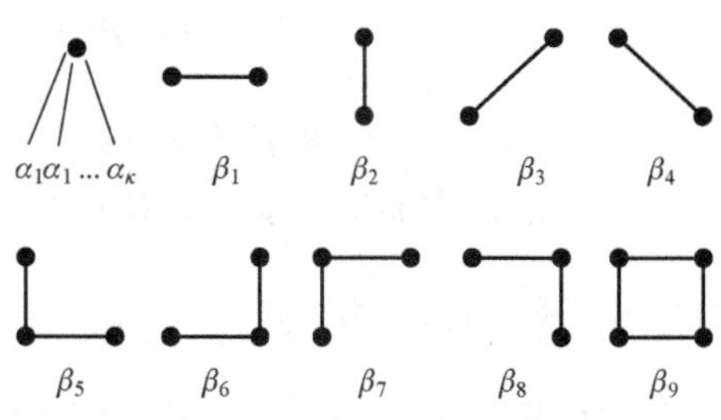

图 5.17 二阶邻域系统的不同基团构型对应的系数

这些系数可以根据实际图像和计算的需要只选取其中的一部分参与计算。为了简化计算，通常令由三个或更多像素构成的基团对应的系数为零，即令 $\beta_5=\beta_6=\beta_7=\beta_8=\beta_9=0$。每种基团对应的势能 $V_c(x)$ 的估计方法如下。

若基团 c 只包含一个像素，则

$$V_c(x) = \alpha_j A_j(c) \quad j = 1,2,\cdots,k \tag{5.41}$$

其中，j 代表基团 c 所属的组织，α_j 是待定系数，$A_j(c)$ 的定义如下

$$A_j(c) = \begin{cases} 1 & x_i = j \\ 0 & x_i \neq j \end{cases} \tag{5.42}$$

若基团 c 由两个或两个以上的像素（i_1，i_2，…，i_n）构成，则

$$V_c(x) = \beta_j B_j(c) \quad j = 1,2,\cdots,M \tag{5.43}$$

其中，j 代表基团 c 所属的基团类型，M 是所有由两个或两个以上的像素构成的基团类型总数，β_j 是待定系数，$B_j(c)$ 的定义如下

$$B_j(c) = \begin{cases} -1, J & x_{i_1} = x_{i_2} = \cdots = x_{i_n} \\ 1, & \text{其他} \end{cases} \tag{5.44}$$

在上述表达式中，$A_j(c)$ 和 $B_j(c)$ 都只由基团中像素对应的分类结果决定，这些分类结果是我们所要估计的分类 x 直接提供的，所以是可以计算出来的。但是系数 α_j 和 β_j 却是未知的。MLL 模型提供了一种估计这些系数的简便方法。$V(x_i)$ 是所有包含像素 i 的基团对应势能之和

$$V(x_i) = \sum_{i\in C} V_c(x) \tag{5.45}$$

设

$$\phi(x_i) = [A_1(c), A_2(c), \cdots, A_k(c), \sum_{\substack{i\in C\\ type=1}} B_1(c), \cdots, \sum_{\substack{i\in C\\ type=M}} B_M(c)]^T \tag{5.46}$$

待定系数向量 ψ 为

$$\psi = [\alpha_1, \alpha_2, \cdots, \alpha_k, \beta_1, \beta_2, \cdots, \beta_M]^T \tag{5.47}$$

则有

$$V(x_i) = [\phi(x_i)]^T \psi \tag{5.48}$$

可推出

$$[\phi(x_i) - \phi(x_j)]^T \psi = \ln \frac{p(x_j)}{p(x_i)} \quad x_i \neq x_j \tag{5.49}$$

$p(x_i)$ 与 $p(x_j)$ 分别是 x_i 与 x_j 出现的概率，其比值可以由下式计算

$$\frac{p(x_j)}{p(x_i)} = \frac{N(x_j)}{N(x_i)}$$

其中，$N(x_i)$ 与 $N(x_j)$ 分别是 x_i 与 x_j 出现的频数。因此，式（5.49）变为 $Ax=b$ 的形式，可以求解待定系数向量 ψ，从而计算能量函数 $V(x)$ 及类概率 $p(x)$。

5.4.4 MRF-MAP 分类

设图像像素的分类为 $\hat{x}$，它是对图像像素真实分类 x^* 的估计

$$\hat{x} = \arg\max_{x\in X}\{P(y|x)P(x)\} \tag{5.50}$$

上式须计算类的先验概率和像素类的条件概率。考虑到 x 是 MRF 的实现，其先验概率可由下式求出

$$P(x) = \frac{1}{Z}\exp(-U(x)) \tag{5.51}$$

还假设像素强度 y_i 服从高斯分布。对于分类 $x_i=l$，参数 $\theta_i=\{\mu_l, \sigma_l\}$。

$$p(y_i|x_i) = g(y_i, \theta_l) = \frac{1}{\sqrt{2\pi\sigma_l^2}}\exp\left(-\frac{(y_i-\mu_l)^2}{2\sigma_l^2}\right) \tag{5.52}$$

基于关于 y 的条件独立假设，联合类的条件概率为

$$P(y|x)=\prod_{i\in S}p(y_i|x_i)$$
$$=\prod_{i\in S}\frac{1}{\sqrt{2\pi}}\exp\left[-\frac{(y_i-\mu_{x_i})^2}{2\sigma_{x_i}^2}-\log\sigma_{x_i}\right] \tag{5.53}$$

可以改写为

$$P(y|x)=\frac{1}{Z'}\exp(-U(y|x)) \tag{5.54}$$

其中，似然能

$$U(y|x)=\sum_{i\in S}U(y_i|x_i)=\sum_{i\in S}\left[\frac{(y_i-\mu_{x_i})^2}{2\sigma_{x_i}^2}+\log\sigma_{x_i}\right] \tag{5.55}$$

归一化常数项

$$Z'=(2\pi)^{(N/2)}$$

容易看出

$$\log P(x|y)\propto -U(x|y) \tag{5.56}$$

其中，后验能量 $U(x|y)=U(y|x)+U(x)+c$，c 是一个常数。最大后验概率（MAP）估计等价于后验能量函数最小化

$$\hat{x}=\arg\min_{x\in X}\{U(y|x)+U(x)\} \tag{5.57}$$

尽管数学表达式很简捷，但问题的求解却不是一件容易的事。通常的解法是用某种迭代优化技术（模拟退火法、迭代条件模型等）计算最优解。迭代条件模式（Iterated Conditional Modes，ICM）是一种常用的方法，其在迭代局部最小化过程中采用“贪婪”策略，仅经过几次迭代就可保证收敛。给出数据 y 及邻域像素分类 $x_{S-\{i\}}^{(k)}$ 后，通过将条件后验概率 $U(x_i|y, x_{S-\{i\}})$ 相对于 x_i 最小化，算法依序将 $x_i^{(k)}$ 更新为 $x_i^{(k+1)}$。

5.4.5 用期望值最大化方法拟合模型

每个像素 i 的组织分类 x 可以通过公式（5.57）估计。其中第二项，能量函数用公式（5.40）求得；第一项，类的条件概率则由公式（5.37）计算。各组织类型的参数 $\theta_j=(\mu_j, \sigma_j)$ 可以根据该像素邻域像素的强度值及当前组织类型来估计。最常用的是期望值最大化方法（EM 算法）。

EM 算法的步骤是：

开始给参数赋初值 $\theta^{(0)}$。

E-step 计算条件期望值

$$Q(\theta|\theta^{(t)})=\varepsilon[\log P(x,y|\theta)|y,\theta^{(t)}]$$
$$=\sum_{x\in X}p(x|y,\theta^{(t)})\log p(x,y|\theta) \tag{5.58}$$

M-step 最大化 $Q(\theta|\theta^{(t)})$ 得到新的参数估计值

$$\theta^{(t+1)}=\arg\max_{\theta}Q(\theta|\theta^{(t)}) \tag{5.59}$$

赋值 $\theta^{(t+1)}\rightarrow\theta^{(t)}$，转向 E-step。

在一定合理条件下，EM 算法收敛于最大似然估计。

对于高斯分布 MRF 模型，有

$$p(y_i|\theta)=\sum_{l\in L}\frac{1}{\sqrt{2\pi\sigma_l^2}}\exp\left(-\frac{(y-\mu_l)^2}{2\sigma_l^2}\right)p(l|x_{N_i}) \tag{5.60}$$

式中，$p(l|x_{N_i})$ 是像素 i 之邻域像素类型为 l 的概率。于是，有

$$Q=\sum_{i\in S}\sum_{l\in L}\{P^{(t)}(l|y_i)W+C\} \tag{5.61}$$

式中

$$W=\log p^{(t)}(l|x_{N_i})-\log\sigma_l-\frac{(y_i-\mu_l)^2}{2\sigma_l^2}$$

$$C=-0.5\log(2\pi)$$

应用 EM 算法可以得到

$$\mu_l^{(t+1)}=\frac{\sum_{i\in S}P^{(t)}(l|y_i)y_i}{\sum_{i\in S}P^{(t)}(l|y_i)} \tag{5.62}$$

$$(\sigma_l^{(t+1)})^2=\frac{\sum_{i\in S}P^{(t)}(l|y_i)(y_i-\mu_l)^2}{\sum_{i\in S}P^{(t)}(l|y_i)} \tag{5.63}$$

关于 ICM 中 $x_i^{(0)}$ 或 EM 算法中 $\mu_l^{(0)}$ 及 $\sigma_l^{(0)}$ 的选取方法，我们结合人脑 MR 图像中组织分类的例子加以说明。

人脑 MR 图像中像素与其邻域的关系可以用马尔可夫随机场（MRF）来描述。在很多情况下组织的灰度分布呈高斯分布。整幅图像的直方图可以看作各组织分布的叠加。例如，对人脑 MR 图像可以看作白质（WM）、灰质（GM）、脑脊液（CSF）、脑脊液与灰质混合区（CG）及灰质与白质混合区（GW）5 种成分组成。通过绘制图像的直方图，对这 5 种成分组成（均按高斯分布）拟合求出各类组织灰度的均值 μ 和方差 σ^2（图 5.18）。

首先计算整幅图像像素强度的均值 μ_0 和标准差 σ_0。再将这 5 种成分的均值参数分别取作

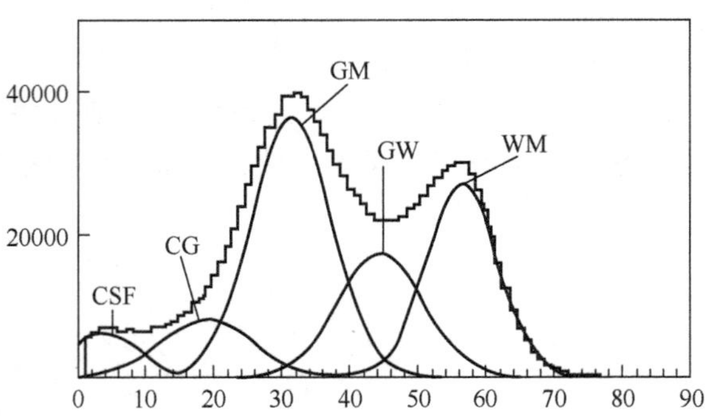

图 5.18 用 5 种成分的高斯叠加拟合图像直方图

WM：$\mu_0+k_1\sigma_0$

GW：$\mu_0+k_2\sigma_0$

GM：$\mu_0-k_1\sigma_0$

CG：$(k_1+k_2)\sigma_0$

CSF：$k_1\sigma_0$

所有组织的标准差参数均取 $k_3\sigma_0$。k_1，k_2 和 k_3 均为常数，凭经验选取，然后用 c 均值聚类方法对图像全部像素分类初始化。

5.5 医学图像分割技术的评估

对医学图像分析结果，包括对组织分类结果的评估一直是件很困难的事情。一般来说，不存在什么金标准（gold standard）。常用的评估方法有以下几种。

5.5.1 专家目测

不同人的同一组织和器官的解剖结构的形态、体积和空间位置存在较大差异。更困难的是很多类组织，例如脑灰质和白质之间本来就无明显分界。因此，尽管主观因素较多，对人体组织的分类结果还是由解剖学专家或有经验的医生作最终认定。一般，由专家在图像上手绘的边界被认为是“真实”组织边界，用于评估计算机分类算法的性能。当然，这并不意味人体组织的分类只能由专家去作。因为，一个计算机分类程序一经验证有效，就可以放心可靠地用于分类了。

5.5.2 Jaccard 系数与 Dice 系数

Jaccard 系数与 Dice 系数是两个常用的相似性度量。如果将 S_1 和 S_2 看作像素的集合，例如 S_1 是参考图像和 S_2 是分割结果，这两个系数就可以用来对图像分割的结果定量评估。

Jaccard 系数的定义

$$J(S_1, S_2) = \frac{|S_1 \cap S_2|}{|S_1 \cup S_2|} \tag{5.64}$$

Dice 系数的定义

$$D(S_1, S_2) = \frac{2|S_1 \cap S_2|}{|S_1| + |S_2|} \tag{5.65}$$

两者具有如下转换关系

$$J = D/(2 - D), \quad D = 2J/(1 + J) \tag{5.66}$$

参考图像可以来自领域专家的人工分割、体模或图像分割验证数据库。

还有其他一些性能评价参数，例如灵敏度（sensitivity）、特异性（specificity）、总体性能（total performance）、误分率（incorrect segmentation）、假阳性率（false positive rate）和假阴性（false negative rate）率等。它们的定义是

$$灵敏度 = TP/(TP + FN)$$
$$特异性 = TN/(FP + TN)$$
$$总体性能 = (TP + TN)/(TP + FP + TN + FN)$$
$$误分率 = (FP + FN)/(TP + FP + TN + FN)$$
$$假阳性率 = FP/(TP + FN)$$
$$假阴性率 = FN/(TP + FN)$$

其中，TP，TN，FP 和 FN 分别是真阳性、真阴性、假阳性和假阴性像素数。这些区域的空间关系如图 5.19 所示。由于 FN 涉及大小不定的背景（广义）区域，特异性、总体性能和误分率的数值易偏于乐观，作为图像分割性能参数不够合适。灵敏度数值要高于 Jaccard 系数与 Dice 系数，假阳性率和假阴性率在估计误识别方

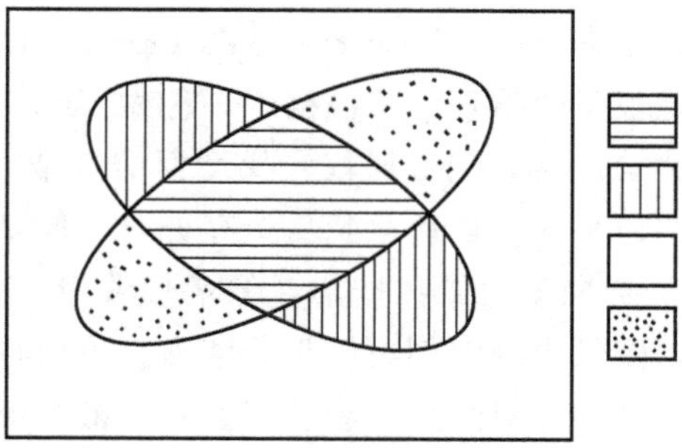

图 5.19 二值分割结果区域关系

面具有一定意义。

5.5.3 体模验证

体模（phantom）（图 5.20）又有硬件体模和软件体模之分，后者是计算机图像合成结果。体模法用已知的图像信息验证新分类算法的精度。由于体模都比较简单，与实际临床图像差异较大，因此，只能对分类方法作初步的评估。

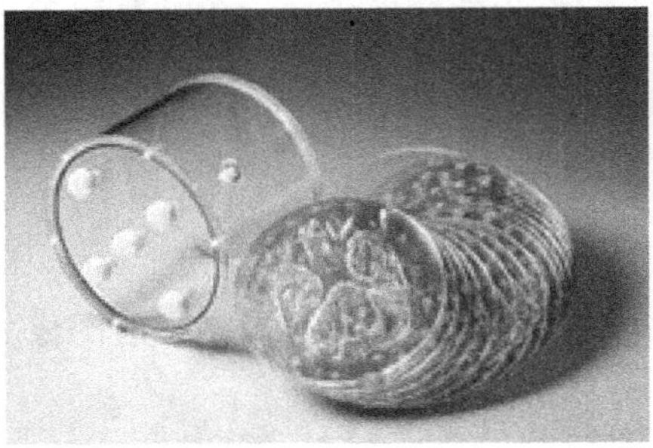

(a) 三维体模

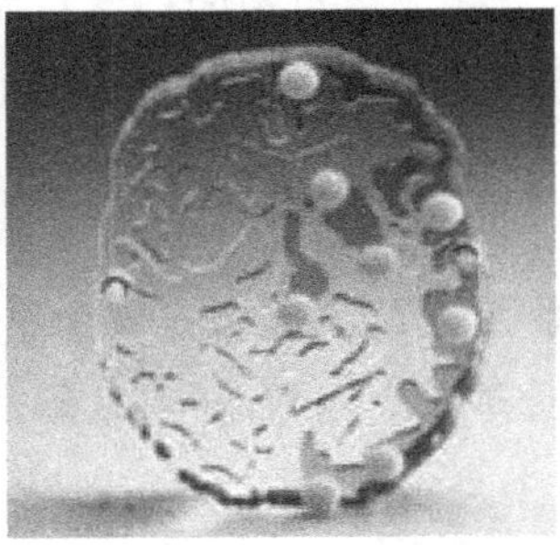

(b) 带有热点的二维体模

图 5.20 Hoffman 硬件脑体模

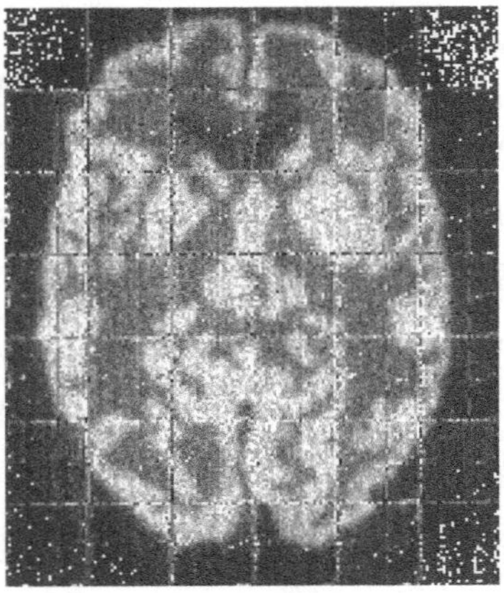

这个硬件体模由 64×64 的 CdZnTe 阵列构成。内部填充 110mCi 的 Tc—99m，成像 3min，图像总计数 19M

图 5.21 Hoffman 硬件脑体模生成的 SPECT 图像

例如，用填充氧化铁颗粒的琼脂胶做成的简单几何形状的硬件体模经 MR 成像后可用于对分类算法的测试。图 5.21 是颇为著名的 Hoffman 硬件脑体模生成的 SPECT 图像。这种体模的好处是可以在各种实际成像环境广泛使用，性能已知而且稳定。缺点是，由于太稳定了，很难对其形状和材料作些变动。下面介绍的软件体模（图像分割验证数据库）在这方面具有很大优越性。

5.5.4 图像分割验证数据集

1. BrainWeb

对人脑 MR 图像自动分割，并进行正确的人脑组织分类显然具有重要的临床意义。蒙特利尔神经所（Montreal Neurological Institute，MNI）的 Evans 教授等人研制了一个功能很强的仿真人脑数据库，称做 BrainWeb。他们对同一个受试者在立体定向空间进行 27 次扫描（T1 加权、梯度回响获取，TR/TE/FA＝18ms/10ms/30°），选取采样子集并做平均。最后得到一个高分辨（像素尺寸 1mm×1mm×1mm）、低噪声，包括全脑的三维 MR 图像数据集。像素总数为 181×217×181 个。由于该数据集的高信噪比特性，图像中脑解剖组织十分清晰。再由神经解剖专家对产生的图像各类组织逐个像素检查、分类并对组织边缘手工修正。最终形成具有 10 种组织概率分类的三维 MR 图像数据集。该数据集还考虑了部分体积效应（partial volume effect），生成的仿真脑图像可以添加 1%，3%，5%，7%，或 9%的白噪声和 20%，40%的不均匀场，用来测试在不同噪声和不均匀场的情况下分割算法的强健性。BrainWeb 在国际上受到广泛的注意，除被用来产生逼真的 MR 和 PET 仿真器外，许多研究人脑组织分类算法的学者也都将其作为参考进行比对（图 5.22）。

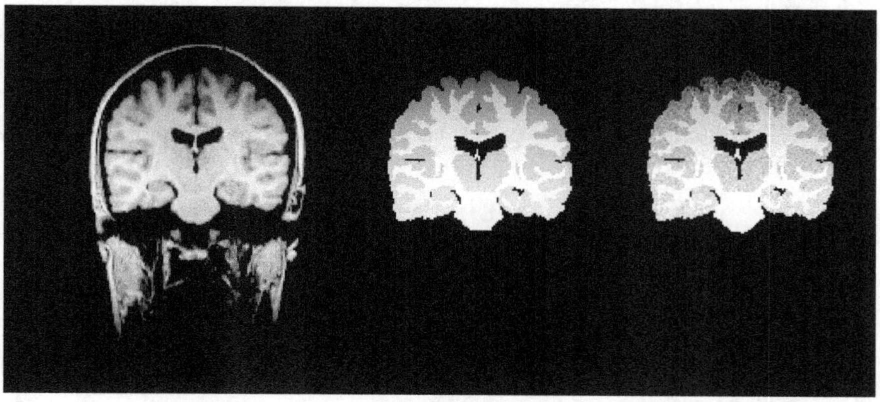

(a) MR原图　　(b) 带梯度的体模图像　　(c) 带梯度和噪声的体模图像

图 5.22　脑解剖图像

蒙特利尔神经所还将 305 个人的 MR 体积图像（2mm 层厚）用刚体变换逐一映射到一个标准立体空间，并作强度归一化和逐个体素叠加平均。这样处理后的 MR 数据库定量的反映不同人脑的解剖变异，称为人脑组织概率模型。该概率模型既可用于与组织分类结果直接比较，也可作为模板经仿射变换对图像作初始分类，用于许多图像处理的应用之中。

关于 BrainWeb 和其他标准图谱的详细介绍参见 http：//www. bic. mni. mcgill. ca/brainweb/

2. IBSR

IBSR（Internet Brain Segmentation Repository）的网络脑分割数据库是由 Massachusetts General Hospital 的形态特征分析中心（Morphometrics Analysis）提供的。

IBSR 数据集特点是手工引导分割，提供 20 个正常被试的 MR 图像及其分割结果。MR 图像是 T1 加权三维冠状扫描像。图像大小为 256×65×256，像素尺寸为 1×3×$1mm^3$，轮廓线分割是训练有素的专家采用半自动分割技术用数小时时间完成的。尽管如此，分割的结果也不能说是 100%绝对准确，但仍不失为对一些自动分割算法定量比较的好方法。

在 IBSR 的网站（http：//neuro-www. mgh. harvard. edu/cma/ibsr）可以下载多个真实的脑部 MR 扫描数据和相应的 Ground Truth 分割结果，包括正常成人和小孩的脑部数据，还有肿瘤病变的脑部数据。该网站还提供不同信噪比和梯度场的 3 个仿真数据集。

参考文献

包约翰. 1992. 自适应模式识别与神经网络. 北京：科学出版社.

傅京孙. 1990. 模式识别应用. 北京：北京大学出版社.

李响，罗述谦. 1999. 多谱 MR 脑图像的组织分类. 中国生物医学工程学报，18（3）：289—294.

罗述谦. 1999. 医学图像处理评估方法. 世界医疗器械，(5)：27—31.

Alberto F Goldszal，Dzung L Pham. 2000. Volumetric Segmentation，Handbook of Medical Imaging Processing and Analysis. Academic Press：185—194.

D Geman. 1990. Random Fields and Inverse Problems in Imaging，Lecture Notes in Mathematics. Springer-Verlag，1427：113—193.

D L Collins，A P Zijdenbos，V Kollokian，J G Sled，N J Kabani，C J Holmes，A C Evans. 1998. Design and Construction of a Realistic Digital Brain Phantom. IEEE Trans. on Medical Imaging，17（3）：463—468.

http：//mouldy. bic. mni. mcgill. ca/brainweb/

http：//www. cma. mgh. harvard. edu/ibsr/

http：//www. nlm. nih. gov/research/visible/visible _ human. html

Pandya A S，Macy R B. 1996. Pattern Recognition with Neural Networks in C++. CRC Press.

Raul Rojas. 1996. Neural Networks-A Systematic Introduction. Springer-Verlag.

R K-S Kwan，A C Evans，G B Pike. 1999. MRI Simulation-Based Evaluation of Image-Processing and Classification Methods. IEEE Trans. on Medical Imaging，18（11）：1085—1097.

Shuqian Luo，Wei Li，Nan Li，Jiawei Liu. 2000. Evaluation of Brain Tissue Classification in MR Images Using Simulated Brain Database. Chicago：WC2000.

Stan Z Li. 2009. Markov Random Field Modeling in Image Analysis. Springer.

Stuart Russel，Peter Norvig. 2009. 人工智能：一种现代的方法（第 2 版）. 北京：清华大学出版社.

Su Ruan，Cyril Jaggi，Jinghao Xue，et al. 2000. Brain Tissue Classification of Magnetic Resonance Images Using Partial Volume Modeling. IEEE Transactions On Medical Imaging，19（12）：1179—1187.

第6章　医学图像配准

6.1　图像配准的概述

医学影像设备在最近10年中得到迅速的发展，并广泛应用于临床诊断和治疗中。由于成像的原理和设备不同，存在有多种成像模式。从大的方面来说，可以分为描述生理形态的解剖成像模式和描述人体功能或代谢的功能成像模式。

基于多种原因，临床上通常需要对同一个病人进行多种模式或同一种模式的多次成像。即同时从几幅图像获得信息，进行综合分析(图6.1)。

如果使用单一模式成像设备在不同时间获取成像对象的一系列图像，则可用于观察病灶生长，药物治疗效果及对比手术前后的变化等。当一种成像设备所提供的信息不能满足需要时，可以采用多种模式成像。例如，在CT上观察骨组织，而从MRI上得到软组织信息；或将来源于PET，SPECT的功能信息与来源于CT，MRI的解剖信息结合起来分析。

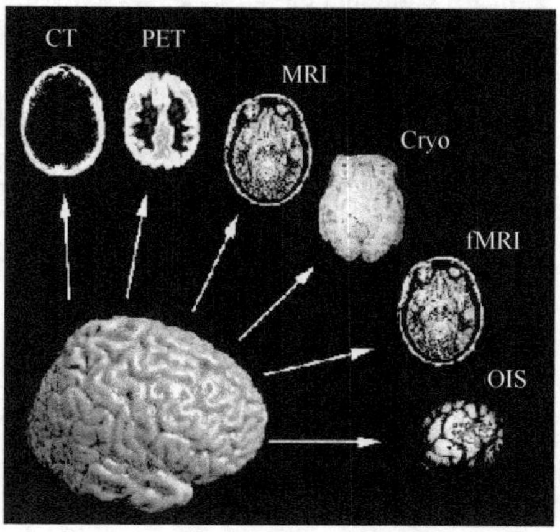

图6.1　对人脑可用多种模式成像

6.1.1　图像配准的概念

对几幅不同的图像作定量分析，首先要解决这几幅图像的严格对齐问题，这就是我们所说的图像的配准（image registration）。

医学图像配准是指对于一幅医学图像寻求一种（或一系列）空间变换，使它与另一幅医学图像上的对应点达到空间上的一致。这种一致是指人体上的同一解剖点在两张匹配图像上有相同的空间位置。配准的结果应使两幅图像上所有的解剖点，或至少是所有具有诊断意义的点及手术感兴趣的点都达到匹配。几幅图像信息综合的结果称作图像的融合（image fusion）。

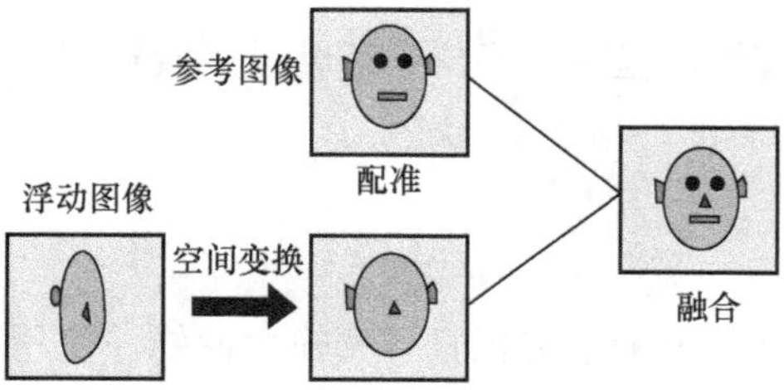

图6.2　图像配准示意图

图6.2是配准的示意图。同一个人从不同角度、不同位置拍摄的两张照片由于拍摄条件不同，每张照片只反映某些方面的特征。要将这两张照片一起分析，就要将其中的一张中的人像做移动和旋转，使它与另一幅对齐。保持不动的叫做参考图像，做变换的称作浮动图像。经配准和融合后的图像反映人的全貌。

6.1.2 医学图像基本变换

对于在不同时间或和不同条件下获取的两幅图像 $I_1(x_1, y_1, z_1)$ 和 $I_2(x_2, y_2, z_2)$ 配准，就是寻找一个映射关系 $P:(x_1, y_1, z_1)\mapsto(x_2, y_2, z_2)$，使 I_1 的每一个点在 I_2 上都有唯一的点与之相对应。并且这两点应对应同一解剖位置。映射关系 P 表现为一组连续的空间变换。常用的空间几何变换有刚体变换（rigid Body transformation）、仿射变换（affine transformation）、透视或投影变换（perspective or projective transformation）和非线性变换（nonlinear transformation）（图 6.3）。

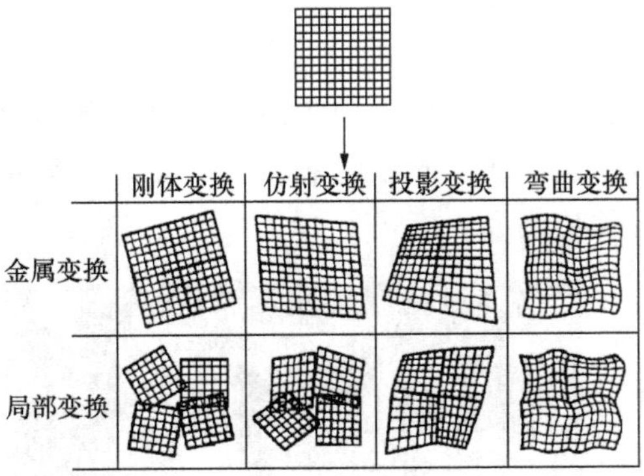

图 6.3　4 种基本的图像变换

1. 刚体变换

所谓刚体，是指物体内部任意两点间的距离保持不变。例如可将人脑看作是一个刚体。处理人脑图像，对不同方向成像的图像配准常使用刚体变换。刚体变换可以分解为旋转和平移

$$P(\boldsymbol{x}) = \boldsymbol{Ax} + \boldsymbol{b} \tag{6.1}$$

$\boldsymbol{x}=(x, y, z)$ 是像素的空间位置；$\mathbf{A}$ 是旋转变换矩阵，$\boldsymbol{b}$ 是平移向量。

矩阵 $\mathbf{A}$ 满足约束条件：

$$A^T\mathbf{A} = \boldsymbol{I} \quad \det\mathbf{A} = 1 \tag{6.2}$$

A^T 是矩阵 $\mathbf{A}$ 的转值，$\boldsymbol{I}$ 是单位矩阵。

2. 仿射变换

当公式（6.2）式的约束条件不满足时，公式（6.1）描述的是仿射变换。它将直线映射为直线，并保持平行性。具体表现可以是各个方向尺度变换系数一致的均匀尺度变换（即放大或缩小）或变换系数不一致的非均匀尺度变换及剪切变换等。均匀尺度变换多用于使用透镜系统的照相图像，在这种情况下，物体的图像和该物体与成像的光学仪器间的距离有直接的关系。一般的仿射变换可用于校正由 CT 台架倾斜引起的剪切或 MR 梯度线圈不完善产生的畸变。

3. 投影变换

与仿射变换相似，投影变换将直线映射为直线，但不再保持平行性质。投影变换主要用于二维投影图像与三维体积图像的配准。

4. 非线性变换

非线性变换也称做弯曲变换（curved transformation），它把直线变换为曲线。使用较多的是多项式函数，如二次、三次函数及薄板样条函数。有时也使用指数函数。非线性变换多用于使解剖图谱变形来拟合图像数据或对有全局性形变的胸、腹部脏器图像的配准。

6.1.3 配准的类型

根据成像模式的不同，以及配准对像间的关系等，医学图像配准可有多种不同的分类方法（图 6.4）。

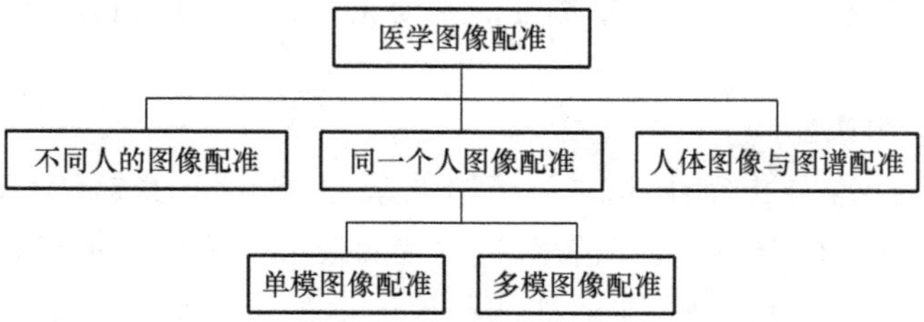

图 6.4 医学图像配准类型

1. 同一对象（intra-subject）的图像配准

同一对象的图像配准有单模（monomodality）与多模（multi-modality）之分。

(1) 单模医学图像配准

单模医学图像配准的典型应用有以下几个方面。

- 不同 MR 加权像间的配准：由于使用的射频脉冲序列以及成像参数的设置不同，磁共振图像会有很大不同。对自旋回波（spin echo）脉冲序列主要有三种不同类型的磁共振图像，即 T1 加权像、T2 加权像及质子密度（PD）加权像。人体不同的组织在这些图像上表现为不同的强度。例如，很多肿瘤、炎症及病灶都会增加组织中的自由水成分，在 T1 加权像中表现为低强度；而骨、纤维及钙化组织均不含自由水，在 T2 加权像中呈低强度；亚急性出血在 T1 和 T2 像中同时表现为高强度等。不同加权 MR 图像的信息可以互补。临床上，它们的结合可提供更全面的诊断信息。

  此外，配准后的图像还可用于脑内组织的分类（如白质、灰质及 CSF 等）。由于该分类方法的原理与利用卫星遥感图像处理地面资源的方法相似，这种分类方法又称做多谱医学图像分析。
- 电镜图像序列的配准：在不同时间采集的多幅物体图像，构成沿时间轴的二维/三维图像的集合，称为时间序列图像。生物医学方面，在显微镜下观察组织结构，可分析微生物、细胞和亚细胞粒子的移动及其引起的形态变化，研究它们的生长和变态现象。对系列微循环图像分析还可得到微血流变化的情况。
- fMRI 图像序列的配准：功能磁共振成像，fMRI（Functional MRI）也是时间序列图像。大脑活动过程中，会产生氧摄取量与脑血流间的不平衡，这种不平衡必然会引起脑血管周围 MRI 信号的改变。在对磁场不均匀性很敏感的 MRI 图像序列中就可以测得这些信号的改变。由于该方法无须对比增强剂，也无辐射剂量，又能反映脑功能，因此在神经科学的认知研究中得到普遍的重视。功能测试要求受试者做出某种反映，很大程度上会引起头部的移动，产生伪像。因此，在 fMRI序列图像研究中图像配准是极为重要的。

• 胸、腹部脏器的图像配准：如果被分析的图像本身就是三维图像，这样的图像序列就成为四维图像。例如四维心动图像分析。要进行定量的分析，往往要求确定各幅图像中的公共参考点位置，即要解决图像定位问题。还要解决目标物体处于运动过程可能存在的局部变形和严重的噪声问题，例如在心动周期中的不同时刻，心脏的形状、大小、位置都会发生变化，介于三维图像间的时间插值图像是常用的方法。

(2) 多模医学图像配准

多模医学图像配准是指待配准的两幅图像来源于不同的成像设备。例如，CT 和 MR 图像都有较高的空间分辨率，前者对密度差异较大的组织效果较好，后者则可识别软组织；SPECT、PET 能反映人体的功能和代谢信息，但空间分辨较差。因此在临床应用中，常需要将 CT（或 MR）与 SPECT（或 PET）配准（图 6.5）。二者的结合能够同时提供功能的与解剖的信息，具有临床应用价值。由于扫描设备的原理不同，扫描参数条件各异，所以两种断层图像间并不存在着简单的一一对应关系。多模医学图像配准是医学图像配准的重点研究内容之一。

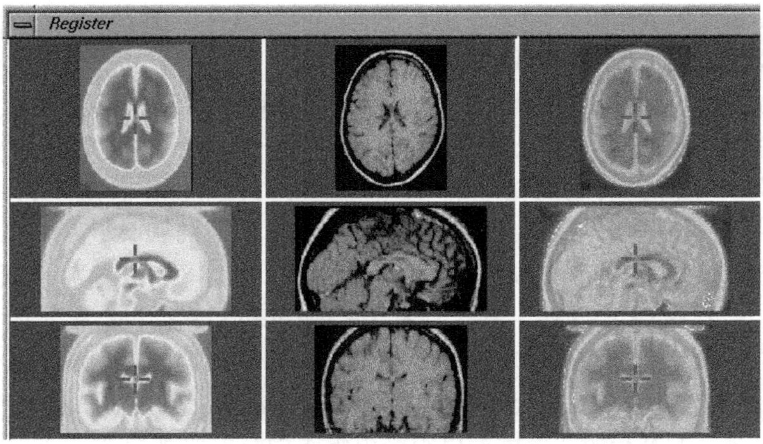

上排：轴向图；中间：矢状图；下排：冠状图；左：PET 图像；中：MR 图像；右：融合图像

图 6.5 人脑 MR/PET 图像配准

2. 不同对象间的图像配准

有时要将被试的图像与典型正常人相同部位的图像对比，以确定被试者是否正常。如果异常，也许还要与一些疾病的典型图像对比，确定患者是否属于同类。这都属于不同对象间（inter-subject）的图像配准。由于不同人在生理上存在差异，同一解剖结构的形状、大小、位置都会很不相同，这就使不同人的图像配准问题成为当今医学图像分析中的最大难题。在对比和分析不同人的医学图像时，常见的方法大致有两类：一是借助一个共同的标准来比较。对于不同人很难精确找出对应的解剖信息。这要求有一个详细标记人体各个解剖位置的计算机化的标准图谱，目前使用较多的是 Talairach 标准脑图谱（图 6.6）。例如要对两个病人的 PET 或 MR 图像进行比较，首先要把二者的图像都映射到这个共同的参考空间去，然后在此空间中对二者进行比较。

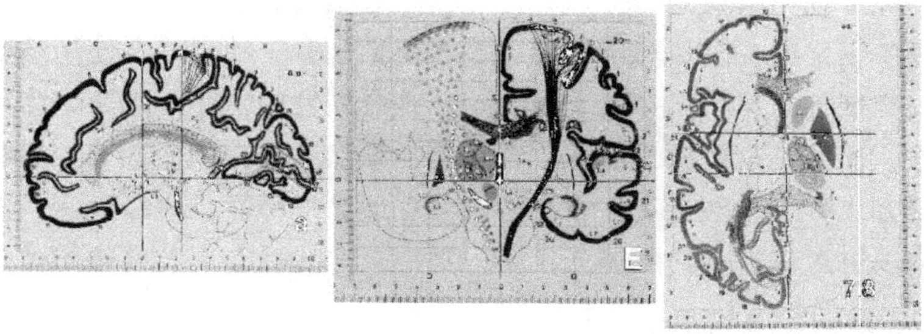

图 6.6 Talairach 人脑图谱

二是非线性形变法，模仿弹性力学方法，将一个人的三维图像逐步变形，使它最终能较好地与另一个人的三维图像最佳匹配（图 6.7）。

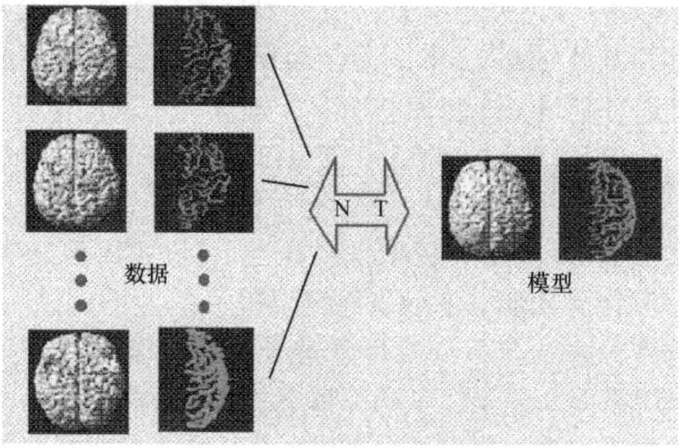

图 6.7 用非线性变换法配准不同人脑表面沟回

3. 图像与图谱配准或与物理空间配准

在立体定向装置或图像引导的手术导航系统中，需要将图像像素与物理空间中探针或手术器械或实况摄像的位置配准。涉及图像空间与立体定向装置或人脑实体空间的坐标系统变换。

6.1.4 主要配准方法

1. **点法**（point method）

点法又分内部点（intrinsic points）及外部点（extrinsic points）两种方法。内部点是从与病人相关的图像性质中得到的，如解剖标志点（anatomical landmark points）。解剖标志点的选取是一个很费事的交互过程。解剖标志点必须是在三维空间定义的，并可在两种扫描模式的图像中可见。典型的解剖标志点可以是一个点状的解剖结构：例如耳蜗尖端拐点处；两个线形结构的交点：血管的分叉或相交处；某一表面上特定拓扑属性：一个沟回的可识别部分等。

外部点则是在受试者颅骨嵌入的螺钉、在皮肤上做的记号或其他在两幅图像都可检测到的附加标记物，例如充有硫酸铜的管子、玻璃珠、铬合金球、明胶球等。原则上外部点法可用于配准任何模式的图像，而且外部点在医学图像中要比内部点好识别得多，通过比较图像中记号的位置对配准结果也易于视觉检测。缺点是在使用这些记号时，受试者都要在扫描装置内严格保持不动，有些还是介入性的。相比起来，内部点法则对受试者比较友好，而且是全回顾式配准。缺点是内部点的寻找相当困难、费事，要求有一定的经验。这方法带有一些主观性。无论内部点还是外部点，一经确定，两图像的配准问题就归结为求解对应点集的刚体变换了。对准了这些标志点，两幅图像也就配准了。

2. 曲线法（curve method）

对二维投影放射照片首先用人工的方法在两幅图像中寻找对应的开曲线（open curve)，再在两条开曲线局部曲率最佳拟合的线段用相同的采样率找出一组对应点来。以后继续用点法匹配两幅图像。配准 CT 体积图像系列时，用图像强度的导数自动提取脊线（ridge or crest)。然后，用连续的样条近似这些离散的曲线并计算曲率和扭矩。曲线的对应关系是用几何散列表（geometric hashing）检索和表决技术确定的。对应曲线及图像间的配准是通过刚体变换实现的。

3. 表面法（surface method）

基于表面的配准技术典型的例子是“头帽法”。从一幅图像轮廓提取的点集称作帽子（“Hat”)，从另一幅图像轮廓提取的表面模型叫做头（“Head”)。一般用体积较大的病人图像，或在图像体积大小差不多时用分辨较高的图像来产生头表面模型。Powell 搜索算法被用来寻求所需的几何变换，即使帽点和头表面间的距离平均平方值最小。许多学者对该算法作了重要改进，例如用多分辨金字塔技术克服局部极值问题；用距离变换拟合两幅图像的边缘点（edge points)，倒角匹配技术（chamfering method）可有效地计算距离变换。

4. 矩和主轴法（moment and principal axes method）

借用经典力学中物体质量分布的概念，计算两幅图像像素点的质心和主轴，再通过平移和旋转使两幅图像的质心和主轴对齐，从而达到配准的目的。该方法对数据的缺失较敏感，即要求整个物体必须完整的出现在两幅图像之中。此外，该方法还对神经医生感兴趣的某些病案效果不佳。例如，PET 图像中大的周边低代谢肿瘤可能引起较大的 MR-PET 配准误差。学者们更多的是使用主轴变换法作粗配准，使两幅图像初步对齐，可以减少后续主要配准方法的搜索步骤。

5. 相关法（correlation method）

对于同一个物体由于图像获取条件的差异或物体自身发生的小的改变而产生的图像序列，采用使图像间相似性最大化的原理实现图像间的配准。即通过优化两幅图像间相似性准则来估计变换参数。主要是刚体的平移和旋转。对于照相序列，考虑到棱镜系统的使用，还要作必要的尺度变换，还须对曝光时间不同引起的强度差异作修正。对核医学图像也要作强度换算来修正因获取时间、注入活性及背景等因素产生的影响。所使用的相似性测度可以是多种多样的，例如相关函数、相关系数、差值的平方和或差的绝对值和等。由于要对每种变换参数可能的取值都要计算一次相似性测度，相关法的计算代价十分庞大，一些学者在这方面做出努力。例如，用相位相关傅里叶法估算平移和旋转参数；用遗传算法和模拟退火技术减少搜索时间和克服局部极值问题，及用傅里叶不变性和对数变换分解变量的相关技术。

相关法主要限于单模图像配准，特别是对一系列图像进行比较，从中发现由疾病引起的微小改变。

6. 最大互信息配准法（maximization of mutual information）

互信息是信息论的一个基本概念，是两个随机变量统计相关性的测度。用互信息作为多模医学图像的配准的测度。如果两幅图像几何上对齐的话，它们对应体素对的强度值的互信息最大。由于该方法不需要对两种成像模式中图像强度间关系的性质作任何假设，也不需要对图像作分割或任何预处理，所以被广泛地用于 CT/MR、PET/MR 等多种配准工作。最大互信息法几乎可以用在任何不同模式图像的配准，特别是当其中一个图像的数据部分缺损时也能得到很好的配准效果。

7. 图谱法（atlas method）

不同人脑图像的配准远比同一个人的不同模式图像的配准困难得多，这是因为不同人脑的形状、尺寸都有很大的差异。如果我们将脑图像作一定的尺度变换，并对深度内部结构适当取向后，就会发现不同人脑的解剖结构的大小和形状方面还是具有一定的共性的。这就使我们有可能构造一个解剖图谱，其前提是受试者间脑的拓扑结构具有不变性。由于在脑图谱构建过程中有神经解剖学专家直接参与，利用脑图谱进行配准，就可以利用图谱所包含的先验知识来对病人或其他人的图像自动识别和正确的分割。

一个最著名的方案是建立一个标准的脑坐标系统。Talairach 三维正交栅格系统为大家广泛接受。从图谱到脑图像的配准归结为逐段仿射变换问题。但仿射变换不能解决人脑形态的复杂非线性问题。一些学者研究了用非线性变换的配准技术。例如用贴片算法（tiling algorithm）将人脑结构转化为闭合的多面体，通过全局仿射变换或薄板样条函数，交互地使图谱变形去拟合图像数据。或用从粗到细的多分辨匹配策略减少计算的复杂性和提高配准精度。

8. 非线性变换技术

为了研究器官与组织发生变形或不同人脑之间的图像配准需要使用非线性变换配准技术，主要有基于物理模型的配准方法和基于空间变换的配准方法。

在基于物理模型的配准方法中，不同的图像之间的差异被认为是由一种物理变形引起的。基于物理模型的配准方法就是构造能够拟合这种变形的物理模型。主要的物理模型有弹性力学模型、流体力学模型和光流场模型。

（1）弹性力学模型

在该模型中，脑被看作是一个弹性物体。在内、外力共同作用下人脑发生弹性形变。当内外力达到平衡时得到变形后的图像。描述弹性形变的偏微分方程是

$$\mu\nabla^2 u(x,y,z)+(\lambda+\mu)\nabla(\nabla\cdot u(x,y,z))+f(x,y,z)=0 \qquad (6.3)$$

其中，$u(x, y, z)$ 表示形变在 x，y，z 方向的位移，∇ 表示微分算子，∇^2 是拉普拉斯算子，λ 与 μ 是 Lame 弹性常数，它们决定了物体的内力，$f(x, y, z)$ 是作用在物体上的外力。通常外力取作图像灰度相似性测度的梯度。上述微分方程可以用有限元方法求解。

（2）流体力学模型

还可用粘滞流体模型（viscous fluid model）控制形变。模板图像被建模为厚的流体。流体在内力作用下流动去拟合待配准的体积图像。经过一段时间后，内力消失，流体停止流动。基于流体力学模型的配准可以用 Navier-Stokes 偏微分方程描述

$$\mu \nabla^2 v(x,y,z) + (\lambda + \mu)\nabla (\nabla \cdot v(x,y,z)) + f(x,y,z) = 0 \tag{6.4}$$

$$\frac{\partial u(x,y,z,t)}{\partial t} = v(x,y,z,t) - \nabla u(x,y,z,t) \cdot v(x,y,z,t) \tag{6.5}$$

其中，$u(x, y, z, t)$ 表示形变在 x，y，z 方向上 t 时刻的位移，$v(x, y, z)$ 表示位移的速度场，$f(x, y, z)$ 是作用在流体上的力。原则上该法可以实现任何复杂形状的形变，缺点是算法所需计算量太大。

（3）光流场模型

在光流场模型中，脑的形变被模拟为物体运动，通过估计运动而达到图像配准的目的。光流场模型是一种在计算机视觉领域广泛使用的运动图像分析方法。在该方法中，假设在短时间间隔运动前后特定空间点的图像灰度保持不变，即

$$I(x + v_x \mathrm{d}t, y + v_y \mathrm{d}t, z + v_z \mathrm{d}t, t + \mathrm{d}t) = I(x,y,z,t) \tag{6.6}$$

其中，v_x，v_y，v_z 是物体运动的速度分量。

对上述公式做 Taylor 展开并省去高次项，便得到光流约束方程

$$\nabla I \cdot v + \frac{\partial I}{\partial t} = 0 \tag{6.7}$$

其中，∇I 是图像灰度对空间坐标的梯度，v 是运动速度。对物体运动加平滑约束，就可以得到光流场的估计，从而得到物体的位移。

6.2 基本空间变换模型

为了用数学方法描述医学图像的配准，我们采用均匀坐标系统。在该系统中任何二维线性变换可以表示为一个 3×3 的矩阵，三维线性变换可以用 4×4 的矩阵表示。在二维空间中，坐标（x，y）表示为向量 $[x, y, 1]^T$；从（x，y）到新坐标（x'，y'）的变换可以表示为

$$\begin{bmatrix} x' \\ y' \\ 1 \end{bmatrix} = \begin{bmatrix} e_{11} & e_{12} & e_{13} \\ e_{21} & e_{22} & e_{23} \\ e_{31} & e_{32} & 1 \end{bmatrix} \begin{bmatrix} x \\ y \\ 1 \end{bmatrix} \tag{6.8}$$

在三维空间中，坐标（x，y，z）表示为向量 $[x, y, z, 1]^T$，从（x，y，z）到新坐标（x'，y'，z'）的变换可以表示为

$$\begin{bmatrix} x' \\ y' \\ z' \\ 1 \end{bmatrix} = \begin{bmatrix} e_{11} & e_{12} & e_{13} & e_{14} \\ e_{21} & e_{22} & e_{23} & e_{24} \\ e_{31} & e_{32} & e_{33} & e_{34} \\ e_{41} & e_{42} & e_{43} & 1 \end{bmatrix} \begin{bmatrix} x \\ y \\ z \\ 1 \end{bmatrix} \tag{6.9}$$

6.2.1 刚体变换

医学图像配准中大多数情况下是采用刚体变换模型。该模型假定图像内部的距离和角度在配准过程中保持不变。人体的很多组织，例如一根骨头可以看作是一个刚体。大脑也可近似为刚体，在坚硬的颅骨保护之下大脑内部的组织基本不会变形。但这只是一个近似，因为有些部分，例如脑干就会受心动和呼吸周期的影响产生畸变。若对在多个心动和呼吸周期采集的图像进行累加，这种影响被模糊，也可近似为刚体配准。若图像采集时间很短，情况就非如此了。再一种情况是被配准的对象本身是实在的刚体，但在不同条件下（或不同时间）采集的两幅图像有不同的分辨。例如，三维医学图像是由体素构成。每个体素是一个小立方体，MRI 图像数据中通常是层片厚度大于层片内部像素的尺寸，即它的 3 个边尺寸不等。如果忽略这一点，体素的各向异性就会使其明显偏离刚体模型。在最坏的情况下可能涉及像素的 6 个尺寸（每幅图像的像素 x，y，z 3 个方向尺寸都不相同。）为了正确使用刚体模型，必须精确知道这 6 个尺寸。一般应将两幅图像数据集按像素物理尺寸重新采样，改变为立方体体素处理会得到较好的效果。

1. 二维刚体变换

在二维刚体变换中涉及 3 个变换参数：沿两个坐标轴方向的平移及绕坐标原点的旋转角。基本变换公式可表示为

沿 x 轴的平移

$$\left.\begin{aligned} x' &= x + p \\ y' &= y \end{aligned}\right\} \tag{6.10}$$

沿 y 轴的平移

$$\left.\begin{aligned} x' &= x \\ y' &= y + q \end{aligned}\right\} \tag{6.11}$$

绕坐标原点的旋转

$$\left.\begin{aligned} x' &= x\cos\theta + y\sin\theta \\ y' &= -x\sin\theta + y\cos\theta \end{aligned}\right\} \tag{6.12}$$

其中，p，q 及 θ 是刚体变换参数。定义 x 轴为水平轴，正方向为从左向右；y 轴为垂直轴，正方向为从下向上；θ 定义为顺时针旋转。

变换的矩阵表示为

沿 x 轴的平移

$$\begin{bmatrix} x' \\ y' \\ 1 \end{bmatrix} = \begin{bmatrix} 1 & 0 & p \\ 0 & 1 & 0 \\ 0 & 0 & 1 \end{bmatrix} \begin{bmatrix} x \\ y \\ 1 \end{bmatrix} \tag{6.13}$$

沿 y 轴的平移

$$\begin{bmatrix} x' \\ y' \\ 1 \end{bmatrix} = \begin{bmatrix} 1 & 0 & 0 \\ 0 & 1 & q \\ 0 & 0 & 1 \end{bmatrix} \begin{bmatrix} x \\ y \\ 1 \end{bmatrix} \tag{6.14}$$

绕坐标原点的旋转

$$\begin{bmatrix} x' \\ y' \\ 1 \end{bmatrix} = \begin{bmatrix} \cos\theta & \sin\theta & 0 \\ -\sin\theta & \cos\theta & 0 \\ 0 & 0 & 1 \end{bmatrix} \begin{bmatrix} x \\ y \\ 1 \end{bmatrix} \tag{6.15}$$

即使有了这 3 个参数，二维刚体变换仍不能唯一地确定，因为变换的结果与这些基本参数的顺序有关。对于相同一组参数 p，q 及 θ，变换过程可以是先沿 x 轴的平移 p，然后沿 y 轴的平移 q，最后再绕坐标原点的旋转 θ

$$\begin{aligned} \begin{bmatrix} x' \\ y' \\ 1 \end{bmatrix} &= \begin{bmatrix} \cos\theta & \sin\theta & 0 \\ -\sin\theta & \cos\theta & 0 \\ 0 & 0 & 1 \end{bmatrix} \begin{bmatrix} 1 & 0 & 0 \\ 0 & 1 & q \\ 0 & 0 & 1 \end{bmatrix} \begin{bmatrix} 1 & 0 & p \\ 0 & 1 & 0 \\ 0 & 0 & 1 \end{bmatrix} \begin{bmatrix} x \\ y \\ 1 \end{bmatrix} \\ &= \begin{bmatrix} \cos\theta & \sin\theta & p\cos\theta + q\sin\theta \\ -\sin\theta & \cos\theta & -p\sin\theta + q\cos\theta \\ 0 & 0 & 1 \end{bmatrix} \begin{bmatrix} x \\ y \\ 1 \end{bmatrix} \end{aligned} \tag{6.16}$$

也可以是按不同顺序的变换。先绕坐标原点的旋转 θ，再沿 x 轴的平移 p，然后沿 y 轴的平移 q

$$\begin{aligned} \begin{bmatrix} x' \\ y' \\ 1 \end{bmatrix} &= \begin{bmatrix} 1 & 0 & 0 \\ 0 & 1 & q \\ 0 & 0 & 1 \end{bmatrix} \begin{bmatrix} 1 & 0 & p \\ 0 & 1 & 0 \\ 0 & 0 & 1 \end{bmatrix} \begin{bmatrix} \cos\theta & \sin\theta & 0 \\ -\sin\theta & \cos\theta & 0 \\ 0 & 0 & 1 \end{bmatrix} \begin{bmatrix} x \\ y \\ 1 \end{bmatrix} \\ &= \begin{bmatrix} \cos\theta & \sin\theta & p \\ -\sin\theta & \cos\theta & q \\ 0 & 0 & 1 \end{bmatrix} \begin{bmatrix} x \\ y \\ 1 \end{bmatrix} \end{aligned} \tag{6.17}$$

显然，二者的变换结果不同。对于这一点，让我们看一个数值实例。设一个刚体变换为先绕坐标原点的旋转 10°，再沿 x 轴的平移 4 个单位，然后沿 y 轴的平移 9 个单位：

$$\begin{aligned} \begin{bmatrix} x' \\ y' \\ 1 \end{bmatrix} &= \begin{bmatrix} 1 & 0 & 0 \\ 0 & 1 & 9 \\ 0 & 0 & 1 \end{bmatrix} \begin{bmatrix} 1 & 0 & 4 \\ 0 & 1 & 0 \\ 0 & 0 & 1 \end{bmatrix} \begin{bmatrix} \cos(10^\circ) & \sin(10^\circ) & 0 \\ -\sin(10^\circ) & \cos(10^\circ) & 0 \\ 0 & 0 & 1 \end{bmatrix} \begin{bmatrix} x \\ y \\ 1 \end{bmatrix} \\ &= \begin{bmatrix} 0.9848 & 0.1736 & 4 \\ -0.1736 & 0.9848 & 9 \\ 0 & 0 & 1 \end{bmatrix} \begin{bmatrix} x \\ y \\ 1 \end{bmatrix} \end{aligned}$$

该变换矩阵可以分解成原来顺序的 3 个基本变换矩阵。也可以分解为 3 个不同的变换矩阵，换个顺序先做平移（不同的平移量），然后绕坐标原点的旋转，角度大小、方向不变

$$\begin{aligned} \begin{bmatrix} x' \\ y' \\ 1 \end{bmatrix} &= \begin{bmatrix} 0.9848 & 0.1736 & 4 \\ -0.1736 & 0.9848 & 9 \\ 0 & 0 & 1 \end{bmatrix} \begin{bmatrix} x \\ y \\ 1 \end{bmatrix} \\ &= \begin{bmatrix} \cos(10^\circ) & \sin(10^\circ) & 0 \\ -\sin(10^\circ) & \cos(10^\circ) & 0 \\ 0 & 0 & 1 \end{bmatrix} \begin{bmatrix} 1 & 0 & 0 \\ 0 & 1 & 9.5579 \\ 0 & 0 & 1 \end{bmatrix} \begin{bmatrix} 1 & 0 & 2.3764 \\ 0 & 1 & 0 \\ 0 & 0 & 1 \end{bmatrix} \begin{bmatrix} x \\ y \\ 1 \end{bmatrix} \end{aligned}$$

这表明先沿 x 轴的平移 2.3764 个单位，然后沿 y 轴的平移 9.5579 个单位，最后绕坐标原点的旋转 10°，两个变换得到同样的结果（图 6.8）。可以看出，在两种不同顺序的变换中，

总的位移距离（9.8489）是不变的。这说明，对于一个给定的变换结果，可以有许多不同的变换途径。

使用矩阵表示刚体变换的好处是无须关心实际的旋转与平移顺序。因为在实际应用中对于两个真实的生物医学对象（显然是三维物体）只要实现精确配准，变换的具体途径并不很重要。

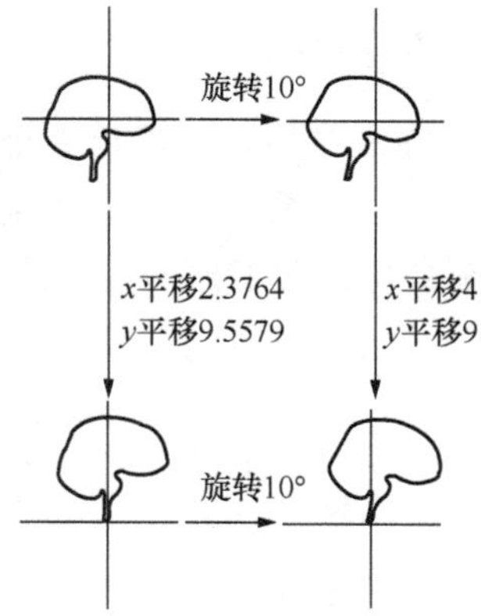

图 6.8　二维刚体变换举例

应用逆矩阵运算或组合矩阵变换可以很容易实现多种形式的图像配准。例如，有一个刚体变换矩阵将第一幅图像配准到第二幅图像，则简单的逆矩阵会使第二幅图像配准到原来的第一幅图像。类似地，若有一个刚体变换矩阵将第一幅图像配准到第二幅图像，又有另一个刚体变换矩阵将第二幅图像配准到第三幅图像，则简单的矩阵乘法得到的刚体变换矩阵会使第一幅图像直接与第三幅图像配准。逆矩阵也可与矩阵乘法有效的结合。例如，有一个刚体变换矩阵将第一幅图像配准到第二幅图像，另一个刚体变换矩阵将第一幅图像配准到第三幅图像，则第一个矩阵的逆矩阵与第二个矩阵的乘积得到的刚体变换矩阵会使第二幅图像与第三幅图像配准。

如何判断一个特定的矩阵是否刚体变换矩阵呢？对于二维情况，我们注意到变换矩阵中左上角的 2×2 子阵具有明显的对称性

$$\begin{bmatrix} a & b \\ -b & a \end{bmatrix}$$

当该子阵行列式 $a^2+b^2=1$ 时，变换矩阵为刚体变换矩阵。

三维空间的刚体变换的判断则没有那么容易。

对任意变换矩阵 T，它的实特征向量必定满足下式

$$k\times\begin{bmatrix} a \\ b \\ c \end{bmatrix}=T\times\begin{bmatrix} a \\ b \\ c \end{bmatrix} \tag{6.18}$$

若 $c\neq0$，可做尺度变换

$$k\times\begin{bmatrix} a/c \\ b/c \\ 1 \end{bmatrix}=T\times\begin{bmatrix} a/c \\ b/c \\ 1 \end{bmatrix} \tag{6.19}$$

所以，在二维情况，实特征向量可以看作是一个点（$k\times a/c$，$k\times b/c$）。

任何一个包含旋转的刚体变换必有一个实特征向量，该特征向量的最后一个元素不为零。而且该特征向量的特征值必定是 1。这意味经刚体变换该点空间位置不变，即相当于空间变换是绕该点完成的。在上述数值举例中，可以计算出特征向量为 $a=0.9456$，$b=-0.3249$，$c=0.0177$，对应的不动点是（53.4352，-18.3601）。显然

$$\begin{bmatrix} 53.4352 \\ -18.3601 \\ 1 \end{bmatrix}=\begin{bmatrix} 0.9848 & 0.1736 & 4 \\ -0.1736 & 0.9848 & 9 \\ 0 & 0 & 1 \end{bmatrix}\begin{bmatrix} 53.4352 \\ -18.3601 \\ 1 \end{bmatrix}$$

证实这确实是一个不动点。

2. 三维刚体变换

在三维情况，需要 6 个参数描述一个刚体变换。即沿 x 轴、y 轴及 z 轴的平移，与绕三个轴的旋转。对于典型的脑图像，一般定义 x 轴为从左向右的轴，y 轴从后向前，z 轴是从上向下。变换公式如下。

沿 x 轴的平移

$$\left.\begin{aligned} x' &= x + p \\ y' &= y \\ z' &= z \end{aligned}\right\} \tag{6.20}$$

沿 y 轴的平移

$$\left.\begin{aligned} x' &= x \\ y' &= y + q \\ z' &= z \end{aligned}\right\} \tag{6.21}$$

沿 z 轴的平移

$$\left.\begin{aligned} x' &= x \\ y' &= y \\ z' &= z + r \end{aligned}\right\} \tag{6.22}$$

绕 x 轴的旋转

$$\left.\begin{aligned} x' &= x \\ y' &= y\cos\theta + z\sin\theta \\ z' &= -y\sin\theta + z\cos\theta \end{aligned}\right\} \tag{6.23}$$

绕 y 轴的旋转

$$\left.\begin{aligned} x' &= x\cos\omega - z\sin\omega \\ y' &= y \\ z' &= x\sin\omega + z\cos\omega \end{aligned}\right\} \tag{6.24}$$

绕 z 轴的旋转

$$\left.\begin{aligned} x' &= x\cos\phi + y\sin\phi \\ y' &= -x\sin\phi + y\cos\phi \\ z' &= z \end{aligned}\right\} \tag{6.25}$$

其中，p，q，r 及 θ，ω，ϕ 是刚体变换参数（图 6.9）。变换的矩阵形式为

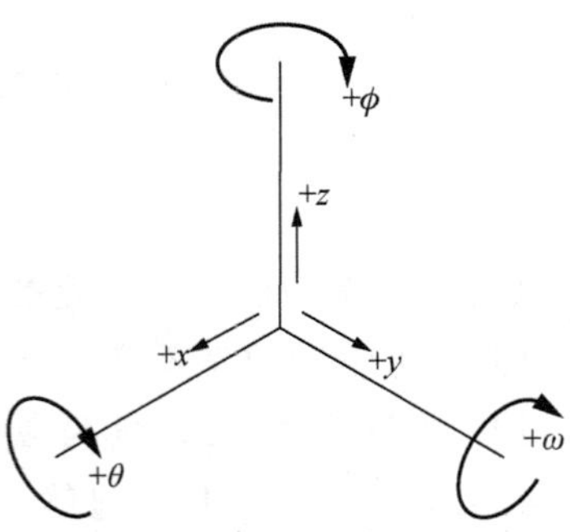

图 6.9 三维刚体变换的坐标与参数

沿 x 轴的平移

$$\begin{bmatrix} x' \\ y' \\ z' \\ 1 \end{bmatrix} = \begin{bmatrix} 1 & 0 & 0 & p \\ 0 & 1 & 0 & 0 \\ 0 & 0 & 1 & 0 \\ 0 & 0 & 0 & 1 \end{bmatrix} \begin{bmatrix} x \\ y \\ z \\ 1 \end{bmatrix} \tag{6.26}$$

沿 y 轴的平移

$$\begin{bmatrix} x' \\ y' \\ z' \\ 1 \end{bmatrix} = \begin{bmatrix} 1 & 0 & 0 & 0 \\ 0 & 1 & 0 & q \\ 0 & 0 & 1 & 0 \\ 0 & 0 & 0 & 1 \end{bmatrix} \begin{bmatrix} x \\ y \\ z \\ 1 \end{bmatrix} \tag{6.27}$$

沿 z 轴的平移

$$\begin{bmatrix} x' \\ y' \\ z' \\ 1 \end{bmatrix} = \begin{bmatrix} 1 & 0 & 0 & 0 \\ 0 & 1 & 0 & 0 \\ 0 & 0 & 1 & r \\ 0 & 0 & 0 & 1 \end{bmatrix} \begin{bmatrix} x \\ y \\ z \\ 1 \end{bmatrix} \tag{6.28}$$

绕 x 轴的旋转

$$\begin{bmatrix} x' \\ y' \\ z' \\ 1 \end{bmatrix} = \begin{bmatrix} 1 & 0 & 0 & 0 \\ 0 & \cos\theta & \sin\theta & 0 \\ 0 & -\sin\theta & \cos\theta & 0 \\ 0 & 0 & 0 & 1 \end{bmatrix} \begin{bmatrix} x \\ y \\ z \\ 1 \end{bmatrix} \tag{6.29}$$

绕 y 轴的旋转

$$\begin{bmatrix} x' \\ y' \\ z' \\ 1 \end{bmatrix} = \begin{bmatrix} \cos\omega & 0 & -\sin\omega & 0 \\ 0 & 1 & 0 & 0 \\ \sin\omega & 0 & \cos\omega & 0 \\ 0 & 0 & 0 & 1 \end{bmatrix} \begin{bmatrix} x \\ y \\ z \\ 1 \end{bmatrix} \tag{6.30}$$

绕 z 轴的旋转

$$\begin{bmatrix} x' \\ y' \\ z' \\ 1 \end{bmatrix} = \begin{bmatrix} \cos\phi & \sin\phi & 0 & 0 \\ -\sin\phi & \cos\phi & 0 & 0 \\ 0 & 0 & 1 & 0 \\ 0 & 0 & 0 & 1 \end{bmatrix} \begin{bmatrix} x \\ y \\ z \\ 1 \end{bmatrix} \tag{6.31}$$

与二维刚体变换类似，旋转与平移的顺序会影响变换的结果，绕不同轴旋转顺序不同，结果也不一样。可能的旋转变换参数的顺序有 6 种

$$\theta \to \omega \to \phi \quad \omega \to \phi \to \theta$$
$$\theta \to \phi \to \omega \quad \phi \to \theta \to \omega$$
$$\omega \to \theta \to \phi \quad \phi \to \omega \to \theta$$

结合先旋转、后平移及先平移、后旋转，共有 12 种不同的组合顺序。

对于先旋转、后平移，有

$$\begin{aligned}\begin{bmatrix} x' \\ y' \\ z' \\ 1 \end{bmatrix} &= \begin{bmatrix} 1 & 0 & 0 & p \\ 0 & 1 & 0 & q \\ 0 & 0 & 1 & r \\ 0 & 0 & 0 & 1 \end{bmatrix} \times \begin{bmatrix} \cos\phi & \sin\phi & 0 & 0 \\ -\sin\phi & \cos\phi & 0 & 0 \\ 0 & 0 & 1 & 0 \\ 0 & 0 & 0 & 1 \end{bmatrix} \times \begin{bmatrix} \cos\omega & 0 & -\sin\omega & 0 \\ 0 & 1 & 0 & 0 \\ \sin\omega & 0 & \cos\omega & 0 \\ 0 & 0 & 0 & 1 \end{bmatrix} \\ &\quad \times \begin{bmatrix} 1 & 0 & 0 & 0 \\ 0 & \cos\theta & \sin\theta & 0 \\ 0 & -\sin\theta & \cos\theta & 0 \\ 0 & 0 & 0 & 1 \end{bmatrix} \times \begin{bmatrix} x \\ y \\ z \\ 1 \end{bmatrix} \\ &= \begin{bmatrix} \cos\phi\cos\omega & \sin\phi\cos\theta + \cos\phi\sin\omega\sin\theta & \sin\phi\sin\theta - \cos\phi\sin\omega\cos\theta & p \\ -\sin\phi\cos\omega & \cos\phi\cos\theta - \sin\phi\sin\omega\sin\theta & \cos\phi\sin\theta + \sin\phi\sin\omega\cos\theta & q \\ \sin\omega & -\cos\omega\sin\theta & \cos\omega\cos\theta & r \\ 0 & 0 & 0 & 1 \end{bmatrix} \times \begin{bmatrix} x \\ y \\ z \\ 1 \end{bmatrix}\end{aligned} \tag{6.32}$$

同样的参数，逆顺序做变换就会得到完全不同的结果

$$
\begin{bmatrix} x' \\ y' \\ z' \\ 1 \end{bmatrix} = \begin{bmatrix} 1 & 0 & 0 & 0 \\ 0 & \cos\theta & \sin\theta & 0 \\ 0 & -\sin\theta & \cos\theta & 0 \\ 0 & 0 & 0 & 1 \end{bmatrix} \times \begin{bmatrix} \cos\omega & 0 & -\sin\omega & 0 \\ 0 & 1 & 0 & 0 \\ \sin\omega & 0 & \cos\omega & 0 \\ 0 & 0 & 0 & 1 \end{bmatrix} \times \begin{bmatrix} \cos\phi & \sin\phi & 0 & 0 \\ -\sin\phi & \cos\phi & 0 & 0 \\ 0 & 0 & 1 & 0 \\ 0 & 0 & 0 & 1 \end{bmatrix}
$$

$$
\times \begin{bmatrix} 1 & 0 & 0 & p \\ 0 & 1 & 0 & q \\ 0 & 0 & 1 & r \\ 0 & 0 & 0 & 1 \end{bmatrix} \times \begin{bmatrix} x \\ y \\ z \\ 1 \end{bmatrix}
$$

$$
= \begin{bmatrix} \cos\omega\cos\phi & \cos\omega\sin\phi & \sin\omega & 0 \\ \sin\theta\sin\omega\cos\phi - \cos\theta\sin\phi & \sin\theta\sin\omega\sin\phi + \cos\theta\cos\phi & \sin\theta\cos\omega & 0 \\ \cos\theta\sin\omega\cos\phi + \sin\theta\sin\phi & \cos\theta\sin\omega\sin\phi - \sin\theta\cos\phi & \cos\theta\cos\omega & 0 \\ 0 & 0 & 0 & 1 \end{bmatrix}
$$

$$
\times \begin{bmatrix} 1 & 0 & 0 & p \\ 0 & 1 & 0 & q \\ 0 & 0 & 1 & r \\ 0 & 0 & 0 & 1 \end{bmatrix} \times \begin{bmatrix} x \\ y \\ z \\ 1 \end{bmatrix} \tag{6.33}
$$

三维刚体变换数值举例：一个图像先绕 x 轴旋转 7°，绕 y 轴旋转 11°，再绕 z 轴旋转 13°，接着沿 x 轴平移 2 单位，沿 y 轴平移 3 单位，最后再沿 z 轴平移 5 单位。

$$
\begin{bmatrix} x' \\ y' \\ z' \\ 1 \end{bmatrix} = \begin{bmatrix} 1 & 0 & 0 & 2 \\ 0 & 1 & 0 & 3 \\ 0 & 0 & 1 & 5 \\ 0 & 0 & 0 & 1 \end{bmatrix} \times \begin{bmatrix} \cos13° & \sin13° & 0 & 0 \\ -\sin13° & \cos13° & 0 & 0 \\ 0 & 0 & 1 & 0 \\ 0 & 0 & 0 & 1 \end{bmatrix} \times \begin{bmatrix} \cos11° & 0 & -\sin11° & 0 \\ 0 & 1 & 0 & 0 \\ \sin11° & 0 & \cos11° & 0 \\ 0 & 0 & 0 & 1 \end{bmatrix}
$$

$$
\times \begin{bmatrix} 1 & 0 & 0 & 0 \\ 0 & \cos7° & \sin7° & 0 \\ 0 & -\sin7° & \cos7° & 0 \\ 0 & 0 & 0 & 1 \end{bmatrix} \times \begin{bmatrix} x \\ y \\ z \\ 1 \end{bmatrix}
$$

$$
= \begin{bmatrix} 0.9565 & 0.2459 & -0.1571 & 2 \\ -0.2208 & 0.9619 & 0.1613 & 3 \\ 0.1908 & -0.1196 & 0.9743 & 5 \\ 0 & 0 & 0 & 1 \end{bmatrix} \times \begin{bmatrix} x \\ y \\ z \\ 1 \end{bmatrix}
$$

旋转的过程如图 6.10 所示。

从初始位置到终止位置的变换序列不是唯一的。若沿 x 轴平移 2.2045 单位，沿 y 轴平移 2.7793 单位，再沿 z 轴平移 5.0414 单位，旋转顺序也与原来相反，即先绕 z 轴旋转 14.4198°，绕 y 轴旋转 9.0397°，最后再绕 x 轴旋转 9.4030°。这样变换后得到相同的结果（图 6.11）。

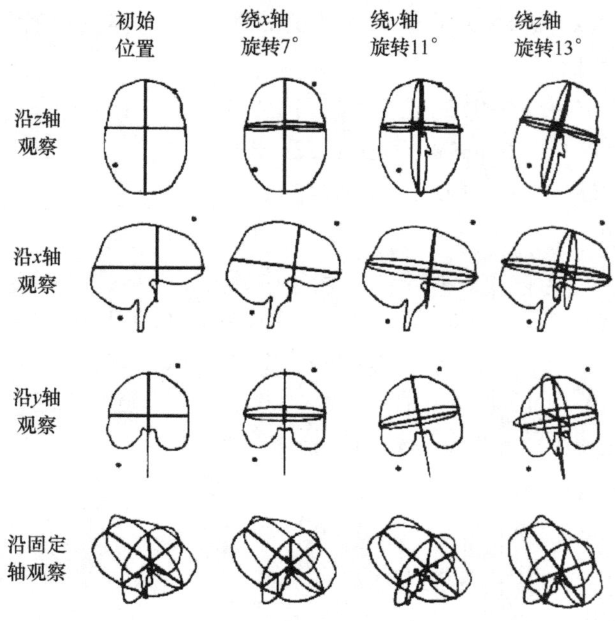

图 6.10　三维刚体变换过程举例

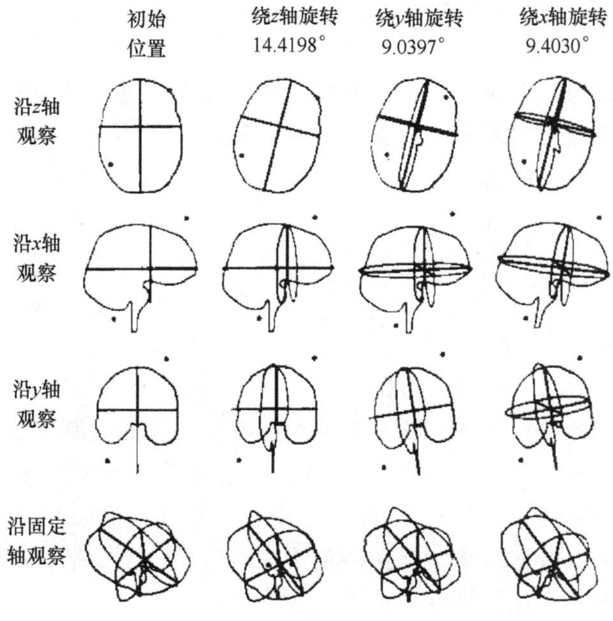

图 6.11　不同的参数与变换顺序实现
与图 6.10 相同的三维刚体变换结果

二维刚体变换基本矩阵顺序改变后仅涉及平移参数的改变，在三维中旋转角度也发生变化。这个例子说明，对于一个特定的配准任务，总的变换矩阵唯一地确定刚体变换结果，与分解的中间变换矩阵参数、顺序无关。那么如何判断一个矩阵是否刚体变换矩阵呢？在三维情况下，旋转角的相互作用使变换矩阵的左上角 3×3 子阵的元素失去对称性。我们不能再根据该子阵的元素是否对称决定整个变换矩阵是否刚体变换。但是可以对该 3×3 子阵做奇异值分解检验刚体变换特性。让我们看一个奇异值分解的数值举例。

$$
\begin{bmatrix} 0.9565 & 0.2459 & -0.1571 & 2 \\ -0.2208 & 0.9619 & 0.1613 & 3 \\ 0.1908 & -0.1196 & 0.9743 & 5 \\ 0 & 0 & 0 & 1 \end{bmatrix}
$$

$$
= \begin{bmatrix} 1 & 0 & 0 & 2 \\ 0 & 1 & 0 & 3 \\ 0 & 0 & 1 & 5 \\ 0 & 0 & 0 & 1 \end{bmatrix} \times \begin{bmatrix} 0.9565 & -0.1571 & 0.2459 & 0 \\ -0.2208 & 0.1613 & 0.9619 & 0 \\ 0.1908 & 0.9743 & -0.1196 & 0 \\ 0 & 0 & 0 & 1 \end{bmatrix}
$$

$$
\times \begin{bmatrix} 1 & 0 & 0 & 0 \\ 0 & 1 & 0 & 0 \\ 0 & 0 & 1 & 0 \\ 0 & 0 & 0 & 1 \end{bmatrix} \times \begin{bmatrix} 1 & 0 & 0 & 0 \\ 0 & 0 & 1 & 0 \\ 0 & 1 & 0 & 0 \\ 0 & 0 & 0 & 1 \end{bmatrix}
$$

$$
= \begin{bmatrix} 1 & 0 & 0 & 2 \\ 0 & 1 & 0 & 3 \\ 0 & 0 & 1 & 5 \\ 0 & 0 & 0 & 1 \end{bmatrix} \times \begin{bmatrix} & U & & 0 \\ & & & 0 \\ & & & 0 \\ 0 & 0 & 0 & 1 \end{bmatrix} \times \begin{bmatrix} & S & & 0 \\ & & & 0 \\ & & & 0 \\ 0 & 0 & 0 & 1 \end{bmatrix} \times \begin{bmatrix} & V' & & 0 \\ & & & 0 \\ & & & 0 \\ 0 & 0 & 0 & 1 \end{bmatrix}
$$

实变换矩阵分解为 4 个矩阵之积。其中，平移矩阵、包含 U 和 V 的矩阵都是刚体变换，包含 S 的矩阵仅在对角线上有非零元素。所以，仅当

$$
\boldsymbol{S} = \begin{bmatrix} 1 & 0 & 0 \\ 0 & 1 & 0 \\ 0 & 0 & 1 \end{bmatrix} \qquad \boldsymbol{S} = \begin{bmatrix} -1 & 0 & 0 \\ 0 & -1 & 0 \\ 0 & 0 & 1 \end{bmatrix}
$$

$$
\boldsymbol{S} = \begin{bmatrix} -1 & 0 & 0 \\ 0 & 1 & 0 \\ 0 & 0 & -1 \end{bmatrix} \qquad \boldsymbol{S} = \begin{bmatrix} 1 & 0 & 0 \\ 0 & -1 & 0 \\ 0 & 0 & -1 \end{bmatrix}
$$

总体变换矩阵才是刚体变换矩阵。这是三维刚体变换矩阵的判别方法。

与二维类似，三维刚体变换矩阵的 4×4 矩阵的最后一行应为（0，0，0，1）。

二维刚体变换（除纯平移外），空间中必定有一点变换后保持不变。三维刚体变换（除纯平移外），都可以看做是绕空间某一轴旋转与沿同一条轴平移的组合。如果平移量为零，在该旋转轴上的点在变换后保持不变。

6.2.2 全局尺度变换

在三维刚体变换的基础上增加一个新参数 m（尺度变换系数）描述不同条件下获取的图像尺度的差异。如果将一幅图像全局缩放 m 倍的话可用下面的变换

$$
\begin{bmatrix} x' \\ y' \\ z' \\ 1 \end{bmatrix} = \begin{bmatrix} m & 0 & 0 & 0 \\ 0 & m & 0 & 0 \\ 0 & 0 & m & 0 \\ 0 & 0 & 0 & 1 \end{bmatrix} \times \begin{bmatrix} x \\ y \\ z \\ 1 \end{bmatrix} \tag{6.34}
$$

在顺序的基本变换中，尺度变换与平移变换的顺序对变换结果有影响，但与尺度变换和旋转变换顺序无关。一个可能的基本变换顺序示例如下

$$\begin{bmatrix} x' \\ y' \\ z' \\ 1 \end{bmatrix}=\begin{bmatrix} 1 & 0 & 0 & p \\ 0 & 1 & 0 & q \\ 0 & 0 & 1 & r \\ 0 & 0 & 0 & 1 \end{bmatrix}\times\begin{bmatrix} m & 0 & 0 & 0 \\ 0 & m & 0 & 0 \\ 0 & 0 & m & 0 \\ 0 & 0 & 0 & 1 \end{bmatrix}\times\begin{bmatrix} \cos\phi & \sin\phi & 0 & 0 \\ -\sin\phi & \cos\phi & 0 & 0 \\ 0 & 0 & 1 & 0 \\ 0 & 0 & 0 & 1 \end{bmatrix}$$

$$\times\begin{bmatrix} \cos\omega & 0 & -\sin\omega & 0 \\ 0 & 1 & 0 & 0 \\ \sin\omega & 0 & \cos\omega & 0 \\ 0 & 0 & 0 & 1 \end{bmatrix}\times\begin{bmatrix} 1 & 0 & 0 & 0 \\ 0 & \cos\theta & \sin\theta & 0 \\ 0 & -\sin\theta & \cos\theta & 0 \\ 0 & 0 & 0 & 1 \end{bmatrix}\times\begin{bmatrix} x \\ y \\ z \\ 1 \end{bmatrix}$$

$$=\begin{bmatrix} m\cos\omega\cos\phi & m(\cos\theta\sin\phi+\cos\phi\sin\omega\sin\theta) & m(\sin\theta\sin\phi-\cos\phi\sin\omega\cos\theta) & p \\ -m\cos\omega\sin\phi & m(\cos\theta\cos\phi-\sin\theta\sin\omega\sin\phi) & m(\sin\theta\cos\phi+\sin\phi\sin\omega\cos\theta) & q \\ m\sin\omega & -m\cos\omega\sin\theta & m\cos\theta\cos\omega & r \\ 0 & 0 & 0 & 1 \end{bmatrix}\times\begin{bmatrix} x \\ y \\ z \\ 1 \end{bmatrix} \tag{6.35}$$

6 个参数的刚体变换矩阵的左上角 3×3 子阵的元素都是旋转角度的三角函数，因此绝对值都必须小于 1。增加了尺度变换系数后，7 个参数的变换矩阵则放宽了这个约束。下面让我们看一个带有尺度变换的例子。

一个图像先绕 x 轴旋转 7°，绕 y 轴旋转 11°，再绕 z 轴旋转 13°，然后全局放大 2 倍；接着沿 x 轴平移 2 单位，沿 y 轴平移 3 单位，最后再沿 z 轴平移 5 单位。

$$\begin{bmatrix} x' \\ y' \\ z' \\ 1 \end{bmatrix}=\begin{bmatrix} 1 & 0 & 0 & 2 \\ 0 & 1 & 0 & 3 \\ 0 & 0 & 1 & 5 \\ 0 & 0 & 0 & 1 \end{bmatrix}\times\begin{bmatrix} 2 & 0 & 0 & 0 \\ 0 & 2 & 0 & 0 \\ 0 & 0 & 2 & 0 \\ 0 & 0 & 0 & 1 \end{bmatrix}\times\begin{bmatrix} \cos 13^\circ & \sin 13^\circ & 0 & 0 \\ -\sin 13^\circ & \cos 13^\circ & 0 & 0 \\ 0 & 0 & 1 & 0 \\ 0 & 0 & 0 & 1 \end{bmatrix}$$

$$\times\begin{bmatrix} \cos 11^\circ & 0 & -\sin 11^\circ & 0 \\ 0 & 1 & 0 & 0 \\ \sin 11^\circ & 0 & \cos 11^\circ & 0 \\ 0 & 0 & 0 & 1 \end{bmatrix}\times\begin{bmatrix} 1 & 0 & 0 & 0 \\ 0 & \cos 7^\circ & \sin 7^\circ & 0 \\ 0 & -\sin 7^\circ & \cos 7^\circ & 0 \\ 0 & 0 & 0 & 1 \end{bmatrix}\times\begin{bmatrix} x \\ y \\ z \\ 1 \end{bmatrix}$$

$$=\begin{bmatrix} 1.9129 & 0.4919 & -0.3142 & 2 \\ -0.4416 & 1.9238 & 0.3227 & 3 \\ 0.3816 & -0.2393 & 1.9486 & 5 \\ 0 & 0 & 0 & 1 \end{bmatrix}\times\begin{bmatrix} x \\ y \\ z \\ 1 \end{bmatrix}$$

6.2.3 九参数仿射变换

全局尺度变换是三个方向的缩放倍数相同。但有时待配准的两幅图像也可能各方向上尺度变换系数不同，即 $m_x \neq m_y \neq m_z$。使用 9 个参数的仿射变换意味待配准的两幅图像存在固有的不对称性。根据不同的应用，尺度变换可以在旋转变换之前，也可以在旋转变换之后。例如，对于同一个人的图像配准，如果其中一幅图像已经适当的校准过，而另一幅图像却是未知的。就可以在做旋转变换之前用这种 3 个方向上的变尺度缩放将

第二幅图像向第一幅图像配准。

对于不同人的图像进行配准，这种模型常用于做全局 Talairach 变换的一部分。在此情况下先将人脑图像旋转对准 Talairach 图谱中的相应的目标，然后再做 3 个方向上的变尺度缩放。

第一种仿射变换

$$
\begin{bmatrix} x' \\ y' \\ z' \\ 1 \end{bmatrix} = \begin{bmatrix} 1 & 0 & 0 & p \\ 0 & 1 & 0 & q \\ 0 & 0 & 1 & r \\ 0 & 0 & 0 & 1 \end{bmatrix} \times \begin{bmatrix} \cos\phi & \sin\phi & 0 & 0 \\ -\sin\phi & \cos\phi & 0 & 0 \\ 0 & 0 & 1 & 0 \\ 0 & 0 & 0 & 1 \end{bmatrix}
$$

$$
\times \begin{bmatrix} \cos\omega & 0 & -\sin\omega & 0 \\ 0 & 1 & 0 & 0 \\ \sin\omega & 0 & \cos\omega & 0 \\ 0 & 0 & 0 & 1 \end{bmatrix} \times \begin{bmatrix} 1 & 0 & 0 & 0 \\ 0 & \cos\theta & \sin\theta & 0 \\ 0 & -\sin\theta & \cos\theta & 0 \\ 0 & 0 & 0 & 1 \end{bmatrix} \times \begin{bmatrix} m_x & 0 & 0 & 0 \\ 0 & m_y & 0 & 0 \\ 0 & 0 & m_z & 0 \\ 0 & 0 & 0 & 1 \end{bmatrix} \times \begin{bmatrix} x \\ y \\ z \\ 1 \end{bmatrix}
$$

$$
= \begin{bmatrix} m_x\cos\omega\cos\phi & m_x(\cos\theta\sin\phi + \cos\phi\sin\omega\sin\theta) & m_x(\sin\theta\sin\phi - \cos\phi\sin\omega\cos\theta) & p \\ -m_y\cos\omega\sin\phi & m_y(\cos\theta\cos\phi - \sin\theta\sin\omega\sin\phi) & m_y(\sin\theta\cos\phi + \sin\phi\sin\omega\cos\theta) & q \\ m_z\sin\omega & -m_z\cos\omega\sin\theta & m_z\cos\theta\cos\omega & r \\ 0 & 0 & 0 & 1 \end{bmatrix} \times \begin{bmatrix} x \\ y \\ z \\ 1 \end{bmatrix} \tag{6.36}
$$

对应第二种情况的仿射变换

$$
\begin{bmatrix} x' \\ y' \\ z' \\ 1 \end{bmatrix} = \begin{bmatrix} 1 & 0 & 0 & p \\ 0 & 1 & 0 & q \\ 0 & 0 & 1 & r \\ 0 & 0 & 0 & 1 \end{bmatrix} \times \begin{bmatrix} m_x & 0 & 0 & 0 \\ 0 & m_y & 0 & 0 \\ 0 & 0 & m_z & 0 \\ 0 & 0 & 0 & 1 \end{bmatrix} \times \begin{bmatrix} \cos\phi & \sin\phi & 0 & 0 \\ -\sin\phi & \cos\phi & 0 & 0 \\ 0 & 0 & 1 & 0 \\ 0 & 0 & 0 & 1 \end{bmatrix}
$$

$$
\times \begin{bmatrix} \cos\omega & 0 & -\sin\omega & 0 \\ 0 & 1 & 0 & 0 \\ \sin\omega & 0 & \cos\omega & 0 \\ 0 & 0 & 0 & 1 \end{bmatrix} \times \begin{bmatrix} 1 & 0 & 0 & 0 \\ 0 & \cos\theta & \sin\theta & 0 \\ 0 & -\sin\theta & \cos\theta & 0 \\ 0 & 0 & 0 & 1 \end{bmatrix} \times \begin{bmatrix} x \\ y \\ z \\ 1 \end{bmatrix}
$$

$$
= \begin{bmatrix} m_x\cos\omega\cos\phi & m_y(\cos\theta\sin\phi + \cos\phi\sin\omega\sin\theta) & m_z(\sin\theta\sin\phi - \cos\phi\sin\omega\cos\theta) & p \\ -m_x\cos\omega\sin\phi & m_y(\cos\theta\cos\phi - \sin\theta\sin\omega\sin\phi) & m_z(\sin\theta\cos\phi + \sin\phi\sin\omega\cos\theta) & q \\ m_x\sin\omega & -m_y\cos\omega\sin\theta & m_z\cos\theta\cos\omega & r \\ 0 & 0 & 0 & 1 \end{bmatrix} \times \begin{bmatrix} x \\ y \\ z \\ 1 \end{bmatrix} \tag{6.37}
$$

二者的区别是，在第一种仿射变换中 m_x 出现在第一行，而在第二种仿射变换里 m_x 是出现在第一列。与三维九参数类似，对二维刚体变换增加两个不同方向的尺度变换系数就构成 5 个参数的二维仿射变换。

在图 6.12 给出的示例表示基本的二维仿射变换特性。这些变换分别是整体旋转（左中图）、沿某一个轴的剪切（左上、下图）与旋转变换一样，基本剪切变换不改变对象的面积。而全局尺度变换（右中图）和不对称的沿某个轴的缩放尺度变换（右上、下图）均改变对象的面积。这些性质均可推广至三维。

6.2.4 一般仿射变换

一般的形式的二维仿射变换有 6 个独立的参数，三维仿射变换有 12 个独立的参数。变换的几何约束是变换前后保持直线的平行性。

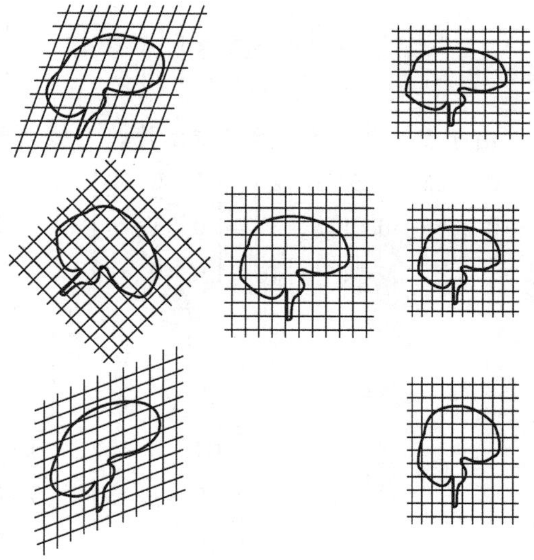

图 6.12　5 个参数的二维仿射变换

二维仿射变换

$$\begin{bmatrix} x' \\ y' \\ 1 \end{bmatrix}\begin{bmatrix} e_{11} & e_{12} & e_{13} \\ e_{21} & e_{22} & e_{23} \\ 0 & 0 & 1 \end{bmatrix}=\begin{bmatrix} x \\ y \\ 1 \end{bmatrix} \tag{6.38}$$

三维仿射变换

$$\begin{bmatrix} x' \\ y' \\ z' \\ 1 \end{bmatrix}=\begin{bmatrix} e_{11} & e_{12} & e_{13} & e_{14} \\ e_{21} & e_{22} & e_{23} & e_{24} \\ e_{31} & e_{32} & e_{33} & e_{34} \\ 0 & 0 & 0 & 1 \end{bmatrix}\times\begin{bmatrix} x \\ y \\ z \\ 1 \end{bmatrix} \tag{6.39}$$

由于仿射变换无须计算正弦和余弦，因此对所有变换参数 e_{ij} 不再有小于 1 的约束。

让我们从二维仿射变换看其几何意义。除纯平移变换外，所有的二维仿射变换矩阵都至少有一个特征向量，其最后一个元素为非零值。因此，在空间中总有一个点在变换之后保持不变。可以通过一个数值举例清楚地了解这一点。

$$\begin{bmatrix} x' \\ y' \\ 1 \end{bmatrix}\begin{bmatrix} 0.6753 & 0.6041 & 2 \\ -0.1466 & 0.5873 & 3 \\ 0 & 0 & 1 \end{bmatrix}=\begin{bmatrix} x \\ y \\ 1 \end{bmatrix}$$

经计算该变换矩阵的特征值，得到一个与点（11.8514，3.0593）对应的特征向量

$$\begin{bmatrix} 11.8514 \\ 3.0593 \\ 1 \end{bmatrix}\begin{bmatrix} 0.6753 & 0.6041 & 2 \\ -0.1466 & 0.5873 & 3 \\ 0 & 0 & 1 \end{bmatrix}=\begin{bmatrix} 11.8514 \\ 3.0593 \\ 1 \end{bmatrix}$$

通过奇异值分解可以将任意仿射变换矩阵分解为一个变换序列。该序列包括沿某个适当取向的一组轴的尺度变换，之后是刚体变换。所以，可以看作待变换的物体在一个特殊的参考框架内做尺度变换，而参考框架自身做刚体变换。基于这样的看法，物体尺度变换与框架刚体变换的先后顺序就无大关系了，可以认为这两种运算同时发生。上述数值举例中的仿射变换矩阵的奇异值分解为

$$\begin{bmatrix} 0.6753 & 0.6041 & 2 \\ -0.1466 & 0.5873 & 3 \\ 0 & 0 & 1 \end{bmatrix}=\begin{bmatrix} 1 & 0 & 2 \\ 0 & 1 & 3 \\ 0 & 0 & 1 \end{bmatrix}\times\begin{bmatrix} 0.9122 & -0.4097 & 0 \\ 0.4097 & 0.9122 & 0 \\ 0 & 0 & 1 \end{bmatrix}$$

$$\times\begin{bmatrix} 0.9674 & 0 & 0 \\ 0 & 0.5015 & 0 \\ 0 & 0 & 1 \end{bmatrix}\times\begin{bmatrix} 0.5747 & 0.8184 & 0 \\ -0.8184 & 0.5747 & 0 \\ 0 & 0 & 1 \end{bmatrix}$$

$$
=\begin{bmatrix}1&0&2\\0&1&3\\0&0&1\end{bmatrix}\times\begin{bmatrix}&&0\\&U&0\\0&0&1\end{bmatrix}\times\begin{bmatrix}&&0\\&S&0\\0&0&1\end{bmatrix}\times\begin{bmatrix}&&0\\&V'&0\\0&0&1\end{bmatrix}
$$

由于$V'\times V=I$，为单位矩阵，上式可改写为

$$
\begin{bmatrix}0.6753&0.6041&2\\-0.1466&0.5873&3\\0&0&1\end{bmatrix}=\begin{bmatrix}1&0&2\\0&1&3\\0&0&1\end{bmatrix}\times\begin{bmatrix}&&0\\&U&0\\0&0&1\end{bmatrix}\times\begin{bmatrix}&&0\\&V'&0\\0&0&1\end{bmatrix}
$$

$$
\times\begin{bmatrix}&&0\\&V&0\\0&0&1\end{bmatrix}\times\begin{bmatrix}&&0\\&S&0\\0&0&1\end{bmatrix}\times\begin{bmatrix}&&0\\&V'&0\\0&0&1\end{bmatrix}
$$

$$
=\begin{bmatrix}1&0&2\\0&1&3\\0&0&1\end{bmatrix}\times\begin{bmatrix}0.9122&-0.4097&0\\0.4097&0.9122&0\\0&0&1\end{bmatrix}\times\begin{bmatrix}0.5747&0.8184&0\\-0.8184&0.5747&0\\0&0&1\end{bmatrix}
$$

$$
\times\begin{bmatrix}0.5747&-0.8184&0\\0.8184&0.5747&0\\0&0&1\end{bmatrix}\times\begin{bmatrix}0.9674&0&0\\0&0.5015&0\\0&0&1\end{bmatrix}
$$

$$
\times\begin{bmatrix}0.5747&0.8184&0\\-0.8184&0.5747&0\\0&0&1\end{bmatrix}
$$

$$
=\begin{bmatrix}0.8595&0.5111&2\\-0.5111&0.8595&3\\0&0&1\end{bmatrix}\times\begin{bmatrix}0.5747&-0.8184&0\\0.8184&0.5747&0\\0&0&1\end{bmatrix}
$$

$$
\times\begin{bmatrix}0.9674&0&0\\0&0.5015&0\\0&0&1\end{bmatrix}\times\begin{bmatrix}0.5747&0.8184&0\\-0.8184&0.5747&0\\0&0&1\end{bmatrix}
$$

分解式中第一项是参考框架的刚体变换，后 3 个矩阵是原坐标轴按逆时针旋转 54.9232°后定义的新的参考框架两个方向上不同尺度变换系数做尺度变换的矩阵。

三维情况与二维类似，除特殊情况（例如纯刚体变换）外，三维仿射变换至少有一个第四项为非零值的实特征向量。这表明存在一个在变换后保持不变的点。可以用奇异值分解找出某个特殊的参考框架，而这个不变点就是该框架的原点。如果待变换的物体看作是镶嵌在这个参考框架之中，整个仿射变换可以解释为物体沿这些特殊坐标轴的各向异性尺度变换，同时，该参考框架在三维空间绕原点旋转。考虑一个三维仿射变换的数值例

$$
\begin{bmatrix}x'\\y'\\z'\\1\end{bmatrix}=\begin{bmatrix}0.0438&0.9152&0.2342&2\\0.0061&0.7416&0.8985&3\\0.8171&0.2038&0.7878&5\\0&0&0&1\end{bmatrix}\times\begin{bmatrix}x\\y\\z\\1\end{bmatrix}
$$

特征值计算表明（−5.7757，−6.8698，−5.2754）是对该变换保持不变的点。

左上角 3×3 子阵的奇异值分解给出

$$U=\begin{bmatrix}0.4646 & 0.5765 & 0.6722\\ 0.6783 & 0.2563 & -0.6886\\ 0.5692 & -0.7759 & 0.2720\end{bmatrix}$$

$$S=\begin{bmatrix}1.6406 & 0 & 0\\ 0 & 0.8615 & 0\\ 0 & 0 & 0.3845\end{bmatrix}$$

$$V=\begin{bmatrix}0.2984 & -0.7048 & 0.6436\\ 0.6365 & 0.6494 & 0.4160\\ 0.7112 & -0.2855 & -0.6424\end{bmatrix}$$

矩阵 V 描述特殊参考框架相对于原坐标轴的取向。在该参考框架内的尺度变换由下面的矩阵乘积实现

$$\begin{bmatrix} & & & 0\\ & U & & 0\\ & & & 0\\ 0 & 0 & 0 & 1\end{bmatrix}\times\begin{bmatrix} & & & 0\\ & S & & 0\\ & & & 0\\ 0 & 0 & 0 & 1\end{bmatrix}\times\begin{bmatrix} & & & 0\\ & V' & & 0\\ & & & 0\\ 0 & 0 & 0 & 1\end{bmatrix}$$

特殊参考框架自身的刚体变换由下面的矩阵乘积实现

$$\begin{bmatrix}0 & 0 & 0 & 2\\ 0 & 0 & 0 & 3\\ 0 & 0 & 0 & 5\\ 0 & 0 & 0 & 1\end{bmatrix}\times\begin{bmatrix} & & & 0\\ & U & & 0\\ & & & 0\\ 0 & 0 & 0 & 1\end{bmatrix}\times\begin{bmatrix} & & & 0\\ & V' & & 0\\ & & & 0\\ 0 & 0 & 0 & 1\end{bmatrix}$$

6.2.5 透视变换

线性变换的最一般形式是透视变换。其主要特点是，直线经变换后仍然是直线，但平行的直线经变换后却可能相交。对于断层成像图像数据的处理透视变换用处不是很大。这种变换主要用在这样几个方面：

1）点源与物体作用，在一个平面上产生投影图像的放射成像。

2）对于照片，采集光线全部通过透镜的焦点的情况。

图 6.13 是二维透视变换的例子。可以看出，变换以后水平直线会聚在图像右侧的一点，而垂直的直线会聚在图像下方的一点。变换后的物体图像也有些小的旋转和歪斜。

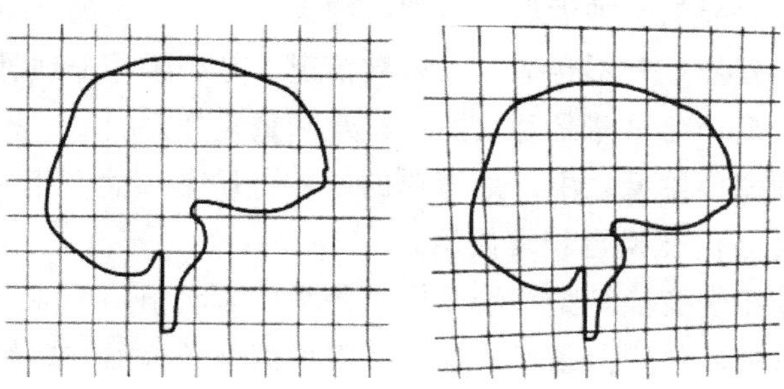

图 6.13 二维透视变换

为了便于理解透视变换，我们从一维的简单情况说起。在一维情况仅有尺度变换及

平移两个参数

$$x' = s \times x + p \tag{6.40}$$

写成矩阵形式为

$$\begin{bmatrix} x' \\ 1 \end{bmatrix} = \begin{bmatrix} s & p \\ 0 & 1 \end{bmatrix} \times \begin{bmatrix} x \\ 1 \end{bmatrix} \tag{6.41}$$

如果把它看做二维的表示的话，就意味原来的一维坐标都位于 $y=1$ 这条直线上。单纯对 y 轴的倾斜 f 可表示为

$$\begin{bmatrix} n \times x' \\ n \end{bmatrix} = \begin{bmatrix} 1 & 0 \\ f & 1 \end{bmatrix} \times \begin{bmatrix} x \\ 1 \end{bmatrix} \tag{6.42}$$

等同于

$$x' = x/(f \times x + 1) \tag{6.43}$$

包含尺度变换和平移的更一般形式

$$\begin{bmatrix} n \times x' \\ n \end{bmatrix} = \begin{bmatrix} s & p \\ f & 1 \end{bmatrix} \times \begin{bmatrix} x \\ 1 \end{bmatrix} \tag{6.44}$$

即

$$x' = (x \times s + p)/(f \times x + 1) \tag{6.45}$$

在二维情况下，有两个控制透视的参数（f 和 g）。变换矩阵为

$$\begin{bmatrix} x' \\ y' \\ 1 \end{bmatrix} = \begin{bmatrix} e_{11} & e_{12} & p \\ e_{21} & e_{22} & q \\ f & g & 1 \end{bmatrix} \times \begin{bmatrix} x \\ y \\ 1 \end{bmatrix} \tag{6.46}$$

增加第三个透视参数 h 后，可推广至三维透视变换。

6.2.6 非线性空间变换

如果摈弃线性约束，则可能有许多种不同的空间变换类型。在某些情况下，非线性变换用于校正图像获取过程中由仪器设备引入的畸变。这样的非线性变换可能较为简单，根据产生畸变的物理过程对图像进行相应的处理。可能的话，这类的校正应在图像重建时完成。

更常见的情况是在不同人图像间配准时使用非线性变换。由于人体个体生理差异是高度无约束和变异很大的，选择的非线性变换模型只是对传统的线性方法的一种改善。非线性变换是对实际差异的一种近似，所加的约束可能对一些畸变（或差异）有效，而对另外一些畸变（或差异）并不合适。大多数情况，是否采用非线性变换要看计算该模型参数的代价函数及最小化策略是否快速、有效和重复性好。

在众多的非线性变换模型之中，最简单的要算低阶多项式变形（warp）。基于薄板样条函数及基于 B 样条的变换也较常使用。

较复杂的一种非线性变换模型是给图像中每个体素赋予一个或多个参数。这些体素到另一个图像对应点的映射用向量场描述。通常根据问题施加一些约束。

1. 二阶多项式变形模型

基于二阶多项式空间变换的公式为

$$\left.\begin{aligned}x' &= e_{00} + e_{01}x + e_{02}y + e_{03}z + e_{04}x^2 + e_{05}xy + e_{06}xz + e_{07}y^2 + e_{08}yz + e_{09}z^2 \\ y' &= e_{10} + e_{11}x + e_{12}y + e_{13}z + e_{14}x^2 + e_{15}xy + e_{16}xz + e_{17}y^2 + e_{18}yz + e_{19}z^2 \\ z' &= e_{20} + e_{21}x + e_{22}y + e_{23}z + e_{24}x^2 + e_{25}xy + e_{26}xz + e_{27}y^2 + e_{28}yz + e_{29}z^2\end{aligned}\right\} \tag{6.47}$$

这里涉及 30 个变换参数。

2. 基于薄板样条函数变换

薄板样条函数变换可以表示为仿射变换与径向基函数的线性组合

$$f(X) = AX + B + \sum_{i=1}^{n} w_i U(|P_i - X|) \tag{6.48}$$

其中，X 是坐标向量，A 与 b 定义一个仿射变换；U 是径向基函数，在二维图像配准中

$$U(r) = r^2 \log r^2 \tag{6.49}$$

$$r = \sqrt{x^2 + y^2} \tag{6.50}$$

对三维图像配准

$$U(r) = |r| \tag{6.51}$$

$$r = \sqrt{x^2 + y^2 + z^2} \tag{6.52}$$

薄板样条函数变换常用在基于特征点匹配的配准方法中。

3. 基于 B 样条的变换

基于 3 次 B 样条的自由形变变换可以表示为

$$f(x,y,z) = \sum_{l=0}^{3}\sum_{m=0}^{3}\sum_{n=0}^{3}\theta_l(u)\theta_m(v)\theta_n(w)\phi_{i+l,j+m,k+n} \tag{6.53}$$

其中，(x,y,z) 是空间坐标值，$\phi_{i,j,k}$ 是均匀控制网格点坐标；(u, v, w) 是空间坐标 (x, y, z) 相对于控制网格点的坐标。θ 是三次 B 样条基函数

$$\left.\begin{aligned}\theta_0(s) &= \frac{(1-s)^3}{6} \\ \theta_1(s) &= \frac{3s^3 - 6s^2 + 4}{6} \\ \theta_2(s) &= \frac{-3s^3 + 3s^2 + 3s + 1}{6} \\ \theta_3(s) &= \frac{s^3}{6}\end{aligned}\right\} \tag{6.54}$$

6.3 基于基准点的配准方法

三维医学图像的配准包括计算两幅图像间的最佳变换，或寻求两幅图像间点到点的对应性。配准算法可以基于从图像提取的特征，或基于图像强度的相似性最优化。本节主要介绍基于特征的刚体变换。基本的思路是先从三维医学图像提取一个表面，然后在该表面上提取基准线，可能的话再从这些基准线上选取基准点。

为了从一个表面可靠地提取基准线，需要找出该表面上的称做脊线的“边缘”。脊

线是表面上的轨迹（或轨迹的集合），该处的主曲率在相应的主方向达到局部极大。脊线的提取要通过计算图像强度的三阶导数完成。下面我们将从微分几何角度对脊线和基准点较严格的定义。

6.3.1 极值线与极值点

微分几何中的一个平滑表面是指三阶连续可微的三维表面。对于三维表面上任一点 P，在该平面的切平面内每一个方向 t 都可以定义一个曲率。方向曲率 k_t 是平面（P，t，n）与该表面相交三维曲线的曲率。这里 n 是表面法线。各个方向的方向曲率 k_t 都相等的点称做脐点（umbilic point）。除脐点外，表面曲率都可以用两个优势方向 t_1 和 t_2 上的主曲率 k_1 和 k_2 表示（图 6.14）。

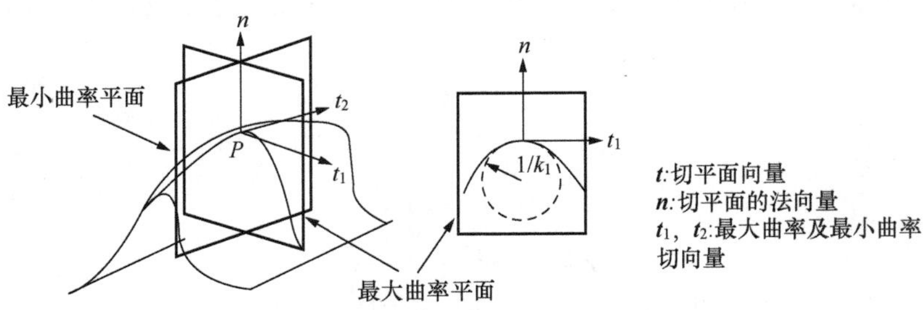

图 6.14 三维表面和曲线的微分几何

1. 极值线（extremal lines）

局部绝对值最大的曲率点是极值函数 e 的零交叉点。极值函数是 k_1 在 t_1 方向的方向导数。事实上表面上任意一点都有与两个主曲率对应的不同的极值系数

$$e_1 = \nabla k_1 t_1 \qquad e_2 = \nabla k_2 t_2 \tag{6.55}$$

极值线定义为 e_1 或 e_2 的零交叉点轨迹。它有 16 个子类，脊线是其中的两种。即正最大曲率极大（$k_1>0$ 且 $\nabla e_1 \cdot t_1<0$）及负最大曲率极小（$k_1<0$ 且 $\nabla e_1 \cdot t_1>0$）。

2. 极值点（extremal points）

极值点定义为 3 个隐含数表面的交点，这些表面是 $f=I$，$e_1=0$，$e_2=0$。这些极值点对刚体变换具有不变性。极值线是可以计算曲率的三维曲线，但极值点通常并不是局部曲率最大的极值线上的点，甚至也不是曲率极大点。

3. 两种局部坐标框架

为了描述极值点的几何特性，有两种不同的局部坐标框架可以使用。图 6.14 的标架（n，t_1，t_2）是由表面法线与两个主方向构成。另一种是 Frenet 标架（t，n_c，b）。其中 t 是曲线切线，n_c 是法线，b 是次法线。两个标架不同。前者是用该点所在的表面定义的，而点又在曲线上，后者则是关于该曲线定义。两个标架之间又有一定的关系。曲线切线 t 约束在表面的（t_1，t_2）切平面内。我们可以引入两个独立的角变量 θ 和 ϕ。

$$\theta = \cos^{-1}(t \cdot t_1),\ \phi = \cos^{-1}(n_c \cdot n) \tag{6.56}$$

θ 和 ϕ 对刚体变换是不变量。表面的主曲率 k_1 和 k_2 也是对刚体变换的不变量。此外，还引入曲率 k，挠率 τ，及曲线相对曲面的测地挠率 τ_g。它们的关系是

$$k\cos\phi = k_1\cos^2\theta + k_2\sin^2\theta \qquad \tau_g = k_2 - k_1 \tag{6.57}$$

6.3.2 极值点的自动提取方法

从三维图像提取极值点可以首先对该图像中所有体素计算 e_1 和 e_2，然后再单独考虑每个由 8 个相邻体素构成的小立方体元（cubic cell）。小立方体元的顶点体素都有 3 个参数：f，e_1 和 e_2。其极值点定义为 3 个隐含表面 $f=I$，$e_1=0$，$e_2=0$ 的交点。从小立方体元到整个体积的联系要保证这 3 个参数的连续变化，根据所用的插值函数或卷积函数可以有不同的极值点提取方法。三线性插值是较好的一阶近似。利用多边形近似，又能保证重建三维曲线拓扑和方向的脊线提取方法是步进线段法（marching lines）。在此基础上可以进一步提取极值点。下面我们以一个简单的例子说明如何提取极值点。在这个例子中等值表面为小立方体元内的一个三角形。该例的方法可以扩展至任何 f 和 e_1 值的组合（图像的边缘除外，那里的 f 和 e_1 没有定义）。具体的操作步骤如下。

第 1 步：提取等值表面。在小立方体元的内部提取等值表面。该等值表面（$f=I$）与小立方体元的 3 个边相交，交点为 Q_1，Q_2，Q_3。由于使用的是三线性插值，等值表面与小立方体元相交得到三角形 $\{Q_1, Q_2, Q_3\}$ [图 6.15 (a)]。

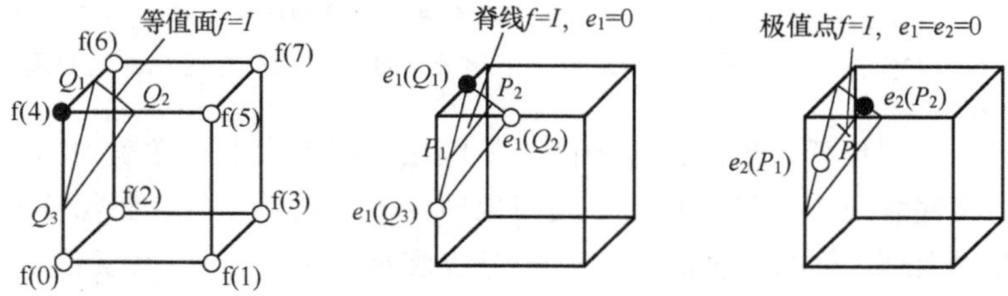

(a) 提取等值面　　(b) 提取极值线　　(c) 提取极值点

图 6.15　极值点提取步骤

第 2 步：提取脊线。用小立方体元角点 e_1 值线性内插计算得到等值表面三角形顶点 Q_1，Q_2，Q_3 的 e_1 值。如果这些 e_1 值符号相同，则在此小立方体元内没有 e_1 的极值线。否则，在 e_1 符号相反的小立方体元的两条边上寻找插值后 $e_1=0$ 的点 $\{P_1, P_2\}$。连接 P_1，P_2 的线段就是近似的极值线 [图 6.15 (b)]。

第 3 步：计算极值点的位置。由于 P_1，P_2 两点都在小立方体元的表面上，可以用表面内 e_2 值做双线性内插得到 P_1，P_2 点上的 e_2 值。如果这两个 e_2 值符号相同，则在此小立方体元内没有极值点存在。否则，可以沿线段 $\{P_1, P_2\}$ 对 e_2 值做内插。插值后该线段上 $e_2=0$ 的点 P 就是所寻求的极值点 [图 6.15 (c)]。

6.3.3 基于极值点的刚体配准

对同一个病人用相同成像模式但不同位置的两幅图像进行配准，可以从这两幅图像上分别提取极值线及极值点，再设法寻找这两组极值点间的对应关系。最后，计算能使这些匹配线段重叠的最佳刚体变换。一种典型的技术是采用几何散列（hashing）表与

Hough 变换相结合的方法。

由于图像的分辨越来越高以及新开发的复杂的脊线自动提取方法能力不断增强，提取出来的脊线数目骤增。这使得散列表内不变量密度膨胀，可能导致过度匹配的假阳性。更为严重的是计算复杂度的增加还会给出错误的结果。鉴于上述情况，可以对脊线点加以一定的限制，即只使用脊线上的极值点（约占全部脊线点的 16%）减少计算负荷。尽管如此，每幅图像仍余留 2000～5000 个极值点要进行处理。

基于脊线和极值点的配准可以达到 0.1 个体素的精度。例如对于一个体素尺度 0.97mm×0.97mm×1.5mm 的 MR T1 图像，每幅图像提取的 2100 条脊线中 240 条实现匹配；在总计 3600 个极值点中有 860 个匹配。典型目标配准精度为 0.06mm。图 6.16为例图。

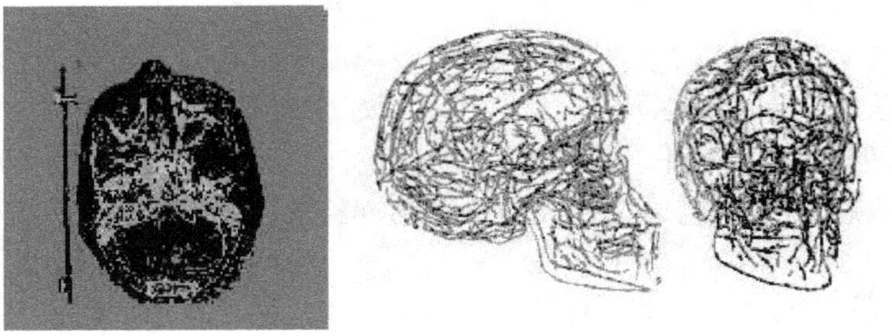

图 6.16　左图：有机玻璃盒中人脑三维 CT 图像的一层轴向图。中、右图：在两个不同方向提取的脊线。包括眼眶、下颌骨边缘等解剖标志约 550 条脊线

应当指出，不同位置采集的图像中感兴趣区在两幅图像中经常表现不同，致使一幅图像中存在的某些脊线和极值点在另一幅图像中并不存在。而且，图像获取过程中的噪声还会在两幅图像的不同部分形成虚假的脊线和极值点。这些因素都会影响配准的结果。

6.3.4　仅依赖基准点位置的刚体配准

上面介绍的基于脊线和极值点的配准基本是根据图像体素的微分几何特性引导图像中对应的脊线或极值点配准，从而实现两幅图像的刚体配准。该方法主要应用在同一个病人在不同时间采集的单一模式的图像配准。例如为手术计划在术前采集的 MR 图像与神经外科导航的 MR 配准，在不同时间采集的、用于研究病情发展的一系列图像间的配准等。在这些应用中，一般能够达到亚像素级的配准精度。

在许多情况下可以通过人为地在目标表面加记号，或者用交互式方法或自动识别图像中明显的解剖标志点、几何图形明显转折点或图像灰度阶跃变化点等，统称基准点。如果这类基准点数目足够多的话，可以用来引导图像配准。其特点是仅依靠基准点的空间坐标而无须计算那些复杂的微分几何特性。这种方法原则上适于各种图像间的配准，也包括刚体的与非刚体配准。

设在 m 维特征空间中从待配准的两幅图像中各选取 n 个数据点作为基准点

$$x_i = [x_{i1}, x_{i2}, \cdots, x_{im}]^T,\ y_i = [y_{i1}, y_{i2}, \cdots, y_{im}]^T \quad i = 1, 2, \cdots, n$$

假设 x_i 和 y_i 是对应的基准点，并以它们的对应关系指导空间变换。设空间变换的尺度

缩放系数为 c，$m \times m$ 旋转矩阵 R 及 m 维平移向量 t，则有

$$f(c, R, t) = \frac{1}{n}\sum_{i=1}^{n} || y_i - (cRx_i + t) ||^2 \tag{6.58}$$

显然，两幅图像的配准可以通过函数 f 对参数 c，R 和 t 的最小化求解。对此，有一种改进的奇异值分解法为

$$\mu_x = \frac{1}{n}\sum_{i=1}^{n} x_i \qquad \mu_y = \frac{1}{n}\sum_{i=1}^{n} y_i \tag{6.59}$$

$$\sigma_x = \frac{1}{n}\sum_{i=1}^{n} || x_i - \mu_x ||^2 \quad \sigma_y = \frac{1}{n}\sum_{i=1}^{n} || y_i - \mu_y ||^2 \tag{6.60}$$

$$\sum\nolimits_{xy} = \frac{1}{n}\sum_{i=1}^{n} (y_i - \mu_y)(x_i - \mu_x)^T \tag{6.61}$$

令 $\sum_{xy}$ 的奇异值分解（SVD）为 UDV^T，这里 U 和 V 是归一正交矩阵，D 是对角矩阵。则

$$R = USV^T \tag{6.62}$$

$$t = \mu_y - cR\mu_x \tag{6.63}$$

$$c = \frac{1}{\sigma_x^2} tr(DS) \tag{6.64}$$

式中

$$S = \begin{cases} I & \det(\sum_{xy}) > 0 \\ \mathrm{diag}(1,1,\cdots,-1) & \det(\sum_{xy}) < 0 \end{cases} \tag{6.65}$$

I 是单位阵，diag( ) 代表对角阵。

若 $\sum_{xy}$ 的秩为 m－1，则

$$S = \begin{cases} I & \det(U)\det(V) = 1 \\ \mathrm{diag}(1,1,\cdots,-1) & \det(U)\det(V) = -1 \end{cases} \tag{6.66}$$

求得的 c，R 和 t 就是用于两幅图像的刚体配准参数。

6.4 倒角匹配图像配准法

倒角匹配（chamfer matching）是一种对分割特征进行匹配的经典图像配准方法。后来在从卫星图像中寻找湖泊的轮廓方面得到有效的应用。该方法的基本思想是将线条图与图像匹配。倒角匹配是因为在算法中使用了倒角距离变换（chamfer distance transform）而得名。然而，现在倒角匹配具有更广泛的涵义，与所使用的距离变换类型无关。"Chamfer"这个字本义是指开槽的工具，例如在一个木头桌面上开槽。如果把线条图看作一根细线，距离变换看作是一个凹槽，倒角匹配就是将这根细线放入凹槽内的过程。

倒角匹配包含：

- 对两幅待配准的图像分割；
- 距离变换；

• 代价函数；
• 优化算法。

6.4.1 代价函数与距离变换

数学上倒角匹配的代价函数与灰度值配准的相关函数类似。两幅图像 F 和 G 的相关函数定义为体积积分

$$C(T) = \int F(T,r) \cdot G(r) \mathrm{d}r \tag{6.67}$$

其中，r 是三维积分变量，T 是一个几何变换。在实际图像配准应用中应对相关函数归一化，并改变 T 搜索 C 的最大值。由于对每次优化都必须计算这个体积积分，特别是对大的三维图像这将很慢。模仿倒角匹配的原理，对图像 G 分割并建立非零元素 r_i 的坐标表（相当于线条图），设共有 N 个非零元素，则公式（6.67）等价于

$$C_{\text{mean}}(T) = \frac{1}{N}\sum_{i=1}^{N} F(T,r_i) \tag{6.68}$$

此方程是倒角匹配算法的核心。关于 F，并不直接使用图像的灰度值，而是先对输入图像分割，然后再对分割的结果做距离变换得到的。在距离变换中，像素值给出到分割特征的最短距离。所以代价函数 C_{mean} 是两幅分割的图像特征间平均距离的精确估算。对此函数的最小化可以实现两幅图像的配准。

实际上将 r 和 T 表示为世界坐标更为合适，即用厘米或毫米代替像素数。这样可以减少对配准结果进行解释所需要的变换次数；而且在优化过程中无须引入尺度变换容易与校准图像配准。可以看出，对 F 做距离变换等价于计算线条图与图像 F 的特征间的平均绝对距离，因此又称公式（6.68）为平均代价函数。另一种是平方根表示

$$C_{\text{RMS}}(T) = \sqrt{\frac{1}{N}\sum_{i=1}^{N} F^2(T,r_i)} \tag{6.69}$$

类似地，还可以定义 MAX 代价函数。究竟使用哪一个代价函数要根据具体的问题而定。在没有全局形状畸变的情况下 MEAN 代价函数性能最好，对点表的出界点不敏感。RMS 代价函数和 MAX 代价函数适合存在小的全局形状畸变的情况，但对出界点非常敏感。

公式（6.68）和公式（6.69）反映倒角匹配算法的主要特点。

首先，代价函数的计算中 N 是线条图 r 中的点数。实际应用中对二维图像，N 约为数百点；对三维图像，N 约为数千点。

其次，通过对图像 F 双线性或三线性插值可以很容易达到亚像素的配准精度。实践表明，线性插值可以显著改进倒角匹配算法的性能，因为它使代价函数作为 T 的函数变化得更平滑。

最后，该算法容易扩展到处理待配准的两幅图像不完全重叠的情况。这意味某些变换后的轮廓点是无效的，例如落在图像 F 所覆盖的区域或体积之外。通常的解决办法是忽略这些出界点。即给它们赋零值，同时减少 N 的大小。为避免零值点起作用，在发生这类情况时将代价函数设置成一个任意大的数，防止假收敛。

倒角匹配算法的关键部分是距离变换（distance transformation）。距离变换的类型决定了使用该变换后代价函数描述两幅图像特征间距离的准确程度。

距离变换是将二值图转换为灰度图像的一种变换。每个像素的灰度值是该像素与最近背景像素间的距离。常用的方法为倒角（chamfer）算法。倒角算法通过对图像两次扫描，实现距离变换。

1. 一维距离变换

对图像的一列像素做距离变换。设二值图像像素 0：背景，1：物体。

0	0	0	0	1	1	1	1	1	0	0	0	0	原二值图像
0	0	0	0	1	2	3	4	5	0	0	0	0	第一次：左→右
0	0	0	0	1	2	3	2	1	0	0	0	0	第二次：右→左

第一次：左→右扫描，背景点保留 0，物体点为到最近 0 的距离。

第二次：右→左扫描，物体点取值＝min（第一次结果，物体点到最近 0 的距离）

得到的结果是用灰度表示的反映该像素与最近边界距离的图像。

2. 二维倒角变换

将模板与图像卷积实现二值图像到灰度图像的转换。

4	3	4
3	0	

3×3 正向模板

	0	3
4	3	4

3×3 反向模板

第一次扫描：用正向模板，沿图像从左向右，自上向下遍历，在模板每一位置，模板元素与图像上对应像素值相加，得到一组 5 个临时和。取其最小值作为该像素之新灰度值，模板空的元素什么都不做。

第二次扫描：模板从右向左，自底向上，运算方法相同，两次扫描后结果即为图像的距离变换灰度图。

此 3×3 模板产生的距离变换灰度值为笛卡儿距离的 3 倍。经规范化，与真实笛卡儿距离最大偏差 8%。5×5 模板如下所示。

	11		11	
11	7	5	7	11
	5	0		

5×5 正向模板

		0	5	
11	7	5	7	11
	11		11	

5×5 反向模板

在图 6.17 中，二值的哑铃形状图像经过距离变换转化成灰度图像。数值的大小代表该像素到物体边界的距离。图 6.17（a）为原始图像，图 6.17（b）为使用 3×3 的模板得到的距离变换图像，不同模板的转化效果有所不同。

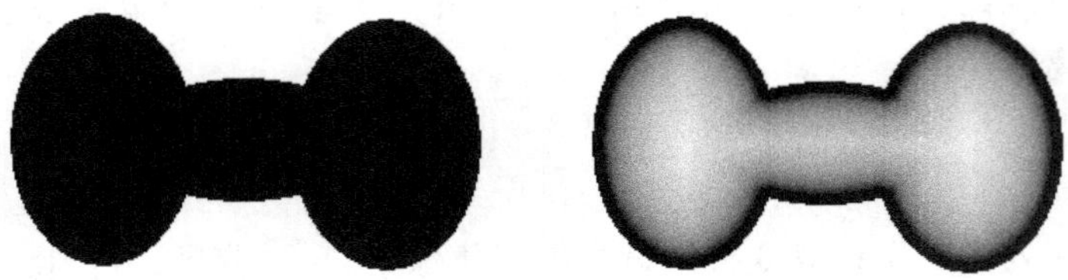

(a) 原始图像　　(b) 3×3模板距离变换图像

图 6.17　距离变换示例：二值图像转换为灰度图像

显然，这种距离变换结果对噪声敏感。图 6.18（a）给出带有噪声的二值图像的距离变换。原始图像是包含较多噪声干扰的局部重叠的两个圆盘状对象。图 6.18（b）和图 6.18（c）分别是使用 3×3 模板和 5×5 模板得到的距离变换结果。由于原图噪声过多，所以直接进行距离变换的效果不理想，对原图做闭运算处理，起到了平滑和去噪的作用，得到可以接受的距离变换图像，如图 6.18（d）所示。

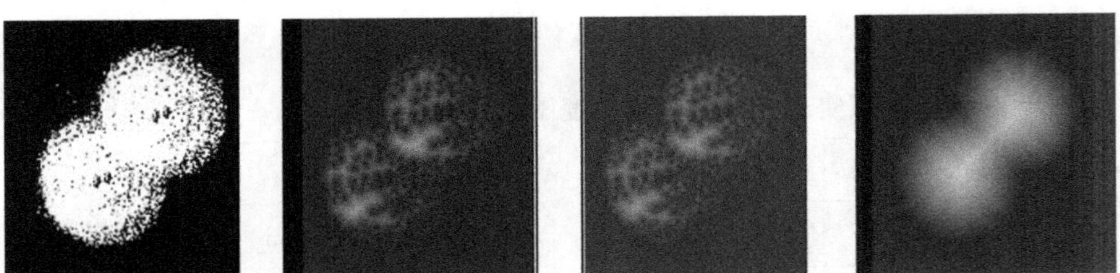

(a) 带噪声的二值图像的距离变换　　(b) 3×3模板的距离变换结果　　(c) 5×5模板的距离变换结果　　(d) 闭运算处理后距离变换结果

图 6.18　带有噪声的二值图像距离变换

6.4.2　图像分割与代价函数的优化

采用何种分割方法取决于实际应用。倒角匹配算法只要求将图像 F 分割成二值图像作为距离变换的输入。还要从图像 G 产生一组轮廓点。轮廓点可用简单的轮廓跟踪法或对二值图像扫描搜索非零元素（线条图中点的顺序无关紧要）。倒角匹配算法对所用的分割算法并无特殊的约束。从效率因素考虑总是希望线条 r 中的点数目相对少些为好。

倒角匹配算法对分割质量具高度强健性，这意味可以使用“低质量”自动分割技术。即算法可以是全自动的，即使图像质量差些也无妨。

变换 T 通常是刚体几何变换，包括旋转、平移和尺度变换。搜索空间取决图像的维数与变换模型。对二维配准，T 有 3 个或 4 个参数；在三维情况下，T 有 6 个参数（3 个旋转、3 个平移）。如果需要做尺度变换（包括各向同性的或各向异性）还要增加 T 中的参数个数。T 若是非线性变换，能够对畸变进行校正。可以选用的典型优化算法：

（1）单纯形法（simplex）

特点是容易实现，能够给出良好特性。该方法在 M 维空间中移动具有 M+1 个点的单纯形，M 是参数的个数。对单纯形做反射、扩展或收缩去捕获最小值。

（2） powell 法

对于医学应用搜索范围通常是很有限的。因为待配准的目标图像一般是将相同的感兴趣区放置在图像的中心位置。所以像模拟退火那样的复杂算法一般是不很需要的。多层次搜索策略也不一定需要，因为图像很容易通过粗略的预配准大致对齐，例如对准两幅图像的重心。搜索过程中经常发生某一个参数超出预定的界限，这时可以人为地增加代价函数使搜索范围缩小。经验表明，用单纯形法或 Powell 优化算法对每个参数大约要计算 50 次代价函数。

配准算法的性能取决优化过程的参数。例如，单纯形法的初始搜索步长选做 1cm 平移、10°旋转能够得到较好结果。而要排除局部极小，通常重新启动极小化过程一次或数次会奏效。

6.5　基于最大互信息的多模医学图像配准

在临床诊断、放射治疗计划和图像引导的外科手术中，经常要求病人接受多种计算机断层扫描成像，以提供病理和解剖方面的互补信息。但是由于病人在成像时的定位差异，以及不同图像的分辨率、对比度等参数的设置不同，医生很难单凭想象将多幅图像准确地对齐。因此，需要使用图像配准技术将各图像中的信息映射到一个共同的空间坐标系中。本节介绍一种基于最大互信息原理的图像配准技术。互信息是信息理论中的一个基本概念，通常用于描述两个系统间的统计相关性，或者是在一个系统中包含的另一个系统的信息的多少。在多模医学图像配准问题中，虽然两幅图像来源于不同的成像设备，但是它们基于共同的人体解剖信息，所以当两幅图像的空间位置完全一致时，其中一幅图像表达的关于另一幅图像的信息，也就是对应像素灰度的互信息应为最大。互信息只是一个相似性测度，如何准确计算互信息和实现不同模式图像间互信息的最大化，尚存在许多重要的技术问题需要解决。本节就实施最大互信息配准法的一些重要技术问题进行了研究。包括不增加新数据点的格点采样子集、不产生分数灰度值的 PV 插值技术和出界点策略；在搜索策略上采用无须计算梯度的 Powell 算法。计算互信息的关键技术与有效的搜索策略的结合使得该方法能快速、准确地实现多模医学图像的配准。我们对 7 个病人的 41 套 CT-MR 和 35 套 MR-PET 三维全脑数据进行了配准，结果经美国 Vanderbilt 大学评估全部达到亚像素级配准精度。该方法可以临床应用。

医学影像学的发展为临床诊断和治疗提供了有效的辅助手段。临床上通常需要将同一个病人的多种模式成像结果结合起来进行分析，以提高医学诊断和治疗的水平。例如，将来源于 CT 或 MR 图像的解剖信息，与来源于 PET 或 SPECT 图像的功能信息结合；或者在 CT 图像上观察骨组织结构，而在 MR 图像上对照软组织信息，等等。对几幅不同的图像做定量分析，首先要解决这几幅图像的严格对齐问题。所谓医学图像配准(medical image registration)，即通过寻找某种空间变换，使两幅图像的对应点达到空间位置及解剖结构上的完全一致。

医学图像配准方法可分为前瞻性和回顾性两种。如果在成像前，在病人的颅骨附近固定标志点或定位框架，成像后通过对齐标志点从而使两幅图像配准，称为前瞻性配准算法。如果成像时不采取任何措施，在成像后应用某种算法寻找两幅图像的空间对应关系，则称为回顾性配准，例如特征点（面）法、不变矩配准法、相关配准法等。

前瞻性配准方法一般说来配准精度较高，但它是有创伤的，而且操作比较复杂。特征点（面）法原理简单，应用面广，但是需要较多的人工介入，配准精度受特征点（面）提取精度的限制。不变矩配准法要求首先计算待配准图像的主轴和重心，所以对有数据缺失的情况很敏感。相关法的缺点是与图像灰度的直接相关性有关，一般不适于多模医学图像；且计算量大，难以应用于三维体积数据。

由于图像像素灰度可以视做随机变量，人们试图用统计学和信息论的知识解决图像的配准问题。1993 年 Woods 应用条件熵，即已知参考图时测试图像的熵，作为配准的测度，并开发了用于 PET-MR 图像配准的软件 AIR。该算法虽然快速、有效，但是依赖于对 MR 图像的预处理，需要人工剔除图像中的非脑组织。Hill 等在 1994 年阐述了“相似性测度”在医学图像配准中的应用。相似性是一种统计概念；从广义上讲，互信息也是一种相似性测度。1995 年 Collignon 描述了联合熵作为定量配准测度的应用价值。几乎同时，Viola 发表了互信息应用于多模配准中的文章。但是，互信息只是一个相似性测度，如何实现不同模式图像间互信息的最大化，尚存在许多重要的技术问题需要解决。下面就最大互信息配准法的实施技术进行了探讨，并加以实验验证。

6.5.1 配准原理

对于在不同时间或/和不同条件下获取的两幅图像 $A(X)$ 和 $B(X)$ 配准，就是要定义一个相似性测度并寻找一个空间变换关系，使得经过该空间变换后两幅图像间的相似性达到最大。即使图像 A 上的每一个点在图像 B 上都有唯一的点与之相对应。并且这两点应对应同一解剖位置

$$S(T) = S(A(X), B(T(X))) \tag{6.70}$$

式中，S 是相似性测度。配准的过程可归结为寻求最佳空间变换

$$\hat{T} = \arg \max_{T} S(T) \tag{6.71}$$

由于空间变换包含多个参数，这是一个多参数最优化问题，一般由迭代过程实现。

$$T' = T + \Delta T \tag{6.72}$$

增量 $\Delta \mathrm{T}$ 可以用计算梯度的方法计算

$$\Delta T = \lambda \frac{\mathrm{d}S(T)}{\mathrm{d}T} \tag{6.73}$$

6.5.2 以互信息为相似性测度

互信息是信息理论中的一个基本概念，通常用于描述两个系统间的统计相关性，或者是在一个系统中包含的另一个系统的信息的多少，可以用熵来描述。熵表达的是一个系统的复杂性或者是不确定性。

系统 A 的熵定义为

$$H(A)=-\sum_a p_A(a)\log p_A(a) \tag{6.74}$$

两个系统的联合熵为

$$H(A,B)=-\sum_{a,b} p_{AB}(a,b)\log p_{AB}(a,b) \tag{6.75}$$

其中 $a\in A$，$b\in B$。如果 $H(A\mid B)$ 表示已知系统 B 时 A 的条件熵，那么 $H(A)$ 与 $H(A\mid B)$的差值，就代表了在系统 B 中包含的 A 的信息，即互信息。因此两个系统间的互信息可以用下式描述

$$\begin{aligned} I(A,B) &= H(A)+H(B)-H(A,B) \\ &= H(A)-H(A\mid B)=H(B)-H(B\mid A) \end{aligned} \tag{6.76}$$

在多模医学图像配准问题中，虽然两幅图像来源于不同的成像设备，但是它们基于共同的人体解剖信息，所以当两幅图像的空间位置完全一致时，其中一幅图像表达的关于另一幅图像的信息，也就是对应像素灰度的互信息应为最大。用联合概率分布 $p_{AB}(a, b)$ 和完全独立时的概率分布 $p_A(a)\cdot p_B(b)$ 间的广义距离来估计互信息

$$I(A,B)=\sum_{a,b} p_{AB}(a,b)\log\frac{p_{AB}(a,b)}{p_A(a)\cdot p_B(b)} \tag{6.77}$$

对于离散的数字图像，联合概率分布 $p_{AB}(a, b)$ 可以用归一化的联合直方图表示

$$p_{AB}(i, j)=\frac{h(i, j)}{\sum_{i, j} h(i, j)} \tag{6.78}$$

边缘概率分布 $p_A(a)$ 表示为

$$p_A(i)=\sum_j p_{AB}(i, j) \tag{6.79}$$

边缘概率分布 $P_B(b)$ 表示为

$$p_B(j)=\sum_i p_{AB}(i, j) \tag{6.80}$$

$$I(A, B)=\sum_{i, j} p_{AB}(i, j)\log\frac{p_{AB}(i, j)}{p_A(i)\cdot p_B(j)} \tag{6.81}$$

至此，我们已有了由互信息表示的相似性测度。但是，用图像的直方图代替概率分布本身就是一个近似。所以如何计算公式（6.81）包含很多关键的技术问题，关系到配准方法的精度与成败。

1. 采样子集（subsampling）

式（6.81）中，关于待配准的两幅图像（可以是二维或三维的）的定义域是整幅图像大小。对于两幅图像的联合直方图及每幅图像的独立直方图的计算应使用图像的全部数据点灰度值。理论上，也可以使用任一幅图像的子集或超集（supersampling）。但是，对于大多数断层扫描医学图像来说，三维体积数据集所包含的数百万、乃至上千万的数据点极大地增加了计算的负担，就目前的计算机速度来说，会使三维体积图像的配准无法实时实现和临床应用。因此，实用中都是只采用部分数据点计算图像的直方图，称做采样子集。如何选取部分采样点也有两种方法。一个是随机采样法；另一个是从原有数据格点中有规律的每隔几点选取一点。采样子集技术固然能几十倍、甚至几百倍的加快计算速度。但是本来用直方图近似概率分布的误差会因过少的数据点，使误差进一

步扩大。实验表明，对于 CT 图像在 XY 平面上的分辨率为 512×512，在 Z 轴方向采样 28～34 层，MR 图像在 XY 平面上的分辨率为 256×256，在 Z 轴方向采样 20～26 层的图像，采样因子 $f_x=f_y=4$，$f_z=2$ 会取得满意的配准结果。

为进一步减少计算量，我们将 XY 平面上的采样范围限制在人脑灰度重心（C_x，C_y）附近一定的区域内，例如 200mm×200mm。对于 CT-MR 配准，这种策略还可以明显减少图像背景伪迹对互信息计算的影响。

2. 插值技术

一些学者首先通过再采样（resampling）使两幅待配准图像具有相同的空间分辨率，然后进行配准。但是在采样过程中必然要应用插值技术，即引入新的数据点。常用的三线性插值法按新采样点到其各邻点的距离产生相应的权重，新采样点的灰度值则为各邻点的灰度值按相应权重插值结果。插值产生的非整数灰度值给直方图的计算带来很大的问题。一般数字化的医学图像的灰度值均为整数，例如 0～255。将插值结果整数化的过程必然引入误差。而配准过程中，浮动图 f 中的样本在空间变换下对应的参考图 r 的像素通常落在非整数坐标上，因此需要再次使用插值运算。显然，两次插值对于完全依赖灰度计算的互信息而言将产生较大的误差。因此，我们直接应用原始浮动图的 X，Y，Z 3 个方向上的等间隔的采样子集，由于不产生新的数据点，避免了一次插值。在配准过程中，浮动图 f 的样本 a 在某种空间变换下对应的参考图 r 的像素为 b，通常 b 的空间坐标与任意一个实际的参考图像素并不重叠，此时我们采用不引入新采样点的三线性 PV（Trilinear Partial Volume Distribution）插值算法。该算法不是通过邻居点确定 b 点的灰度，而是按照周围 8 个像素与 b 点的空间距离分配权重，使周围 8 个像素点贡献于联合灰度分布统计，即

$$\forall i : h(f, r(i)) += w_i$$

且

$$\sum_i w_i = 1 \qquad i = 1, 2, \cdots, 8 \tag{6.82}$$

其中，$r(i)$ 是 8 个邻点的灰度，w_i 是权重。

这样就又避免了一次插值。与普通三线性按像素灰度值逐次加 1 的统计方法不同，PV 插值算法在各灰度统计结果上每次增加的是分数权值。这不仅使互信息的计算更为精确，而且对于小的空间变换增量 δT，互信息的变化 δS 也更平滑，对于优化过程中的局部极值问题会有所缓解。

3. 出界点（outlier）策略

当浮动图 f 中的某样本点 P_f 经过一定的空间变换 T 后的对应点 P_r 落在参考图 r 之外时，我们称 P_r 点为出界点。对于整幅图像来说，经空间变换后的浮动图 f' 由两部分组成

$$f' = f_o \cup f_n \tag{6.83}$$

其中

$$f_o = r \cap Tf$$
$$f_n = \{a, b, c, d\}$$

这里，f_o 是 f' 与参考图相互重叠的部分。f_n 是出界点区。显然，互信息的计算必须考虑出界点。有的学者将出界点忽略，即在不同的迭代周期内使用不同个采样点数来计算互信息；或将这些出界点的灰度近似为零，实验结果表明对配准精度都有不良影响（图 6.19）。

我们的做法是令出界点的灰度等于距其最近的边界像素点的灰度。这样做相当于扩大了参考图的背景，同时保持优化过程中的样本数不变，计算的互信息值更为准确。此外，如果浮动图的个别扫描层面不在参考图的扫描范围内，可以不对这几层数据进行采样。这样不仅进一步减少了计算量，而且可减少出界点的数目。将采样点有限度地取在感兴趣区（ROI）附近，例如图 6.20 中的 S，经空间变换后的 S' 不产生出界点。

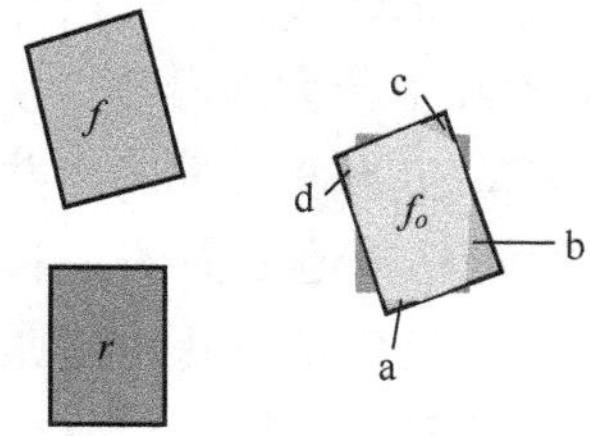

图 6.19　配准过程中的出界点问题

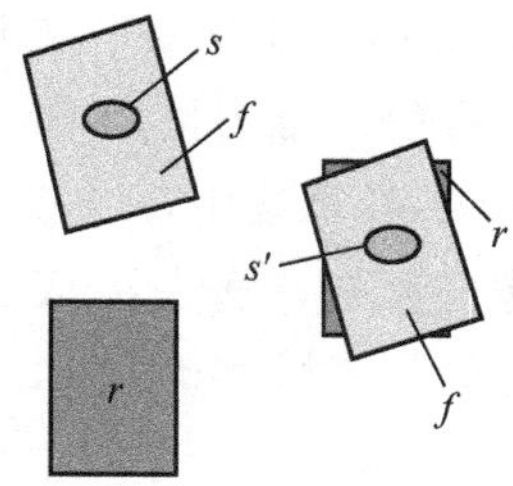

图 6.20　将采样点限制在感兴趣区附近可以消除出界点

6.5.3　多参数最优化算法

基于最大互信息的配准过程实际上是一个多参数的最优化过程，因此，如何选择合适的优化策略直接关系到配准结果的精度和速度。图像空间变换的形式通常可分为 4 种：刚体变换、仿射变换、投影变换和曲线变换。经过仔细地矫正扫描设备和几何失真，并慎重地选取成像参数，不同的扫描操作使病人头部在成像过程中的变化（如剪切或尺度变换等）可以被忽略。这时人脑可以近似为刚体。通过 6 个空间变换参数，包括沿着 3 个坐标轴的平移量，和分别围绕着 3 个坐标轴的旋转角度，即可确定两幅图像间的空间位置关系。一经确定了刚体变换的形式，配准过程就转化为寻找 6 个空间变化参数的优化过程了。

对于每两幅待配准的图像，首先定义一个统一的立体坐标系统：X 轴沿着行扫描方向（对病人而言是从右到左），Y 轴沿着列扫描方向（从前到后），Z 轴沿着层扫描的方向（从颅底到颅顶），坐标原点定义在图像的灰度重心，即

$$\left.\begin{aligned} C_x &= \frac{\sum_x x \cdot g(x,y,z)}{\sum_x g(x,y,z)} \\ C_y &= \frac{\sum_y y \cdot g(x,y,z)}{\sum_y g(x,y,z)} \\ C_z &= \frac{\sum_z z \cdot g(x,y,z)}{\sum_z g(x,y,z)} \end{aligned}\right\} \tag{6.84}$$

其中，$g(x, y, z)$ 是位于坐标（x，y，z）的像素点的灰度。这样做相当于将两幅图像进行了粗配准，有利于减少后续的优化步骤，而且可以避免那些远离全局最优点的局部极值。

选择其中一幅图像作为浮动图 F，另一幅图像作为参考图 R。从浮动图的空间坐标 P_F 到参考图的空间坐标 P_R 的刚体变换可以用下式描述

$$V_R \cdot (P_R - C_R) = R_x(\phi_x) \cdot R_y(\phi_y) \cdot R(\phi_z) \cdot V_F \cdot (P_F - C_F) + t(t_x, t_y, t_z) \tag{6.85}$$

其中，V_F 和 V_R 为 3×3 的对角阵，分别代表图像 F 和 R 的像素大小；C_F 和 C_R 分别是两幅图像的中心，$R=R_x \cdot R_y \cdot R_z$ 是 3×3 的旋转矩阵，$\boldsymbol{t}$ 是平移向量。

本文采用 Powell 多参数优化算法。该算法由于无需计算梯度，可以加快搜索最大互信息的速度。在每一维内使用 Brent 算法迭代地搜索和估计配准参数，从而使互信息不断增加。在 Powell 算法中，令 6 个参数的初值为零，初始搜索方向为共轭的单位向量。考虑到成像过程中，病人在 XY 平面的平移和旋转比其他方向的平移和旋转更明显，令优化过程的搜索顺序为（t_x，t_y，ϕ_z，ϕ_x，ϕ_y, t_z）。经验证，这种搜索顺序效率最高、精度最高。应当指出，Powell 算法容易受到局部极值的干扰。多分辨的金字塔方式可以较好地解决这一问题。在配准过程的初始阶段试用较粗的图像分辨以提高程序运行的速度，而后提高采样率提高配准精度，该方法可以较好地避免局部极值。

6.5.4 配准结果的评估

在医学图像配准问题中，通常没有所谓的“金标准”；但是通过前瞻性的、基于标志点的配准方法可以得到一个近似的标准结果。在 Vanderbilt 大学医疗中心进行神经外科手术的一些病人，颅骨上被固定定位标记并接受多模医学图像（CT，MR，PET）数据采集。成像后通过配准定位标记点得到用于回顾性算法评估的“金标准”。

配准算法的研究人员使用的是已经擦掉标志点的三维多模图像数据，完成配准工作后，将所得结果提交 Vanderbilt 大学接受评估。评估之前，一些感兴趣区（volume of interest）（一般为 10 个）由医学专家给出，这些区域通常就是神经外科手术中的敏感区。每个感兴趣区被定义在 MR 图像中，同时计算其中心 c；而后应用前瞻性配准算法得到的“金标准”确定其在 CT 上的对应点 c'；再用待评估算法的配准结果确定 MR 中对应 c' 的点 c''；通过计算每一个原点 c 与对应点 c'' 的距离，作为目标配准误差（Target Registration Error，TRE），并由此统计出相应配准算法的精度。图 6.21 为该过程的示意图。阴影区域为在 MR 图像中定义的感兴趣区，c 是其中心，c' 是应用“金标准”反变换得到的 CT 图像上的对应点，$c'=G^{-1}(c)$；$c''=R(c')$，是应用待评估的配准算法的

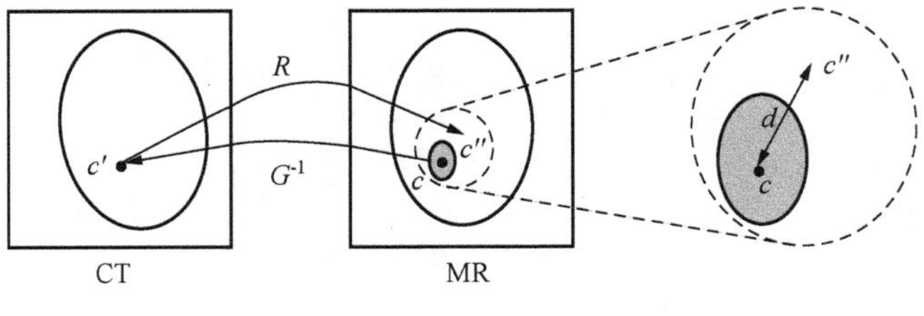

图 6.21　回顾性配准算法的精度评估方法

变换结果得到的 c' 在 MR 图像上的对应点；计算原点 c 与两次变换后的对应点 c'' 的几何距离 d，确定配准算法的误差。

回顾性图像配准算法评估项目是一种“双盲”性的研究过程。所谓“双盲”，即评估人员不知道被评估的具体算法，而算法的研究人员也不知道“金标准”，直到提交所有的配准结果。这样就使得对算法的评估更加真实、可靠，并且更符合临床实际。

6.5.5 实验结果

本文所采用的所有图像数据来源于美国田纳西州的 Vanderbilt 大学的“回顾性图像配准算法评估”项目，该项目受美国 NIH 支持，编号 1 R01 NS33926-01；J. Michael Fitzpatrick 教授是该项目的主要负责人。Vanderbilt 大学提供的七个病人的全套 CT 和 MR 图像的三维体积数据。我们采用 C 语言编程实现配准。配准结果送 Vanderbilt 大学评估。

每个病人有 1 套 CT 数据和 6 套 MR 数据，包括 PD、T1、T2 和分别矫正过几何失真的 PD _ rectified、T1 _ rectified、T2 _ rectified 图像（代号 Patient _ 006 的病人没有 T1 _ rectified 数据）。CT 图像在 XY 平面上的分辨率为 512×512，在 Z 轴方向采样 28～34 层，在 X，Y，Z 三个方向上的像素大小分别为 0.653595mm、0.653595mm、4.0mm。MR 图像在 XY 平面上的分辨率为 256×256，在 Z 轴方向采样 20～26 层，在 X、Y 方向的像素大小为 1.25～1.28mm，Z 方向的像素大小为 4.0mm。以 MR 图像中的像素对角距作为一个像素大小，即

$$\sqrt{1.25^2+1.25^2+4.0^2}\approx 4.373(\text{mm})$$

本文应用了来自 7 个病人的 CT-MR 共 41 套数据，经 Vanderbilt 大学评估，所有配准结果与“金标准”相比的误差都小于 4mm，全部达到了亚像素级的配准精度。

图 6.22 一个病人的多模图像及其配准结果。图 6.22（a）是 CT 图像，图 6.22（b）是 MR 图像，从左至右分别为第一层、第五层、第十层和第十五层。对比图 6.22（a）、图 6.22（b）可知两幅图像的原始空间位置相差很远。图 6.22（c）为经过配准变换后的 CT 图像。为了便于目测检验，提取 CT 图像的边缘，并加到 MR 图像上，如图 6.22（d），在所有层面的边缘处，两幅图像都达到了很好的配准结果。

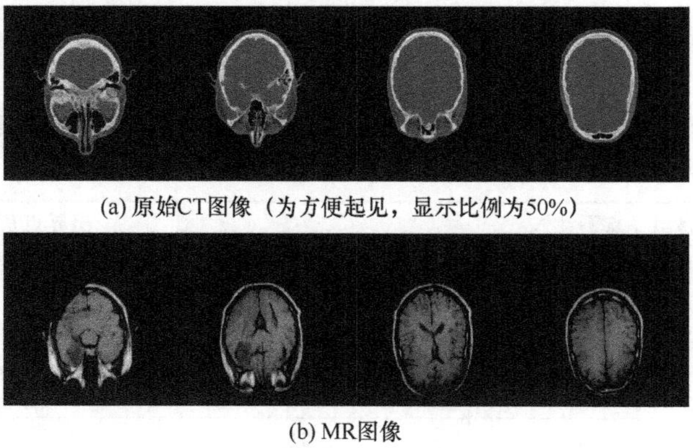

(a) 原始CT图像（为方便起见，显示比例为50%）

(b) MR图像

图 6.22　CT 与 MR 的配准结果（从左至右分别为第 1 层、第 5 层、第 10 层和第 15 层的图像）

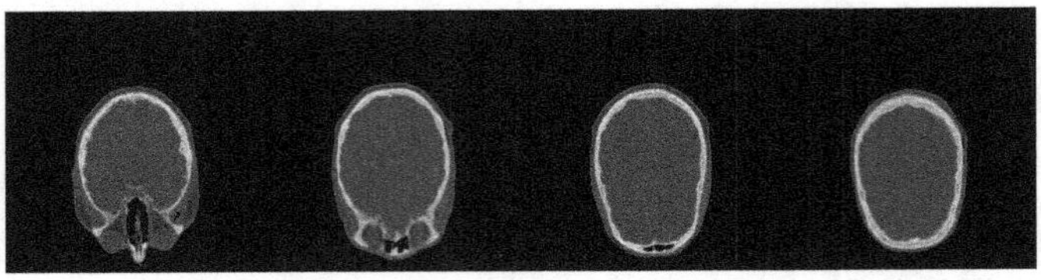

(c) 经过配准变换后的CT图像

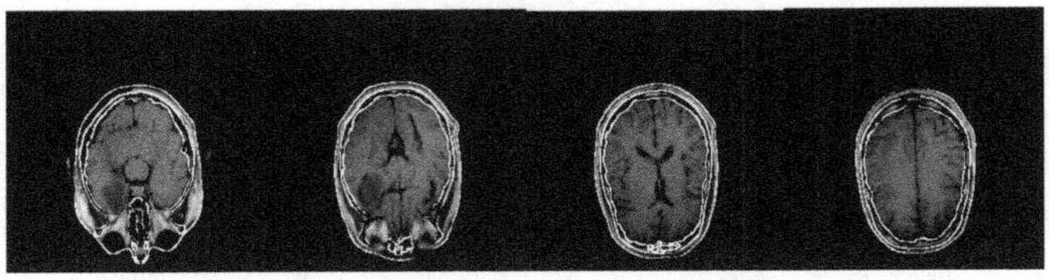

(d) 从(c)中提取CT图像的边缘，并加到(b)所示的MR图像的结果

图 6.22　CT 与 MR 的配准结果（从左至右分别为第 1 层、第 5 层、第 10 层和第 15 层的图像）（续）

表 6.1 是 Vanderbilt 大学用目标配准误差的均值、中位数和最大值给出的评估结果。表中的每一列代表一种模式对，例如，CT 到 T1 像的配准用 CT _ T1 表示。在对一种算法进行评估时，首先对各个模式对，分别计算 7 个病人的 10 个感兴趣区的 TRE，而后按照模式对分别统计相应的误差均值、中位数和最大值作为对该算法的评估结果。之所以在列出均值的同时给出中位数，是为了减少少数超界点的影响。

表 6.1　本文的配准结果与“金标准”相比的误差　　(单位：mm)

评估项目	CT _ PD	CT _ T1	CT _ T2	CT _ PD rect.	CT _ T1 rect.	CT _ T2 rect.
均值	1.76	1.22	1.69	1.08	1.15	1.52
中位数	1.71	1.10	1.71	0.97	1.03	1.35
最大值	3.56	2.99	3.05	2.66	2.81	3.72

表中 rect. 表示所用 MR 数据在配准前已经经过了几何失真的矫正。

本文取距出界点最近的参考图边界像素点的灰度，从而使互信息的计算更准确。表 6.2为分别应用 3 种不同的出界点策略，得到的 CT-MR 目标配准误差的均值，通过对比可以看出，本文所采用的策略是有效的。

表 6.2　不同的出界点策略下，应用最大互信息法得到的目标配准误差的均值

(单位：mm)

目标	将出界点不计入互信息的计算中	出界点灰度=0	出界点灰度=距其最近的参考图边界像素点灰度
CT-PD	2.8704	9.6255	2.9309
CT-T1	1.4688	3.0710	1.4766
CT-T2	4.3640	6.4196	3.7455
CT-PD _ r	3.9943	5.1691	3.2378
CT-T1 _ r	2.7313	2.9665	1.7944
CT-T2 _ r	3.3046	5.0760	3.1991

考虑到 PET 图像的像素大小为 2.590723mm×2.590723mm×8.0mm，MR 图像的像素大小为 1.25mm×1.25mm×4.0mm 左右，我们以 PET 图像中的像素对角距作为一个像素大小，即 $\sqrt{2.590723^2+2.590723^2+8.0^2}\approx 8.799(\mathrm{mm})$。

Vanderbilt 大学提供的 PET-MR 三维体积配准数据共 35 套，我们的配准结果经评估，与“金标准”相比的误差均值在 2～5mm 内，达到了亚像素级的配准精度（表 6.3）。图 6.23 为一个病人的 PET-MR 图像的配准结果。图 6.23（a）是 PET 图像，图 6.23（b）是 MR 图像，从左至右分别为第一层、第五层、第十层和第十五层。对比图 6.23（a）、图 6.23（b）可知两幅图像的空间位置相差很远。图 6.23（c）为经过配准变换后的 PET 图像。为了便于目测检验，我们提取 MR 图像的边缘，并加到 PET 图像上，如图 6.23（d）所示，在所有层面的边缘处，两幅图像都达到了很好的配准结果。

表 6.3 配准结果与“金标准”相比的误差（PET-MR） （单位：mm）

评估项目	PET_PD	PET_T1	PET_T2	PET_PD_r	PET_T1_r	PET_T2_r
均值	4.99	3.85	4.15	3.78	2.82	3.24
中位数	4.74	3.59	4.08	3.33	2.29	2.47
最大值	10.61	7.45	8.57	8.90	6.07	8.37

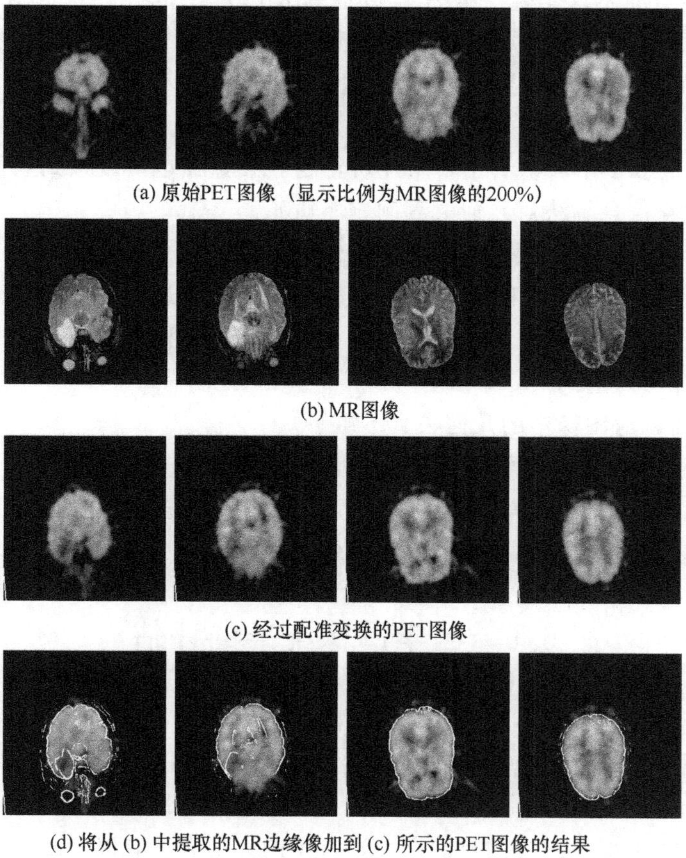

图 6.23 PET 与 MR 的配准结果（从左至右分别为第 1 层、第 5 层、第 10 层和第 15 层）

一个算法的可靠性决定了其应用价值。医学图像配准算法的可靠性，体现在临床实际中，就是当图像质量变差时，该算法对预处理和人工干预的需求是否增加、可能达到的配准精度是否下降、所需时间是否延长，以及这些变化是否在可以接受的范围内等。

1. 数据缺失问题

临床采集 CT 图像时，考虑到病人所受的放射剂量应尽量小的原则，医生通常会减少扫描层数，和/或加大层间距；而当采集 MR 数据时，为减少采样时间，医生也会尽量将扫描范围缩至感兴趣区附近较小的范围内。因此，配准算法能否在只有部分体积数据重叠的情况下工作，就成为临床上关心的问题之一。

注意到图 6.22（b）所示的 MR 数据的采样起始层高于图 6.22（a）所示的 CT 数据，属于只有部分体积数据重叠采样的情况；而且 MR 的第一层仍有缺失，这是 Vanderbilt 大学将原始采样数据经过人为的、较大的平移和旋转操作后的三维图像。本文在算法中没有采用任何附加的、未在前文中提及的操作，经过 24.5min 使两幅图像达到配准，通过上述方法评估，该套数据的 TRE 均值为 1.54mm，中位数为 1.55mm，最大值为 1.69mm。

2. 图像的几何失真问题

由于磁场的空间不均匀性，通常会造成 MR 图像中的几何失真现象。Vanderbilt 大学采用改变磁场方向并两次采集数据，而后通过图像合成技术得到矫正过几何失真的 MR _ rectified 图像。一般临床上很少采用这种技术，因此要求配准算法更加可靠。

从表 6.1 和表 6.2 中可以看出，未经矫正的 MR 数据也可以达到亚像素级的配准精度。因此，最大互信息算法对几何失真问题不敏感。

综上所述，最大互信息配准法具有如下优点：

1）人工干预少，只依赖于图像本身的信息，不需要任何假设或先验医学知识，也不需要对图像进行特征点提取、组织分类等预处理，是一种自动而有效的配准算法。

2）精度高，可以达到亚像素级。

3）可靠性高，对图像中的几何失真不敏感。

4）不依赖于成像设备，可应用于多模医学图像配准。

多模医学图像配准具有非常广泛的临床应用价值，将多模图像结合起来进行分析可以为临床诊断和治疗提供更加全面而互补的信息。

6.6 医学图像配准的评估

医学图像配准，特别是多模医学图像配准结果的评估一直是件很困难的事情。由于待配准的多幅图像基本上都是在不同时间或/和条件下获取的，所以没有绝对的配准问题，即不存在什么金标准（gold standard）。只有相对的最优（某种准则下的）配准。在此意义上，最优配准与配准的目的有关。常用的评估方法有以下几种。

6.6.1 准标配准误差

立体定向框架系统（stereotactic frame systems）包括立体定向参考框架、立体定向图像获取、探针或手术器械导向几部分。优点是定位准确，不易产生图像畸变。使用立体定向框架系统的体积图像数据可以用来评估其他配准方法的精度。

使用人工记号作准标的方法很多。一种准标（fiducial marks）是使用9根棍棒组成的3个方向的N字型结构。在CT测试时，棒内充以硫酸铜溶液；作PET测试则填充氟18。这样，在两组图像中都可见此N字型准标，从而可对图像准确空间定位。例如用在人脑表面嵌螺丝作标记（每人8个）的方法对多个病人做CT，MR（T1、T2及PD）和PET实测，得到多组数据。这些数据专门用于多模医学图像配准算法评估使用。准标配准误差（Fiducial Registration Error，FRE）定义为

$$\mathrm{FRE}=\sqrt{\frac{1}{N}\sum_{i=1}^{N}|\boldsymbol{R}x_i+\boldsymbol{t}-y_i|^2} \tag{6.86}$$

式中，$\boldsymbol{R}$为三维空间变换的旋转矩阵，$\boldsymbol{t}$是平移向量，x_i和y_i是一组准标在两幅图像中对应位置，N是准数。

6.6.2 目标配准误差

目标配准误差（Target Registration Error，TRE）的定义与FRE相似

$$\mathrm{TRE}=T(p)-q \tag{6.88}$$

式中，T为三维空间变换，p和q是一组临床相关的解剖点在两幅图像中对应位置。

TRE在两个方面优于FRE。例如，Vanderbilt大学的配准评估是选取10个神经外科手术敏感区的中心作为用于配准评估的点集，因此更适合临床应用。FRE的准标选择受物理条件限制，只能选在颅脑表面，与临床关注区域远些。再者，FRE经常会高估或低估配准误差。

6.6.3 配准评估数据集

配准评估数据集是临床获取并经领域专家加工设计，专门用于配准方法评估的数据集。用已知的图像信息验证新配准算法精度，典型的配准评估数据集有以下几种。

1. 回顾性图像配准评估RIRE数据库（The Retrospective Image Registration Evaluation Project）

美国田纳西州的Vanderbilt大学的“回顾性图像配准算法评估”项目，该项目受美国NIH支持，又称Vanderbilt Database，基于标记的回顾式图像配准评估。J. Michael Fitzpatrick教授是该项目的主要负责人。提供的7个病人的41套CT和MR图像的三维体积数据，包括每个病人的1套CT体数据和6套MR体数据：PD、T1、T2和分别矫正过几何失真的PD_rectified、T1_rectified、T2_rectified图像（代号Patient_006的病人没有T1_rectified数据）。用于PET-MR配准的三维体数据共35套。新增DICOM兼容的数据格式。

2. 非刚体图像配准评估 NIREP 数据库（The Non-Rigid Image Registration Evaluation Project）

NIREP 配准数据集由美国爱荷华大学（University of Iowa）提供。用于个体内部或个体之间解剖变形的比较，包括 16 名正常被试的三维 MR 脑图像体数据，全部受试是右利手，其中男性 8 人，平均年龄 32.1 岁，标准差 8.8 岁，年龄范围 22～49 岁；女性 8 人，平均年龄 32.6 岁，标准差 7.5 岁，年龄范围 23～47 岁。

每套数据分割出 32 个三维的灰质感兴趣区（ROI），包括 FP，SFG，MFG，IFG，OrbG，PreCG，PostCG，SPL，IPL，STG，ITG，TP 等，分别位于额叶、顶叶、颞叶和枕叶、扣带回及脑岛。不包括小脑、下丘脑和脑干部分。

由于个体解剖的差异及配准过程的复杂非线性变换，非刚性图像配准算法的评估是十分困难的，因为变换过程中一幅图像到另一幅图像中点式对应关系难以确定。NIREP 使用多种不同测度评价配准的性能，这些测度是

• 相对覆盖率（relative overlap）

$$RO(P,S)=\frac{\text{Volume}(P\cap S)}{\text{Volume}(P\cup S)} \tag{6.88}$$

相对覆盖率定义为一个在浮动图像中分割的解剖对象 P 和参考图像中对应的解剖对象 S 像素体积交集与并集之比，是一个反映三维的解剖对象之间的相似性测度。

• 灰度方差（intensity variance）

$$IV_j(x)=\frac{1}{M-1}\sum_{i=1}^{M}(T_i(h_{ij}(x))-ave_j(x))^2 \tag{6.89}$$

其中，$ave_j(x)=\frac{1}{M}\sum_{i=1}^{M}T_i(h_{ij}(x))$

T_i 是第 i 个解剖对象的图像，$h_{ij}(x)$ 是从图像 i 到图像 j 的欧式坐标变换。M 是解剖对象总数。

• 反向一致性误差（inverse consistency error）

又称体素累积反向一致性误差（voxed-wise cumulative inverse consistency error）。定义为

$$CICE_j(x)=\frac{1}{M}\sum_{i=1}^{M}||h_{ji}(h_{ij}(x))-x||^2 \tag{6.90}$$

‖.‖ 表示欧式模。

• 传递误差（transitivity error）

$$CTE_k(x)=\frac{1}{(M-1)(M-2)}\sum_{\substack{i=1\\i\neq k}}^{M}\sum_{\substack{j=1\\j\neq i\\j\neq k}}^{M}||h_{ki}(h_{ij}(h_{jk}(x)))-x||^2 \tag{6.91}$$

传递误差与反向一致性误差不同（图 6.24），后者是图像 A 中的点 x 经过变换 g_{AB} 变到图像 B 中的点 y，再通过反向变换 g_{BA} 变回到图像 A 的点 x'，x 与 x' 之间的误差，反映待配准解剖对象变换方向的可逆性。而传递误差是点 y 经过一个中间变换 g_{BC}，再通过变换 g_{CA} 得到的点 x'' 与 x 的误差，反映序列变换传递过程引起的误差。

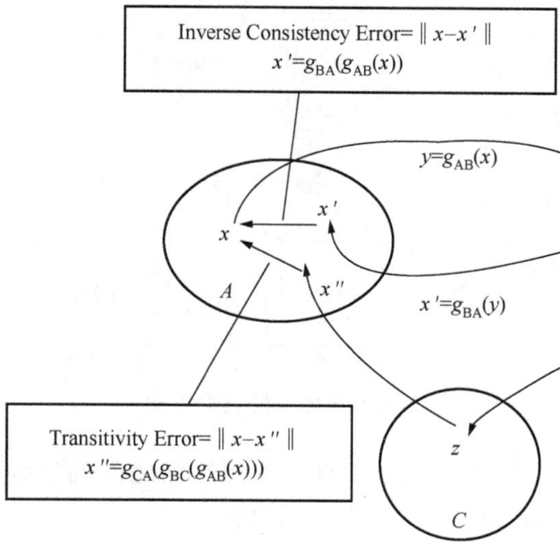

图 6.24　反向一致性误差与传递误差的关系

3. 二维-三维配准的标准评估（Standardized Evaluation Methodology for 2D-3D Registration）

荷兰乌特里希大学医学中心（University Medical Center Utrecht）提供一组多模态图像数据，用于对各种类型二维-三维刚性配准方法评估。数据包括 2 段脊椎骨（共 8 节椎骨，其中，第一段有 3 节胸腰椎骨，第二段有 5 节胸椎骨）的 X 射线图像、MR、CT 和重建的三维 RX 图像。在 X 射线图像上，每节椎骨都提供一个二维蒙片，三维体数据中也对每节椎骨给出一个三维的蒙片，供配准使用。四种模式图像的参数如表 6.4 所示。

表 6.4　两段脊椎骨图像分辨和像素大小

模　式	脊椎骨段号	像素/mm^3	图像分辨/像素
MR	1	1.00×0.75×0.75	100×256×256
	2	1.00×0.88×0.88	120×256×256
CT	1	0.31×0.49×0.31	320×260×320
	2	0.31×0.49×0.31	280×300×300
三维 RX	1	0.87×0.87×0.87	256×256×256
	2	0.52×0.52×0.52	256×256×256
X 射线	1	0.63×0.63	512×512
	2	0.53×0.53	512×512

数据获取系统如图 6.25 所示，三维旋转式 X 射线成像由三维 RX 成像系统（phillips medical systems）实现，系统在安装时即做了几何校正。C 型臂经过 8s 绕成像对象旋转 180°，采集 100 幅投影图像，用滤波反投影方法重建一个高分辨的三维体数据。

CT/MR 与三维 RX 体数据的二维-三维配准是基于最大互信息法实现，得到的亚像

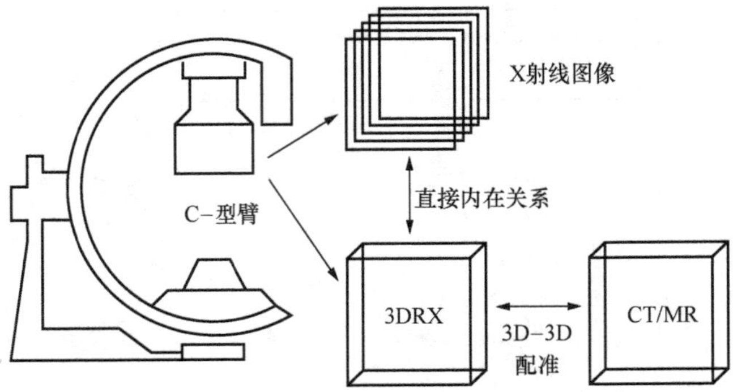

图 6.25　使用三维 RX 成像系统获取数据

素误差的“金标准配准”参数。投影图像与三维 RX 体数据之间的二维-三维配准空间变换参数（T_x，T_y，T_z，R_x，R_y 和 R_z）如图 6.26 所示。

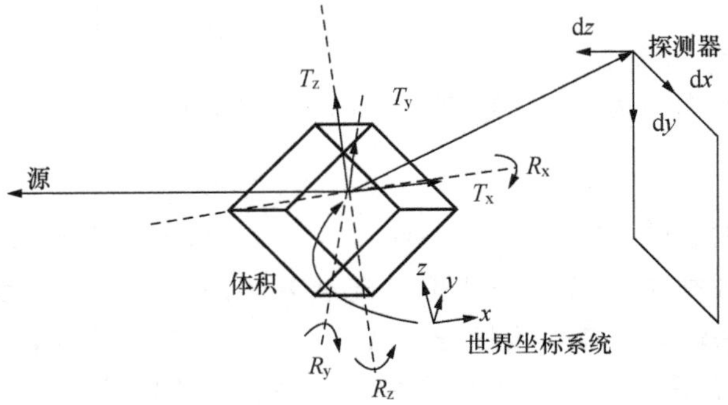

图 6.26　二维-三维刚体配准的 6 个自由度

针对不同的任务和应用，定义了多种不同的二维-三维刚性配准性能测度，如图 6.27所示。

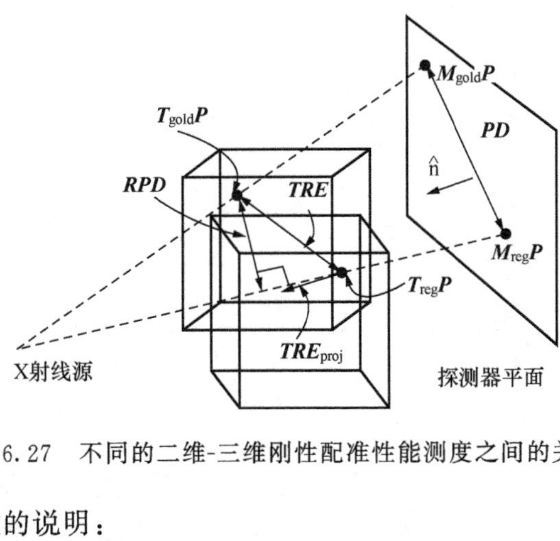

图 6.27　不同的二维-三维刚性配准性能测度之间的关系

图 6.27 中各参数的说明：

$\boldsymbol{T}_{\text{gold}}$是从 CT/MR 图像空间到三维 RX 体数据的 4×4 金标准变换矩阵；

$\boldsymbol{T}_{\text{reg}}$是从 CT/MR 图像空间到三维 RX 体数据的 4×4 实际配准变换矩阵；

$\boldsymbol{M}_{\text{gold}}$是从三维 RX 体数据到 X 射线投影的二维空间的 3×4 金标准投影矩阵；

$\boldsymbol{M}_{\text{gold}} = \boldsymbol{T}_{\text{proj}} \cdot \boldsymbol{T}_{\text{gold}}$　$\boldsymbol{T}_{\text{proj}}$在系统校正过程得到。

$\boldsymbol{M}_{\text{reg}}$是从三维 RX 体数据到 X 射线投影的二维空间的 3×4 实际投影矩阵。

$\boldsymbol{M}_{\text{reg}} = \boldsymbol{T}_{\text{proj}} \cdot \boldsymbol{T}_{\text{reg}}$

• 平均目标配准误差（Mean Taeget Registration Error，mTRE）

$$\boldsymbol{mTRE}(\boldsymbol{P}, \boldsymbol{T}_{\text{reg}}, \boldsymbol{T}_{\text{gold}}) = \frac{1}{k}\sum_{i=1}^{k} \| \boldsymbol{T}_{\text{reg}} \boldsymbol{p}_i - \boldsymbol{T}_{\text{gold}} \boldsymbol{p}_i \| \tag{6.92}$$

其中，P 是一组 k 个三维数据点，这些点可能是准标或解剖标志点。$\boldsymbol{p}_i$，$i=1, 2, \cdots, k$

该测度适于对手术计划和引导中病人物理空间与图像空间配准的评估。

• 目标在投影方向上的平均配准误差（$\boldsymbol{mTRE}_{\text{proj}}$）

从单幅 X 射线图像估计目标的三维空间位置是件很难的事情。$\boldsymbol{mTRE}_{\text{proj}}$ 定义为 $mTRE$ 在投影方向上的数值大小，即 X 射线投影平面法线上的位移误差：

$$\boldsymbol{mTRE}_{\text{proj}}(\boldsymbol{P}, \boldsymbol{T}_{\text{reg}}, \boldsymbol{T}_{\text{gold}}, \hat{n}) = \frac{1}{k}\sum_{i=1}^{k} \| (\boldsymbol{T}_{\text{reg}} \boldsymbol{p}_i - \boldsymbol{T}_{\text{gold}} \boldsymbol{p}_i) \cdot \hat{n} \| \tag{6.93}$$

• 平均投影距离（Mean Projection Distance，mPD）

在将三维对象投影到二维图像平面时，二维误差就显得更为重要。平均投影距离测度反映这方面配准性能

$$\boldsymbol{mPD}(\boldsymbol{P}, \boldsymbol{M}_{\text{reg}}, \boldsymbol{M}_{\text{gold}}) = \frac{1}{k}\sum_{i=1}^{k} \| \boldsymbol{M}_{\text{reg}} \boldsymbol{p}_i - \boldsymbol{M}_{\text{gold}} \boldsymbol{p}_i \| \tag{6.94}$$

• 平均再投影距离（Mean Reprojection Distance，mRPD）

$$\boldsymbol{mRPD}(\boldsymbol{P}, \boldsymbol{T}_{\text{reg}}, \boldsymbol{T}_{\text{gold}}) = \frac{1}{k}\sum_{i=1}^{k} D(L_i(source, \boldsymbol{T}_{reg} \boldsymbol{p}_i), \boldsymbol{T}_{\text{gold}} \boldsymbol{p}_i) \tag{6.95}$$

6.6.4　专家目测检验

对多模医学图像配准的结果请领域专家用目测（visual inspection）方法检验，听起来有些主观，但的确是一种相当可信的方法。

参考文献

罗述谦．1999．医学图像配准技术．国外医学生物医学工程分册，22（1）：1—8．

罗述谦，李响．2000．基于最大互信息的多模医学图像配准．中国图像图形学报，5（7）：551—558．

王海晖，彭嘉雄，吴巍．2002．基于小波包变换的遥感图像融合．中国图像像图形学报，7A（9）：932—937．

张二虎，卞正中．2002．医学图像信息融合方法的研究．中国医疗器械杂志，26（5）：356—358．

E B Van De Kraats，G P Penney，D Tomazevic，et al. 2005. Standardized Evaluation Methodology for 2D-3D Registration. IEEE Transactions On Medical Imaging，24（9）：1177—1189.

http：//www. insight-journal. org/rire/

http：//www. isi. uu. nl/Research/Databases/GS/

H J Johnson，G E Christensen．2002．Consistent Landmark and Intensity-Based Image Registration．IEEE Transactions On Medical Imaging，21（5）：450—461．

Jay West, J Michael Fitzpatrick, Matthew Y Wang, et al. 1999. Retrospective Intermodality Registration Techniques for Images of the Head: Surface-Based Versus Volume-Based. IEEE Transactions On Medical Imaging, 18 (2): 144—150.

Josien P W Pluim, J B Antoine Maintz, Max A. Viergever. 2000. Image Registration by Maximization of Combined Mutual Information and Gradient Information. IEEE Transactions On Medical Imaging, 19 (8): 809—814.

J Michael Fitzpatrick, Jay B West. 2001. The Distribution of Target Registration Error in Rigid-Body Point-Based Registration. IEEE Transactions On Medical Imaging, 20 (9): 917—927.

Marcel Van Herk. 2000. Image Registration Using Chamfer Matching, Handbook of Medical Imaging Processing and Analysis. Academic Press: 515—528.

Roger P Woods. 2000. Spatial Transformation Models, Handbook of Medical Imaging Processing and Analysis. Academic Press: 465—490.

The Non-Rigid Image Registration Evaluation Project (NIREP). http: //www. hirep. org/

Xavier Pennec, Nicholas Ayache, Jean-Philippe Thirion. 2000. Landmark-Based Registration Using Features Identified Through Differential Geometry, Handbook of Medical Imaging Processing and Analysis. Academic Press: 499—514.

第 7 章　医学图像可视化

7.1　生物医学三维可视化

用计算机处理医学图像的过程是先对人体有关部位扫描，将连续的、实际的人体解剖结构数字化，然后再对这些离散化的体数据进行加工和处理。医学图像处理过程中，应用合适的显示技术来显示处理的结果，以增强人们对有关解剖与病理的观察和理解。医学图像的显示技术主要包括色彩的运用和形态的真实再现。

形态的表示涉及三维图像重建技术。图像的重建就是要从获取的采样数据恢复物体的三维结构，即物体的原型，如图 7.1 所示。

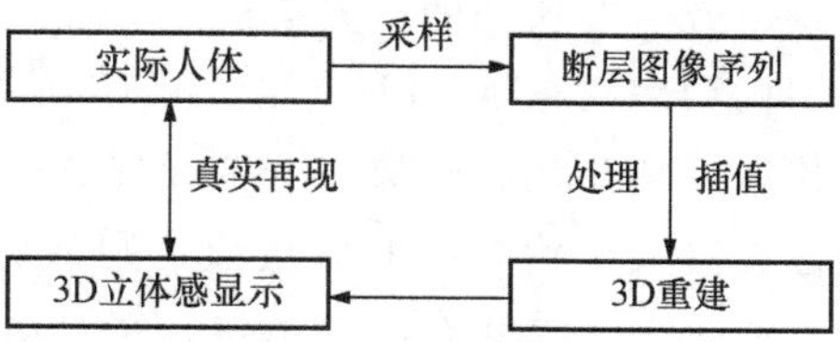

图 7.1　图像处理过程

从本质上说，重建是一个逆问题。医学图像的显示问题还不仅是个重建问题，由于许多功能成像技术，使我们不但能够看到潜藏在内部的物体结构，而且可以看到那些就是使用介入手术也无法看到的人体功能信息。

图像显示方式有多种多样，从大的方面可以分为 3 类：反射式显示、透射式显示及断层（剖面）显示。

(1) 反射式显示

从体数据的感兴趣区提取被观察物体的表面，施以一定的光照模型，选择某一视角从物体外部观察物体表面形态的显示方式。典型的如表面绘制技术（surface rendering）。

(2) 透射式显示

类似于 X 射线成像原理，将反映医学图像特性的图像强度看作对光线不同吸收的特性，光线穿透物体的最大吸收或累加吸收效果构成物体的结构图像。典型的技术有最大强度投影（Maximum Intensity Projection，MIP）及体绘制技术（Volume Rendering，VR）。

(3) 断层（剖面）显示

不经过三维重建，直接显示过空间某一点的 3 个正交剖面的形态结构。有时为了帮助理解，同时给出切除部分结构的三维投影图。

下面我们对这些图像显示技术做比较详细的介绍。

7.2　表面绘制技术

表面绘制（surface rendering）中的“rendering”。还经常被译做“描绘”、“渲染”、“重建”或“显示”等。它的比较严格定义应该是：实际三维物体的二维照相写真式表示。属于三维物体在二维平面真实感投影，二者有严格定量关系及视觉真实感。

7.2.1 移动立方体法

这是一种基于体素的表面重建，即直接从体数据提取物体表面的方法。代表性的是Lorensen等人提出的移动立方体法（marching cube）。下面以人脑图像为例加以说明。在剔除大脑皮层、颅骨和其他非脑成分之后，仅剩下大脑部分。由于我们感兴趣的是脑表面的形态而不考虑其内部的细节，因此，要把位于大脑表面上的像素与大脑内部分开，这个过程称做轮廓提取（contouring）。

1. 轮廓提取

在三维体数据集中，所有的采样点都位于一个立体栅格系统中。其最小的单元是以8个相邻顶点构成的立方体（cube）。三维图像的像素称做体素（voxel）。一个体素可以由一个或多个这样的单元组成。

构型表（case tables）对一个单元及给定的该单元点的标量值组合计算所有可能拓扑状态。拓扑状态数取决于单元顶点个数及一个顶点可能对于轮廓值内/外关系数。如果标量值大于轮廓线的标量值，则认为该顶点在轮廓之内。否则认为在轮廓之外。例如，如果一个单元有四个顶点，每个顶点可以在轮廓内部或外部。因此，轮廓通过该单元共有 $2^4=16$ 种方式（即几何交点）。

物体的表面实际上是一个闭合的灰度的等值面，其灰度值称做阈值。在该等值面的内部，所有的像素灰度值都大于这个阈值，在等值面的外部，所有的像素灰度值都小于这个阈值（或相反），从而将物体与背景分开。显然，等值面上的体素内部灰度是不均匀的，即体素的一部分灰度大于这个阈值，另一部分灰度小于这个阈值。下面让我们以一个最简单的例子说明如何寻找物体和背景的边界的。假设图像的体素仅由一个单元构成。先从寻找二维图像轮廓线说起。一个单元有4个顶点。每两个顶点连接成一条边。每个顶点的灰度就是该数据点的数值。假设我们选取了一个灰度阈值 G，根据各顶点的灰度与阈值 G 的关系这些顶点被分作两类，分别用黑、白两色圆点表示（记作1和0）。对正方形的四个边逐个判断，如果某一个边的两个顶点颜色相同，该边上不存在边缘点；否则，在此边上必有一个边缘点。用直线将不同边上的边缘点连接起来。这些连接线将正方形分割为两或三部分。对于二维图像的像素，共有16种构型（case），如图7.2所示。

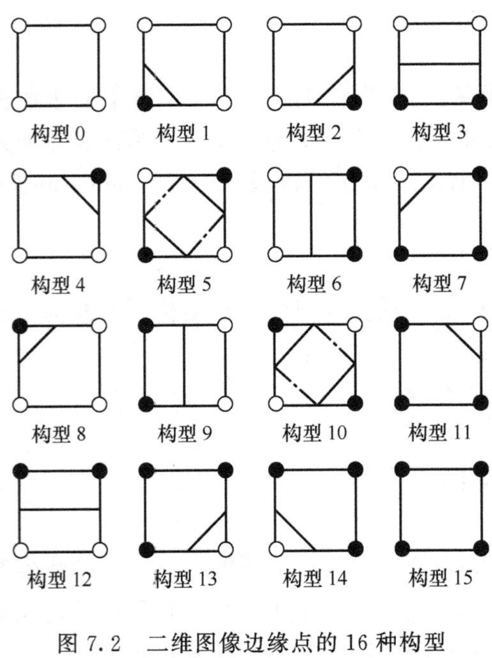

图 7.2 二维图像边缘点的 16 种构型

这里有几点需要说明：

1）上述各构型只说明边缘线与哪几条边相交，并没有指明交点的具体位置。交点的位置应通过对该边的两个端点线性内插来实现。

2）如果我们遍历图像中所有的小正方形，并对公共边合并，就可以得到图像中物体的轮廓线了。

3）在某些构型中（例如图 7.2 中的构型 5 和构型 10），对边缘点的连接就有两种不同的方法。这种连接的不确定性称做构型的二义性。

对于图 7.2 中正方形单元的 16 种组合，构型表的索引值可对每个顶点的二进制数字编码计算。对在矩形网格表示的二维数据，用 4 位索引值表示 16 种状态。选定某一合适的状态后，可以用内插计算轮廓线与单元边缘交点。该算法处理完一个单元后，然后移动或前进到另一个单元。当所有单元都通过后，轮廓就完成了。

步进算法可总结如下：

1）选择一个单元。

2）计算该单元每个顶点的内/外状态。

3）生成每个顶点二进制状态的编码索引值。

4）用该索引值查构型表得到所需的拓扑状态。

5）用内插计算构型表中每边的轮廓位置。

由于此过程是对每个单元单独处理，不同的单元边界处可能重复使用一些顶点或边缘，可以通过程序消除重复的运算。注意，沿每条边的内插应按相同方向进行。不然的话，数值舍入可能会使应当符合的点不精确符合，不能正确地合并。

上述方法可以直接推广至三维图像。如前所述，与步进正方形相似，三维时为步进立方体法。这时，每个像素有 8 个顶点。根据这 8 个顶点与灰度阈值的关系一共有 $2^8=256$ 种构型。二维图像的轮廓是由直线段连接而成，三维图像的轮廓则复杂得多。因为，三维图像的轮廓是由许许多多的小三角形面片镶嵌而成的。考虑到各构型的对称和互补性，图 7.3 给出简化后的 15 种基本构型。对于三维图像遍历，根据各体素的构型情况产生三角形面片镶嵌的表面轮廓的方法称作移动立方体法。实际应用中要用到全部 256 种构型，因为仅靠 15 种基本构型的组合往往会在表面轮廓上产生空洞。

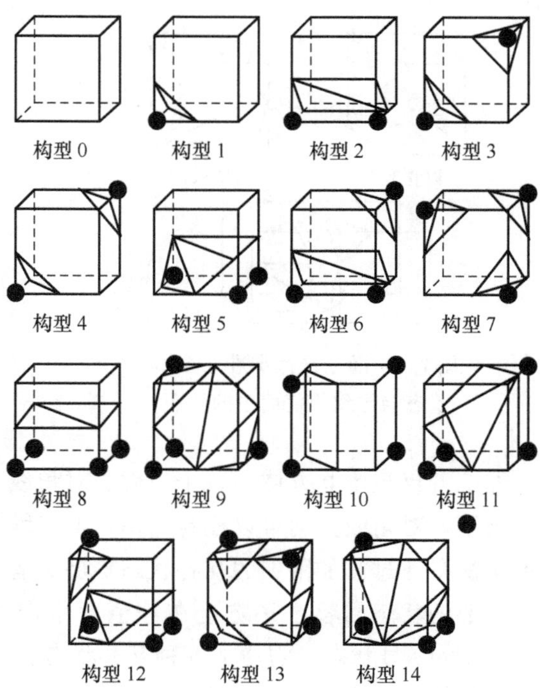

图 7.3　三维图像的 15 种基本构型

为了方便起见，实用的遍历法是对每个体素用查表法。将体素的 8 个顶点与灰度阈值比较所产生的逻辑值依序构成一个 8 位的二进制编码索引值，全部 256 种构型的信息组成一个“构型-三角剖分”查找表。它包含 256 个索引项，每个索引项包含索引号以及指向该种三角剖分中的一个指针。通过查表可以直接得到轮廓段的拓扑信息、哪一个边与体素相交、应当使用那些顶点内插产生交点等。对于每个体素，根据它的索引号在“构型-三角剖分”查找表中确定其三角剖分形式。还要对相邻正方形一致边合并。最终产生由小三角形面片镶嵌成的表面轮廓。

一个重要的问题是轮廓的二义性。仔细观察步进正方形的 5 号和 10 号状态，步进立方体的 3，6，7，10，12 和 13 号状态，都是一个单元可以用多于一种方式来提取轮廓。在二维或三维中，当对角顶点是同一状态（1 或 0），而邻边上点为不同状态时，就会发生二义性。

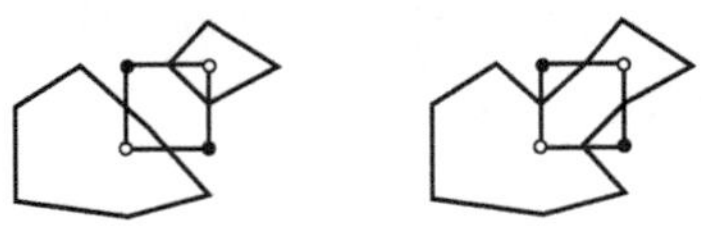

(a)轮廓分开　　(b)轮廓连接

图 7.4　不同的选择轮廓方法

在二维情况下，轮廓的二义性较易解决：对每种二义情况，我们取二种可能状态之一。对某一特定状态的选择与所有其他选择无关。由于选择的不同，轮廓可能延伸或中断（如图 7.4 所示）。两种选择都可接受，因为两种情况都能得到连续的轮廓线，并且是封闭的（或在数据集边界处截止）。

在三维情况下，问题就复杂得多。我们不能简单地选择一种与所有其他二义状态无关的状态。图 7.5 表明，如果不认真选择，使二种彼此无关的状态连接在一起就会出现孔洞的情况。

在图 7.5 中，用 3 号状态的通常形式，而 6 号状态用其互补状态。互补状态是将“黑”顶点与“亮”顶点互换得到。这两个立方体单元的并接产生等值面中的孔洞。

有几种方法可以用于解决这个问题。一种是用四面体连接这些立方体，即用步进四面体技术。因为步进四面体没有二义性问题。不幸的是，不仅四面体算法产生的等值面包括更多的三角形，而且用四面体连接立方体需要对四面体的方向做抉择。这种选择会因沿表面对角线内插造成人为“起包”现象（图 7.6）。

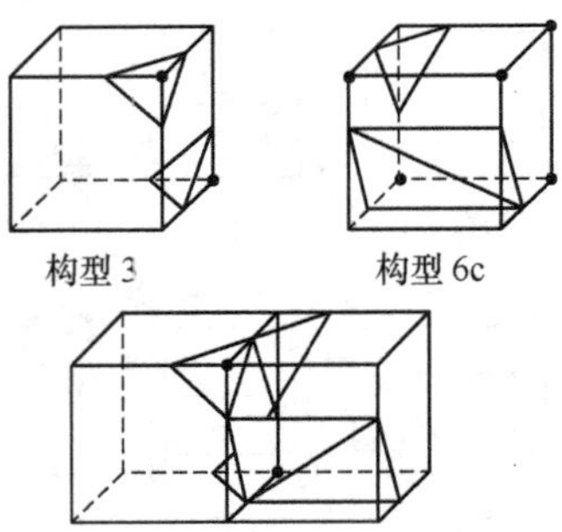

图 7.5　随意选择步进立方体状态会导致等值面中的孔洞

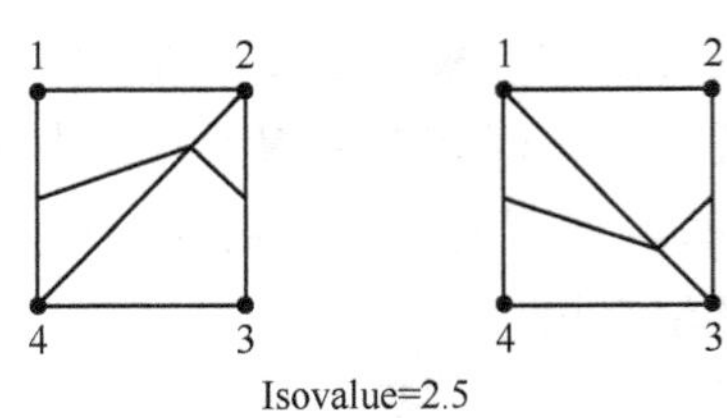

图 7.6　用步进三角形或步进四面体解决矩形网格上的二义性问题

图 7.6 仅显示立方体的一个表面。对角线方向的选择产生轮廓面上的“鼓包”。二维情况下，对角线方向可以任意选择，但三维对角线的选择要受邻居约束。一种简单有效的解法是通过添加附加的互补状态扩展原有的 15 种步进立方体状态。这些状态设计得与相邻的状态相容，并防止在等值面中产生孔洞。对应于步进立方体中 3，6，7，10，12 及 13 号状态，需增加 6 种互补状态。如图 7.7 所示。

我们还可将步进正方形及步进立方体的通用方法扩展到其他拓扑类型，例如步进线段、步进三角形和四面体等。此外，还适用于任意与立方体拓扑等价的单元类型。例如，六面体或非立方体素。

图 7.8 表明轮廓提取的 4 种应用。图 7.8（a）是对应不同组织类型的 CT 密度值的二维轮廓线。这些线用步进正方形产生。图 7.8（b）是用步进立方体产生的颅骨等值面。

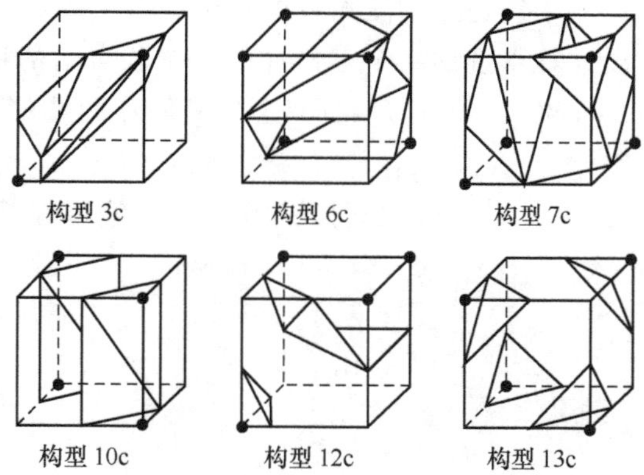

图 7.7　增加互补构型解决二义性问题

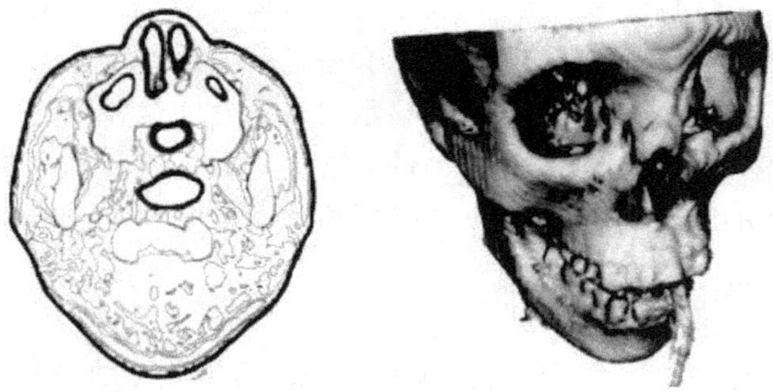

(a) X射线强度轮廓线　　(b) 人颅骨等值面

图 7.8　重建的轮廓与表面

2. 等值面的明暗显示

为真实地显示物体表面的情况，我们采用等值面的明暗显示。三角片的生成仅仅完成了等值面的构造，要真正显示出物体在一定光照条件的形态，还必须解决物体在特定的光照模型下的表面法向量的计算（图 7.9）。

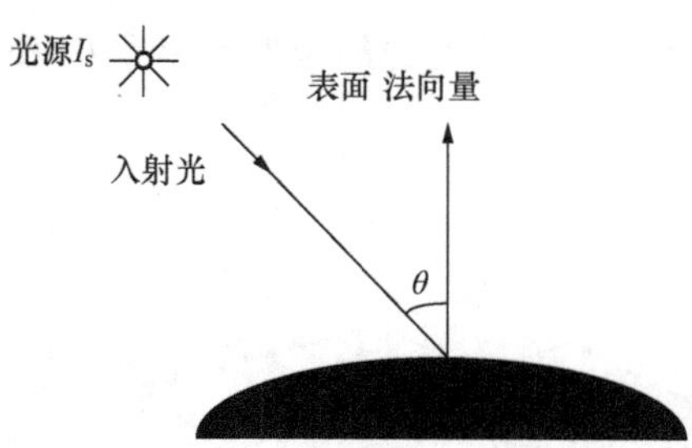

图 7.9　光照模型

首先选择光照模型。这里采用的光照模型为

$$I = I_a + (I_s - I_a)\cos\theta \tag{7.1}$$

其中，I 为三角片的光强；I_a 为环境的光强；I_S 为光源的光强；θ 为三角片指向物体外部的法向量与光线的夹角。

显然，三角片的光强与光源的方向和强度均有关。三角片的表面法向量的计算是真实、准确显示物体表面的关键问题。

然后计算表面法向量。基于灰度梯度的法向量估计方法是一种很有效的方法，首先，用灰度差分计算体素顶点（i，j，k）上的灰度梯度 $g=$（g_x，g_y，g_z），其中

$$\left.\begin{aligned} g_x &= [s(i+1,j,k)-s(i-1,j,k)]/2 \\ g_y &= [s(i,j+1,k)-s(i,j-1,k)]/2 \\ g_z &= [s(i,j,k+1)-s(i,j,k-1)]/2 \end{aligned}\right\} \tag{7.2}$$

其中，$s(i, j, k)$ 是灰度值。对 g 进行归一化，得到（$g_x/|g|$，$g_y/|g|$，$g_z/|g|$）作为（i，j，k）上的单位法向量。然后，对体素 8 个顶点上法向量进行线性插值就可得

到位于体素棱边上的三角片的各个顶点上的法向量。

设计算得到的某个三角片的三个顶点上的单位法向量分别为（x_1，y_1，z_1），（x_2，y_2，z_2）和（x_3，y_3，z_3），这个三角片的几何重心为（c_x，c_y，c_z），则该三角片的法向量起始于（c_x，c_y，c_z），终止于（$(x_1+x_2+x_3)/3+c_x$，$(y_1+y_2+y_3)/3+c_y$，$(z_1+z_2+z_3)/3+c_z$）。代入光照模型公式，就可计算出小三角片表面的光强（灰度）。将其投影在某个特定的二维平面上进行显示，从而显示出物体富有光感的整个表面形态。

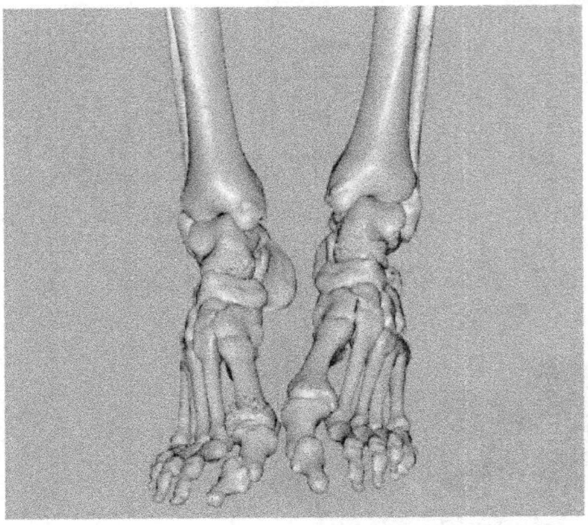

图 7.10　用移动立方体法重建的脚骨图像

3. 投影中的消隐问题

投影是实现三维到二维转换的有效手段，消隐是其中一个不可忽略的问题。采取的策略为遍历体素集合，相对视点采用从后至前的次序，后显示到屏幕上的三角片将覆盖先显示的三角片，这样就达到消除隐藏面的目的，这就是著名的画家算法的思想。图 7.10 是用移动立方体法重建的脚骨图像。

7.2.2　划分立方体法

随着 CT，MR 等成像技术不断地进步和发展，断层数据的层片间距越来越小，层片内部的空间分辨越来越高，Marching Cube 算法在体素上产生的小三角面片数目激增。而屏幕显示的空间分辨有限，直接生成的小三角面片比显示屏幕上的像素还小，这时就无需再计算小三角面片了，于是产生了划分立方体法（dividing cubes）。基本思想是通过生成与显示像素对应的点元直接形成显示图像。基于点元的绘制要比基于小三角面片的绘制在存储和计算方面都具有较大优越性。

划分立方体法的原理是，首先确定等值面（物体轮廓）的灰度阈值。如果某个体素的 8 个角点中，一部分灰度值高于该灰度阈值，而另一部分灰度值低于灰度阈值，该体素位于等值面（轮廓）上。遍历体数据的所有体素，就得到显示对象的等值面（物体轮廓）（图 7.11）。

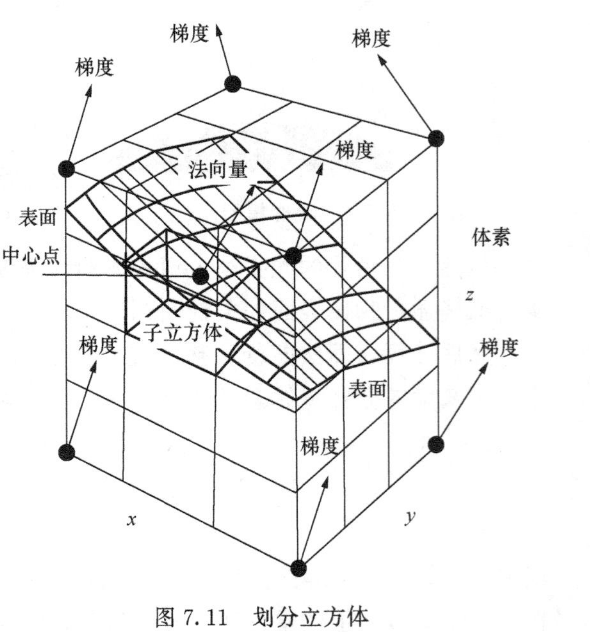

图 7.11　划分立方体

考察与等值面相交的体素，如果该体素在显示平面的投影面积大于一个像素的大小，就要将该体素细分为 $n_1 \times n_2 \times n_3$ 个子体素，使子体素在显示平面的投影面积等于一个像素的大小。每个子体素绘制为一个表面点。子体素顶点处灰度通过线性插值获得。对于与等值面相交的子体素，简单地在其中心生成一个点，再用线性插值方法计算出法向量，进行亮度明暗计算得到光照效果。

划分立方体算法总结如下：

1）输入三维体数据，设定等值面灰度阈值。

2）首次读入连续 4 层数据。

3）两个连续层面的 8 个数据邻点组成一个立方体（体素），在体素每个顶点处计算灰度梯度向量分量，数值等于该顶点沿每个坐标轴前后邻点灰度差。

4）对体素分类。如果每个顶点灰度值均高于灰度阈值，体素是内部体素；反之，如果每个顶点灰度值均低于灰度阈值，体素是外部体素；否则，等值面通过该体素。

5）细分立方体。将包含等值面的体素细分为 $n_1 \times n_2 \times n_3$ 个子体素，使得每个子体素在显示平面上是一个像素大小。即每个子体素相当一个表面点，子体素的 8 个顶点灰度值由原体素顶点灰度值线性插值获得。

6）如第 5）步，检测还有哪些子体素与等值面相交。

7）对每个与等值面相交的子体素计算 8 个顶点的灰度梯度向量。确定子体素中心点，法向量为 8 个顶点的灰度梯度向量的平均值。

8）计算每个表面点的光强：法向量沿视方向投影的标量积。

9）移出最上层数据，读入下一层数据，重复步骤 3）～9)，直至遍历全部体数据。

7.2.3 基于切片的表面重建

在许多情况下，要从一组显微切片图像重构微观结构，或从一组扫描的断层图像（例如 CT，MRI，PET 等）重构感兴趣区的三维图像。这时，可以从每个切片或断层中首先提取感兴趣区的轮廓曲线，再由这一组平面轮廓重建三维物体的表面形态。这种由切片轮廓重建物体的方法称作基于切片的表面重建。该方法的主要步骤如下。

第 1 步：平面轮廓的提取。平面轮廓的提取一般基于物体与背景间灰度或其他属性的差异进行分割和提取。高质量的轮廓提取往往需要生物医学领域知识的引导。

第 2 步：片间轮廓的对应。片间轮廓的对应具有较大的任意性。一般可通过对不同层面上轮廓重叠部分定量比较，或应用一些能够描述轮廓形状的椭圆拟合、柱体生长等方法判断。

第 3 步：轮廓拼接。确定了对应的轮廓之后，还需要确定对应轮廓上的对应点。由于人体结构在不同层面上形态可能有较大差异，因此“对应点”只是相对而言。通常采用活动轮廓法（active contour），典型的有蛇形法（snake method）、气球法（balloon method）等。一般是在一个轮廓上选取一定数量的控制点，在另一个轮廓上选取数目相同的活动点。用相同序号点间欧式距离作为产生外力的来源，作用在活动点上使其发生位移。控制点与活动点的距离越大，作用力和位移也越大。为了在形变过程中保持整个轮廓拓扑不变，还在相邻点间加上横向约束力。整个轮廓对应点过程就是类似弹性形变过程。确定了对应点之后，可以用小三角形或四边形面片将相邻层面上对应点及其邻点连接起来，这些小三角形面片连接起来就构成物体表面的大致表示（图 7.12）。

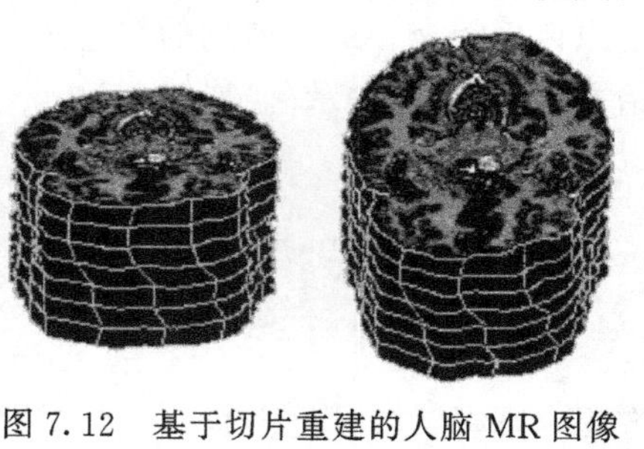

图 7.12 基于切片重建的人脑 MR 图像

第 4 步：曲面拟合。小三角形面片结构只能是物体表面的粗略表示，较为精确的方法可用曲面拟合。即用通过小三角形顶点的曲面代替三角形平面。常用的有 3 次 B 样条插值。更为精细的有非均匀有理 B 样条（NURBS）。

7.3 体绘制技术

表面绘制可以有效地绘制三维物体的表面，但缺乏内部信息的表达；体绘制（volume rendering）以体素为基本单元，直接由体数据集生成三维物体的图像，也称直接体绘制，能够表示对象的体内部信息，但计算量大，包括体数据的采样、重构、重采样、组合和绘制等操作。本节介绍如何用表面基元（如点、线和多边形）表示和绘制几何体，主要集中在体积图形。与表面图形相比，体积图形在表现不均匀材料能力方面具有更好的效果。

首先介绍对面积、体积图形都很重要的两种技术，即用简单混合函数仿真物体透明度及纹理映射的方法，在没有过多的计算代价情况下增加图像的真实感。然后讨论体积图形绘制技术，包括按对象顺序（object-order）及按图像顺序（image-order）绘制技术。

7.3.1 透明度与 α 值

7.2 节中，讨论的表面绘制是绘制不透明物体。即假设物体在其表面反射、散射或吸收光线，而没有光线射入它们内部。虽然绘制不透明物体很有用，但很多应用中，绘制透明物体也很重要。透明度在体绘制中有重要的应用。本节介绍半透明绘制。该方法使物体透明，使我们可以看到表面所围区域的内部。例如使皮肤半透明，能够看到内部的器官。

透明度（transparency）及阻光度（opacity）是两个互补的概念，在计算机图形学中常被称为 α 值。例如使用 0 到 1 的尺度，一个 50% 不透明的多边形的 α 值是 0.5。$\alpha=1$ 代表完全不透明物体，$\alpha=0$ 代表完全透明物体。

α 是整个原色（entire actor）的一个重要性质，可以单独说明，也可以与三种原色等同地表示。在此情况下，颜色的 RGB 说明扩展为 RGBA，而 A 代表 α 分量。在许多图形卡上帧缓冲器将 α 值与 RGB 值一起存储。然而，加入透明度对绘制过程增加很多复杂性。按照光线跟踪过程，视线从相机投射到世界坐标，依次与每一种原色板相交。若原色板是不透明的，要绘制的颜色就是光线方程到此部得到的颜色；对于半透明原色板，必须用光照方程求解穿过这个原色板得到的结果，并且继续投射，看它是否还与其他原色板相交。最后得到的颜色是所相交全部原色板作用的合成。对每个表面相交，可用方程（7.3）表示

$$\left.\begin{aligned} R &= A_s R_s + (1 - A_s) R_b \\ G &= A_s G_s + (1 - A_s) G_b \\ B &= A_s B_s + (1 - A_s) B_b \\ A &= A_s + (1 - A_s) A_b \end{aligned}\right\} \tag{7.3}$$

方程中下标 s 指原色表面，下标 b 指原色的后面颜色，项 $1-A_s$ 称透射度，代表光线穿

透该原色表面的量。作为一个例子，考虑光线穿过三个透明度均为 0.5 的、颜色分别为红、绿、蓝的多边形平面，如果红色多边形在前，背景为黑色，得到的 RGBA 色为 (0.4，0.2，0.1，0.875)（图 7.13）。

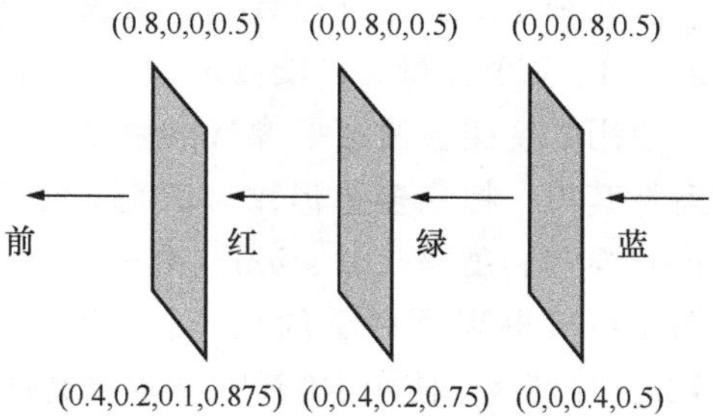

图 7.13　α 值的合成

值得注意的是，当我们交换这些多边形的顺序，结果颜色也会改变。这在使用透明度时，会产生一个技术上的大问题。因为用光线跟踪一个场景，我们是以确定的方式（从前向后）与这些表面相交。可是按现在介绍的情况，却是按相反顺序（从后向前）用方程 7.3 对这些平面计算合成颜色。在按目标顺序绘制方法中，这类合成是用硬件支持的，但不保证是按某个特定顺序绘制这些多边形的，即使原色多边形是按图 7.13 位置排列，但绘制的多边形顺序也可能是蓝色、红色，最后是绿色。因此，结果颜色不正确。

让我们通过一个体素的 RGBA 值来看这个问题。当绘制蓝色多边形时，帧缓冲器及 Z 缓冲器是空的，因此 RGBA 值（0，0，0.8，0.5）与其 Z 缓冲器值一起存储。当绘制红色多边形时，Z 值与当前 Z 缓冲器比较表明，它是在前一个像素项的前边，于是，用帧缓冲器 RGBA 值代入方程 7.3 式，结果的 RGBA 值（0.4，0，0.2，0.75）写到缓冲器中。再绘制绿色多边形，对 Z 值比较表明，它是在当前像素值之后，再用这个方程，这次是表面值用的是帧缓冲器的 RGBA 值，背景值是多边形的值，得到最终的像素颜色（0.3，0.2，0.175，0.875）与我们先前计算的值不一样。可见只要红色及蓝色多边形合成并写入到帧缓冲器之后，就没有办法将最后的绿色多边形插入到它们中间去了。

解决这个问题的一个办法是从后向前对待绘制的各多边形分类，并按这一顺序逐个绘制。一般这需要附加的计算开销，用软件来完成。在混合不同原色的多边形时，必须保证每个待绘制多边形有正确的原色性质。在绘制原色多边形前，将这些性质传送给图形引擎。

另一个解法是在帧缓冲器中存放多组 RGBAZ 值。这会增加开销。因为需要附加的存储器，而且仍受可存储 RGBAZ 值位数的限制。

7.3.2　纹理映射

纹理映射（texture mapping）是无需对细节建模而给图像添加细节的一种技术。纹理映射可以看作是将一幅图像粘贴到一个物体表面的技术。使用纹理映射需要两种信息：纹理映射图及纹理坐标。纹理影射图是我们要粘贴的图像，纹理坐标规定图像粘贴的位置。更一般地说，纹理映射是在对物体绘制时对其颜色、强度与/或透明度的查表技术。纹理图及坐标大多数情况下是二维的，但三维纹理图及坐标正变得普遍起来。

纹理映射值可通过绘制一个木头桌子的简单例子说明。桌子的几何形状很容易产生，但得到木纹细节是很困难的。开始先将桌子绘成棕色，但图像不够真实。要模拟木头纹理，需要在桌面有许多小的色彩变化。使用顶点着色要求对上百万个顶点处理才能得到小的颜色改变。解决的方法是给原来的多边形增加木纹纹理。

有几种方式应用纹理数据。对纹理图中的每个像素（通常称为 Texel：纹理元素）可能有 1～4 个分量会影响纹理图如何粘贴到几何表面。用一个分量的纹理映射称强度图。使用强度图会使结果像素的强度（或 HSV 值）改变。如果取一个木纹灰级图像，然后将其对一棕色多边形纹理映射，会得到一个看上去很合理的桌子。多边形的色度（hue）与饱和度（saturation）由棕色确定，但强度要由纹理图决定。若使用彩色的木头图像可以得到更好看的桌子。这是一个 3 种成分的纹理图，每个纹理元素用一个 RGB 三值表示。使用 RGB 图可得到更真实图像，因为得到的不只是木头灰度的改变。

还可以通过增加 α 值得到 RGBA 纹理图。这种情况下，α 值可控制几何体的透明度。计算机图形学中常用的技巧是用 RGBA 纹理绘制一棵树。不是试图对树的复杂几何形状建模，而只是采用 RGBA 纹理图绘制一个个长方形。在树枝和树叶部分，α 值为 1，在树隙及开空间处，α 值为 0。于是，可以看穿长方形的一些部分，得到看过树枝和树叶的感觉。

除了定义纹理图的不同方式外，还可选择如何与物体原来颜色相互作用。对 RGB 及 RGBA 图的常用选择是忽略原来颜色，即按规定加纹理颜色。另一种做法是用纹理图颜色（或强度）调制原来颜色产生最终颜色。

虽然这里介绍的是二维纹理映射，但纹理映射可以是任意维的，最常用的是二维及三维纹理映射。三维纹理映射用于三维空间函数的纹理，例如，木纹、石头或 X 射线强度（即 CT 扫描）。实际上，有结构点集基本上是三维纹理。可以将平面按正确顺序通过一个三维纹理，并用半透明 α 值合成，高速实现体绘制。可以用纹理映射硬件实现体绘制的技术。

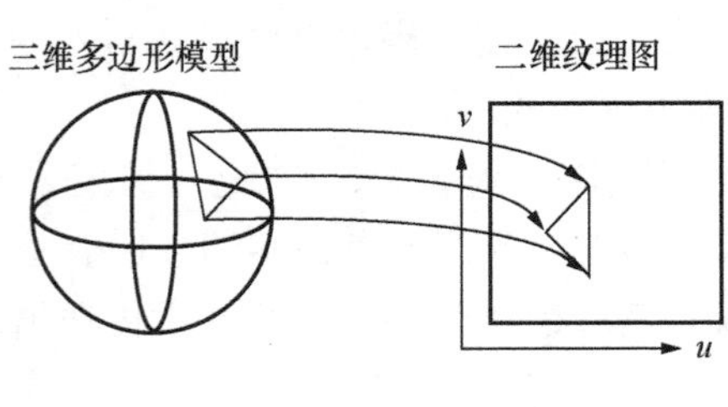

图 7.14　顶点纹理坐标

纹理映射过程的基本步骤是决定如何将纹理映射到几何体上。为实现这点，每个顶点除位置、表面法线、颜色及其他点属性外，还要有相应的纹理坐标。纹理坐标将该点映射到图 7.14所示的纹理图中。纹理坐标系统使用参数（u，v）及（u，v，t）说明二维及三维纹理值。顶点之间的点用线性内插来确定纹理图值。

纹理映射的另一种方法是使用一个纹理定义过程。该方法中，对几何体绘制时，对每个像素调用该过程来计算一个纹理元素值。将参数传送给纹理过程，用之计算其结果。这种方法给纹理设计提供几乎无限的柔性。因此，用精密硬件实现基本上是不可能的。更常见的是，过程纹理是用在软件纹理系统中。

7.3.3　体绘制

迄今为止，我们一直讨论使用几何基元和点、线及多边形的数据可视化。对诸如结构式漫游或领域可视化的应用，这显然是最有效的数据表示法。反之，某些应用要求我们将体积中的数据（结构点集）直接可视化。例如，生物医学图像中，将 MR 或 CT 扫描仪、共聚焦显微镜或超声图像得到的数据可视化。气象分析及其他仿真计算产生大量三维或高维体积数据也对可视化技术提出更高的要求。在过去几十年体积数据的普及和应用基础之上出现人们所知的叫做体绘制的一大类绘制技术。体绘制目的是有效地传递体积数据内部的消息。过去，研究人员总试图将体绘制定义为不产生中间几何表示，而直接对数据集运算产生图像的过程。随着近年来绘图硬件的进展与较巧妙的实现，开发者已经能够使用几何基元产生用直接体绘制技术产生的相同的图像。由于这些新技术，要想得到区别于几何绘制的体绘制形式定义几乎是不可能的。因此，我们选择体绘制的广义定义，即对体积数据运算生成图像的任何方法。

体积绘制技术从原理来分有多种，这里主要介绍最大强度投影法（Maximum Intensity Projection，MIP）和三维体绘制技术（3D Rendering Technique）。

最大强度投影或 MIP 可能是可视化体积数据最常用方法。该技术具有较好的抗噪声特性，能够产生对处理数据直观了解的图像。这种方法的缺点是不可能从一幅静止图像看出沿光线什么地方得到的最大值。例如对图 7.15 所示的神经元图像，很难从这幅静止图像完全了解神经元的结构，因为我们不能确定该神经元的某些分支是在其他分支的前面还是后面。

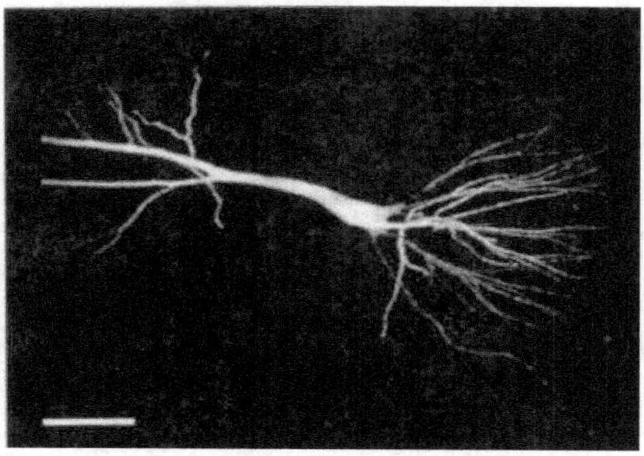

图 7.15　用光线投射技术生成的最大强度投影神经元图像

在原理上，MIP 认为每个体素都是能够发光的立方体。沿观察者视线方向，选择每条与数据体积相交直线上全部像素中的最大强度值作为图像投影平面强度值。该方法适于做 CT 或 MR 血管造影图像。如上所述，缺点是图像像素的强度失去三维空间信息。由于所有投影像素都是选取最大强度值，因而整个图像的平均背景强度随之加大，这在很多情况下（例如肾或肝中血管）会影响对一些结构的观察效果。有时，高强度的像素（例如 CT 图像中的骨结构或钙化点）会对使用造影剂的血管图像产生伪迹。

与 MIP 不同，体绘制技术是对每条视线上每个像素强度计算加权和，将结果作为投影像素的灰度值。图 7.16 以一个具体例子说明体绘制技术的成像原理。图中中间部位带有数值的小方块表示视线通路上的各像素强度值。图上部是该直线上像素强度的直方图及阻光度曲线。强度值低于 5 的阻光度为 0，强度值大于 9 的设为 100%。

一些中间值 6，7 和 8 的阻光度分别设为 25%，50%和 75%，图的下部是计算加权和的公式与几个计算步骤。体绘制图像的显示结果由像素强度与设定的阻光度（权重）两者共同决定。体绘制用到整个体数据的信息，因此成像更为清晰可靠，但是处理大量的像素要求有功能强大的计算机。随着计算机计算速度的不断提高，体绘制技术得到日益广泛的应用。

图 7.17 是肺动脉的 MIP 与体绘制图像比较。

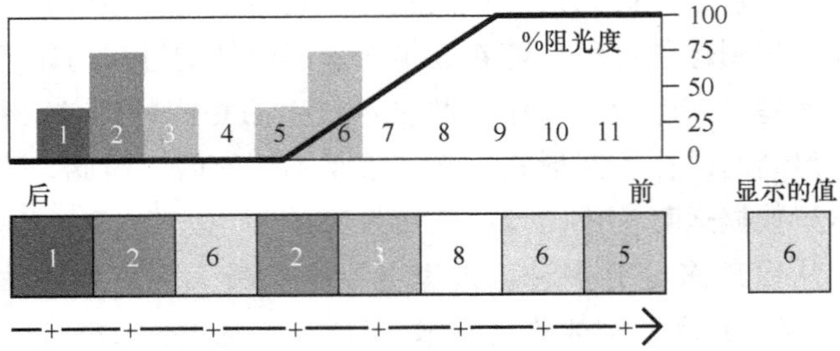

0	0	25	0	0	75	25	0	% opacity
0	0	1.5	0	0	6	1.5	0	A
0	0	0	1.5	1.5	0.38	4.78	6.28	B
0	0	1.5	1.5	1.5	6.38	6.28	6.28	C

$$sum_n = opacity \times value + (1\text{-}opacity) \times sum_{n-1}$$
$$C = A + B$$

图 7.16 体绘制图像原理

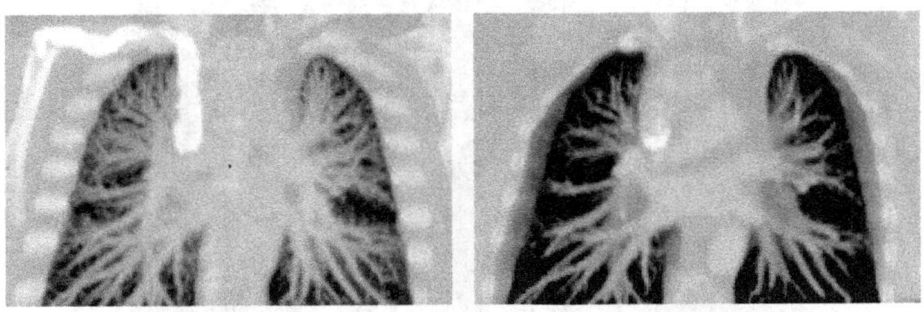

(a) MIP图像　　(b) 体绘制图像

图 7.17 肺动脉的 MIP 与体绘制图像比较

MIP 实际包括了所有的血管，但不够清晰，不能看出单个结构及相互之间的空间位置关系。体绘制的图像则清楚的多。

按图像顺序及按对象顺序体绘制技术是两种基本的体绘制方法。在按图像顺序绘制方法中，光线投射是对图像平面上每个像素穿通体积的视线方向计算像素值，而在按对象顺序体绘制方法中，是从前到后或从后到前穿越体积，对每个体素处理，确定其对图像的贡献。此外，还有那些不能简单划为这二者的其他体绘制技术。例如，一种体绘制可能同时穿越图像和体积，或者图像可以在频域而非空域计算。

由于体绘制典型的是在二维图像中产生代表整个三维数据集的图像，这就引入一些新的挑战。例如，必须进行分类，给体积内部区域分配颜色及阻光度，必须定义体积照明模型以支持明暗效果。而且，由于体绘制方法的复杂性及庞大的体数据集，效率与致密性也是十分重要的。一个包括 100 万基元的几何模型一般认为是大的，而有 100 万体素的体积数据集却是很小的。典型的体积包括一千万到一亿个体素，有一亿或更多体素也是很常见的。显然，要决定存储每个体素的附加信息或要增加处理每个体素的时间都必须十分谨慎。

7.3.4 按图像顺序体绘制

按图像顺序体绘制又称做光线投射或光线跟踪。基本思想是要确定图像平面上某个像素值，需按照当前相机参数，射出一条穿通体数据并通过该像素的光线，然后用某一特定的函数去计算沿光线所遇到的数据，得到应显示的像素值。选择的函数不同，得到的图像也不相同。光线投射是可以用于绘制任何结构点数据集的柔性技术，可以产生多种图像，缺点是基本光线投射速度很慢。因此，需要一些可以用来改进性能的加速方法，尽管需要附加的存储器可能损失一些柔性。

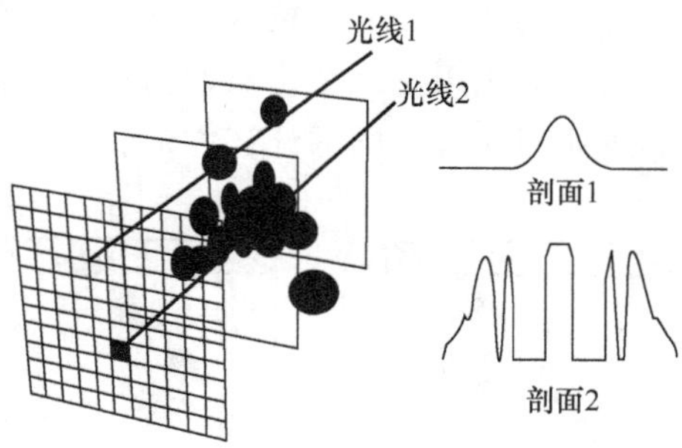

图 7.18　按图像顺序体绘制

光线投射过程如图 7.18 所示。它使用一个标准正投影栅格投影。因此，所有光线互相平行，并与视平面垂直。沿每条光线的数据值是按一个光线函数处理的。

光线投射的两个主要步骤：首先确定沿光线遇到那些数值，然后按一个光线函数处理这些数值。虽然在实现中这两步典型地是结合在一起的，但这里我们单独对待它们。由于需要按规定的光线函数来确定沿光线提取的数值，让我们通过人脑图像绘制的实例看看几种不同的光线函数对显示结果的影响。图 7.19 表示一条光线通过 8 位灰度体积数据时的数据值剖面，灰度数据值范围为 0～255。剖面的 X 轴表示到视平面的距离，Y 轴代表数据值。图 7.20 是使用四个不同简单光线函数转化为灰级值的显示结果。

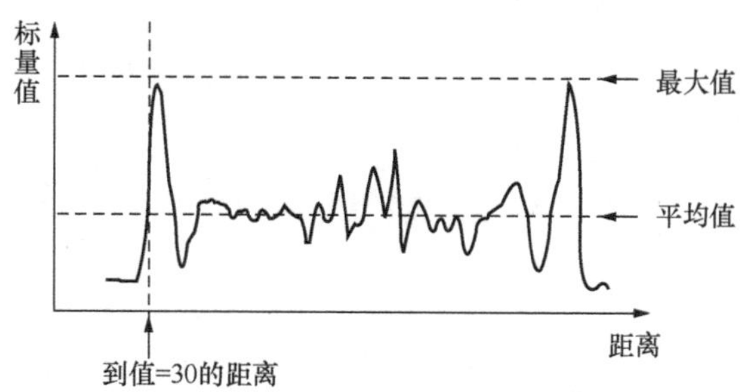

图 7.19　光线投射剖面

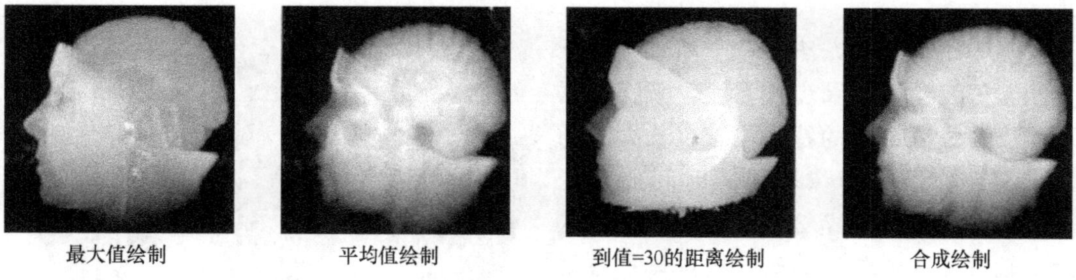

图 7.20　4 种不同光线函数绘制的结果

其中，上面两个光线函数分别计算光线通路上像素灰度的最大值及平均值。第三个光线函数计算沿光线首次遇到灰度值为 30 处的距离，第四个函数使用 α 合成技术，将沿光线的值看作按单位距离累积的阻光度样本值。

上面介绍的都是比较简单的光线函数，本节后面部分，在讨论分类和照明时，我们将考虑更复杂的光线函数。虽然用新方法产生的彩色的、明暗的图像可能包含更多信息，但它们比前边例子中简单的图像也更难解释，并很容易误解释。因此，最好是根据具体的问题选用合适的技术可视化体积数据。

由于体积用三维结构点数据集表示的，灰度值又是在规则栅格点上定义的。因此光线穿越体积就有不同的计算方法。例如，在光线通路上按均匀间隔采样。这会遇到许多非格点（任意位置）的数据如何确定的问题。一般是用插值的方法。另一种方法是不必通过采样计算沿光线通路的数据，而只需计算经过体积时所遇到的每个体素（或最近邻的体素）（图 7.21）。至于选择哪种方法取决于诸多因素，诸如内插技术，光线方程及图像精度与速度间的折中等。

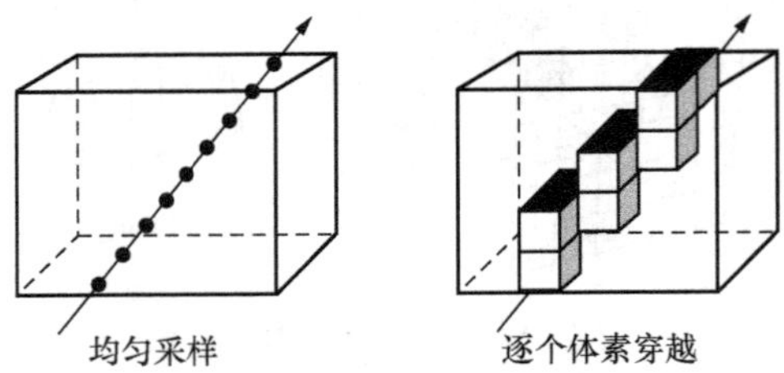

图 7.21　体绘制的两种基本光线穿越方法

光线的典型参数表达式为

$$(x,y,z)=(x_0,y_0,z_0)+(a,b,c) \tag{7.4}$$

其中，（x_0，y_0，z_0）是光线的原点（或做透视观察变换的相机位置，或平行观察变换的视平面），（a，b，c）是归一化的光线方向向量。如果 t_1 和 t_2 分别代表光线进入和退出体积的距离的话，delta-t 代表步长大小，可以使用下面代码段实现均匀距离采样。

```
t = t1
v = 不确定
while (t<t2)
{
x = x0 + a * t;
y = y0 + b * t;
z = z0 + c * t;
v = Evaluate Ray Function (v, t);
t = t + delta-t;
}
```

均匀距离采样方法的一个困难是步长大小不好控制。如果步长太大，采样数据可能会失去数据中的特征；若步长太小的话，又会使绘制图像所需的时间显著变长。这个问题如图 7.22 所示，使用 x，y 及 z 轴都是一个单位距离的格点体积数据集。图像分别用步长 2.0，1.0 及 0.1 单位产生。0.1 步长的图像用了产生 1.0 步长图像近乎 10 倍长的时间，后者的绘制时间又是 2.0 图像的 2 倍。

图 7.22　3 种不同步长的光线投射法得到的图像

这些图像是使用合成方法产生的。数据集内的灰度量值从透明的黑色到不透明的白色有个突变。如果步长选的太大，沿观察光线距光线原点等距离的体积图像亮区边缘就会有明显的条带效应。为了演示目的经常会将步长选大些，这样可以节省时间。但产生的条带效应很讨厌。为减小这种效应，可以将每条光线的原点沿观察方向向前移动某一个小的随机距离，这样可以消除“走样”(aliasing) 的规则图案，产生较为悦目的图像。

在某些情况下，沿光线计算每个体素贡献而非采样可能更有好处。如果我们用最近邻插值方法对数据可视化，就可能实现离散光路及整型计算的有效算法。

计算体素的另一个好处是对某些光线函数计算精度较高。例如使用三线性内插，可以较容易地、精确地计算沿光线的每个体素内所遇到的最大值。类似地，若光线函数是首次遇到某个规定灰度值的距离，这种方法可以找到沿光线方向的精确位置，在体积内产生较好等值面图像。

三维扫描转换技术，如修正的 Bresenham 方法，可以用来将连续的光线变换成离散的表示。离散光线是排序的体素序列 v_1，v_2，…，v_n，并可分成 6 连接，18 连接或 26 连接，如图 7.23 所示。每个体素包含 6 个面，12 条边及 8 个顶点。沿光线方向每对体素 v_i 及 v_{i+1}若共享一个表面，则光线是 6 连接的；若共享一个面或一条边，则是 18 连接的；若共享一个面，一条边或一个顶点，则光线是 26 连接的。扫描转换和穿越 26 连接的光线比 6 连接光线需要较少的时间，但极可能要丢失体数据集中的小的特征。如果使用平行观察变换，可以用逐个体素穿越方法对光线函数计算，然后使用 26 连接光线的模板光线投射技术产生图像。由于所有的光线方向相同，因此只需对每条光线使用该“模板”扫描一次。当这些光线从图像平面像素投射时，如图 7.24 (a) 所示，数据集中某些体素就可能对图像没有贡献。换种方式，若在平行于图像平面的体积的基平面的体素投射光线，如图 7.24 (b) 所示，则光线紧凑搭配使数据集中，每个体素只被看到一次。但是，在基平面上产生的图像看上去有些变形，所以最后还需要重新采样，将此图像投影回到图像平面。

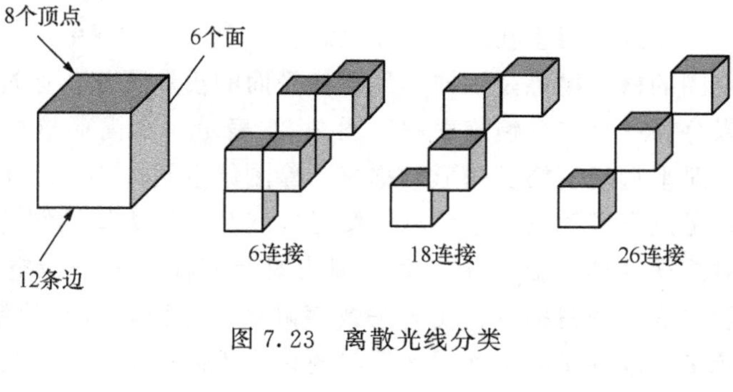

图 7.23　离散光线分类

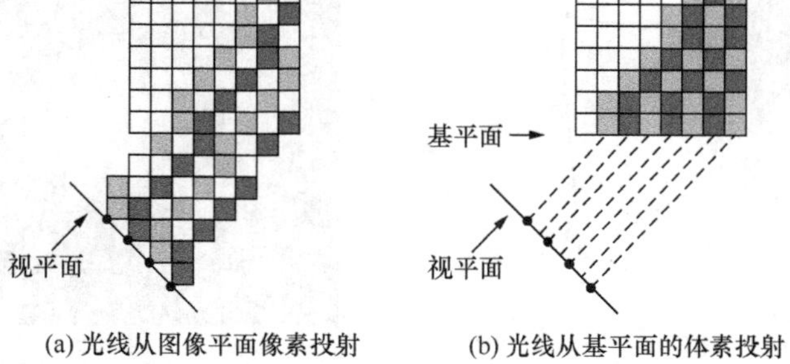

图 7.24　带模板离散光线的光线投射

7.3.5 按对象顺序体绘制

按对象顺序体绘制方法是对体数据集逐层、逐行、逐个地计算每一个数据点对图像平面中像素的贡献，并加以合成，形成最后的图像。使用 α 合成法时，体数据可以按照距图像平面由前到后的顺序投影，也可以按照由后向前的顺序投影。若用图形硬件进行合成，从后向前顺序为好，因为无须帧缓冲器中的 α 位平面就可以完成 α 混合。

如果使用软件合成法，从前向后顺序更普遍，因为部分图像结果更具视觉意义。在一个像素接近完全不透明时，可以免除附加的处理。基于到视平面的距离的体素排序也并不一定非做不可，因为某些体绘制操作，如 MIP 或平均法，可以按任何顺序进行，都能得到正确结果。

图 7.25 是一个简单的按对象顺序体绘制示例，从后向前将体积内体素做正透视投影。穿越体素是从离视平面最远处体素开始，并连续地逐渐移向较近体素，直到所有体素都被访问。整个过程由一个三重嵌套循环完成，即从外层到内层，先遍历体积中的平面，再处理一个平面中的一行，最后是一行中的体素。图 7.25 表示的是体积投影中前 7 个体素的顺序号。以这种方式处理体素不产生从最远到最近体素的严格顺序。然而，对正透视投影这已足够了。因为它能保证投影到单个像素的体素按正确的顺序处理。处理一个体素时，它在视平面上投影位置是由体素及图像信息确定，运算是在像素位置完成的。这种运算类似于按图像顺序光线投射技术所用的光线函数。虽然这种投影体素的方法快而有效，但用透视投影时，常产生伪像。例如，会在图像中产生分散的“孔洞”。

一种称做溅射（splatting）的体绘制技术，通过将一个体素的能量分配到许多像素的方式说明这个问题。溅射是由 Westover 提出的按对象体绘制技术，如其名字所意味的，每次它都将一个体素的能量在图像平面投影成一个光斑，或痕迹。每个数据样本周围存在一个有限范围的核。痕迹是该样本到图像平面的投影贡献，通过沿视方向对核积分计算，并将结果存在一个二维痕迹表中。图 7.26 表示一个高斯核投影到视平面产生溅射足迹的情况。对平行视变换及球形对称核，除图像空间位移外，每个体素的痕迹都是相同的。因此，足迹表求值及一个样本的图像空间范围作为体绘制的预处理步骤只需计算一次。溅射对透视性体绘制更困难些，因为对所有样本的图像空间范围是不一样的。精确修正溅射方法中透视影响会使算法效率降低。然而，以小的精度损失为代价，把一个椭球的图像平面范围用一个椭圆来近似的话，我们仍可使用普通的足迹表。

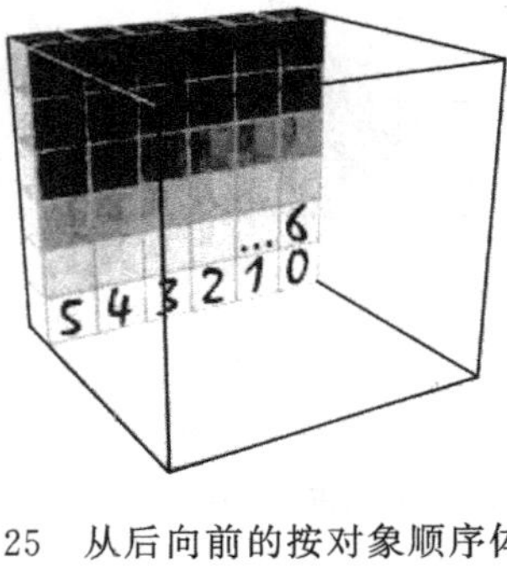

图 7.25 从后向前的按对象顺序体绘制

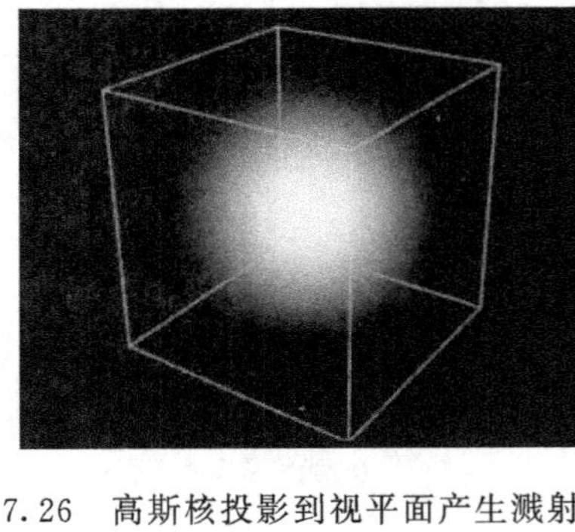

图 7.26 高斯核投影到视平面产生溅射足迹

利用溅射法做体绘制时还有些重要的考虑。核的类型，核的半径及足迹表分辨都会对最终的图像样子有重要影响。例如，核半径若小于相邻样本间距离时，可能导致图像中的空隙，而较大的半径会使图像模糊。再有，低分辨足迹表计算起来快些，而高分辨表使我们可以使用最近邻采样，在不太损失图像精度前提下较快实现绘制。

如本章前面介绍的，纹理映射原是为绘制几何体表面时提供高表面复杂度样子开发的。随着纹理映射的成熟，并逐渐有标准图形硬件产生，研究者开始利用这些新手段实现体绘制。基于当前可用的纹理硬件主要类型，有两种主要的纹理映射体绘制技术。二维纹理映射体绘制使用二维纹理映射硬件，而三维纹理映射体绘制使用目前还不太普遍的三维纹理映射硬件。

我们可以将纹理映射体绘制分解为两个基本步骤。第一步是采样。利用某种内插形式从体积中提取数据样本，根据可用的纹理硬件类型，可以用最近邻法、双线性或三线性内插，还可用专用硬件实现，或用软、硬件结合技术。第二步是混合，采样值与帧缓冲器中当前图像结合起来。这可以是简单的最大值运算或更复杂的 α 合成运算。

纹理映射绘制器对体积采样并混合。通过对跨过整个体积的一组纹理映射多边形投影来产生图像。在二维纹理映射体绘制中，数据集沿最平行于视方向的体积轴分解成一组正透视层片。基本的绘制算法包含从后向前对这些正透视层片的循环处理。其中对每个层片，将二维纹理下载到纹理存储器中。每个层片都是一个矩形多边形，进行投影显示整个二维纹理。如果相邻层片相对图像尺寸分开太远，可能需用软件双线性内插方法从体积中提取附加的层片以满足所需图像精度。图 7.27 左边的图像表示用二维纹理映射方法绘制的正交层片。

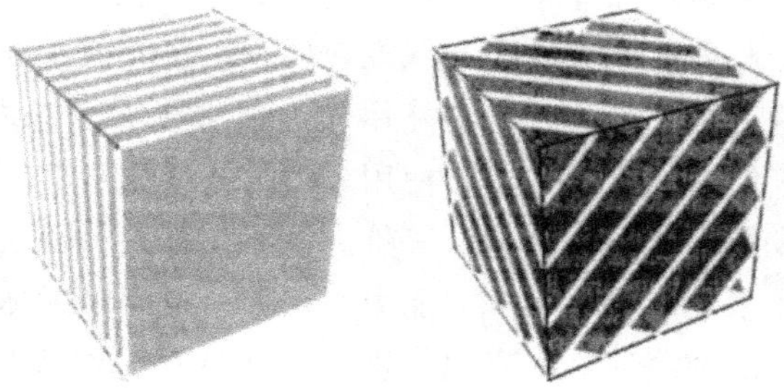

图 7.27　应用纹理映射技术的体绘制

图 7.28 显示的是用二维纹理映射体积绘制产生的几个图像例子。该算法的性能包括软件采样速率、纹理下载速率、纹理映射多边形扫描转化速率等。需要软件采样步骤生成纹理图像，由于对线性数组中存储的体积数据读取，与高速暂存的位置的视方向有关。某些实现是通过预计算，并将图像存为 3 个主要体积方向，以消耗存储器的方法减小软件采样代价。纹理下载速率是图像从主存传送到纹理映射存储器的速率，多边形的扫描转换通常受图形硬件处理图像中像素速率或像素填充速率的限制。对一个给定的硬件实现，一个体积的下载时间是固定的，不会随视线方向的变化而变化。然而，减小投影体积的相对大小可以减少图形硬件处理的样本数，从而以图像质量为代价提高体绘制速率。

与二维硬件不同，三维纹理硬件使用三维内插技术（如三线性内插）对体积内多层

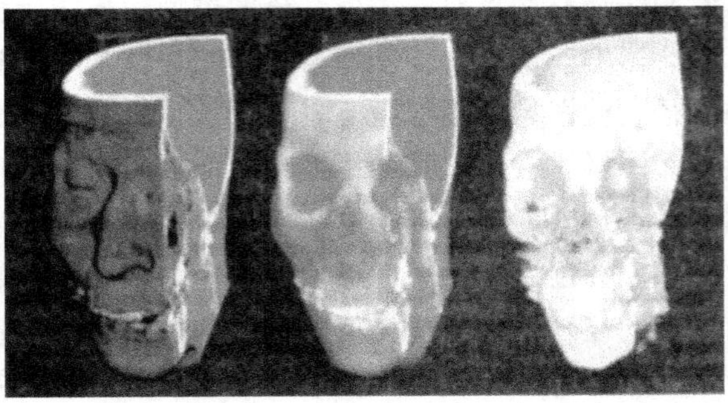

图 7.28　二维纹理映射体积绘制

片间加载与内插。如果纹理存储器足够大，可以容纳整个体积，那么绘制算法就简单了。整个体积作为预处理步骤一次加载到纹理存储器中。要绘制一个图像，将沿视方向并与图像平面平行的等间隔的一组平面从体积中剪裁出来（图 7.27 右图），得到的多边形按从后向前顺序，用适当的三维纹理坐标投影。

实际上，一般不太可能将整个体积装入到三维纹理存储器中。问题的解法是将数据集分成足够小的子体积，或块，使每块能装入到纹理存储器中。在计算块中适当剪辑的多边形顶点时，块的处理必须是从后向前。应小心确保块间的边界不产生图像伪迹。

与二维纹理映射方法相似，三维算法受机器的纹理下载与像素填充速率限制。然而，三维纹理映射在对体积采样能力方面优于二维形式，通常产生较少伪迹的高质量图像。由于它能完成三线性插值，我们能在该体积内任何地点采样。例如，三维纹理映射算法可沿代表同心球的多边形而非常用的视对齐平面采样。

理论上，三维纹理映射体积绘制与光线投射体积绘制完成相同的计算，具有相同的复杂度 $O(n^3)$。产生相同的图像。二者都是用最近邻法或三线性内插对整个体积采样，并将这些样本结合起来组成像素值，例如使用最大值或合成函数。因此，可以将三维纹理映射与标准的光线投影方法看作功能上等价。使用纹理映射方法的主要好处是利用相对快速的图形硬件完成采集与混合运算的能力。然而，纹理映射体绘制由于在混合期间每个像素存储部分结果的帧缓冲器中有限精度，而比软件光线投射技术会有更多伪迹。此外，硬件仅支持几种光线函数，诸如明暗效果等高级技术很难实现。然而，随时间进展，纹理映射硬件发展，这些限制大部分会消失。

7.3.6　其他体绘制方法

并非所有的体绘制方法都可分到按图像顺序绘制或按对象顺序绘制两类。例如，体绘制的错切－变形法（shear-warp）同时遍历图像和对象空间。该方法将三维视觉变换分解成三维错切变换和二维的变形变换。体数据按照错切变换矩阵进行错切，投影到错切空间形成一个中间图像，然后再将中间图像经变形生成最后的结果图像。这种算法的最主要特点是按照主要的视线方向选择切片数据集和投影数据。当视线的方向变化时，投影方向不一定变化。

如果我们从体积的基平面投射光线做正交投影，则相当于使体积错切，使光线变得与基平面垂直（图 7.29）。如果所有光线都源自于基平面上体素中同一平面，那么，这些光线与该体积的每个后续平面上的体素相交在连贯的位置上。对数据集二维平面用双线性内插，可以对每个平面预计算一组插值权系数。与沿每条光线计算样本遍历体积不同，按对象顺序的遍历方法是按每个平面的每行从前向后访问体素，通过体积的。体积的一个平面中的样本与图像平面上的像素存在一一对应关系，这使得有可能同时遍历样本和像素。

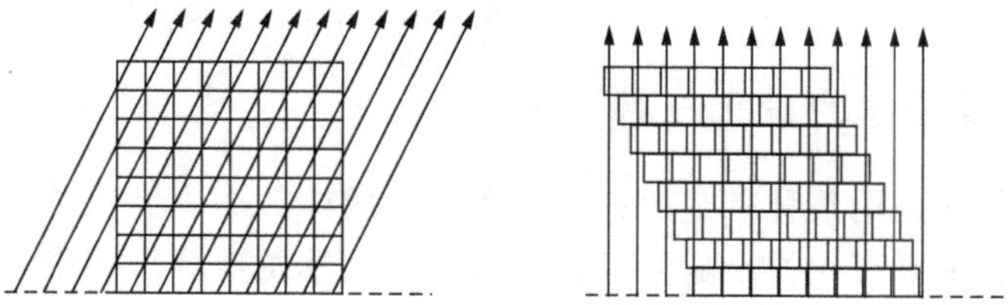

图 7.29 错切-变形法体绘制

最后，还必须完成重采样（变形）运算，将基平面上错位空间的图像变换回到图像平面的笛卡儿空间。错位-变形体绘制是光线投射的一个有效变种。样本与体素间的对应关系使我们能利用以前称为光线终止的标准光线投射技术。若已经知道在合成时一个像素是完全不透明的话，就无须再考虑投射到这个像素的其他样本了，因为他们不会对最终像素值有什么贡献。错位-变形体绘制最大效率改进是因为它对体积用行程编码。这种压缩方法从数据集中去除所有的空体素，仅保留那些可能对图像有贡献的体素。根据数据的分类，有可能达到 10∶1 的压缩比。当通过这个压缩后的体积，因行程编码所跳越的体素数也表示图像中跨过的像素数。该方法的缺点是它需要压缩体积的 3 个拷贝才能从所有视方向从前到后遍历体积。此外，要使用透视变换，为了得到正确的遍历顺序，需要遍历体积的所有 3 个压缩拷贝。

参 考 文 献

管伟光. 1998. 体视化技术及应用. 北京：电子工业出版社.

吕维雪，段会龙. 2001. 三维医学图像可视化及其应用. 杭州：浙江大学出版社.

彭延军，石教英. 2002. 体绘制技术在医学可视化中的新发展. 中国图像图形学报，7A（12）：1239—1246.

孙家广，杨长贵. 1995. 计算机图形学. 北京：清华大学出版社.

George J Grevera，Jayaram K Udupa，Yukio Miki. 1999. A Task-Specific Evaluation of Three-Dimensional Image Interpolation Techniques. IEEE Transactions On Medical Imaging，18（2）：137—143.

H Cline，W Lorensen，S Ludke，C Crawford，B Teeter. 1988. Two Algorithms for The Three-Dimensional Reconstruction of Tomographs. Medical Physics，15（3）：320—327.

Lorensen，Cline. 1987. Marching Cubes：A High-Resolution 3D Surface Construction Algorithm. Computer Graphics，21（4）：163—169.

Neilson，Hamann. 1991. The Asymptotic Decider：Resolving the ambiguity in Marching Cubes. Proc. Vis. San Deigo，CA，Oct：22—25.

Schroeder W，Martin H，Lorensen B. 1998. Visualization Toolkit. Prentice Hall PTR.

第 8 章　医学图像标准数据库

8.1　数字化人脑图谱技术

8.1.1　数字化脑图谱的概念与特点

数字化人脑图谱是用某种特定的扫描装置获取的体数据，经三维分割处理并加上解剖标识，再辅以三维可视化技术的结果。在当前的医学图像分析和研究中，构建一个高精度、高速度，又易于操作的三维数字化人脑图谱（digitized atlas of the human brain）的工作引起科学家们的重视。使用这种图谱，医生可以在三维空间对人脑中感兴趣的对象任意旋转和平移，做认真细致的观察，清楚地了解人脑内部复杂的空间关系。由于图谱是数字化的，因此可以很方便地对整个体数据进行重采样（resampling），或对数据格式重组（reformatting），使人们能够从任意角度、任何剖面观察脑内结构。特别是，人脑的主要组成部分在图谱中都有相应的解剖名词标识，并能在鼠标控制下显示。这无疑是手术步骤计划的重要参考信息，当然也是神经解剖教学的好工具。图谱的这一特性还可以用做模型驱动分割的模板，对分析新的脑图像的多个感兴趣区同时做特征描述十分有用。

8.1.2　数字化脑图谱的构建方法

数字化脑图谱的材料大致有以下几种：即尸体组织切片、活体扫描或用数学方法仿真。活体扫描既可以是单一受试者的叠加平均结果，又可以是多个受试者的概率结果。

数字化人脑图谱的制作主要包括这样几个过程：数据的获取与图像数据的质量改进、感兴趣区的选择与贴解剖标签、三维表面绘制、浏览器及人机交互接口（图 8.1）。下面分别加以介绍。

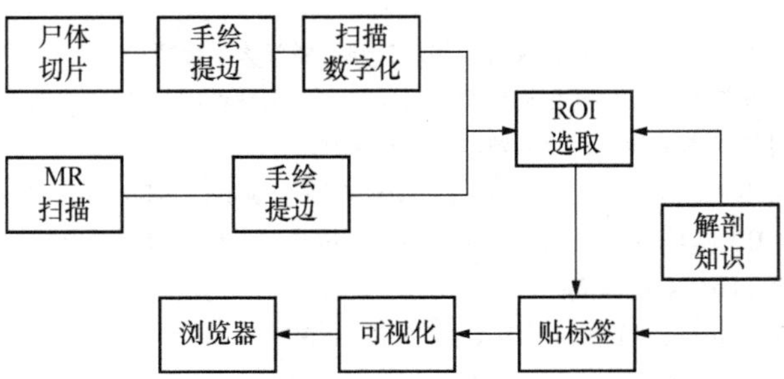

图 8.1　数字化脑图谱构建过程

1. 数据的获取

如果数据取自尸体，尸体脑应选自无神经疾病和神经病理改变的成年死者。保存时应浸泡在福尔马林酒精溶液中，使其尽量与活体脑状态相近。具体步骤是先用切片机对尸体头颅沿轴向（即从上向下方向）切片，约每 2mm 一层。然后对各层切片照相，用透明胶片覆盖在照片上。透明胶片上有毫米刻度的切片机框架标记，覆盖时使该框架标记与照片中的框架位置重合。因为照片中各解剖结构的边缘并非清楚可见，必须辅以必要的手绘。例如在透明胶片上绘出大脑半球皮层表面、尾状核的头、尾边缘，及脑室边缘等。这项工作一般是由神经解剖学专家来完成。如能对每个结构都由熟悉该结构的专家分头描绘，效果会更好些。最后，用平板式图像扫描仪将描绘好的透明胶片扫描至计算机图像工作站中，就得到了人脑切片的分层数据及全脑的体数据。

如果采集的是活体数据，则应选择一个健康的成年受试者。直接进行 MR 分层扫描。多层扫描数据经工作站转换为标准图像格式供后处理使用。这种扫描数据本身就是三维体数据集。一般由文件头与二进制 MR 数据组成。数据结构很方便做二维或三维处理。

2. 图像数据的质量改进

由于 MR 图像中各解剖结构的边缘并不清晰。因此扫描要在较短的时间内重复进行多次，扫描过程中受试者位置尽量固定不动。将 N 次扫描数据叠加平均得到的结果就可将信噪比增加 N 的平方根倍。例如，MNI 的人脑数据库就是对同一受试扫描 27 次完成的。此外，还应对图像噪声加以滤除。有多种滤波器可以使用，例如图像与高斯核卷积可以抑制随机噪声，但对图像结构边缘有模糊作用。一种模拟热学中各向异性扩散的滤波器较为有效，既可滤除噪声，又不破坏图像的解剖细节。

3. 感兴趣区的选取

感兴趣区的选取是图像三维分割与医学先验知识相结合的产物。图像三维分割可以是自动的、监督式的、或二者结合的分割。例如，在滤波后对 MR 图像做基于灰度的监督式分割（supervised segmentation），尽量得到对每个像素明晰的组织分类（灰质、白质、脑脊液等）。分类器采用非参数统计分类算法，将灰度图像转换为某种组织的二值图像或概率图像。在初始分割的基础上，参照现有的神经解剖学专著找出关于各 ROI 的标志（landmark）的叙述，例如关于颞叶、额叶前部皮层、基底节的详细描述，初步选择 ROI。该项工作可以交互式地进行。例如对同是灰质的额上回与额中回无法用程序自动区分。使用能够显示侧面、轴向及冠状（sagittal，axial，coronal）三个正交方向截面图的交互式软件可以观察脑部切片，帮助 ROI 的编辑工作。划分的 ROI 包括大脑皮层灰质（又分为多个脑叶）、小脑、脑干结构（包括脑桥和延髓）、胼胝体、基底节、脑缘系统结构、眼与视交叉，脑室系统，及几个白质束（皮层脊髓束及视辐射线）等。总计有 150 个左右的解剖结构。

由于解剖结构形态分类的任意性，要做好这项工作需要专家组对识别的各个脑区评估并不断改进和修正。对脑图谱众多 ROI 的确定和轮廓描绘是十分艰苦、费力的事，一般需要数人年的工作。由于精心操作，ROI 的划分是很准确的。经评估，即使对体积很小的脑结构，例如颞上回（STG），ROI 的误差也能做到小于 4％。

4. 贴解剖标签

解剖标签是存放在一个文件中的解剖结构名词。该文件保留解剖结构的空间信息和解剖知识。只有将一个标签与一组体素对应联系起来，才能显示该标签所代表的解剖结构。贴标签系统是分级组织的。神经解剖结构可以按照结构间的特定关系分组。例如，皮层沟回可以分为额叶、顶叶、颞叶和枕叶沟回等，脑室系统分为侧脑室、第三脑室、第四脑室等。各组成组织的标签也是分级安排的。此外，还包括一些与功能有关的系统，例如皮层脊髓束、视辐射线等。

5. 数字化人脑图谱的可视化

有 3 种方法可以用来实现贴过标签的数据集的可视化。

第一种是使用高性能计算机的蛮力绘制法（brute force rendering）。

第二种使用表面模型和标准图形硬件加速方法。

第三种对于没有硬件加速设备的，可以预先算好绘制的图像，存储备用。

这三种方法对计算资源的要求不同，前者最高，依次递降。使用高性能计算机，交互式工作要求每秒几幅图像的绘制速度。如果数据集包括 8M 个体素的话，要想得到较好的视觉效果，还必须对数据点插值或平滑。在三维空间，很容易实现对解剖结构分组，对象的平移与旋转。结构间的关系也很明确，便于观察和建立解剖结构的三维结构和形态。

表面模型的产生是分几步实现的。首先将每个标签所代表的解剖结构转换为二进制数据集。并对这些数据集用三维高斯平滑。然后使用移动立方体法或划分立方体法产生表面模型。应用减少三角形算法可以大大地缓解绘制对桌面图形加速硬件的要求。整个图谱包含约 60 万个小三角形，使用隐藏面消隐及 Phong 光照模型，最后得到逼真的明暗绘制效果。

对低档硬件可以使用预绘制图像的方法。有些计算机没有专门的绘图硬件，可以通过因特网的 java applet 调用这些预先绘制好的图像。

6. 数字化人脑图谱的浏览器

解剖是分级组织的，因此浏览器也应是分级的。例如，额上回（SFG）是大脑额叶的一部分，后者属于新皮层一部分，而新皮层又是大脑的一部分等。分级浏览器对分割图像的可视化提供一个用户友好界面。程序自动将分割好的图像与包含分级名称与像素值的说明文件关联起来。用户可选择按像素值或按分级关系显示图像。后者允许将不同神经解剖区成组或拆组，用色彩加亮不同的 ROI，可以清楚看出结构间的关系。随意上移或下移至不同的分级以更好地观察较大或较小的分组，更好地了解结构间的空间关系。用于图谱导航的用户接口是一个分级浏览器。具体的功能有：

- 从多个不同方向观察图像（角度、高度和旋转）；
- 图像尺寸缩放（适于观察小的对象）；
- 以任意维剪切图像（显示隐藏对象）；
- 按组或按单个颜色显示分级结构；
- 利用 RGB 滑块改变图像颜色；
- 给图像贴标签注释三维显示部分；
- 在图像上重叠栅格用做贴标签编辑；
- 改变标签字体的大小、颜色和字型；
- 在三维显示上画线，帮助指向标签标识的脑区；

• 存储标签、说明文件、图像，供制作幻灯片、录像带或以后的脑图谱使用。

8.1.3 数字化人脑图谱的应用

当前比较有代表意义的数字化图脑谱有 Talairach 脑图谱、哈佛全脑数据库、蒙特利尔神经所的 BrainWeb 和 UCLA 的可变形的人脑概率数据库。美国的可视人计划（Visible Human Project）也常常被用于脑图像研究的参考。在下面章节中将对这些标准数据库做较详细的介绍。

1. 神经解剖教学

对不同解剖结构的形状、构造及它们之间的关系的理解是件困难的事情。数字化人脑图谱可以给学生提供一种直观地学习神经解剖学快速而有效的方式。学习时可以与常规图谱书一起使用。由于是数字化的三维数据集配合灵活快速的表面重建和浏览功能使学生能从多角度观察指定的解剖结构，观察的对象也可很方便地选择。所以是一个很好的教学工具。

2. 手术计划与导航

数字化人脑图谱可以为外科手术步骤的计划提供准确、可靠的参考信息。例如对神经胶质瘤患者的手术计划。医生所面临的挑战是如何防止对皮层脊髓束的损伤。有了图谱给出的准确的解剖参考。尽管使用交互式刚性配准方法在手术室只能做到大致的对准，医生还是深感能在手术之前得到这些信息是十分重要的。数字化人脑图谱预报的位置在手术中得以确认。这些知识增强了神经外科医生手术的信心，可以最大限度地避免对关键脑组织的伤害。如果使用弹性形变算法会达到更好的匹配。

3. 模型驱动分割

由于人体解剖个异性差别较大，人脑中许多组织和结构的图像灰度分布互相重叠，使得人脑图像分割具有很大的难度。医学图像的分割是医学图像研究永恒的话题。图谱的信息可以用于指导分割算法的研究。因为成像方法本身的对比度不能区分组织相似但功能不同的结构。特别是目前的功能图像空间分辨较低。图像对比不能反映的信息主要靠图谱来提供。从图谱信息到受试者或病人的映射主要使用弹性匹配方法。关键是如何建立结构间的对应关系，已有一些数学方法可以解决这类问题。

4. 医学图像配准

医学图像配准是相同模式、不同成像参数图像，不同成像模式图像，甚至不同人脑图像间进行比较的不可缺少的重要图像处理步骤。数字化人脑图谱包含具有明确解剖标识的量化空间信息，与笛卡儿坐标系统联系起来，就可以作为公共参考系统实现各类图像配准。配准过程可以是从一个特定的脑到另一个特定的脑，从脑图谱至脑或从脑至脑图谱完成。

5. 仿真多种成像方式

利用 MR 人脑图谱数据和特定的其他成像模式的原理相结合，可以用计算机模拟产生 PET，SPECT 或 fMRI 图像，构建多种模式的仿真脑图像体数据集供诸如分割和配准等图像方法学研究。这样构建的仿真数据库特点是成像参数可控，可以人为添加噪声、模仿部分体积效应及对灰度不均匀度（INU）进行控制，用来检测算法的强健性。

实际上，除 MR 外，目前已有一些用其他成像模式直接扫描构建的 PET 和 SPECT 数字化人脑图谱。这些图谱系统地提供人脑的功能信息，与已有的提供解剖信息的 MR 图谱结合起来，在神经解剖学的研究及临床应用中必将发挥更大的作用。

8.2 数字化虚拟人体

8.2.1 美国可视人计划

美国国立图书馆支持美国可视人计划（Visible Human Project，VHP）于 1989 年立项，并在 1994 年与 1998 年相继推出一男一女尸体高精度、高分辨组织切片光学照相、CT 和 MRI 断层图像数据集（图 8.2 和图 8.3）。男的身高 1.82m，女的身高 1.54m。在他们死后，立即用 CT 和 MRI 作了轴向扫描，男的间距 1mm，共 1878 个断面。女的间距 0.33mm，共 5189 个断面。然后将尸体填充蓝色乳胶并裹以明胶后冰冻至－80℃。再以同样的间距对尸体作组织切片的摄影。数字化扫描分辨率为 2048×1216 像素。所得数据共 56GB（男 13GB，女 43GB）。

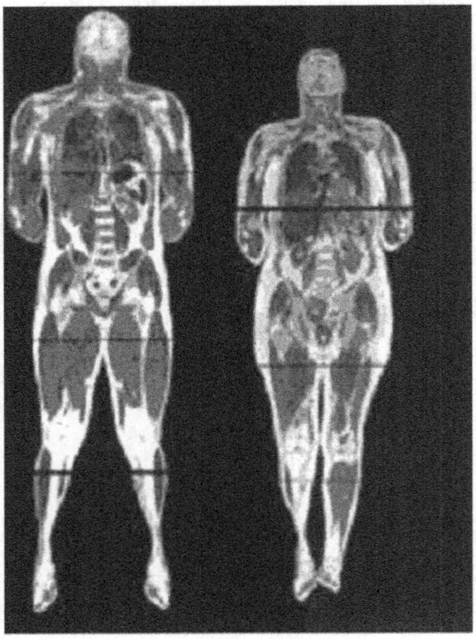

图 8.2 美国可视人体男性与女性

这一举动在美国、乃至全世界医学界产生巨大影响。究其意义来说，主要有 4 个方面：

1）实现了人体解剖信息的数字化。这使得几百年发展起来的基于尸体解剖的实验解剖学发生革命性的变革。人体解剖信息一旦数字化后，就找到与计算机接口方法，后续的计算机处理技术将使这个资源发生不可估量的影响。

2）极大地提高了人体解剖可视化水平。人类在认识自己身体的结构方面前进了一大步，使人们以三维形式看到人体数千个解剖结构的大小、形状、位置及器官间的相互空间关系。

3）开辟医学研究的虚拟环境。基于 VHP 数据集开发各种虚拟内窥镜（例如虚拟直肠镜、虚拟腹腔镜等）。特别是这种技术不受腔、管结构的限制，原则上可以在人体内部任何部分穿通浏览。基于图像引导的外科手术计划与导航系统可以提高手术的安全性和成功率；虚拟手术培训系统给广大的未来医生提供最具真实感的训练机会。对提高人

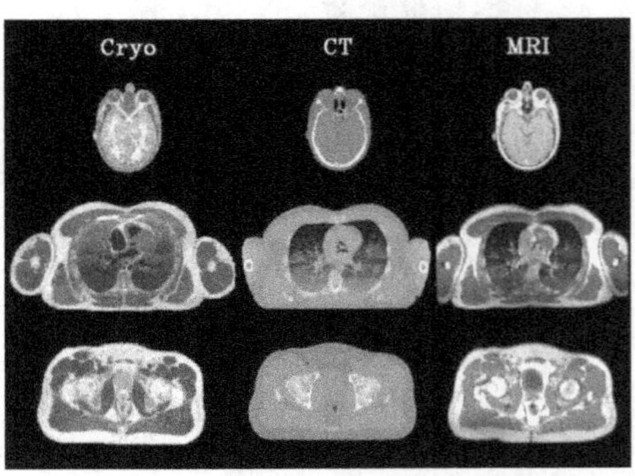

图 8.3 美国可视人体男性断层图像

类整体医疗水平具有重要意义。

4）作为高质量、高水平的基础医学数据集，将人体解剖信息资源为全人类所共享。数据共享是当今国际科学界极为关注和提倡的。许多有实力的大学、研究所、医院和公司纷纷融资协力打造多种领域数据库，甚至是跨国的合作。显然，VHP 数据集是这方面成功的范例。

8.2.2 VHP 数据集的处理

在 VHP 数据集获取之后，专家们开始对断层图像数据进行分割、分类、三维重建和可视化工作。已经完成了用于解剖教学的部分功能模块和相关软件。基于网络的头颈部图谱正在研制。还开发了可视人图像处理工具，目的是生成一个支持医学图像分割、分类及可变形配准方面图像分析研究的工具。并考虑在下一代因特网支持下，实现有触觉控制的可视人图像数据集实时二维和三维可视化（图 8.4）。

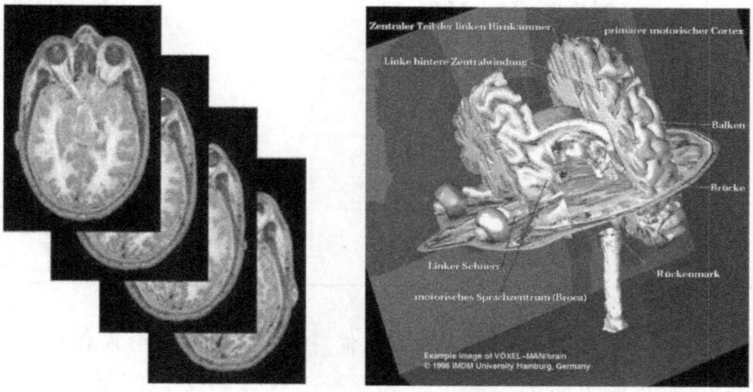

图 8.4　基于 VHP 的人脑组织重建和解剖标识

比较典型的是德国汉堡大学的 Vox-man 项目。它使用 VHP 数据对人体器官由表及里进行了精细的三维重建，得到近于真实的视觉效果（图 8.5）。美国的 Mayo Clinic 生物医学图像研究所也应用可视人数据对人体及器官做了高质量的重建（图 8.6）。

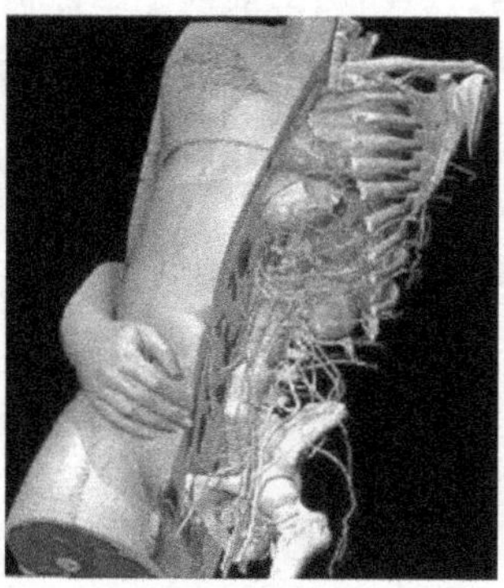

图 8.5　德国汉堡大学的 Vox-man 人体器官三维重建

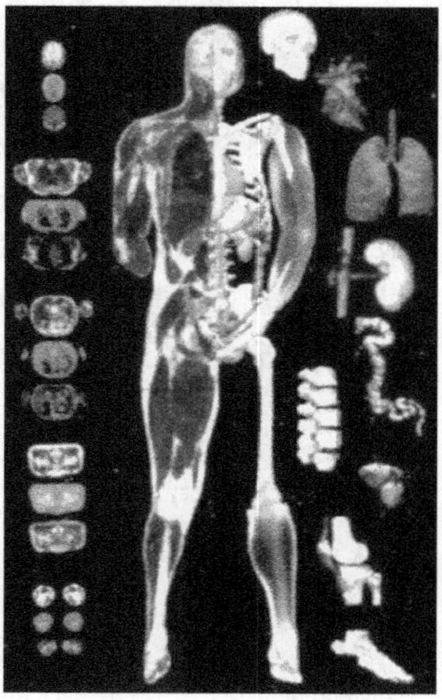

图 8.6　美国 Mayo Clinic 用可视人数据重建人体及组成部分

8.2.3 数字化虚拟人设想

与VHP同时，科学家们进一步提出“虚拟人”（virtual human）的设想。什么是虚拟人？至今学术界尚无统一而明确的定义。一个较易为众人接受的说法是：“虚拟人是一个计算机模型，不仅看上去像人，而且行为举止都像人。”

其内涵是什么呢？这里我们引用美国Mayo研究所的Robert Rob教授关于虚拟人划分为五代及每一代的主要特点的设想，具体内容如表8.1所示。

表8.1 虚拟人划代一览表

generation（代）	properties（特征）	Example（举例）
1	geometric anatomy 几何解剖	3-D organ shapes 三维器官形状
2	physical dynamics modeling 物理动态建模	kinematics，deformations 运动学，形变
3	physiologic characteristics 生理特性	bleeding，leaking bile 出血、胆汁渗透
4	microscopic anatomy 显微解剖	neurovascular，glandular 神经血管、腺体
5	biochemical systems 生化系统	endocrine，immune，shock 内分泌、免疫、休克

作为其中的一个阶段，“可视人”是从几何学角度定量描绘人体的解剖结构，属于“解剖人”。如果考虑人体组织的力学特性和形变等物理特性，就是第二代的“物理人”。包括生理特性的数字化人体被列为第三代的“生理人”。研究人体微观结构及生化特性的则属于更高级的虚拟人。最终的虚拟人应能最真实、最深入地从解剖、物理、生理、生化，从宏观到微观，从表象到本质全面反映人体的交互式数字化人体。

目前，虽然临床手术计划和导航出于对手术过程中组织变形的考虑，部分学者已经开始第二代虚拟人研究，但大部分的虚拟人的研究仍集中在第一代。众多的计算机专家与特定的医学领域专家相结合，正致力于更多具有临床意义的解剖结构精确三维重建。该项工作的完成将对医学和其他许多领域产生重大影响。从断层扫描数字图像精确重建人体解剖组织涉及一系列图像采集和处理的科学和技术问题。表8.2所列出的医学图像处理技术，如图像的分割、分类、配准、重建和显示等都是当前医学图像研究的重点和热点。

表8.2 可视人数据集的图像处理及应用技术

algorithms 算法	education 教育	modeling 建模	prototyping 典例
rendering 绘制	digital anatomy 数字解剖	deformable models 可变形模型	surgery planning 手术计划
segmentation 分割	reference libraries 参考库	physical attributes 物理属性	anesthesia delivery 麻醉

续表

registration 配准	knowledge bases 知识库	physiological attributes 生理属性	virtual laparoscopy 虚拟腹腔镜
classification 分类	biology framework 生物框架	realistic animations 真实动画	virtual endoscopy 虚拟内窥镜

8.2.4 中国虚拟人的有关医学图像方法学考虑

自 2001 年关于"中国数字化虚拟人体的科技问题"的第 174 次香山科学会议之后，我国学者已经获得国家高技术研究发展计划（"863"计划）课题："数字化虚拟人体若干关键技术"的支助，正式启动中国虚拟人体的研究。这是一个复杂的系统工程。任何一个细节的失误都会造成整个系统的缺憾。我们从医学图像研究角度有以下初步的考虑。

1. 关于中国虚拟人医学图像数据采集总体方案的思考

可视人（或虚拟人）图像都是建立在断层扫描技术（tomography）的基础之上的。所谓断层扫描是指对人体分层扫描，每层是一幅由称做像素的最小元素组成的二维平面图像，像素的强度被数字化。一系列的连续层片形成人体的一部分，其最小组成元素称为体素。这些体素的强度值构成体数据集。可以采用各种算法对体数据集进行加工和处理，产生所需的图像。因此，全部可视人图像质量的基础在于体数据集的高精度、高可靠性的获取。

1）中国虚拟人至少应当采集组织光学照片、CT 与 MRI 扫描 3 种模式图像数据美国 VHP male 共采集 6 套图像数据，包括：

- 尸体冷冻组织切片彩色光学照片一套；
- 新鲜尸体（冷冻前）CT 扫描数据一套；
- 尸体冷冻后 CT 扫描数据一套；
- MRI 扫描数据三套（PD，T1，T2 图像各一套）。

3 种图像都采集是 VHP 数据集的主要特点之一，通过图像配准技术可以直接对比人体特定器官或组织在临床医学影像中的表现，利于提高医学影像诊断水平。

2）断层图像的层片间距目前以 0.2mm 最为合适。

首先，让我们看一下美国 VHP 男、女数据集的采集参数（表 8.3）。美国可视人男性彩色照片二维平面内像素的分辨是 0.33mm×0.33mm。对于 1760×1024 的图像画面，图像对应的物理尺寸是 58.1cm×33.8cm。这正是人体躯干的尺寸，而对应的画面大小适合 17in 监视器显示。后来有人将图像画面扩大为 2048×1216，则对应 21in 的监视器。作为数字解剖，显然是要将人体最大的横断面能够在一幅画面中完全显示。假定人的头部断面尺寸是 20cm×20cm，人体最大断面（躯干）尺寸为 50cm×35cm，对于不同大小像素，图像画面的尺寸见表 8.4。对于 0.2mm×0.2mm 的平面像素，要全部显示人体躯干画面须使用 21in 监视器。若将平面像素的尺寸改为 0.1mm×0.1mm，要求使用特大监视器。这不符合一般计算机的配置规格，与广泛推广使用可视人体的初衷不符。对于二维显示、三维各向同性体素要求来说可见 0.2mm 的层间距最为合适。若将层间距取做0.1mm，要求2000万像素的数码照相机。不仅片内显示无法实现，作成非立方体素（0.2mm×0.2mm×0.1mm），对重建图像也没什么特别的好处。所以，以目前条件来看，层间距取0.1mm对尸体磨削，不仅产生大量无用的数据，空耗存储介质；对加工时间及图像质量都有不利的影响。

表8.3　美国VHP图像采集参数

项目	体素分辨/mm³	图像尺寸/像素	总片数	适于监视器/in	总存储量
美国VHP男性					
彩色照片	0.33mm×0.33×1.0	1760×1024	1878	17	9.5GB
CT（冷冻后）	可变×可变×1.0	512×512	1878	<15	939MB
CT（冷冻前）	可变×可变×1.0	512×512	500	<15	250MB
彩色照片（大）	0.33×0.33×1.0	2048×1216	1878	21	14GB
美国VHP女性					
彩色照片	0.33×0.33×0.33	1664×928	5189	17	24GB
CT（冷冻后）	可变×可变×1.0	512×512	1730	<15	864MB

注：1in=2.54cm。

表8.4　像素分辨与监视器尺寸的关系

像素分辨/mm	头部画面尺寸/像素	躯干画面尺寸/像素	适于监视器/in
0.2×0.2	1000×1000	2500×1750	21
0.1×0.1	2000×2000	5000×3500	?

3）中国虚拟人数据应是整体与局部结合，各部分多分辨率采集。

美国在完成VHP男性与女性数据集之后，仍在寻求更好的采集方案。同时，对胸部局部做高分辨采集。在二维平面内图像的分辨主要由摄像机的质量决定，而且对已获取的图像做数据插值也是可行的。另一个做法是仅对人体感兴趣部位采集，例如斯坦福可视女性数据集（Stanford Visible Female，SVF）实际只采集妇女腹部数据。他们认为Visible Human Female数据来自一位58岁的绝经后的老年妇女，其子宫与卵巢都已经萎缩，实际应用价值不大。SVF数据取自一位32岁的育龄妇女，重建图像包括骨盆、肌肉、腹膜、腹腔内部结构与外观（图8.7）。该套数据更适合推广应用。由于切片层厚的限制，VHP数据无法很好的重建人体小器官图像。例如内耳结构就是从别处采集的，而且重建图像分辨仍较差。首都医科大学与北京同仁医院耳鼻喉专家正携手从事人体耳鼻喉精细结构重建图像工作。对于人体小器官由于器官本身尺度较小，采集层片厚度细微（数十微米）是可行的。

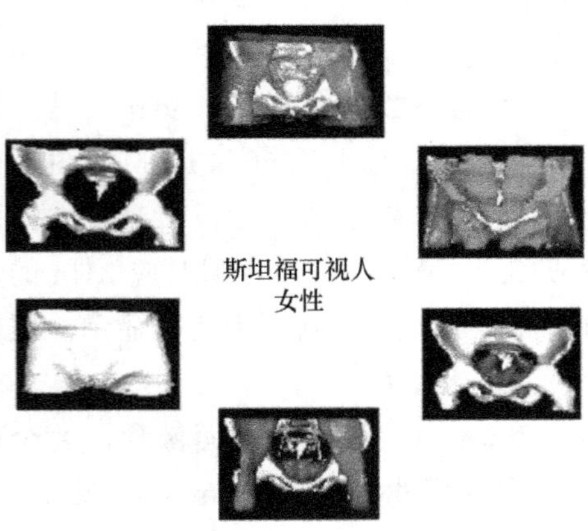

图8.7　基于斯坦福可视女性数据集重建的妇女腹部图像

虚拟人的现代医学图像处理与分析是计算机、信号处理、解剖学、神经科学、核技术、放射科学、心理学等多学科、多领域交叉科学。人体图像数据获取也绝非是一个简单的图像扫描操作，而应由多学科、多领域的专家合作，精心设计才能完成。

2. 中国虚拟人的医学图像分割和分类需要计算机及医学领域专家密切合作

美国可视人的数据质量存在一些问题，例如可视人数据胸部、大腿上部及小腿的横断面都有数据缺失及采集过程损坏现象。中国虚拟人数据在采集过程中不可避免地也会有局部信息的损失，须采用图像后处理技术加以补偿和修正。中国虚拟人计划还应增加人体功能图像的采集。活体功能数据采集涉及身体运动及生理噪声的干扰，需要有良好的抑制噪声，消除运动及生理伪迹的滤波技术增强图像的信号噪声比。可视人数据集包括海量数据，如果通过因特网提供服务必须考虑数据压缩问题。初始处理包括剪裁原图像，去除凝胶背景。原图像是轴向的，须重构冠状及矢状两正交平面图像，并用75%质量值转换为JPEG格式。图像质量会略有退化。中国虚拟人计划因为包含信息更多，数据的压缩与图像质量问题应妥善解决。可视人计划发挥作用的关键是要做到从数据到知识的转化。无论是二维断层扫描数据，还是三维体数据集都无法让人们直观地了解人体。要想做到这点，必须将这些数据可视化。即精确构建二维和三维交互式浏览器，实现二维任意方向剖面浏览及解剖结构三维可视化。这项工作除医学图像分割与分类算法外，解剖标识可以将可视化的器官（组织）与解剖名词联系起来，便于实际应用。但是，目前并无建立这种联系的标准。在基于图像的结构描述和表示方面需要做基础研究，以将基于图像的结构－解剖数据与基于文本的功能－生理数据联系起来。医学领域专家（包括眼、耳、头颈、胸、腹等科）的积极参与是虚拟人最终质量的决定性因素之一。美国还想做新的可视人，美国国立医学图书馆 National Library of Medicine（NLM）与下述单位联合征集对VHP解剖方法的建议。这些单位是：国立牙科与颅面研究所 National Institute of Dental and Craniofacial Research（NIDCR）、国立眼科所 National Eye Institute（NEI）、国立耳聋与交流失常研究所 National Institute of Deafness and Other Communication Disorders（NIDCD）、国立癌症研究所 National Cancer Institute（NCI）、国立精神健康研究所 National Institute of Mental Health（NIMH）、国立神经失常与中风研究所 National Institute of Neurological Disorders and Stroke（NINDS）及国家科学基金 National Science Foundation（NSF）。这也证明虚拟人体需要多方面医学专家的介入。

3. 中国虚拟人应包含解剖与功能等多种信息的医学图像

美国可视人基本上是解剖人，不包含任何人体功能信息。用传统的成像技术是无法了解人体器官或组织的功能的。近10年来伴随科学技术的发展出现多种反映人体功能（新陈代谢、感官、认知、药物动力学等）的成像方式。例如PET（正电子断层扫描像）、SPECT（单光子发射断层扫描像）、fMRI（功能磁共振成像）及 optical imaging（光学成像）等。有了这么多种成像方式，就可以从解剖、功能、生理以至生化等方面更加全面地了解人体。由于功能成像必须是健康活体采集，若对死刑犯采集可能存在心理对功能影响问题。对功能图像质量评估存在一定困难。若对不同受试者采集功能图像，则存在功能信息与解剖信息有效融合的问题。不同人体信息的融合涉及复杂形变的配准等难题。

4. 中国虚拟人计划应加强具有复杂形变的配准方法研究

在临床诊断、放射治疗计划和图像引导手术中，经常要求病人接受多种计算机断层扫描成像，以提供病理和解剖方面的互补信息；但是由于病人在成像时的定位差异，以及不同图像的分辨率、对比度等参数的设置不同，医生很难单凭想象将多幅图像准确地对齐。医学图像配准就是通过寻找某种空间变换，使两幅图像的对应点达到空间位置和解剖结构上的完全一致。配准的结果应使两幅图像上所有的解剖点，或至少是所有具有诊断意义的点都达到匹配。没有配准功能，可视人（虚拟人）数据只是一个孤立的模型，有了精确配准可视人数据才能得到充分的应用，实现标准数据与正常人或病人比较。由于人体个体解剖差异，需要具有复杂形变的配准方法研究。这也是当前医学图像研究热点之一。

5. 中国虚拟人计划应用与现代计算医学的关系

虚拟人所涉及的现代医学图像处理与分析是精确的定量研究。无论人体解剖结构精确重建，包括边缘、轮廓提取、感兴趣区（ROI）提取，产生人体器官、组织形状、大小及空间位置，与周围器官、组织的相互关系或三维可视化技术都需要涉及处理大量数据、复杂算法。今天的医学图像处理技术几乎涉及各种复杂的数学知识和物理方法，例如线性代数、微分几何、偏微分方程、有限元、流体力学、生物力学等。这整套的处理方法已经形成一门新的科学，即计算医学。

8.3 Talairach 图谱

Talairach 图谱又称 Talairach-Tournoux 图谱，是指 Talairach J. 和 Tournoux P. 两个人于 1988 年出版的一本书中提出的。这本书包含 3 个创新点：

1）一个脑坐标系统（Talairach 坐标系统），定义了一个原点和 X，Y，Z 平面。在他们的系统中，脑被第一次取向，一条连接前连合（AC）和后连合（PC）的线作为水平方向，AC 作为原点（$X=0$，$Y=0$，$Z=0$）。

2）一个空间变换（Talairach 变换），用逐个象限的线性变换匹配不同形状和不同大小的脑。

3）一个按其坐标系统取向的脑图谱（Talairach 脑）。Talairach 脑是一个尸体标本，数据来自一个 59 岁的欧洲妇女。书中以彩色绘图形式，通过对正常个体人脑标本的一系列轴向的，冠状的和矢状的断面标示出大脑结构。脑的标本尺寸为长 172mm，高 116mm，宽 136mm。最初是沿着矢状的断面照相，冠状和轴向的断面是随后从矢状图人工插值得出的。共有 36 个矢状断层（左、右各 18），从中央平面向左共 61mm，向右 62mm。层片之间是不等间距的，层面间隔从 2～5mm。有 27 个轴向断层，范围从 $z=+65$mm 到 $z=-40$mm。38 个冠状断层（从通过前连合的垂直线 VAC 开始，VAC 前面 65mm，VAC 后面 100mm）。图 8.8 是 Talairach 图谱中的轴向图之一。

8.3.1 Talairach 坐标系统

Talairach 坐标严格来说不是一个坐标轴系统，而是一个规格化脑图像的方法。例如，如果对 10 个人采集了 MR 脑图像，每个人脑的大小和形状会互不相同。Talairach 描述了一种方法，取脑中一定的部位作为不变的界标，围绕着这些界标来定位其余部分，从而形成一个规格化的脑。如此规格化以后，当处理某些功能图像（例如，fMRI 或 PET），就可以在不同个体之间进行比较。脑功能成像时，其中某些结构可以较好地显示出来，其他的神经解剖学结构却不能直接观察，而仅能间接地通过它们与可见结构的空间关系来分析。通过前、后连合的一条线（AC-PC 线）与灰质中央核有确定的关系，与端脑有足够精确的关系。这条线被大多数神经解剖学家和立体定向神经外科医生所采纳。AC-PC 线定义了水平平面，通过前连合的垂直线 VAC 定义一个垂直前平面。这两条线与中线一起，组成定位系统的参考轴。这个间接定位系统又称做三维比例栅格系统。AC-PC，VAC 和中线这 3 条参考线形成了三维比例栅格系统的基础。

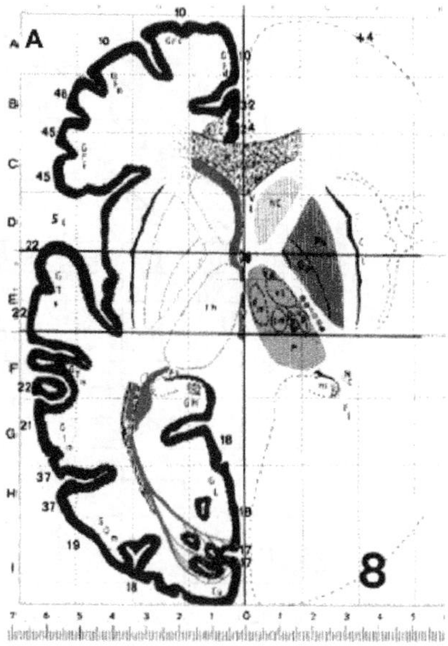

图 8.8 Talairach 图谱中的矢状图之一

图 8.9 给出在人脑物理模型上 3 个坐标轴的位置和方向。

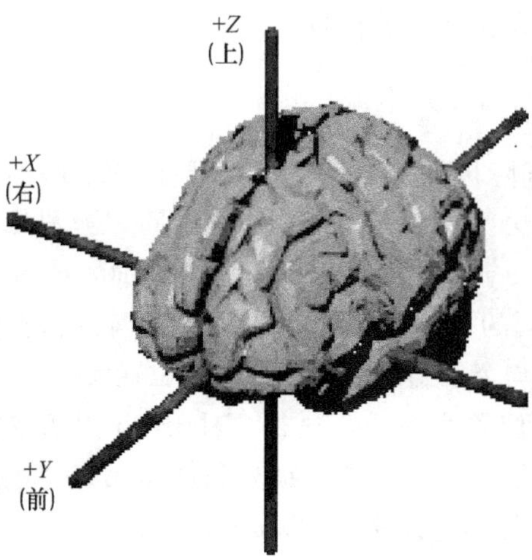

图 8.9 Talairach 坐标示意图

脑中各部分到这些平面的距离可以用毫米量度。因为不同个体的人脑宽度、长度、高度上的变化，这些测量值仅能用于同一个个体。由 Talairach 和 Tournoux 提出的三维比例栅格系统依照脑在 3 个空间平面上的最大尺度建立。这个系统适应于脑的所有方位，也很好地适应于所有方位的神经放射学图像。该系统使用了 8 个标准界标：AC，PC，顶骨皮层的最高点，颞皮层的最低点，额皮层的最前点，枕骨皮层的最后点，左半脑和右半脑顶颞皮层的最侧点。比例定位系统将从基线到这些界标之间的体积进行分割，并用毫米为单位标示出距离。总的体积按以下方式分割（图 8.10）。

- 用水平线分割：AC-PC 线以上分 8 层，AC-PC 线以下分 4 层；
- 用垂直线分：在 VAC 前面分 4 层，在 VPC 后面分 4 层；
- 在两个竖直的通过前、后连合的平面之间的空间被分成 3 个条带（E1，E2，E3），如图 8.10 中部虚线所标示的。

这样可以实现中央灰质核的精细定位，并且它一致性地定义了运动皮层的位置。

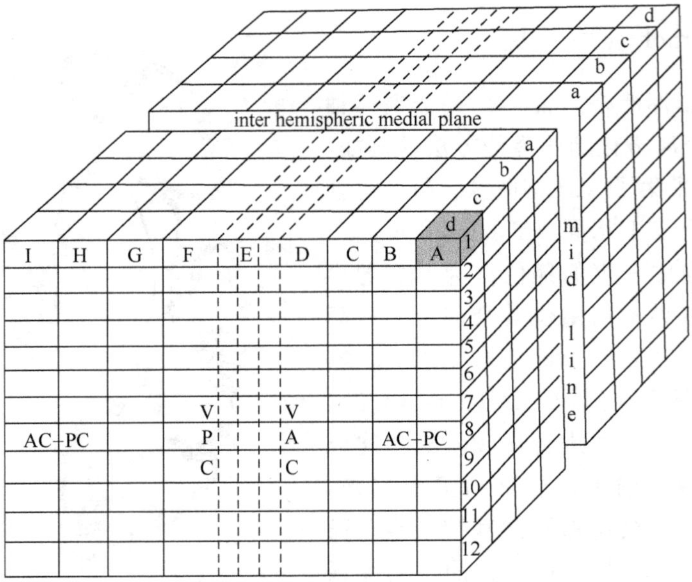

图 8.10　Talairach 三维比例栅格系统

按这个系统可以把大脑划分成许多平行的长方体。在垂直方向，有 12 个水平分区，标记为 1～12；在前后方向，有 9 个垂直分区，标记为 A～I；在横向，分为 4 个矢状区，标记为 a～d。每一个小长方体由它的三维标记定义（一个大写字母，一个小写字母，一个数字。如图中阴影部分为 A-d-1）。

比例栅格系统允许脑皮层和皮层下的结构相对于 3 个空间平面精确定位，尽管不同个体脑的大小和形状互不相同。用这个系统为基础划分脑的区域，研究脑的特性，可以对所有人脑获得一个规格化的系统，以便于不同大脑之间的比较。

8.3.2　转换数据集到 Talairach-Tournoux（TT）坐标

双连合坐标已成为报告 PET 功能脑映射的国际标准。实际上现在所有 PET 脑图像实验室均采用双连合坐标作为报告脑激活区的方法。一旦转换进双连合空间，脑图像中的每个点可以通过一个 Talairach 脑图谱定义的 x-y-z 地址来读写。另一方面，当涉及不同脑之间比较研究时，对所有受试者用一个共同的标准坐标空间是必要的，转换到 Talairach-Tournoux（TT）双连合坐标后，比较时将与个别脑的大小、形状、位置无关。

脑体积的划分以前连合 AC 和后连合 PC 的位置为中心，遵循 Talairach 图谱的原则。划分为两步：首先是划分主要脑区域，随后是个主要区域内细分到体积元或“小盒子”。最后，每个脑包含一套 1056 个单元盒。这些体积元按照 Talairach 原则，代表脑的对应部分，使得不同受试者可以直接比较。

为了应用 Talairach 坐标系统，待转换的图像（例如 MR 图像）必须在同一扫描平面中包含有 AC 和 PC。首先找出前、后连合。前连合点定位在前连合的后边缘和上边缘的交接处，后连合点定位在后连合的下边界处（图 8.11）。然后进行到 Talairach-Tournoux（TT）坐标的转换。坐标转换分为两步：与 AC-PC 坐标对齐；将图像尺度缩放到 Talairach-Tournoux 图谱中脑的大小。

坐标对齐的工作可以在一个对体数据集有交互浏览功能的软件中进行。

首先确定三维图像的坐标轴：

1）前连合（AC）和后连合（PC）连成一线作为 y 轴。

2）纵向的（两半球之间，或中部矢状面）裂隙作为 y-z 平面，这样也定义了 z 轴。

3）垂直于 y 轴和 z 轴的是 x 轴。

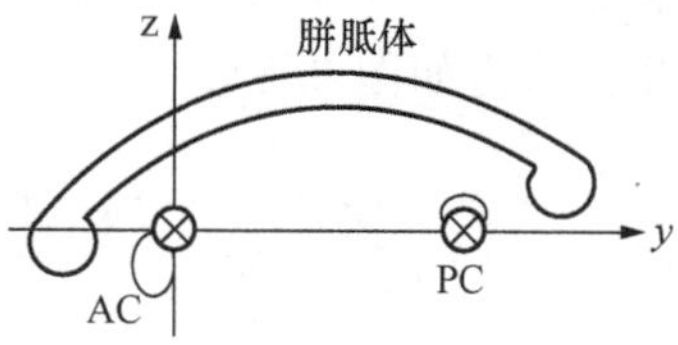

图 8.11　前连合，后连合（AC 和 PC）以及 Talairach 轴

这里的关键是正确的识别前连合（AC）和后连合（PC），这一工作可交互式完成（图 8.12）。

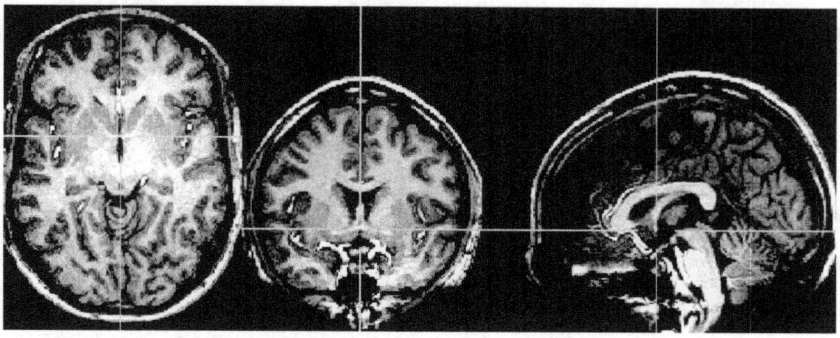
图 8.12　标记 AC 的上边界和 AC 后边缘

在矢状图中与胼胝体的底线平行，穹隆柱的下面找出 AC；接着在冠状图上找出"倒八字胡须顶点"；在轴向图找半球间连接，十字发丝光标交叉处即是 AC。标记 AC 上边界（即前连合的上中部），AC 后边缘（即前连合的后边中部）。

PC 下边界，即后连合的底部中点。标记 PC 的下边界比较困难，因为后连合在低于 1mm 分辨的图像上不能很好的显示出来。但是，PC 总是在中脑水管顶端。所以，如果不能看到 PC，找到矢状面中部位置，且正在中脑水管顶端，标记它为 PC 下边沿即可（图 8.13）。

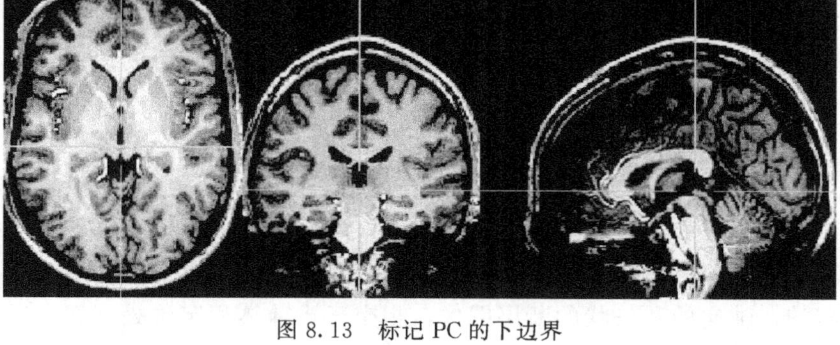
图 8.13　标记 PC 的下边界

为确定 y-z 平面，还必须手标记 2 个点：脑半球中间矢状面上的某个点；脑半球中间矢状面的另一个点。这两个标记点在胼胝体上方。两个点必须至少分隔 2cm。且两个平面 AC-PC-♯1 和 AC-PC-♯2 间隔必须不大于 2°。以上工作完成后，就确定了体积图像的坐标。然后将此坐标与 Talairach-Tournoux 坐标对齐。

虽然坐标轴对齐了，但人体脑的个体差异较大，仍难进行比较。因此还须将图像脑沿这 3 个坐标轴做尺度变换，进行拉伸或收缩使其整体上适合于 TT 图谱脑的大小（示例 TT 图谱如图 8.14）。

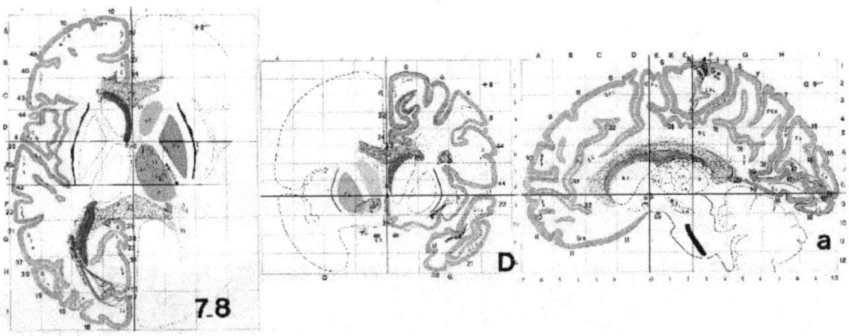

图 8.14　TT 脑图谱示例

具体做法如下：

1）找出大脑的前、后、左、右、下、上界标。

2）用半球中间矢状面、双连合平面以及通过 AC 和 PC 的 2 个冠状平面将大脑划分为 12 个子区。

3）对 12 个子区立方体一块块地进行仿射变换，将图像数据转换到 Talairach 坐标框架中。

应当看到 Talairach 坐标系统的应用存在一些限制，包括：

- 该系统适用于脑的深层结构的立体定向手术，而不是用于脑皮层结构；
- 用于立体定向手术的 Talairach 模板基于一个 59 岁妇女的脑；
- 基于 AC-PC 的空间规格化方法不适于变化复杂的脑结构；
- 该系统仅仅有仿射变换，要得到准确可靠的结果应当研究复杂的非线性变换技术，使图像数据与 Talairach 标准脑一致。

8.3.3　交互式 Talairach 图谱

Talairach 图谱本身是纸介质的彩色印刷图谱。由于日益广泛的使用，现在已经出现一些电子化版本。美国明尼苏达大学 Minneapolis VA 医学中心开发的一套可视化和分析软件工具中包含一个交互式 Talairach 图谱软件（http：//pet. med. va. gov：8080/demos/talairach. html），这只是众多关于 Talairach 图谱应用的例子。图 8.15 给出该软件的一个示例屏幕显示。

该软件包可以用于任何体数据，这里是一个 FDG PET 体积数据。右边的 3 个图像分别是冠状的，轴向的和矢状的断层图像，相交于当前体积定位处（红点所示）。Talairach 栅格叠加在图像上，红色和蓝色字母指示体积方向。在每幅图像左下角显示的轴指示图像的方向。对应于当前体积位置的数字化的 Talairach 图谱页以显示为红点的对称的位置（左-右），显示在左边。绿色的点指示在 Talairach 数据库中列出的有解剖标识的结构的位置。可以显示任何轴向，冠状的以及矢状的图谱页。当前的体积位置显示在底部中央，在 Talairach 和体积测定坐标中。体积位置可以通过在任一图像（体积切片或图谱页）上用鼠标左键单击而交互式地加以说明。在 Talairach 图谱中有解剖标识的结构可以通过在任何图像中在一个位置上单击鼠标中键而列出。窗口左下角的控制区域包含一些软按钮，允许用户显示在线帮助（HELP），显示 Talairach 栅格（TAL GRID），调节对比度和亮度（LUT），选择显示体积（SHOW），选择用于显示的图谱页（ATLAS），定位到有解剖标识的结构（STRUCT），显示结构标志（MARKS ON），增量式改变体积位置（FINE-TUNE）以及改变显示尺寸（ZOOM）。对于图谱页和体积切片的对比度和亮度可以分别独立调节。

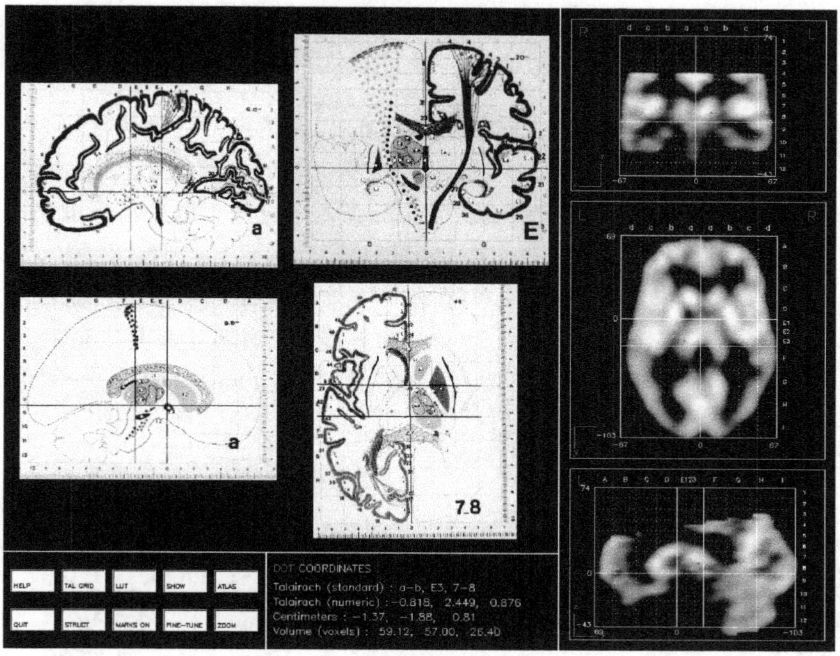

图 8.15　一个实现交互式 Talairach 图谱的软件的一个示例屏幕显示

8.4　Ono 脑沟回图谱

由 Ono，Kubik，Abernatbey（OKA）发表的“Atlas of Cerebral Sulci”（《大脑沟四图谱》），通过 25 个标本脑，研究了脑表面沟回的位置、形状、大小、方向和相互关系方面的变异和一致性，并出版了 Ono 沟回图谱。神经解剖学研究表明，如果了解某个大脑表面全部沟回的特性，包括沟回的位置、形状、大小和走向，就能够对这个大脑内部的任何解剖结构精确定位。这当然具有重要的研究和应用价值。因此，许多人开始研究从 MR 图像体数据重建大脑表面，自动识别主要沟回及匹配不同人脑沟回的技术。Ono 图谱包含两种类型的信息：脑沟的类型的描绘和发生率。描绘图给出皮层的脑沟的类型变化。图 8.16给出大脑侧面主要脑沟的分布。

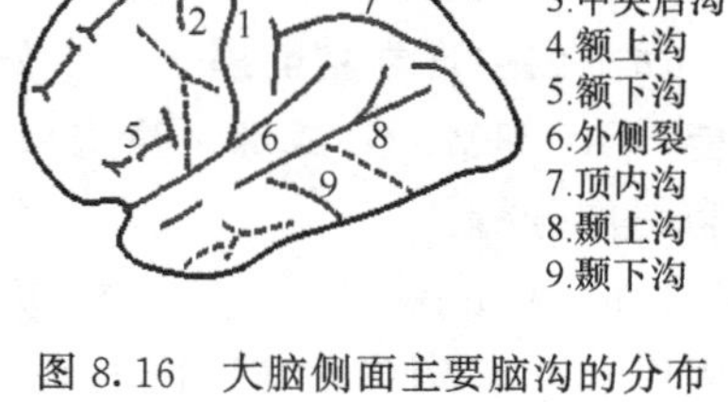

图 8.16　大脑侧面主要脑沟的分布

图 8.17 给出大脑侧面主要短沟及辅助脑沟的分布。

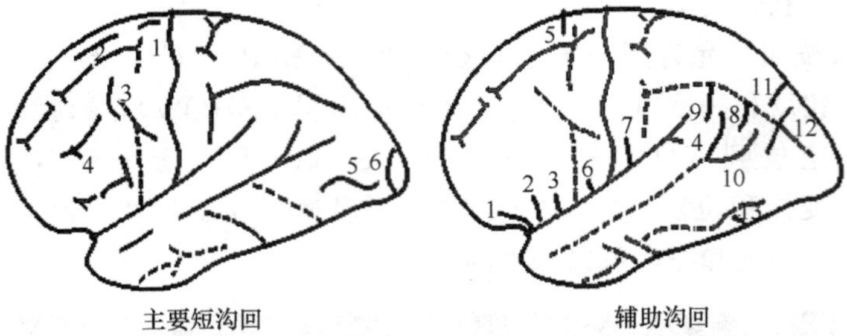

图 8.17　大脑侧面主要短沟及辅助脑沟的分布

Ono 图谱还表示了各主要脑沟的长度及脑沟间距离的统计测量值（图 8.18）。

图谱包含 55 个沟和 403 个类型以及相应的发生率，依照大脑皮层表面、叶、沟、和它们的分量来构造。对于一些脑沟提供了中断，侧向分枝，以及与周围的沟的连接信息，仅是定性表示，它们的位置和大小并不是在任何立体空间都可利用。然而，中断、侧向分枝和连接的事件发生率是定量的。

图 8.19 是 Ono 图谱中后中央沟的某些类型。

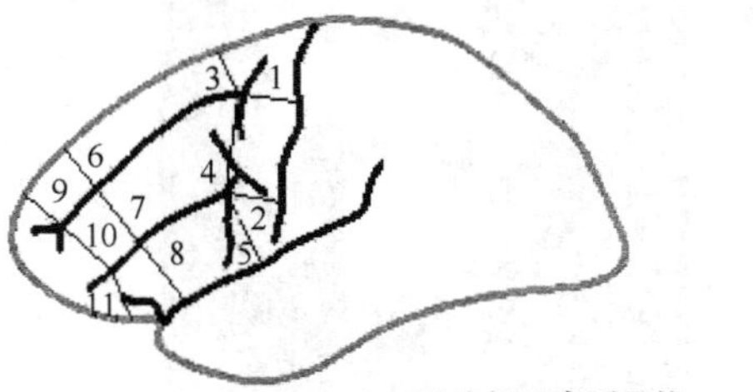

脑沟间距离测量值

脑沟长度	右	左
中间沟	105(88-127)	94(70-125)
额上沟	80(48-98)	97(78-116)
额下沟	41(29-60)	36(21-42)
脑沟间距离：	左	右
中央沟→中央前沟	13(9-12)	13(8-19)
中央沟→中央后沟	14(6-22)	14(6-24)

图 8.18　一些脑沟的长度及沟间距离的统计测量值

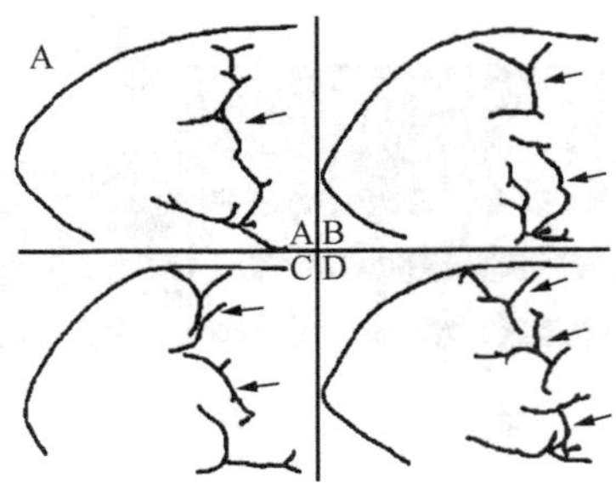

图 8.19　后中央沟的某些类型（来自 Ono 图谱）

8.5　MNI-BIC 的 BrainWeb

McConnell 脑图像中心（BIC）隶属于加拿大蒙特利尔 McGill 大学神经科学研究所（Montréal Neurological Institute，MNI），是北美最大的专门致力于人脑图像研究的团体。它的研究人员采用先进的脑图像扫描仪和复杂的计算机分析技术进行脑科学研究。MNI 着重三维脑结构和功能的定量研究。脑结构用解剖学磁共振成像（aMRI）技术成像，而脑的生理学功能用正电子发射断层摄影术（PET），磁共振光谱仪（MRS），或功能 MRI（fMRI）成像。注重从不同扫描仪所得数据的结合使用，以实现交互式的多模态图像分析。

BrainWeb 是 BIC 开发的模拟脑数据库（Simulated Brain Database，SBD）的一个 WWW 接口，可定制 MRI 仿真。同时，BIC 还开发了一系列相应软件。随着对于计算机辅助医学图像数据的定量分析的兴趣的增长，对于这些技术的需求也在增长。

然而，不存在“根本真实”或金标准可用于活体获取数据的分析。BrainWeb 对于某些问题以模拟脑数据库的形式（SBD）提供一个解决办法。SBD 包含的 MRI 体数据可以被神经图像研究团体使用，可以近似作为“金标准”评估各种图像分析方法的性能。

目前，SBD 包含基于两个解剖学模型的模拟脑 MRI 数据：正常的和多硬化症的（MS）。两者的三维体积数据都用（T1-，T2-和质子密度-（PD-PD-，权重的）MR 图像序列模拟，具有变化的切片厚度，噪声等级和强度非均匀等级。这些数据按 3 个正交的视图提供（轴向的、矢状的、冠状的），数据可以下载。还可以得到关于建立 SBD 的详尽信息。

正常人脑解剖学模型用于生成模拟的脑 MRI 数据，由一套脑组织“模糊”隶属度三维体积组成，每种隶属度对应一个组织类（白质，灰质，脑脊髓液，脂肪，……）。在这些体积中体素的值反映在这个体素中某种组织的比例，其值的范围为［0，1］。体积在 Talairach 空间中在 1mm 等方体素栅格上定义，维数大小为 $181\times217\times181(X\times Y\times Z)$，起始坐标为－90，－126，－72（$x$，$y$，$z$）。除了模糊组织隶属度体积之外，还提供一个离散的解剖学模型，它由在每个体素上的一个类标签组成，这个标签代表对这个体素贡献最大的组织。

下列体积组成了解剖学模型。在离散模型中的每个组织类的体积大小如括号中所示，以 mm^3 为单位（部分组织类此处给出图像示例）。离散模型（总体 7109137）；模糊模型为：背景（3001960）、灰质（902912）（图 8.20）、白质（674777）（图 8.21）、CSF（脑脊髓液）（371945）（图 8.22）、脂肪（146514）、肌肉/皮肤（617482）、皮肤（726649）、头骨（362561）、神经胶质（5987）（图 8.23）、连接物（298350）。

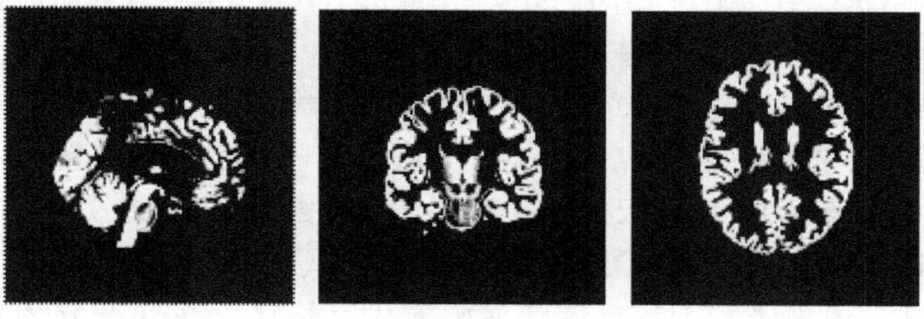

(a) 矢状图　(b) 冠状图　(c) 轴向图

图 8.20　灰质

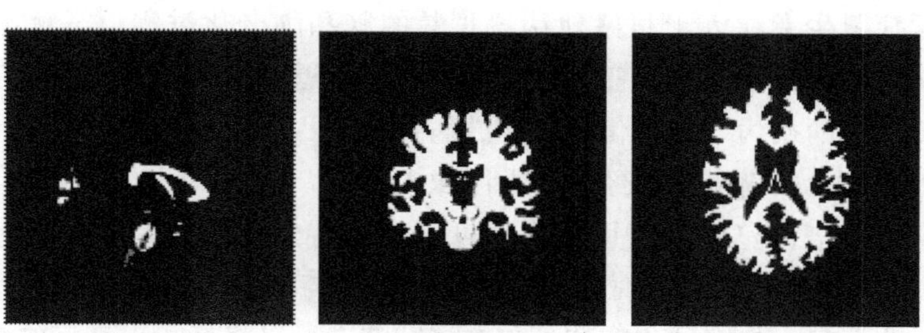

(a) 矢状图　(b) 冠状图　(c) 轴向图

图 8.21　白质

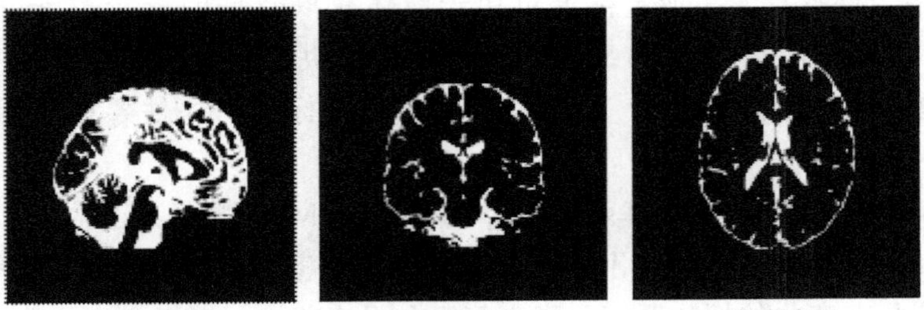

(a) 矢状图　(b) 冠状图　(c) 轴向图

图 8.22　CSF（脑脊液）

(a) 矢状图　(b) 冠状图　(c) 轴向图

图 8.23　神经胶质

8.6　哈佛全脑数据库

哈佛全脑数据库是一个高水平的多模态图像医学软件，包括高质量的脑图像及相应的临床数据信息。早期全脑图谱只能通过网站访问，后来制成光盘：全脑图谱 v1.0 CD-ROM。该图谱提供给医学的专业人士和医学院的学生以精确的 MRI 和核医学图像，重点强调一些最主要的中央神经系统疾病。全脑图谱 v1.0 CD-ROM 包含 13 000 多个脑图像和 30 个临床病历（比网络版少 2 个病历）。图像数据还被组织为 HTML 文件，可以用普通的 Web 浏览器浏览。图像储存为 GIF 格式文件，有 CT，MRI 和 SPECT/PET 多种模式，图像准确、颜色鲜活。如果从因特网上访问全脑图谱，网址为：http://www/med.harvard.edu/AANLIB/home.html，打开文件的速度可能会很慢。而使用光盘上提供的软件浏览访问速度和可靠性大大提高。图像上所加的解剖标识能够帮助学生和医疗卫生专业人士很好地认识正常的脑和脑老化过程，了解脑血管的解剖学，脑血管疾病（包括中风），赘生物疾病（脑瘤），退化性疾病（包括阿尔兹海默症），发炎性的或传染性的疾病（多硬化症和艾滋病）。

值得一提的是此图谱堪称神经解剖学图像入门书，包括医学术语和简化的组织图像特性表格和全脑图谱浏览器。使用浏览器可以观察特定的层片，时间点，类型，子图像，1/4 图像（为比较快的载入时间）和视野的缩放与交叠。还有一些工具从临床角度带领你漫游一些病症，如多硬化症和阿尔兹海默症。可以将诸如皮克症的图像与阿尔兹海默症的图像比较，尽管二者的图像很相似，但是从 CT 图像上可以看到一些明确的可识别之处。

图谱提供的100个主要脑结构可供医学生自测试和掌握有关知识。下面重点介绍以下由哈佛大学神经外科学系和手术计划实验室、哈佛医学院的放射医学系（美国，波士顿，Brigham and Womens's医院）联合开发和维护的脑肿瘤数据库。该数据库作为一种资源，辅助开发关于脑肿瘤的定量估计的图像分析算法。数据库由大约260个脑肿瘤病人的磁共振图像组成，并包含来自这些扫描图像的脑和肿瘤的分割。260个病例的每一例图像都经过后处理，采用半自动技术和手工勾画表皮，脑，脑室，血管和肿瘤的轮廓，以便用于图像引导的外科手术。

病人头部按矢状的和轴向成像，用一个1.5 T MRI系统（Signa，GE Medical Systems，Milwaukee，WI），图像获取方式为SPGR（Spoiled Gradient Recalled）T1 POST GAD，片层厚度1.5mm，分辨率256×256×124，矢状图扫描顺序由左至右。科研人员在网上（http：//splweb. bwh. harvard. edu：8080/）签订了使用该数据库的协议之后获得授权，可以通过FTP方式下载这个数据库。得到大约10个病历的脑肿瘤图像数据。压缩文件大小约为70MB。

图8.24为其中病历1的MR图像示例。图8.25是该病历的脑分割图像示例。图8.26为其中病历2的MR图像示例。手工分割由Brigham and Womens's医院的神经外科医生作出。自动分割方法在前面介绍的网址上提供的参考文献里给以介绍。

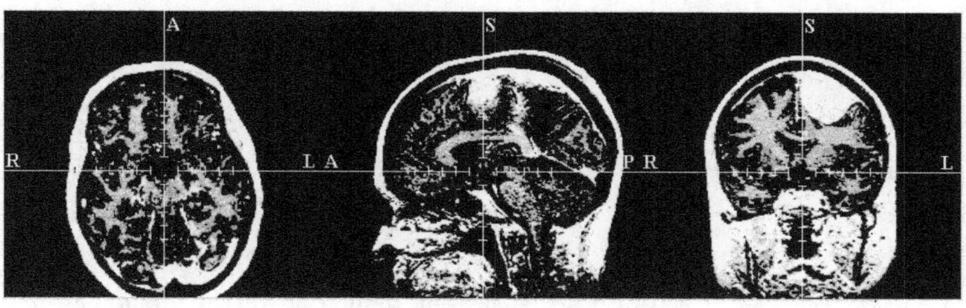

图8.24　病历1：轴向，矢状，冠状

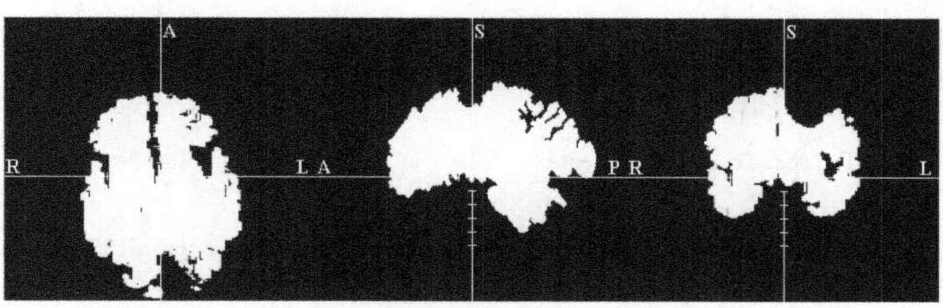

图8.25　病历1脑分割图像：轴向，矢状，冠状

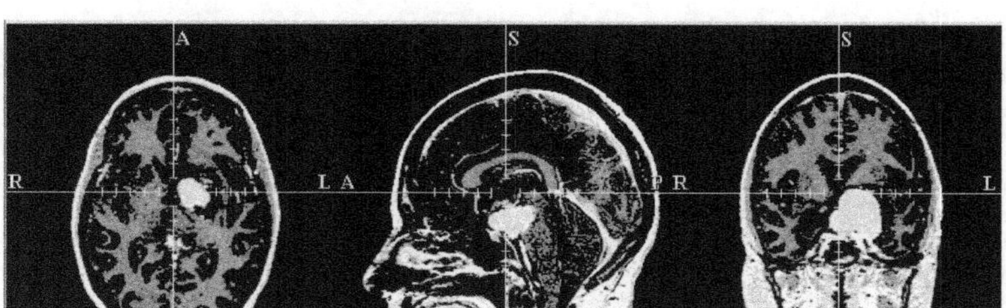

图8.26　病历2：轴向，矢状，冠状

参考文献

罗述谦. 2001. 数字化人脑图谱研究. 中国医疗器械杂志，25 (2)：91—95.

罗述谦. 2002. 中国虚拟人医学图像方法学考虑. 中国基础科学，(6)：20—24.

钟世镇，李华，林宗楷，罗述谦，秦笃烈. 2002. 数字化虚拟人背景和意义. 中国基础科学，(6)：12—16.

Ackerman M J. 1999. The Visible Human Project. A Resource for Education. Acad Med，74：667—670.

Cocosco C A，Kollokian V，Kwan R K-S，et al. 1997. BrainWeb：Online Interface to a 3D MRI Simulated Brain Database. NeuroImage，Vol. 5，No. 4：part 2-4. S425.

Collins D L，Zijdenbos A P，Kollokian V，et al. 1998. Design and Construction of a Realistic Digital Brain Phantom. IEEE Transactions on Medical Imaging，17 (3)：463—468.

Desco M，Pascau J，Reig S，V Molina，P Garcia－Barreno. 2001. Multimodality Image Quantification Using Talairach Grid. Proceedings of SPIE，4322：1385—1392.

Hohne K H. 2002. Medical Image Computing at the Institute of Mathematics and Computer Science in Medicine，University Hospital hamburg－Eppendorf. IEEE Trans. on Medical Imaging，21 (7)：712—723.

http：//www. bic. mni. mcgill. ca/brainweb/

Juergen K Mai，George Paxinos，Thomas Voss. 2008. Atlas of the Human Brain，Third Edition. Elsevier.

Keith A，Johnson M D，Becker J A. The Whole Brain Atlas. http：//www/med. harvard. edu/AANLIB/home. html

Kwan R K-S，Evans A C，Pike G B. 1996. An Extensible MRI Simulator for Post-Processing Evaluation. Visualization in Biomedical Computing (VBC'96)，Lecture Notes in Computer Science. Springer-Verlag，1131：135—140.

Kwan R K-S，Evans A C，Pike G B. 1999. MRI Simulation-Based Evaluation of Image-Processing and Classification Methods. IEEE Transactions on Medical Imaging，18 (11)：1085－1097.

Lancaster J L，Summerln J L，Rainey L. et al. 1997. The Talairach Daemon，a Database Server for Talairach Atlas Labels. Neuroimage 5 (4)：S633.

Michael K，Simon K，Warfield，et al. 2001. Automated Segmentation of MRI of Brain Tumors. Radiology. 218：586—591.

Simon K，Warfield，Michael K，et al. 2000. Adaptive. Template Moderated，Spatially Varying Statistical Classification. Med Image Anal，4 (1)：43—55.

Spitzer V M，Ackerman M J，Scherizinger A L，Whitlock D G. 1996. The Visible Human Male. Technical Report. J Am Med Inform Assoc，3：118—130.

Talairach J，Tournoux P. 1988. Co-Planar Stereotaxic Atlas of the Human Brain. Inc. New York：Thieme Medical Publishers.

Vannier M W，Robb R A. 2001. Medical Imaging Research and Development Groups. IEEE Trans. on Medical Imaging，20 (9)：854—867.

Wieslaw L，Nowinski，Alim-Louis Benabid. 2002. New Direction in Atlas-Assisted Stereotactic Functional Neurosurgery，In：Advanced Techniques in Imaging－Guided Brain and Spine Surgery (ed. Germano IM)，Thieme. New York：162—174.

Wieslaw L Nowinski，Anthony Fang，Bonnie T Nguyen，et al. 1997. Multiple Brain Atlas Database and Atlas－Based Neuroimaging System. Computer Aided Surgery，(2)：42—66.

提高篇

提高篇面向更多的从事医学图像相关研究人员，分7章阐述了图像增强技术应用、图像分割方法应用、图像配准方法应用、图像可视化方法应用、计算机辅助检测与计算机辅助诊断，以及医学图像压缩、存储与通信和图像引导手术与医学虚拟现实。

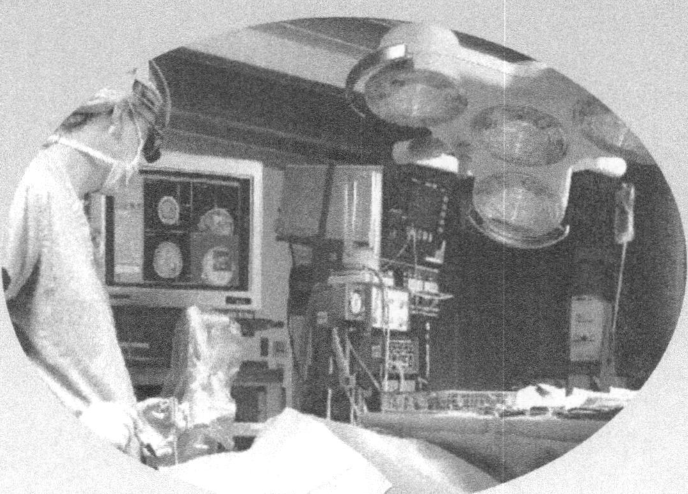

第 9 章　图像增强技术应用

9.1　适配图像滤波

适配图像滤波技术是通过消除噪声而又不严重模糊图像中结构实现图像的增强或恢复的方法。

9.1.1　空间频率滤波

通常说的频率总是和时间联系起来的，即频率在数值上等于时间间隔的倒数。对应时域变量有频域变量，时间-频率变换将二者联系起来。这里讨论的基于频域滤波特性则是完全不同的概念。本节介绍的空间频率是以数据的空间位置为自变量的频率函数，相应的滤波技术称做空间频率滤波（spatial-frequency filtering）。例如，一个多维余弦函数可以表示为

$$f = \cos(\boldsymbol{x}^T \times \hat{e})$$

式中，$\boldsymbol{x}$ 是多维空间位置向量，$\hat{e}$ 是波方向的归一化向量。在与 $\hat{e}$ 垂直的所有平面上 f 信号值为常数。

对于多维变量 $\boldsymbol{x}$ 的任意的一维函数 g 可以写作

$$f = g(\boldsymbol{x}^T \times \hat{e})$$

对于三维空间的一个平面，它的傅氏变换为能量集中在通过原点，方向为 $\hat{e}$ 的直线

$$f = \delta(\boldsymbol{x}^T \times \hat{e}) \tag{9.1}$$

式中，δ 是 Dirac 函数。

二维余弦函数的傅氏变换例子如图 9.1 所示。图 9.1（a）是较低频率余弦函数的傅氏变换，由两个在频域对称的 Dirac 函数组成。

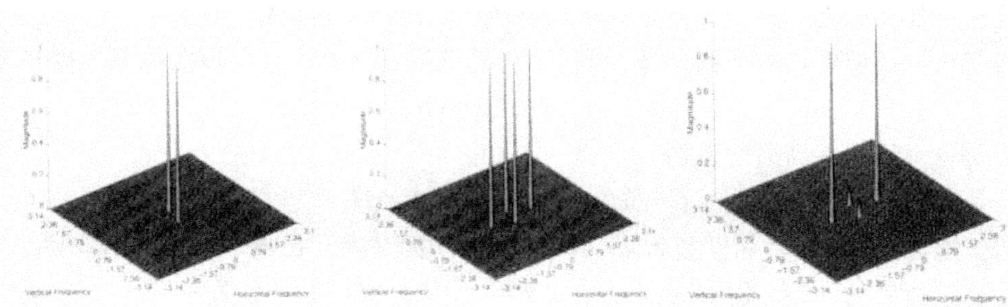

(a) F_1　　(b) F_1+F_2　　(c) $H(F_1+F_2)$

图 9.1　余弦函数频域滤波

$$F_1 = \delta(u - \bar{\omega}_1) + \delta(u + \bar{\omega}_1) \tag{9.2}$$

式中，u 是频率变量，$\bar{\omega}_1$ 是信号的空间频率。

图 9.1（b）是 F_1 与另一个频率为 $\tilde{\omega}_2$ 的信号之和

$$F_2 = F_1 + \delta(u - \tilde{\omega}_2) + \delta(u + \tilde{\omega}_2) \tag{9.3}$$

线性滤波可以看作是对频域信号分量大小的调整。减小靠近频域中心的分量成分，就相当于增强高频信号的比重，实现高通滤波。因此，可以根据任务的需要对频率进行选择，也可以单独地控制任何傅氏变换系数实现特定要求的滤波功能。例如，从一个常数减去距频域中心 $|\tilde{\omega}_1|$ 的频率成分就构成一个陷波器（notch filter），使与图 9.1（a）对应的频率分量消除而图像中其他频率成分保持不变。

也可以对这些频率成分加权消除，例如

$$F_2 = F_1 + 0.9\delta(u - \tilde{\omega}_2) + 0.9\delta(u + \tilde{\omega}_2) \tag{9.4}$$

就会使原值减小至 10%［图 9.1（c）］。

9.1.2 钝化蒙片法

类似于摄影术中常用的方法，钝化蒙片法（unsharp masking）先对图像做低通滤波得到一幅模糊的图像。再从原图像中减去这幅模糊的图像，相当于提高了原图像中高频分量的比重，实现高通滤波。数学表示为

$$\hat{f} = \alpha f - \beta f_{LP} \tag{9.5}$$

式中，α 和 β 是正的系数，且 $\alpha \geqslant \beta$。

处理医学图像时通常希望不要改变图像的局部均值。如果低通滤波器是归一化的，下式可以保证图像局部均值不变

$$\hat{f} = \frac{1}{\alpha - \beta}(\alpha f - \beta f_{LP}) \tag{9.6}$$

公式（9.6）可以改写为

$$\hat{f} = f_{LP} + \frac{\alpha}{\alpha - \beta}(f - f_{LP}) \tag{9.7}$$

或

$$\hat{f} = f_{LP} + \gamma(f - f_{LP}) = f_{LP} + \gamma \cdot f_{HP} \tag{9.8}$$

γ 可以看作是高频增益系数。如果 $\gamma=1$，输出图像未做任何改变；若 $\gamma>1$，则高频分量的比重增加。反之，$\gamma<1$，高频分量比重减少，图像变得模糊。

在傅氏变换域中，低通图像 f_{LP} 可以看作是低通滤波器 H_{LP} 与原图像傅氏变换之积

$$F_{LP} = H_{LP} \times F \tag{9.9}$$

图 9.2 是一个增强的高通滤波器。

$$H = H_{LP} + 2H_{HP} = 2 - H_{LP} \tag{9.10}$$

所用的低通滤波器 f_{LP} 是标准差为 4，尺寸 21×21 的高斯滤波器。对 CT 图像使用钝化蒙片法滤波前后的效果如图 9.3 所示。滤波后［图 9.3（b）］比原图［图 9.3（a）］细节增强。

9.1.3 适配维纳滤波

由随机信号理论知，一个平稳随机过程功率谱可以定义为自相关函数的傅氏变换

$$S_{ff} = F(R_{ff}) \tag{9.11}$$

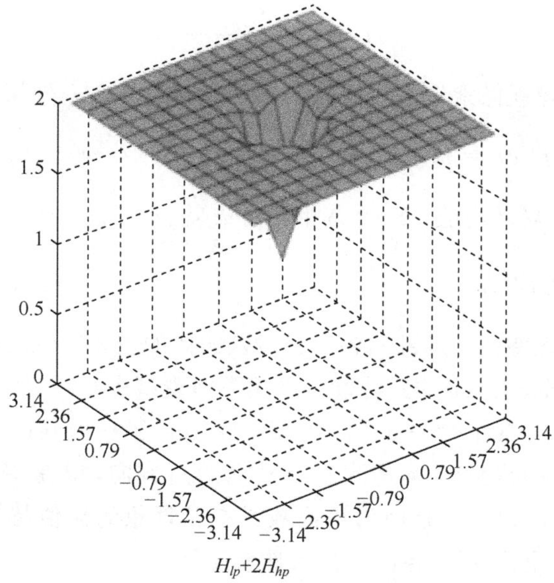

图 9.2 增强的高通滤波器

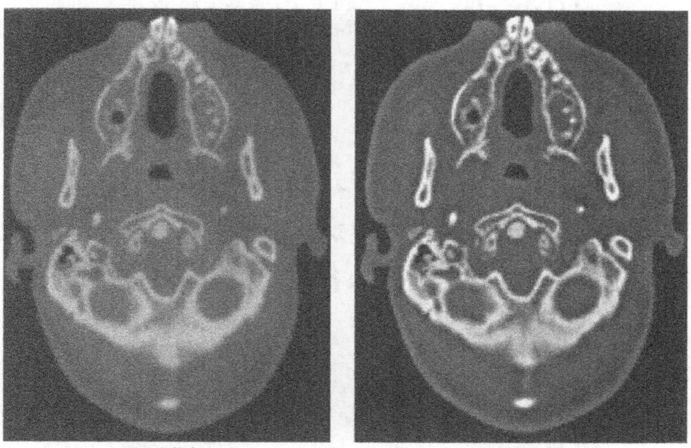

图 9.3 对 CT 图像使用钝化蒙片法滤波

其中

$$R_{ff}=E\{f(x+\tau)f(x)\}$$

白噪声过程的功率谱是一个常数

$$S_{nn}=\sigma_n^2 \tag{9.12}$$

平稳 Wiener 滤波器可以表示为

$$H=\frac{S_{ff}}{S_{ff}+\sigma_n^2} \tag{9.13}$$

这意味对于高斯噪声，Wiener 滤波器是最优线性估算，是对图像不连续性进行平滑与消除噪声性能之间的最佳折中方法。

Wiener 滤波器是平移不变的滤波器，它对整幅图像使用相同的滤波。考虑噪声参数 σ_n^2 的局部空间特性，适配维纳滤波（adaptive wiener filtering）可以表示为

$$H = \frac{S_{ff}}{S_{ff} + \sigma_n^2(x)} \tag{9.14}$$

公式（9.14）须对图像逐像素地进行计算，计算量非常大。一种简化的公式是

$$\hat{f}(x) = m_f(x) + \frac{\sigma_f^2(x)}{\sigma_f^2(x) + \sigma_n^2}[g(x) - m_f(x)] \tag{9.15}$$

式中，m_f 是信号 g 的局部均值，σ_f^2 是局部信号方差。

9.1.4 各向异性适配滤波

根据人眼视觉系统特性，局部的各向异性是图像的重要特性之一。这种各向异性滤波（anisotropic adaptive filtering）特性可以用下面模型表示

$$H_{\alpha,\lambda} = H + (1-\alpha)[(\gamma + (1-\gamma)\cos^2(\phi - \theta)](1-H) \tag{9.16}$$

式中，γ 控制各向异性的程度，ϕ 是滤波器坐标的角方向，θ 是局部图像结构的方向。选择 $\cos^2(\phi-\theta)$ 作为加权函数是因为该函数具有较理想的插值特性。图像的局部方向性越强，γ 值就越小，滤波器的各向异性特性就越好。

多维的各向异性适配滤波可以表示为

$$H_\gamma = H + (1-H)\sum_{k=1}^{N}\gamma_k(\hat{e}_k^T \times \hat{u})^2 \tag{9.17}$$

式中，N 是信号空间维数。$N=2$ 平面图像，$N=3$ 是体积图像。

令

$$\boldsymbol{C} = \sum_{k=1}^{N}\gamma_k \hat{\boldsymbol{e}}_k \hat{\boldsymbol{e}}_k^T \tag{9.18}$$

C 称做控制张量，可以根据局部图像方向性对滤波系数适配调节。可以看出 C 是傅氏变换域局部谱主轴的描述。作为二维空间图像各向异性适配滤波的例子，可以用下式近似表示平稳 Wiener 低通滤波器。

$$\begin{cases} H(\rho) = \cos^2\left(\dfrac{\pi\rho}{2\rho_{LP}}\right) & 0 \leqslant \rho \leqslant \rho_{LP} \\ H(\rho) = 0 & \text{其他} \end{cases} \tag{9.19}$$

式中，ρ 是径向频率变量，ρ_{LP} 是截止频率。噪声越多的图像应当使用的截止频率越低。

图 9.4 是脑三维 MRI 图像各向异性适配滤波的例子。原图像中低对比度的部分得到增强。

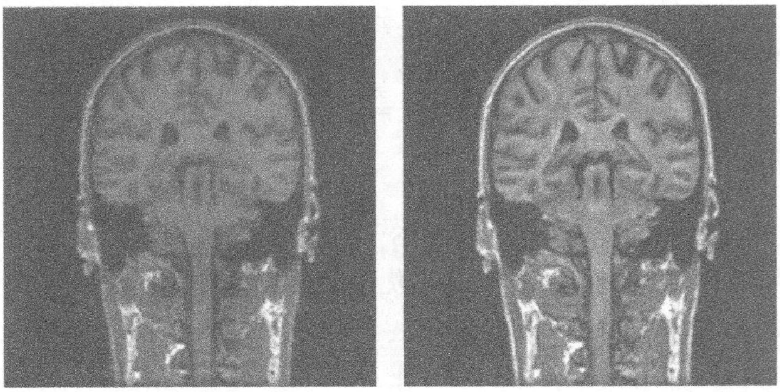

(a) 原图像　　(b) 适配滤波后

图 9.4　MRI 脑图像各向异性适配滤波

9.2 适配模板滤波

适配模板滤波是一种既能提高信噪比又可保留边缘信息的滤波技术，当今，虽然已有多种滤波技术可以较大幅度地提高信噪比，但是同时也丢掉了许多有用的信息。在医学图像中，有用信息的保留往往比简单的提高信噪比要重要的多。与传统滤波器不同的是，本节介绍的滤波技术的基本模板滤波系数可以根据输入图像的局部特性动态自适应调节。适配模板滤波技术根据图像上的每一个像素点及其周围邻近的 8 个邻点的情况自动选出最佳匹配模板加以处理、识别及判断，以决定是给予保留还是滤除。这样可以最大限度地保留边缘的信息点，同时也可以尽可能大地抑制随机噪声。通过与现存的滤波器比较，无论在磁共振图像和仿真图像上，采用此种滤波器都可得到更清晰的图像边缘和更高的信噪比。

MRI 图像的质量，特别是图像的信噪比是临床诊断中的一个重要参数。因此，需要采取有效的滤波技术改进图像的质量。传统的滤波器是由预先定义的模板和滤波系数所组成的，通过图像与模板的卷积运算实现对图像的滤波。由于这些算法中的模板对方向性都有严格的限定，因此，它们对复杂的边缘适应上都有一定限制。尽管这些滤波技术可以较大幅度地提高信噪比，但是同时也丢掉了许多有用的信息。而在医学图像中，有用信息的保留往往比简单的提高信噪比要重要得多。

适配模板滤波算法可不用事先假设在几种简单的几何方向上锐化边缘，而是在滤波前就定义出多种模板，算法根据 MRI 图像的局部纹理特性自动选择出最匹配的模板进行滤波。该算法不仅对二维 MRI 图像最大限度的保留边缘的信息，较好地抑制随机噪声，而且可以应用于三维体数据滤波。

9.2.1 适配模板滤波算法

医学图像中物体或感兴趣区（ROI）与背景间的边缘是最重要的医学图像特性之一，它表现为图像灰度（或纹理）的不连续性。首先我们假设普遍的图像信号是由二维或三维的连续或缓慢变化的有限区域所组成，这些区域被不连续边界所分割，适应性模板滤波的中心思想就是寻找一块合适的模板，它是对含有当前像素的有限连续区域的最佳匹配，基于此种模板，可得到最佳的滤波效果。

这种算法定义了一套可能出现模板，图 9.5 中黑点为当前像素，灰色点为邻域非背景像素。

从图 9.5 可知，从两点模板到九点模板一共有 $\sum_{n=2}^{9} C_8^{n-1} = 255$ 种模板，对一个给定像素，要在多样模板中选择出一种最佳模板，是以在模板中像素值的标准差为依据的。

$$\sigma_j = \sqrt{\frac{1}{N_j - 1}\sum_{k=1}^{N_j}\{I_k(x,y) - m_j\}^2} \tag{9.20}$$

$$m_j = \frac{1}{N_j}\sum_{k=1}^{N_j} I_k(x,y) \tag{9.21}$$

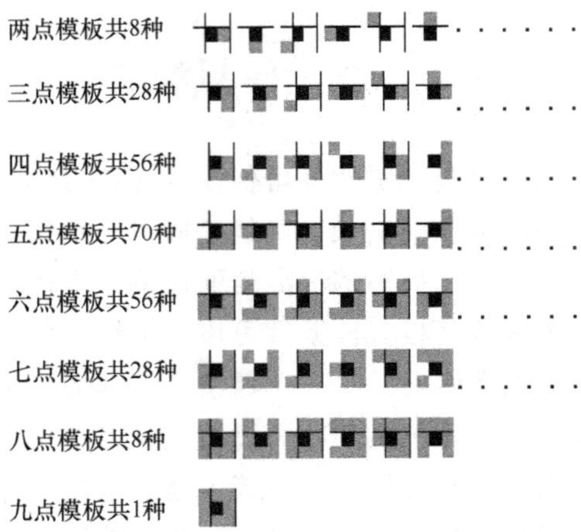

图 9.5　所有可能出现的二维模板图

这里 $I(x,y)$ 是输入像素值，N_j 是模板中邻域非背景像素个数，m_j 是模板中像素灰度均值，σ_j 是模板中像素值的标准差。

在 MRI 图像上的灰度值的有限变化具备以下特征：

在模板的有限连续区域内的灰度变化主要因为随机噪声。MRI 图像中噪声被认为与信号不关联。因此，在平坦变化的模板上的标准差值相对较小，而最佳模板的选择就是在有限连续区域内，选择出一块具有最多邻域非背景像素点的模板 T，以达到最大噪声抑制

$$T = \arg\max_{T_j} N_j \{T_j \mid \sigma_j < t\} \tag{9.22}$$

存在边缘时，由于图像的灰度变化明显，模板的标准差值也相对较大。这时可以选择具有最小标准差的边缘模板

$$T = \arg\min_{T_j} \sigma_j \{T_j \mid \sigma_j \geqslant t\} \tag{9.23}$$

采用平坦模板还是边缘模板是由一个阈值 t 来决定的。

为了尽快完成模板的选择，我们可以从最大的模板开始计算标准差和非背景像素点数。这样，第一个标准差小于阈值的模板就是最佳模板。如果没有发现一个标准差小于阈值的模板，那么标准差最小的模板就是最佳模板。这样可以避免穷举，加快搜索过程。

选择出一个最佳模板模式后，滤波系数便可通过二维适应性最小线性方差估计获得

$$T_{x,y} = \frac{\sigma_k^2(x,y)I(x,y) + \sigma_n^2 m_j}{\sigma_k^2(x,y) + \sigma_n^2} \tag{9.24}$$

$$\sigma_k^2(x,y) = \max\{0, \sigma_i^2(x,y) - \sigma_n^2\} \tag{9.25}$$

其中，$T_{x,y}$ 是滤波后的输出。$\sigma_i^2(x,\ y)$ 和 σ_n^2 分别是在 $(x,\ y)$ 点上输入图像的变化和连续覆盖图像的噪声变化。由公式（9.49）可见。如果图像变化接近噪声方差，则滤波后的输出可简单认为是输入图像灰度均值。反之，若输入图像灰度值方差远大于噪声方差，滤波后的输出值近似等于未经滤波的输入值。

图像 ROI 的噪声方差可由图像背景区噪声方差估算

$$\sigma_n = 1.526\sigma_B \tag{9.26}$$

滤波器的性能是通过信噪比峰值 PSNR 的数值来测量的

$$\mathrm{PSNR} = 20\log \frac{I_{\mathrm{peak}}}{\sqrt{\sum_{x,y} \frac{\{I'(x,y) - P(x,y)\}^2}{K * L}}} \tag{9.27}$$

其中，$I'(x,y)$，$P(x,y)$ 分别代表滤波后的图像和原始无噪音图像，K，L 分别表示图像的长和宽尺寸，I_{peak}表示图像灰度的最大值。

9.2.2 仿真图像滤波实验

图 9.6 中，左上图是计算机模拟具有多个方向边缘的几何图像。左下图是叠加高斯噪声后的图像。中间部分是采用适配模板滤波的结果。可以看出叠加的高斯噪声被有效的滤出，而图像的各个方向边缘却很好的保留。如前所述。平坦模板和边缘模板的选取是有一个阈值来控制的。

$$t = \alpha\sigma_n \tag{9.28}$$

其中，α 是比例因子，σ_n 是计算出的噪声标准差。经过这种滤波器对一系列不同噪声水平图像所用不同的域值处理的结果看，滤波器在对不同水平的噪声图像的表现并没有太大的变化，α 值的选择一般在 0.8～1.2 之间，其中以 0.8 最佳。图 9.6 右图是滤波结果与原图的差值图像，为便于观察，此结果经 4 倍放大。

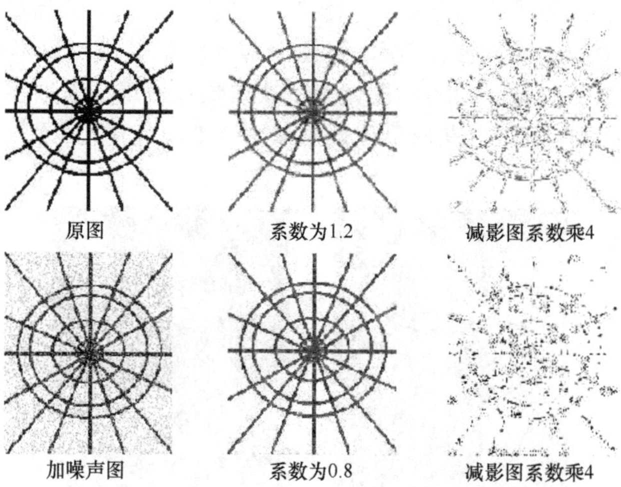

图 9.6 在不同系数下对仿真图滤波对比图

图 9.7 给出适配滤波与 ROBERT 算法和梯度算法的比较。可见无论是 ROBERT 算法还是梯度算法，都只对图像边缘某个方向或几个方向所在的信息点进行了保留和加强，而适配模板滤波算法在大幅度提高图像信噪比的同时，还对图像边缘所有方向上信息点进行了保留。从适配滤波减影图可以看到，在强度加强了 4 倍之后，仍只可模糊的看到边缘点，而在 ROBERT 减影和梯度减影中，在没有进行强度加强时，就可以清晰的看到图像的边缘。

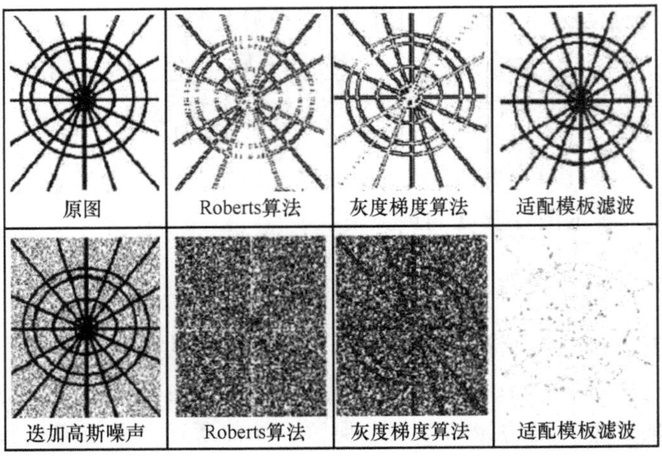

右上部是3种滤波结果，右下部是对应的差值图像

图 9.7　适配滤波与传统滤波对比

9.2.3　MRI 图像适配模板滤波

所用的实验数据是从加拿大蒙特利尔神经研究所下 载的 T1 加权磁共振体数据。体数据从头骨顶部至枕骨大孔底部共 181 层，层厚为 1mm。是对同一受试者进行 27 次扫描然后平均得到的，具有很高的信噪比。我们给这些图像人工叠加噪声随机噪声。

图 9.8 表明，经适配模板滤波 MRI 图像中解剖结构的边缘得到增强，随机噪声得到有效抑制。多次实验发现，对不同图像为了获取最佳效果应采取不同阈值，当滤波比例系数在 0.8～1.2 之间时，可获取最佳效果（图 9.9）。

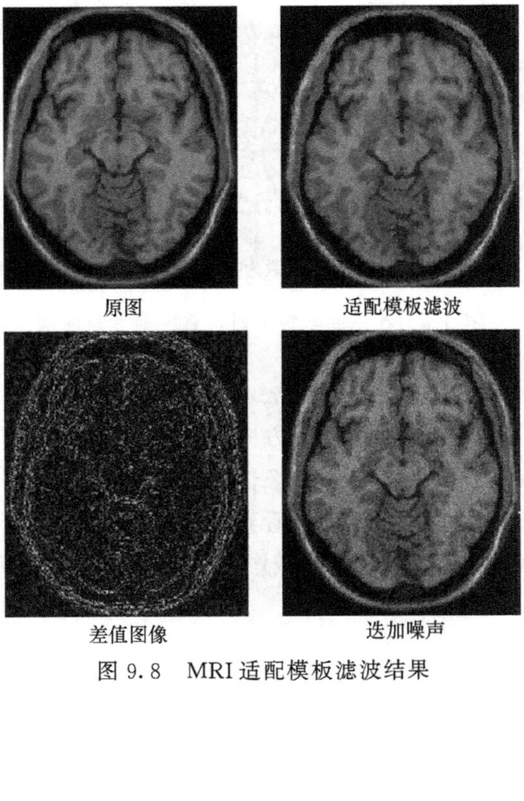

图 9.8　MRI 适配模板滤波结果

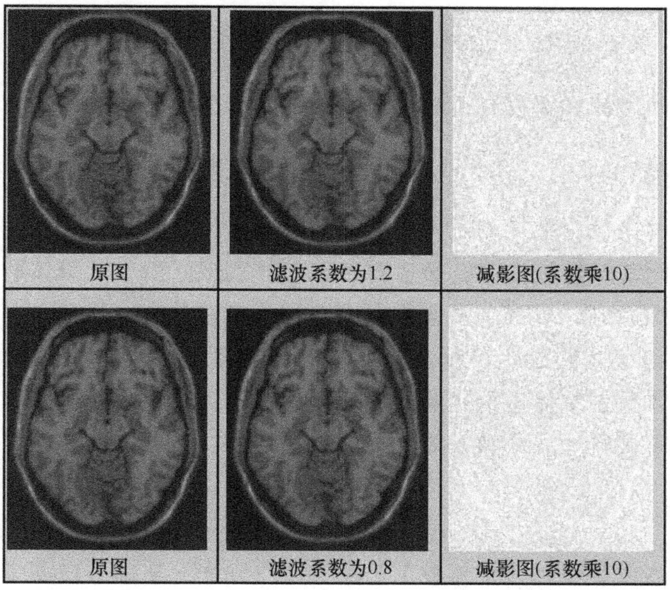

图 9.9　在不同系数下对磁共振图像滤波对比图

在去除随机噪声效果方面，还与中值滤波算法进行了比较。

均值滤波算法一直是传统滤波方法中滤除随机噪声的比较好的算法，但对边缘信息点却不能很好保留。此点正好可以和适配滤波算法做一个比较，从强度加强了 4 倍之后的适配滤波的差值图像中方能看到模糊的一圈外层边缘点和被滤除掉的随机噪声点，而对均值滤波结果的差值图像，尽管没有进行任何强度增强，不仅可以看到头皮外背景中被滤除的随机噪声点，而且也可以清晰的看到被当作噪声滤除掉的边缘信息点（图 9.10）。

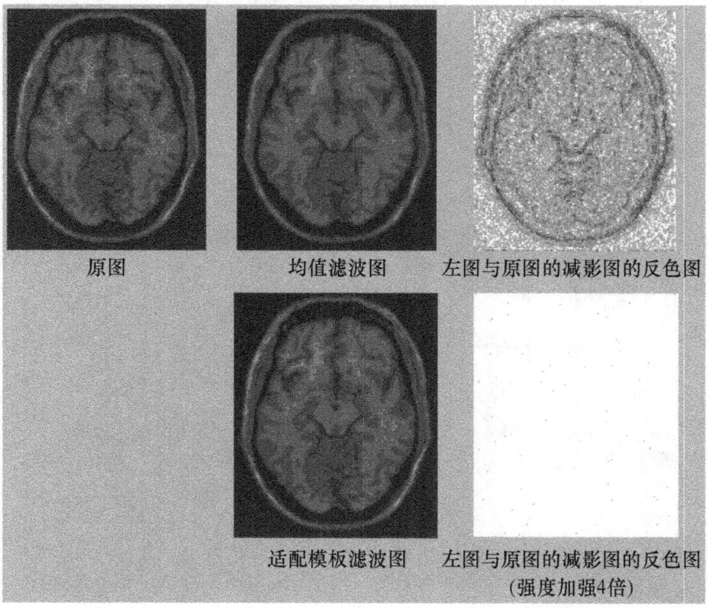

图 9.10　适配模板滤波与均值滤波算法的比较

9.2.4 三维体数据适配模板滤波

上述二维适配滤波算法可以扩展运用到三体数据滤波。然而，在三维情况下，从两点模板到 26 点模板一共有 $\sum_{n=2}^{27} C_{26}^{n-1}$ 种模板。为了得到最佳的时效比，在此并没有对体数据采用如在二维图像中那样列出所有可能的模板，而是对空间任意一体素所在的三个正交平面分别进行二维适配滤波，最后再得到总体效果。由于三维体数据可以看作二维图像数据顺序叠加而成，对其水平面方向滤波相当于对其 X，Y 平面上的二维图像顺序滤波。又由于 C 语言文件指针相对位移比绝对位移要快，造成程序对水平面方向滤波速度快。所以对体数据整体进行空间的旋转，将其（X，Z）平面，（Y，Z）平面分别放置成水平面，再进行滤波处理，可使滤波速度加快，节省时间。

1. 计算机仿真图像

与二维仿真图像类似，三维体数据是一个薄层球面。从球心向多个方向对称生长刺猬状的直线。然后对三维体数据用二维适配模板滤波算法连续进行 3 个正交方向上的滤波。图 9.11 给出在几个断面图像的滤波效果。

叠加噪声后图像的峰值信噪比 PSNR＝48.38；

第一次滤波后图像的峰值信噪比 PSNR＝55.93；

第二次滤波后图像的峰值信噪比 PSNR＝57.27；

第三次滤波后图像的峰值信噪比 PSNR＝57.50。

由此可见，采用此种方法可大幅度提高体数据整体的峰值信噪比。在没有采用对所有三维模板计算标准差的情况下，用二维适配模板滤波对体数据连续进行 3 个方向上的滤波，基本可以达到三维适配模板滤波所达到的效果，并可节省大量时间。

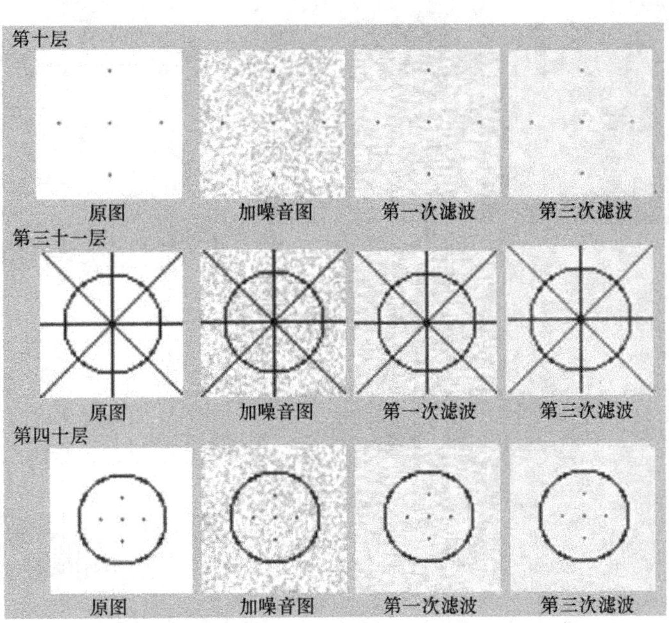

图 9.11 仿真图与一次滤波图和三次滤波图的比较

2. MRI 三维体数据图像的适配滤波

图 9.12 中，左图是 MRI 体数据沿轴状面水平分割的第 120 层的图像，中图是在轴状面经一次二维适配滤波后沿轴状面水平分割的第 120 层的图像，右图是依次在冠状面、矢状面、轴状面经三次二维适配滤波后沿冠状面水平分割的第 120 层的图像。

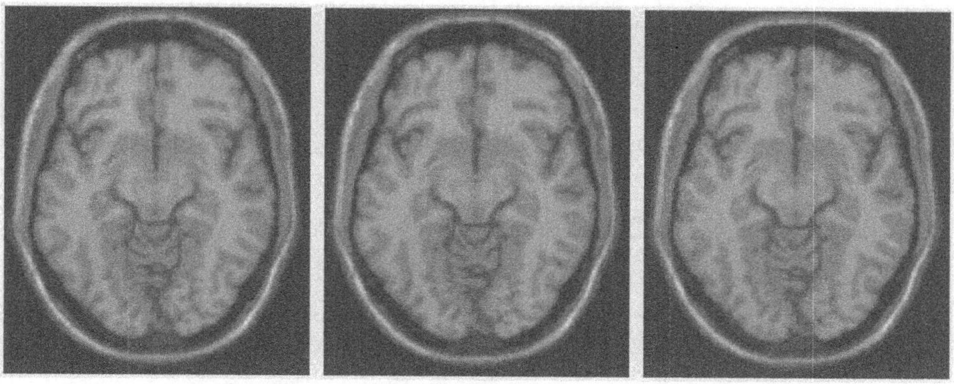

图 9.12　原图与一次滤波图和三次滤波图的比较

从以上 3 幅图可以看出，磁共振体数据分别依次在冠状面、矢状面、轴状面上经三次二维适配滤波后，已经去除了大部分的噪声，并且保留较好的边缘信息。

从以上讨论可以看出，适配模板滤波是一种既可以提高图像信噪比，又可以较好保留图像局部信息的滤波方法，是一种特别适合医学图像处理的滤波方法。该技术不仅适于二维医学图像，还可以推广应用于三维体数据医学图像。

9.3　小波图像增强技术

虽然离散非冗余小波变换（discrete nonredundant wavelet transforms）在图像压缩方面得到成功的应用，但是该方法不具备平移不变性，而且在分解阶段会产生虚假成分并在医学图像分析时引入伪迹。因此这里介绍使用离散冗余小波变换（discrete redundant wavelet transforms）先以某种非线性方式对变换系数进行修正，然后重建图像，实现图像增强的技术。

9.3.1　一维离散小波变换

函数 $s(x) \in L^2(R)$ 的小波变换（wavelet transform）定义为一个函数序列

$$\{W_m s(x)\}_{m\in \mathbf{Z}}$$

式中，$W_m s(x) = s * \psi_m(x) = \int_{-\infty}^{+\infty} s(t)\psi_m(x-t)\mathrm{d}t$，$\psi_m(x) = 2^{-m}\psi_m(2^{-m}x)$ 是小波函数 $\psi(x)$ 尺度扩展 2^m 倍的结果。

对于重建函数 $\chi(x)$ 的傅氏变换的约束条件是

$$\sum_{m=-\infty}^{\infty} \hat{\psi}(2^m\omega)\hat{\chi}(2^m\omega) = 1$$

于是，$s(x)$ 可以完全从它的小波变换重建

$$s(x) = \sum_{m=-\infty}^{\infty} W_m s * \chi_m(x)$$

式中，$\chi_m(x) = 2^{-m}\chi(2^{-m}x)$。

在数值应用中，数据处理是离散的而非连续的。尺度 2^m 的变化受到一定的限制。因为有限的采样率使得 2^m 不能任意的小，计算资源的限制又使 2^m 不能任意的大。一般将最细尺度归一化为 1，最粗尺度设为 2^M，$M \in N$，N 是分析的级数。

函数 $s(x)$ 的平滑运算定义为

$$S_m s(x) = s * \phi_m(x)$$

式中，$\phi_m(x) = 2^{-m}\phi(2^{-m}x)$，$m \in Z$。$\phi(x)$ 是平滑函数，它的积分等于 1，且当 $|x| \to \infty$ 时，$\phi(x) \to 0$ 。

离散小波变换可以用多级数字滤波器方案实现，一维的情况如图 9.13 所示。

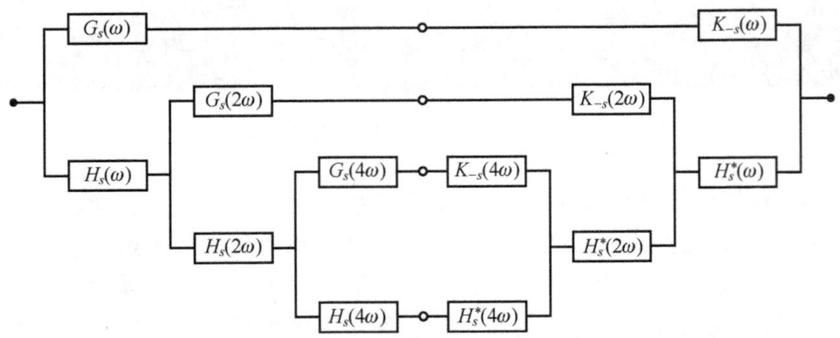

图 9.13　一维离散小波变换的多级数字滤波器实现

几类滤波器频率响应之间的关系满足

$$|H(\omega)|^2 + G(\omega)K(\omega) = 1 \tag{9.29}$$

同一类滤波器各级频率响应之间的关系满足

$$F_s(\omega) = e^{-j\omega s}F(\omega) \tag{9.30}$$

式中，$j=\sqrt{-1}$，$F(\omega)$ 可以是 $H(\omega)$，$G(\omega)$ 或 $K(\omega)$ 中任何一个。
作为一个具体实现，可以令

$$H(\omega) = e^{j\omega s}\left[\cos\left(\frac{\omega}{2}\right)\right]^{p+1} \tag{9.31}$$

$H(\omega)$ 是低通滤波器，p 是一个非负整数，而且 $s = \dfrac{(p+1)\mathrm{mod}2}{2}$。

选择 $G(\omega)$ 为

$$G(\omega) = e^{j\omega s}\left[4j\sin\left(\frac{\omega}{2}\right)\right]^{r} \tag{9.32}$$

$G(\omega)$ 是高通滤波器，$r \in \{1,2\}$，而且 $s = \dfrac{r\mathrm{mod}2}{2}$。

由式 (9.29) 可得

$$K(\omega) = -\frac{1}{16}\left[e^{-j\omega s}G(\omega)\right]^{r\mathrm{mod}2}\sum_{l=0}^{2}\left[\cos\left(\frac{\omega}{2}\right)\right]^{2l} \tag{9.33}$$

当 $r=1$ 时，$K(\omega)$ 是高通滤波器，当 $r=2$，$P>0$ 时，$K(\omega)$ 是低通滤波器。公式（9.31）～公式（9.33）的滤波器都是有限脉冲响应滤波器（FIR），它们的系数可参考表 9.1 和表 9.2 选取。

表 9.1　$r=1$ 时，$H(\omega)$，$G(\omega)$ 和 $K(\omega)$ 的滤波器系数

n	$G(n)$	$p=0$		$p=1$		$p=2$		$p=3$	
		$H(n)$	$K(n)$	$H(n)$	$K(n)$	$H(n)$	$K(n)$	$H(n)$	$K(n)$
−3									−0.001953125
−2						0.125	−0.0078125	0.0625	−0.017578125
−1	2	0.5		0.25	−0.03125	0.375	−0.0546875	0.25	−0.072265625
0	−2	0.5	−0.125	0.5	−0.15625	0.375	−0.171875	0.375	−0.181640625
1			0.125	0.25	0.15625	0.125	0.171875	0.25	0.181640625
2					0.03125		0.0546875	0.0625	0.072265625
3							0.0078125		0.017578125
4									0.001953125

表 9.2　$r=2$ 时，$H(\omega)$，$G(\omega)$ 和 $K(\omega)$ 的滤波器系数

n	$G(n)$	$p=0$		$p=1$		$p=2$		$p=3$	
		$H(n)$	$K(n)$	$H(n)$	$K(n)$	$H(n)$	$K(n)$	$H(n)$	$K(n)$
−3									−0.0009765625
−2						0.125	−0.00390625	0.0625	−0.009765625
−1	4	0.5		0.25	−0.015625	0.375	−0.03125	0.25	−0.0458984375
0	−8	0.5	−0.0625	0.5	−0.09375	0.375	−0.1171875	0.375	−0.13671875
1	4			0.25	−0.015625	0.125	−0.03125	0.25	−0.0458984375
2							−0.00390625	0.0625	−0.009765625
3									−0.0009765625

可以推导出平滑函数

$$\hat{\phi}(\omega)=\left[\frac{\sin(\omega/2)}{\omega/2}\right]^{p+1} \tag{9.34}$$

小波变换系数

$$\hat{\psi}(\omega)=(j\omega)^{r}\left[\frac{\sin(\omega/4)}{\omega/4}\right]^{p+r+1} \tag{9.35}$$

$\psi(x)$ 是一个平滑函数 $\theta(x)$ 的一阶（$r=1$）或二阶（$r=2$）导数，$\theta(x)$ 的傅氏变换是

$$\theta(\omega)=\left[\frac{\sin(\omega/4)}{\omega/4}\right]^{p+r+1} \tag{9.36}$$

图 9.14 给出 $p+r\in\{1,2,3,4,5\}$ 时的 $\theta(x)$，及对应的（$r=1$）和（$r=2$）时的 $\psi(x)$。

图 9.14（a）中的 5 条平滑函数 $\theta(x)$ 曲线从上向下依次为分段线性样条函数、二次

样条函数、三次样条函数、四次样条函数和五次样条函数。

图 9.14（b）是 $r=1$，即 $\psi(x) = \mathrm{d}\theta(x)/\mathrm{d}x$ 的小波变换系数。

图 9.14（c）是 $r=2$，即 $\psi(x) = \mathrm{d}^2\theta(x)/\mathrm{d}x^2$ 的小波变换系数。

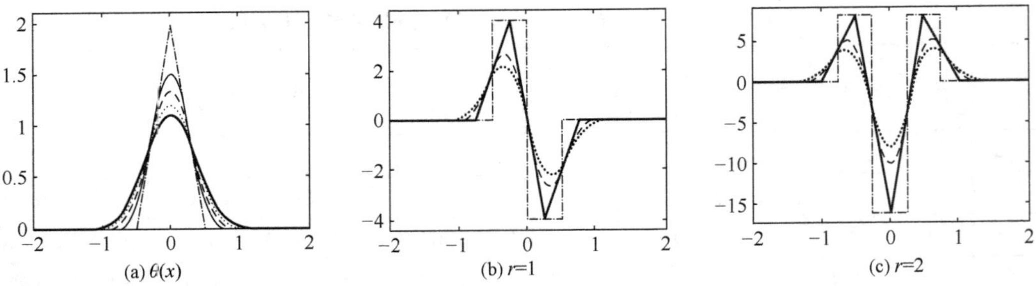

图 9.14　$p+r \in \{1,2,3,4,5\}$ 时的 $\theta(x)$，及对应的（$r=1$）和（$r=2$）时的 $\psi(x)$

设输入信号为 $x(n)$，它的傅氏变换是 $X(\omega)$。图 9.13 的输出信号就是 $X(\omega)$ 与该滤波器频率响应的乘积。对于某个长度 N 的信号，滤波器有限响应长度 L，在突然中断的边界处会产生虚假信号。通常的解决办法是对原信号范围做镜像扩展。

$$x_{\mathrm{me}}(m) = \begin{cases} x(-n-1) & n \in [-N,-1] \\ x(n) & n \in [0,N-1] \end{cases} \tag{9.37}$$

滤波器的级数 M 须满足下式

$$M \leqslant 1 + \log_2 \frac{N-1}{L-1} \tag{9.38}$$

从上述分析可以看出：

1）滤波过程既可以用频域乘法实现，也可以在空间域做卷积运算。对表 9.1 和表 9.2所示的那样短的有限脉冲响应，空间域运算显然更有效；对长的滤波器响应，频域乘法更快些。$G(\omega)$ 的非零项从不超过 3 项，在空间域处理更为实际。

2）离散小波变换的平移不变性是基于这样的事实，在所有的尺度上平移参数的采样周期始终与输入信号相同，这意味离散小波变换是高度冗余的。

3）函数 $s(x)$ 的小波变换 $\psi(x)$ 可以选做某个平滑函数 $\theta(x)$ 的一阶（$r=1$）或二阶（$r=2$）导数

$$W_m s(x) = s \times \left(2^{mr} \frac{\mathrm{d}^r \theta_m}{\mathrm{d}x^r}\right)(x) = 2^{mr} \frac{\mathrm{d}^r}{\mathrm{d}x^r}(s \times \theta_m)(x) \quad r \in \{1,2\} \tag{9.39}$$

9.3.2　多维离散小波变换

函数 $s(x_1,x_2,\cdots,x_d) \in L^2(R^d)$ 的小波变换定义为一组函数

$$\{W_m^1 s(x_1,x_2,\cdots,x_d), W_m^2 s(x_1,x_2,\cdots,x_d), \cdots, W_m^d s(x_1,x_2,\cdots,x_d)\}_{m\in Z}$$

式中

$$\begin{aligned} W_m^l s(x_1,x_2,\cdots,x_d), &= s * \psi_m^l(x_1,x_2,\cdots,x_d) \\ &= \iint\cdots\int_{-\infty}^{+\infty} s(t_1,t_2,\cdots,t_d)\psi_m^l(x_1-t_1,x_2-t_2,\cdots,x_d-t_d)\mathrm{d}t_1\mathrm{d}t_2\cdots\mathrm{d}t_d \end{aligned}$$

$$l = 1, 2, \cdots, d$$

$\psi_m^l(x_1, x_2, \cdots, x_d) = 2^{-dm}\psi^l(2^{-m}x_1, 2^{-m}x_2, \cdots, 2^{-m}x_d)$ 是小波函数 $\psi^l(x_1, x_2, \cdots, x_d)$ 尺度扩展 2^m 倍的结果。

对于重建函数 $\chi(x)$ 的傅氏变换的约束条件是

$$\sum_{m=-\infty}^{\infty}\sum_{l=1}^{d}\hat{\psi}^l(2^m\omega_1, 2^m\omega_2, \cdots, 2^m\omega_d)\hat{\chi}^l(2^m\omega_1, 2^m\omega_2, \cdots, 2^m\omega_d) = 1 \tag{9.40}$$

于是，$s(x_1, x_2, \cdots, x_d)$ 可以完全从它的小波变换重建

$$s(x_1, x_2, \cdots, x_d) = \sum_{m=-\infty}^{\infty}\sum_{l=1}^{d} W_m^l s \times \chi_m^l(x_1, x_2, \cdots, x_d) \tag{9.41}$$

式中，$\chi_m^l(x_1, x_2, \cdots, x_d) = 2^{-dm}\chi^l(2^{-m}x_1, 2^{-m}x_2, \cdots, 2^{-m}x_d)$。

在数值应用中，数据处理是离散的而非连续的。尺度 2^m 的变化受到一定的限制。因为有限的采样率使得 2^m 不能任意的小，计算资源的限制又使 2^m 不能任意的大。一般将最细尺度归一化为 1，最粗尺度设为 2^M，$M \in N$，N 是分析的级数。

平滑函数 $\phi(x_1, x_2, \cdots, x_d)$ 满足

$$|\hat{\phi}(\omega_1, \omega_2, \cdots, \omega_d)|^2 = \sum_{m=-\infty}^{\infty}\sum_{l=1}^{d}\hat{\psi}^l(2^m\omega_1, 2^m\omega_2, \cdots, 2^m\omega_d)\hat{\chi}^l(2^m\omega_1, 2^m\omega_2, \cdots, 2^m\omega_d) \tag{9.42}$$

滤波器频率响应之间的关系为

$$\prod_{l=1}^{d}|H(\omega_l)|^2 + \sum_{l=1}^{d}K(\omega_l)G(\omega_l)L_d(\omega_1, \omega_2, \cdots, \omega_d) = 1 \tag{9.43}$$

可以求得

$$L_2(\omega) = \frac{1}{2}(1 + |H(\omega)|^2) \tag{9.44}$$

$$L_3(\omega_{n1}, \omega_{n2}) = \frac{1}{3}\left(L'_3(\omega_{n1})L'_3(\omega_{n2}) + \frac{3}{4}\right) \tag{9.45}$$

$$L'_3(\omega) = |H(\omega)|^2 + \frac{1}{2} \tag{9.46}$$

表 9.3 和表 9.4 分别给出滤波器 $L_2(\omega)$、$L'_3(\omega)$ 在 $p \in \{0,1\}$ 及 $p \in \{2,3\}$ 时的滤波系数。

表 9.3　$p\in\{0, 1\}$ 时，$L_2(\omega)$，$L'_3(\omega)$ 的滤波器系数

n	$p=0$		$p=1$	
	$L_2(n)$	$L'_3(n)$	$L_2(n)$	$L'_3(n)$
−2			0.03125	0.0625
−1	0.125	0.25	0.125	0.25
0	0.75	1	0.6875	0.875
1	0.125	0.25	0.125	0.25
2			0.03125	0.0625

表 9.4　$p\in\{2,3\}$ 时，$L_2(\omega)$，$L_3'(\omega)$ 的滤波器系数

n	$p=2$		$p=3$	
	$L_2(n)$	$L_3'(n)$	$L_2(n)$	$L_3'(n)$
−4			0.001953125	0.00390625
−3	0.0078125	0.015625	0.015625	0.03125
−2	0.046875	0.09375	0.0546875	0.109375
−1	0.1171875	0.234375	0.109375	0.21875
0	0.65625	0.8125	0.63671875	0.7734375
1	0.1171875	0.234375	0.109375	0.21875
2	0.046875	0.09375	0.0546875	0.109375
3	0.0078125	0.015625	0.015625	0.03125
4			0.001953125	0.00390625

二维离散小波变换的多级数字滤波器实现如图 9.15 所示。

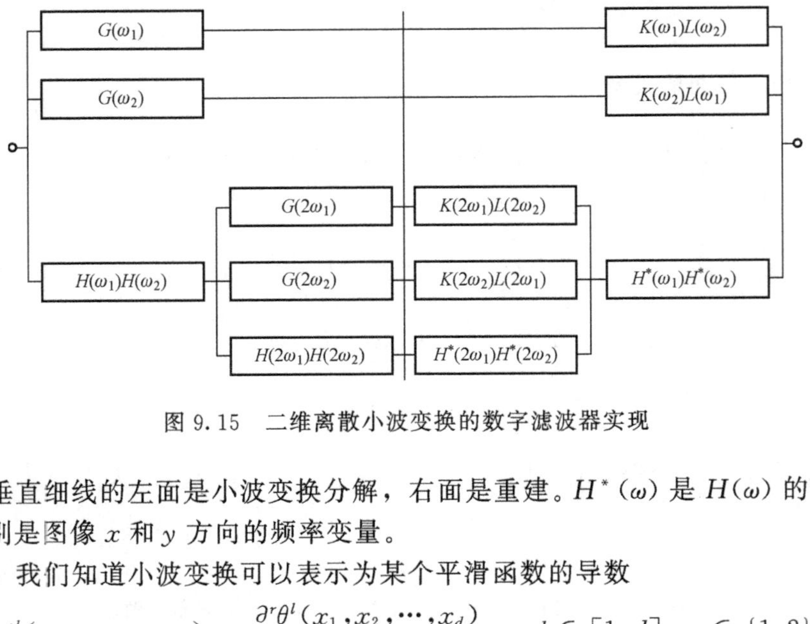

图 9.15　二维离散小波变换的数字滤波器实现

图中垂直细线的左面是小波变换分解，右面是重建。$H^*(\omega)$ 是 $H(\omega)$ 的复数共轭，ω_1，ω_2 分别是图像 x 和 y 方向的频率变量。

如前所述，我们知道小波变换可以表示为某个平滑函数的导数

$$\psi^l(x_1,x_2,\cdots,x_d)=\frac{\partial^r\theta^l(x_1,x_2,\cdots,x_d)}{\partial x_l^r}\qquad l\in[1,d]\quad r\in\{1,2\}\tag{9.47}$$

如果采用符号

$$\nabla=\left(\frac{\partial}{\partial x_1},\frac{\partial}{\partial x_2},\cdots,\frac{\partial}{\partial x_d}\right)\quad 及\quad \Delta=\nabla^2=\left(\frac{\partial^2}{\partial x_1^2},\frac{\partial^2}{\partial x_2^2},\cdots,\frac{\partial^2}{\partial x_d^2}\right)$$

对于 $r=1$

$$W_m s(x_1,x_2,\cdots,x_d)=2^m\nabla(s*\theta_m)(x_1,x_2,\cdots,x_d)\tag{9.48}$$

对于 $r=2$

$$\sum_{l=1}^{d}W_m^l s(x_1,x_2,\cdots,x_d)=2^{dm}\Delta(s*\theta_m)(x_1,x_2,\cdots,x_d)\tag{9.49}$$

如果 $\theta(x_1, x_2, \cdots, x_d)$ 是高斯平滑函数，寻找公式（9.48）中梯度方向的局部极值就相当做 Canny 边缘检测。若当 $d=2$ 时，计算公式（9.49）的零交叉点就相当做 Marr-Hildreth 边缘检测。

9.3.3 数字乳腺图像的对比增强

本节介绍使用二维离散小波变换对乳腺图像做非线性对比度增强的实例。在乳腺图像分析中，乳腺癌的早期检测主要依靠对乳腺图像特征良性还是恶性的区分能力。微小的恶性肿块或损伤极难发现。通过对比度增强技术可以使在不增加放射强度的情况下，使明显不可见的或很难发现的恶性特征较易发现。办法是先用一个函数对离散小波变换系数 $W_m^1 t(n_1+s, n_2+s)$ 及 $W_m^2 t(n_1+s, n_2+s)$ 做增强变换，然后对调整后的系数重建。增强函数应满足下述条件：

- 低对比度区域的图像信号应比高对比度区域得到更大的增强；
- 图像边缘不被模糊；
- 函数应是单调递增的；
- 反对称（奇函数）。

例如

$$E(x) = \begin{cases} x-(K-1)T & x<-T \\ Kx & |x| \leqslant T \\ x+(K-1)T & x>T \end{cases} \tag{9.50}$$

图 9.16 是 $K=20$ 和 $T=1$ 的增强函数曲线。式（9.34）～式（9.36）的滤波器在 $r=2$ 及 p 为奇数时最适于增强。

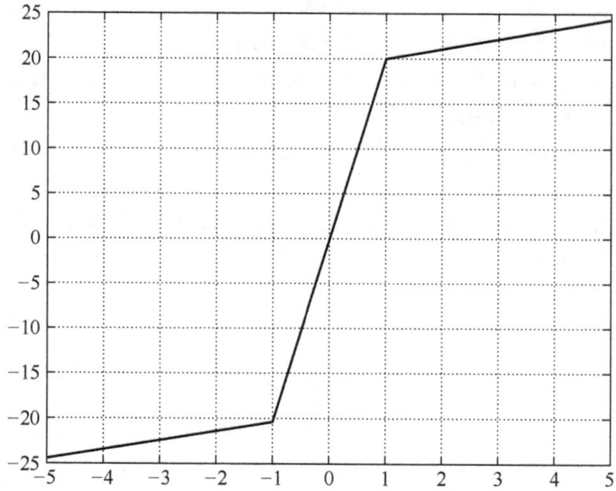

图 9.16 增强函数曲线

图 9.17 是 $r=2$，$p=3$ 时对乳腺图像增强的情况。使用的参数为

$$K = 30$$

$$T_m = 0.12\max\{W_m^l t(n_1+s, n_2+s)\} \quad l \in \{1,2\} \quad (n_1, n_2) \in Z^2 \quad m \in \{1, M\}$$

图像尺寸为 775×436 像素，小波分解到第 5 级（即 $M=5$）。经增强后，组织团块周围的细刺状结构清楚可见。

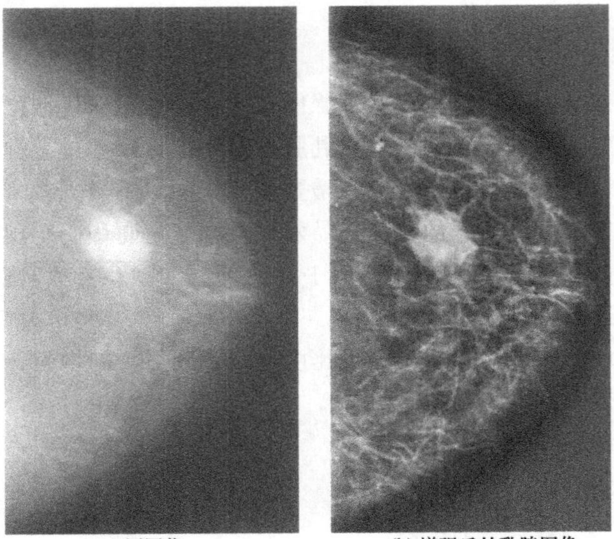

(a) 原图像　　(b) 增强后的乳腺图像

图 9.17　乳腺图像对比度增强的效果

参考文献

程正兴．1998．小波分析算法及应用．西安：西安交通大学出版社．

李世雄．1997．小波变换及其应用．北京：高等教育出版社．

孙延奎．2005．小波分析及其应用．北京：机械工业出版社．

杨福生，高上凯．1999．生物医学信号处理．北京：高等教育出版社．

Carl-Fredrik Westin，Hans Knutsson，Ron Kikinis．2000．Adaptive Image Filtering，Handbook of Medical Imaging Processing and Analysis．Academic Press，19—32．

C F Westin，J Richolt，V Moharir，R Kikinis．2000．Affine Adaptive Filtering of CT Data．Medical Image Analysis 4，161—177．

Luo S，Han J．2001．Adaptive Template Filter and Its Medical Applications．Proceedings of SPIE，San Diego，CA，USA，4322 (2)：1121—1128．

第 10 章　图像分割方法应用

10.1　基于有偏场校正的图像分割方法

由于受 RF 线圈、MR 设备的操作环境等的影响，MR 图像的均匀性变差，相当于在增益场上叠加了一个偏移场，使信号混淆。该偏移场也可用一个多维零均值的高斯概率密度函数描述。适配分割算法由两部分组成：组织类概率估计和增益场估计。通过对图像像素给个初始分类，计算偏移场，再重新分类、反复这一过程的迭代算法。这种算法优于常规的分类方法。

10.1.1　算法介绍

由于图像的灰度分布不均匀，如果要得到正确的组织分类，首先必须对灰度进行校正。可以用一个附加在增益上的偏移场（bias field）来描述灰度不均匀性，用 n 维零均值的高斯概率密度建立有偏场的模型

$$p(\beta) = G_{\psi_\beta}(\beta) \tag{10.1}$$

其中

$$G\psi_\beta(x) \equiv (2\pi)^{-\frac{n}{2}} \left|\psi_\beta\right|^{-\frac{1}{2}} \exp\left(-\frac{1}{2}x^T \psi_\beta^{-1} x\right) \tag{10.2}$$

是 n 维的高斯分布。ψ_β 表示 $n \times n$ 的整个有偏场的协方差矩阵。

为了将校正过程转化为灰度加“有偏场”的形式，需要将灰度进行对数转换

$$Y_i = g(y_i) = (\ln([y_i]1), \ln([y_i]2), \cdots, \ln([y_i]m))^T \tag{10.3}$$

其中 y_i 是所观察的 MRI 中第 i 个像素的灰度；m 是 MRI 的维数（例如，采用配准的 T2 和质子密度图，$m=2$）。类似其他基于灰度的 MRI 分割的统计学方法，观察值被模拟为正态分布

$$p(Y_i \mid x_i, \beta_i) = G_{\psi_{xi}}(Y_i - \mu(x_i) - \beta_i) \tag{10.4}$$

其中

$$G_{\psi_{xi}}(x) \equiv (2\pi)^{-\frac{m}{2}} \left|\psi_{xi}\right|^{-\frac{1}{2}} \exp\left(-\frac{1}{2}x^T \psi_{xi}^{-1} x\right) \tag{10.5}$$

是 m 维的方差为 ψ_{xi} 的高斯分布；x_i 是第 i 个像素的组织类型；$\mu(x)$ 是 x 类组织的平均灰度值；ψ_x 是 x 类组织的协方差矩阵；βi 是第 i 个像素的偏移值。

各像素对各类组织的隶属概率具有如下定义

$$W_{ij} \equiv \frac{[p(xi)G_{\psi x\Gamma i}(Y_i - \mu(x_i) - \beta_i)]x_{i=j}}{\sum_{xi} p(x_i) G_{\psi xi}(Y_i - \mu(x_i) - \beta_i)} \tag{10.6}$$

下标 i 和 j 分别代表像素序号和组织类型；μ_j 是 j 类组织的平均灰度。对一幅特定的人脑 MRI，各类组织的先验概率分布 $p(x_i)$ 是一定的。

根据条件概率的定义，灰度和组织类型的联合概率为

$$p(Y_i,x_i \mid \beta_i) = p(Y_i \mid x_i,\beta_i)p(x_i) \tag{10.7}$$

因此

$$p(Y_i \mid \beta_i) = \sum_{x_i} p(Y_i,x_i \mid \beta_i) = \sum_{x_i} p(Y_i \mid x_i,\beta_i)p(x_i) \tag{10.8}$$

假定各像素的灰度是统计无关的，那么

$$p(Y \mid \beta) = \prod_i p(Y_i \mid \beta_i) \tag{10.9}$$

应用贝叶斯法则可以得到如下的有偏场后验概率

$$p(\beta \mid Y) = \frac{p(Y \mid \beta)p(\beta)}{p(Y)} \tag{10.10}$$

再根据最大后验概率（MAP）原则，用具有最大后验概率的 β 值来估计有偏场

$$\hat{\beta} = \arg\max_{\beta} p(\beta \mid Y) \tag{10.11}$$

后验概率最大的必要条件是概率对 β 的梯度为零。根据等价的对数形式的零梯度条件可以推得

$$\hat{\beta} = H\bar{R} \tag{10.12}$$

其中线性算子 H 定义为

$$H \equiv [\overline{\psi^{-1}} + \psi_{\beta}^{-1}]^{-1} \tag{10.13}$$

ψ_{β}^{-1} 为有偏场的逆协方差。

平均残差为

$$\bar{R}i \equiv \sum_j W_{ij}\psi_j^{-1}(Y_i - \mu_j) \tag{10.14}$$

平均逆协方差为

$$\overline{\psi^{-1}ab} \equiv \begin{cases} \sum_j W_{ij}\psi_j^{-1} & a = b \\ 0 & \text{其他} \end{cases} \tag{10.15}$$

公式（10.6）和公式（10.12）分别给出了组织类型和有偏场的估计方法，将两者结合为一个迭代过程即可在灰度校正的基础上进行组织分类。如果已知有偏场的估计时用公式（10.6）（组织类后验概率）估计组织类型，已知组织分类时用公式（10.12）估计偏移量。迭代过程可以从任一表达式开始。由于我们能够从初始分类图中得到组织隶属概率 W 的初始值，因此迭代过程始于公式（10.6）。

10.1.2 适配分割算法的实现

实际算法中采用非参数的类条件密度 $p_y(Y_i - \beta_i \mid x_i)$ 来代替高斯密度 $G_{\psi_{\Gamma i}}(Y_i - \mu(x_i) - \beta_i)$。如果采用配准的 T2 和质子密度图，则

$$p_y(Y_i \mid x_i) = \exp(Y_1)\exp(Y_2)p_x((\exp(Y_1),\exp(Y_2))^T \mid x_i) \tag{10.16}$$

其中 p_x 是从训练样本中得到的非参数概率密度

$$p_x(y_i \mid x_i) = \frac{1}{n_j}\sum_k G_{\psi 0}(y_i - y_{kj}) \tag{10.17}$$

$G_{\psi_0}(x)$ 是径向对称的高斯密度，y_{kj} 是 j 类组织的 n_j 个训练样本的灰度。

根据人脑 MRI 分类的先验知识，我们从原图像中选取一些点作为训练样本，按类型分别计算各类组织的均值和协方差的经验值

$$\mu_j = \frac{1}{n_j}\sum_k Y_{kj} \tag{10.18}$$

$$\psi_j = \frac{1}{n_j}\sum_k (Y_{kj} - \mu_j)(Y_{kj} - \mu_j)^T \tag{10.19}$$

其中，$y_{kj} = g(x_{kj})$ 是 j 类组织的 n_j 个训练样本的对数灰度。这两个经验值用于式（10.14）和式（10.15）的计算中。

在理想的情况下，通过估计协方差 ψ_β 可确定 H，但考虑到这个矩阵的大小，这种方法是不切实际的。式（10.13）中 H 的运算实质上相当于一个低通滤波器，因此可以避开 ψ_β 的计算，代之以设计一个有效的低通滤波器。

并不是所有的低通滤波器 H 都符合有偏场的先验模型，但是经过经验性调整，可以找到比较有效的滤波器

$$\beta_i = \frac{[F\bar{R}]_i}{[F\overline{\psi^{-1}}L]_i} \tag{10.20}$$

其中

$$L \equiv (1,1,\cdots,1)^T \tag{10.21}$$

这个滤波器很明显对平均残差是线性的。

10.1.3 实验结果

初始分类采用基于纹理分析的组织分类法，将 MR 图像分为背景、脑脊液（CSF）、灰质、白质和皮下组织五类。由此得到各类组织的先验概率分布 $p(x_i)$，和组织类后验概率 W_{ij} 的初始值。训练样本根据各类组织的先验知识由人工选取。

低通滤波器 F 为

$$\begin{bmatrix} \frac{1}{16} & \frac{1}{8} & \frac{1}{16} \\ \frac{1}{8} & \frac{1}{4} & \frac{1}{8} \\ \frac{1}{16} & \frac{1}{8} & \frac{1}{16} \end{bmatrix}$$

迭代过程一般需要 5～10 步即可达到稳定的估计值。

分割结果如图 10.1 所示。从左至右依次为背景、CSF、灰质、白质、皮下组织。适配分割算法通过对有偏场的估计，校正扫描内的灰度不均匀性，从而可以大大地改进分类结果。

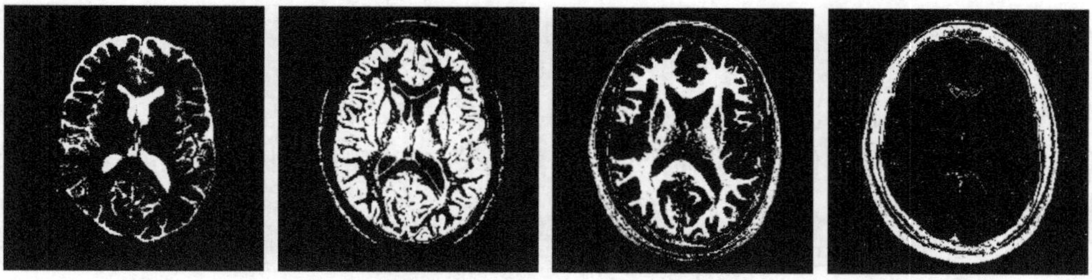

图 10.1　在适配分割算法的基础上，由松弛迭代法产生的隶属概率图

也可选择以下几种 F 低通滤波器。

3×3 圆窗

$$\begin{bmatrix} \frac{1}{16} & \frac{1}{8} & \frac{1}{16} \\ \frac{1}{8} & \frac{1}{4} & \frac{1}{8} \\ \frac{1}{16} & \frac{1}{8} & \frac{1}{16} \end{bmatrix}$$

3×3 方窗

$$\begin{bmatrix} \frac{1}{10} & \frac{1}{10} & \frac{1}{10} \\ \frac{1}{10} & \frac{1}{5} & \frac{1}{10} \\ \frac{1}{10} & \frac{1}{10} & \frac{1}{10} \end{bmatrix}$$

5×5 圆窗

$$\begin{bmatrix} 0 & 0 & \frac{1}{13} & 0 & 0 \\ 0 & \frac{1}{13} & \frac{1}{13} & \frac{1}{13} & 0 \\ \frac{1}{13} & \frac{1}{13} & \frac{1}{13} & \frac{1}{13} & \frac{1}{13} \\ 0 & \frac{1}{13} & \frac{1}{13} & \frac{1}{13} & 0 \\ 0 & 0 & \frac{1}{13} & 0 & 0 \end{bmatrix}$$

5×5 方窗

$$\begin{bmatrix} \frac{1}{35} & \frac{1}{35} & \frac{1}{35} & \frac{1}{35} & \frac{1}{35} \\ \frac{1}{35} & \frac{2}{35} & \frac{2}{35} & \frac{2}{35} & \frac{1}{35} \\ \frac{1}{35} & \frac{2}{35} & \frac{3}{35} & \frac{2}{35} & \frac{1}{35} \\ \frac{1}{35} & \frac{2}{35} & \frac{2}{35} & \frac{2}{35} & \frac{1}{35} \\ \frac{1}{35} & \frac{1}{35} & \frac{1}{35} & \frac{1}{35} & \frac{1}{35} \end{bmatrix}$$

应用以上各低通滤波器得到的分类结果并没有显著的临床应用差异；不同之处在于收敛速度，稳定后的有偏场的分布，以及分类结果在细部的区别，例如各类组织的边缘分割得是否光滑，等等。

图 10.2 是用一幅 T2 图像的灰度及其一个纹理参数，构成二维特征空间，用最近邻法对 5 种人脑组织进行聚类，并作有偏场校正的分类结果。

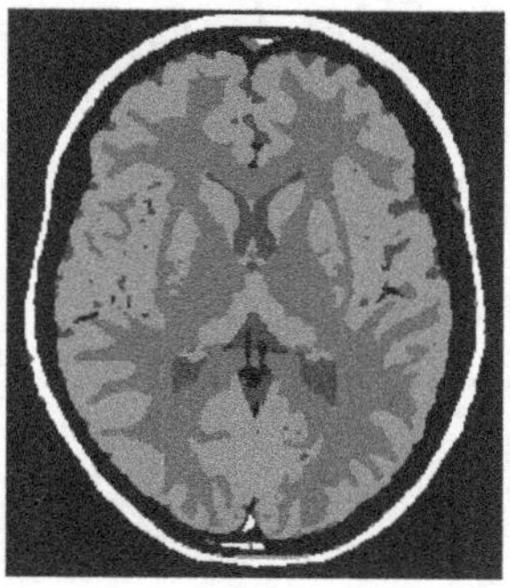

红色：白质；绿色：灰质；蓝色：CSF；白色：大脑皮层；黑色：颅骨与背景

图 10.2　基于有偏场校正的脑组织分类结果

10.2　基于信息最小化的 MR 强度不均匀性回顾修正

可以用数学模型模拟偏移场引起图像的退化，再消除其影响，从而对 MR 图像强度不均匀性做回顾修正，具体的做法是：用 $v(x)$ 表示获取的图像，$u(x)$ 代表被成像物体的“真实”图像。二者的关系由下式所示

$$v(x) = f(u(x)) \tag{10.22}$$

或

$$u(x) = f^{-1}(v(x)) \tag{10.23}$$

这里，f 是在“真实”图像 $u(x)$ 中引入随空间变化的强度退化的图像退化模型（或偏移场），f^{-1} 表示退化模型的逆。对 MR 图像强度不均匀性回顾修正问题就是试图从所获取的图像 $v(x)$ 中找出“真实”图像 $u(x)$。这个问题可以分两步解决。首先，找一个参数校正模型 $\tilde{f}^{-1}$，它是退化模型的逆的估计。这可以在理论上对退化过程进行数学描述；也可以通过实验手段对已知校准物体所获取的图像进行分析得到。然后找出最佳校正模型 $\tilde{f}_o^{-1}$ 的参数，使其满足将 $\tilde{f}_o^{-1}$ 作用在获取的图像 $v(x)$ 上得到的图像 $\tilde{u}_o(x)$ 的强度不均匀性最小。为此，需要有一个关于图像强度均匀性的定量准则及寻找校正图像 $\tilde{u}_o(x)$ 的策略。

校正策略的假设前提是，由于图像的退化过程使得获取图像的信息多于原来“真实”图像

$$I[v(x)] = I[f(u(x))] > I[u(x)] \tag{10.24}$$

因此，图像的退化过程相当于有一个使真实图像信息增加的附加的信息源。此外，还必须约束校正模型使它不影响输入图像的总体强度特性，例如亮度、对比度等。

有了这样的校正模型 $\tilde{f}^{-1}$，就可从获取图像 $v(x)$ 得到的真实图像的估计 $\tilde{u}(x)$。

$$\tilde{u}(x) = \tilde{f}^{-1}(v(x)) \tag{10.25}$$

通过改变校正模型 $\tilde{f}^{-1}$ 的参数，变换获取图像 $v(x)$ 得到不同的估计 $\tilde{u}(x)$。那个使 $\tilde{u}(x)$ 图像信息最小的参数对应的模型就是最佳校正模型 $\tilde{f}_o^{-1}$。

$$\tilde{f}_o^{-1} = \arg\min_{\tilde{f}^{-1}}\{I[\tilde{f}^{-1}v(x)]\} \tag{10.26}$$

因此，校正图像为

$$\tilde{u}_o(x) = \tilde{f}_o^{-1}(v(x)) \tag{10.27}$$

图 10.3 给出图像退化及回顾式校正的原理框图。

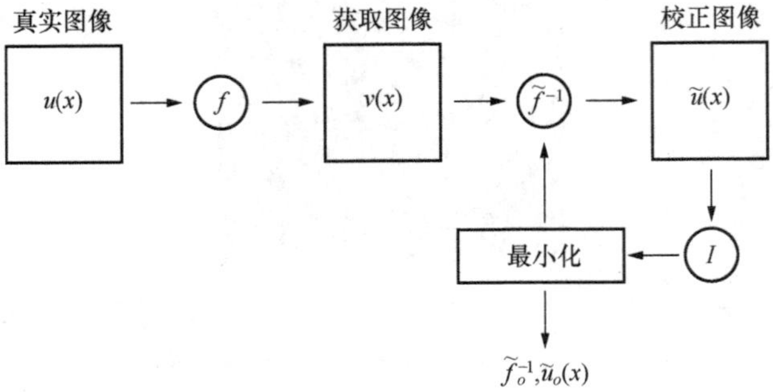

图 10.3　图像退化及回顾式校正的原理框图

10.2.1　线性校正模型

线性校正模型是一个比较通用的模型，它可用于描述 MR 及许多其他模式图像的退化问题。它包括乘子 $m(x)$ 及附加项 $a(x)$ 两个强度退化分量。

$$v(x) = u(x)m(x) + a(x) \tag{10.28}$$

根据退化模型的逆，真实图像 $u(x)$ 的估计 $\tilde{u}(x)$ 可以表示为

$$\tilde{u}(x) = v(x)\widetilde{m}^{-1}(x) + \tilde{a}^{-1}(x) \tag{10.29}$$

其中，乘子校正项为

$$\widetilde{m}^{-1}(x) = \frac{1}{m(x)} \tag{10.30}$$

附加校正项为

$$\tilde{a}^{-1}(x) = -\frac{a(x)}{m(x)} \tag{10.31}$$

作为线性模型，这两个校正项均表示为 K 个平滑变化的基函数 $s_i(x)$ 的线性组合

$$\widetilde{m}^{-1}(x) = \sum_{i=1}^{K} {}^m b_i^m s_i(x) \tag{10.32}$$

$$\tilde{a}^{-1}(x) = \sum_{i=1}^{K} {}^a b_i^a s_i(x) \tag{10.33}$$

它们由参数${}^m b$ 及${}^a b$ 确定。

为了不破坏图像的总体性质，对获取图像 $v(x)$ 做中和（neutralize）处理。即引入保持均值条件，保证在大小为 Θ 的域 Ω 上获取图像 $v(x)$ 与 $\tilde{u}(x)$ 的平均强度值相同。

$$\frac{1}{\Theta}\int_{\Omega} v(x)\mathrm{d}\Omega = \frac{1}{\Theta}\int_{\Omega} (v(x)\widetilde{m}^{-1}(x) + \tilde{a}^{-1}(x))\mathrm{d}\Omega \tag{10.34}$$

式中，$\Theta = \int_{\Omega} \mathrm{d}\Omega$，域 Ω 包含图像的有关部分，例如组织数据。

此外，还要进行参数归一化处理，以使基函数 $s_i(x)$ 的任何系数${}^m b$ 或${}^a b$ 的同等变化

产生同等大小的强度改变。

$$\left.\begin{aligned}\frac{1}{\Theta}\int_{\Omega}|v(x)s_i(x)|\,\mathrm{d}\Omega=1\\ \frac{1}{\Theta}\int_{\Omega}|{}^{a}s_i(x)|\,\mathrm{d}\Omega=1\quad i=1\cdots K\end{aligned}\right\}\tag{10.35}$$

如果基函数 $s_i(x)$ 的形式是

$$\left.\begin{aligned}{}^{m}s_i(x)=\frac{q_i(x)-{}^{m}c_i}{{}^{m}d_i}\\ {}^{a}s_i(x)=\frac{q_i(x)-{}^{a}c_i}{{}^{a}d_i}\end{aligned}\right\}\tag{10.36}$$

其中，$q_i(x)$ 是多项式。则中和常数（neutralization constant）c_i 和归一化常数（normalization constant）d_i 由下列公式计算

$${}^{a}c_i=\frac{1}{\Theta}\int_{\Omega}q_i(x)\,\mathrm{d}\Omega\tag{10.37}$$

$${}^{m}c_i=\frac{\int_{\Omega}v_i(x)q_i(x)\,\mathrm{d}\Omega}{\int_{\Omega}v_i(x)\,\mathrm{d}\Omega}\tag{10.38}$$

$${}^{a}d_i=\frac{1}{\Theta}\int_{\Omega}|q_i(x)-{}^{a}c_i|\,\mathrm{d}\Omega\tag{10.39}$$

$${}^{m}d_i=\frac{1}{\Theta}\int_{\Omega}|v(x)(q_i(x)-{}^{m}c_i)|\,\mathrm{d}\Omega\tag{10.40}$$

最后，两个校正项为

$$\left.\begin{aligned}\widetilde{m}^{-1}(x)=1+\sum_{i=2}^{K}{}^{m}b_i\frac{q_i(x)-{}^{m}c_i}{{}^{m}d_i}\\ \widetilde{a}^{-1}(x)=\sum_{i=2}^{K}{}^{a}b_i\frac{q_i(x)-{}^{a}c_i}{{}^{a}d_i}\end{aligned}\right\}\tag{10.41}$$

对于最佳参数${}^{m}b_o$和${}^{a}b_o$的优化过程是用 Powell 多维有向集方法，在每一维都是用 Brent 优化算法。

$$\{{}^{m}b_o,{}^{a}b_o\}=\arg\min_{\{{}^{m}b,{}^{a}b\}}\{I[v(x)\widetilde{m}^{-1}(x)+\widetilde{a}^{-1}(x)]\}\tag{10.42}$$

最佳校正图像为

$$\widetilde{u}_o(x)=v(x)\widetilde{m}_o^{-1}(x)+\widetilde{a}_o^{-1}(x)\tag{10.43}$$

10.2.2 实验方法及结果

对于乘子 $m(x)$ 及附加项 $a(x)$ 两个强度退化分量，测试三种多项式 MA2、M2 及 M4。MA2 是二阶多项式，在三维情况下两个校正项共有 18 个待定参数。M2 及 M4 仅包括乘子 $m(x)$，分别是二阶多项式和四阶多项式。M2 有 9 个待定参数，而 M4 有 34 个待定参数。每个图像域 Ω 仅包含图像的组织数据，而不包括背景区域。域 Ω 提取过程是先对图像取阈值，然后用图像体素的六邻接体素结构元对非背景区腐蚀得到的。在开始优化之前，应用公式（10.37）～公式（10.40）的离散形式计算中和常数 c_i 和归一化常数 d_i。

对图像信息计算对本方法极其重要。任何图像 $v(x)$ 的信息 I 可以定量地用Shannon熵 $H[v(x)]$ 表示

$$I[v(x)] = H[v(x)] = -\sum_{n} p(n)\log p(n) \tag{10.44}$$

其中，$p(n)$ 是图像 $v(x)$ 中像素具有强度图像 n 的概率。式（10.44）定义的信息可以从当前估计 $\tilde{u}(x)$ 的强度直方图得到。由于 $\tilde{u}(x)$ 是在对图像 $v(x)$ 做强度变换得到的，整数灰度值 g 变换为新的实数值 g'，即在两个整数（比如 k 与 $k+1$）之间。这种非整数灰度值使新的直方图计算产生困难。可以采用部分强度插值的方法解决。即给直方图的 $h(k)$ 与 $h(k+1)$ 两项分别增加 $k+1-g'$ 与 $g'-k$ 两个分数值。另外，在计算概率 $p(n)$ 之前，为减少不完善强度插值的影响对直方图 $p(n)$ 做轻度模糊

$$h(n) \leftarrow \sum_{i=-t}^{t} h(n+i)(t+1-|i|) \tag{10.45}$$

其中，参数 t 确定了三角窗的尺寸 w，$w=2t+1$。

由于灰度变换后的灰度值往往会超过图像的灰度值范围［1，G］，所以直方图的计算是在［−G，2G］的灰度值范围进行的。仿真 MR 数据来源于 BrainWeb MR simulator，图像分辨是 181×217×181，灰度 8bit，层厚 1mm。

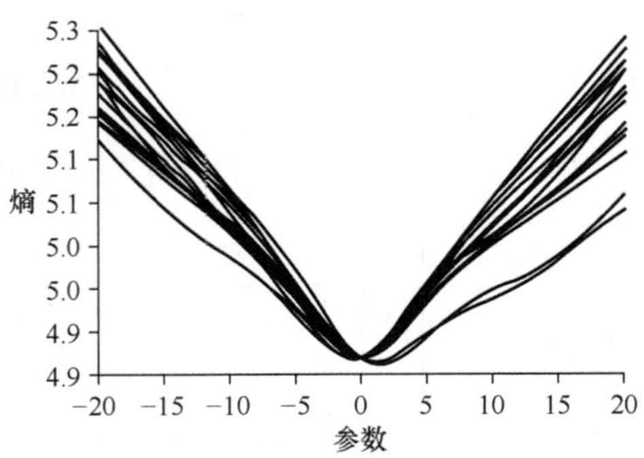

图 10.4 熵函数与图像参数间关系

下面首先验证线性退化模型增加图像的信息：

用 0%强度不均匀性及 3%噪声的 T1 图像作为真实图像 $u(x)$，并用乘子 $\widetilde{m}^{-1}(x)$ 及附加项 $\widetilde{a}^{-1}(x)$ 做退化处理。参数 ${}^{m}b_i$ 和 ${}^{a}b_i$，$i=1, 2, \cdots, 9$。每个参数均按步长为 1，从 −20～+20 改变，对变换后得到的图像计算熵，结果如图 10.4 所示。熵函数平滑，而且由于参数归一化，每条熵函数曲线的数值大小相近。熵函数曲线的极小值接近中和参数（${}^{m}b={}^{a}b=0$）处。在该处原图像保持不变。显然，模拟图像的退化过程增加了图像的熵，即增加了图像的信息。

然后进行定量评估。

对图像强度非均匀性校正效果进行定量评估有两个系数可以用于此项工作。

（1）组织变化系数 cv（coefficient of variations）

$$cv(C) = \frac{\sigma(C)}{\mu(C)} \tag{10.46}$$

式中，$\sigma(C)$ 与 $\mu(C)$ 分别为组织 C 图像强度分布的标准差与均值。cv 的大小表示该组织类型归一化标准差。应用 cv 评估强度非均匀性校正效果须对比较的两幅图像中的目标组织用人工或半自动方法分割，再对每种组织的 cv 进行比较。

cv 测度的缺点是它不能反映两种组织强度分布重叠部分的信息。例如，在脑图像分类时，白质和灰质的 cv 都减少，但两类组织的重叠部分 cv 却增加，在这种情况下，分类效果并没有改善。

(2) 联合变化系数 cjv (coefficient of joint variations)

$$cjv(C_1, C_2) = \frac{\sigma(C_1) + \sigma(C_2)}{|\mu(C_1) - \mu(C_2)|} \tag{10.47}$$

cjv 用于估计两类重叠部分的特性。

表 10.1 是 3 种线性模型的校正效果。

表 10.1 3 种线性模型的校正效果

			cv(GM)/(%)				cv(WM)/(%)				cjv(GM, WM)/(%)			
Data	Mod.	Bias	Orig	MA2	M2	M4	Orig	MA2	M2	M4	Orig	MA2	M2	M4
Simu	T1	0%	9.9	10.0	9.9	9.9	5.2	5.2	5.1	5.1	51.6	52.0	52.1	52.1
		40%	13.5	10.0	9.9	10.0	9.2	5.2	5.2	5.0	69.3	51.6	51.5	51.7
	T2	0%	17.7	18.2	17.9	17.8	12.0	12.9	12.2	12.2	83.2	82.1	82.6	82.5
		40%	20.3	18.2	17.9	17.8	13.3	12.3	11.9	11.8	106.	82.3	82.4	82.4
	PD	0%	4.5	4.5	4.5	4.5	4.9	4.9	4.9	4.9	64.9	64.7	64.7	65.0
		40%	9.7	4.5	4.5	4.5	7.5	4.8	4.7	4.7	163.	64.3	64.5	64.1
Real	T1		12.3	10.3	10.3	10.4	8.2	5.8	5.8	5.8	138	131	133	134
	T2		15.9	16.2	16.0	15.8	10.0	10.4	10.0	9.9	90.7	88.4	90.4	89.8
	PD		6.9	6.3	6.4	6.3	5.3	5.3	5.2	5.1	77.8	70.7	72.1	72.1

说明：GM：灰质；WM：白质；Simu：MNI 仿真图像；Real：真实 MRI；Mod：成像模式；Bias：不均匀度。

图 10.5 从左向右分别是均匀强度分布及有 40%不均匀度的仿真 MR 图像，校正过的图像和偏移场图像；下面一行是对应的直方图。可以看出，校正图像保持了原始图像的灰度均值。

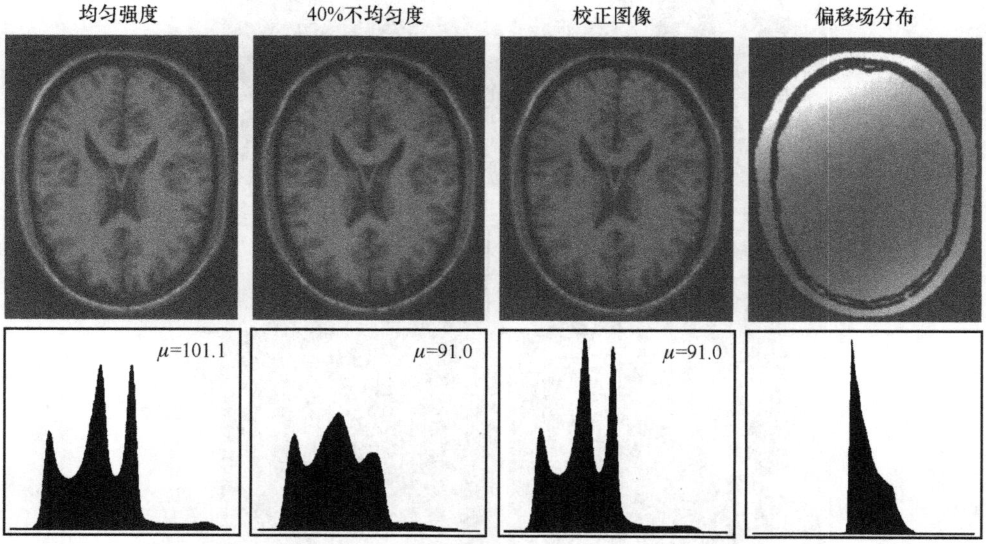

图 10.5 仿真 MR 图像及校正效果

图 10.6 是冠状 MR 图像及用 M4 退化校正多项式校正过的图像。后者对应的直方图中白质和灰质的强度分布变得更陡更窄，分类性能得到改善。

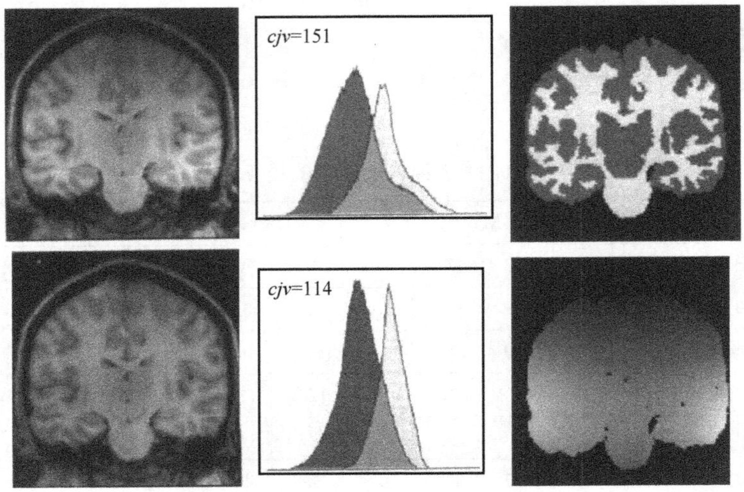

左、中列上下两排分别是冠状 MR 图像、用 M4 退化校正多项式校正过的图像及相应直方图；
上排右图是分割结果，下排右图是偏移场分布

图 10.6　冠状 MR 图像及用 M4 退化校正多项式校正过的图像

图 10.7 给出了乳房和前列腺的 MR 图像，经过 M4 退化校正多项式校正，二者的直方图均对分类性能有所改善。

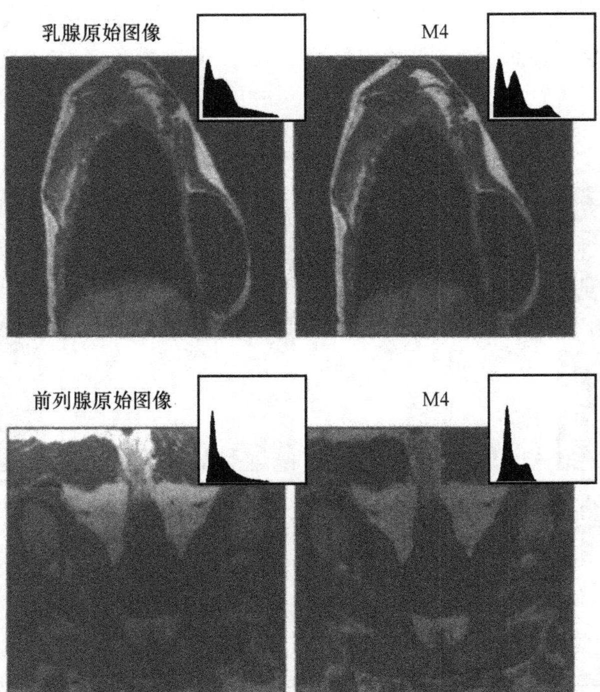

图 10.7　乳房和前列腺的 MR 图像

10.3 模糊聚类分割

模糊（fuzzy）集合的概念是由美国控制论专家Zadeh于1965年首次提出的。在人类对自然界的认识中很多时候用的是模糊的度量。例如说一个人身长很高，并没有明确地设置一个界限（比如说175cm），高于这个尺寸就算高，低于这个尺寸就算矮。实际上这个“高”的标准在人们的头脑中是一个模糊的概念。类似的说，一辆车开的很慢，某个学生的成绩很好等。在医学图像分析中也经常用到模糊的概念。例如对MRI脑图像中各种组织的分类由于图像体素划分的固有限制，一个体素内可能包含几种脑组织。如果我们说该体素属于白质的程度是0.7，属于灰质的程度是0.2，属于脑脊液的程度是0.1就比硬性地将该体素分类为白质合理些，因为那样的分割结果会产生很大的误差。

10.3.1 模糊集合与隶属度

模糊集合的数学定义可以表示如下。

所谓给定了论域U上的一个模糊子集A是指：对任何$u\in U$，都指定了一个数$\mu_A(u)\in[0,1]$与之对应，称$\mu_A(u)$为u对A的隶属度。这意味构造一个映射

$$\mu_A:U\rightarrow[0,1]$$
$$u\rightarrow\mu_A(u)$$

这个映射称为的隶属度函数。

在4.5.1节c-均值聚类的式（4.47）中用第j个样本向量x_j代替像素灰度$g(x)$，用第i个聚类的中心v_i代替均值μ_i，并增加表示分类程度的系数d_{jk}，就可将该式改写为

$$J_{CM}=\sum_{j\in\Omega}\sum_{k=1}^{C}d_{jk}\parallel x_j-v_k\parallel^2 \tag{10.48}$$

如果第j个样本向量x_j属于第i个聚类，则$d_{jk}=1$，否则$d_{jk}=0$。考虑到分类程度的模糊性，用隶属度函数u_{jk}代替二值的d_{jk}，就得到模糊c-均值算法。

10.3.2 模糊c均值算法

模糊C-均值算法（Fuzzy c-Means Algorithm，FCM）的目标函数如式（10.49）所示。目的是寻求合适的隶属度u和中心点v，使其最小化

$$J_{FCM}=\sum_{j\in\Omega}\sum_{k=1}^{C}u_{jk}^m\parallel x_j-v_k\parallel^2 \tag{10.49}$$

式中，Ω是图像全部像素点的集合（总像素数n），u_{jk}是第j个像素点属于第k类组织的隶属度，满足约束条件$\sum_{k=1}^{C}u_{jk}=1$。x_j是第j个像素点的灰度值，v_k是第k类组织的中心灰度。C为组织类别数。参数m是隶属度的加权指数，它决定分类结果的模糊程度。一般$m>1$，典型值m取2。

为使J_{FCM}最小化，取其对u_{jk}和v_k的导数，并令导数为零。代入条件

$$\sum_{k=1}^{C}u_{jk}=1$$

可以求得

$$u_{ki}=\left(1+\sum_{\substack{j=1\\j\neq i}}^{c}\left(\frac{\|x_k-v_i\|^2}{\|x_k-v_j\|^2}\right)^{1/m-1}\right)^{-1} \tag{10.50}$$

$$v_i=\frac{\sum_{k=1}^{n}(u_{ki})^m\cdot x_k}{\sum_{k=1}^{n}(u_{ki})^m} \tag{10.51}$$

式中，符号 $\|.\|$ 表示内积的模，其表达式为 $\|.\|=\sqrt{<\cdot,\ \cdot>}$。当某一个像素的灰度值靠近某类中心点灰度值时，该像素点被赋予属于此类较高的隶属度，当灰度值远离某类中心点灰度值时则被赋予较低的隶属度。通过将某类隶属度高的像素归于相应的类别中，可获得较为清晰的分类结果。实际应用中，式（10.50）与式（10.51）是反复迭代求解的，具体的模糊 c-均值算法如下。

第 1 步：给定类别数 C，参数 m 及允许误差 $\varepsilon_{\max}$ 的值，令迭代计数变量 $p=1$；

第 2 步：初始化聚类中心：$v_k(1), k=1,2,\cdots,c$；

第 3 步：按式（10.50）计算隶属度 $u_{ki}, i=1,2,\cdots,c; k=1,2,\cdots,n$；

第 4 步：按式（10.51）修正所有的聚类中心 $v_i(p+1), i=1,2,\cdots,c$；

第 5 步：计算误差

$$\varepsilon=\sum_{i=1}^{c}\|v_i(p+1)-v_i(p)\|^2 \tag{10.52}$$

第 6 步：如果 $\varepsilon<\varepsilon_{\max}$，则算法结束；否则 $p=p+1$，转向第 3 步。

算法结束后，可按下述两种方法对所有的样本分类。

方法一：

若 $u_{ji}>u_{jk}$，$k=1,\ 2,\ \cdots,\ c$；$i\neq k$，则将 x_j 归入第 i 类。

方法二：

若 $\|x_j-v_i\|^2<\|x_j-v_k\|^2$，$k=1,\ 2,\ \cdots,\ c$；$i\neq k$，则将 x_j 归入第 i 类。

10.3.3 方向敏感的模糊 c 均值算法

FCM 的优点在于它的非监督性、聚类中心的准确性和它对初始条件的强健性。然而，在有些情况下样本在特征空间中的分布可能是长形的聚类。仅靠到聚类中心的欧式距离来确定模糊隶属度就很难得到好的分类效果。这时，呈长形的聚类具有主轴，表现出方向性。对样本的分类应同时考虑到聚类中心的距离与聚类自身的方向性，重新定义隶属度函数

$$u_{ik}=\left(1+\sum_{\substack{j=1\\j\neq i}}^{c}\left(\frac{(x_k-v_i)^{\mathrm{T}}\boldsymbol{A}_i(x_k-v_i)}{(x_k-v_j)^{\mathrm{T}}\boldsymbol{A}_j(x_k-v_j)}\right)^{1/m-1}\right)^{-1} \tag{10.53}$$

式中，矩阵 $\boldsymbol{A}_i$ 的计算考虑了局部取向。先定义矩阵

$$\boldsymbol{C}_{x,i}=\frac{1}{n}\sum_{k=1}^{n}(U_{ik})^m\cdot(x_k\cdot x_k^T-v_i\cdot v_i^T) \tag{10.54}$$

令 $\boldsymbol{L}_i$ 是包含 $\boldsymbol{C}_{x,i}$ 特征值的倒数的对角阵，矩阵 $\boldsymbol{V}_i$ 的行向量由对应的特征向量组成。于是，矩阵 $\boldsymbol{A}_i$ 的计算如下

$$\boldsymbol{A}_i = \boldsymbol{V}_i^T \boldsymbol{L}_i \boldsymbol{V}_i \tag{10.55}$$

公式（10.51）～公式（10.53）的反复迭代求解实现方向敏感的模糊 c 均值算法（OS-FCM）。OS-FCM 算法的一个举例，如图 10.8 所示。

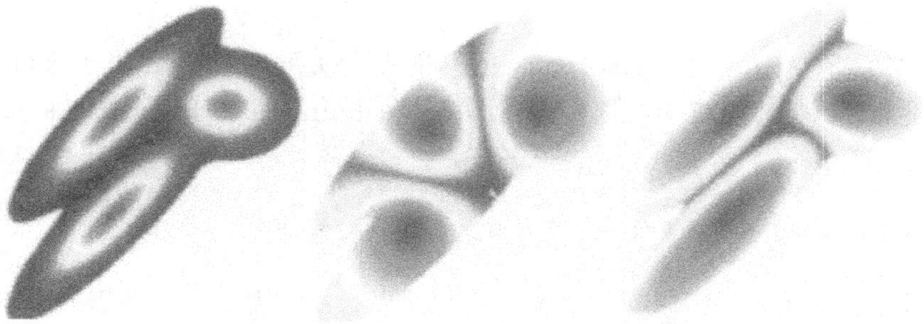

(a) 三类样本的分布情况，其中两个聚类呈长形　　(b) 用普通FCM分类结果　　(c) OS-FCM算法的分类结果较好地反映了聚类的方向性

图 10.8　OS-FCM 算法应用举例

10.3.4　适配模糊 c 均值算法

适配模糊 c 均值算法 AFCM（Adaptive Fuzzy c-Means Algorithm）既继承了 FCM 算法的全部优点，同时又校正了图像灰度不均匀性引起的影响，可以对 MRI 图像进行较好的分割。它是一种非监督式聚类技术，迭代计算模糊隶属度函数、每类组织均值，并对图像中存在的不均匀度进行估计。模糊隶属度函数取值限定在 0～1 之间，反映某一位置像素的数据与某一类中心数值相似的程度。接近 1 的高模糊隶属度表示该像素更接近该类的中心，即属于该组织类型的可能性更大。

AFCM 算法的目标函数是

$$J_{\mathrm{AFCM}} = \sum_{j \in \Omega} \sum_{k=1}^{C} u_{jk}^q \| y_j - g_j \bar{v}_k \|^2 + \lambda_1 \sum_{j \in \Omega} \sum_{r=1}^{R} (D_r * g)_j^2 + \lambda_2 \sum_{j \in \Omega} \sum_{r=1}^{R} \sum_{s=1}^{R} (D_r * D_s * g)_j^2 \tag{10.56}$$

式中，g_j 是未知的增益场，D_k 是在图像上第 k 维方向的有限差分算子，$(D * g)_j$ 是在第 j 个像素上 g 与差分核（difference kernel）D 的卷积。根据各类中心点在空间上随着增益场的变化而变化的假设，式（10.56）对灰度不均匀性建模。式（10.56）的最后两个正则化项保证了增益场 g_j 在空间上是连续平滑变化的。若将正则系数 λ_1 和 λ_2 取得足够大，当算法收敛时，增益场的变化量会很小，相当于趋于一个常量。在计算目标函数最小化过程中，后两项近乎常数影响可忽略。式（10.56）便退化到了式（10.49）。

AFCM 算法的目标函数的计算的迭代过程中要用到下式计算新的增益场 g_j

$$\sum_{k=1}^{C} u_{jk}^q < y_j, \bar{v}_k > = g_j \sum_{k=1}^{C} u_{jk}^q < \bar{v}_k, \bar{v}_k > + \lambda_1 (H_1 * g)_j + \lambda_2 (H_2 * g)_j \tag{10.57}$$

其中

$$H_1 = \sum_{r=1}^{R}(D_r + \hat{D}_r)_j$$

$$H_2 = \sum_{r=1}^{R}\sum_{s=1}^{R}[(D_r * D_s) + (\hat{D}_r * \hat{D}_s)]_j$$

公式（10.57）是空间变化（space varying）的差分方程，一般需用 Jacobi 或 Gauss-Seidel 方法求解，计算量极大。即使使用多栅格（multigrid）算法或修正的多栅格算法也无法在微型计算机上实现。

10.3.5 基于有偏场校正的适配模糊聚类分割算法

由于受 RF 线圈或采样序列的影响，或 MR 设备的状态及操作环境的影响，图像的灰度均匀性变差，相当于在增益场上叠加了一个偏移场。根据 10.1 节介绍的算法可以计算出增益场 g_j，利用增益场 g_j 和有偏场 β_j 的关系，我们可以很容易地计算出新的增益场的分布。根据增益场的性质，利用下式来实现有偏场与增益场的转换

$$g_j = \frac{\hat{\beta}_j}{v_k} + 1 \tag{10.58}$$

在从有偏场 β_j 计算出新的增益场 g_j 过程之后，可以使用基于有偏场的适配模糊 c 均值算法（BAFCM）对图像进行分割。BAFCM 算法步骤如下。

第 1 步：取第 k 类样本点 $v_{nk}N$ 个，$n=1$，…，N，$k=1$，…，C，令 $q=2$，增益场初值 $g_j=1$，$j\in\Omega$。

第 2 步：计算各类中心点（即样点均值）

$$\bar{v}_k = \frac{1}{n_k}\sum_n v_{nk} \tag{10.59}$$

第 3 步：求隶属度

$$u_{jk} = \frac{\| y_j - g_j\bar{v}_k \|^{-2/(q-1)}}{\sum_{l=1}^{C}\| y_j - g_j\bar{v}_k \|^{-2/(q-1)}} \tag{10.60}$$

其中，$j\in\Omega$，$k=1$，…，C

第 4 步：求新的中心点灰度

$$\bar{v}_k = \frac{\sum_{j\in\Omega} u_{jk}^q g_j y_j}{\sum_{j\in\Omega} u_{jk}^q g_j^2}, \quad k = 1,\cdots,C \tag{10.61}$$

第 5 步：用公式（10.20）计算有偏场 β_j；用公式（10.58）计算增益场 g_j。

第 6 步：若所有中心点变化的平方和小于给定的阈值时，认为算法收敛，迭代结束。否则，返回第 3 步继续迭代。

图 10.9 为 AFCM 算法对 MR 图像分割所产生的分类结果，其中，图（a）是经过预处理的 PD 加权像，图（b）是经过预处理的 T2 加权像，图（c）是用 AFCM 算法计算得的最大隶属度分割，图（d）是灰质模糊隶属度函数，图（e）是白质模糊隶属度函数，图（f）是脑脊液模糊隶属度函数。

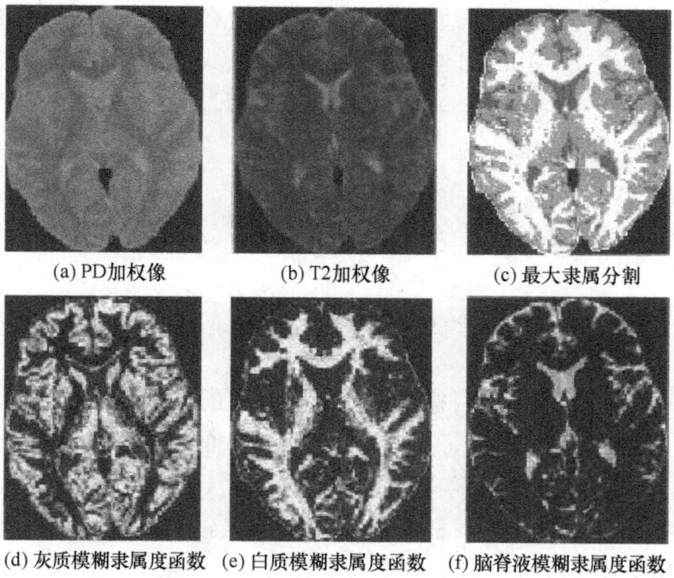

图 10.9　应用 AFMC 算法的 MR 图像分类结果

10.4　梯度向量流变形模型

变形模型可以是图像的一条曲线或一个表面。使图像发生形变的内力来自模型自身的几何拓扑，而外力由图像的灰度数据计算。本节主要讨论参数式变形模型。

10.4.1　二维参数式变形模型

传统的二维参数式变形模型或轮廓是一条曲线，可以表示为

$$x(s)=[x(s),y(s)]\qquad s\in[0,1]$$

将下面的能量函数最小化过程中，在空间内逐步发生形变

$$E=\int\frac{1}{2}(\alpha\cdot|x'(s)|^2+\beta\cdot|x''(s)|^2)+E_{\text{ext}}(x(s))\text{d}s \tag{10.62}$$

其中，α 和 β 分别代表控制轮廓变形的张力与刚度系数，及 $x'(s)x''(s)$ 分别是 $x(s)$ 对 s 的一阶导数与二阶导数。E_{ext} 是外部势函数。若用 $I(x,y)$ 表示图像 (x,y) 处的灰度，E_{ext} 可表示为

$$E_{\text{ext}}(x,y)=-|\nabla I(x,y)|^2 \tag{10.63}$$

或

$$E_{\text{ext}}(x,y)=-|\nabla G_\sigma(x,y)*I(x,y)|^2 \tag{10.64}$$

其中，$G_\sigma(x,y)$ 是二维高斯函数，σ 是其标准差。

对二值图像，E_{ext} 可表示为

$$E_{\text{ext}}(x,y)=I(x,y) \tag{10.65}$$

或

$$E_{\text{ext}}(x,y) = G_\sigma(x,y) * I(x,y) \tag{10.66}$$

容易看出，较大的 σ 值会使图像边界变得模糊，但有助于扩大变形轮廓的作用范围(capture range)。为使式（10.62）中的 E 最小化，$x(s)$ 须满足 Euler 方程

$$\alpha \cdot x''(s) - \beta \cdot x''''(s) - \nabla E_{\text{ext}} = 0 \tag{10.67}$$

如果表示为力的平衡方程的话

$$F_{\text{int}} + F_{\text{ext}}^{(p)} = 0 \tag{10.68}$$

其中，内力为

$$F_{\text{int}} = \alpha \cdot x''(s) - \beta \cdot x''''(s)$$

外力为

$$F_{\text{ext}}^{(p)} = -\nabla E_{\text{ext}}$$

外力的作用是使图像轮廓向目标边缘变形，内力的作用则是防止轮廓过度拉伸或弯曲。为求解式（10.67），将轮廓 $x(s)$ 表示为时间 t 的函数 $x(s,t)$。于是，动态的轮廓为

$$x_t(s,t) = \alpha \cdot x''(s) - \beta \cdot x''''(s) - \nabla E_{\text{ext}} \tag{10.69}$$

该式可离散化后用迭代法求解。当 $x(s,t)$ 稳定后，$x_t(s,t)$ 项消失，得到式（10.67）的解。

图 10.10 是传统变形模型的示例，其中，图（a）表示的是一个 64×64 像素的 U 型物体的二值图像。该物体顶部凹陷。使用传统的变形模型，参数值 $\alpha=0.6$ 和 $\beta=0$。初始化曲线在物体的外部，但在其作用范围之内。多重轮廓线看出变形的过程，但最终结果是顶部的变形不能进入凹陷的内部。图（b）是位势力的分布情况，图（c）是放大后的近景图。可以看出，在 U 型内部仅有水平方向的力，所以没有什么力将轮廓拉向 U 型深处。这个例子反映传统变形模型的两个局限：

1）初始轮廓必须与目标边缘足够接近。

2）难于处理凹型边界问题。

(a) U型物体二值图像　　(b) 位势力分布　　(c) 近景图

图 10.10　传统变形模型示例

10.4.2　梯度向量流变形模型

我们定义图像的边缘映射（edge map）

$$f(x) = -E_{\text{ext}}(x) \tag{10.70}$$

对于不同的图像，$E_{\text{ext}}(x)$ 可以为式（10.63）～式（10.66）中任一种。$f(x)$ 由原始图像 $I(x,y)$ 计算得到，所包含的部分比真实的边缘略大些。它的梯度指向边缘，在边缘处垂直边缘。数值上越靠近边缘处越大，在远离边缘的均匀区域 ∇f 值接近为零。

梯度向量流（Gradient Vector Flow，GVF）变形模型定义为满足下述扩散方程的平衡解

$$\left.\begin{aligned} u_t &= g(|\nabla f|)\nabla^2 u - h(|\nabla f|)(u-\nabla f) \\ u(x,0) &= \nabla f(x) \end{aligned}\right\} \tag{10.71}$$

式中，∇^2是 Laplace 算子，右式第一项是平滑项，产生平滑变化的向量场；第二项是数据项，使向量场 u 仅可能地靠近 ∇f。$g(\cdot)$ 与 $h(\cdot)$ 是平滑项与数据项的加权函数，一般也是空间位置的函数，$g(\cdot)$ 是 $\nabla|f|$ 的单调非增函数，$h(\cdot)$ 则是 $\nabla|f|$ 的单调非减函数，例如

$$\left.\begin{aligned} g(|\nabla f|) &= \mu \\ h(|\nabla f|) &= |\nabla f|^2 \end{aligned}\right\} \tag{10.72}$$

此处 $g(\cdot)$ 是常数，表示处处平滑；$h(\cdot)$ 则是在接近边缘处变大。

另一种选择是

$$\left.\begin{aligned} g(|\nabla f|) &= e^{-(|\nabla f|/k)^2} \\ h(|\nabla f|) &= 1-g(|\nabla f|) \end{aligned}\right\} \tag{10.73}$$

即当 $g(\cdot)$ 变小时 $h(\cdot)$ 变大，表示在灰度梯度大的区域平滑作用很小，远离边界处平滑作用加大。

图 10.11 是应用梯度向量流变形模型对与图 10.10（a）相同图像处理的结果。可以看出，应用 GVF 方法，初始化曲线可以远离真实边界，变形轮廓具有较宽的作用范围及良好的收敛性质。最终变形轮廓与真实边界十分接近，特别是在 U 型物体的凹陷部分，GVF 力有向下的分量，使得变形轮廓进入凹陷部分，较好解决凹边界问题。

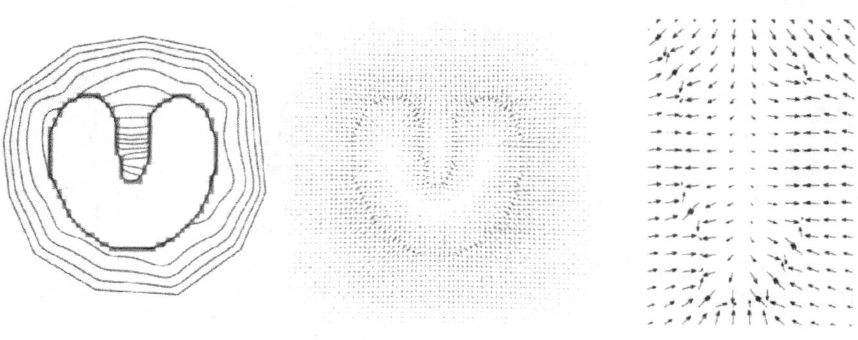

图 10.11　梯度向量流变形模型示例

对于有噪声的灰度图像，GVF 方法更加显示出强健性。图 10.12（a）是对实际 MR 左心室图像应用 GVF 方法的例子。图像尺寸为 160×160 像素，仍使用式（10.70）的边缘映射公式计算得到边缘图像图 10.12（b），其中 $\sigma=2.5$ 像素。图 10.12（d）是变形轮廓过程序列及最终轮廓叠加在原始图像上的结果。心内膜边界细节，包括凹向内

部的乳状肌清晰可见。

GVF 方法可以很方便地扩展至三维应用。因为式（10.71）与维数无关，可以直接使用。图 10.13 显示的是对 64×64×64 体素的三维仿真图像用 GVF 变形表面的实验。图 10.13（a）是待重建、用等值面算法绘制的物体图像。采用与二维情况类似的数值方法，取 $\mu=0.15$，计算得到三维 GVF 场。结果显示在图 10.13（c）和图 10.13（d），分别对应图 10.13（b）中的平面 A 和平面 B。图 10.13（e）表示三维 GVF 变形表面的初始化是一个小球，它既不是完全在目标物体的内部，也不是完全在目标物体的外部。作为中间结果，经 10 次迭代和 40 次迭代的变形表面如图 10.13（f）和图 10.13（g）所示。图 10.13（h）是经 100 次迭代的最终结果。得到的图像十分平滑，与目标图像精确一致。

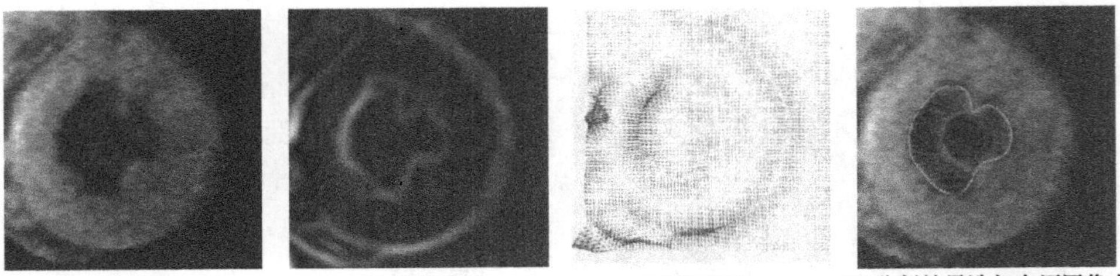

(a) 原图像　(b) 边缘映射　(c) GVF场　(d) 分割结果迭加在原图像上

图 10.12　对实际 MR 左心室图像应用 GVF 方法

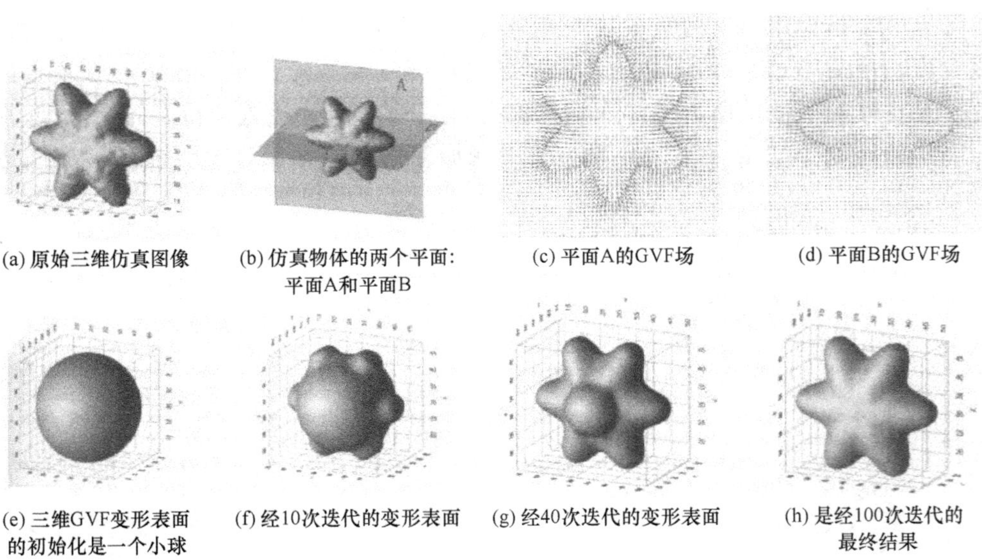

(a) 原始三维仿真图像　(b) 仿真物体的两个平面：平面A和平面B　(c) 平面A的GVF场　(d) 平面B的GVF场

(e) 三维GVF变形表面的初始化是一个小球　(f) 经10次迭代的变形表面　(g) 经40次迭代的变形表面　(h) 是经100次迭代的最终结果

图 10.13　对三维仿真图像用 GVF 变形表面的实验

10.5　水平集与快速步进分割方法

体积数据图像的分割目前仍是一个具有挑战意义的问题。最常用的有简单灰度阈值法及基于模型的模板变形法。蛇线法（snakes）属于后者，它的的魅力在于它只需要粗略的初值，然后就能收敛到一个稳定的，而且可以重复的边界。经典蛇线法需要标志点，属于显含函数化问题。我们这里要介绍的水平集方法（level set method）是一种隐含蛇线法，即封闭曲线是用非线性偏微分方程（PDE）的形式表示的。水平集方法主要是从界面传播等研究领域逐步发展起来的，它是处理封闭运动界面随时间演化过程中几何拓扑变化的有效计算工具。它无须任何特定的标志点，在二维或三维空间计算与分析界面在某一速度场中的运动。这种运动速度与界面的位置和几何形状、时间以及外界物理性质有关。初始状态是一个平滑的隐含函数，称为零水平集。其主要思想是将移动的界面作为零水平集嵌入到高一维的水平集函数中，由闭超曲面的演化方程可以得到水平集函数的演化方程，而嵌入的闭超曲面总是其零水平集。最终只要确定零水平集即可确定移动界面演化的结果（图 10.14）。这种形式可以很自然地从二维推广至高维，而得到的水平集具有柔性的拓扑。该方法还能较好地解决感兴趣区域分裂与合并问题。

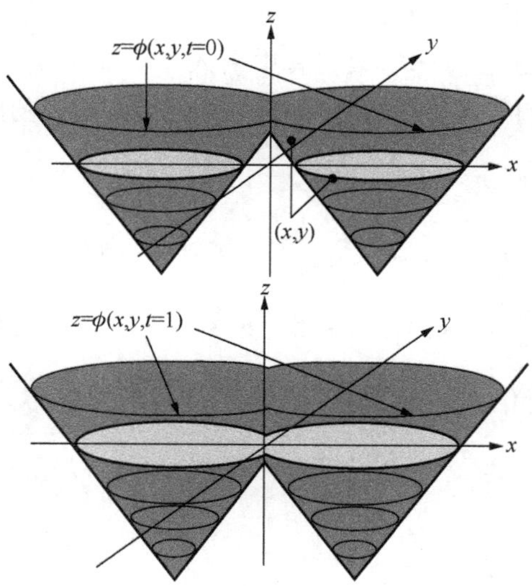

图 10.14　通过增加一维来处理闭合界面的演化问题

10.5.1　边界驱动蛇线法

隐含测地线蛇线 $C(u)=(C_x,C_y)$ 的演化过程可以用下式表示

$$\frac{\partial C}{\partial t}=(kg(C)-\nabla g\cdot N-\alpha)N \tag{10.74}$$

或

$$\frac{\partial C}{\partial t}=V\cdot N$$

其中

$$N=\frac{\nabla\phi}{|\nabla\phi|},\quad k=-\operatorname{div}\left(\frac{\nabla\phi}{|\nabla\phi|}\right)\qquad g=g(I)$$

水平集蛇线定义为在整个图像定义的隐函数 ϕ 的零水平集。该蛇线的演化是用关于隐函数 ϕ 的偏微分方程描述。如果隐函数 ϕ 的定义是 $\{x\mid\phi(x)=0\}=\{C(u)\}$，并且在曲线

内部 ϕ 值为负，曲线外部 ϕ 值为正。容易看出

$$\frac{\partial \phi}{\partial t}=-V\left|\nabla \phi\right| \tag{10.75}$$

于是

$$\frac{\partial \phi}{\partial t}=\left[g\cdot \operatorname{div}\left(\frac{\nabla \phi}{\left|\nabla \phi\right|}\right)+(\nabla g)\frac{\nabla \phi}{\left|\nabla \phi\right|}+\alpha\right]\nabla \phi \tag{10.76}$$

方括号内有三项。第一项 MCF（Mean Curvature Flow）平均曲率流，在没有边界的情况下该项将曲线平滑展开；第二项 ∇g 将曲线吸引至边界；第三项 α 表示恒定速度。可以用 $g(C)$ 对这三项调制，使演化在边界处减速。还可用 $\nabla^2\phi$ 使 ϕ 沿时间平滑避免数值的不稳定。

$$\begin{aligned}\frac{\partial \phi}{\partial t}=&C_{\mathrm{MCF}}\cdot(g)^{r_{\mathrm{MCF}}+1}\cdot \operatorname{div}\left(\frac{\nabla \phi}{\left|\nabla \phi\right|}\right)\nabla \phi+(g)^{r_{\nabla g}}\cdot(\nabla g)\nabla \phi\\&+(g^{r_C})\cdot\alpha\cdot\nabla \phi+C_s(g^{r_S})\cdot\nabla^2\phi\end{aligned} \tag{10.77}$$

式（10.77）是测地线蛇线法总体框架。其中引入 4 个非负整常数 r_{MCF}，$r_{\nabla g}$，r_C，r_S 及两个实系数 C_{MCF}，C_S。对于不同的系数取值，可以得到不同的隐含蛇线公式。

1. Goldenberg 隐含蛇线

令 $r_{\mathrm{MCF}}=1$，$r_{\nabla g}=1$，$r_C=1$，及 $C_{\mathrm{MCF}}=1$，$C_S=0$，则

$$\frac{\partial \phi}{\partial t}=g(I)\left(\alpha+\cdot \operatorname{div}\left(g(I)\frac{\nabla \phi}{\left|\nabla \phi\right|}\right)\right)\cdot\left|\nabla \phi\right| \tag{10.78}$$

如果 $\left|\nabla \phi\right|=1$，则简化为

$$\frac{\partial \phi}{\partial t}=g(I)(\alpha+\cdot \operatorname{div}(g(I)\nabla \phi)) \tag{10.79}$$

2. Caselles 隐含蛇线

令 $r_{\mathrm{MCF}}=0$，$r_{\nabla g}=0$，$r_C=1$，及 $C_{\mathrm{MCF}}=1$，$C_S=0$，则

$$\frac{\partial \phi}{\partial t}=\left|\nabla \phi\right|\cdot \operatorname{div}(g(I)\frac{\nabla \phi}{\left|\nabla \phi\right|})+\alpha\cdot g(I)\cdot\left|\nabla \phi\right| \tag{10.80}$$

3. Own 隐含蛇线

令 $r_{\mathrm{MCF}}=1$，$r_{\nabla g}=1$，$r_C=r_S=2$，及 $C_{\mathrm{MCF}}=1$，$C_S=1$，则

$$\frac{\partial \phi}{\partial t}=g(I)\cdot\left[\left|\nabla \phi\right|\cdot \operatorname{div}\left(g(I)\frac{\nabla \phi}{\left|\nabla \phi\right|}\right)+\alpha\cdot g(I)\cdot\left|\nabla \phi\right|+g(I)\nabla^2\phi\right] \tag{10.81}$$

10.5.2 区域竞争蛇线法

与边界驱动蛇线法一样，具有固定传播方向的水平集演化可以在待寻找物体的内部或外部初始化。向外传播力在局部受到图像不连续性产生的梯度值阻止作用，使界面的传播停止。全局平滑保证了在边界存在小缝隙时仍稳定。然而在没有边界或边界模糊的情况下内部力就会克服全局平滑，冲出这些缝隙。这种情况一般不会收敛，需人工干预

才能终止演化。这种现象导致区域竞争的概念，即以平滑项作附加约束条件，目标和背景在公共边界竞争。因此，基于区域的蛇线法分割的最关键问题就是预处理步骤应给出区域内外的概率。

边界驱动蛇线法是用 $g(I)$ 项控制边界蛇线，而区域竞争蛇线法则是用是否属于所寻求结构内部或外部的局部概率控制。恒定传播项 α 受到图像力的调制而局部改变传播的方向和速度，使得当边界包含背景（B）部分时，蛇线就收缩；当边界在所寻求区域（A）内时，蛇线就生长。从而引起边界处目标与背景的竞争，并在收敛时达到平衡。偏微分方程的前向时间中心空间 FTCS（Forward in Time Centered Space）离散解为

$$\frac{\partial\phi}{\partial t}=C_{\mathrm{MCF}}\cdot|\nabla\phi|\cdot\mathrm{div}\left(\frac{\nabla\phi}{|\nabla\phi|}\right)+\alpha\cdot(P(A)-P(B))\cdot\nabla\phi+C_s\cdot\nabla^2\phi \tag{10.82}$$

其中，$P(A)-P(B)$ 可由图像的统计分类或直方图分析得到。

10.5.3 图像的预处理

对于边界驱动蛇线法，须测量图像不连续的程度作为局部属性。通常使用梯度值的单调函数 $g(I)=g(|\nabla I|)$ 控制传播。由于离散 FTCS 中是用差分算子估计导数，要得到良好分辨结果须对原始 MRI 图像做各向异性的三线性内插，然后用平均曲率流（MCF）平滑。这是必须采取的图像的预处理步骤。

对于区域竞争蛇线法可以用多种方法对体素组织类型做预分割，将得到的不同组织模糊分类结果直接驱动区域竞争蛇线。区域内外概率也可面向具体任务，采用相应的图像处理技术或先验知识求得。例如，使用对比剂可使 MRI 图像中肿瘤部分增强。分别在注射对比剂前、后采集 MR 图像［图 10.15（a）与（b）］，经三维刚性配准，再取两幅图像差值消除 MRI 成像过程产生的图像灰度不均匀性影响。

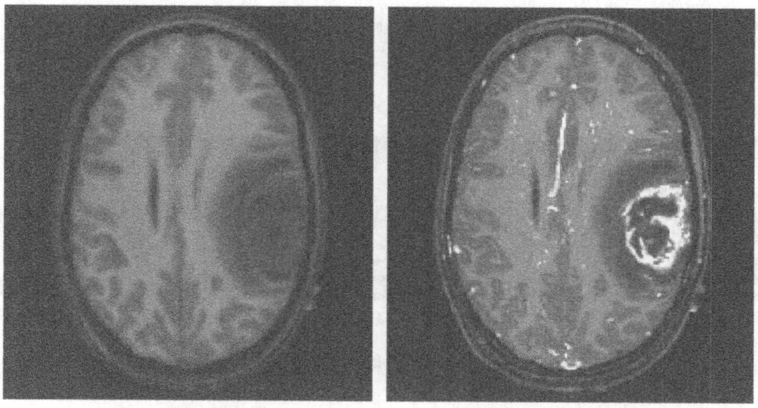

(a) 注射对比剂前的MR图像　　(b) 注射对比剂后采集的MR图像

图 10.15　注射对比剂前后采集的图像

差值图像的直方图表现为两个峰的叠加。一个是在零点附近的对称尖峰，由噪声与配准残差产生；另一个是因增强肿瘤引起的局部灰度改变（图 10.16）。可以用两个灰度分布的混合拟合此直方图。尖峰用高斯分布，增强剂引起的改变用伽玛分布。得到的

两类阈值如直方图中垂直的虚线所示。图 10.17 中是背景部分（实线）与肿瘤（虚线）的后验概率。由此导出的标量场作为 $P(A)-P(B)$ 的概率图传送至水平集算法。

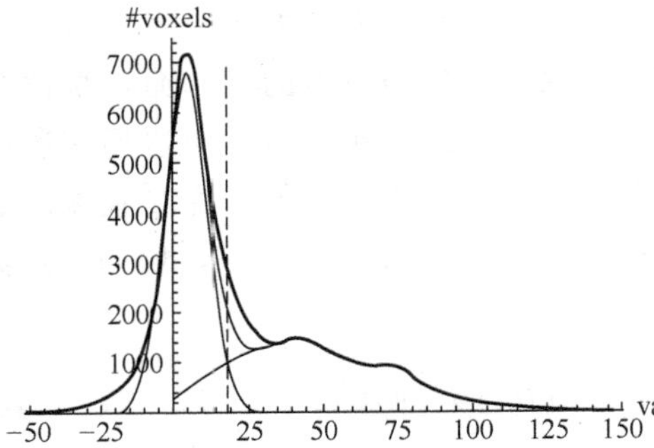

图 10.16　差值图像的直方图

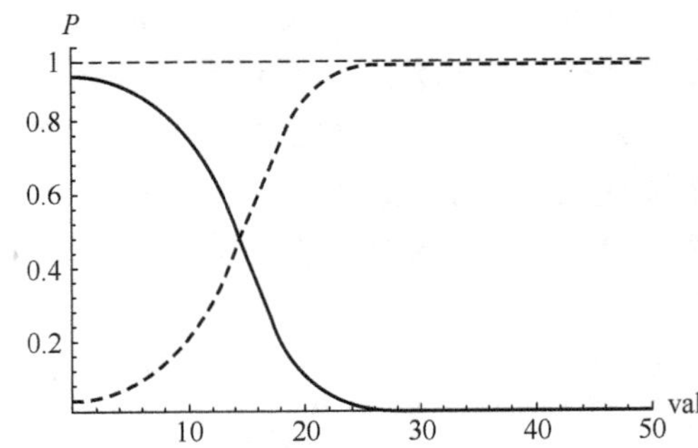

图 10.17　后验概率

在 MR 图像中，海马结构与肿瘤的分割都是较困难的。通常是手工勾画组织边界，既费力，又不准确可靠。因为在海马内、外部都找不到均匀的组织，所以只能用边界驱动蛇线法。而在肿瘤分割的例子里，由于有了 $P(A)-P(B)$ 的概率分布，就可用区域驱动蛇线法。

首先，让我们看海马分割。在精神病及神经疾病研究中，海马都是一个感兴趣的结构。海马体积的减少、形状的改变通常与疾病的进展有关。由于日常 MR 扫描的有限分辨（约 1mm×1mm×1.5mm），而且边界处对比变异复杂，很难做到可靠的分割。手工分割十分费时间，即使是训练有素的专家要可靠地分割左、右海马结构也要 2～3 个小时。使用测地线蛇线法，要先在待分割结构内部画出两个小球初始化蛇线［图 10.18 (a)］。注意，必须使两个小球完全处于待分割结构内部。也可以用一个大致的感兴趣区代替小球作为初始化。然后，小球表面就会向外演化，当传播力与反向的边界力达到平衡时收敛在海马体与海马尾［图 10.18 (b) ～ (d)］。所用参数为 $r_{\mathrm{MCF}}=-1$，$r_{\nabla g}=1$，$r_C=2$，$r_S=0$，$\alpha=1.4$，及 $C_{\mathrm{MCF}}=1$，$C_S=0.8$。

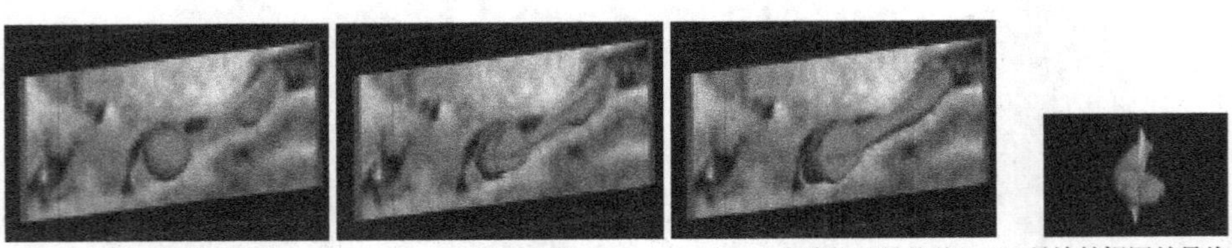

(a) 用两个圆球初始化　(b) 6次迭代　(c) 18次迭代（最终值）　(d) 具旋转视图的最终分割

图 10.18　MR 图像中左海马的分割

再让我们看脑肿瘤分割的例子。日常放射治疗的计划与外科手术计划都要求对肿瘤的三维结构准确、有效地分割。然而由于不同类型肿瘤的大小、位置、边界复杂性、对比度、内部纹理以及周围水肿情况不同使得肿瘤外观形态变异甚大，肿瘤的分割极具挑战性。一般是先用灰度阈值，然后再用腐蚀、连接性及膨胀等形态运算进行分割。这些方法仅适于形状简单、内部均匀的少数肿瘤类型的分割。这里介绍的区域驱动蛇线法肿瘤分割的初始化是先用基于灰度的模糊分类将体素分成肿瘤与背景两类。生成的肿瘤概率图对基于区域的水平集蛇线法的界面传播方向和速度进行控制。可变的拓扑与平滑作为关键属性将候选肿瘤区划分到球形的、连接的三维物体中。零水平集选在概率图的 P（肿瘤）＝P（非肿瘤）处。这样的初始化使整个演化过程完全自动化。图像力用全局平滑约束来平衡，稳定地收敛到一个光滑的球状肿瘤结构。图 10.19 的上排表示的是隐函数 ϕ，下面一排是迭代过程中不同阶段水平集蛇线。经过 20 次迭代，蛇线分割基本完成。平衡力 $P(A)-P(B)$ 与平滑项结合使蛇线很稳定，不会泄漏到邻近的结构中去。

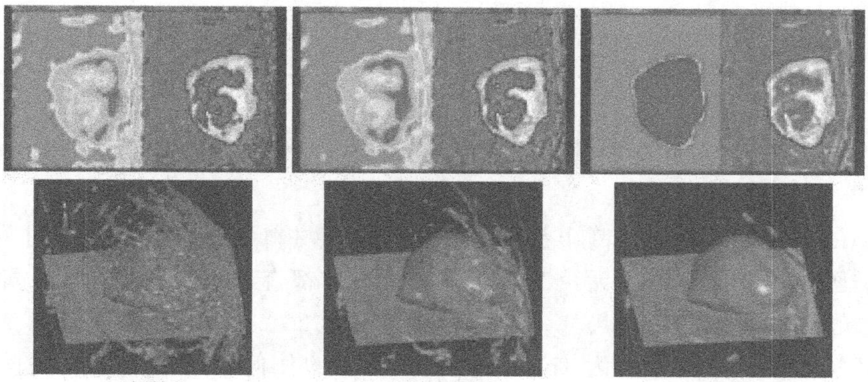

(a) 初始化　　(b) 经过1次迭代　　(c) 经过20次迭代

所用参数为 $\alpha=3$，及 $C_{\mathrm{MCF}}=0.7$，$C_{\mathrm{S}}=0.45$

图 10.19　上排表示的是隐函数 ϕ 的横切面，下面一排是迭代过程中不同阶段水平集蛇线

10.5.4　快速步进法

我们也可以换一个角度考虑界面的演化问题。例如，初试形状是一个圆，界面沿各方向向外传播。在传播过程中会穿越许多格点。设在空间位置（x，y）处，界面的到达时间为 T，则可表示为函数 $T(x,y)$（图 10.20）。如果将 $T(x,y)$ 表示为图 10.20 右边的三维形式，就得到一个椎型曲面。于是，在任一个时刻 T（即椎面的高度）所截得的水平面就代表界面的实际形状和位置。显然，椎体的最底层即零水平集（初始表面）。这是界面演化的一种特殊形式。运动速度 F 恒大于零，使水平集 $\phi(x,y,T)=0$ 成为 T 的单值函数，即界面通过每个像素只一次。T 满足 Eikonal 方程的一种简单形式

$$|\nabla T|\cdot F=1 \tag{10.83}$$

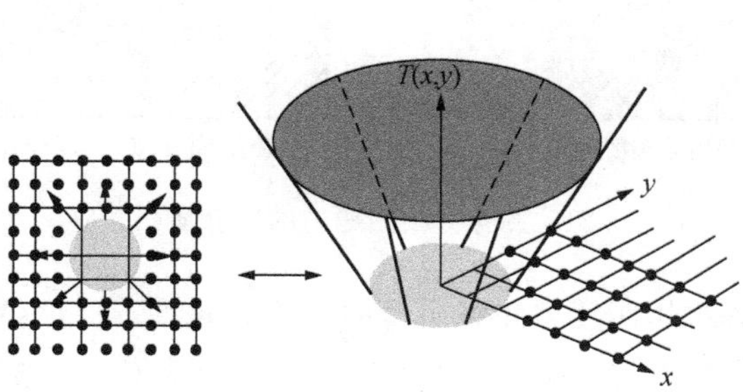

图 10.20　Fast Marchin 示意图

这说明到达时间的梯度与界面传播速度成反比。与最佳分类技术（optimal sorting technique）结合，可以得到 $\phi(x,y,T=T_0)=0$ 的快速解法，称做快速步进法（fast marching）。

对每个邻近点，公式（10.83）可通过下式求解

$$\max(\max(T_{x,y}-T_{x-1,y},0),-\min(T_{x+1,y}-T_{x,y},0))^2+\max(\max(T_{x,y}-T_{x,y-1},0),-\min(T_{x,y+1}-T_{x,y},0))^2=1/F \tag{10.84}$$

在医学图像分割中，速度函数经常定义为

$$F(x,y)=e^{-k\cdot|\nabla G\cdot I(x,y)|} \tag{10.85}$$

式中，$I(x,y)$ 是图像灰度；G 是高斯平滑算子；∇ 是梯度算子；k 是常系数。

10.6 用体素直方图的部分体积分割

在 MRI 与 CT 图像的分割中都涉及到多种不同材料（组织）的分布问题。由于连续扫描图像的有限分辨，无论二维还是三维图像都有最小的图像元素，即像素或体素。二者都有有限的物理尺寸。例如，对于一个 256×256 像素的 MRI 二维图像层片，其实际像素尺寸可能为 1mm×1mm。图像的任何区域都是由这些固定大小的像素组合成的。因此，图像区域的大小是离散的，边界也是不连续的。如果一幅图像由两种材料，或一种材料与背景构成［图 10.21（a）］，采样点 P1 和 P3 属于材料 A，P2 属于材料 B。但经常遇到这样情况，两种材料的边界有一个过度区域，它是由两种材料混合而成的（区域 A&B）。于是对于一个像素，可能像 P1 那样完全由某一种材料构成，也可能如 P2 和 P3 那样在一个像素范围内包含两种以上的材料［图 10.21（b）］。如果一个算法对于图像中所有的像素都按单纯材料类型分类的话，重建的感兴趣区的边缘就会出现锯齿状，这就是图像分割问题中的部分体积效应（partial volume effect）。

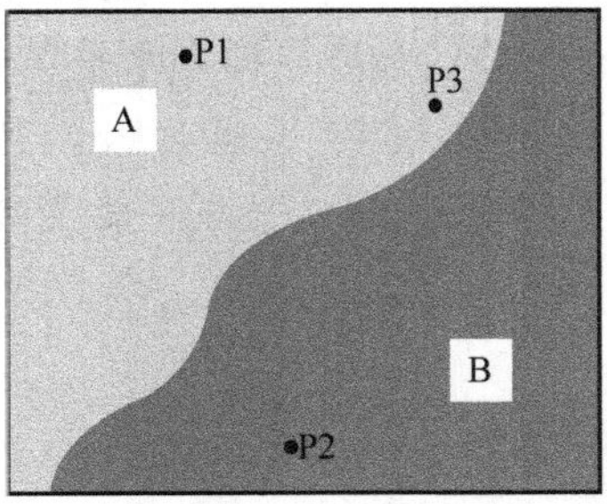

(a) 材料分布情况

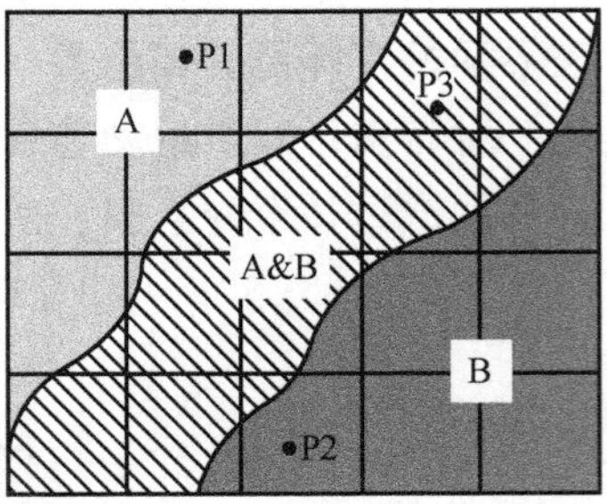

(b) 一个像素内含两种以上材料

图 10.21　图像分割问题中的部分体积效应

为了能够生成准确的几何模型和高质量的体绘制效果，保证体积测量的精度以及对含噪声的、低分辨数据图像的分割，都必须解决部分体积效应的影响问题。

10.6.1 归一化直方图

对于一个空间区域，归一化直方图 $h^R(v)$ 表示图像特征 $\rho(x)=v$ 的部分占该区域的相对比例。由于一个数据集可以看作空间上的连续函数，因此归一化直方图 $h^R(v)$ 也可以看作是连续函数

$$h^R(v)=\int R(x)\delta(\rho(x)-v)\mathrm{d}x \tag{10.86}$$

一般统计直方图时总是按图 10.22 左图的离散直方图的概念。例如某幅图像的灰度等级是二进制的八位（256 个灰阶），则将各灰阶的像素总数作为等宽度的长方格子（Bin）的高度绘在相应的位置上。公式（10.86）定义的却是连续的直方图，该定义适于大到整个数据集、小至一个体素的范围。$R(x)$ 在感兴趣区内是非零的数，积分为 1。一般将 $R(x)$ 置为常数，以使空间上各点对直方图 $h^R(v)$ 的贡献相等。有时对平滑过度的交界区也将 $R(x)$ 看作权函数，取值在 0 与 1 之间。$h^R(v)$ 的积分也等于 1，所以又可以看作是概率密度函数。

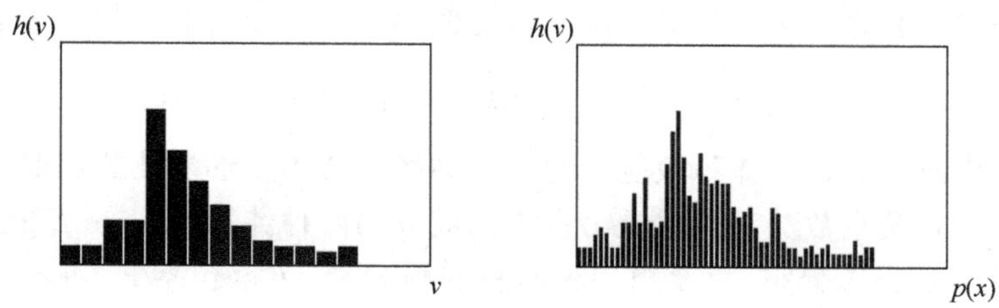

图 10.22 图像直方图与体素直方图

为不丢失图像的重要特征，Bin 的宽度应小于图像噪声的标准差。对于体素直方图（voxel histogram）用下述方法计算。

第 1 步：将每个体素都划分为子体素（subvoxel），通常对二维图像划分为 4 个，对三维图像则分成 8 个。

第 2 步：在每个子体素的中心计算特征 $\rho(x)$ 及其导数值。$\rho(x)$ 是通过对周围离散数据点做 3 个方向的立方 B-样条基函数（tricubic B-spline basis）插值得到。效果与高斯函数相近。

第 3 步：用上一步计算得到的 $\rho(x)$ 值累加所有的子体素对直方图小格子的贡献。与常规直方图相比，此处的小格子位置不再对应一个个离散的整数，而是 $\rho(x)$ 变化的一个范围。小格子数目也可以更多些，显然这样产生的直方图更精确［图 10.22（b）］。

10.6.2 单纯材料与混合材料区的直方图基函数

为使问题简化，我们仅考虑由单纯材料组成的区域以及由两种材料混合组成的区域。对这两类区域分别用相应的基函数描述，任一区域的直方图可以用这两个基函数的线性组合来拟合。

对于单一材料构成的区域，其直方图基函数是一个高斯分布［图 10.23（a）］。

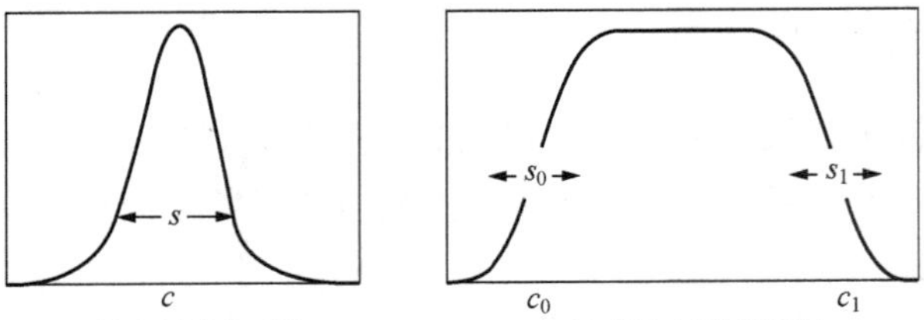

(a) 单纯材料基函数　　(b) 混合材料基函数

图 10.23　两种基函数及其参数

$$f_{\text{single}}(v;c,s)=\left(\prod_{i=1}^{n_v}\frac{1}{s_i\sqrt{2\pi}}\right)\exp\left(-\frac{1}{2}\sum_{i=1}^{n_v}\left(\frac{v_i-c_i}{s_i}\right)^2\right) \tag{10.87}$$

其中，c 是均值向量，s 是标准差向量，n_v 是特征空间的维数。v_i，c_i 及 s_i 分别是 v，c 和 s 的标量分量。该式是对同一种材料构成的区域采用公式（10.86），并假设 $\rho(x)$ 是由常数值加上正态分布的噪声推导得到的。由于多谱 MRI 各通道噪声互不相关，总的向量正态分布就简化为本式的零协方差形式。

对于沿两种材料之间边界的混合区域，类似地可以推导出下面的基函数

$$f_{\text{double}}(v;c,s)=\int_0^1 k_n((1-t)c_1+tc_2-v;s)\mathrm{d}t \tag{10.88}$$

推导过程中对引起部分体积效应的通带限制滤波器用矩形滤波器近似，并假定区域内附加噪声的方差是常数。基函数是由占不同成分的两种纯材料正态分布的叠加。式中 k_n 表示中心在零的正态分布，t 是第二种材料的相对量。C（包括 c_1 和 c_2）是这两种材料的期望值，s 是标准差。

10.6.3　直方图基函数的参数估算

对给定的图像数据集，首先计算总体直方图 $h^{\text{all}}(v)$，即对全部像素灰度进行统计。然后用交互过程说明材料的种类数及近似的特征空间位置。再用自动优化方法对参数进行估计。要用一组直方图基函数来拟合一个总体直方图，须估计每种单纯材料或混合材料所占的相对体积（向量 α^{all}）与每种材料测量值的均值（向量 $\boldsymbol{c}$）和标准差（向量 $\boldsymbol{s}$）。为简化优化过程，假设所有数据均由单纯材料或仅由两种材料混合而成。其中单纯材料种类数为 n_m，直方图基函数的数目为 n_f。显然 $n_m\geqslant n_f$。优化过程实际是将下面函数对于 α^{all}，$\boldsymbol{c}$ 和 $\boldsymbol{s}$ 最小化

$$\varepsilon(\alpha^{\text{all}},\boldsymbol{c},\boldsymbol{s})=\frac{1}{2}\int\left(\frac{q(v;\alpha^{\text{all}},\boldsymbol{c},\boldsymbol{s})}{w(v)}\right)^2\mathrm{d}v \tag{10.89}$$

其中

$$q(v;\alpha^{\text{all}},\boldsymbol{c},\boldsymbol{s})=h^{\text{all}}(v)-\sum_{j=1}^{n_f}\alpha_j^{\text{all}}f_j(v;\boldsymbol{c}_j,\boldsymbol{s}_j) \tag{10.90}$$

其中，f_j 可能是单纯材料的基函数，也可能是由两种材料混合的基函数。$w(v)$ 类似于特征空间中每个点 v 的标准差，它的期望值是 $|q(v)|$。

10.6.4　分类方法

对于一个具体的体素进行分类的过程与上述直方图基函数的参数估算过程类似，只不

过，现在不是对整个数据集拟合，而是对一个体素那么大的很小区域拟合。这时，要使用前边从总体直方图拟合得到的直方图基函数。均值向量 $\boldsymbol{c}$ 和标准差向量 $\boldsymbol{s}$ 不再改变，现在要考虑的是每个体素中各种材料的构成比例 α^{vox}。还应对该小区域的局部噪声（$\overline{N}$）进行估计。在包含许多体素的较大区域内 $\rho(x)$ 的噪声是零均值的正态分布。对于单个体素大小的区域，噪声均值一般不等于零。因此，需将下面函数对于 α^{vox} 和 $\overline{N}$ 求最小化。

$$\varepsilon(\alpha^{\text{vox}},\overline{N}) = \frac{1}{2}\sum\left(\frac{\overline{N}_i}{\sigma_i}\right)^2 + \frac{1}{2}\int\left(\frac{q(v;\alpha^{\text{vox}},\overline{N})}{w(v)}\right)^2 \mathrm{d}v \tag{10.91}$$

其中

$$q(v;\alpha^{\text{vox}},\overline{N}) = h^{\text{vox}}(v-\overline{N}) - \sum_{j=1}^{n_f}\alpha_j^{\text{vox}}f_j(v) \tag{10.92}$$

约束条件是 $0\leqslant\alpha_j^{\text{vox}}\leqslant 1$ 及 $\sum\limits_{j=1}^{n_f}\alpha_j^{\text{vox}} = 1$。

σ 是整个数据集上噪声标准差。对于 MR 图像，各种不同材料的噪声标准差相差不大。因此，将各直方图基函数的标准差的平均值作为对 σ 的估计。对于给定的体素大小区域得到最佳的 α^{vox} 后，就可用下式计算仅与部分体积效应有关的直方图部分的均值 $\bar{v}$

$$\bar{v} = \int\left(h^{\text{vox}}(v) - \sum_{i=1}^{n_m}\alpha_i f_{\text{single}}(v)\right)\mathrm{d}v \tag{10.93}$$

用 t_k 代表第 k 个混合材料区内第一种纯材料所占的比例，c_{ka} 代表混合材料区内第一种纯材料的均值，c_{kb} 代表混合材料区内第二种纯材料的均值。则有

$$\varepsilon_{\bar{v}}(t) = \left(\bar{v} - \sum_{k=n_m+1}^{n_f}\alpha_k(t_k c_{ka} + (1-t_k)c_{kb})\right)^2 \tag{10.94}$$

根据 $0<t_k<1$ 的约束条件，将上式对于 t_k 最小化即得到最佳的 t_k 值。

于是，每种材料的总量为该纯材料所占量加上每种混合材料中该类材料占的 t_k 比例部分。部分体积分类法的最后输出是包含在每个体素内每种材料的相对体积。

10.6.5 分类实验结果

由于计算机仿真数据条件可控和便于验证，我们采用分布在黑色背景上的两个灰度不同的部分圆环代表两种不同的材料［图 10.24（a）］。用直接最大似然法（DML）分割的图像在两种材料交界处，以及一种材料与背景处都呈现严重的锯齿状［图 10.24（b）］。采用部分体积贝叶斯算法（PVB）则很好地解决了部分体积效应的影响［图 10.24（c）］。

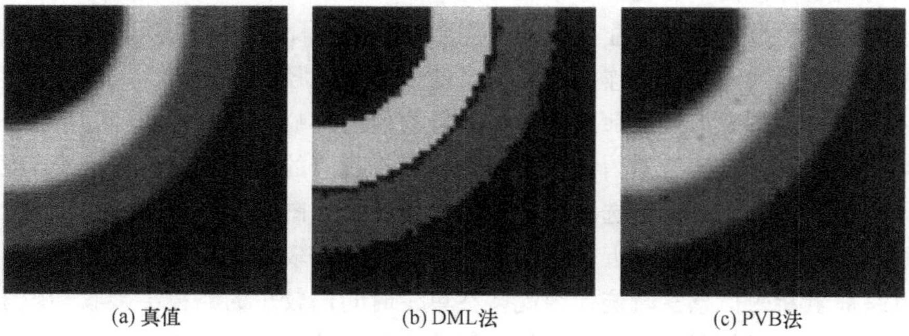

(a) 真值　　(b) DML法　　(c) PVB法

图 10.24　部分体积分割方法在仿真图像中的效果

图 10.25 是从 MR 图像用部分体积分割算法处理，并重建的人手数据集的体绘制图像。从下向上的不同透明度显示，看出手上不同组织的正确分类结果。

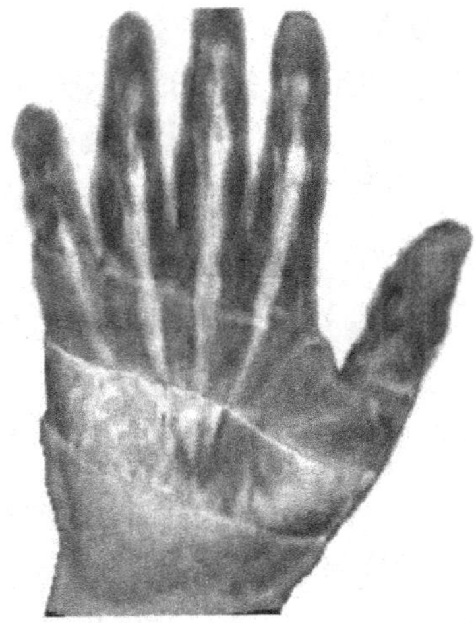

图 10.25　人手数据集的体绘制图像

10.7　基于人工蚁群的医学图像分割

蚁群算法（Ant Colony Optimization，ACO）最早是由 Marco Dorigo 等人在 1991 年首次提出的，被称为蚂蚁系统（Ant System，AS），利用蚂蚁觅食行为进行模拟产生的一种仿生算法。主要通过一种叫做信息素的物质进行信息交流，根据信息素的多少完成选择和更新，最终通过数次迭代产生全局最优解。

10.7.1　蚁群寻找食物机理

1. 真实蚂蚁觅食

真实蚂蚁能够不使用可见的线索就能发现从食物源到蚁巢的最短路径。并且，它们能够适应环境的改变。图 10.26（a）中蚂蚁正在连接食物源和巢穴的最短路径上移动。

蚂蚁通过信息素轨迹来形成和保持这条路径。蚂蚁在行走期间沉积下一定量的信息素，每只蚂蚁在转移概率上更喜欢跟随信息素多的方向。当突然出现的障碍物阻断了路径后，已经存在的最短路径不能再通行［图 10.26（b）］，那么就要寻找新的最短路径。它们需要将被阻碍的路径重新连接并发现新的最短的路径。

实际上，一旦出现障碍，那些刚好在障碍物前的蚂蚁不能继续跟随正确的信息素轨迹，它们不得已要依照已有的信息素分布情况选择相应的路径移动。但因为最短路径尚未建立，所以一部分蚂蚁将会选择比较远的路径前行［图 10.26（c）］。

那些偶尔选择了障碍物附近较短路径的蚂蚁与选择较长路径的蚂蚁相比，将会更快地重新组织被阻断的信息素轨迹。因此，在单位时间内较短的路径会接收到较多数量的信息素，其结果会引起更多数量的蚂蚁选择这条较短的路径。随着这个正反馈过程的建立，越来越多的蚂蚁将会抛弃较远的路径，转而会选择这条较短的路径［图 10.26（d）］。

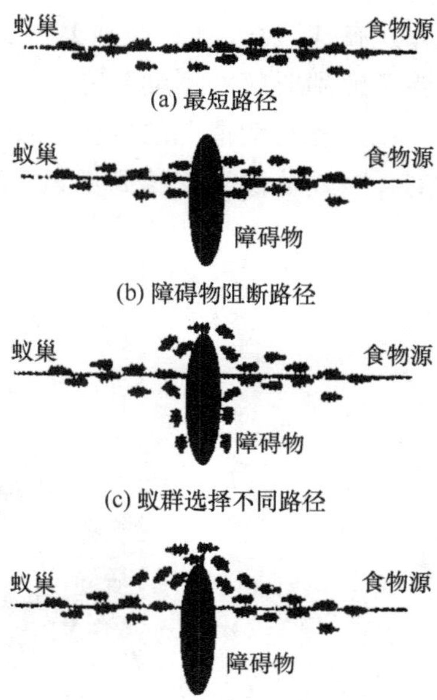

图 10.26　蚂蚁觅食行为

通过对真实蚂蚁行为的描述，可以看出信息素交流是蚂蚁寻找最短路径最重要的方式。蚂蚁自身运动行为似乎是漫无目的的，但实际上它们的活动是凭借信息素进行的，它们遵循一定的规则，有朝着信息素多的方向运动的趋势，并且留下新的信息素。遗留下的信息素又会对周围路过的蚂蚁的运动产生影响，从而形成一种正反馈。通过信息素进行间接交流，实现个体信息的收集与群体信息的共享。蚂蚁的这种寻优机理很简单，每个个体的行为也很简单，但整个群体通过信息素的作用，就使得蚁群可以用来解决特定的问题。

2. 人工蚁群与真实蚁群的联系

蚂蚁算法中绝大多数的观点来源于真实的蚂蚁。因此它们都包括以下几项：

1）一个个体间能相互协作的群体。

2）进行当前信息交流的（人工）信息素迹。

3）为找到最短路径记录的当前移动队列。

4）利用当前信息而没有未来信息的随机选择策略。

人工蚂蚁是从真实蚁群行为获得启发而定义的，用来构造特定蚁群算法，它具有真实蚂蚁所不具有的一些特性：

1）人工蚂蚁存在于一个离散的空间中，它们的移动是从一个状态到另一个状态的转换。

2）人工蚂蚁具有一个记忆其自身过去行为的内在状态。

3）人工蚂蚁存在于一个与时间无关联的环境之中。

4）人工蚂蚁不是完全盲从的，它还受问题空间特征的启发。

5）为了改善算法的优化概率，人工蚂蚁可增加一些性能，如预测未来、局部优化、回退，等等，这些行为在真实蚂蚁中是不存在的。

10.7.2　蚂蚁算法模型

在 Chialvo 和 Millonas 的描述中，每一只蚂蚁的状态包括两个信息：位置信息 r 和运动方向信息 θ。通过对真实蚂蚁的观察和验证，蚂蚁在不同像素间的转移概率可以通过式（10.95）进行计算，这是一个双参数的信息素加权函数

$$W(\sigma)=\left(1+\frac{\sigma}{1+\delta\sigma}\right)^{\beta} \tag{10.95}$$

这个方程描述了蚂蚁向像素 r 移动的转移概率大小，像素 r 的信息素强度为 $\sigma(r)$。参数 β 与信息素强度相关，主要用来控制蚂蚁沿信息素梯度方向运动的可能性。一般来说，如果 β 取较小的值，信息素的梯度对蚂蚁运动的影响也会相对较小；反之则影响较大。$\frac{1}{\delta}$代表蚂蚁对信息素的敏感度，也就是蚂蚁对周围的信息素能够感知到多少的能

力。在式（10.95）基础上，Chialvo 和 Millonas 还增加了一项加权系数 $w(\Delta\theta)$，这主要考虑到蚂蚁的运动具有一个惯性，即蚂蚁沿先前运动方向移动的概率要大一些，尽量避免重复运动情况的发生。图 10.27 描述了运动惯性与加权系数的关系。这样，在 t 时刻，蚂蚁从像素 k 移到像素 i 的转移概率为

$$P_{ik} = \frac{W(\sigma_i)w(\Delta_i)}{\sum_{j/k} W(\sigma_j)w(\Delta_j)} \tag{10.96}$$

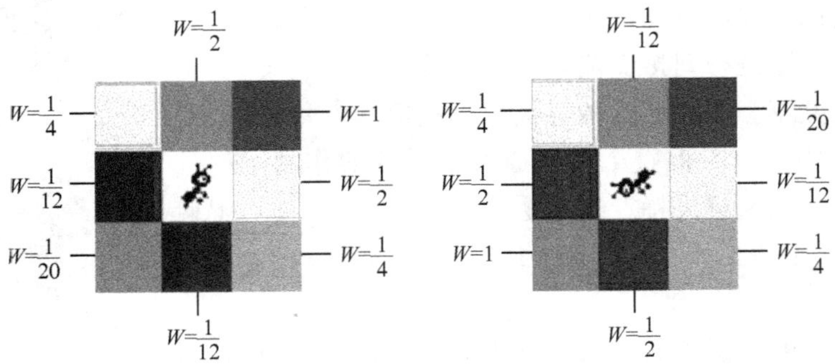

图 10.27　蚂蚁运动方向与加权系数的选取

在公式（10.96）中，j/k 代表像素 k 周围的所有相邻像素；Δ_i 代表 $t-1$ 时刻，像素 i 相对于像素 k 的方向与蚂蚁先前运动方向的差别值。当蚂蚁被放在图像中某一位置之后，蚂蚁就会通过概率 P_{ik}的计算来选择自己的移动方向。同时，蚂蚁会释放一定量的信息素在它当前所在的位置，信息素释放量 T 由下式确定

$$T = \eta + p\Delta h \tag{10.97}$$

式中，η 是恒定的信息素释放量；p 是一个常量；在像素 k 和像素 i 周围取相同窗口大小的像素，Δh 代表两个窗口中像素之间的相似性，包含三项信息。第一项用来计算两个窗口像素的平均灰度强度的相似性；第二项代表了两个窗口像素灰度均匀性的相似性；第三项则是两个窗口像素灰度直方图分布的相似性。Δh 可以描述为

$$\Delta h = \left[a\frac{|m1-m2|}{\mathrm{Max}|m1-m2|} + b\frac{|\sigma 1^2 - \sigma 2^2|}{\mathrm{Max}|\sigma 1^2 - \sigma 2^2|} + c\frac{S}{S_{\max}}\right](a+b+c)^{-1} \tag{10.98}$$

式中，$(a+b+c)=1$，m_1 代表一个窗口像素的平均灰度强度，σ_1^2 代表同一个窗口像素灰度强度的方差；S 是两个窗口像素灰度直方图分布的区别。

10.7.3　蚁群模型在图像中的应用

图 10.28 是以图像为培养基，利用上述蚁群模型进行试验的结果，对蚁群在图像处理中的应用进行的初步尝试。

利用已有的蚁群模型在图像边缘提取中进行了应用，从图 10.28 中可以观察到随着迭代次数的增加，图像中的边缘信息得到不断的加强，最终可以较好地获得图像的边缘信息。

已有的传统蚁群模型仅能够对图像进行边缘提取，因此，我们需要建立新的蚁群模型，使其满足图像分割任务的需求。

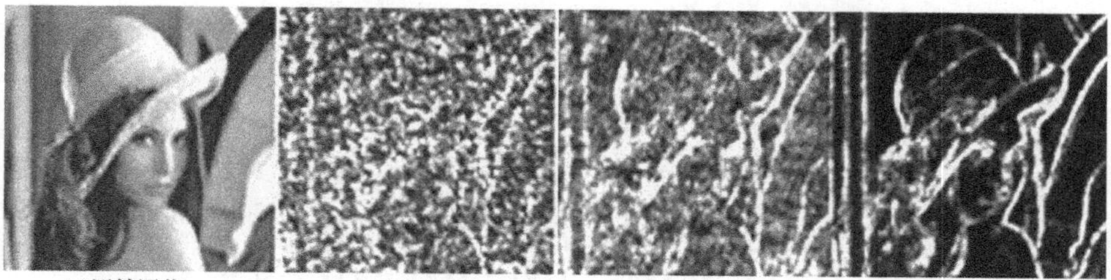

(a)原始图像　(b)迭代20次　(c)迭代200次　(d)迭代600次

图 10.28　不同迭代次数后的信息素分布图

10.7.4　改进的蚁群分割模型

在新的蚁群模型中，可以把图像分割理解为蚂蚁寻找食物的一个过程。在进行图像分割时候，首先假设蚁群中的每一只蚂蚁都具有一定的记忆力，可以记忆要寻找的“食物”所具有的属性。在每一次迭代过程中，蚂蚁会按照一定的转移规则移动。当一只蚂蚁寻找到“食物”的时候，它会在当前位置释放一定量的信息素，释放的信息素会对其他蚂蚁的运动产生相应的影响。最终，我们可以通过对信息素的分布进行分析，得到所需要的分割结果。下面将对整个模型的建立过程进行详细介绍。

1. 食物参照物的定义

在蚁群算法中定义食物参照物，是让蚂蚁知道在移动过程中所寻找的目标。作为图像分割过程中的一个参照物，初始时，在图像中手动选择具有代表性的像素 o，取像素 o 周围半径为 r 的所有相邻像素为 $Nr(o)$。这样蚂蚁 i 在 $t=0$ 时刻的食物参照物可以描述为

$$Fi,t = 0 = Nr(o) \tag{10.99}$$

$$Nr(o) = \{e \in I \mid \| e - o \| < r\} \tag{10.100}$$

式中，I 代表所有待分割的图像像素。当蚂蚁寻找到新的食物后，它所记忆的食物参照物会按照一定的规则发生改变，改变的方式在下面再做介绍。

2. 寻找目标

在食物参照物定义之后，人工蚂蚁就要去执行在图像中寻找具有相似属性像素的任务。要完成这种任务，人工蚂蚁必须具有对食物参照物和图像像素进行相似性比较的能力。当蚂蚁位于像素 c，$Nr(c)$ 代表像素 c 周围半径为 r 的所有相邻像素，比较过程通过下面的步骤完成

$$\mu_k(o,c) = \sqrt{\mu_\varphi(o,c)\mu_\psi(o,c)} \tag{10.101}$$

$$\mu_\phi(o,c) = \frac{\min(m_o, m_c)}{\max(m_o, m_c)} \tag{10.102}$$

$$\mu_\psi(o,c) = 1 - \frac{|D^+(o,c) - D^-(o,c)|}{\sum_{e \in Nr(c)} \tilde{\omega}_\infty(\| o - e \|)} \tag{10.103}$$

$$D^+(o,c) = \sum_{e \in Nr(o), e' \in Nr(c), e-o=e'-c} [1 - \tilde{\omega}_\infty(\delta_\infty^+(e', e))]\tilde{\omega}_\infty(\| o - e \|) \tag{10.104}$$

$$D^{-}(o,c)=\sum_{e\in Nr(o),e'\in Nr(c),e-o=e'-c}[1-\tilde{\omega}_{\infty}(\delta_{\infty}^{-}(e',e))]\tilde{\omega}_{\infty}(\| o-e \|) \quad (10.105)$$

$$\tilde{\omega}_{\infty}(x)=\exp\left[-\frac{x^2}{2\cdot k_0^2}\right] \quad k_0>0 \quad (10.106)$$

$$\delta_{\infty}^{+}(e',e)=\begin{cases} f(e)-f(e') & f(e)-f(e')>0 \\ 0 & \text{其他} \end{cases} \quad (10.107)$$

$$\delta_{\infty}^{-}(e',e)=\begin{cases} f(e')-f(e) & f(e)-f(e')<0 \\ 0 & \text{其他} \end{cases} \quad (10.108)$$

$\mu_{\psi}(o,c)$ 是模糊连接方法中基于均匀性的分量。m_o 和 m_c 分别代表 $N_r(o)$ 和 $N_r(c)$ 的平均灰度强度。$N_r(o)$ 和 $N_r(c)$ 的相似性越大，$\mu_k(o,c)$ 的值越大；反之，$\mu_k(o,c)$ 的值越小。当 $\mu_k(o,c)$ 的值超过一定阈值，像素 c 就是蚂蚁要寻找的目标。当蚂蚁 i 在 $t=\tau$ 时刻寻找到目标 c 之后，它记忆中的食物参照物会按照下式进行调整

$$F_i,t=\tau=aN_r(c)+bFi,t=\tau-1 \quad (10.109)$$

式中，a 和 b 是常数。

3. 转移概率

在每一个时刻，蚂蚁都要从像素 k 向像素 j 移动，蚂蚁的移动同样会受到周围蚂蚁移动方向的影响，并且这种影响局限在以像素 k 为中心的窗口 W 大小的范围内。这样在 t 时刻蚂蚁从像素 k 向像素 j 移动的转移概率定义为

$$P_{ik}=\frac{W(\sigma_i)(w(\Delta_i)+bE(\theta_i))}{\sum_{j/k}W(\sigma_j)(w(\Delta_j)+bE(\theta_j))} \quad (10.110)$$

$$E(\theta)=a\frac{N_{(w,\theta)}}{N_w} \quad (10.111)$$

式中，N_w 是窗口 W 范围内蚂蚁的数目；$N_{(w,\theta)}$ 是窗口 W 内移动方向为 θ 的蚂蚁的数目；a，b 是常数。通过上述的定义，蚂蚁可以加强彼此间的相互合作，有利于快速接近目标区域。

4. 信息素的释放

如前所述，当 $\mu_k(o,c)$ 的值超过一定阈值，蚂蚁会找到目标。但对于不同的蚂蚁，所对应的阈值 $\bar{\lambda}$ 不一定相同。在我们的方法中，阈值 $\bar{\lambda}$ 分布在 0.7～0.9 之间，体现了蚂蚁之间的变异性。蚂蚁在像素 c 处的信息素释放量 T 定义为

$$T(c)=\begin{cases} \eta & \mu_k(o,c)<\bar{\lambda} \\ \eta+p\bar{\lambda} & \mu_k(o,c)\geq\bar{\lambda} \end{cases} \quad (10.112)$$

其中，η 是一个恒定的信息素释放量；p 是一个常量。

10.7.5 实验结果

采用 McGill 大学 Montreal 神经研究所脑影像中心提供的体模数据集中的部分数据（http://www.bic.mni.mcgill.ca/brainweb/）对本节提出的基于蚁群的分割算法进行了验证，在实验过程中，各个参数的值分别是：$\eta=0.07$，$\beta=3.5$，$\delta=0.2$，$p=1.2$。实验中采用的蚂蚁的数目相当于图像中像素数目的 30%，实验结果如下。

图 10.29 显示了利用蚁群算法对数据库中的脑图像进行分割后，信息素的分布情况。图 10.30 是蚁群算法的分割结果与脑影像中心数据库提供的标准结果的比较。图 10.31是利用蚁群算法对体模数据库中不同层面的脑图像的白质进行分割所得结果。图 10.32 是利用蚁群算法分割出来的脑白质进行三维重建，所得的脑白质的三维图像。

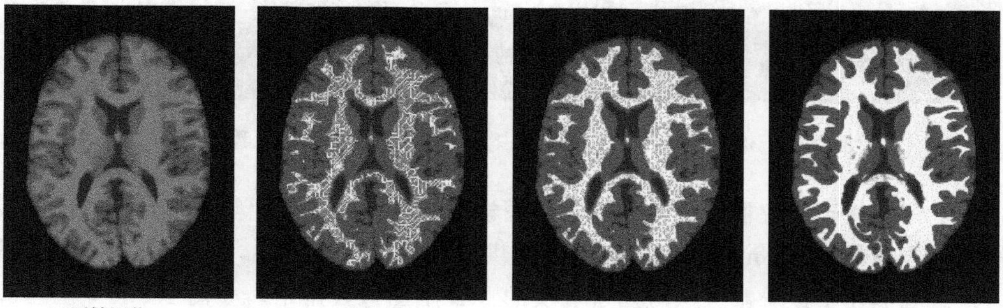

(a)原始图像　(b) t=50　(c) t=200　(d) t=600

(a) 是原始体模数据库中的磁共振脑图像；(b) (c) (d) 是不同迭代次数后的信息素分布图

图 10.29　利用蚁群算法对体模数据库中的脑图像进行分割

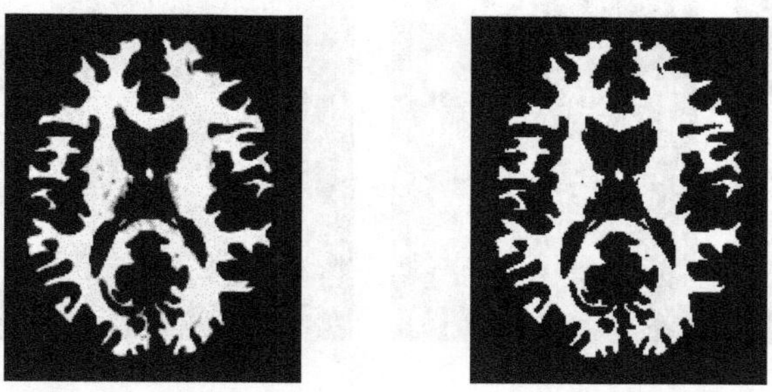

(a) 采用蚁群算法的分割结果　(b) 标准分割结果

图 10.30　脑白质分割结果的比较

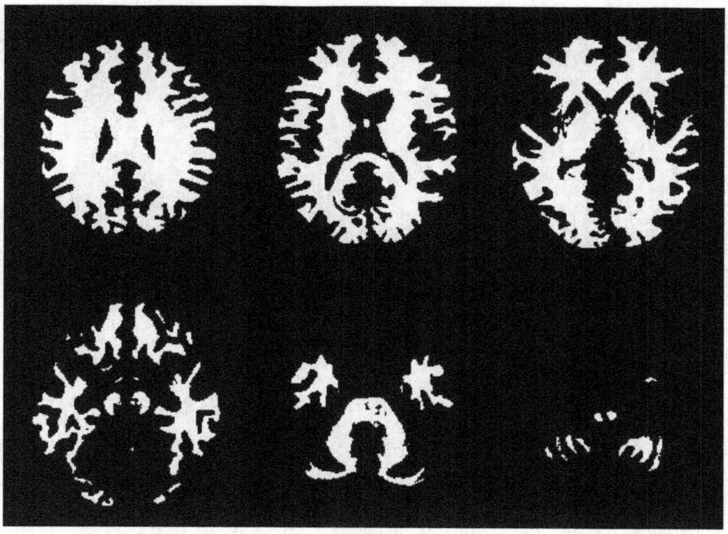

图 10.31　利用蚁群算法对脑白质分割结果

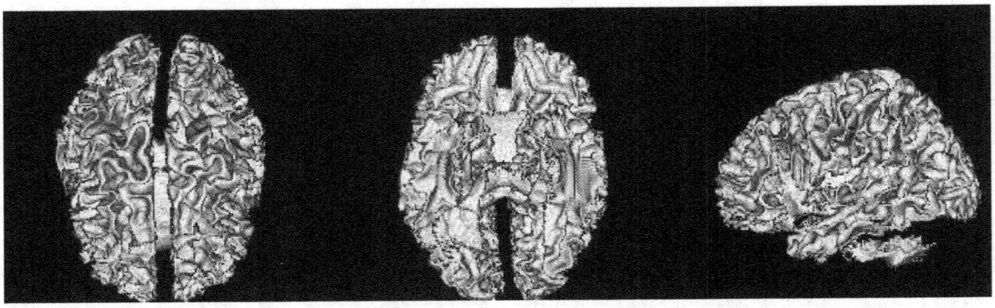

图 10.32　利用蚁群算法对脑白质分割，分割结果的三维图像

为了评价基于蚂蚁群体行为的方法对医学图像分割的可行性与有效性，在前面我们已经将它们应用到 Montreal 脑成像中心提供的仿真图像数据中，取得了比较令人满意的结果。我们还将该分割方法应用于真实的 MR 脑图像数据中，如图 10.33 和图 10.34 所示。

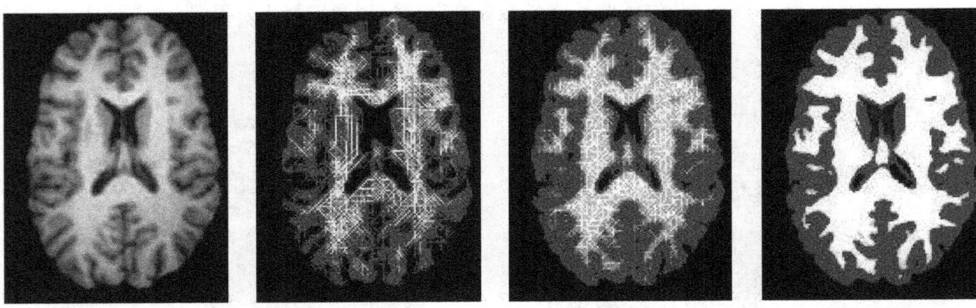

(a)原始图像　(b) t=50　(c) t=200　(d) t=600

（a）是原始磁共振脑图像；（b）（c）（d）是不同迭代次数后的信息素分布图

图 10.33　利用蚁群算法对真实磁共振脑图像进行分割

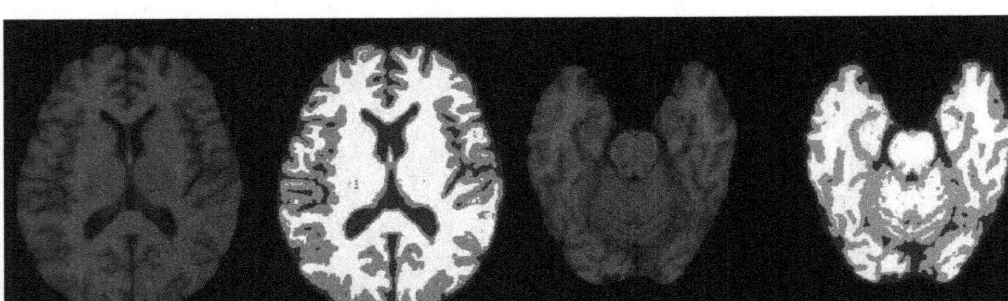

图 10.34　真实 MR 分割结果

我们采用脑影像中心提供的体模数据集中的部分数据对算法进行定量评估（20%和40%强度不均匀度，0%，3%，5%强度噪声）。每种条件下的数据都选择 15 幅，分别采用模糊 c 均值方法（FCM）和本文提出的蚁群算法（Ant Colonies，AC）进行分割，并选择 Jaccard 相似性测度（Similarity Index，SI）来评价分割结果和金标准的相似程度

$$J(S_1, S_2) = \frac{|S_1 \cap S_2|}{|S_1 \cup S_2|} \tag{10.113}$$

其中，S_1 和 S_2 分别是分割后的像素集合和金标准像素集合。

图 10.35 给出利用 FCM，AC 方法对 20％强度不均匀度，不同噪声强度下的 MR 图像进行分割，对分割结果的 Jaccard 相似性测度的比较。

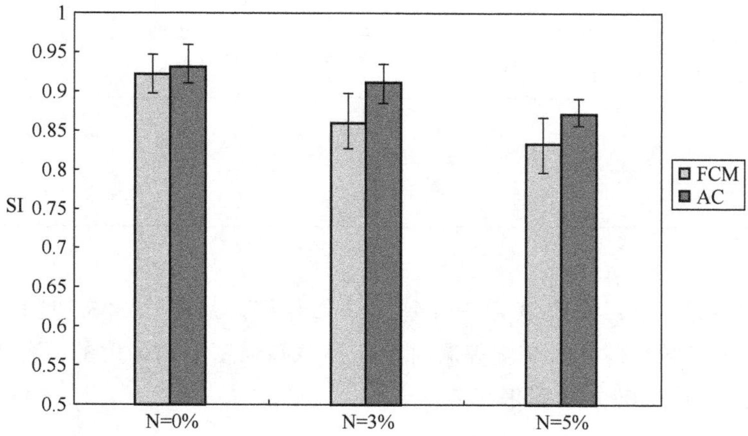

图 10.35　FCM 和 AC 方法对 20％强度不均匀度，不同噪声强度 MR 图像分割结果比较

图 10.36 给出利用 FCM，AC 方法对 40％强度不均匀度，不同噪声强度下的 MR 图像进行分割，对分割结果的 Jaccard 相似性测度的比较。

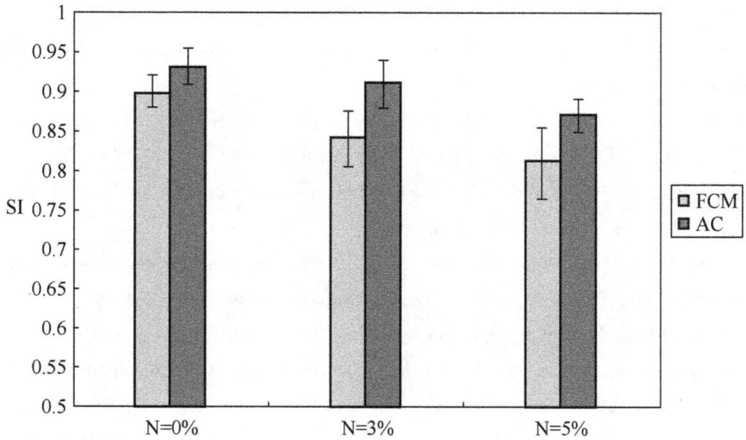

图 10.36　FCM 和 AC 方法对 40％强度不均匀度，不同噪声强度 MR 图像分割结果比较

另外，在我们的分割方法中，非目标结构像素被错误地分到目标对象中的情况和被错误地分到别的组织类型中的目标对象像素也是需要认真考察的，因此，我们也计算分割算法的假阳性率和假阴性率，如表 10.2 所示。

表 10.2 利用蚁群算法对脑白质分割结果统计

噪声/(%)	偏差场/(%)	假阳性率/(%)	假阴性率/(%)	SI
0	40	7.07	0.84	0.92
	20	5.32	1.05	0.93
	0	4.03	1.46	0.95
3	40	7.23	0.63	0.88
	20	6.44	0.83	0.91
	0	5.12	1.28	0.91
5	40	7.81	1.02	0.86
	20	6.53	1.09	0.87
	0	3.09	2.45	0.90

SI 的值越接近于 1，说明该算法分割的结果越好。从图 10.35 和图 10.36 可以看出，本文提出的蚁群分割算法在图像同时存在噪声和强度不均匀度的情况下，可以取得比 FCM 算法更为精确的分割结果。

参考文献

包约翰. 1992. 自适应模式识别与神经网络. 北京：科学出版社.

陈维桓. 1990. 微分几何初步. 北京：北京大学出版社.

傅京孙. 1990. 模式识别应用. 北京：北京大学出版社.

罗述谦，唐宇. 2C02. 基于有偏场的适配模糊聚类分割算法. 中国图像图形学报，7 (2)：111—114.

王新成. 2001. 高等图像处理技术. 北京：中国科学技术出版社.

Alberto F, Goldszal, Dzung L Pham. 2000. Volumetric Segmentation, Handbook of Medical Imaging Processing and Analysis. Academic Press: 185—194.

Boštjan Likar, Max A Viergever, Franjo Pernuš. 2001. Retrospective Correction of MR Intensity Inhomogeneity by Information Minimization. IEEE Transactions On Medical Imaging, 20 (12): 1398—1420.

Chenyang Xu, Jerry Prince. 2000. Gradient Vector Flow Deformable Models, Handbook of Medical Imaging Processing and Analysis. Academic Press: 159—170.

David H Laidlaw, Kurt W Fleischer, Alan H Barr. 2000. Partial Volume Segmentation with Voxel Histograms, Handbook of Medical Imaging Processing and Analysis. Academic Press: 195—214.

Pandya A S, Macy R B. 1996. Pattern Recognition with Neural Networks in C++. CRC Press.

Peng Huang, Huizhi Cao, Shuqian Luo. 2008. An Artificial Ant Colonies Approach to Medical Image Segmentation. Computer Methods and Programs in Biomedicine, 92 (3): 267—273.

Su Ruan, Cyril Jaggi, Jinghao Xue, et al. 2000. Brain Tissue Classification of Magnetic Resonance Images Using Partial Volume Modeling. IEEE Transactions On Medical Imaging, 19 (12): 1179—1187.

第 11 章　图像配准方法应用

11.1　结合互信息与图像梯度的配准技术

11.1.1　互信息与图像梯度的配准测度

两幅图像 A 和 B 的互信息 I 定义为

$$I(A,B)=H(A)+H(B)-H(A,B) \tag{11.1}$$

其中，$H(A)$ 和 $H(B)$ 分别为图像 A 和 B 的熵，$H(A,B)$ 是联合熵。为了与以下的各种不同定义的互信息区分，我们称 $I(A,B)$ 为标准互信息。

一些研究表明互信息测度对待配准的两幅图像间的覆盖程度较敏感。使用归一化的互信息（normalized mutual information）会较好地解决这个问题

$$Y(A,B)=\frac{H(A)+H(B)}{H(A,B)} \tag{11.2}$$

类似的定义还有熵的相关系数

$$ECC(A,B)=\frac{2I(A,B)}{H(A)+H(B)} \tag{11.3}$$

图像中梯度较大的地方通常是组织跃变的地方，也是包含信息量最多的地方。标准互信息 I 不包含图像的空间信息，如果将它与图像的梯度（包括大小与方向）统一考虑应该更合理些。设一幅图像中的采样点为 $x=\{x_1,x_2,x_3\}$，经几何变换在另一幅图像中的对应点为 x'。二者梯度向量夹角 $\alpha_{x,x'}(\sigma)$ 定义为

$$\alpha_{x,x'}(\sigma)=\cos^{-1}\frac{\nabla x(\sigma)\cdot\nabla x'(\sigma)}{|\nabla x(\sigma)|\cdot|\nabla x'(\sigma)|} \tag{11.4}$$

其中，$\nabla x(\sigma)$ 是在点 x 处的梯度向量，等于图像与尺度 σ 的高斯核的一阶导数卷积。

对于多模图像，使用不同的成像技术会使同一种组织在两幅图像中表现为不同的强度。但是，它们毕竟代表的是相同的解剖结构，因此，图像的梯度方向应当是相同或相反的。为此给梯度一个权重，定义权系数为

$$\omega(\alpha)=\frac{\cos(2\alpha)+1}{2} \tag{11.5}$$

由于成像方式不同，在一幅图像中梯度大的地方在另一幅图像中是很平滑的区域或梯度很小，而我们感兴趣的是在两幅图像中梯度都大的地方。因此，仅对二者中梯度值较小的乘以角度加权系数。新的考虑互信息与图像梯度的组合配准测度定义为

$$I_g(A,B)=G(A,B)I(A,B) \tag{11.6}$$

类似地，考虑标准互信息与图像梯度的组合配准测度定义为

$$Y_g(A,B)=G(A,B)Y(A,B) \tag{11.7}$$

11.1.2　配准实例

优化过程仍然使用 Powell 算法，参数搜索是在六维（3 个旋转及 3 个平移）进行。

实验使用 Vanderbilt 大学的 RREP（Retrospective Registration Evaluation Project）数据。包括 MR 的 T1 和 T2 图像配准，MR 和 CT 图像配准，以及 MR 和 PET 图像的配准。

关于 MR 的 T1 和 T2 图像配准，四种配准测度与空间变换参数的关系如图 11.1 所示。上面一排是绕平面内一个轴旋转的情况。在这种情况下，标准互信息测度已经足够好了。中间一排是将图像在每维都按 3 倍取子采样（subsampling）数据，然后再绕平面内一个轴旋转的结果。互信息是对图像概率分布的计算，在数据量减少时就显得不那么平滑，最佳参数位置发生变化。归一化互信息在零值附近出现局部极小，可能是因数据插值造成的。结合图像梯度信息的两种测度 I_g 和 Y_g 则表现很好，对样本数据量不敏感。下面一排是对面内平移参数的响应。总之，考虑到梯度的互信息测度具有较好的配准特性。

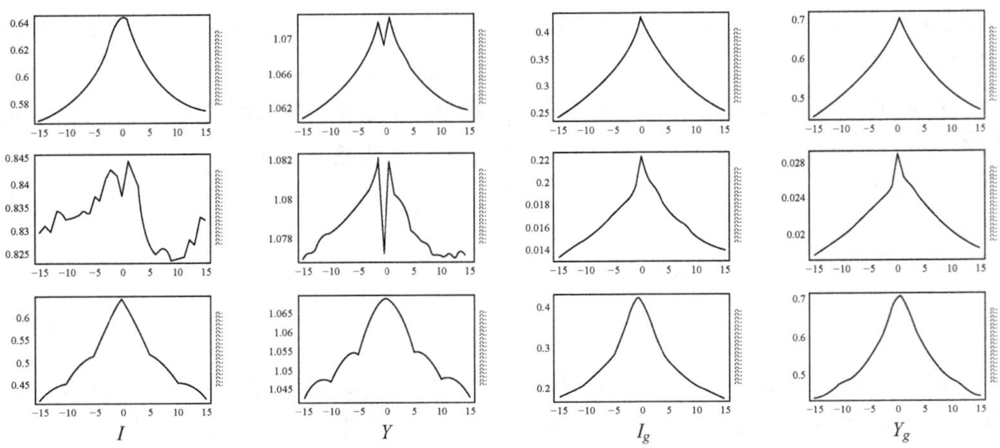

图 11.1　MR 的 T1 和 T2 图像配准

MR 和 CT 图像配准的结果如图 11.2 所示。MR 和 CT 图像的细节虽然不同，由于反映的是同一个解剖结构，因此有对应的梯度。从图中看出对同平面内的平移和旋转来说，四种测度效果相近。对于减少数据量的子样本集，组合测度性能要好一些。

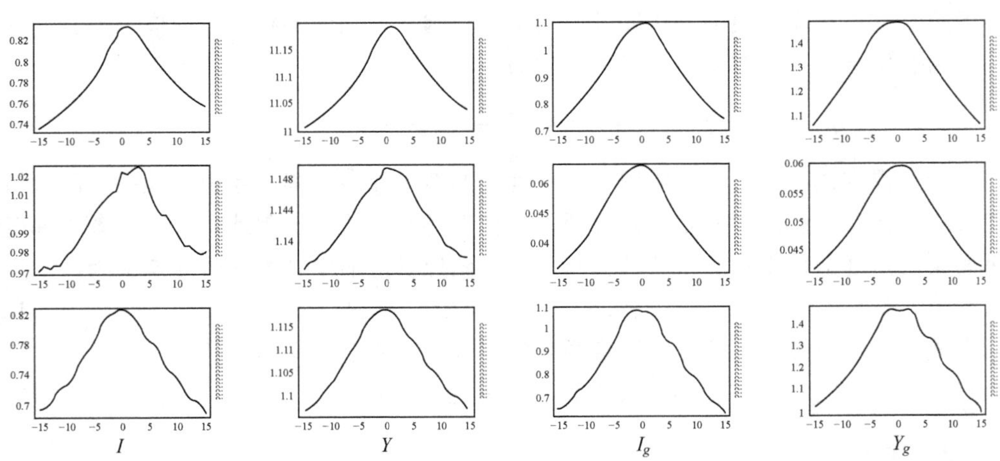

图 11.2　MR 和 CT 图像配准

对 MR 和 PET 图像的配准，情况要复杂些。因为两者的图像内容缺少相似性，而且 PET 图像的分辨较差。仅基于互信息的图像配准常常产生较大的误差。在此情况下，互信息函数不够平滑，最大值偏离零值较远。图 11.3 给出 4 种测度对 6 个空间变换参数的关系。显然，对在离开轴向平面的旋转以及沿轴向的平移，由于 PET 图像片数少、层片厚，标准互信息与归一化互信息都表现性能较差，产生较大配准误差。而两种组合测度由于考虑到图像的梯度信息使函数性能改善，特别适于低分辨的图像及减小内插引起的局部极值影响。

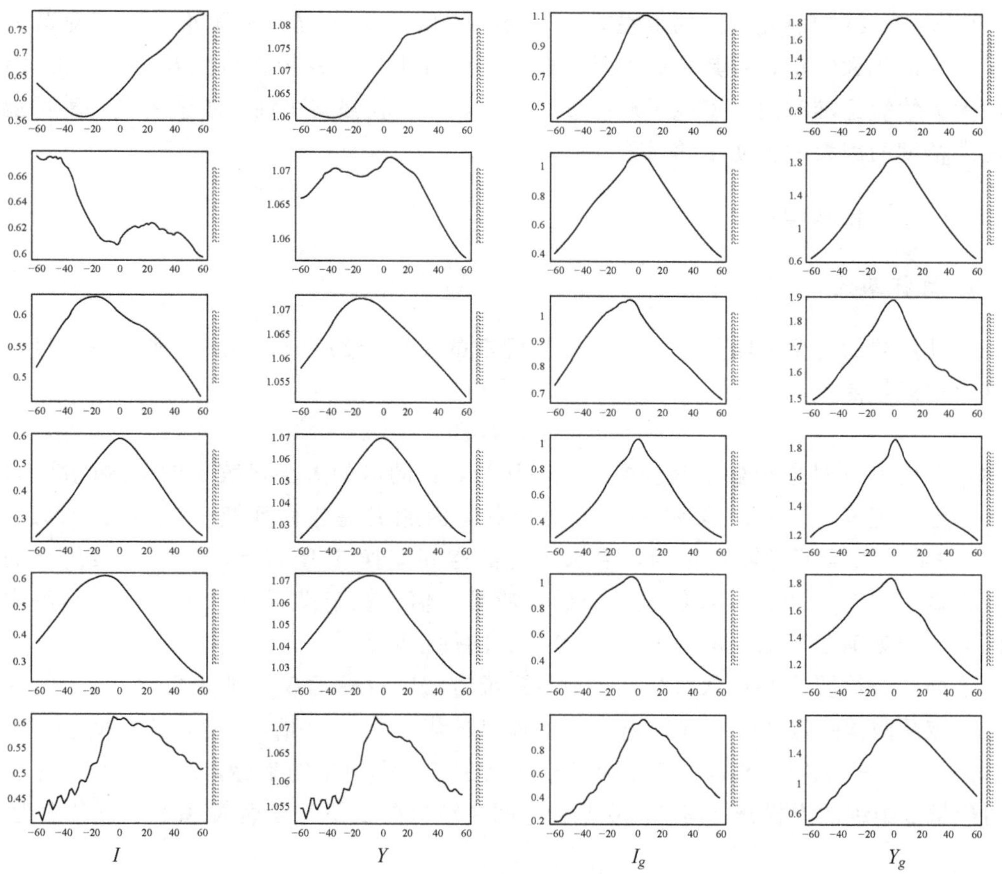

图 11.3　MR 和 PET 图像配准

11.2　基于形状特征点最大互信息的医学图像配准

在这节中，我们定义了基于形状特征点的互信息计算公式，提出了区域增长结合动态聚类算法的形状特征点提取方法。在使形状特征点互信息最大化完成医学图像配准的过程中，引入人机交互，缩短了优化过程，避免了局部极值。本节提出的配准策略，具备临床实用性，尤其适于缺少灰度信息的医学图像配准。

基于最大互信息的多模医学图像配准方法越来越受到人们的重视。互信息是信息论的一个基本概念，是两个随机变量统计相关性的测度。原理上，当两幅基于共同的解剖结构的图像达到最佳配准时，它们的对应像素的灰度互信息应为最大。由于该测度不需要对不同成像模式下图像灰度间的关系作任何假设，也不需要对图像进行分割或任何预处理，所以可以被广泛的应用于CT-MR，PET-MR等多种配准工作。

那么，互信息的概念可否被应用到基于形状匹配的配准方法中呢？

Rangarajan等提出了一种利用互信息匹配形状特征点进行配准的策略。在这一方法中，对待配准的两幅图像首先分别提取出形状特征点的集合。对这两个集合，定义它们的互信息，然后使之最大化，以达到配准。

Rangarajan的研究范围局限在对灵长目动物脑组织X光片的配准。我们对其方法做了一定简化和修正，将其扩展到断层医学图像配准中。并将人机交互引入配准过程，从而大大缩短配准时间，避免了局部极值问题，具有较强实用性。本节还对各种可能影响配准精度的因素做了初步的讨论。

11.2.1 配准原理

1. 目标函数

配准算法的通常策略是，假定两幅待配准的图像分别为 M 和 F。定义一个目标函数（也称能量函数）

$$E = E(M, T(F)) \tag{11.8}$$

其中，T 代表对图像 F 做空间变换。一般认为，E 的值的大小代表了图像的配准程度。对于特定的配准任务，图像 M 和 F 是确定的，因此 E 是空间变换 T 的函数，即$E=E(T)$。这样，配准问题就转化为，寻求一定的空间变换 T 使 $E=E(T)$ 取最优值的问题。根据 E 的定义不同，最优值对应最大或最小值。在定义了 E 之后，还必须解决一个问题，即如何找到 E 的最优值，也就是 E 的优化问题。

下面，先简要介绍形状特征点互信息配准方法中目标函数 E 的定义。

假定从两幅图像中分别提取出形状特征点的集合 $X=\{X_i, i=1,2,\cdots,N_1\}$ 和 $Y=\{Y_j, j=1,2,\cdots,N_2\}$，$X_i$，$Y_j$ 表示形状特征点在二维平面中的坐标，X 和 Y 代表了图像中对应解剖组织的形状分布信息。在某种空间变换参数 T 下，点集 X 和 Y 的互信息为

$$MI(X,Y) = \sum_{i=1}^{N_1}\sum_{j=1}^{N_2} P_{ij}\log\frac{P_{ij}}{\sum_{k=1}^{N_1}P_{kj}\sum_{l=1}^{N_2}P_{il}} \tag{11.9}$$

其中，P_{ij} 代表特征点 X_i 和 Y_j 的联合概率，即 $P_{ij}=P\{I=i, i\in(1,\cdots,N_1), J=j, j\in(1,\cdots,N_2)\}$。$P_{ij}$ 表示同时从 X 中选取 X_i 和从 Y 中选取 Y_j 的概率。实际计算时，取下式为 P_{ij} 的计算式

$$P_{ij} = \exp(-\alpha D_{ij} - \lambda) \tag{11.10}$$

α 和 λ 为辅助参数。D_{ij} 为 X_i 和 Y_j 经空间变换 T 的欧氏距离

$$D_{ij} = \| X_i - TY_j \|^2 \tag{11.11}$$

采用形状特征点互信息作为配准目标函数，具备一些特有的优点：首先，互信息反映的是两个系统间的统计相关性，或者说，代表了系统 X 中包含的系统 Y 的信息。在医学图像配准问题中，由于待配准的两幅图像基于共同的解剖信息，所以当两幅图像达

到空间位置上的完全一致时，其中一幅图像表达的关于另一幅图像的信息，也就是对应形状特征点的位置互信息应为最大。其次，公式（11.9）对于形状特征点集 X（或 Y）中特征点的数目多少以及排列先后次序，没有严格要求。即，X 和 Y 中点的数目可以不相等，并且点的编号次序是随机的。再有，公式（11.9）反映的是 X 和 Y 的统计特性，因而具备一定的抗噪声能力。

至此，我们就完成了目标函数的定义。同样，对于两幅图像在采用某种方法确定了特征点集 X 和 Y 之后，目标函数 E 就转变为空间变换 T 的函数，$E=MI(T)$。

2. 特征点的提取

如何将形状特征点从图像中提取出来是一个值得深入考虑的问题。我们采用了人机交互的方法。首先人工在脑图像中感兴趣区域内部选取一个种子点，然后由计算机从此点开始采用基于灰度相似的区域增长算法，提取出此区域的轮廓（即区域的封闭边界曲线）。可以选取多个感兴趣区域。一般两幅图像感兴趣区的选取应是相对应的，即，如在一幅图像中选取了灰质和脑室轮廓，在另一幅图像中也应选取灰质和脑室轮廓。提取出轮廓后，将其看作点的集合，采用聚类算法，得到聚类中心作为形状特征点。

Rangarajan 在特征点提取中，采用 Canny 边缘检测算法得到图像的边缘，然后作聚类分析得到形状特征点。这一方法的应用存在局限性，尤其对 *MRI* 图像。*MRI* 图像的特点在于能够较好地分辨出头部软组织，图像内部包含较多细节。经边缘提取得到的边缘线较密集，因而聚类得到的特征点分布随机性较强。互信息的计算易受这种随机性的干扰，影响最终配准精度。

在聚类算法上，我们选择了 ISODATA （iterative selt-organizing data analysis）算法。其主要特点是可以通过类的自动合并与分裂，得到较为合理的类型数目。

此外，在提取特征点之前，需先把两幅图像粗配准，并做一次高斯滤波消除噪声。

3. 空间变换

我们将研究的范围限制在二维脑断层图像的配准。因为脑组织受到颅骨的严密保护，所以脑部运动可以近似为刚体运动，即内部无相对运动。同时假设，待配准的图像经过预处理后，具有相同的空间比例。

我们的目标是寻求空间变换 T，使 MI(T) 最大。针对前面所做假设，令

$$T = T_1 T_2 \tag{11.12}$$

式中，T_1为平移矩阵，T_2为旋转矩阵。

4. 优化策略

确定了目标函数和特征点集，目标函数的优化过程也就是寻求空间变换 $T=T(\Delta x,\Delta y,\Delta r)$ 的某一取值，使 MI 取值达到最大的过程。

Rangarajan 在定义了 MI 后，又以 MI 为基础定义了一个能量函数 E_{MI}，并通过引入辅助变量做代数变换，将 E_{MI}的优化问题转化为一个线性问题，然后导出了一套递归优化算法。

我们则直接将 MI 作为目标函数，并且采用借助人工引导的遍历搜索算法来完成

MI 的优化。

实际实现时，我们采用了先粗配准、再精确配准的搜索策略。先用矩和主轴的方法将两幅图像粗配准，限制位置偏差在一个较小范围内。在此基础上，对两幅图像进行轮廓选取及聚类分析，再对（Δx，Δy，Δr）的取值在人工限定范围内进行遍历搜索。搜索得到的互信息的最大值，对应（Δx，Δy，Δr）即为图像的最佳配准位置。

11.2.2　实验结果

1. 模拟配准测试

为检验算法的有效性，首先进行配准的模拟计算。选取一幅磁共振图像作为模板图像 g。对此图像做空间变换后，再施加一定的人工噪声，得到的图像作为浮动图像 f。然后对这两幅图像作配准。图 11.4 为一组图像配准前后对照。其中对图像 g 做空间变换（$\Delta x=-2$，$\Delta y=3$，$\Delta r=2.0$）后得到图像 f。图 11.4（c）和（d）中小圆圈代表聚类得到的形状特征点。

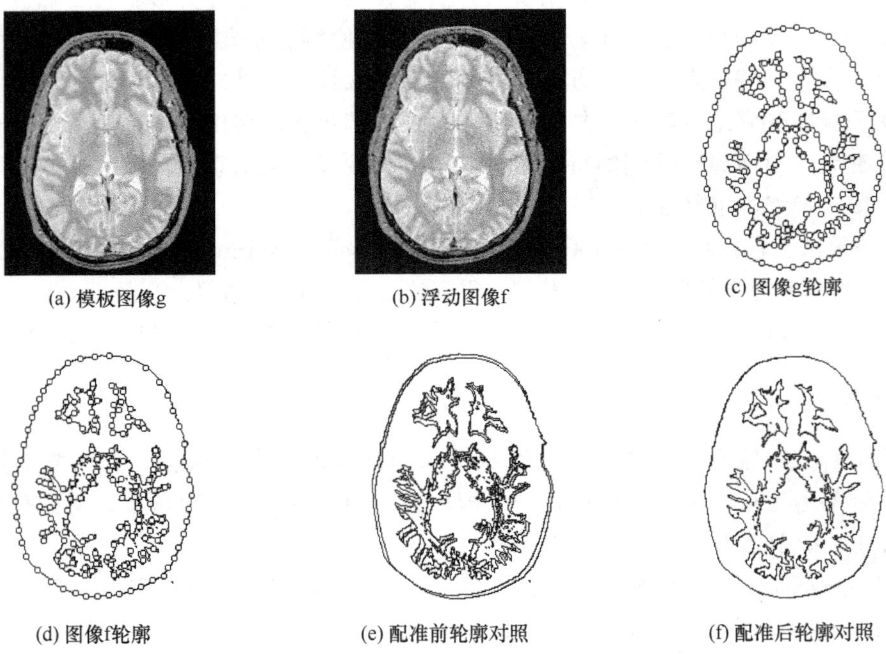

(a) 模板图像g　(b) 浮动图像f　(c) 图像g轮廓

(d) 图像f轮廓　(e) 配准前轮廓对照　(f) 配准后轮廓对照

图 11.4　配准过程图像

采用前述方法对 10 组 MRI 图像作配准，配准结果见表 11.1。

表 11.1　模拟测试结果

	误差均值	最大误差	中位数
Δx/像素	0.1	1	0
Δy/像素	0.2	1	0
Δr/°	0.5	1.0	0.5

2. 多模图像配准测试

为了检验形状特征点互信息在多模图像配准上的精度，我们采用美国 Vanderbilt 大学的“回顾性图像配准”项目的 CT-MRI 数据做测试。利用基于灰度互信息的配准结果作为标准。所得结果经 Vanderbilt 大学评估，精度达到亚像素级，具有可信性。

图 11.5 为一组已经配准的 CT-MRI 图像，以及采用本文形状特征点互信息法配准结果。

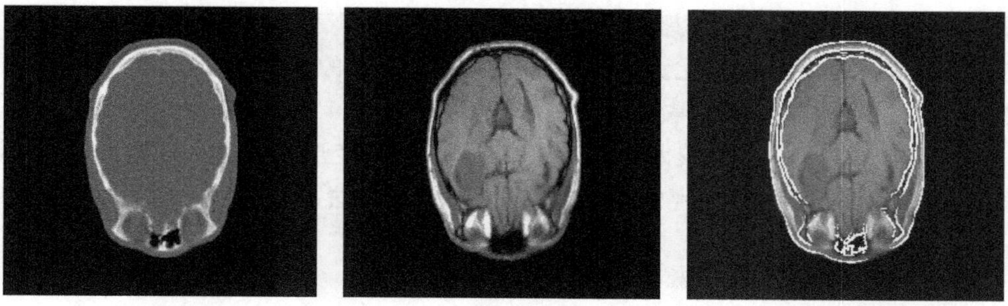

(a) CT图像　(b) MRI图像　(c) 形状特征点互信息法配准结果

图 11.5　MRI-CT 配准结果

对 8 组 CT-MRI 图像配准的结果如表 11.2 所示。

表 11.2　MRI-CT 测试结果

	误差均值	最大误差	中位数
Δx/像素	0.75	1	1
Δy/像素	0.75	2	1
Δr/°	2	3.0	2.0

从表 11.2 可见，将形状特征点互信息应用于多模图像的配准时，误差有所增大。这主要是因为，成像模式不同，所反映的信息也不同。例如，CT 成像主要反映骨组织信息，MRI 则主要反映软组织信息。这样，MRI 图像中某些软组织区域的轮廓在 CT 图像中难以找到对应区域。与灰度互信息相比，这是形状特征点互信息的一个不足。

另一方面，利用形状点互信息配准也有超越灰度互信息的方面。当需配准的图像只有形状信息，没有灰度信息时，灰度互信息便不再适用，但形状点互信息仍然适用。例如，将 MRI 图像向脑图谱的配准。

利用形状特征点的最大互信息配准，由于所用空间变换和互信息计算式是对若干个空间点的坐标直接进行，避免了对灰度图像做变换时的插值，因而具有计算量小，速度快的优点。同时，区域轮廓的人机交互选取，使得在配准过程中可以重点强调某些感兴趣区域，忽略无关干扰信息，确保配准精度。而优化过程中的人机交互，则大大缩短了配准时间，并避免了局部极值问题。

11.3 基于薄板样条的MRI图像与脑图谱的配准方法

为了将CT，MRI，PET或SPECT等断层扫描图像用于疾病的辅助诊断、放射治疗、手术计划和引导，就必须知道图像中感兴趣区（ROI）是什么解剖组织，即解决医学图像的解剖标识问题。

医生通常是从解剖书籍、图谱及自身经验来对ROI做出判断。这些书籍和图谱往往给出的是文字描述和有限数目的、固定位置和方向的断层图片，很难与病人的实际图像联系起来。对于缺乏临床经验的医生来说尤为困难。数字化三维人脑解剖图谱使医生对人脑深部组织全方位可视化。因此可以将其通过一定的空间变换，与MR体积数据集中的ROI进行比较，从而得到ROI的解剖标识。但是，没有两个人的大脑是完全一样的。人脑的解剖个体差异较大，这就要求利用非线性变形的方法。本节介绍通过薄板样条变换用Talirach脑图谱对MR图像做解剖标识的方法。

11.3.1 非线性形变方法

基于模型的变形（model-based warping）可分为基于点约束、线约束和面约束的变形。点约束方法的代表为Bookstein的薄板样条插值方法，Davis的三维弹性体样条等。线约束方法中，Declerck预先提取峰值线约束变形，用于自动图谱构建；Collins提取大脑三维沟回用于皮层表面配准。面约束方法的代表为Davatzikos提出的二维的活动轮廓法和三维的可变形表面模型法。

我们曾经尝试用Davatzikos的二维的活动轮廓法和三维的可变形表面模型法进行图谱的空间标准化。可变形表面如同一个弹性的布单，可以是闭合的，也可以是开放的。开始时将它放置于感兴趣的边界附近，在图像数据产生的外力和表面上点与点之间的弹性内力的共同作用下，可变形表面向着要提取的边界逐步靠近。经过数次变形之后，外力与内力的总和为零，可变形表面满足力的平衡方程，这时它已紧紧贴着所要提取的边界，变形终止。这一系列过程可以归纳为一个可变形表面算法，即Deformable Surface Algorithm（DFSA）。

控制变形的力的平衡方程如下

$$\beta(u,v)[X_{uu}(u,v)+X_{vv}(u,v)]+[1-\gamma(u,v)]\\\{c[X(u,v)]-X(u,v)\}+\gamma(u,v)N(u,v)=0 \tag{11.13}$$

其中，$X(u,v)=[x(u,v),y(u,v),z(u,v)]$表示可变形表面，$\beta(u,v)$是弹性内力的加权系数，质心力$F_1(X)=c(X)-X$是外力的一部分，法向力$\gamma(u,v)N(u,v)$是外力的另一部分。

利用可变形表面模型提取脑表面形态，对噪声有一定的鲁棒性。但是这种方法的结果在很大程度上依赖于预处理。预处理若能准确地将灰质与别的成分分离，那么运用该算法便能得到皮质中心层准确的参数化表示；如果预处理做得不够好，得到的中心层也就不够精确。因此，预处理是一个关键的步骤，对结果的准确性有重要的影响。而且，活动轮廓法和可变形表面法只是将感兴趣的表面做变形，不能产生适用于全体数据的映射关系。用这种方法，可将一个脑的表面向另一个脑的表面做变形，使之匹配，但脑内部的组织并不能同样地变形。

基于点的弹性变形配准法是一种几何变换的技术，可以改变图像点集的空间关系。能够引导图像配准的最简单的解剖特征是点标志，可以人工定义或自动确定。根据两个数据集的点标志的特定对应性可以推导出一个变形域，从而使所有数据产生对应。

这种方法的变形域是基于特定的规则函数最小的原则生成的，罚函数是变形域的不平滑度或不规则度的量度，不同的规则函数以不同的方式测量变形域的平滑性。所有的规则函数都包含导数。使用记号

$$\partial_{ij}u = \frac{\partial^2 u}{\partial x_i \partial x_j} \tag{11.14}$$

对几种样条：膜样条（memb），弹性体样条（elas）和散度-旋度样条（div-curl），其变形函数分别为下面几个不规则化测度的最小化

$$J_{\text{memb}}(u) = \int [(\partial_1 u_1)^2 + (\partial_1 u_2)^2 + (\partial_2 u_1)^2 + (\partial_2 u_2)^2] dx_1 dx_2 \tag{11.15}$$

$$J_{\text{elas}}(u) = \int \sum_{i=1\text{to}2} \sum_{j=1\text{to}2} \left[(\frac{\lambda}{2}(\partial_i u_i)(\partial_j u_j) + \left(\frac{\mu}{4}\right)((\partial_i u_i) + (\partial_j u_j))^2 \right] dx_1 dx_2 \tag{11.16}$$

$$J_{\text{div-curl}}(u) = \int [\lambda \| \nabla DIVu \|^2 + \mu \| \nabla CURLu \|^2] dx_1 dx_2 \tag{11.17}$$

二维变形域的薄板样的罚函数为

$$J_{\text{thin-plate}}(u) = \int_{R^2} [(\partial_{11}u)^2 + 2(\partial_{12}u)^2 + (\partial_{22}u)^2] dx_1 dx_2 \tag{11.18}$$

一旦确定变形所需的样条类型，公式（11.19）就可用来确定如何从点集$\{x_i\}$插值出二维平面或三维形体

$$u(x) = p_{m-1}(x) + \sum_i w_i G(x - x_i) \tag{11.19}$$

其中，$p_{m-1}(x)$是$m-1$阶多项式，m是规则化函数中的导数的阶数，G是基函数，其形式依赖于所采用的样条类型。系数w_i由解线性方程组得到。在薄板样条二维和三维中G分别为$r^2 \ln r^2$和r，在三维体样条中为r^3，在三维弹性体样条中为3×3矩阵$[\alpha r^2 I - 3XX^T]r$。

11.3.2 薄板样条方法

我们采用一种基于点的非线性变换方法——薄板样条法，将 Talairach 脑图像的边缘和解剖标志点变换到 MR 图像中，产生比较准确的映射关系。薄板样条是用于对分散点数据集插值得到曲面的工具，是弹性插值，它将插值问题模拟为一个薄金属板在点约束下的弯曲变形，用简练的代数式表示变形的能量。薄板样条是这样得到的。

$$z(x,y) = -U(r) = -r^2 \log r^2 \tag{11.20}$$

该方程的解为

$$\Delta^2 U = \left(\frac{\partial^2}{\partial x^2} + \frac{\partial^2}{\partial y^2}\right)^2 U \tag{11.21}$$

其中，$r = \sqrt{x^2 + y^2}$。

函数$U(r)$是构建薄板样条的基函数，可以看作是大家熟悉的一维三次样条函数

$|x^3|$ 自然扩展到二维的结果。

假设有一个二维点集，$(x_1,y_1),(x_2,y_2),\cdots,(x_n,y_n)$，我们称之为标志点，要使金属板在点 (x_i,y_i) 处高度为 z_i。附加约束为该板具有最小弯曲能量，也就是说，如果用函数 $f(x,y)$ 描述薄板，$f(x,y)$ 必须使与点约束相关的积分 I_f 值为最小

$$I_f = \iint_{R^2} \left(\frac{\partial^2 f}{\partial x^2}\right)^2 + 2\left(\frac{\partial^2 f}{\partial x \partial y}\right)^2 + \left(\frac{\partial^2 f}{\partial y^2}\right)^2 \mathrm{d}x\mathrm{d}y \tag{11.22}$$

令 $P_i = (x_i,y_i), i = 1,2,\cdots,n$

$r_{i,j} = |P_i - P_j|$，为点 P_i 和点 P_j 的欧几里德距离。

定义 $n\times n$ 矩阵

$$\boldsymbol{K} = \begin{bmatrix} 0 & U(r_{12}) & \cdots & U(r_{1n}) \\ U(r_{21}) & 0 & \cdots & U(r_{2n}) \\ \vdots & \vdots & \ddots & \vdots \\ U(r_{n1}) & U(r_{n2}) & \cdots & 0 \end{bmatrix} \tag{11.23}$$

及 $n\times 3$ 矩阵

$$\boldsymbol{P} = \begin{bmatrix} 1 & x_1 & y_1 \\ 1 & x_2 & y_2 \\ \vdots & \vdots & \vdots \\ 1 & x_n & y_n \end{bmatrix} \tag{11.24}$$

及 $(n+3)\times(n+3)$ 矩阵 $\boldsymbol{L}$

$$\boldsymbol{L} = \begin{bmatrix} K & P \\ P' & \boldsymbol{0} \end{bmatrix} \tag{11.25}$$

其中，0 代表 3×3 的零矩阵，P^T 是 P 的转置。

想使金属板在点 (x_i, y_i) 处高度为 z_i，因而构建行矢量 $\boldsymbol{V} = (z_1,z_2,\cdots,z_n)$ 和列矢量 $\boldsymbol{Y} = (V \quad 0 \quad 0 \quad 0)'$，维数为 $(n+3)\times 1$。

通过下式定义列矢量 $\boldsymbol{W} = (w_1,w_2,\cdots,w_n)$ 和系数 a_1，a_x，a_y

$$\boldsymbol{L}^{-1}Y = (\boldsymbol{W} \mid a_1 \quad a_x \quad a_y)^T \tag{11.26}$$

根据以上定义得到要求的函数为

$$f(x,y) = a_1 + a_x x + a_y y + \sum_{i=1}^{n} w_i U(|P_i - (x,y)|) \tag{11.27}$$

该函数满足了 3 个约束条件：

1）对于所有 i，有 $f(x_i,y_i) = z_i$。

2）函数 f 使积分 I_f 最小。

3）I_f 同 $\boldsymbol{WKW}^T = \boldsymbol{V}(\boldsymbol{L}_n^{-1}\boldsymbol{KL}_n^{-1})V^T$ 成比例。只有在 $\boldsymbol{W}$ 的所有分量都为 0 时积分值为 0，这种情况下，样条函数 $f(x,y) = a_1 + a_x x + a_y y$。

图 11.6 是薄板样条变换的示例。其中，图（a）代表原始格点图及 5 个标志点；图（b）和图（c）代表图（a）的两种弹性变形，图中小十字为标志点。

11.3.3 实验结果

1. 数据来源

图谱中采用加拿大蒙特利尔神经研究所（MNI）的 MR 数据。此数据为 T1 加权梯

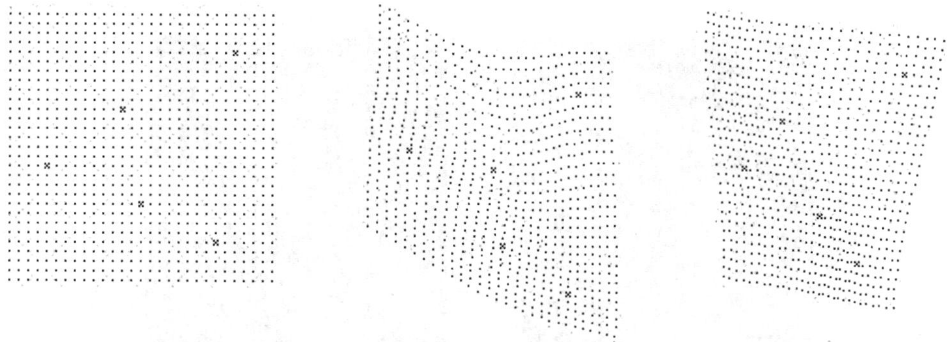

(a) 原始格点图及标志点　　(b) 图(a)的弹性变形之一　　(c) 图 (a) 弹性变形之二

图 11.6　薄板样条变换的示例

度回波成像，TR＝18ms，TE＝10ms，FA＝30°，对同一个人在不同时间的 27 次扫描图像做配准，经采样和灰度平均，得到高分辨、高信噪比的图像。体数据集尺寸为 181×217×181，层厚为 1mm。

此外，采用中国男子、女子正常头部数据各一，仪器为 GE Signa（1.5T），扫描方式为 spoiled GRASS（SPGR），T1 加权梯度回波成像。分别用数据 1、数据 2 代表。数据 1 的扫描参数为 TR/TE/FA＝13.5ms/4.0ms/15°，体数据集尺寸为 256×256×124，层厚为 1mm。数据 2 的扫描参数为 TR/TE/FA＝13.3ms/4.2ms/15°，体数据集尺寸为 256×256×124，层厚为 1.5mm。经格式转换、归一化、插值、对比度增强等步骤后，再构建体数据集，成为 256×256×186 的数据集。

2. *薄板样条变换结果*

图 11.7 的 Talairach 标准图谱与 MR 图像在大小和形状上有很大差异，经薄板样条弹性变换使二者对准，将 Talairach 标准图谱中的脑边缘和绿色标志点加到图像中。图中由上至下分别为轴状面、矢状面和冠状面。左图为直接叠加图，右图为薄板样条变换图。

在变换前，对 Talairach 图谱做预处理，提取边缘和标志点。将它与 MR 图像相应层片对照，人工定义一组（10 个左右）对应点，以这些点的对应关系为约束进行薄板样条变换，使 Talairach 图谱扭曲变形，叠加到 MR 图像中。

为使扭曲变形的结果便于观察，我们在图像中定义了一系列网格，并对之同时应用变形函数。从图中可以看出，网格线发生扭曲变形，Talairach 图谱和 MR 图像之间产生较好的对应。图 11.8 是对 301 医院提供的中国人 MR 图像实验的结果。

通过薄板样条变换可以将 Talairach 图谱映射到 MR 图像空间，实现图像空间的标准化。这种方法实现过程简单，运算时间短，映射结果较准确。与 Davatzikos 的活动轮廓法和可变形表面模型法相比，这两种方法仅仅产生脑表面点的变形与对应，而薄板样条法则能产生适用于所有点的多参数的映射函数。由于 Talairach 图谱中，各解剖组织均有明确的标识，其代表点映射到 MR 图像空间后，对应点所在区域即是相应解剖结构。

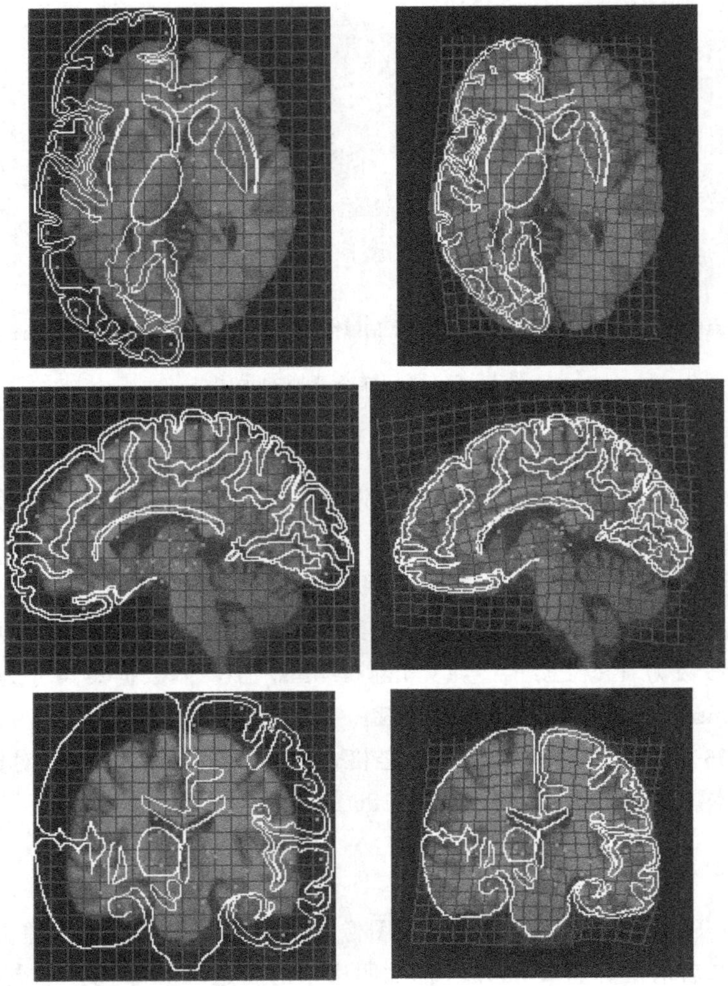

图 11.7　MNI 数据与 Talairach 图谱的映射

薄板样条弹性变换过程中，需要人工设置标志点，利用两组标志点的对应关系来控制变形。

那么，手工选择标志点对变换结果究竟有多大影响呢？为定量考察人工选取对结果的影响，我们做了如下的实验：对 Talairach 图谱图像（包括横断面、冠状面和矢状面图像）与 MR 图像上，按对应关系每一对图分别取五种不同的标志点集，进行薄板样条变换。以 Talairach 图谱中的绿色解剖点作为测量点，对这些点变换后的解剖位置进行记录和统计，求得所有点的标准差平均值和最大值。此外，为了比较不同操作者手工选点的差异，还由不同人手工取五组点，以相同方法记录结果，并还对 10 组结果求标准差平均值和最大值。表 11.3～表 11.5 分别给出对轴状面、冠状面与矢状面的测试结果。结果表明，只要对脑的解剖结构有初步的了解，并能仔细地选点，不同人所做的结果相差不大，说明此方法具有一定的稳健性。

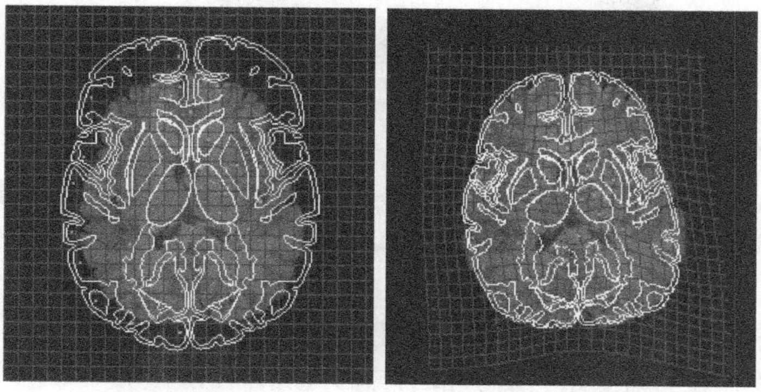

(a)直接叠加图　　(b)薄板样条变换图

图 11.8　301 医院数据与 Talairach 图谱的映射

表 11.3　手工选择标志点对变换结果的影响（轴状面）

轴状面	前 5 次标准差		后 5 次标准差		10 次标准差	
	平均值	最大值	平均值	最大值	平均值	最大值
X 坐标	1.10	2.79	1.03	3.60	1.24	2.75
Y 坐标	0.94	2.06	1.10	2.48	1.16	2.24

表 11.4　手工选择标志点对变换结果的影响（冠状面）

冠状面	前 5 次标准差		后 5 次标准差		10 次标准差	
	平均值	最大值	平均值	最大值	平均值	最大值
X 坐标	0.89	1.74	0.89	3.26	0.99	2.58
Y 坐标	0.88	3.19	1.84	3.79	1.86	3.11

表 11.5　手工选择标志点对变换结果的影响（矢状面）

矢状面	前 5 次标准差		后 5 次标准差		10 次标准差	
	平均值	最大值	平均值	最大值	平均值	最大值
X 坐标	1.52	3.29	1.11	4.80	2.18	4.71
Y 坐标	1.76	4.27	1.32	4.07	2.04	3.66

由于不同人脑解剖的差异，不可能，也没必要寻求某种变换实现不同人脑，或病人脑图像与标准脑图谱中所有组织形状、大小及空间位置的完全一致。临床应用，包括疾病的辅助诊断和治疗，手术的计划与引导，只要能够对医学图像中解剖结构正确标识就达到目的了。

对全部实验，包括 VHP 数据和德克萨斯州立大学医学院肿瘤研究中心的彩色切片数据，应用本文介绍的薄板样条变换方法，均获得较好实验结果。并且，二维薄板样条，很容易扩展到三维，只要将公式中的 $r^2\ln r^2$ 变为 $|r|$ 即可。综上所述，薄板样条变换提供了一个使图谱与图像、图像与图像之间产生非线性映射的很好的方法，可作为标准模板引导图像分割和图像配准应用的工具。

11.4 图像信息融合技术

图像融合是将两幅图像中信息综合到一幅图像中并以可视化方法显示技术。图像融合的前提是两幅图像已经较好的配准。只有两幅图像中同一空间位置的像素都对应相同的解剖结构，融合起来的图像才有意义。通常被融合的图像可能具有下述性质：

- 在一幅图像中出现的特征，在另一幅图像中没有；
- 感兴趣物体在两幅图像中具有相同信息，但不同的对比度；
- 两幅图像的动态范围不同，或分辨不同；
- 图像存在噪声或局部信息缺失；
- 要求融合的图像视觉效果好，看上去自然。

常用的图像融合方法有如下几种。

1. 基于分割的图像融合

从一幅图像中分割出感兴趣部分，将其嵌入到另一幅图像中形成融合的图像。设 $g_1(x,y)$ 和 $g_2(x,y)$ 为待融合的图像，$f(x,y)$ 为融合后的图像，此方法可表示为

$$f(x,y)=\begin{cases}g_2(x,y) & (x,y)\in ROI\\ g_1(x,y) & (x,y)\notin ROI\end{cases} \tag{11.28}$$

其中，ROI 为感兴趣区。

2. 加权平均法

将两幅图像中对应像素的数值各乘以一个权系数再相加得到融合的图像。设一幅图像的权系数为 α，则融合图像为

$$f(x,y)=\alpha g_1(x,y)+(1-\alpha)g_2(x,y) \tag{11.29}$$

权系数 α 满足 $0\leqslant\alpha\leqslant1$。

3. Toet 法

首先计算两幅图像对应像素值较小的部分

$$g_m(x,y)=\min\{g_1(x,y),g_2(x,y)\} \tag{11.30}$$

令

$$g_1^*(x,y)=g_1(x,y)-g_m(x,y) \tag{11.31}$$

$$g_2^*(x,y)=g_2(x,y)-g_m(x,y) \tag{11.32}$$

则融合图像为

$$f=\alpha(g_1-g_2^*)+\beta(g_2-g_1^*)+\gamma(g_2^*-g_1^*) \tag{11.33}$$

4. 对比度调制法

基本思想是利用一幅图像中所包含的图像细节信息，提取其对比度，用以调制另一幅图像的灰度分布以达到图像融合的目的。具体步骤如下。

第 1 步：提取图像 g_1 的对比度

$$c(x,y)=\frac{g_1(x,y)-\widetilde{g}_1(x,y)}{\widetilde{g}_1(x,y)} \tag{11.34}$$

其中，$\widetilde{g}_1(x,y)$ 是 $g_1(x,y)$ 的低通滤波图像。$c(x,y)$ 是局域对比度。

第 2 步：计算归一化对比度

$$c_N(x,y)=\frac{c(x,y)-\min[c(x,y)]}{\max[c(x,y)]-\min[c(x,y)]} \tag{11.35}$$

第 3 步：调制，将归一化对比度 $c_N(x,y)$ 乘以图像 $g_2(x,y)$ 得到融合图像

$$f(x,y)=c_N(x,y)\cdot g_2(x,y) \tag{11.36}$$

第 4 步：按灰度范围重新归一化，得到最后的融合图像

$$f_N(x,y)=\frac{f(x,y)-\min[f(x,y)]}{\max[f(x,y)]-\min[f(x,y)]} \tag{11.37}$$

5. 小波变换融合法

小波变换是一种正交变换，其基本原理是对原始图像进行分解，形成原始图像的低频子图像 LL，行高频、列低频子图像 HL，行低频、列高频子图像 LH，以及对角线方向高频子图像 HH。然后再对子图像分解得到 LL2、HL2、LH2 及 HH2，依此多层分解。设图像 $g_1(x,y)$ 和 $g_2(x,y)$ 的小波分解系数分别为 $G_1(x,y)$ 和 $G_2(x,y)$，则融合图像对应的系数为

$$F(i,j)=\begin{cases}G_1(i,j) & |G_1(i,j)|>|G_2(i,j)| \\ G_2(i,j) & \text{其他}\end{cases} \tag{11.38}$$

对 $F(i,j)$ 做小波逆变换，得到融合图像 $f(x,y)$。

对不同频带子图像的小波系数进行组合构成融合图像的小波系数，以便反映不同频率分辨的图像细节信息，有助于增强局部特征的图像信息融合。

参考文献

王海晖，彭嘉雄，吴巍. 2002. 基于小波包变换的遥感图像融合. 中国图像图形学报，7A (9)：932—937.

张二虎，卞正中. 2002. 医学图像信息融合方法的研究. 中国医疗器械杂志，26 (5)：356—358.

周永新，罗述谦. 2002. 基于形状特征点最大互信息的医学图像配准. 计算机辅助设计与图形学学报，14 (7)：654—658.

周永新，罗述谦. 2002. 一种人机交互式快速脑图像配准系统. 北京生物医学工程，21 (1)：11—14.

Brian C Porter，Deborah J Rubens，John G Strang，et al. 2001. Three-Dimensional Registration and Fusion of Ultrasound and MRI Using Major Vessels as Fiducial Markers. IEEE Transactions On Medical Imaging，20 (4)：354—359.

H J Johnson，G E Christensen. 2002. Consistent Landmark and Intensity-Based Image Registration. IEEE Transactions On Medical Imaging，21 (5)：450—461.

Jay West，J Michael Fitzpatrick，Matthew Y Wang，et al. 1999. Retrospective Intermodality Registration Techniques for Images of the Head：Surface-Based Versus Volume-Based. IEEE Transactions On Medical Imaging，18 (2)：144—150.

Josien P W Pluim，J B Antoine Maintz，Max A Viergever. 2000. Image Registration by Maximization of Combined Mutual Information and Gradient Information. IEEE Transactions On Medical Imaging，19 (8)：809—814.

K Rohr, H S Stiehl, R Sprengel, T M Buzug, et al. 2001. Landmark-Based Elastic Registration Using Approximating Thin-Plate Splines. IEEE Transactions On Medical Imaging, 20 (6): 526—534.

Stelios K Kyriacou, Christos Davatzikos, S James Zinreich, R Nick Bryan. 1999. Nonlinear Elastic Registration of Brain Images with Tumor Pathology Uning a Biomechanical Model. IEEE Transactions On Medical Imaging, 18 (7):580—592.

Xavier Pennec, Nicholas Ayache, Jean-Philippe Thirion. 2000. Landmark-Based REGISTRATION Using Features Identified Through Differential Geometry. Handbook of Medical Imaging Processing and Analysis. Academic Press: 499—514.

第 12 章　图像可视化方法应用

12.1　形态插值技术

在医学图像应用中，人体的组成部分经常是用一组平行的图像层片表示的。这些层片可以是获取的 MRI，CT 图像，也可以是机械加工或显微镜获取并数字化的图像层片。在大多数情况下，层片内部相邻像素间的距离要小于两个临近层片的片间距。为精确描述体积细节和提高可视化质量就需要在已有层片间做层间数据插值，得到附加的新层片。在稀疏数据集中插值是医学图像处理和精确重建的重要研究内容。

从稀疏数据集重建物体的插值技术主要有两大类：灰度插值和基于形状的插值。灰度插值包括最近邻法、样条插值、线性或多项式插值，已在第 2.7 节中详细介绍了。本节介绍基于形状的插值。

12.1.1　基于形状的形态插值

基于形状的插值算法通常使用二值图像。这些算法考虑从物体图像提取的形状特征，计算每个像素到物体边界的距离函数。本节介绍一种用二值形态变形（binary morphological morphing）的插值方法。通过将膨胀和腐蚀等形态运算结合起来实现相邻层片的形态变换。反复对新生成的内插层片进行这种形态变换直到得到合适的物体形状为止。

用集合 P 和 Q 表示 n 维空间 E 的两个形状。形状变形（shape morphing）是构造这两个形状间渐变的数据集序列的技术。

最简单的形态运算就是膨胀和腐蚀，分别对应 Minkowski 的集合加和减。根据 4.6.1 节介绍的移位法，用结构元 B 对集合 P 的膨胀运算是

$$P \oplus B = \bigcup_{b \in B} P_b \tag{12.1}$$

P_b 是中心与集合 P 的元素对正的结构元。

用结构元 B 对集合 P 的腐蚀运算是

$$P \Theta B = \bigcap_{b \in B} P_b \tag{12.2}$$

最常用的结构元是 n 维基本小球。用此基本小球做膨胀运算，相当于使物体扩展均匀的一层，腐蚀运算则使物体剥去均匀的一层。

设

$$p' \in P \quad q \in Q$$

令 $P^c = E - P$，是集合 P 的补集或背景，$w: p' \to p$ 是使集合 P 和 Q 对齐的变换，即

$$\{\exists (p_m, q_m) \mid p_m \in P, q_m \in Q\} \tag{12.3}$$

定义 P 的边界

$$C_p = \{c \mid c \in P, \exists c_1 \in P^c, c_1 \in N_B(c)\} \tag{12.4}$$

式中，$N_B(c)$ 是元素 c 的邻域，大小、形状与结构元素 B 相同。变形的渐变过程中，根

据 C_p 与 Q 的相互关系有三种不同的情况：

1）一个集合的边界与另一集合的内部对应。在此情况下，用结构元素对边界作膨胀运算，即

如果

$$p_m \in C_P \wedge q_m \in Q - C_Q \tag{12.5}$$

于是

$$p_m \oplus B_1$$

式中，B_1 是结构元素，C_Q 是 Q 的边界。

2）一个集合的边界与另一集合的背景对应。在此情况下，用结构元素对边界作腐蚀运算，即

如果

$$p_m \in C_P \wedge q_m \in Q^C \tag{12.6}$$

于是

$$p_m \Theta B_1$$

3）对应元素已经在另一集合的边界上，则无须修正。

如果

$$p_m \in C_P \wedge q_m \in C_Q \tag{12.7}$$

于是

不改变

基于上述三种情况，定义依据集合 Q，用结构元素 B_1 的集合 P 的变形变换

$$f(P \mid Q, B_1) = [(P\Theta B_1) \cup ((P \cap Q) \oplus B_1)] \cap (P \cup Q) \tag{12.8}$$

类似地，定义依据集合 P，用结构元素 B_2 的集合 Q 的变形变换

$$f(Q \mid P, B_2) = [(Q\Theta B_2) \cup ((Q \cap P) \oplus B_2)] \cap (P \cup Q) \tag{12.9}$$

根据这些变换，交集 $P \cap Q$ 始终存在，变形变换最后生成 $P \cup Q$ 的一个子集。

有一种特例是，一个集合的腐蚀包含另一个集合的膨胀

$$(P\Theta B_1) \supset (Q \oplus B_2) \tag{12.10}$$

此时，式（12.8）和式（12.9）简化为

$$f(P \mid Q, B_1) = P\Theta B_1 \tag{12.11}$$

$$f(Q \mid P, B_2) = Q \oplus B_2 \tag{12.12}$$

该形态变换的例子如图 12.1（a）所示。

另一种情况是，集合 P 和集合 Q 都包含不属于对方的一部分，即

$$P - Q \neq \varnothing \wedge Q - P \neq \varnothing$$

这种形态变换的例子如图 12.1（b）所示。

经过这样一组形态变换，两个形状的结构和大小都彼此接近些。为了定量估算二者的相似度，定义一个形状距离

$$d(f(P \mid Q, B(R)), P) = -d(f(Q \mid P, B(R)), Q) = R \tag{12.13}$$

结构元素 $B(R)$ 是半径为 R 的小球。

一般说来

$$d(P, Q) \neq d(Q, P) \tag{12.14}$$

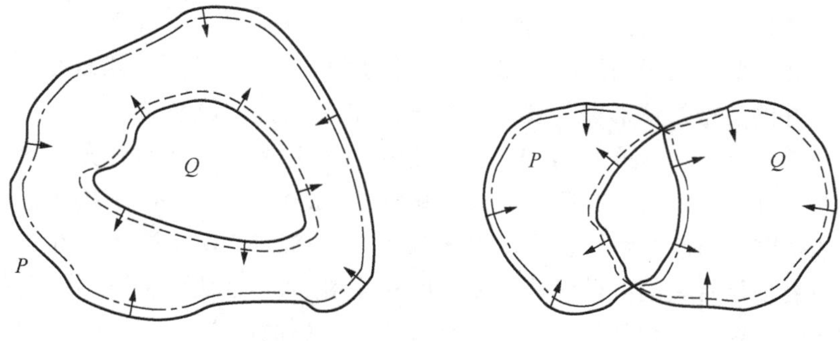

(a) $(P\Theta B_1)\supset(Q\oplus B_2)$　　(b) $P-Q\neq\varnothing\wedge P-Q\neq\varnothing$

说明：虚线是公式（12.9）变形结果，点划线是公式（12.8）变形结果，箭头表示膨胀和腐蚀的方向。

图 12.1　形态变换示例

要从两个间隙较大的层片插值，须反复重复式（12.8）和式（12.9）的形态变换，直到两个变形后的集合中全部边界点都满足式（12.7）为止。如果此时经过的重复次数是 t_1 的话，则有

$$d(f_{t1}(P\mid Q),f_{t1}(Q\mid P))=0 \tag{12.15}$$

设得到的中间插值层片是 $\hat{M}$，显然有

$$d(P,\hat{M})=-d(Q,\hat{M}) \tag{12.16}$$

两个形状差异较大的集合分别如图 12.2（a）和（b）所示。一个是方形套圆形，另一个是圆形套方形。二者的差值图像如图 12.2（c）所示。使用小球结构元素（图 12.3），图 12.2（d）是插值结果。总共经过 5 次形态变换。即

$$d(P,\hat{M})=-d(Q,\hat{M})=5$$

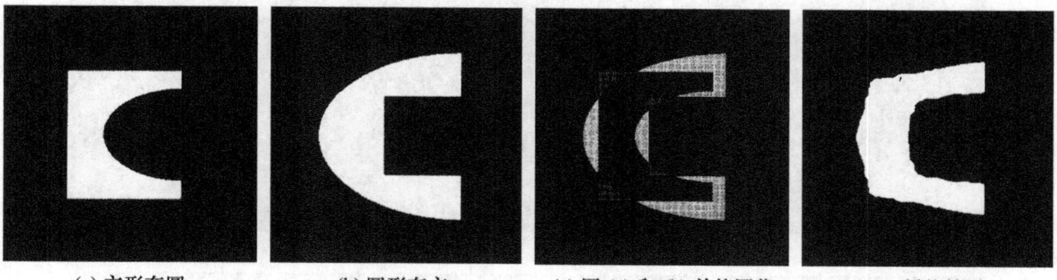

(a) 方形套圆　(b) 圆形套方　(c) 图 (a) 和 (b) 差值图像　(d) 插值结果

图 12.2　两个集合的基于形状插值

以上我们都是假设在两个层片中做等距离插值。实际上也可以根据先验知识使新层片距其中某个层片近些，而距另一个层片远些。这可对不太像的层片用大一些的结构元素腐蚀或膨胀，或使用相同结构元素对该层片多做几次形态变换。因此，形状距离比为

$$\frac{|\,\mathrm{d}(P,\hat{M},B_1)\,|}{|\,\mathrm{d}(Q,\hat{M},B_2)\,|}=\frac{k_1}{k_2} \tag{12.17}$$

若结构元素的半径分别是 R_{B1} 和 R_{B2}，则

$$\frac{R_{B1}}{R_{B2}}=\frac{k_1}{k_2} \tag{12.18}$$

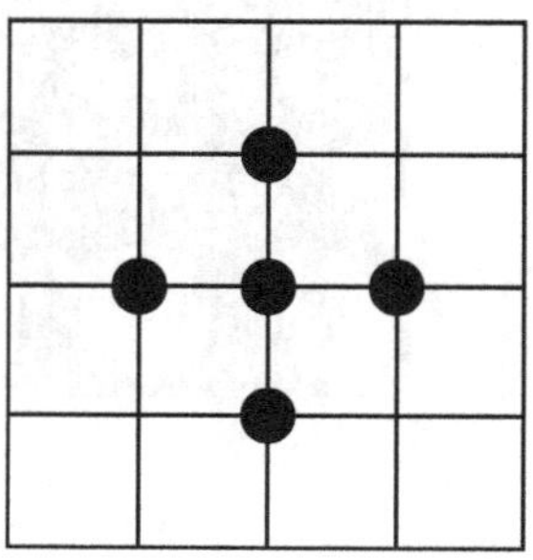

图 12.3　图 12.2 形状变形使用的结构元素

假设某个物体有 N 个层片，分别标记为 P_0，P_1，…，P_{N-1}。于是可以采用上述的基于形状插值，在每两个相邻的层片之间得到一个新的层片。新旧层片组合起来就可以重建可视化效果更好的三维物体形象。如果重复 K 次，每两片间就有 2^K-1 新层片，总共有 $(N-1)(2^K-1)$ 个层片。图 12.4 是经过图像分割，并在层片之间对齐的牙齿切片断层图像。分别是门牙、前臼齿（有两个牙根）和臼齿（3 个牙根）。每组 21 个层片。在相邻层片做 4 次形状变形插值之后，总共有 $21\times(2^4-1)+22=337$ 个层片。图 12.5 是部分插值层片，可以看出层片之间的形状是逐渐过度的。图 12.6 是从两种不同的角度观察的牙齿三维重建图像。左面一列是门牙，中间是有两个牙根的臼齿，右面是 3 个牙根的臼齿。这样复杂的外观显然不能从 21 片断层图像重建，基于形状的插值较好地解决了这个问题。

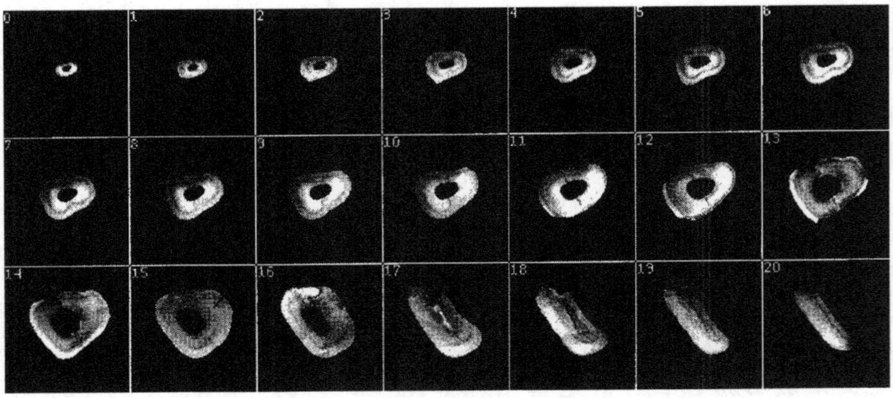

(a) 门牙

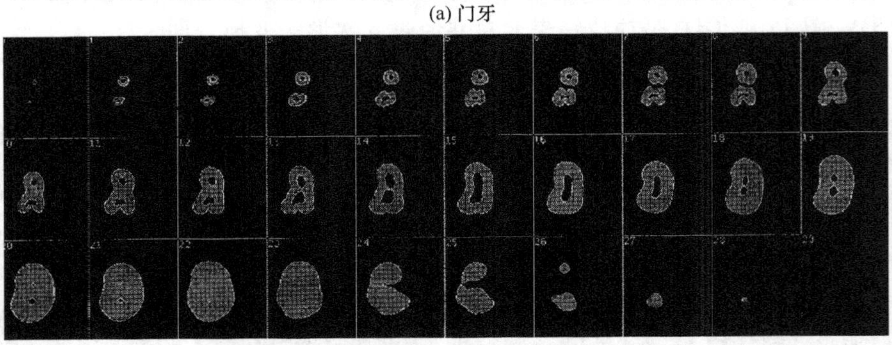

(b) 前臼齿

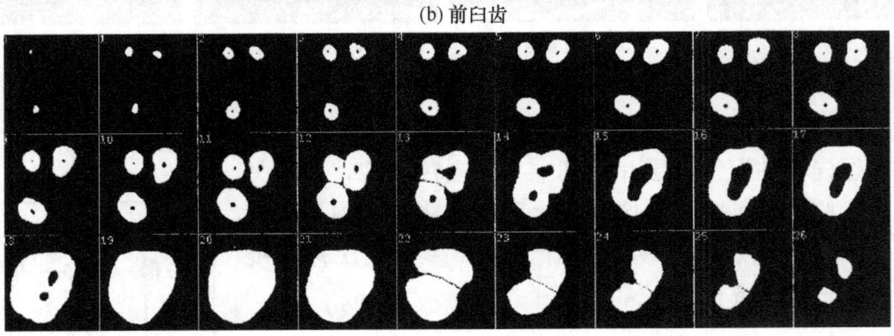

(c) 臼齿

图 12.4　分割并对齐的牙齿切片

为了定量地比较不同插值方法的性能，需要定义一个测度。设 P_i，P_{i+1} 和 P_{i+2} 是 3 个连续的原图像层片，$\hat{P}_{i+1}$ 是用 P_i 和 P_{i+2} 插值得到的层片

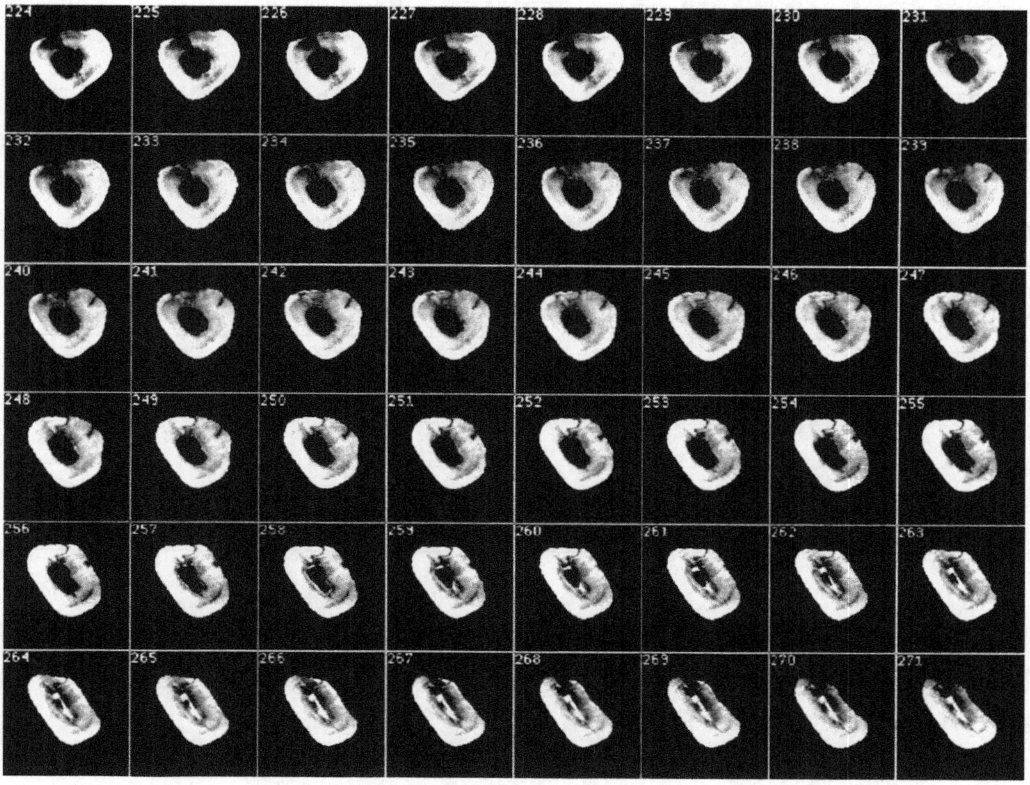

图 12.5 门牙的部分插值层片图像

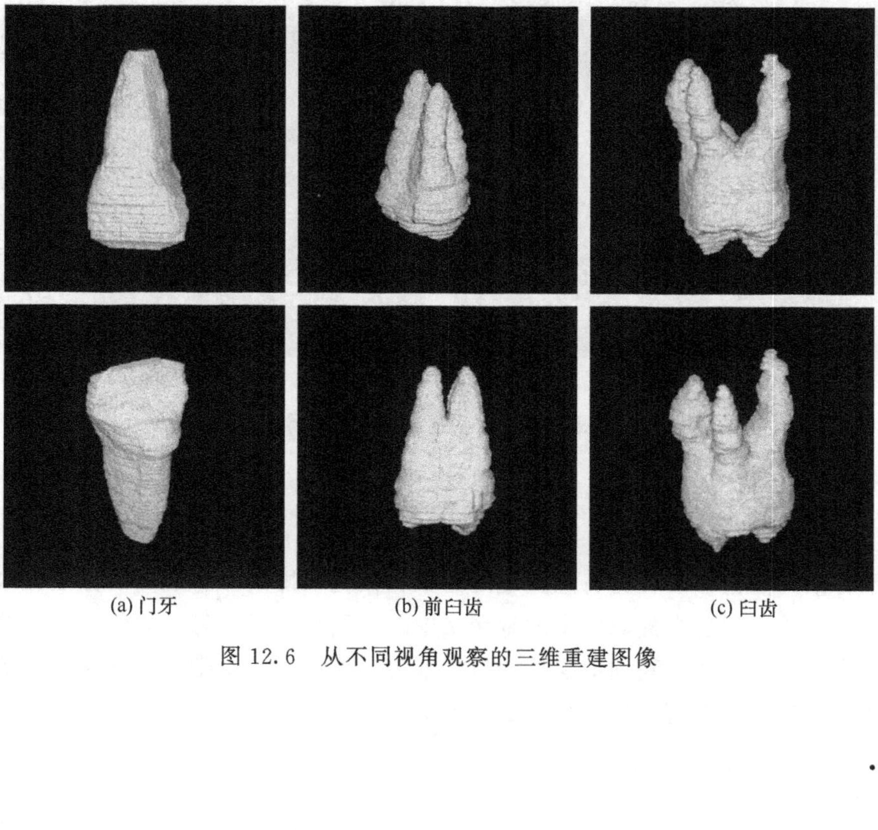

(a) 门牙　　(b) 前臼齿　　(c) 臼齿

图 12.6 从不同视角观察的三维重建图像

$$R_0 = \frac{|Y(\hat{P}_{i+2}, P_i)|}{|P_i|} \times 100\% \tag{12.19}$$

$$R_1 = \frac{|Y(\hat{P}_{i+1}, P_{i+1})|}{|P_{i+1}|} \times 100\% \tag{12.20}$$

R_0 是未做片间插值时两层片间像素差异的百分比，R_1 则是插值后新层片与真实原层片像素差异（即误算）的百分比。这两个参数结合起来可以作为层间插值方法性能测度。表 12.1 列出门牙三维重建所用两种不同插值方法性能的定量比较。

表 12.1　门牙三维重建所用两种不同插值方法性能的定量比较

层片号（i，$i+1$，$i+2$）	R_0	R_1（形态变形）	R_1（线性内插）
4，5，6	62.9	5.9	11.93
10，11，12	26.8	6.84	9.46
18，19，20	27.2	7.5	14.28
整个体数据平均	51.5	9.25	11.46

可见，基于形状的形态插值在局部和整体性能方面都优于线性插值。与没有插值时的大间隙层片相比，形态插值起到使层片形状渐变的作用。依据线性插值和形态插值重建的门牙三维图像如图 12.7 所示，后者有更好的重建效果。

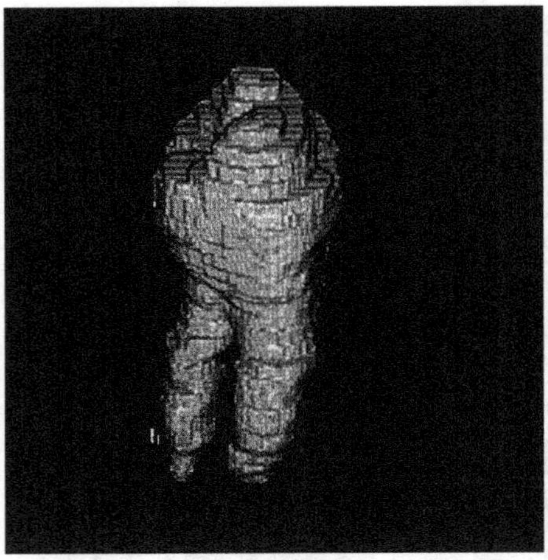

(a) 线性内插

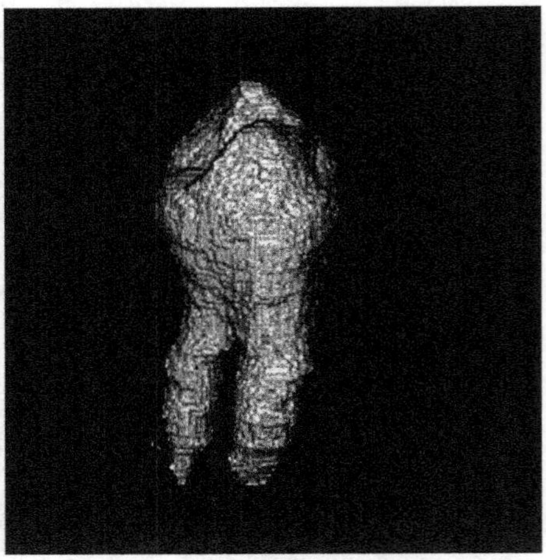

(b) 形状内插

图 12.7　臼齿的三维重建图像

12.1.2　基于形态骨架的二值图像插值

基于骨架的插值方法首先将感兴趣的对象骨架化，即用形态运算的方法提取该对象的骨架，再对相邻两层中提取出来的骨架做中间一层或多层的骨架插值，最后对插值得到的骨架重建，得到各个新插值层片的目标形态。下面介绍基于形态骨架插值的一般方法及存在多分支或孔洞情况下的特殊插值方法。

1. 形态骨架插值方法

令 O_k 与 O_{k+1} 物体 O 表现在两个连续层片 k，$k+1$ 中的对象集合，现在要在这两个层片中插值 L 层。该物体在各新层片中表现为 $O_{k,1}$，$O_{k,2}$，…，$O_{k,L}$。

形态骨架插值（Morphological Skeleton Interpolation，MSI）算法的基本步骤如下。

第 1 步：对象骨架化。对体数据的每个层片都提取骨架。在二维图像中一个对象 O_k 的骨架 $S(r)$ 可以由下式提取

$$S(r) = (O_k \Theta rB) \setminus [(O_k \Theta rB) \circ B] \tag{12.21}$$

式中，$O \circ B$ 是对象 O 用结构元素 B 的开运算；$X \setminus Y$ 是集合差；$rB = B \oplus B \cdots \oplus B$，$r$ 次相同运算。

第 2 步：骨架匹配。将每个层片中的骨架看作三维空间点的集合 S_k，寻找使两个连续层片 k，$k+1$ 中的骨架对应的空间变换 T。即

$$S'_{k+1} = T_{k,k+1}(S_k) \tag{12.22}$$

$$S'_k = T_{k+1,k}(S_{k+1}) \tag{12.23}$$

可以采用任何适宜的匹配步骤，例如迭代最近点法（ICP）。

空间变换包括在 x，y 图像层面内的平移和旋转。沿垂直方向的平移意味尺度变换。所以骨架匹配同时得到平移、旋转和尺度变换参数。

第 3 步：插值变换计算。设在这两个层片中插值 L 层。$l=1$ 是最靠近层片 k 的新层片，$l=L$ 是最靠近层片 $k+1$ 的新层片。上一步得到的空间变换是层片 k 与层片 $k+1$ 间的变换参数。对于各插值层片要按它们距离这两层的远近，按一个分数值对空间变换参数折算。如果这 L 个插值层片是等间距分布的，可将平移、旋转等参数乘以相应因子得到各个层片的到原来两层的变换参数。

$$T_{k,k+1,l} = T_{k,k+1}\frac{l}{L+1} \tag{12.24}$$

$$T_{k+1,k,l} = T_{k+1,k}\frac{L+1-l}{L+1} \tag{12.25}$$

第 4 步：骨架修正。应用这两个公式计算 O_k 与 O_{k+1} 在插值层片中的骨架。

$$S_{k,k+1,l} = T_{k,k+1,l}(S_k) \tag{12.26}$$

$$S_{k+1,k,l} = T_{k+1,k,l}(S_{k+1}) \tag{12.27}$$

将较大对象对应的骨架点按该层片与相应参考层片距离向与较小对象对应的骨架上最近点移动。这种修正可表示为

$$S_{k,l} = M(S_{k,k+1,l}, S_{k+1,k,l}) \tag{12.28}$$

M 代表修正运算。

第 5 步：对象重建。如果知道了物体的形态骨架，就可以重建该物体

$$O_k = \bigcup_{r=0}^{N} S(r) \oplus rB \tag{12.29}$$

式中，N 是满足式 $X \Theta NB \neq \varnothing$ 的最大整数。

对所有插值层片上修正过的骨架用式（12.29）进行重建，实现层片 k 与层片 $k+1$ 间的 L 层插值。

2. 多分支问题

在某些情况下，一个层片中的连通单元个数与相邻层片中连通单元个数不同，即出现所谓的分支现象。解决的方法是将该问题分解为多个仅包含一个对象的形态插值，然后再加以合成。设层片 k 包含一个对象，而相邻的层片 $k+1$ 包含 P 个对象。可以将层片 $k+1$ 分解成 P 个仅包含一个对象的层片 $O_{k+1,p}$　$p=1, 2, \cdots, P$

$$O_{k+1} = \bigcup_{p} O_{k+1,p} \tag{12.30}$$

层片 k 与每个分解层片的插值目标为 $O_{k,l,p}$，则

$$O_{k,l} = \bigcup_{p} O_{k,l,p} \tag{12.31}$$

图 12.8 给出一个多分支形态插值的例子。某物体的层片 0、层片 1 和层片 2 分别包含 1，2 和 5 个连通的单元［图 12.8 (a)］。层片 1 和层片 2 间的内插是分解为 5

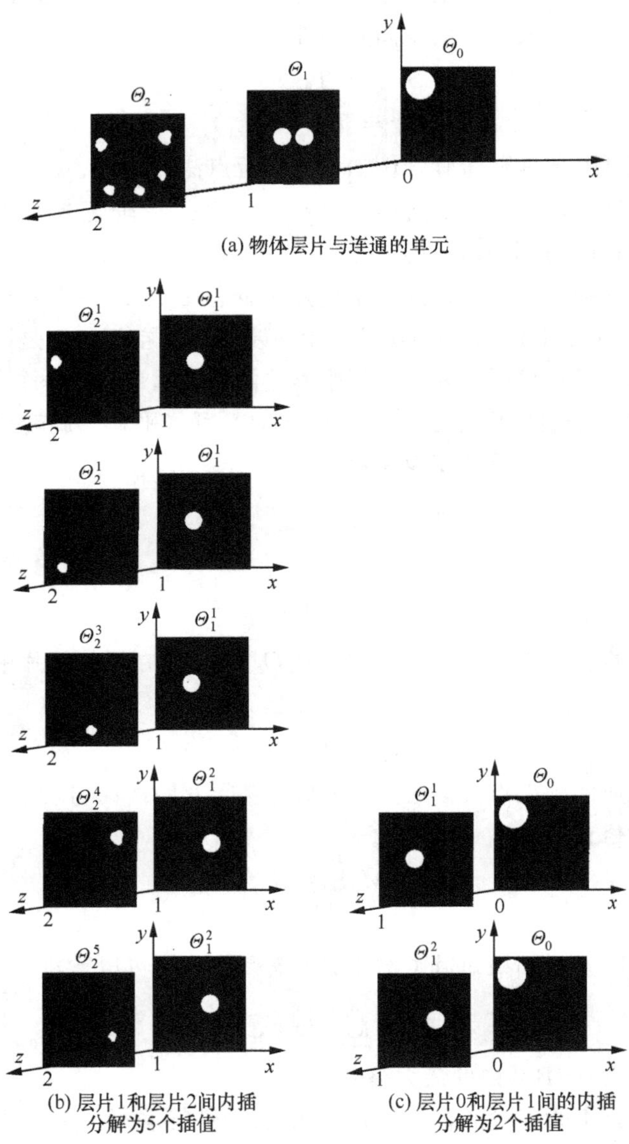

图 12.8　多分支形态插值

个插值［图 12.8（b)］，层片 0 和层片 1 间的内插是分解为 2 个插值[图 12.8（c)］。

图 12.9 是采用本节介绍的基于形态骨架插值的重建树形结构可视化的示例。

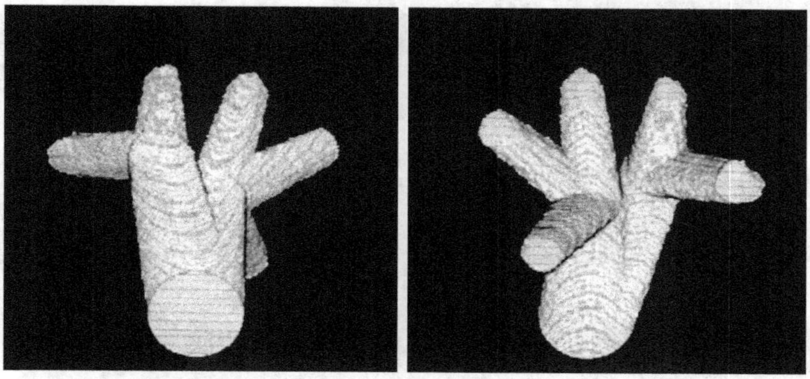

图 12.9 树形结构可视化

3. 带有孔洞的插值

有时有些层片中的对象不是完全连通的，即在对象内部有一个或多个孔洞(图 12.10)。与多分支问题的解法思路相同，将孔洞先填实形成一个没有孔洞的层片 $O_{k,f}$。再将孔洞分离出来也变成实体对象 $O_{k,h}$，$h=1,2,\cdots,H$，总的重建图像为这两层片与其他层片插值结果之差

$$O_{k,l} = O_{k,l,f} \setminus \bigcup_{h} O_{k,l,h} \tag{12.32}$$

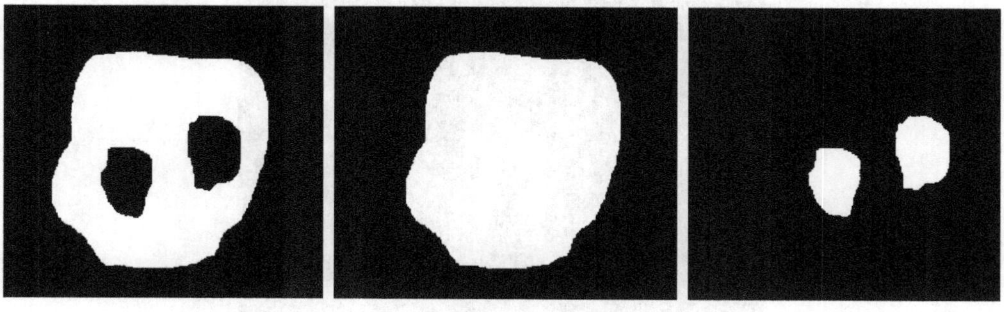

图 12.10 具有两个孔洞的物体分解为一个填实的物体和两个孔洞

图 12.11 是多分支形态插值的一个实例，一个臼齿共有 30 个切片图像。层片间形态差异较大，包括连通单元的个数及每个单元的大小和形状差异。插值并重建的臼齿图像如图 12.12 所示。

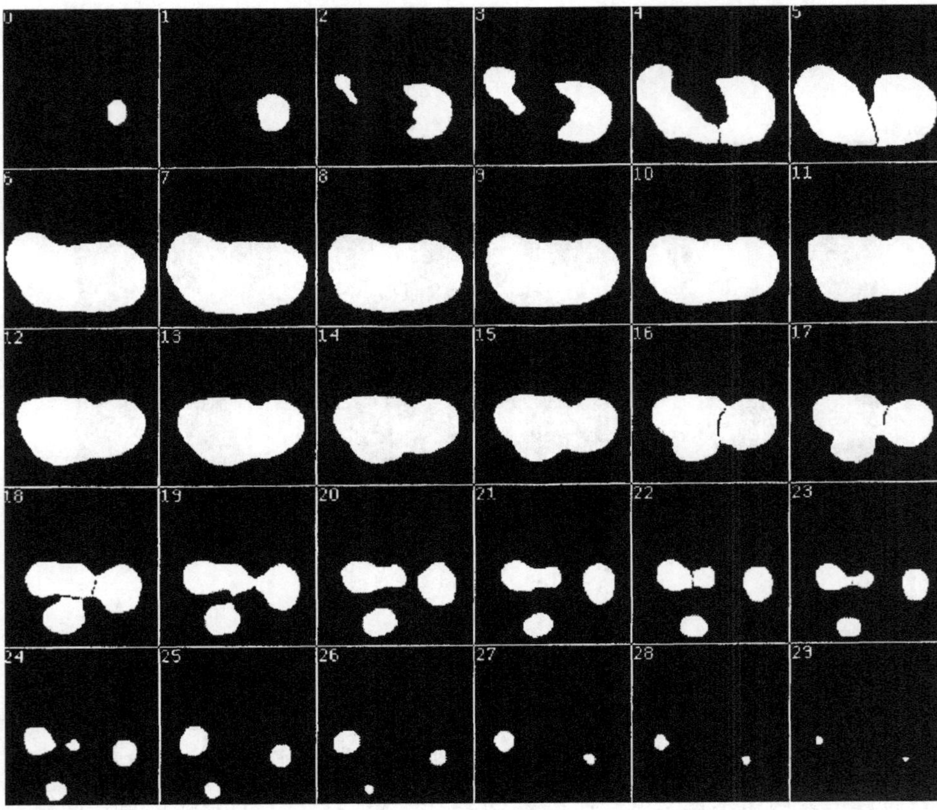

图 12.11　多分支形态插值的一个实例，臼齿原始层片图像

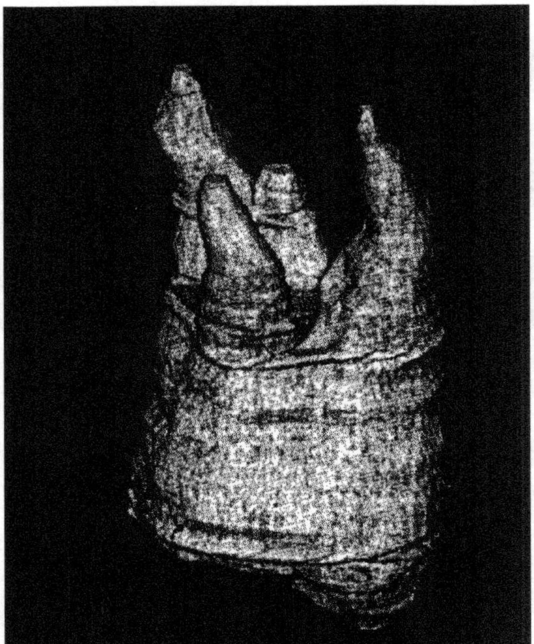

图 12.12　多分支形态插值的一个实例（图 12.11 臼齿重建图像）

12.2 血管图像可视化方法

血管系统成像在外科手术计划和血管疾病的诊断等方面都有着极其重要的作用。在外科手术中，血管对损害的定位起到标志性作用，在其他的诊断及研究中，血管也提供了许多至关重要的信息。因此血管成像在医学上有其特殊的作用。目前，关于血管的分割提取与边缘检测的研究依然是国内外研究的热点，血管的分割及边缘检测方法亦是多种多样。一般可以简单地分为基于边界和基于区域两大类。除此之外，越来越多的人开始关注一些其他的方法，如基于寻找血管中轴线及半径的方法，基于形态学的方法等。

12.2.1 用于血管图像分割的简化模糊连接算法

模糊理论问世以后，人们已经认识到，从某种意义上看，以概率形式提供的信息更接近于事物的真实情况。在医学成像中，通过医疗仪器扫描得到的图像由于受到各种时间空间以及物理仪器等限制，本身就是模糊的，医学图像中有些组织之间并没有清晰的界限，因此从图像中提取物体信息也应该尽可能保留模糊性。自从引入了模糊概念的模糊边缘、模糊阈值、模糊聚类、模糊增强等技术，以及广义模糊集论与广义模糊算子的提出，模糊理论在图像分割领域的应用就开始受到了广泛关注。

但是，以上种种模糊理论在图像处理方面的应用都很少涉及到血管的提取。Udupa等提出的模糊连接分割法，可以较好地把 CTA 和 MRA 图像中的血管部分从周围组织中提取出来。其主要思想是计算图像中任意两个像素之间的连接强度（strength of connectedness)，再根据连接强度的大小将血管从周围组织中分割出来。本节通过对模糊连接算法的分析和改进，提出了一种简化的模糊连接算法，使运算时间得到了缩短，运算速度得到了提高，并将该算法应用到实际的血管图像分割中，取得了比较满意的分割效果，三维重构的结果显示也比较好。

1. 模糊连接

我们知道大多数物体都由不同种成分组成，不同成分具有各自的强度特征，表现在图像上就是具有不同的颜色或灰度特征，大多数边缘分割方法就是利用图像的灰度在边缘处会产生梯度变化，灰度信息呈现阶跃型或屋脊型曲线特征，将不同成分的物体分割开。但由于机器或人为的原因，图像常会产生许多噪声点，为分割工作带来不便。噪声点在强度信息上虽然会与物体比较接近，但通常与物体在空间上不具有连续性。因此，我们采用的模糊连接算法综合了图像中像素的空间距离特征与强度特征，达到将血管与周围组织分割开的目的。

模糊连接算法主要需计算图像中任意两像素的连接强度。在此需介绍两个概念：一个是像素间的局部模糊关系（local fuzzy relation)，它与相邻两像素（o 与 c）的空间邻近程度、强度均匀程度和强度相似程度是单调递增关系，又称为亲和力（affinity)，其值范围在［0－1］之间；另一个是像素间的全局模糊关系（global fuzzy relation)，表达的是空间中不相邻的两像素（o 与 d）的连接强度，也称作模糊连通度（fuzzy connectedness)，其值也在［0－1］之间。全局模糊关系的确定要用到局部模糊关系，具体确定方法是先对每条始于 o 止于 d 的路径求出俩俩相邻像素的局部模糊关系值，并用最小的局部模糊关系值作为该路径的强度；然后找出所有路径强度的最大值，作为像素 o 与 d 的全局模糊关系值。

2. 局部模糊关系

对于图像中的两个相邻像素 o 和 c，我们定义亲和力用 $\mu_k(o,c)$ 表示为

$$\mu_k(o,c)=\mu_a(o,c)\sqrt{\mu_{\varphi s}(o,c)\mu_{\psi s}(o,c)} \tag{12.33}$$

其中，$\mu_a(o,c)$ 表示像素对（o，c）的模糊邻接关系（fuzzy adjacency relation），当 o 与 c 越接近时，其关系值越大，在这里我们采用以下形式

$$\mu_a(o,c)=\begin{cases}1 & \|o-c\|\leqslant 1\\ 0 & \text{其他}\end{cases} \tag{12.34}$$

$\mu_k(o, c)$的两个分量 $\mu_{\varphi s}(o, c)$和 $\mu_{\psi s}(o, c)$分别是基于物体特征（object-feature）和基于均匀性（homogeneity）的分量。基于物体特征的分量表达式为

$$\mu_{\varphi s}(o,c)=\begin{cases}\dfrac{\min[W_{os}(o),W_{os}(c)]}{\max[W_{bs}(o),W_{bs}(c)]+\min[W_{os}(o),W_{os}(c)]} & \min[W_{os}(o),W_{os}(c)]\neq 0 \text{ and } o\neq c\\ 1 & o=c\\ 0 & \text{其他}\end{cases} \tag{12.35}$$

其中，$W_{os}(o)$，$W_{bs}(o)$分别为像素 o 的物体成员函数和背景成员函数，$W_{os}(x)$ 的函数形式为正态分布曲线

$$W_{os}(x)=\exp\left[-\frac{(x-m_0)^2}{2\cdot k_0^2}\right] \tag{12.36}$$

其中，$k_0>0$　$m_0\in[L, H]$，其中 L 和 H 分别代表图像灰度的最小、最大值。从公式（12.35)和式（12.36）可以看出，基于物体特征的分量描述的是 o 和 c 两个像素的强度相似程度以及与中心参考点 m_0 的强度相似程度，当两点的强度越接近，并且与中心参考点 m_0 的强度越接近时，该分量值越大。

基于均匀性（Homogeneity）的分量表达式为

$$\mu_{\psi s}(o,c)=1-\frac{|D^+(o,c)-D^-(o,c)|}{\sum\limits_{e\in B_{oc}(o)}\tilde{\omega}_{oc}(\|o-e\|)} \tag{12.37}$$

其中，$\tilde{\omega}$ 函数具有与 W 函数相同的函数形式

$$B_{oc}(o)=\{e\in C\mid \|e-o\|\leqslant\min(r(o),r(c))\} \tag{12.38}$$

$$D^+(o,c)=\sum_{e\in B_{oc}(o),e'\in B_{oc}(c),e-o=e'-c}[1-W_{\psi s}(\delta_{oc}^+(e',e))]\tilde{\omega}_{oc}(\|o-e\|) \tag{12.39}$$

$$D^-(o,c)=\sum_{e\in B_{oc}(o),e'\in B_{oc}(c),e-o=e'-c}[1-W_{\psi s}(\delta_{oc}^-(e',e))]\tilde{\omega}_{oc}(\|o-e\|) \tag{12.40}$$

$$W_{\psi s}(x)=\exp\left[-\frac{x^2}{2\cdot k_\psi^2}\right]\quad k_\psi>0 \tag{12.41}$$

$$\delta_{oc}^+(e',e)=\begin{cases}f(e)-f(e') & f(e)-f(e')>0\\ 0 & \text{其他}\end{cases} \tag{12.42}$$

$$\delta_{oc}^{-}(e',e)=\begin{cases}f(e')-f(e) & f(e)-f(e')<0\\0 & 其他\end{cases} \tag{12.43}$$

从公式（12.37）～公式（12.43）可以看出，图像强度的均匀性在像素 o 与 c 上越大，该分量就越大。$f(o)$ 表示的是像素 o 点的灰度值。$r(o)$ 表示以 o 为圆心的圆半径，具体求法如下。

第 1 步：令 $k=1$。

第 2 步：若 $FO_k(o)\geqslant t_s$，则 $k=k+1$，直到条件不成立为止。

第 3 步：$r(o)=k$。

其中，t_s 为阈值常数。

$$FO_k(o)=\frac{\sum\limits_{d\in B_k(o)}W_{\psi s}(|f(o)-f(d)|)}{|B_k(o)-B_{k-1}(o)|} \tag{12.44}$$

其中，$B_k(o)=\{e\mid e\in C\quad|o-e|\leqslant k\}$，表示一圆形区域；$|B_k(o)-B_{k-1}(o)|$ 是在范围 $B_k(o)-B_{k-1}(o)$ 内的像素个数。

3. 全局模糊关系

全局模糊关系的表达式为

$$\mu_k(o,d)=\max(p_{od}^1,p_{od}^2,\cdots,p_{od}^n) \tag{12.45}$$

其中

$$p_{od}^i=\min(\mu_k(o,o_1),\mu_k(o_1,o_2),\cdots,\mu_k(o_m,d)) \tag{12.46}$$

o_0，o_1，…，o_{m+1}是一组像素序列，并且 o_i 与 o_{i+1} 是四邻域相邻的两像素，并且 $o_0=o$，$o_{m+1}=d$。n 表示从 o 到 d 的路径总数。

求出亲和力和模糊连通度之后，选定一个初始点作为种子，种子的灰度可以作为中心参考点。通过一个迭代算法就能输出一个连通区域，具体迭代过程如下。

第 1 步：选定一层图像 C，初始化，并选定初始点 o。

第 2 步：计算亲和力 $\mu_k(o,c)$，其中 $c\in C$，并保存满足条件 $\mu_k(o,c)>0$ 的像素，存入数组 Q。

第 3 步：while($Q!=NULL$)。

从 Q 中移走一个元素 c，找

$$f_{\max}=\max_{d\in C}[\min(f_{k0}(d)\mu_k(c,d))] \tag{12.47}$$

如果

$$f_{\max}\geqslant f_{k0}(c)$$

于是

$$f_{k0}(c)=f_{\max}$$

将满足 $\mu_k(c,e)>0$ 的 e 点添加入 Q。

end if

endwhile

end

当像素 o 与像素 d 是相邻像素对时，$f_{ko}(d)$ 的表达式与局部模糊连接关系值

$\mu_k(o,d)$ 等价；当像素 o 与像素 d 不是相邻像素对时，$f_{ko}(d)$ 的表达式与全局模糊连接关系值 $\mu_k(o,d)$ 等价。

4. 算法简化与优化

我们在使用该模糊连接算法进行血管图像分割的过程中，对该算法进行了一定的简化和优化，使计算量大大减少，并不影响分割效果。算法中根据式（12.33）计算亲和力 $\mu_k(o,c)$ 时，实际上只需要考虑使 $\mu_k(o,c)>0$ 的像素点 c，而从式（12.34）中我们可知，只有当 o、c 两像素点是四邻接关系时 $\mu_\alpha(o,c)$ 才不为 0，也就是说局部模糊关系值 $\mu_k(o,c)$ 才有可能大于 0，否则 $\mu_k(o,c)$ 恒等于 0，所以，在我们的改进算法中，先判断 $\mu_k(o,c)$ 是否大于 0，c 的选择范围只在 o 的四邻域邻点里，范围被大大缩小了。其次，在原算法 $\mu_k(o,d)$ 的求解中，需要遍历所有始于 o 止于 d 的路径中四邻接点的亲和力，这也是一项繁琐的工作，在此我们也作了进一步优化：由公式（12.34）和公式（12.35）可以推导出

$$p_{od}^i=\min[\mu_k(o,c),\mu_k(c,d)]=\min[f_{ko}(c),\mu_k(c,d)] \tag{12.48}$$

其中，p_{od}^i 为一条始于 o 止于 d 且过 c 点的路径强度，且 c、d 为四邻接关系。于是有

$$p_{od}^i\leqslant\max[p_{od}^1\quad\cdots\quad p_{od}^n]=\mu_k(o,d) \tag{12.49}$$

其中，n 为路径总数，当 $p_{od}^i=\mu_k(o,d)$ 时，若存在至少一个 d 满足 $\min[\mu_k(o,c),\mu_k(c,d)]=\mu_k(o,c)$，则 $f_{\max}\geqslant f_{ko}(c)$；反之，若对所有 d 点 $\min[\mu_k(o,c),\mu_k(c,d)]=\mu_k(c,d)$，则 $f_{\max}<f_{ko}(c)$。所以公式（12.47）可以简化为

$$f_{\max}=\min[\mu_k(o,c),\max_d(\mu_k(c,d))]=\min[f_{ko}(c),\max_d(\mu_k(c,d))] \tag{12.50}$$

当 $p_{od}^i<\mu_k(o,d)$，并不能保证对所有 d 点上式都成立

若 $\min[\mu_k(o,c),\mu_k(c,d)]=\mu_k(c,d)$，则 $f_{\max}<f_{ko}(c)$。

因此我们须加上限定条件，首先限定路径 P_{od} 必须过 c 点并且只能通过 d 的上一层点。其次在初始化 $f_{ko}(c)$ 时（o 为起始点），采用 $f_{ko}(c)=\min\limits_c[\mu_k(o,c)\mid\mu_k(o,c)>0]$，即种子点 o 与其 4 个四邻接点中大于 0 的最小亲和力。

为了更形象地说明问题，我们可以用图表来进行解释和比较。图 12.13 中网格点上的 o，c，d，e 是像素编号，o 为种子点，c 为 o 的下一层四邻域点，d 为 c 的下一层四邻域点，e 为 d 的下一层四邻域点，分别用 0，1，2，3 标上层号，网格线上的数据代表两像素间的亲和力，由于实际亲和力的大小只在 0 到 1 之间，所以这些数据是扩大了 10 倍的相对值。按照前面的约束条件，我们将两种算法得到的 $f_{\max}$ 值进行了比较，比较结果列在表 12.2 和表 12.3 中。其中表 12.2 中列出的是一、二两层像素的比较结果，表 12.3 中列出的是一、二、三层像素的比较结果。f_1 行是用原算法求出的 $f_{\max}$ 值，通过比较第二列与各个 c 列的值得出，f_2 行是

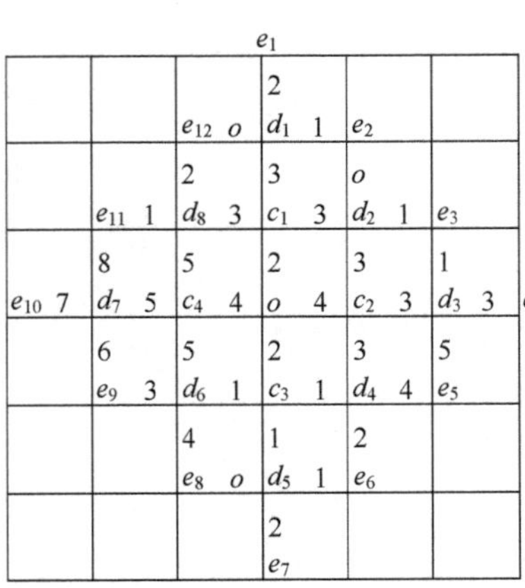

图 12.13　四邻域像素之间的局部模糊关系图

用我们的简化算法求出的 f_{max} 值，通过比较 c 列第二行与其余各行的值得出。比较结果显示所求的 f_{max} 值基本一致。

表 12.2　两种方法在计算 f_{max} 值时的结果比较（考虑两层像素）

像素编号	o	c_1	c_2	c_3	c_4	像素编号	o	c_1	c_2	c_3	c_4
o		2	4	2	4	d_5	1			1	
d_8	2	3				d_6	1			1	
d_1	2	3				d_6	4				5
d_2	2	3				d_7	4				5
d_2	3		3			d_8	4	3			5
d_3	3		3			f_1		2	3	1	4
d_4	3		3			f_2		2	3	1	4
d_4	1			1							

表 12.3　两种方法在计算 f_{max} 值时的结果比较（考虑三层像素）

像素编号	o	d_1	d_2	d_3	d_4	d_5	d_6	d_7	d_8
o									
e_{12}	0	0							
e_1	2	2							
e_2	1	1							
e_2	0		0						
e_3	1		1	1					
e_4	3			3					
e_5	3			5	4				
e_6	2				2				
e_6	1					1			
e_7	1					2			
e_8	0					0			
e_8	1						4		
e_9	3						3		
e_9	4							6	
e_{10}	4							7	
e_{11}	4							8	
e_{11}	1								1
e_{12}	2								2
f_1		2	1	3	3	1	3	4	2
f_2		2	1	3	3	1	4	4	2

以上的算法简化省去了每次迭代都需计算模糊连通度的过程，并且实践证明分割效果并未受到影响。

5. 实验结果

为了显示模糊连接在血管分割中的优越性，我们先选取了一幅具有类似血管特征的扭曲线形的文字图片，将模糊连接方法与边缘检测分割方法进行了比较，边缘检测算法采用了 Roberts 算子、灰度梯度算子、Laplace 算子、Sobel 模板和 Kirsch 模板 5 种经典算法。比较结果如图 12.14 所示［图 12.14（a）的原图经过锐化，图 12.14（b）的原图经过钝化］：从这两幅图的比较结果可以清晰地看出，边缘检测分割方法不但不能形成闭合轮廓，还会造成图像变粗、产生噪声点等弊端，这对于细小血管的分割无疑会产生较大误差。无论是物体与背景的对比度较高还是较低，模糊连接算法比边缘检测算法的效果要好得多，这也为下一步采用模糊连接方法进行血管分割的工作提供了实验根据。

(a) 原图经过锐化，边缘更清晰

(b) 原图经过钝化，边缘更模糊

图 12.14　模糊连接与边缘算子进行图像分割的比较

图 12.15 是将模糊连接分割的结果与人工采用 photoshop 将血管描绘出来的图像进行差值所得的结果。图 12.15（a）的分割结果与标准结果相差较大，而图 12.15（b）的结果则相差较小。图 12.5（a）和（b）中的 4 幅小图分别为：原图（左上）、手工描绘的标准图（右上）、模糊连接分割结果（左下）、差值结果（右下）。

在对 60 层图片分割完之后，用三维 Slicer 软件对分割出的血管进行了三维显示。显示结果如图 12.16 所示。图中左边是标准图，右边是用模糊连接法分割出来的图，每

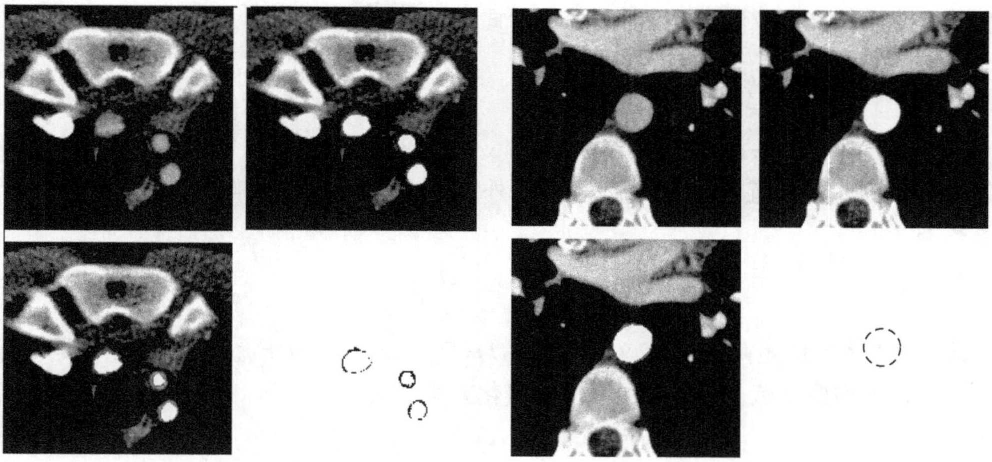

(a) 分割结果与标准结果相差最大　　(b) 分割结果与标准结果相差最小

图 12.15　模糊连接法分割血管以及与标准图进行差值的结果显示

幅图选取了两个方向。从两个图的显示结果来看，模糊连接基本上可以较好地反映出血管的形状。

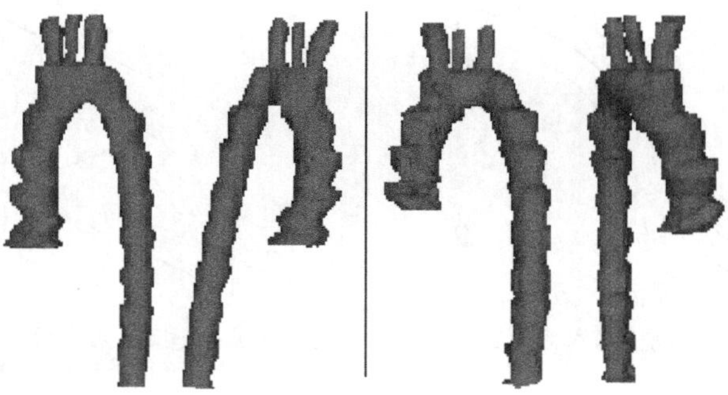

图 12.16　用三维 Slicer 软件分别对标准图（左）和结果图（右）进行三维显示

模糊连接算法是将模糊理论应用于医学图像分割的一种有效方法，本节介绍的简化模糊连接算法在不影响分割效果的前提下减少了计算量。在使用三维重构软件进行三维显示时，显示结果也能与实际情况吻合。

12.2.2　基于水平集曲线演化的血管分割

水平集技术在计算机视觉中得到日益广泛应用。使用水平集分割血管系统是经典活动轮廓法模型的扩展。该方法使用偏微分方程控制初始边界向真实目标边界的生长演化。数学基础是二维空间的平滑闭合曲线在平均曲率运动作用下会收缩至一个点，典型的是第 10.5 节介绍的测地线活动轮廓及作为超表面的水平集法。然而这仅适合共维(codimension) 为 1 的表面，对三维空间中的一维曲线演化不成立。平面曲线和三维表面的共维是 1，三维空间的曲线共维是 2。对于共维大于 1 的情况没有一个对象的内部或外部的概念，因此也就无法像平面曲线那样生成一个嵌入表面。下面介绍 Curves 的算法利用图像信息生成演化 1D 曲线的辅助向量场。

1. 较高共维曲线的水平集法

令 $C(p):[0,1]\to R^3$ 表示某一条曲线，$v:R^3\to[0,\infty)$ 是一个辅助函数，它的零水平集与 C 相同，在接近 C 处平滑而且在 C 外 ∇v 非零。对于一个非零向量 $q\in R^n$，定义投影算子

$$P_q=\boldsymbol{I}-\frac{qq^T}{|q|^2} \tag{12.51}$$

其中，$\boldsymbol{I}$ 是单位矩阵。再定义 $\lambda(\nabla v(x,t),\nabla^2 v(x,t))$ 为 $P_{\nabla v}\nabla^2 vP_{\nabla v}$ 较小非零特征值。于是，平均曲率流 $C_t=\kappa N$ 的水平集演化方程变为

$$v_t=\lambda(\nabla v(x,t),\nabla^2 v(x,t)) \tag{12.52}$$

等价于按 $C_t=\kappa N$ 来演化 C，在整个演化过程中 C 都是 v 的零水平集。直观地可以将 v 看作到 C 的距离函数。考虑 v 的一个等值水平集 $\Gamma_\varepsilon=\{x\mid v(x)=\varepsilon\}$，其中 ε 是一个正的小数值，所以 Γ_ε 是环绕 C 的一个薄管（图 12.17）。

$$v_t=\lambda(\nabla v,\nabla^2 v)+\nabla v\cdot d$$

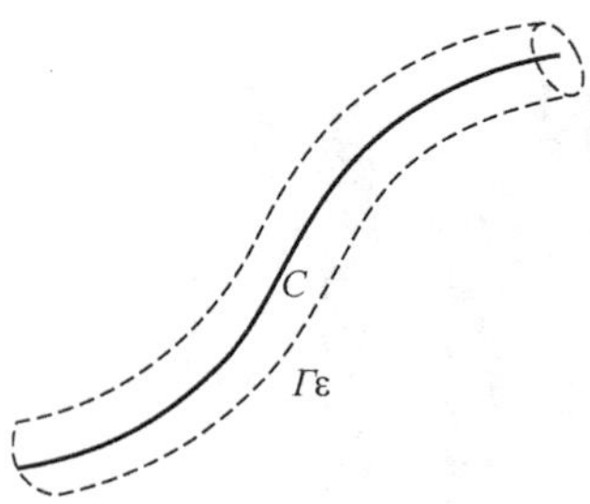

(a) C的管型等值水平集$\Gamma\varepsilon$

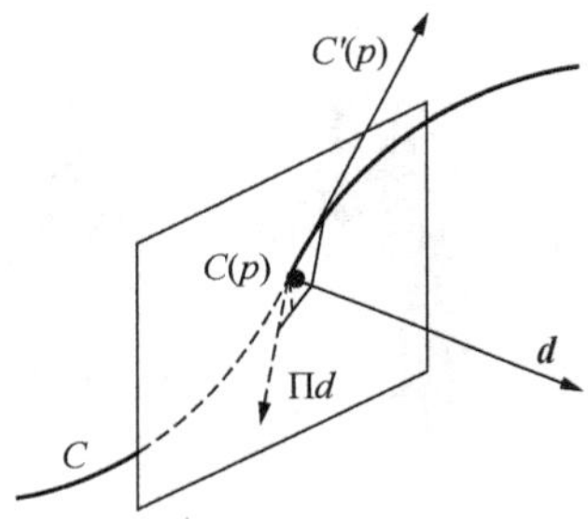

(b) 在p点C的切线，法平面及外部向量d和它在法平面上的投影

图 12.17 共维 2 的曲线

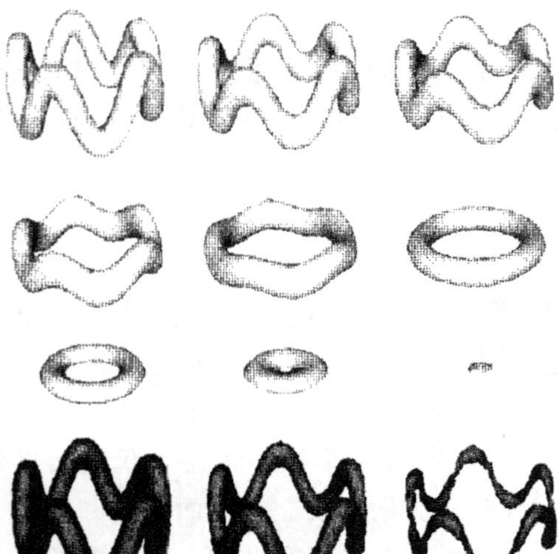

图 12.18 三维空间中 1D 曲线的演化

$P_{\nabla v}\nabla^2 vP_{\nabla v}$ 的非零特征值等于这个管子的主曲率。较大的主曲率取决 ε 的大小，较小的主曲率与 C 的几何形状有关。由于要根据 C 来演化生长，所以选择使用较小的主曲率。图 12.18 表示根据 1D 曲线曲率产生的平滑力使形状变形的例子。上面三排是根据 Curves 算法复杂管状物体逐渐展开变形，最后收缩成一点的情况。最下面一排是传统的共维 1 的情况，物体根据表面平均曲率变形。结果只能整体变细而不会改变几何形状。

假设存在一个驱使演化的向量场，于是演化方程为

$$C_t=\kappa N-\Pi d \tag{12.53}$$

其中，Π 是到 C 法空间的投影算符。内嵌空间的演化方程为

$$v_t = \lambda(\nabla v, \nabla^2 v) + \nabla v \cdot d \tag{12.54}$$

2. CURVES 算法

曲线演化方程遵从能量最小化准则，对三维空间中的一维结构有

$$\oint g(|\nabla I(C(p))|)|C'(p)|\,\mathrm{d}p \tag{12.55}$$

其中，$C(p):[0,1]\to R^3$ 是 1D 曲线，$I:[0,a]\times[0,b]\times[0,c]\to[0,\infty)$ 是图像。$g:[0,\infty)\to R^+$ 是一个严格递降函数，当 $r\to\infty$ 时满足 $g(r)\to 0$。例如，可以使用 $g(r)=\exp(-r)$。通过计算 Euler-lagrange 方程可以得到曲线演化方程

$$C_t = \kappa N - \frac{g'}{g}\Pi\left(H\frac{\nabla I}{|\nabla I|}\right) \tag{12.56}$$

其中，$\boldsymbol{H}$ 是强度函数的 Hessian 矩阵。上面方程中的辅助向量场为

$$d = \frac{g'}{g}\boldsymbol{H}\frac{\nabla I}{|\nabla I|}$$

所以，内嵌空间的演化方程为

$$v_t = \lambda(\nabla v(x,t), \nabla^2 v(x,t)) + \frac{g'}{g}\nabla v(x,t)\cdot \boldsymbol{H}\frac{\nabla I}{|\nabla I|} \tag{12.57}$$

CURVES 系统的框图如图 12.19 所示。V 是演化体积，它的零水平集就是分割的估计。先从图像数据产生一个初始体积 v_0，然后将该数据传送至系统主体。系统按式（12.58）的偏微分方程使 v_0 迭代演化。

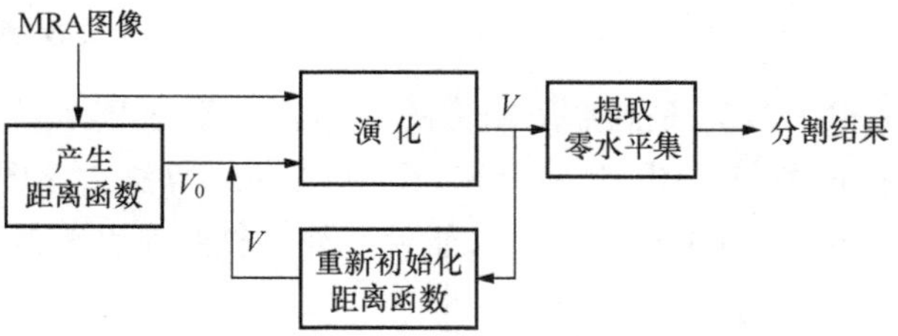

图 12.19　CURVES 系统的框图

$$v_t = \lambda(\nabla v(x,t), \nabla^2 v(x,t)) + \rho(\nabla v\cdot\nabla I)\frac{g'}{g}\nabla v(x,t)\cdot \boldsymbol{H}\frac{\nabla I}{|\nabla I|} \tag{12.58}$$

周期地将 v 重新初始化为到其零水平集的距离函数。在收敛时，或需要时从 v 提取零水平集作为分割结果进行可视化显示。

实用中使用的 ε-水平集定义一个初始曲线周围半径 ε 的薄管，然后对该薄管而不是曲线进行演化。这里，ε 不意味某一个固定数值，而只是表示演化的形状是某个不确定而且可变宽度的管状表面。说明 CURVES 算法只是曲线演化的一个近似，但可以很好地跟随管道的形状及管径的变化。另一个措施是增加一个控制表面到图像数据的拟合与对表面平滑约束间的折中权重系数 ρ。最后，较小的主曲率 λ 直接从 v 而非 $P_{\nabla v}\nabla^2 v P_{\nabla v}$ 的特征值计算。初始表面一般是对 MRA 数据集取阈值获得的，并不要求初始表面很靠近目标表面。在执行 CURVES 之前，通常须对图像数据集做一个小尺度各向同性高斯平滑。

3. 实验结果

对主动脉的分割实验如图 12.20 所示。原始数据是分辨 1.75mm×1.75mm×2.39mm 尺寸 256mm×256mm×45mm 的对比增强 MRA 图像。图 12.20（a）是原始

数据的最大强度投影图像，图 12.20（b）是用 CURVES 算法重建图像。

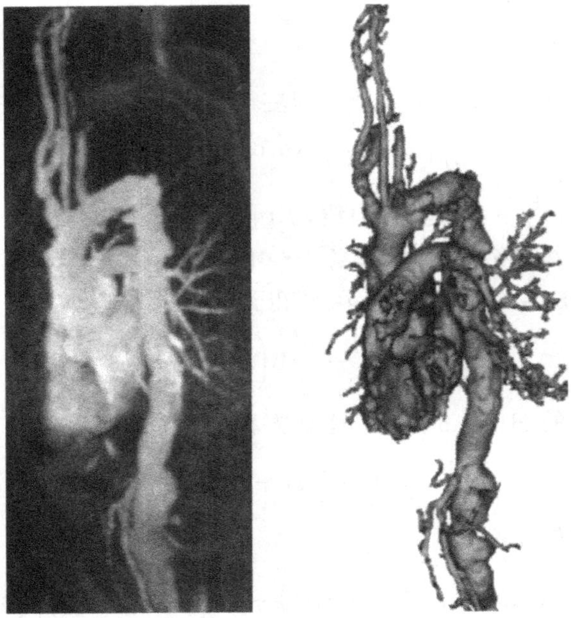

(a) 原始数据的投影图像　　(b) 用CURVES算法重建图像

图 12.20　主动脉的分割示例

图 12.21 是脑血管图像的 3 个正交平面显示。图 12.21（a）是原始数据的最大强度投影图像，图 12.21（b）是用 Curves 算法重建图像，图 12.21（c）是手工提取的结果。可见，CURVES 算法能较好地对复杂血管图像自动分割。

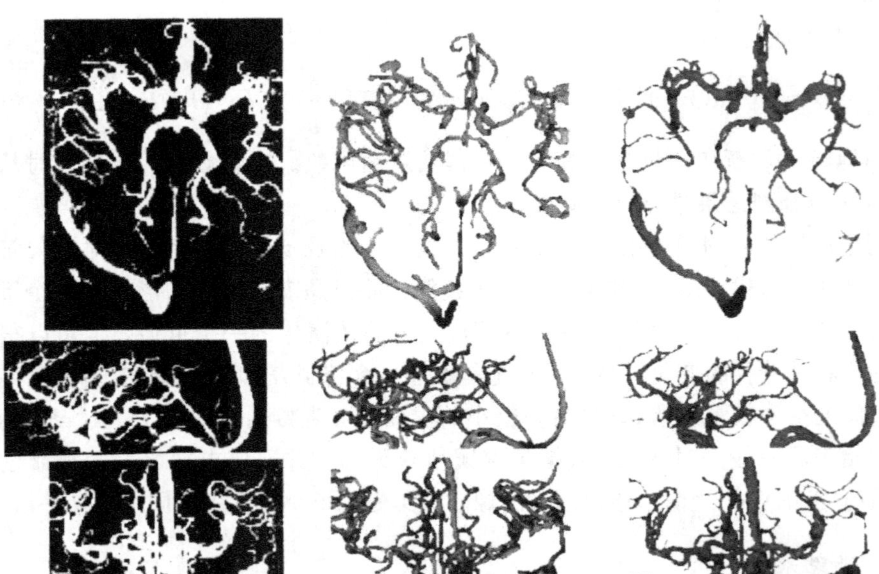

(a)最大强度投影图像　　(b)Curves算法重建图像　　(c)手工提取结果

图 12.21　脑血管的分割示例

12.3 虚拟内窥镜

普通内窥镜是用光学的、视频辅助的技术以连续的形式来观察空腔器官的内部表面。通过变更内窥镜的位置和角度，操作员能看到器官的内部。在这种交互式探查期间，操作者完全控制内窥镜在空腔器官里面的航行。该方法提供一个直接的、相对高分辨率的视图。在大多数情况下，穿过天然的孔口或小的切口获得进入体内的通路（例如，腹腔镜）。然而，内窥镜手术使病人感觉不舒服，而且可能需要镇静或麻醉。此外，内窥镜只显示空腔器官的内部表面，没有关于腔壁表面内或腔壁之外的解剖学信息。这个局限妨碍了穿越腔壁的肿瘤的评估，且限制了定位外围解剖结构损伤的能力。

虚拟内窥镜是指用计算机可视化技术来探查空腔器官或解剖学穴洞的。它是一种非常有应用前景的体积绘制医学应用。它的应用领域主要是，避免实际内窥镜检查相关的风险，探查用实际内窥镜难以达到的器官内部。目前，虚拟内窥镜已经用于评估大肠、支气管、胃、血管、膀胱、肾、喉，以及旁鼻窦。虚拟内窥镜最有前途的应用是检查结肠直肠癌，还常用于评测气管支气管树，以确诊支气管癌。虚拟内窥镜可以辅助检查、诊断、评估以及辅助确定外科手术路径。除此之外，相关的二维和三维数据在一个多窗口模式下的交互式显示可能帮助内窥镜专家完成各种不同的图像引导的程序。

虚拟内窥镜的实现主要有以下步骤：首先是分割，即从数据集中将需要探查的器官分离出来；然后，要找出器官的轮廓框架和探查路径的中心线；最后，应用交互式绘制实现可视化。多数虚拟内窥镜系统使用高质量直接体绘制技术。

12.3.1 图像处理和分割

所有常规的提供高分辨率断层图像的 CT 或 MRI 技术都可以经过后处理以获得三维重构。用于虚拟内窥镜检查的 CT 扫描是螺旋 CT 系统。可以从螺旋 CT 数据集建立三维的和虚拟内窥镜模型。对于 MR 图像，T1 加权三维体积梯度-回波序列的各向同性体素，适宜于三维体绘制。

断层图像数据经过处理，信号强度被转换为解剖学表面用于以后的显示。表面绘制的第一个步骤是分割。对于虚拟内窥镜的显示，可以应用下列各项技术。

- 阈值技术：基于原始数据信号强度将体素分类。
- 连通性阈：那些连接到初始种子体素的体素用一个组织标识符来标记。MRA 图像适于这种分割技术。肺部的支气管可以使用连通性和阈值来提取。
- 双通道分割：从两个图像同时获得的信号被用来产生组织蒙片。使用的统计分类算法可以是监督式的或完全自动的。这二个通道数据集在 MRI 上使用旋转回波数据的第一次和第二次回波对应的信号强度来获取。
- 形态学算子：可用交互式腐蚀/膨胀算子来分离大多数组织。
- 表面提取：一旦体素在图像数据中用组织/器官标识符标记，就可使用步进立方体算法提取由三角形组成的表面。

表面绘制速度较快，因为它能应用普通的图形加速硬件。体积数据被代换为表现器官表面的多边形组成的中间结构。这种方法可能在分割步骤中损失图像质量和信息。而且，因为只有器官表面是可见的，有一些医学检查不能在表面模型上完成（例如，确定是否一个息肉是良性的）。此外，基于表面绘制的模型有时看起来有些虚假。

第二种可视化技术称做直接体绘制，这种技术直接从体积数据生成一个投影图像，而不用分割步骤或中间结构。这必须定义一个映射医学体积数据到材料特性（即，颜色和不透明性）的传递函数，并要使用一个光学模型。图像的计算通过沿着每一条观察光线积分或合成。有不同方法来做这种积分；通常，沿着一条光线以小于一个体素的距离采样，然后合成采样的结果（光线投射法）。插值和明暗效果的计算使得单个采样点的处理也是计算量很大的。目前有一些可利用的加速直接体绘制的软件技术。例如，空间跳跃（space-leaping）技术，它避免了在空的空间区域采样。这些方法达到了加速目的而不影响图像质量。有的技术在图像质量和速度之间取折衷。还有一些专门的硬件加速技术，例如三维 Texture Mapping 和 VolumePro 系统。

关于图像的分割和绘制方法的详细内容可以参见本书前面的有关章节。

下面重点介绍由维也纳技术大学的 A Vilanova，E Gröller，A König 等人提出的一个算法，该算法对管状器官（结肠、血管）的空腔用圆柱状结构近似。这些结构用于为虚拟内窥镜采用空间跳跃来加速高质量直接体绘制。

12.3.2 用于虚拟内窥镜的管状器官的圆柱状近似

虚拟内窥镜系统主要涉及一个虚拟相机在体积数据中实时导航，因此涉及快速体积绘制。管状器官的圆柱状近似采用多边形辅助的光线投射法和距离变换技术的结合，通过识别穿越器官腔内的体素，对最后图像没有贡献的光线片段来加速光线投射，从而加速高质量体绘制。该算法基于一个关于物理的器官壁的安全区域的定义。这个安全区域称做器官壁间隔。器官壁间隔由从分割得到的近似的器官表面加上两个公差量值来定义（图 12.22）。公差值用与近似表面的距离表示，一个在器官腔内的方向，另一个指向器官外。物理的器官壁必须被包含在器官壁间隔之内，因为仅仅在这个范围内的体素才能被绘制。器官壁间隔公差值在本方法中由用户作为参数给出。

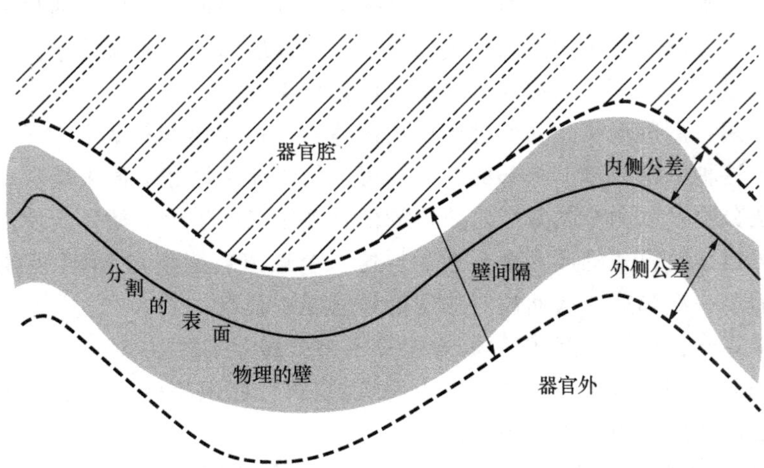

图 12.22　一个器官的二维断面和壁间隔定义示意图

圆柱状近似算法可以分为以下步骤。

第 1 步：待检查器官的分割。

第 2 步：计算器官骨架和距离映射。

第 3 步：器官空腔的圆柱状近似。

第 4 步：采用光线投射的加速的直接体绘制。

首先对体数据进行分割并识别器官，从而得到一个二值化的体积。分割不必高度精确，因为该算法将用器官壁间隔公差来矫正分割误差。因此，公差值必须是足够大。它们应该包括壁的厚度以及在分割步骤里可能产生的误差。

对于分割得到的体积计算出器官的骨架（图 12.23）。骨架是点的轨迹，它在几何学上位于边界的中心。骨架可以用拓扑细化或距离变换方法自动计算出来。骨架也被用于找出虚拟相机的路径，以用于相机导航和三维交互作用。

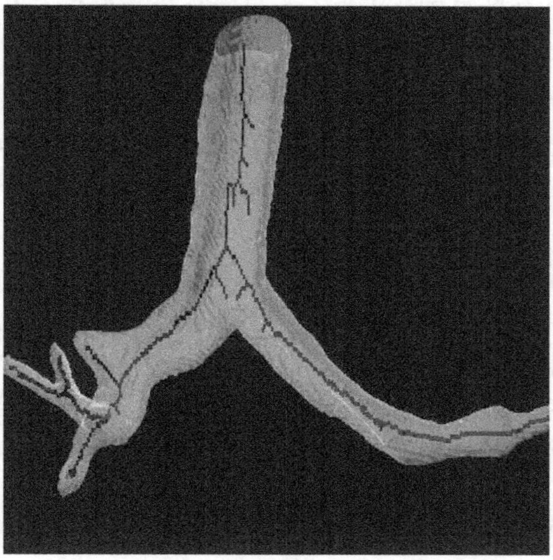

图 12.23　分割的气管表面和它的框架

12.3.3　圆柱状近似算法

圆柱状近似的算法的输入是骨架和分割的对象的距离映射。距离映射包含有关对象的每一个体素与背景的最小距离。该算法的主要思想起源于几何模型里常用的导管表面。一个导管表面是一个 1-参数球体族的包迹，它的半径和位置连续改变。这个包迹代表对象的表面。球体族的包迹被定义为所有无限接近的球体对的交接面的圆的集合（图 12.24）。

给定骨架和距离映射，可以定义一个逐片连续的导管表面。球体族的球体圆心在骨架上，半径为到最近的背景体素的最小距离。绘制技术采用光线投射法，用管道表面作为一个限定的结构来计算跨越器官空腔的光线片段。然而，管道表面需要一个费时的光线交接面计算。因此，可粗略地将管道表面近似为一组圆柱体。

用于空间跳跃法的圆柱状近似应该满足以下特性：

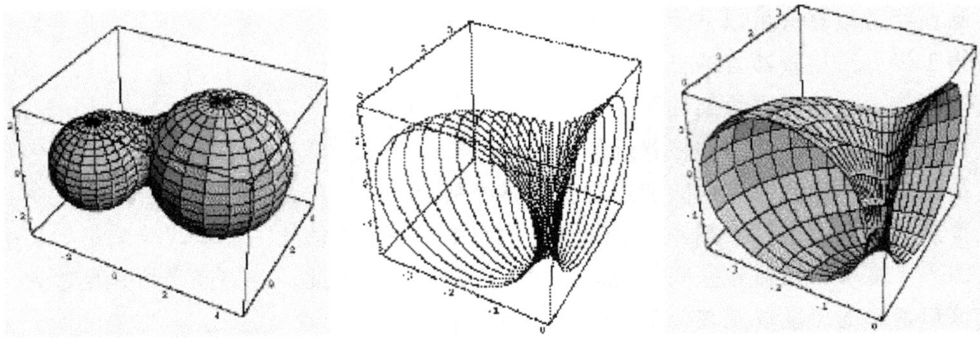

(a) 1-参数球体族　　(b) 交接面的圆　　(c) 管道表面

图 12.24　管道表面

- 柱状结构应该完全被包封在近似的器官内，不能与器官壁间隔相交。
- 所包含的圆柱体的数目不能太多。如果圆柱体的数目太多，交接面的计算量会太大。
- 每个圆柱体应该尽量的长，以便能有长的跳跃，特别是对于中心光线。
- 圆柱体应该有较大的体积，以覆盖器官空腔内部较多的空间。
- 圆柱状结构应尽量地近似器官空腔。观察光线与圆柱体结构的交叉点应接近器官的壁间隔。

一个圆柱体由一个半径和一个轴定义，并要给出位置、方向和长度。这些参数应当是圆柱状结构的最优化问题的解。这个最优化问题的求解应该用上述特性作为最优化准则。然而，得到最优解是很复杂的，而且很费时间。因为有太多变量。所以，需要用一个启发式方法。可以用骨架作为基础来定义圆柱体的轴。尽量保持轴在中心会给出较少数目的且体积较大的圆柱体。定义圆柱体的轴之后再用距离变换来定义圆柱体半径。

1. 定义圆柱体的轴

圆柱体的轴以骨架为基础来产生。骨架是通过拓扑细化或者从一套 26 连通点体素的距离变换得到的。由骨架可定义一个中心通道。为了简化起见，假设通道没有分支。可得出一个带序号的体素序列 V_i，从起始体素直到骨架终点。两个连续的体素是在 26 连通点之内，不形成回路，因此一个体素只能被表示一次。中心路径是一条折线，它的边是连续的体素的中心点 P_i 的连线。这条路径通常是多折且有噪声的。为了减少高频信号，并平滑路径，应用一个低通滤波器。如果 m 是核的维数，n 是路径上的点数，对于 $0<=i<=n-m$ 有

$$P_i = \sum_{h=0}^{m-1} P_{i+h} \times w_h \tag{12.59}$$

式中，$\sum_{j=0}^{m-1} w_h = 1$。

核的权重 w_h 由一个帐篷（tent）滤波器定义。当然，也可以使用其他低通滤波器。新的路径与老的路径之间的最大方差取决于核的大小。如果核增大，那么路径变得平滑，但是路径也从空腔器官中心移开。

滤波之后将有一个带有大量小边的折线表示的平滑路径。这个折线用一些较长的边近似，作为圆柱体的轴。进而，相对于原始路径的方差必须加以控制，以使得轴不至于移到器官外。生成圆柱体的轴的方法之一是沿中心路径下采样（undersampling），采样时要考虑路径的曲率。在折线上具有较低曲率的区域，轴可以长些，而在高曲率区域，需要较多但较短的轴。结构中包含的圆柱体数 s 由用户定义。计算中心路径上的不同点处的曲率，然后，中心路径的第一个点和最后一个点以及具有最高曲率处的 $s-1$ 个点一起，加入路径序列用以生成轴。这个方法的问题是 s 不容易估计。轴的分布也不是很好，因为他们集中在曲率高的区域。还有，在原始的路径和轴之间的方差没有得到控制。因此，如果 s 不是足够大，轴有可能部分地在器官外面［图 12.25（b)］。

为预防轴移到器官外面，采用另一种方法。指定一个距离误差 ε 为在原始路径与轴之间的最大距离。误差 ε 的值应小于从中心路径到器官壁间隔的最小距离。这样生成的轴能确保是在器官空腔之内［图 12.25（c)］。

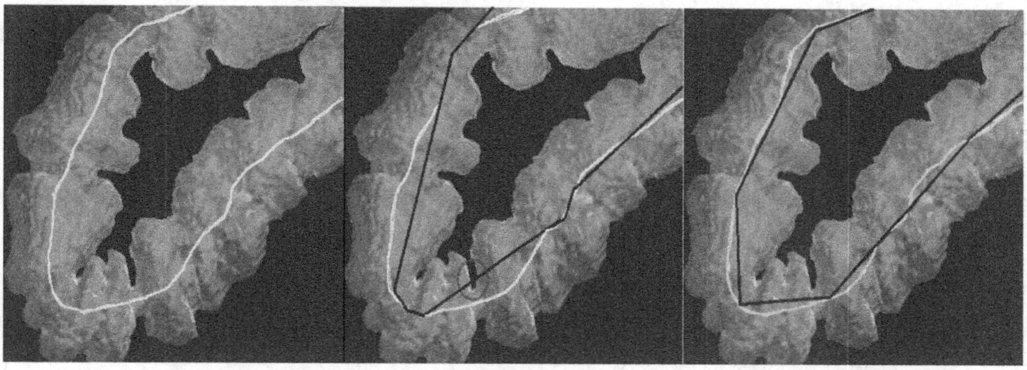

(a) 中心路径　(b) 中心路径，从曲率信息生成的圆柱体的轴圆圈指示此处轴在器官外面　(c) 中心路径以及按照距离误差生成的圆柱体的轴

图 12.25　分割的器官表面，及以中心路径为基础生成的圆柱体的轴

该算法依次处理中心路径上的点（图 12.26）。中心路径的路径片段，即中心路径的子路径，被相继地用来产生轴。要确保在一个子路径与对应的轴之间的距离差不能大于定义的误差 ε。

子路径是中心路径上连续点的序列。轴 A_j 是当前子路径上第一个点与最后一个点之间的连接。$\varepsilon_{i,j}$ 定义为点 P_i 到轴 A_j 之间的距离。如果对于当前子路径上的每一个点 P_i 到轴 A_j 的距离 $\varepsilon_{i,j}$ 都小于 ε，那么中心路径上的下一个点被加到子路径上。重复这个过程，直到某一次迭代，其中存在一个 P_i，它的 $\varepsilon_{i,j}$ 大于 ε。那么，在前一次迭代中产生的轴 A_{j-1} 被定义做一个有效轴。相应的子路径被擦除。在图 12.26 中显示 3 次迭代的情况，在该例中最后有效的轴是 A_1。

新的当前子路径由轴 A_{j-1} 上的最后一个点和它后面在中心路径上的两个连续的点来定义。最初的当前子路径包含中心路径上的第一个点和其后的两个连续的点。如果在第一次迭代中已经有 $\varepsilon_{i,0}$ 大于 ε，那么有效轴就在子路径上第一个点和第二个点之间产生。

图 12.25 所示的例子显示采用误差距离的方法得出的轴比基于曲率的方法得出的轴较好地沿着中心路径分布。

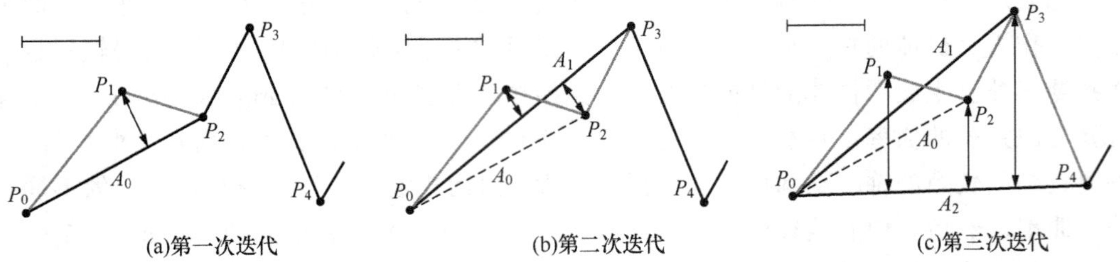

A_j 是在第 j 次迭代产生的轴；P_i 指示中心路径上的点。中心路径被画成一个不连续的线，当前子路径用灰色表示

图 12.26 用距离误差信息产生轴的算法示意图

2. 定义圆柱半径

定义了圆柱体的轴之后，必须指定圆柱体的半径。以小于体素间距的速率对每一个圆柱体轴采样。对每一个采样点，距离映射被用于决定到器官壁上最近点的距离。每一个圆柱体的半径确定为从轴到器官壁的最小距离。如果一个圆柱体半径小于用户定义的尺寸（例如，一个体素大小），这个圆柱体则被放弃。

12.3.4 用圆柱状结构加速体绘制

圆柱状结构可以被用于加速采用空间跳跃的体绘制。生成的圆柱状结构用于计算穿越空的空间的光线片段。对每一条光线与圆柱状结构的交叉点加以计算。此外，平截头体选择被用于避免计算那些对当前相机不可见的与圆柱体的交叉点。如果相机在圆柱体内部，那么第一个交点被用作第一个可能的采样点。此后，距离映射被用于跳跃，直到与壁间隔的距离小于采样率，然后，进行常规的缓慢合成。当出现光线再次进入另一个圆柱体的情况时，在观察光线与圆柱状近似的交点表中的下一个交点被用做另一个可能的采样点。如果相机在圆柱体之外，应用一个距离跳跃，直到光线进入一个圆柱体，或者它接近于间隔壁。图 12.27 给出该算法对于 3 条取样光线的工作情况。

多数普通的早期光线终止技术当累计不透明度达到 1 时终止光线。在虚拟内窥镜中还可增加另一个早期光线终止条件，即假定仅要求采样那些在器官壁间隔之内的点，而不去继续采样那些超出壁间隔外面区域的光线。为了确定何时光线到达壁间隔之外，需计算一个关于背景体素到最近的对象体素的距离映射。参照这个距离映射以决定是否光线在一个给定采样点必须终止。如果器官组织被绘制为透明的，而器官之外的区域是可见的，则这个早期光线终止方法不适用。

图 12.28 是一个关于 200×115×300CT 结肠数据集虚拟内窥镜例子。图 12.28（a）显示被检查的部分结肠外观，以及相机的位置。图 12.28（b）显示用行进立方体表面提取和圆柱体结构的内窥镜视图，其中包含了大约 9 个圆柱体。图 12.28（c）表示应用圆柱状近似的直接体绘制的结果。

12.3.5 交互式虚拟内窥镜工具

美国哈佛医学院的放射学系与 GE 公司研发中心联合开发了一个交互式虚拟内窥镜

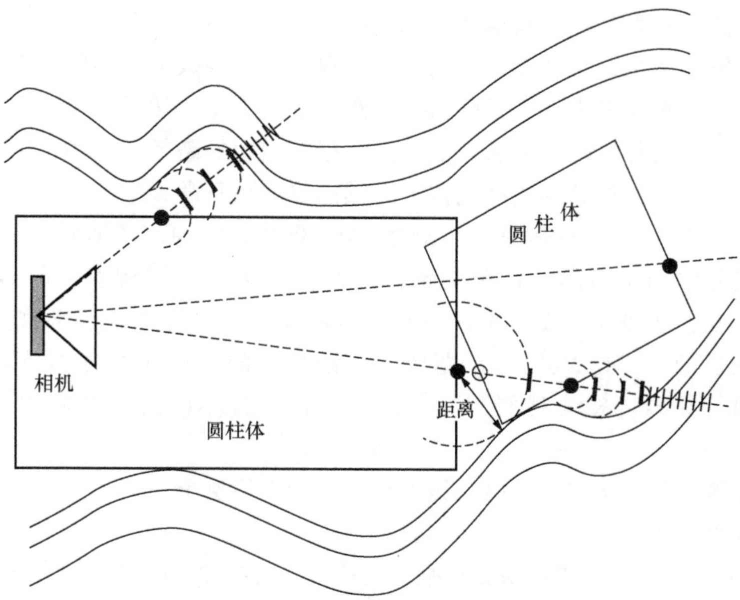

图 12.27　采用圆柱状近似结构的体积绘制算法示例

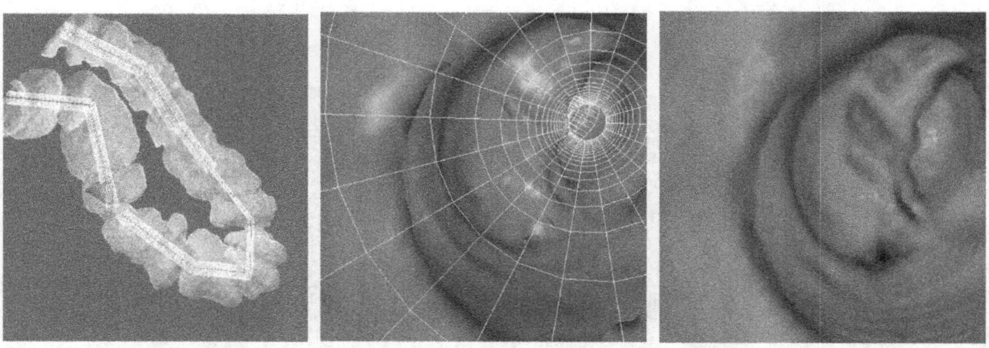

(a) 分割的对象表面外视图，以及相机和圆柱状近似　(b) 圆柱状结构和基于表面绘制的内窥镜视图　(c) 用直接体绘制和圆柱状近似的内窥镜视图

图 12.28　一个 200×115×300CT 结肠数据集虚拟内窥镜例子

工具，集成到他们开发的软件三维 Slicer 中。用这个工具，外科医生可以观察一个解剖学结构的三维模型，定义一个在模型内的观察路径，以便实行虚拟探查。当虚拟相机飞行穿过模型时，外科医生可以在一个屏幕内追踪虚拟相机在模型内的位置，而在另一个屏幕内观察内窥镜相机所看到的情况，并且追踪相机在二维灰度级切片中的位置。通过对病人特定数据的虚拟探查，可以帮助外科医师执行诊断，而不必在病人身体上进行操作。

这个交互式虚拟内窥镜工具用 3 种技术引导一个虚拟的照相机通过表面模型：手动操作照相机运动，用关键画面生成移动，以及自动路径计划。在自动路径计划里，采用了一个机器人路径计划算法。视照相机为点状机器人，而器官壁为障碍。这些障碍按照一定的阈值范围或组织标识被确认。路径计划程序在三维数据集中以相对一个目标的距离来标记所有的体素。定义这个目标为被探查器官的终点，然后给出一个出发点，路径计划算法使用一个最陡峭降落算法找出达到目标的最短的路径。在路径中每个点的体素的坐标被记录下来。用找到的这些点作为关键点将路径平滑。

照相机用一个圆柱状物体表示，观察方向沿着纵向轴（Z 轴）。虚拟照相机有 3 个函数模拟实际的内窥镜的平移和旋转：沿着 Z 轴前进；围绕着 Z 轴旋转；以 X 轴为枢轴转动。在监视器上，3 个窗口同时显示，包括全景视图、局部视图、距所指示的相机位置最近的 CT 或 MRI 切片图像。无论全局的（表面绘制的外表面）和局部的（内部表面的虚拟内窥镜视野）二者都可以从各种不同的角度显示，而且细节可以被放大。

下面是哈佛大学交互式虚拟内窥镜工具的一些应用例子。

（1）胃与肠的管道

腹部的螺旋 CT 图像在口服对比增强剂后获取。大肠和小肠被分割而且显示为三维结构的外观视图［图 12.29（a）］。当变更显示位置的时候，使用一个虚拟指针交互地跟踪从直肠到回盲肠的活瓣阀。在行进过程中同时显示结肠的内部表面［图 12.29（b）］。使用一个替代的显示方法，可以在一系列灰级断层图像上追踪虚拟内窥镜的行进，在其中一个箭头或彩色点的行进定义了虚拟内窥镜的位置。这个方法也展示了断层 CT 图像上的复杂肠回的连续性［图 12.29（c）］。

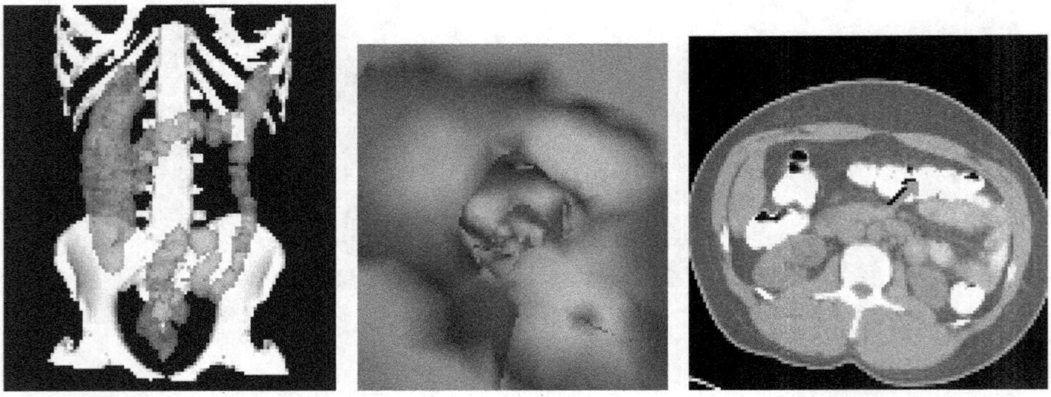

(a) 相机(黄色长方体)代表一个虚拟结肠镜的位置和它的视域(蓝色圆球)　(b) 结肠内表面　(c) 对应的CT切片上虚拟内窥镜视域的位置（箭头所指处）

图 12.29　一个 49 岁女性的腹部 CT 图像：一个从螺旋 CT 断面图像重构的结肠的三维视图

（2）脑室

图 12.30 为一个 62 岁男性脑积水病人的脑室外表面三维绘制，该图从脑的 MR 图像（T1 权重的三维梯度回波）重构。图 12.30（a）为脑室的三维模型。图 12.30（b）为内窥镜相机位置（黄色长方体）和它的视域（蓝色圆球）。图 12.30（c）为通过位于第三脑室的虚拟脑室镜相机看到的一个室间孔视图。

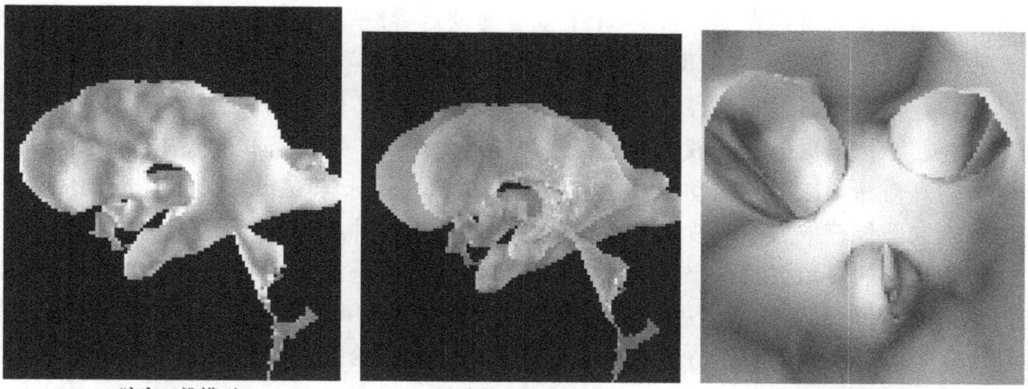

(a) 脑室三维模型　(b) 内窥镜相机和视域　(c) 在虚拟脑室镜相机看到的一个室间孔视图

图 12.30　虚拟脑室内窥镜应用例

(3) 支气管树

图 12.31 为一个 45 岁男性的胸部 CT 图像。该图是一幅从螺旋 CT 重构的胸部支气管系统的三维图像。其中，图 12.31 (a) 为器官支气管树的外表面，黄色方块定位相机的位置，蓝色圆球代表它的视域。图 12.31 (b) 为支气管分叉处的虚拟支气管镜视图。图 12.31 (c) 为内窥镜视图（箭头所指）在 CT 切片上的对应的位置。

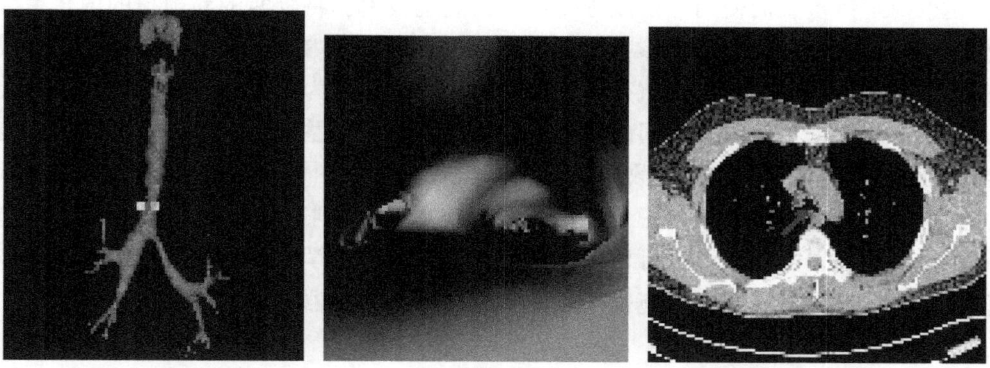

(a) 器官支气管树的外表　(b) 支气管分叉处的虚拟支气管镜视图　(c) 内窥镜视图在CT切片上的对应位置

图 12.31　支气管树虚拟内窥镜应用例

虚拟内窥镜使用 CT 和 MRI 数据的三维重构，提供了对于解剖学结构内表面的一种独特的描绘。与断层切片式表达不同的是，这种新的技术能连续地描述表面，并且允许交互式操作，操作员起动探查过程，在空腔式内脏或管状结构的内部航行或调遣虚拟相机。同时，与位于器官壁外面的解剖学结构的关系也能参照断层图像得到即时的显示。二维或三维指针的使用能协助操作员建立这种对应关系。

来自虚拟内窥镜的断层数据的表达需要复杂的图像处理，才能正确地在断层数据上定义管状的和空腔器官的内表面。关于数据准备所必需的计算机时间的平均为 10 个小时左右。如果器官壁的定义相对地简单，这个时间可能缩短。当器官的内容是气体的时候（如两侧鼻窦、支气管树），自动化的分割在大部分的情形下是可能的。包含液体的器官壁（脑室、尿道）在CT和MRI中也容易划定界线。动脉壁的结构能在对比增强的CT和使用流程-感光的MRI中看到。

然而，如果器官壁和内容之间的对比度不是充分大，要正确地描绘轮廓可能极端的困难。在肠结构里面混合的液体和空气使问题更为严重。肠准备和空气注入可能增加对比度。用高血醣素减少肠蠕动也可能提供附加的改进。未来在胃与肠CT和MRI对比度增强剂和图像获取方法的改进有望帮助区分图像中各种不同的成分。

使用现有的显示方法，来自断层数据的内窥镜描绘是能实现的。交互式显示也是可能的。未来虚拟-现实技术的进步和实体镜的可视化工具可能进一步提高这种新的图像表现方法。各种不同的显示方法能用来设计表现特定的诊断或解剖学定位任务。用一个显示屏模拟内窥镜视野，而另一个窗口或分离的荧光屏展示观察者的透视图。可以在二维断层图像或三维体绘制图像上显示一个指针，连续地追踪虚拟内窥镜的位置。一个更真实的实体镜显示可以通过使用相对廉价的计算机硬件和特制的三维眼镜来实现。

断层图像数据的内窥镜表达受到被重建的表面的空间分辨率的限制，但是MRI和CT技术的进展预期能改良空间分辨率。虽然这个方法或许永远不能提供与内窥镜检查可比较的分辨率。然而，作为一个完全非侵入的方法，来自CT和MRI数据的重建仍然能提供诊断上有益的视野，而排除了空腔器官不透明的器官壁的固有限制。这个类型的图像重建有足够高的分辨率揭示比较大的黏膜下损伤，动脉硬化蚀斑、器官壁内的或壁间的肿瘤，以及其他的异常。

虚拟内窥镜检查的使用可以改进传统的内窥镜技术。将真实的和虚拟的内窥镜数据合并，可能提供一个更有效的诊断检查。对所探查的器官内部和外部同时显示，以及在一个器官的虚拟空间里面自由航行，使特别的显示方法成为必要。用于这个目的的技术也能对在传统的内窥镜检查期间的直接视觉的检验有所补益。传统的内窥镜的图像能与适当配准的来自CT或MRI的数据的重构整合在一起。图像能被并行地观看或进行融合。真实的（录像带辅助）与虚拟的（由CT或MRI得到）图像融合需要关于内窥镜在病人体内的位置的知识。这可以用传感器（机械的、光学的或电磁的）附着在刚体内窥镜支架上，或附着在柔性内窥镜顶端来实现。微型传感器还可以被引入内窥镜的工作频道之内。

虚拟内窥镜检查的另外一个应用前景是在教育和训练系统方面。内窥镜检查的解剖学形态与在断层图像或解剖学图谱中看到的非常不同。无经验的内窥镜检查操作员很容易变得无判断力或完全迷失。虚拟内窥镜检查用于训练能使操作员熟悉内窥镜的解剖学显示方式，并能提供解剖学的标记以协助确定方位。虚拟内窥镜检查的预操作可以导致更有效和更安全的内窥镜检查程序。

参考文献

管伟光．1998．体视化技术及应用．北京：电子工业出版社．

吕维雪，段会龙．2001．三维医学图像可视化及其应用．杭州：浙江大学出版社．

彭延军，石教英．2002．体绘制技术在医学可视化中的新发展．中国图像图形学报，7A（12）：1239—1246．

Adrian G Bors，Leftteris Kechagias，Ioannis Pitas．2002．Binary Morphological Shape-Based Interpolation Applied to 3-D Tooth Reconstruction．IEEE Transactions On Medical Imaging，21（2）：100—108．

A Vilanova, E Gröller, A König. 2000. Cylindrical Approximation of Tubular Organs for Virtual Endoscopy, Computer Graphics and Imaging 2000. Conference Proceedings: 283—289. IASTED/ACTA Press.

Bradford J Wood, Pouneh Razavi. 2002. Virtual Endoscopy: A Promising New Technology. American Family Physician.

Carl-Fredrik Westin, Lars Wigstrom, Tomas Loock, et al. 2001. Three-Dimensional Adaptive Filtering in Magnetic Resonance Angiography. Jornal of Magnetic Resonance Imaging, 14: 63—71.

Ferenc A Jolesz, William E Lorensen, Hiroshi Shinmoto, Hideki Atsumi, Shin Nakajima, Peter Kavanaugh, Pairash Saiviroonporn, Steven E Seltzer, Stuart G Silverman, Margaret Phillips, Ron Kikinis. Interactive Virtual Endoscopy. http: //splweb. bwh. harvard. edu: 8000/.

George J Grevera, Jayaram K Udupa, Yukio Miki. 1999. A Task-Specific Evaluation of Three-Dimensional Image Interpolation Techniques. IEEE Transactions On Medical Imaging, 18 (2): 137—143.

G M Treece, R W Prager, A H Gee, L Berman. 2000. Surface Interpolation from Sparse Cross Sections Using Region Correspondence. IEEE Transactions On Medical Imaging, 19 (11): 1106—1114.

Karl Krissian, Gregoire Malandain, Nicholas Ayache. 2000. Model-Based Detection of Tubular Structures in 3D Images. Computer Vision and Image Understanding 80, 130—171.

L M Lorigo, O D Faugeras, W E L Grimson, et al. 2001. CURVES: Curve Evolution for Vessel Segmentation. Medical Image Analysis, 5: 195—206.

Peter J Yim, Jual J Cebral, Rakesh Mullick, et al. 2001. Vessel Surface Reconstruction With a Tubular Deformable Model. IEEE Transactions On Medical Imaging, 20 (12): 1411—1425.

S James Chen, John D Carroll. 2000. 3D Reconstruction of Coronary Arterial Tree to Optimize Angiographic Visualization. IEEE Transactions On Medical Imaging, 19 (4): 318—336.

Tianhu Lei, Jayaram K Udupa, Punam K Saha, Dewwy Odhner. 2001. Artery-Vein Separation via MRA—An Image Processing Approach. IEEE Transactions On Medical Imaging, 20 (8): 689—703.

Vassillios Chatzis, Loannis Pitas. 2000. Interpolation of 3D Binary Images Based on Morphological Skeletonization. IEEE Transactions On Medical Imaging, 19 (7): 699—710.

第 13 章　计算机辅助检测与计算机辅助诊断（CAD）

在医学成像技术中，疾病的正确诊断和/或评估取决于图像的获取和图像的解释两个方面。医学成像技术的进步使得放射学对医疗诊断的作用和贡献日益提高。然而，图像的解释工作仅在近年来才开始受益于计算机技术。医学图像的大多数解释工作是由放射科专家完成的；然而，人类对图像的解释受到以下因素的局限：人类的非系统地搜寻模式，互相重叠的解剖结构使图像变得复杂，图像中的结构噪音的存在和复杂的疾病状态的表现需要集成大量的图像数据和临床信息。基于一位病人的图像做出诊断时常不是一件容易任务。不同观察者之间看法也会很不相同。特别是在疾病筛查工作中，包括健康人在内的大量医学图像的阅读和诊断的工作量是放射科工作人员难以承受的，沉重的负担和重复性的劳动也容易造成疏漏。使用计算机的帮助，开发计算机算法协助放射科专家读取和分析医学图像，从而尽可能地改善医学图像的解释的想法因此变得十分重要。这一研究领域现在通常被称作计算机辅助检测/计算机辅助诊断，或简称 CAD。

13.1　CAD 概念和研究概况

13.1.1　CAD 简介

CAD 是指计算机辅助检测（Computer-aided Detection，CADe）和计算机辅助诊断（Computer-aided Diagnosis，CADx），此外还包括计算机化的癌症风险评估，以及计算机化的肿瘤治疗评估。

CAD 是一个相对年轻的跨学科的技术，将人工智能、数字图像与放射学的图像处理相结合。第一个提出 CAD 这个术语的是 1963 年 G. S. Lodwick 在期刊“Investigative Radiology”上发表的一篇论文，题目为“Computer-aided diagnosis in radiology A research plan”。在 20 世纪 60 年代和 70 年代，包括物理学家在内的研究人员与临床医生开始调研计算机化的图像分析，目的在于对异常的自动检测或分类，包括分析乳房图像和胸部 X 光照片。关于人工智能的潜能，研究人员持乐观态度，尤其是在医学图像的计算机分析方面。从缩写 FACD(Fully Automatic Computer Diagnosis，全自动的计算机诊断)，ICD(Interactive Computer Diagnosis，交互式计算机诊断）代表了一些研究人员的目标。但是几十年之后，人们仍然没有接近该目标。80 年代中期，芝加哥大学放射学系的一支由医学物理学者和放射线学者组成的研究队伍开始了他们在计算机辅助检测或者计算机辅助诊断方面的研究努力，也就是说，以计算机输出作为对放射线学者的一个帮助——不是完全自动的计算机解释。目前，一个公认的对 CAD 的定义是由美国芝加哥大学提出的“一个放射科专家做出诊断时把计算机对医学图像的分析的输出作为发现损伤、估定疾病的程度，以及作出诊断决策的一个“第二意见”（second opinion）来考虑”。预期借此改善对医学图像的解释。虽有 CAD，但最后的诊断还是由放射科专家来进行。随着新的计算机技术、新的成像模式和新的解释任务的快速成长，以及 CAD 在疾病筛查、图像检测、癌风险评估等方面的重要贡献，关于 CAD 的研究必将更加活跃。CAD 正在慢慢地得到认同。目前已经有一些商品化产品提供使用。1998 年，第一个用在乳房 X 光片中发现微钙化点和肿块的 CAD 产品得到了美国食物药品管理局（FDA）的核准。它由位于加州的 R2 公司研制，名字是 ImageChecker。该系统在例行乳癌筛查程序中发挥了重要作用。能成功地在乳房 X 光片中标记出恶性损伤的位置。2001 年，用于肺癌筛查的肺结节检测的 CAD 产品 Rapidscreen 也得到了 FDA 行销批准。该产品由 Rockville MD 发明，Deus 技术公司开发。2007 年 7 月，R2 技术公司宣布，他们的肺结节计算机辅助诊断软件系统获得 FDA 认证。ImageChecker(R)CT 是 FDA 批准的首个辅助多层螺旋 CT 胸部扫描用以检测肺结节的 CAD 软件。从研究机构来讲，芝加哥大学发表的 CAD 专利权在众多的研究机构中名列前茅，有 70 多个专利权已被授权或正在接受审查。他们开发的 CAD 方法已经整合到几个 CAD 系统之中，有的已作为商品出售。

13.1.2 计算机辅助检测（CADe）

在计算机辅助检测（CADe）系统中，计算机将数字影像数据作为输入，指出可疑损伤的图像位置的说明作为输出。CADe 系统通常限于在可疑的或异常的图像区域上作标记。特性描述、诊断和病人的管理留给放射线学家去做。CADe 系统最有用的是在图像检测筛查程序中。例如，乳腺癌筛查，吸烟者的低剂量胸部 CT 筛查、结肠癌筛查。这种情况下数据量很大，且大多数病案是正常的。

CADe 系统所作的标记可以被长期地或暂时地存储。后者的好处是只有被放射科专家核准的标记被存储。因为今天的 CAD 系统不能 100％地发现病理的变化。把错误的标记点（假阳性）也存储下来的话，会使随后的考察变得更困难。

在 CADe 中较活跃的研究包括将荧屏/胶片 X 光片转换为数字 X 光图像，CADe 筛查乳腺 X 光片以及 FFDM（Full-field Digital Mammography），进一步扩展到结肠 CT 图像和心脏 CT 三维图像。作为被核准的结合进筛查程序的附加模式，CADe 已可实用。目前，美国和其他国家许多医院将 CAD 系统用于普查妇女乳癌。

13.1.3 计算机辅助诊断（CADx）

当一个潜在的异常被发现后，它的特性必须由放射科专家进行评估，以估计恶性肿瘤的可能性，并产生关于病人管理的决定（例如，是否进行活检）。CADx 通过计算机图像分析产生关于一个感兴趣区或损伤的描述性输出。感兴趣区最初由人或计算机检测系统定位。计算机也可能输出数学的描述符描述损伤和/或估计恶性的或其他异常的可能性，把最后的诊断和病人的管理留给医生去做。最后，CAD 的目标是减少搜寻错误，减少解释错误，而且减少观察者之间或观察者本人多次观察的差异。最终改善特定疾病的诊断，并改善活组织切片检查建议的正确预测值。

CADx 算法包括损伤分割算法，损伤特征提取，依据特征判断恶性损伤可能性的模型，以及输出信息给用户的方法。

13.1.4 CAD 系统的一般结构

CAD 系统的典型结构包含 4 个主要的模块（图 13.1）：图像预处理、定义感兴趣区（ROI）、特征的提取和选择和对所选取的 ROI 分类。

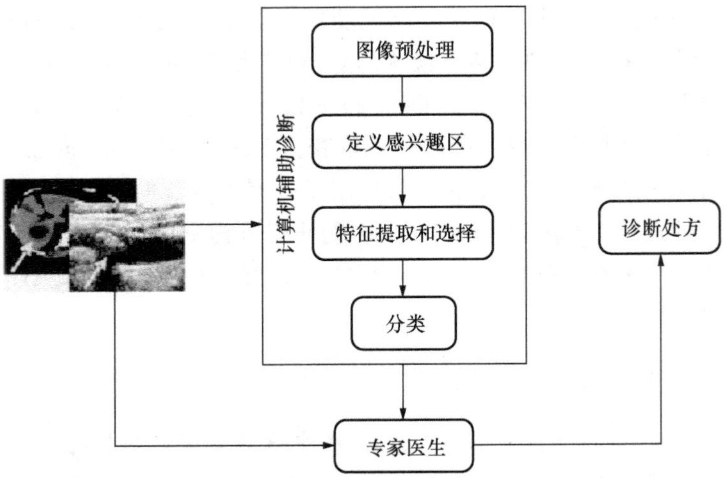

图 13.1 CAD 结合医疗诊断原理示意图

图像预处理的目的是为改善图像的质量，可应用以下方法消除噪声：均值滤波器、中值滤波器、拉普拉斯滤波器和高斯滤波器，图像结构的边缘增强（钝化，小波变换），增强图像对比度（直方图均衡）；图像规范化是另外一种预处理方法，也就是使用线性的或者非线性的灰度变换，它允许对使用不同的设备和/或不同的机器装置所获得的图像进行比较。预处理至关重要，因为后继任务的效果，包括 ROI 的定义以及特征提取等，高度地依赖于所使用图像的质量。

对于病人图像中的解剖学结构，包括正常的和不正常的，可使用手工、半自动方法或全自动方法确定。基于种子的区域生长是一个半自动方法的例子，广泛地应用在医学图像中定义 ROI。而活动轮廓模型用在二维医学图像中自动定义和追踪解剖结构的轮廓，具有近似地接近任意形状的器官边界的能力。特征提取是指医学图像的各种不同定量测量，典型的用于关于结构或组织的病理学的决策。特征提取可以在频谱或空域进行。在特征提取后，选择一个最强健的特征的子集是必要的，目的在于改良分类准确性并减少总体复杂性。特征选择方法使用搜寻策略。搜寻策略分为穷举式、启发式以及非决定性。例如，应用启发式技术从血液显微镜图像选择最适当的特征来区别 5 种类型白血球。非决定性技术，如像遗传算法（GAs）已经被应用于肺结节检测中的特征选择和 CT 图像中的肝组织特征描述。

在医学图像分析中应用模式识别的一个最普通的问题是如何对一组特征进行适当的类别。给定一组特征，它的分类可以是有监督的或者无监督的。在有监督的分类方面，训练样本的类型及其特征向量值是已知的，而在无监督的分类方面，所有的特征向量值对应的类型在分类之前都是未知的。

有监督的分类可以是基于统计分类器，例如决策树、k 近邻和贝叶斯分类器以及神经网络（NN）分类器。最近，又提出一些更复杂的有监督分类方法，在CT结肠X光片中检测结肠息肉的分类器中应用。C-均值和自组织映射方法（C-Means and Self-Organizing Map）、Kohonen映射等也是较常用的无监督的分类方法的例子。

13.2 CAD常用技术

13.2.1 图像预处理

图像的预处理对于减少CAD算法的复杂性和计算时间是必要的。因为医学图像的图像质量随着病人和/或成像方法，例如像素值的范围、噪声水平和背景情况有很大的差异。因此，像素值的规范化、为减少噪音使用一些平滑滤波、背景校正等，应该在特征提取之前进行。

1. 图像增强

图像处理中进行图像增强的传统解决办法是（局部）直方图均衡技术的使用。一个相关的技术是高频细节的增强（锐化）。各式各样的对于胸X光片的处理程序都基于局部均衡、锐化，以及这些技术的组合和修正。现在，几乎所有厂商出售具有大的动态范围的数字胸片插件，而且大多数厂商用专有的算法自动地预处理图像。

如果处理对象的灰度的空间分布是已知的，可用增强滤波器增强特定对象。已开发出对于特定的损伤的一些增强滤波器并在CAD领域应用。例如，对于MR扫描仪成像的小的颅内动脉瘤，可使用一种三维高斯形状的增强滤波器，因为动脉瘤的形状与三维高斯函数相似。一种基于三维图像的Hessian矩阵的特征值结合的三维滤波器可用于增强脑图像中特定的三维结构，这些结构有线状的、平板状的和斑点状的结构，分别地对应于脑血管，血管壁和动脉瘤。

经滤波器增强了的候选区域中可能产生很多的假阳性，为了克服这一问题，可采用监督式的滤波器仅对损伤部位增强。例如，有一个CAD方案使用一个大规模训练人工神经网路（MTANN）在CT中检测肺结节。MTANN滤波器利用CT图像中的实际损伤进行训练，仅增强实际损伤模式，而不增强疑似损伤的常态结构。这种监督滤波器可望用于开发神经放射学领域中的CAD系统。

2. 减影技术

由于多种解剖结构互相重叠，使得胸部X光片的分析和解释更具挑战性。为了更好地发现异常，常使用减影技术。减影技术尝试在胸部X光片中减弱正常的结构，使异常部分更为清楚突出，更便于放射科专家查看或者计算机检测。

一种减影技术是时间减影。输入图像与同一个病人早先的X光片配准。使用弹性匹配，基于交叉相关计算两幅图像中多个小的感兴趣区（ROIs）的位移向量，再用一个高阶多项式函数拟合该位移向量，得到一个平滑的变形场。将配准后的图像减去，如果配准是成功的，在时间间隔上有变化的区域显现出来，在灰色的背景上显示为较暗的或为明亮的区域。通过放射科专家的主观评估，该方法的结果已经可以与人工配准相比。有关研究表明了减影图像使得检测准确度提高。如果不能得到一个早先的 X 光片，对于胸片分析来说，可通过镜像左、右肺部并在左、右肺上进行柔性的配准来实现减影。这一技术使用肋骨边缘的对称性造成对侧减影。该技术被用来从一些候选肺结节中消除假阳性。也可以通过减去一个拟合于输入图像的模型在 X 光照片中除去或者隐去常态结构。有的研究中用不同模式的图像进行减影，如，将 MR 成像中 T1 权重的图像与 FLAIR 图像减影（图 13.2）。

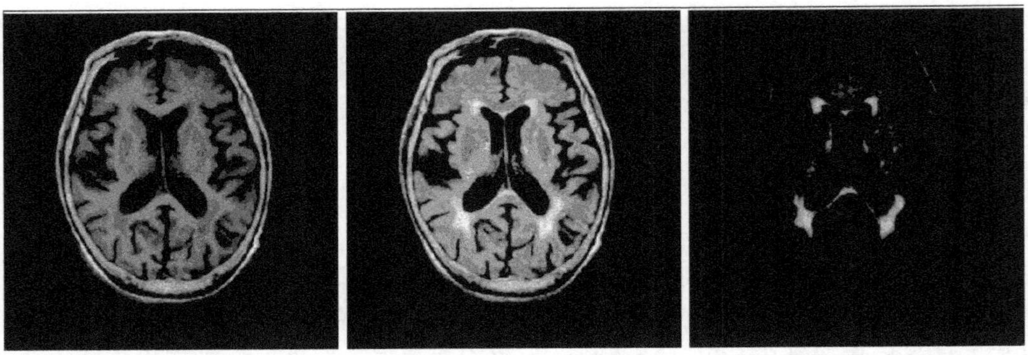

(a) 原始的T1加权图像　(b) 原始的FLAIR(液体衰减反转回复) 图像　(c) 图(a)和(b)的减影图像

图 13.2　减影图像示例

13.2.2　图像分割

图像分割是另一重要的预处理。为了搜索异常的部位，需要对感兴趣区（ROI）进行分割，以减少计算时间，仅考虑那些可能包含异常的解剖区域。例如，为在 MRA 图像中检测动脉瘤，在一个 CAD 系统中，搜寻区域可确定为扩张的大血管。而在 MR 图像中检测白质高密度区或 MS 损伤的 CAD 系统中，将分割得到脑区作为搜寻区域。在脑图像分析中对头部位移和倾斜的空间位置进行校准对于确定一个参考点或病人图像中的原点是十分重要的。

在一些应用中，有些诊断信息可以直接由分割得到。一个例子是扩大的心脏的大小（心脏肥大症）的估计——通常通过测量 CTR（心胸比率），心的最大水平直径除以胸的最大水平直径得到。

用于提取损伤候选区域或者目标解剖学区域的一些分割方法已经较多报道。主要的分割方法有基于区域的生长技术、分水岭算法、蛇线算法、水平集（level set）方法。在神经放射学的图像处理领域中，水平集方法已经广泛地用于分割解剖区域，如脑实质、白质和脑的外皮层区域。首先，水平集函数 ϕ 被看作到初始的脑白质区域轮廓的一个带符号的距离，在这里是水平集函数的零水平集。然后，水平集函数 ϕ 按照下面的偏微分方程求解

$$\frac{\partial \phi}{\partial t}+F \mid \nabla\phi \mid = 0 \tag{13.1}$$

式中 t 是时间，F 是速度函数。当更新水平集函数时，零水平集 $\phi=0$ 依照速度函数移动进高一维的水平集函数中。这里，零水平集被称作“移动前沿”。最后，如果某些条

件被满足，则水平集函数的更新停止。图 13.3（a）和（b）分别显示原始的 T2 权重的图像和应用水平集方法分割的脑白质区。

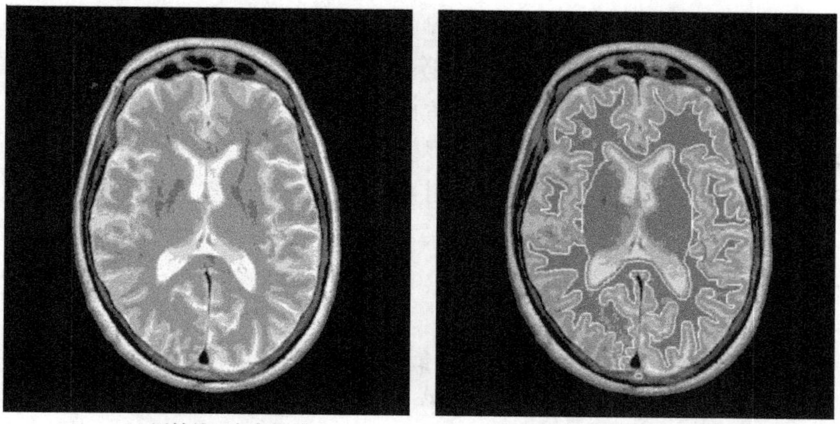

(a) 原始的T2加权图像　　(b) 应用水平集方法分割的脑白质区

图 13.3　水平集分割方法示例

13.2.3　初始候选损伤的检测

在 CAD 领域损伤的初始检测多采用基本的简单阈值技术，对于增强滤波器的输出或者对目标增强后的图像中的像素灰度值使用阈值技术。文献报告的检测技术还有广义 Hough 变换、Hough 变换、多灰阶阈值技术等。对待减影的图像使用基于遗传算法和交叉相关系数的模板匹配的技术，对匹配后的图像减影，再对减影的图像采用阈值法，用于肺结节检测。

如果发现的结构已经达到一个特定的阈值水平，则放射科专家就会在图像中标记出来。这取决于具体的 CAD 系统，这些标记可以被长期地或暂时的存储。后者的好处是只有被放射科专家核准的标记被存储。所以错误的标记点不会被存储，因为会使随后考察变得更困难。

13.2.4　图像特征提取

特征提取是 CAD 系统的主要步骤之一，但是在 CAD 领域和模式识别领域都没有提取特征的“标准做法”。因为特征提取的具体方法取决于不同的医学图像中每个不同的对象（损伤）。

特征提取的目的是描述被识别对象的特性，对于属于相同类别的对象，这些特征值应很相近；但对属于不同类别的对象，这些特征值应较大。后续的分类的准确性取决于相同类别中的对象在特征值上的差异（类别内的差异），也与不同类别的对象在特征值之间的差异（类别间的差异）有关。此外，特征应该不随输入的不相关变换，例如平移、旋转和尺度等而变化。问题是该如何确定表示对象特性的图像特征。作为一个简单的例子，考虑描述多发性硬化症（MS）损伤的特征。在 MR 图像中，MS 损伤的形状看起来像圆形或者椭圆形，且 MS 损伤接近侧脑室或位于白质区域内。然而，多数假阳性对象会非常小且可能是线形的，而且位于远离脑的中心或是在灰质区域内。因此，作为描述 MS 损伤的图像特征，可选择圆形度以及每个候选区域的形心到一个脑区域的形心之间的距离为特征，该特征应不随平移、旋转和尺度而变化。值得注意的是，该距离应该用病人特定的值（比如，每个脑区域的前－后向距离）规范化。

CAD 研究人员应该学习相关的解剖学知识，并应该花费足够时间仔细察看图像，以了解特定损伤在图像中的表现。对于检测特定的损伤的有效的特征应该通过与放射线学者讨论进行选择，可为对象选定一个模型。从减少假阳性的观点出发，应该也给假阳性决定一些模型。也可选择其他一些特征测量，如有效的直径、球形度、不规则性、细长度等。

13.2.5 ROI 评估与分类

在 CAD 系统的分类程序中，由特征提取程序提供的每个候选损伤的特征矢量用于分配候选者到可能的种类之一（例如，损伤或正常组织），依照分类器的输出来分类。在实际的测试之前，分类器的设计应该先从训练病案输入特征值，教给分类器真实的类别标签（举例来说，1 或 0）。这种学习方法被叫做“监督学习”。无监督的学习方法不需要训练数据，在 CAD 研究领域中用得不多，因为实际的 CAD 系统应该是“受过教育的”或基于临床的事实或证据被训练的。

用于 CAD 系统的机器学习分类器有近邻法分类器、最小距离分类器、线性判别分析（LDA）、二次判别分析（QDA）、人工神经网路（ANN）、支持向量机（SVM）、贝叶斯分类器、模糊 C 均值聚类算法（FCM）等。大体上，有两种类型的 CAD 系统：一种 CAD 系统是将所有候选损伤分类为异常、正常两大类，也就是，两类分类方法系统；另一种是将未知对象划分为多种异常类型，即，多分类 CAD 编目方法系统。例如，一个 CAD 系统的 ANN 分类器可设计成将脑瘤候选损伤分为 4 个类别：高级别胶质瘤、转移瘤、低级别胶质瘤和恶性淋巴瘤。

在许多 CAD 系统中，首先，使用简单的基于规则的方法减少“明显的分泌物假阳性”，再用机器学习分类器消除包括“伪迹的阳性”的各种不同类型的许多假阳性，即像损伤一样的假阳性。

13.3 CAD 的主要应用

CAD 一个典型的应用是肿瘤的检测。例如，一些医院使用 CAD 在筛查乳房 X 光照相（乳癌的诊断），在结肠中检测息肉和肺癌的检测。

目前关于 CAD 方法的大部分研究都还没有进入临床领域。然而，CAD 正在慢慢地得到认同。作为图像检测的一个部件，在临床应用中，CAD 方法可用做常规的普查方案的一个部分，或者当放射线科医生在解释个别病例时提出请求的情形的时候被使用。最终，将会给每个放射线科医生配置一个 CAD 工作站，允许对计算机输出的灵敏度和特异性进行个性化的控制，依据病案情况特征和医生个人的偏爱进行调整。未来，很有可能所有医疗的图像将会接受一些形式的计算机分析以利于诊断。

13.3.1 CAD的一些主要应用

1. CAD乳癌筛查

CAD被用于筛查乳房X光片，作为乳癌的早期发现手段。在美国和荷兰，除了人类专家的评估之外，也用CAD系统作为放射科专家评估的辅助手段。芝加哥大学开发了第一个用于筛查乳房X光片的CAD系统。1998年，该CAD产品得到了FDA的核准，现在已经有商业产品出售，由iCAD和R2公司提供。现在，还有一些非商业的正在开发的课题，例如，Ashita课题，在研究一个基于梯度扫描的筛查软件。

2. 肺癌（支气管癌）

在肺癌的诊断中，已经开发了带有专用的三维CAD系统的计算机断层扫描设备，用做肺癌诊断的金标准。该设备对一个含有3000幅图像的大容量数据库进行分析。可以检测1mm直径的损伤（肺癌，转移瘤以及良性的变化）。

肺癌的早期发现是有价值的。肺癌患者比乳腺癌、前列腺癌、结肠癌患者加起来还要多。这是由于这种癌的无症状生长。在多数情形中，如果病人发现了第一个症状（举例来说，慢性的声音嘶哑或咯血），则对于一种成功的治疗已经太晚。但是如果肺癌早（大概偶然）被发现，依照美国防癌协会的说法可能有47%存活率。在X光图像中随机检测到早期肺癌（第1期）是很困难的。事实上，5～10mm的损伤改变是很容易被忽略的。CAD胸片检测系统的例行应用可帮助在没有初始的怀疑下发现小的变化。菲利浦（Philips）公司是第一家提供在X光图像上早期检测肺部损伤的CAD系统的厂商。计算机辅助诊断技术业内领先的制造商R2 Technology 2007年7月宣布，其产品ImageChecker(R)CT计算机辅助诊断软件系统获得FDA认证。ImageChecker(R)CT是FDA批准的首个多层螺旋CT胸部扫描用以检测肺结节的CAD软件。

3. 结肠癌

CAD系统可用来检测结肠和直肠息肉。息肉是从结肠的内部衬里生长的。CAD检测息肉主要是识别结肠的小突出物的形状特性。要避免过度的假阳性，CAD忽略正常的结肠内壁，包括结肠袋的皱褶。在早期临床实验中，CAD帮助放射科专家找到比使用CAD之前较多的结肠内息肉。

4. 核医学

CADx可用于核医学图像。商业CADx系统用于扫描全身骨头以诊断骨转移瘤，以及用在心肌灌注图像中诊断冠状动脉疾病。乳房MR在乳癌的诊断中使用造影剂Gd-DTPA显示出巨大的优越性。正在开发用于乳房MRI的计算机辅助诊断程序，以改善放射科专家的效率。

13.3.2 计算机化的癌症风险评估

目前正在开发评估病人发生某种特定疾病的危险的方法，如像乳癌或骨质溶解。在许多情况下，该项分析是通过对医学图像上一个特定区域的纹理分析来实现，因为潜在的疾病本身还没有什么表现。

许多年来，许多研究人员已经显示出用乳房 X 光照相的模式的主观（视觉的）评估作为危险的指示器的作用。研究显示密集的组织超过乳房的 60％～75％的妇女比那些没有明显的乳房组织密集的妇女患乳癌的危险高出 4～6 倍。乳房 X 光照相的密度模式的视觉评估由于人类评估的主观性质依然存在争论。然而，计算机视觉方法能产生对密度和纹理的客观衡量。计算机化的乳房 X 光照相图像的密度分析方法已经被许多研究人员所应用。但要扩展 X 光片标记与临床标记结合起来作为新的危险指示器，还需进一步的研究。

芝加哥大学正在开发计算机化的方法用于测量乳房结构，这可以与临床风险测量一起用在定量地描述乳房实质和癌的危险。对 X 光图像数字化之后，在乳房范围之内（在乳头后面，在密集的和脂肪的部分之内）的区域选择感兴趣区（ROIs），将 ROI 图像数据输入到计算机化的纹理分析方案中，确定个体的乳房图像中纹理的变异。

计算机提取的乳房 X 光照相的特征，如偏斜度和从傅里叶分析中的均方根变异，表示致密度，也用粗糙度和对比度等数学描述符描述在胸部实质纹理模式的异质性。通过对 3 个不同类型的数据库，3 种类型病人分组的乳房 X 光片的模式的定量分析，指出高危险的妇女倾向于带有粗糙的和低对比度纹理模式的较密集的胸部实质。

13.3.3 CAD 用于超声图像的研究

在过去的 10 余年间，超声诊断乳房损伤或异常的应用日益增加。研究表明，乳房超声图像在囊肿的诊断方面有 96％～100％的准确性，而且在区分不同类型的实体损伤方面的应用也越来越普遍。这引发了积极开发在超声图像上的计算机辅助诊断系统作为乳癌的一个诊断工具的兴趣。

在乳房超声图像 CADx 系统中，将可疑损伤的超声波筛查图像输入到系统，而输出是计算机评估的恶性可能性的表格。给定近似的损伤中心，计算机算法自动地执行损伤分割，特征提取和分类。提取的特征定量地描述损伤的 4 个特性：形状、边缘、纹理和后继声行为。超声波计算机化的检测/诊断方法已经通过不同机构和多个图像获取厂商评估。在自动检测阶段之后，基于计算机提取的损伤特征，使用贝叶斯神经网络对候选损伤分类。神经网络在包含数百个病案的数据库上训练，数据库包含有复杂的囊肿以及良性和恶性的损伤，又在另一个独立数据库上进行测试。研究结果报道，在区分所有实际的损伤与假阳性的检测中，对于训练数据集和测试数据集 AUC（ROC 曲线下的面积）值分别达到了 0.94 和 0.91。

现有的超声诊断胸部图像使用传统的手持探头获得。检查的结果依赖于操作员水平，重复性较差。而且，用这种方法扫描整个胸部，过程是冗长的。目前，日本已经有自动的全胸扫描仪（ASU-I 004，Aloka Co. 公司）可用于获取和检查胸部图像。扫描仪能彻底扫描整个胸部。在工作站上从最初的扫描数据重建三维全胸体积数据。该工作站带有 CAD 功能的图像观察器。

使用 Canny 检测器，超声图像中的边缘信息被增强和分析。乳房超声图像中正常的结构典型地不包含垂直的边缘，在图像中检测到垂直边缘指示不正常的结构。基于全胸超声图像的CAD系统，使用双侧减影技术来减少在肿块检测方案中产生的假阳性。研究发现，基于双侧减影技术减少假阳性的方案能有效地减少假阳性。

13.3.4 CAD对于脑疾病的应用研究

1. 颅内的动脉瘤

脑的健康检查的目的之一是使用MR血管造影（MRA）检测无症状未破裂的颅内动脉瘤。颅内动脉瘤的破裂引起次蛛网膜出血（SAH），在北美每年超过10 000病人因此而死亡。有动脉瘤的家族史或者患有多囊的肾、主动脉狭窄或胶原蛋白脉管的疾病的人群，患动脉瘤的危险增加。在这些人群中，尽早地发现动脉瘤并给以处理或追踪观察非常重要。然而，让放射线学者发现小动脉瘤是很困难的，而且很消耗时间，因为它们与毗连的血管重叠或在最大强度投影（MIP）的MRA图像中的异常的位置。因此，开发了一些CAD系统帮助放射线学者进行颅内动脉瘤的检测。

2. 在血管性痴呆中的白质高亮度

次外皮的血管性痴呆（VaD）是神经退行性血管紊乱，导致记忆和认知功能的进行性衰退。缺血性损伤在VaD病人中表现为在脑白质中的高亮度区域，也就是，在MR成像的FLAIR（流体衰减反转恢复）图像或者T2加权图像上脑室周围高亮度区域（PVH）和白质高亮度（White Matter Hyperintense，WMH）区域。研究表明，VaD的症状的程度与白质高亮度区域与整个的脑区域的比率有关（称作WMH区域比率），这可为VaD的治疗提供诊断的信息。因此，估计WMH区域比率对于评估VaD的程度非常重要。还有研究报告使用MR图像检测WMH（包括腔隙性梗塞）的CAD系统，提出不同的WMH的自动分割方法。

3. 阿尔茨海默氏症

阿尔茨海默氏症（AD）是一种不可恢复的，进行性的思维紊乱，慢慢地恶化记忆和思考能力的疾病。AD的发生与年龄关系密切，AD在具有较长的平均寿命的国家是公共卫生主要问题之一。AD与脑外皮层中灰质的萎缩有关，这导致脑外皮的体积减少，或者在脑回和侧脑室（LVs）的脑脊液（CSF）的体积增加，这些能在磁共振（MR）图像中被测量。为了提供对AD病人的适当照料，在AD早期定量地评估脑外皮中萎缩的程度是非常重要的。有些自动化方法可以在大量患有痴呆的病人之中鉴别AD病人。近年来，研究了一种基于体素的形态测量学（VBM）的全脑无偏差技术，使用MR成像描述脑组织的局部构成的不同，能在逐个体素的基础上客观地映射灰质损失。

4. 多发性硬化症

多发性硬化症（MS）是由中央的神经系统中轴突和它们的髓磷脂鞘结构损伤所引起的进行性神经学紊乱。MS损伤的形状、位置和面积因人而异，而且随时间改变。放射线学者应能正确地发现并且评估 MS 损伤。然而，在磁共振（MR）图像中发现并正确评估每个损伤会是一件要求高且耗时的事情。因此，一些基于二维或三维 MR 图像的识别和/或分割 MS 损伤的半自动化或自动化方法应运而生。

5. 脑胶质瘤

脑瘤的精确非侵入放射学诊断对适当的治疗计划是很需要的。脑瘤的诊断通常由放射科医生使用 MR 图像主观地完成，准确性可能因非典型病例的出现或该放射科医生的有限临床经验而受限制。计算机化的处理方法能提供一个图像的客观信息，协助放射科专家对脑瘤分类。已经有报道应用人工神经网络方法在脑瘤诊断改善了放射科专家的诊断。

13.3.5 CAD 对于胸部疾病的应用研究

1. 肺结节的自动检测

肺结节的自动检测是胸部 X 光片的计算机分析中研究最多的问题。结节在肺部区域里面显示为相对低对比度的白色圆形物体。对于 CAD 方案的困难是要区别开真的结节还是血管和肋骨交叠的阴影。几乎所有的结节检测方法都是两个步骤：在第一个阶段中，检测出初始的候选结节；第二个阶段除去尽可能多的假阳性候选结节，尽量不要牺牲太多真阳性结节。肺结节的检测是当前第一个重要的应用领域，工业界已经有些计算机辅助诊断的产品。这个问题是困难的，还远远没有解决，有时会发生肺结节漏检。Deus 技术公司、Rockville MD 发明的 Rapidscreen 已经得到 FDA 行销批准。

2. 心脏肥大症检测；总体肺容量的估计

前面已经提及，心脏肥大症的检测是通过测量 CTR（心胸比率），心的最大水平直径除以胸的最大水平直径。诊断的信息能直接从分割获得。对于分割出来的感兴趣区进行大小尺寸测量即可。另一个相关例子是测定总的肺容量（TLC）。在这种情况，必须检测在胸部 PA（后—前向的）和一个侧面的 X 光照片上边界点。假设肺是一个简单的形状，体积的估计使用一个经验公式。

3. 间质疾病的检测

肺的许多疾病在胸 X 光照片中具有漫射模式的特点。这些疾病常被称为漫射肺疾病或者间质疾病。肺的间质是血管和肺泡之间的连接组织，是一些极小的气囊。对一个胸片放射科医生来说，对间质疾病分类是最困难的任务之一。分析的线索包括其模式（线状、网状、小结节、蜂巢形）的类型、受感染区域的位置、形状和对称性等，这些区域的边界（良好定义的或不清楚的）以及它们随着时间的变化。从图像处理的观点，纹理分析对于分析这种类型的异常是一种适当的方法。为检测间质疾病，应对肺部的所有区域检查以确定是否存在间质疾病。

13.4 CAD系统性能评估

13.4.1 诊断的准确性和ROC方法学

诊断的“准确性”通常是指某些案例中医师判定是“正确的”，而“正确性”是将诊断结果与某些已定义的“标准”比较来决定。“标准”的确定有许多不同的方法，这个论题在13.4.2节中讨论。此外，准确性的定义还要考虑两个方面：首先，它强烈地受疾病患病率的影响，对一种在小于1%的人口中出现的疾病，一个扫描测试很可能是以超过99%的正确性忽略该疾病所有的迹象，而宣布这种疾病不存在；其次，“不正确”这个概念不能区别两种主要类型的错误，即判定为阳性的一个病例实际上是阴性的，或判定为阴性的一个病例实际上是阳性的。这两种类型的错误的相关代价通常是不一样的。

假设存在一个“金标准”，在一组图像中定义了所有实际存在的损伤及其位置的“准则”。对于在金标准中鉴别的每一处损伤，一个放射科专家或者能够正确判断（真阳性，TP）或错判（假阴性，FN）。另一方面，一个放射科专家所判定的每个损伤，或者它与金标准一致（真阳性，TP）或不一致（假阳性，FP）。

1. 灵敏度与特异性

灵敏度（sensitivity）定义为真阳性率（又称真阳性分数TPF—True Positive Fraction），是一个损伤实际存在且被判定它存在的概率 P_{TP}

$$灵敏度 = P_{TP} = \frac{\#TP}{\#TP + \#FN} \tag{13.2}$$

与灵敏度互补的是假阴性率 $P_{FN}=1-P_{TP}$，即一个损伤实际存在而被判定不存在的概率。

类似地，特异性（specificity）定义为真阴性率，是一个实际不存在的损伤且被判定它不存在的概率 P_{TN}

$$特异性 = P_{TN} = \frac{\#TN}{\#TN + \#FP} \tag{13.3}$$

与特异性互补的是假阳性率 $P_{FP}=1-P_{TN}$（又称假阳性分数FPF—False Positive Fraction），即一个实际不存在的损伤而被判定存在的概率。

然而关于特异性，除非当检测问题是二元的时候，也就是说，每个图像只能有一个单一类型损伤，或全然没有损伤。否则，不可能给 P_{TN} 一个有意义的定义。在二元情况下，仅当图像中0个损伤存在时才可以确定一个损伤不存在，定义一个真阴性TN。因此，如果有 N 个图像，则相对频率变成

$$特异性 = \frac{\#TN}{N - \#TP} \tag{13.4}$$

在二元的情形中，即一个图像只包含一个损伤或全然没有损伤，我们可以用一个2×2表来说明以上定义（表13.1）。

表 13.1 二元情况

测试结果	损伤存在	损伤不存在
测试结果阳性	真阳性（TP）	假阳性（FP）
测试结果阴性	假阴性（FN）	真阴性（TN）

在表 13.1 所示的二元的情况，特异性与灵敏度有同等重要性，因为完全靠灵敏度不能排除众多的错误报警，而特异性接近 1 时确保不漏检肿瘤并不以错误报警为代价。

统计学方法中对于非二元的情况给出定义，它就是预报值阳性（Predictive Value Positive，PVP），也称作阳性预报值（Positive Predicted Value，PPV）。这是指一个损伤存在，并假设它被判定存在的概率

$$\text{PVP} = \frac{\text{正确标出的异常数}}{\text{所标出的异常总数}} \tag{13.5}$$

PVP 很容易由相对频率来估计

$$\text{PVP} = \frac{\#\text{TP}}{\#\text{TP} + \#\text{FP}} \tag{13.6}$$

灵敏度、PVP，还有特异性（当它的定义有意义时）提供了检测质量的指示，其值可以从临床的诊断数据来估计。下面的论题是：

1）如何设计和执行临床的实验来估计这些统计学结果？

2）如何应用这些统计学结果来判断有关诊断的准确性？

这些问题的总体形成一个用来评估诊断的准确性，以及为比较各种图像处理技术的优缺点作出结论的协议草案。在具体介绍关键性的方法学之前，须了解以下原则：

- 协议应该尽可能接近地模拟平常的临床实践。参与评分的放射科专家应该以他们平常习惯的方式执行任务。病例诊断应该对临床参加者有很少的或甚至没有特别训练的要求。
- 临床实验应该包括包含整个范围（所有的但不是稀有的情况）可能的异常的图像例。
- 调查结果应该是可以使用美国放射线学学院（ACR）的标准化辞典来报告的。
- 病例的统计学分析应该基于一个假设，即误差及其来源忠实于临床实况和诊断任务。
- 病人的数量应该足够多，以确保满足感兴趣的主要统计学测试的样本含量和功效的要求。
- 用于评估各种算法的同等性或优越性的“金标准”必须清楚地定义，并与实验的假设一致。
- 实验设计应小心地排除或尽量减小任何由于实验的情形和平常的临床实践不同而在数据中引起的偏差。例如，在实验中考察一幅曾经看过的相似的图像而自然引起的学习效应。

2. 接收器操作特性（ROC）

接收器操作特性（Receiver Operating Characteristic，ROC）分析是评估放射学技

术对于实际应用的适用性的占主导地位的技术。ROC 分析源自信号检测理论。信号的一个滤波的版本加上高斯噪声被取样并且与一个阈值比较。如果取样值比阈值大，则认为信号存在；否则，认为信号不存在。当阈值沿着一个方向改变时，一个信号实际存在而被错误地宣布不存在（错误的漏报）的概率下降，而信号不存在却被错误地宣布存在（错误报警）的概率上升。ROC 曲线是灵敏度（或真阳性率，True Positives Rate）相对于 1 -特异性（或假阳性率，False Positives Rate）的随着二元分类器的阈值改变而变化的图形描绘。ROC 曲线也可以等效地表示为真阳性分数 TPF 相对于假阳性分数 FPF 而描绘的曲线。假如有一个大的波形数据库，一些波形实际上包含信号，而另一些波形不包含信号。进一步假设对每个波形，信号是否存在的“事实”是已知的。则可以设定一个阈值，测试各个波形宣布信号存在与否。每个阈值将会产生一对（TPF，FPF），对许多不同的阈值可以将这些点画出曲线来。ROC 曲线是一个过这些点拟合的平滑的曲线。ROC 曲线总是通过点（1，1），因为如果阈值的取值比任何的波形最低的值还低，则所有的取样值都会高于阈值，这样将会声明信号对所有的波形都存在。这时，真阳性分数是 1。而假阳性分数也等于 1，因为没有真阴性判定。相似的推论表明，ROC 曲线必定也总是通过点（0，0），因为阈值可以被设置得非常大，则所有的情况都会被判定是阴性。各种求和统计，例如计算和解释在 ROC 曲线之下的面积，可用于比较不同检测技术的质量。大体上，在 ROC 曲线之下的面积越大则结果较好。图 13.4 是 ROC 曲线的例子。ROC 曲线在 X 轴显示假阳性分数 FPF，Y 轴显示真阳性分数 TPF。

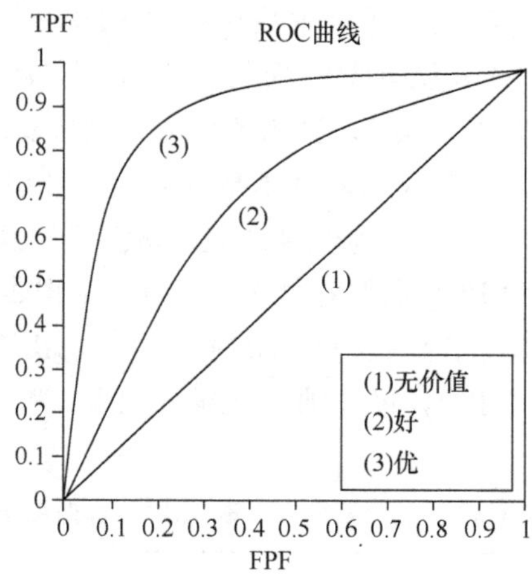

图 13.4　ROC 曲线比较示例

在将 ROC 方法应用于医学诊断测试中时，测试结果的分布常常在实际上的病人和健康人之间互相重叠。必须选择一个切点（cut point）阈值将二者清楚地分开。切点阈值的每一个可能的选择将会产生不同频数的两种类型误差。通过改变切点阈值并且对应每个切点阈值计算错误的报警率和错误的漏报率，得到一个 ROC 曲线。

【例】 ROC 分析方法应用示例

考虑如下例子。100 位病人进行了乳房 X 线照相。测试结果见表 13.2。依照活组织切片检查和/或 2 年随访结果（即，参考标准程序），有 50 位病人实际上存在一个恶性损伤，而另外 50 位病人不存在恶性损伤。如果这 100 个被试者来自于没有乳癌的个人历史的女人，这样我们可把乳房 X 光片检测为“可疑”或“恶性”的测试结果定义为阳性测试结果，而把“正常”，“良性”，或“或许良性”的测试结果定义为阴性。这里把区分阳性、阴性的测试结果的阈值（又称切点）定在“可疑”、“或许良性”的结果之间。对于这个切点来说估计的灵敏度是 $(18+20)/50=0.76$，特异性为 $(15+3+18)/50=0.72$。另一种情况，如果这 100 个测验结果来自于 100 个有乳癌的个人历史的女人，则我们可能使用不同的切点来区分阳性和阴性。于是，表现为“或许良性”、“可疑”，或“恶性”的测试结果定义为阳性，而表现为“正常”或“良性”的测试结果定义为阴性（切点 2）。灵敏度和特异性的估计也会改变。它们现在应分别是 0.96 和 0.36。

表 13.2　100 个病人乳腺 X 光片检测结果

参考标准 ＼ 阈值		放射学专家的解释					
		正常	良性	或许良性	可疑	恶性的	总数
切点 1	癌症患者	2	0	10	18#	20#	50
	健康组	15	3	18	13**	1**	50
切点 2	癌症患者	2	0	10#	18#	20#	50
	健康组	15	3	18**	13**	1**	50

要点：灵敏度和特异性取决于用于定义阳性、阴性的切点阈值。当切点移动时，灵敏度增加，特异性减小，或反之亦然。

说明：①表中数据是虚构的。作为参考标准，假设其中 50 个病人有恶性损伤，另外 50 人没有恶性损伤。②对于切点 1，检测评分为“可疑”或“恶性”定义为阳性；而对于切点 2，检测评分为“或许良性”、“可疑”或“恶性”的定义为阳性。③数字上标“#”表示测试结果真阳性，数字上标“* *”表示测试结果假阳性。

图 13.5 为乳腺 X 光片检测示例的实验 ROC 曲线。因为在此例中有 5 类测验结果，可以为 ROC 曲线计算 4 个切点。根据表 13.2 中的数据在四个切点下计算的灵敏度和假阳性率如表 13.3 所示。根据表 13.3 画出 ROC 曲线如图 13.5 所示。ROC 曲线上的两个端点是 0，0 和 1，1。在曲线上被标记为 1 和 2 的点分别地对应于表 13.2 说明的第一和第二个切点。

表 13.3　构造关于乳腺 X 光片研究的实验 ROC 曲线

切　　点	灵敏度（sensitivity）	FPR（假阳性率）
在正常和良性之间	0.96(48/50)	0.70(35/50)
在良性和或许良性之间	0.96(48/50)	0.64(32/50)
在或许良性和可疑之间	0.76(38/50)	0.28(14/50)
在可疑和恶性之间	0.40(20/50)	0.02(1/50)

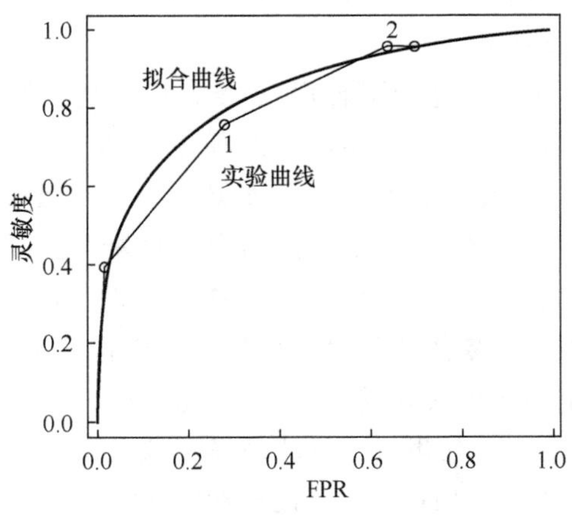

图 13.5　由示例数据画出的 ROC 曲线

注意：图中空心圆圈表示实验数据点。每个点对应表 13.3 中一个切点下的灵敏度（sensitivity）和假阳性率 FPR（即 1-specificity）。图中平滑的曲线是由双正态分布拟合的曲线。双正态分布：一个是关于病人测试结果没有乳癌的，另外一个是关于病人的测试结果患有乳癌的。双正态分布是估计平滑的 ROC 曲线的最常使用的分布。

3. 灵敏度和特异性的组合测度

使用一个简单数字来表示测试的准确性时常是有用的；举例来说，当比较两个诊断测试时，比较一个数字比比较测试的灵敏度和特异性的值容易。有一个简单的方法：使用表 13.3 的第二个切点，我们可以计算准确性为整个的样本的正确诊断的百分比，即 (48 + 18)/100 = 0.66 或 66%。这种衡量准确性的优点是计算简单。

然而，该方法有一些局限性，当疾病的患病率在样本中改变时，计算结果的大小也会改变。该方法只根据一个切点来计算，而且假阳性、假阴性的结果都不被考虑。作为这个局限性的一个例证，注意在表 13.4 中疾病的患病率是 5%而非在表 13.2 中的 50%。灵敏度和特异性的值在表 13.2 和表 13.4 中是一样的，然而估计的准确性的值在表 13.4 中下降到 (48 + 342)/1000 = 0.39 或 39%。

表 13.4　疾病患病率对测试准确性的影响

参考标准 \ 阈值	放射学专家的解释					
	正常	良性	或许良性	可疑	恶性的	总数
癌症患者	2	0	10	18	20	50
健康组	285	57	342	247	19	950

注意：给出的数据基于对于 1000 个病人的乳腺 X 光照相的虚拟研究。在这个数据集中癌症患病率为 5%。表 13.2 中说明的切点 2 用于这个数据集。估计的灵敏度为 (10 + 18 + 20)/50 = 0.96；特异性为 (285+57)/950 = 0.36，二者的值与表 13.2 中的数据集相同。然而，按正确诊断的百分比来估计准确性结果为 39%，即 (10+18+20+285 + 57)/1000 = 0.39，这个结果与表 13.2 给出的数据集结果不同。

要点：需要一个结合灵敏度和特异性但是不依赖于疾病的患病率的对测试准确性的测度。

诊断精度一般可由 ROC 曲线下的面积来测量。面积为 1 代表一个完美的测量。面积为 0.5 表示测量无意义。面积在 0.80 以上表示测量结果优良。用于计算面积的程序有以下一些：Lotus，SAS，ROCKIT，CORROC 等。ROC 曲线比灵敏度和特异性的单一测量占优势。曲线的刻度－即灵敏度和假阳性率 FPR－是对准确性的基本衡量而且很容易从绘图中被读出；切点的值也时常在曲线上被标出。不像前面所定义的准确性的测度，ROC 曲线显示所有可能的切点。因为灵敏度和特异性与疾病患病率无关，ROC 曲线也是如此。最后，通过 ROC 曲线能对在一个公共数据集上的两个或较多测试结果在所有可能的切点上进行直接视觉比较。

ROC 分析广泛地用在考查计算机处理对医学图像诊断效果的影响。被评估的那些处理类型包括图像压缩和增强（钝化蒙片，直方图均衡化，和减少噪声）。

13.4.2 金标准的决定

为评估计算机处理的医学图像的诊断精确度的典型做法包括：从图像数据库读取一些初始的未处理的图像，对它们进行一些计算机处理（比如图像压缩），由放射线学者以某种方式评价整个图像集。不管是否后来进行 ROC 或其他分析，都需要确定一个“金标准”以代表对每个初始图像正确诊断，并用做与这些图像的处理过的版本进行诊断上的比较的基础。关于金标准有许多可能的选择。

- 表决式金标准：由评分的放射科专家对初始图像评估的多数人意见来确定。
- 个人金标准：是用每个评分者对初始（未压缩的）图像的解释作为同一评分者阅读同一图像的压缩版本时的金标准。
- 中立的金标准：由资深的放射科专家组成的一个中立的评审团，其成员达成一致协议而形成。中立的评审团首先分别测量，然后对那些初始意见不一致的地方进行讨论和重新测量。
- 分离的金标准：是通过尸体解剖、外科的活组织检查、从不同的图像形态读出的图像解释，或者从随后的临床或图像研究而产生的。

表决方法的优点是其简单性，但是负责评分的放射线学者们可能不会在准确的诊断上取得一致意见，即使是对于原始图像。当然，这种情况在中立的评审团的成员之中也可能发生，但是在那种情况下，可以要求评委们重新审查他们对原始图像的解释。如果这样还不能达成一致，评委们则一起讨论图像。对于由于意见不能达成一致而不能被赋予一个表决式金标准的图像可以从试验中除去，或邀请另外的专家给以协助。

个人金标准定义评审人在原始图像上的解释作为正确无误的标准，使用这个解释作为同一评审人对同一图像被压缩的版本的分析相比较的基础。依照这个标准，当评审人打分出现随机误差时（举例来说，评审人可能在原始图像上以及压缩水平 E 和 B 的图像上标记了一个损伤，而在中间的压缩水平为 F，D 和 A 的图像上标记二个损伤），结果倾向于对压缩图像不利。由于该标准中原始图像总是正确的，个人金标准主要地用在各个压缩水平的图像相互之间的比较。然而，个人金标准有一个好处，就是所有的图像都能被用在研究中。我们不必担心由于不能达成一致而不得不除去某些图像所带来的可能的偏差。

独立的金标准在许多研究中被采用，应该是一个好的选择。然而，它也不是没有缺点。首先，评委的诊断与金标准比较会出现系统偏差。举例来说，一个评委一贯地选择将细小的意义不明确的点诊断为异常，而中立的评委团其他成员选择忽略这样的情况，这会造成相对于独立金标准有一个高的错误肯定率。

分离的金标准好像是最好的选择，但是它通常难以实现。由于实际的临床图像常常没有对应的尸检或活组织切片检查，因为病人可能是活着的，而且可能没有被实施手术。利用其他图像形态的附加信息也不太可能，因为对于一个给定的病理学，在身体的一个给定的部位，典型的只有一个最好的方法用来成像。

13.4.3 CAD 系统性能评估的常用方法

CAD 系统的性能评估使用与一般的模式识别系统类似的测试方法。测试的目的是评价系统的推广性和鲁棒性。主要的测试方法有再替换测试、k-重交叉确认测试和自举法（bootstrap method）等方法。再替换测试一般是 CAD 系统的初始测试，其训练数据与测试数据相同。k-重交叉确认测试也叫 Round-robin 测试，常用于分类器的训练和测试，所有的候选损伤或病案被随机地均分到 k 个数据组。k－1 个数据组被用于 CAD 系统的训练，而留出一个数据组用作测试。训练和测试被重复 k 次，每次留出一个不同的数据组用于测试，直到每个数据组都被用于测试。当数字 k 和候选损伤或者病案的数字相等时，称该测试是“leave-one-out”（留一法）测试。使用该方法分组时要确保同一次扫描的所有损伤（或感兴趣区）全部都被用于训练组或全部都在测试组。然而，在交叉确认测试方法中可能包含大的偏差或大的方差。要减少偏差或者方差可使用自举法（bootstrap method），是一种再取样方法，迭代式地训练和评价一个分类器以改善它的性能。

分类器将检测到的损伤进行分类。例如，一个在脑肿瘤的 CAD 系统中，人工神经网络（ANN）分类器被设计来将损伤区分为 4 个肿瘤类别：高级别胶质瘤、低级别胶质瘤、转移瘤和恶性淋巴瘤。Round-robin 测试的结果可直接用于绘制 ROC 曲线。

接收器操作特性（ROC）曲线分析允许对一个诊断系统或工具比较真阳性分数（TPF 或者灵敏度，或一个实际上的阳性病案被归类为阳性的可能性）和假阳性分数（FPF 或者 1-特异性，或一个实际的阴性病案被归类为阳性的可能性）之间的可能的折中。TPF 和 FPF 之间的操作关系在一定程度上定义了 ROC 曲线而且描述系统的性能。用这种方法描述性能便于与其他系统做有意义的性能比较。一般用 ROC 曲线下的面积（Area under the ROC curve-AUC）大小来比较性能优劣。面积越大则性能越好。图 13.6 是用 ROC 曲线进行性能评估的例子。该图显示 Sluimer 等人关于在高分辨率胸部 CT 图像中区分肺部异常和正常组织的计算机辅助诊断研究中，用 ROC 比较计算机和放射科专家的诊断性能的例子。

13.4.4 灵敏度和特异性

CAD 系统试图标记出可疑的结构。目前的 CAD 系统不能 100％地发现病理的变化。取决于系统和应用，命中率（灵敏度）可能达到 90％。一个正确的命中被称为真阳性（True Positive，TP），而对于健康部位的不正确标记构成假阳性（False Positive，FP）。FP 愈少，特异性（specificity）愈高。如 13.4.1 节所述，特异性定义为真阴性率，是一个实际不存在的损伤且被判定它不存在的概率。低的特异性将减少对 CAD 系统的接受度，因为使用者必须鉴别所有这些错误的标记点。

在评估测试之前，候选损伤应该使用一个基于“事实”的标准被分成真阳性和假阳性两组。例如，在检测颅内动脉瘤的 CAD 系统中，可使用如下标准，即如果在候选区内具有最大体素值的像素集合落在神经放射学家测量的动脉瘤的直径范围内，则判定一个动脉瘤正确地被检测。另一个设定标准的例子是如果候选区域的形心在一个被神经放射学家确定的“真阳性”区域内，则候选区域被分类为真阳性。否则，候选区域被认为

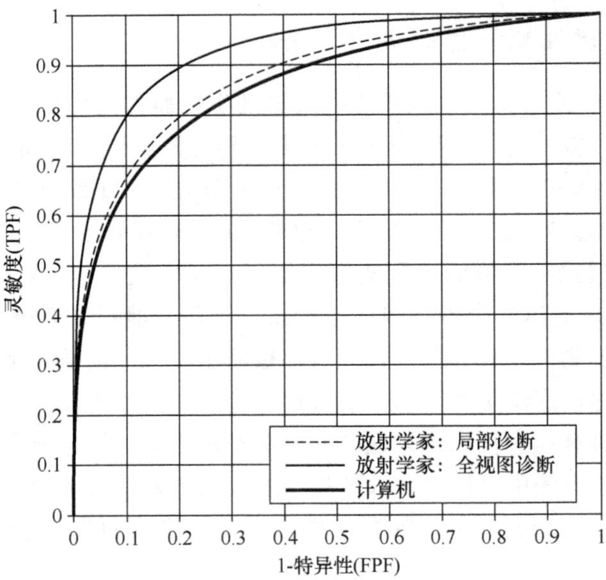

专家检测：只能看到分离的感兴趣区（AUC=0.877）；专家检测：可看到整个扫描图像

图 13.6　ROC 曲线测量计算机性能（AUC=0.862）

是假阳性。真阳性、假阳性的判断标准可根据放射科专家的判断、或活检证实的结果、或随访结果得出。

13.4.5　重叠度和相似性指数

对某些 CAD 系统不只评估损伤检测的灵敏度，同时也评估损伤分割的准确性是非常重要的。举例来说，多发性硬化症（MS）损伤呈现病人之间的在形状、位置和面积方面的时间性改变。因此，神经放射学专家需要知道在两项研究之间的形状、位置和面积的不同，这应该是由为 MS 开发的 CAD 系统提供。对于这种 CAD 系统，应该使用一些指示器对分割准确性予以评估。如重叠度（overlap measure），这意味着在被计算机算法获得的候选区域和由人工方法给出的金标准区域之间符合的程度。定义如下

$$重叠度(\%)=\frac{n(T\cap C)}{n(T\cap C)}\times 100 \tag{13.7}$$

其中，T 是放射科专家用手工给出的金标准区域，C 是使用一个算法自动测定的区域，$n(T\cup C)$ 是 T 和 C 之间逻辑“或”（OR）得到的像素数，$n(T\cap C)$ 是 T 和 C 之间逻辑“与”（AND）的像素数。

此外，下列的相似性指数（similarity index）也作为分割准确性的评估

$$相似性指数=\frac{2n(T\cap C)}{n(T)+n(C)} \tag{13.8}$$

这里 $n(T)$ 是金标准标出的损伤区域数，而 $n(C)$ 是候选区域的数字。

13.4.6　CAD 系统性能评估方面的问题及今后建议

整体来说，关于灵敏度和特异性的临床实验的结果以及放射科专家的绝对的检测率会明显地改变。每个研究结果依赖于它的基本条件，而且必须在那些条件上被评估。下

列的事实对结果有强烈的影响力：

- 回顾性或预期性的设计；
- 所使用的图像的质量；
- X 光检查的情况；
- 放射科专家的经验和教育；
- 肿瘤的类型；
- 所考查的肿瘤的大小。

相同的计算机分析方法应用到不同的数据库上将可能产生不同的性能水平。数据库的特性（大小、损伤分布、难点、真实的整合）将会影响计算机方法的训练（例如，特征选择和分类器训练）和它报告的性能水平。数据库可用客观的测量描述，如像损伤的大小和对比度，也可依主观的测量来描述，如像损伤的细节，这依赖于提供细节等级的观察者，还依赖于特定的任务和是否存在其他图像和/或信息。

一个数据库如何被使用也会影响一个计算机化处理方法的开发和报告的性能。对于人工神经网路的训练和测试，很重要的是，相同的损伤的多个图像在训练和测试集之间被聚集在一起，而不是分开的。举例来说，一个计算机分类算法在乳房 X 光片的一个损伤的斜侧视图上被训练，如果损伤的头尾向视图被用于测试的话，将会产生偏差。性能评估还会随着灵敏度的给出，是按每幅图像中检测到的损伤的百分比还是按每个病案的百分比而改变。

不同的评分方法也会影响计算机处理方法的“性能”。例如，在乳房肿块的检测中，一些研究人员使用在实际的损伤和计算机检测的区域之间“重叠的百分比”作为决定真阳性的手段。应该注意到重叠百分比有不同的定义。一些研究人员把重叠定义为两个区域的交叉截面，另一些研究人员把重叠定义为两个区域的交叉截面除以这两个区域的联合（一个比较严格的标准）。

由于不同数据库的使用和用于报告与评估计算机结果的不同标准，比较各种正在开发的不同的计算机处理方法很困难。一个独立的测试场所具有一个独立的数据库用来给每个新开发的方法进行评估会是相当有益的，应建立和使用比较大的公共数据库。要增加数据库的大小，探究使用模拟现有数据作为新病案的方法是有用的。评价不同算法的价值需要比较研究。应该鼓励研究人员将代码公开，以促进这样的研究。这成为对所研究人员的提议和将来的挑战。

参考文献

Bram Van Ginneken，Bart M Ter Haar Romeny，Max A Viergever. 2001. Computer-Aided Diagnosis in Chest Radiography：A Survey. IEEE Transactions on Medical Imaging，20（12）：1228—1241.

Giger M L，Chan H P，Boone J. 2008. Anniversary Paper：History and status of CAD and Quantitative Image Analysis：The Role of Medical Physics and AAPM. Medical Physics，35（12）：5799—5820.

Hidetaka Arimura，Taiki Magome，Yasuo Yamashita，Daisuke Yamamoto. 2009. Review：Computer Aided Diagnosis Systems for Brain Diseases in Magnetic Resonance Images. Algorithms，2：925—952.

Ingrid C Sluimer. Paul F van Waes，Max A Viergever，Bram van Ginneken. 2003. Computer Aided Diagnosis in High Resolution CT of the Lungs. Medical Physics，30（12）：3081—3090.

John Stoitsis, Ioannis Valavanis, Stavroula G Mougiakakou, Spyretta Golemati, Alexandra Nikita, Konstantina S Nikita. 2006. Computer Aided Diagnosis Based on Medical Image Processing and Artificial Intelligence Methods. Nuclear Instruments and Methods in Physics Research A, 569: 591—595.

Karen Drukker, Nicholas P Gruszauskas, Charlene A Sennett. Maryellen L Giger. 2008. BreastUS Computer-aided Diagnosis Workstation: Performance with a Large Clinical Diagnostic Population. Radiology: 248 (2): 392—397.

M E Giger, S G Armato, N Karssemeijer. 2001. Computer-Aided Diagnosis in Medical Imaging. IEEE Transactions on Medical Imaging, 20 (12): 1205—1208.

Maryellen L Giger. 2007. CAD: State-of-the-Art and Future, Proc. of International Conference on Medical Imaging and Informatics, Beijing China, 270—277.

Nancy A Obuchowski. 2003. Receiver Operating Characteristic Curves and Their Use in Radiology, Radiology, 229: 3—8.

Nicholas P Gruszauskas. Karen Drukker, Maryellen L Giger, Charlene A Sennett, Lorenzo L Pesce. 2008. Performance of Breast Ultrasound Computer-Aided Diagnosis: Dependence on Image Selection. Acad Radiol, 15 (10): 1234—1245.

Wikipedia. Computer Aided Diagnosis. http://en. wikipedia. org/

第 14 章　医学图像压缩、存储与通信

14.1　图像压缩的基本概念和标准

远程医疗系统的逐步成熟和发展，对于数据压缩和通信标准都提出了严格要求。在通信方面，要求保证异构的系统之间的兼容性，并能够快速与经济地发送、接收、存储、回取多媒体数据。远程医疗系统的应用程序包括医学图像在医疗机构之间的传输，并且结合病人的人口统计学信息和其他信息。为了这个目的，必须以数字形式表示医学图像。医学数字图像必须是高质量的，要求有高分辨率，一般来说有很大数据量，因此，图像压缩成为医学图像信息的传输和存储要解决的重要问题。

医学图像通常来自于不同的成像设备，因而有不同的模态。比如，传统的 X 射线投影，计算机 X 光照相术（CR），计算机断层摄影术（CT），核医学（NM），磁共振成像（MRI）或超声（US）。在一些图像模态中，例如 X 光摄影术或投影 X 光片，原始图片是被成像物体的第一个模拟对照物。照相术中的照相机在光敏胶片上形成图像，放射照相术中的图像是负片，是穿透物质或人体组织的 X 射线或伽马射线在照相胶片上曝光而成。在其他一些医学影像技术中，例如 MRI，原始图像就是数字的形式，用比特表示的像素是图像的基本元素，可以被存储、回取、传送或显示。模拟图像可以用二维的连续函数 $f(x, y)$ 来表示。为进行计算机化的分析，这个二维的连续函数必须在空间、强度或颜色上离散化，离散化的结果产生数字图像。每个像素由 1 或多比特的数据表示，比特数的多少取决于是否图像是二值的、灰阶的或彩色的。典型地，灰阶的医学图像需要每像素 8bit，10bit 或 12bit，而全彩色图像需要每像素 24bit。

14.1.1　数字图像

为讨论压缩问题，我们将认为初始图像是数字图像。数字图像常常需要大的存储空间。图像文件数据量的大小依赖于图像的分辨率、数字化或扫描过程。当对分辨率或图片尺寸大小的要求增加时，数据量也随之增加。例如，图片覆盖面积为 $1in^2$、密度或分辨率为每英寸 400 点时（即 400dpi）则包含 160 000 个像素。因此，一个 $8\times10in^2$、相同分辨率的图片包含 12 800 000 像素。当需要存储的像素数据增长时，访问、回取以及显示数据所必需的时间随之增加。此外，存储介质的位置（在线的或脱机的）、类型，以及存储效率等也影响图像的访问和回取的时间。为减少文件的数据量，以便更有效地存储和用更少时间通过网络或在设备之间传送，需要进行图像压缩。表 14.1列出了几种图像模态所生成的医学图像的典型大小，为我们讨论图像压缩问题提供了一些预备知识。

数字医学图像的结构典型地由 3 个层次组成：像素值层次、文件头层次和病人信息层次。文件头层次通常包含关于图像宽度、高度、每像素比特数、分配的通道数。病人标识，检查数据，时间数据和医院标识包含在病人信息层次。在图像数据中的病人信息

层次在美国放射学院-国家电器制造商协会（ACR-NEMA）医学数字图像和通信（DICOM）标准中给以详细说明。

表 14.1 数字图像的分辨率

图像获取模态	图像大小/像素	像素值/bit
常规扫描放射线图像	2048×2048	12
计算机断层扫描	512×512	16
磁共振成像	256×256	12
超声	512×512	8
核医学	128×128	8

14.1.2 图像数据压缩方案

图像压缩方案分为两大类别：无损的或可逆压缩，以及有损的或不可逆压缩。无损压缩方案允许从压缩数据精确地恢复原始图像，压缩比达 2∶1。有损压缩提供原始图像的一个近似，但可以达到高得多的压缩比。一般说来，高压缩比是以图像质量降低为代价的，但这从视觉上不一定能觉察到。

压缩的主要目标是删除 3 种不同类型的冗余：编码冗余、像素间冗余以及心理视觉冗余。编码是指每个像素的强度或颜色的数字表示。存在一些技术可以充分利用编码对象的概率特性，最优化对应于图像的强度或颜色的直方图的代码的选择。像素间冗余与图像中连续的像素之间的相关性有关。如果一个黑色像素跟着 17 个白色像素，后者可以以一种比以同样的像素值存储 17 次更有效的方式来表示和存储。例如，游程编码存储像素的灰度值和连续的同样像素的个数。心理视觉冗余是由于人类对图像信息的感知并不依赖于个别的像素的定量分析。人类往往更关注于评价和比较局部的边缘和纹理结构，以获得视觉信息，并解释图片。心理视觉冗余的层次和在图像中的位置仅能从人类操作员的反馈来决定，所以是相对主观的。移除的编码冗余和像素间冗余不会减少图片中的信息，因而是无损压缩。移除心理视觉冗余在信息理论的意义上会减少信息，因而是有损压缩。这种信息减少的结果取决于图片本身、观察者以及应用程序。

压缩技术通常要考虑在能达到的压缩比与信息损失之间取一个折衷。在选择有损和无损压缩时，性能和代价是重要的考虑因素。通常，如果图像的进一步分析或应用容忍数据的丢失，有损压缩便是可接受的。

14.1.3 无损图像压缩

无损图像压缩的实现典型地有两个步骤：去相关性和编码。图像去相关性力图减少图像中的冗余。去相关性方法包含差分脉冲编码调制（DPCM），分层插值（HINT），位平面编码（BPE）和乘法自回归（MAR）。去相关性所生成的剩余信号的熵编码可以达到进一步的压缩。Huffman 编码，算术编码和游程编码（RLE）一般被用在医学图像无损压缩方法中。有人对 Huffman 和 Lempel-Ziv 编码方法用于 MRI 图像的压缩进行了比较，结果显示 LempelI-Ziv 方法比 Huffman 方法能达到较高压缩比。

代表性的无损压缩技术有：

• CCITT Group 3 一维；
• CCITT Group 3 二维；
• CCITT Group 4；
• Lempel-Ziv 和 Welch（LZW）算法。

二值的图像如像黑/白的文本和图形适宜做无损压缩。一些包含连续的相同像素序列的彩色和灰阶的图像也可以采用无损压缩而取得显著的压缩比。彩色图像的像素一般在色彩上连续变化，邻近像素可能有不同的颜色值，它们很少有重复，这样就需要为大量像素存储比特。灰阶图像也有相同情况，因为其中有大量阴影存在。在这些情况下，无损压缩技术不能产生有实际意义的充分的压缩。通常，当无损压缩的结果不能达到所要求的压缩率时，则使用有损压缩手段，当然是力求使损失最小化。

14.1.4 有损图像压缩

有损图像压缩能达到很高的压缩率，其优点是降低了对存储容量的需求，缩短了传输时间，以及能使用合算的硬件。当前用于医学图像数据的有损方法包括适应预见性编码方案，离散余弦变换（DCT），子带编码，小波变换和矢量量化（VQ）方法。有损压缩方案又可以被分为两类：变换类（如 DCT 和小波变换）；非变换类［如矢量量化（VQ）方法］。

常见有损压缩技术有：

• JPEG（Joint Photographic Experts Group）；
• MPEG（Moving Picture Experts Group）；
• 小波压缩；
• 分形压缩。

图 14.1 所示为基于变换的图像压缩方法的几个阶段，也是当前图像压缩技术一般要用到的几项技术。下面简要介绍这 4 个步骤。

图 14.1 基于变换的图像压缩方框图

1）如果图像数据是红-绿-蓝格式（RGB）的彩色图像，要首先把 RGB 图像转换成“亮度/色度”的彩色空间，或称为色调饱和值（YUV）。也就是转换为灰度基图像加上两个通道的色差信息。因眼睛对色彩的变化不如对亮度的变化敏感，所以色彩通道的编码可以比亮度通道的编码丢失得多些。在 RGB 图像中，所有的 3 个通道都带有一些亮度信息，所以这三个通道都应按同样的质量要求编码。而在 YUV 彩色方案中，使用 3 个分量 Y，Cb 和 Cr。它们大致为亮度、蓝色度和红色度。这样，重建一幅可接受的图像就可以少用一些 Cb 和 Cr 样点，多用 Y 样点。JPEG 允许用不同的速率对不同的分量进行采样。比如，对一个 2×2 的像素矩形采样 4 个 Y 样点，一个 Cb 样点和一个 Cr 样点。这就节省了 50％的空间，而实际上感觉不到图像质量的损失，从而达到图像压缩的目的。采样频率参数和量化参数一起，决定了压缩率和重建图像的质量。

2）变换编码压缩是利用某种变换把空域里描述的图像 $f(x, y)$ 变换为变换域中描述的 $F(u, v)$。通常采用正交变换，如傅立叶变换、沃尔什（Walsh）变换、余弦变换、K-L 变换等。以傅立叶变换为例，具有将能量集中于少数低频率系数、各系数互不相关、高频分量衰减很快且能量较小等性质。这些性质可用于数据压缩。最后得到的系数采用熵编码存储或传输，以求进一步压缩。压缩后可用反傅立叶变换重建图像。JPEG 和 MPEG 用离散余弦变换（DCT），DCT 将一组光强数据变换成一组频率数据。后者体现出光强变化的快慢。DCT 可以被看作傅立叶余弦序列的一个时间离散版本。DCT 可以用与快速傅立叶变换（FFT）相似的算法计算，在 $O(n \log n)$ 量级上操作。与 DFT（离散傅立叶变换）不同的是，DCT 是实数值，以较少的系数提供一个关于信号的较好的近似。一个 $N \times N$ 图像 $f(x, y)$ 的余弦变换为

$$F(u,v) = \alpha(u)\alpha(v)\sum_{x=0}^{N-1}\sum_{y=0}^{N-1} f(x,y)\cos\left[\frac{(2x+1)u\pi}{2N}\right]\cos\left[\frac{(2y+1)v\pi}{2N}\right]$$

$$u, v = 0, 1, 2, \cdots, N-1 \tag{14.1}$$

$$\alpha(u) = \begin{cases} \sqrt{\dfrac{1}{N}} & u = 0 \\ \sqrt{\dfrac{2}{N}} & u = 1, 2, \cdots, N-1 \end{cases}$$

DCT 的结果是一系列的“空间频率” $F(u, v)$。通常，图像被划分成 8×8 或 16×16 的小块，然后分别对它们进行变换。DCT 是可逆的变换，在图像中保留所有信息。其反变换为

$$f(x,y) = \sum_{u=0}^{N-1}\sum_{v=0}^{N-1}\alpha(u)\alpha(v)F(u,v)\cos\left[\frac{(2x+1)u\pi}{2N}\right]\cos\left[\frac{(2y+1)v\pi}{2N}\right]$$

$$x, y = 0, 1, 2, \cdots, N-1 \tag{14.2}$$

在 JPEG 和 MPEG 中的压缩是通过丢弃一些 DCT 分量来实现的。其原理是图像的小的片段可由平均颜色强度以及与平均值的主要差别表示。次要差别被忽略，因此压缩引进损失。

3）阈值和量化，到这一步之前，还没有真正的压缩图像。如在前一步采用 DCT 变换，8×8 像素块简单地被转换成一个 8×8DCT 系数矩阵。现在，要通过对矩阵中的每一个元素量化来做进一步压缩。JPEG 中定义了两个量化常数表，一个用于亮度，另一用于色度。这些常数是根据 JPEG 图像质量而计算出来，通常可由用户选择。用于计算量化常数的数存储在 JPEG 图像文件头部，用于这些系数的译码。一旦构成了这两个表，表中的常数被用于量化 DCT 系数。每一个 DCT 系数被量化表中对应的常数来除，然后四舍五入为接近的整数。这样，量化的结果使 DCT 系数变小，不重要的系数将被消去，值较大的系数也将丢失掉不必要的精度。量化后的 DCT 系数可以非常有效地用 Huffman 或算术编码压缩。

4）熵编码。进一步压缩量化的值，使能得到更好的总体压缩率，这是无损压缩。它用一个模型来精确地决定每个量化值的概率，产生一个基于这些概率的适当的编码，以使得结果的输出代码流将小于输入数据流。通用的熵编码有霍夫曼编码和算术编码，若要求执行速度快，简单的游程编码（RLE）是很有效的。

14.1.5 JPEG 有损压缩方法的几个阶段

在 JPEG 基线压缩算法中有 4 个关键步骤（子算法）。第一步是从图像中提取出 8×8 像素块，并从常规的 RGB 彩色空间转换为亮度/色度彩色空间。第二步是对块中的每一个元素计算离散余弦变换（DCT）。第三步，一个量化器依据指定要求的图像质量将离散余弦变换（DCT）的系数进行舍、入操作。原始图像的损失主要是在这一步。第四步，将 DCT 系数用一种编码方案进一步压缩，如像 Huffman 编码或算术编码。最后，压缩后的代码被写到输出文件。标准的 JPEG 编码器框图如图 14.2 所示。JPEG 译码器是编码器的逆过程。

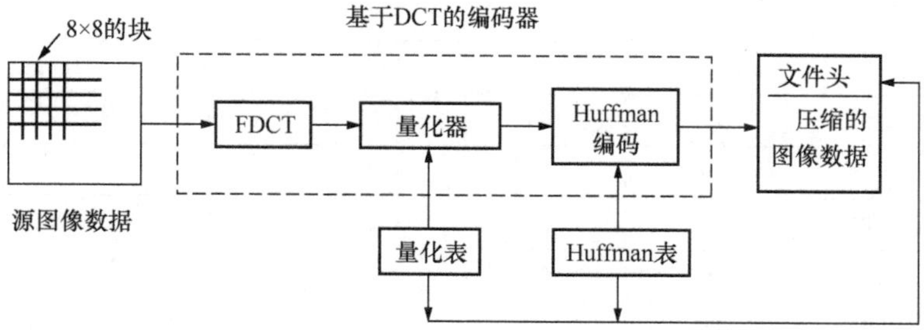

图 14.2 基于 DCT 的 JPEG 编码器框图

1. 初始输入

JPEG 压缩过程的第一步是很直接的。源图像被分组为一个 8×8 矩阵（或块）。初始图像数据通常从常规的 RGB 彩色空间被转换为亮度/色度彩色空间，如像 YUV。YUV 是一个彩色空间方案，它存储关于一个图像的亮度和色度信息。因为人的眼睛对于亮度比对色度敏感，故可以对图像的色度信息丢失的多些，特别是高频成分。使用 YUV 色彩空间便可以很容易地区别出色度，从而删除不必要的图像数据。如果用 RGB 色彩空间，则必须编码所有的分量。一个可选的处理是通过对分组像素取平均来对色度分量二次采样（采样频率降低一倍）。对于灰阶图像不必使用 YUV 色彩空间。一旦图像数据在一个 8×8 矩阵中被处理好了，就可以把它作为 DCT 算法的输入。表 14.2 是一个 8×8 像素矩阵的示例。

2. 离散余弦变换（DCT）

现在，一个 8×8 矩阵从原始图像中被提取出来，并且已经是所需要的彩色方案，则可以计算矩阵中每一个元素的 DCT 系数。公式（14.1）所示的 DCT 函数可写为

$$F(u,v) = \frac{1}{4}\alpha(u)\alpha(v)\sum_{x=0}^{7}\sum_{y=0}^{7}f(x,y)\cos\left[\frac{(2x+1)u\pi}{16}\right]\cos\left[\frac{(2y+1)v\pi}{16}\right]$$

而

$$\alpha(z) = \begin{cases}\sqrt{\dfrac{1}{2}} & u = 0 \\ 1 & u = 1, 2, \cdots, 7\end{cases} \tag{14.3}$$

8×8 矩阵中的每一个元素作为 DCT 算法的输入，并被翻译成唯一组成输入图像的

频谱的 64 个空间频率之一。DCT 的最终目标是用余弦函数在一个不同的域里表达图像数据。图像数据被转换为许多不同尺度的曲线。当这些曲线通过逆向 DCT 变换后，即恢复为原始图像的很好的近似。DCT 变换之后，8×8 矩阵包含的 64 个 DCT 系数中的第一个系数通常被称为 DC 系数，与矩阵中其他 63 个系数值的平均相关联。其他的值为 AC 系数，是简单的 DCT 系数，没有特殊排列次序。表 14.3 是对表 14.2 所示的 8×8 矩阵变换后的 DCT 系数矩阵。

表 14.2　原始图像块，8bpp，64 像素，512bit

139	144	149	153	155	155	155	155
144	151	153	156	159	156	156	156
150	155	160	163	158	156	156	156
159	161	162	160	160	159	159	159
159	160	161	162	162	155	155	155
161	161	161	161	160	157	157	157
162	162	161	163	162	157	157	157
162	162	161	161	163	158	158	158

表 14.3　DCT 变换后的系数矩阵

235.6	−1.0	−12.1	−5.2	2.1	−1.7	−2.7	1.3
−22.6	−17.5	−6.2	−3.2	−2.9	−0.1	0.4	−1.2
−10.9	−14.3	−1.6	1.5	0.2	−0.9	−0.6	−0.1
−7.1	−1.9	0.2	1.5	0.9	−0.1	0.0	0.3
−0.6	−0.8	1.5	1.6	−0.1	−0.7	0.6	1.3
1.8	−0.2	1.6	−0.3	−0.8	1.5	1.0	−1.0
−1.3	−0.4	−0.3	−1.5	−0.5	1.7	1.1	−0.8
−2.6	1.6	−3.8	−1.8	1.9	1.2	−0.6	−0.4

3. 量化

到这一步之前，还没有真正的图像压缩。8×8 像素块简单地被转换成一个 8×8 DCT 系数矩阵。现在，要通过对矩阵中的每一个元素量化来做进一步压缩。JPEG 标准定义了两个量化常数表，一个用于亮度，另一用于色度。这些常数是根据 JPEG 图像质量而计算出来，通常可由用户选择。用于计算量化常数的数存储在 JPEG 图像文件头部，用于这些系数的译码。一旦构成了这两个表，表中的常数被用于量化 DCT 系数。每一个 DCT 系数被量化表中对应的常数来除，然后四舍五入为接近的整数。这样，量化的结果使 DCT 系数变小，不重要的系数将被消去，大一些的系数将丢失掉不必要的精度。量化生成的 DCT 系数，可以被非常有效地用 Huffman 或算术编码压缩。表 14.4是 JPEG 标准在附录 K 中列出的亮度量化表的例子。这是由测量 DCT 系数的

"可见度"阈而得到的。就是说，它结合了视觉模型。表 14.5 是表 14.3 量化后的结果矩阵。

表 14.4　用于 JPEG 的一个亮度量化表的例子

16	11	10	16	24	40	51	61
12	12	14	19	26	58	60	55
14	13	16	24	40	57	69	56
14	17	22	29	51	87	80	62
18	22	37	56	68	109	103	77
24	35	55	64	81	104	113	92
49	64	78	87	103	121	120	101
72	92	95	98	112	100	103	99

表 14.5　量化并经过舍、入处理的数据

15	0	−1	0	0	0	0	0
−2	−1	0	0	0	0	0	0
−1	−1	0	0	0	0	0	0
0	0	0	0	0	0	0	0
0	0	0	0	0	0	0	0
0	0	0	0	0	0	0	0
0	0	0	0	0	0	0	0
0	0	0	0	0	0	0	0

4. *编码*

量化之后，DCT 被分离为 DC 系数和 AC 系数，左上角第一个元素是 DC 系数，其余 63 个 AC 系数是余弦基函数的值。代表低频的那些元素被移向矩阵的前面，而代表高频的那些元素移向矩阵的尾部。这些系数按照"Z"字形顺序被记录成一维格式，目的是能得到蔓延较长的 0 值系数序列（高频元素多数接近于 0），可以达到好的整体压缩。Huffman 编码或算术编码都可以在 JPEG 标准中用于最后的图像压缩。虽然用算术编码常常能得到更小的文件大小，但通常较少被使用，因为 IBM，AT&T 和 Mitsubishi 都拥有某种在 JPEG 标准中定义的算术编码的专利。此外，有人觉得算术编码用于实现一定的 JPEG 算法比较困难。因此，霍夫曼编码方案用在进一步压缩图像块方面起主要作用。图 14.3 是"Z"字形输出顺序示意图。表 14.6 是表 14.5按"Z"字形顺序变成一维格式的结果。符号 EOB 表示"块结束"，指示在"Z"字形扫描过程中所有剩余系数全为零。这就使后面连续的许多零值系数仅对应于一个单一的符号编码。

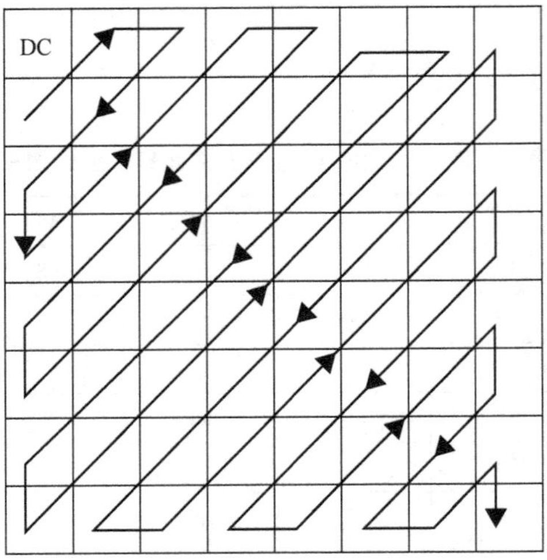

图 14.3 “Z”字形输出顺序示意图

表 14.6 量化后 DCT 系数的一维格式输出

DC	AC							
15	0	−2	−1	−1	−1	0	0	−1	EOB

14.1.6 霍夫曼（Huffman）编码

这里简单介绍一下霍夫曼（Huffman）编码。霍夫曼编码方案是由 David A. Huffman 在 1952 年开发的。这个算法依据数据的出现频率来编码数据从而可达到数据压缩的目的。用于编码数据的数据结构是一棵加权的二进制树，又叫霍夫曼树。

霍夫曼树有几个特性：

- 霍夫曼树必须是一棵二进制树；
- 霍夫曼树是加权的，在数据流中出现频繁的元素在树的顶部，而很少出现的元素沉到树的底部；
- 霍夫曼树的每一个左边的分支分配一个 0（或 1）值，而每一个右边的分支赋值为 1（或 0）。

为了构造一棵霍夫曼树，需对数据进行两步操作。首先，构造一个唯一数据元素集和它们的频率的列表。这个列表按频率的升值排列。就是说，出现频率最高的数据元素排在表的下部。然后，构造实际的霍夫曼树。选择频率最低的两个元素组成树的叶。两片叶的父节点是它们的频率之和。这棵树被插入到列表中（由父节点的值来决定插到列表中的位置），而刚才用于组成这棵树的两个叶子被从列表中移除。继续这个过程直到列表中只留下一个元素，它就是最终的霍夫曼树的父节点。

为了将霍夫曼树用于编码数据，必须建立一种能唯一确定树中的每一个值的方法。具体做法是把树的每一个左边分支赋值为 0，而把每一个右边分支赋值为 1。从树的根开始，找到每一个叶，把沿途经过的左、右分支的值按顺序排列，就可以用 1 和 0 的序列来唯一地标识树中的每一个元素了。

对于数据压缩最后要做的是，遍历原始数据的每一个元素，把与每一个数据元素相关的霍夫曼代码写到输出文件。因为起码大多数数据元素的霍夫曼表示比它们本来的表示位数要少，于是达到压缩的目的。为了此后解码的需要，原来的编码信息（霍夫曼树和所生成的数据表）也必须存储在输出文件中。

下面一个简单例子帮助理解霍夫曼树数据结构的构成，以及如何用于压缩数据。假设有一字符列表“abcdefg”，将它们按各自在一个文件中的发生频率按升序排列（表 14.7）。

表 14.7　拟压缩的字符列表和频率

频率	7	13	17	22	45	77	90
字符	b	d	a	c	g	e	f

然后，用列表中频率最低的两个值（b 和 d）作为叶组成树，树的父节点是它们的频率之和。重新构造列表，将节点 b 和 d 从列表中删去，将树的父节点（频率为 20）插入列表中，仍然按频率升序排列。本步骤结果如下：

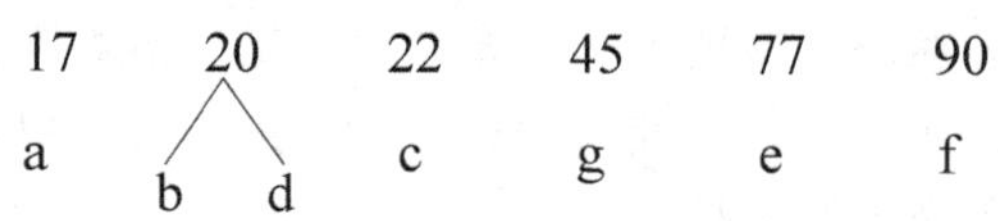

继续用列表中两个频率最低的元素构造新的树，下一步得到：

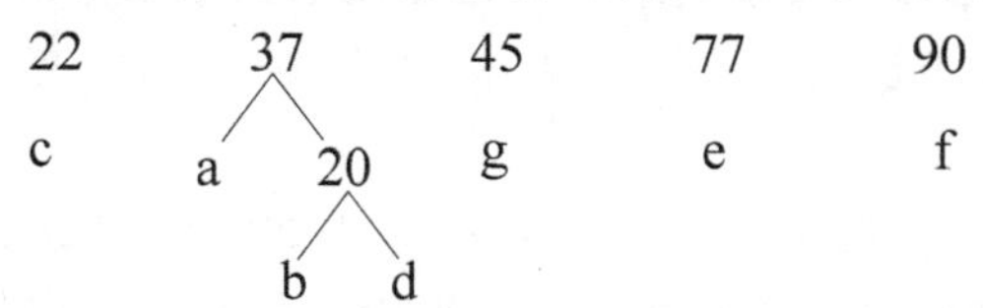

经过若干步骤之后，最后得到霍夫曼树的形式如图 14.4 所示。按照前面说的法则，将树的每一个左边分支标上数字 0，每一个右边分支标上数字 1，结果如图 14.5 所示。

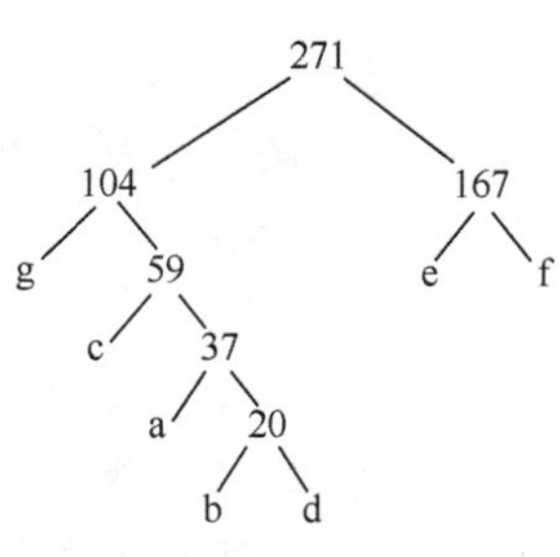

图 14.4

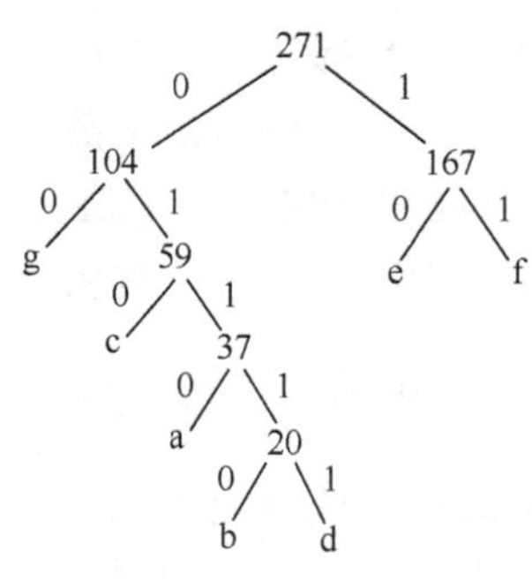

图 14.5

这样，在这个树中的每个字符元素的编码分别为：a=0110，b=01110，c=010，d=01111，e=10，f=11，g=00。显然，这些字符的编码比起他们的 ASCII 码来都短，达到了数据压缩的目的。

14.1.7　JPEG 图像压缩标准

JPEG（Joint Photographic Expert Group）是由 ISO 和 ITU-T 联合发起的委员会，

1986 年成立，致力于连续色调静止图像的数字压缩和编码。它开发了静止图像的有损、无损和接近于无损的压缩标准。JPEG 算法有一系列步骤（初始输入，离散余弦变换，量化，编码），每一步都对图像的整体压缩有贡献。对一个 24bit 彩色图像，压缩比可达 100∶1！然而，在这个比率上，图像就有较明显的退化。通常当图像压缩范围从 10∶1～20∶1 的范围时不会发生视觉图像退化现象。

JPEG 提供一个压缩技术“工具箱”，应用程序可以从中选择满足他们特殊要求的元素。它包括：

- 基线系统：一个简单而有效的、以 DCT 为基础的算法，使用 Huffman 编码，操作在顺序模式，限于每像素 8bit 的输入。
- 扩展系统：对于基线系统的增强，以满足更广泛的应用的需要。
- 无损模式：基于预测编码，独立于使用霍夫曼编码或算术编码的 DCT。

基线 JPEG 算法是一个有损 DCT 方法，由一个均匀的量化器跟随着熵编码组成。基线有损 JPEG 方法把图像分割成许多 8×8 的方块，用 8×8DCT 转换每一个块，再用一个 8×8 量化器步长的矩阵来标量量化所得的 DCT 系数。量化后的系数然后用 0 运行长度霍夫曼编码来进行熵编码。提到 JPEG 通常意味着有损基线方法。

扩展系统覆盖编码方面，如像可变长度编码，渐进编码，以及编码的分层模式。所有这些编码方法是基线顺序编码的扩展。

特殊无损模式也被称作有损预测编码，当在压缩数字图像时如果不允许损失，则可采用该方法。JPEG 无损方法使用一个预测器（DPCM）和可变长度熵编码（霍夫曼编码或算术编码）。

在 JPEG 标准中有下列四种编码模式：顺序编码、渐进编码、分层编码、无损编码。JPEG 顺序编码要求编码按从左到右、自顶向下的顺序，以保证每个像素被编码仅仅一次。渐进编码通常由多重的扫描才能完成。图片被解压时先显示一个粗糙的图片，然后随着更多组分被解压而逐步填充。对于分层编码来说，图片被压缩为多分辨率层次，以使得在低分辨率目标机上可以仅访问低分辨率层次，而不必解压整个图片。关于无损编码，解压缩时图片可望提供全部细节。

JPEG 和小波压缩相比较，在 8bit 灰度级图像上，两者的压缩比都能达到 60∶1。但在小波压缩的图片中图片的细节被保留得更好些。

14.1.8　MPEG 运动图像压缩标准

视频压缩算法的标准化是由 CCITT 为召开远程视频会议和视频电话技术启动的。用于这一目的的数字存储介质包含数字录音磁带（DAT），CD-ROM，可写光盘，磁带，磁盘，还有分别为局域网和广域网（LANs 和 WANs）所建的通信频道。与静止图像压缩不同，运动图像压缩有时间和顺序的限制。压缩级别的描述以对特定分辨率的压缩率为依据。

MPEG 标准包含许多不同标准。1991 年 12 月 6 日发布的 MPEG-1 标准没有重视高清晰度电视的要求（HDTV）。1993 年 11 月 17 日发布的 MPEG-2 标准，包含了 HDTV 要求以及其他增强技术。MPEG-2 标准的套件包含 MPEG-2 音频、MPEG-2 视频以及 MPEG-2 系统的标准。它也规定了在不同层次调节不同比率和分辨率，如在

表 14.8中所描述的。

表 14.8 MPEG-2 分辨率、比率和制式

级别	每行像素数	压缩和解压缩率/(Mb/s)	每帧行数	每秒帧数	每秒像素数/10^6
高	1920	可达 60	1152	60	62.7
高	1440	可达 60	1152	60	47
中	720	可达 15	576	30	10.4
低	352	可达 4	288	30	2.53

运动图像包含视频的顺序图像或帧，回放时以每秒固定帧数播放。移动补偿是多数视频压缩算法的基础。通常，移动补偿假定当前图片（或帧）是前一图片（或帧）的修订版。相继的帧可能稍微地不同，作为对象移动或照相机移动、或两者同时移动的结果。移动补偿企图说明这种移动。为使得比较处理更有效率，帧不是作为一个总体被编码，而是把它拆分成许多块。这些块被编码然后被比较。移动补偿是 MPEG-2 和 MPEG-4 标准的核心的部分。它是对视频编码器的计算算法最重要的要求。

14.1.9 JPEG2000 标准

JPEG 专家组（又称 ISO 工作组- ISO/IEC JTC1/SC29/WG1）于 2000 年 8 月 18 日在美国罗彻斯特宣布 JPEG2000 第 1 部分已经完成，成为国际标准的最后草案(FDIS-Final Draft International Standard)。同时还完成了运动 JPEG2000 工作草案 Working Draft 2.0。一致性测试模型 3.0 和用 JAVA 和 C 编写的参考软件也对 WG1 专家投入使用。运动 JPEG2000（MJP2）预定在 2001 年 12 月完成国际标准草案。

JPEG2000 有许多新的特征：

- 压缩效率比 JPEG 改进大约 5%～30%；
- 有损压缩到无损压缩；
- 多分辨率；
- 嵌入的位流（用于进行式解码）；
- 感兴趣区编码（ROI）；
- 错误恢复能力；
- 位流语法结构。

JPEG2000 的编码器用离散小波变换（DWT）代替离散余弦变换（DCT）。DWT 的好处是：多分辨率表达；采用整数滤波器的无损表示；比 DCT 有更好的去相关性能力；结果生成高压缩系数；利用了视觉模型。DWT 提供了图像的频带分解，使得每一个子频带可按照它的视觉模型来分别量化（类似于 JPEG 的 q 表的描述）。JPEG2000 中还使用内容依赖的适应性算术编码来有效地压缩每一个位平面。

感兴趣区（ROI）编码特性允许选择图像的一部分用比背景高的质量来编码。它的实现是采用一个 ROI 掩码，这个二进制掩码用在小波域，指明哪些已量化的小波系数须采用高质量编码。它依赖于图像域中关于 ROI 区域的说明和 DWT 滤波器。JPEG2000 中的 ROI 特性允许按用户定义的质量要求来编码感兴趣区，允许在一幅图像中有多个 ROI（ROI 形状限于长方形和圆形），这些特性对于医学图像处理特别有用。

运动 JPEG2000（MJP2）是关于图像序列的标准，它允许将 1 或多个 JPEG2000 压缩的图像序列综合音频和格式化的数据一起存储为运动 JPEG2000 文件格式（MJ2）。MJ2 与 JPEG2000 的文件格式 JP2 以及 MPEG-4 的文件格式 MP4 兼容。此外，运动 JPEG2000 将用单一的 codec 支持无损和有损压缩。运动 JPEG2000（MJP2）将被用在许多不同领域，包括医学图像序列，对于静止图像和运动图像使用单一的编码/解码器（codec）的场合，以及在无线通信或因特网中的视频应用。

14.2　医学图像存档、读取和通信

本节介绍如何采用现代数字档案技术对医学图像进行存档和管理，以及实现数字图像存档系统所需的硬件和软件。

医学图像是由各种各样的影像设备生成的。常见的这类设备有：计算机辅助断层扫描（CT）、磁共振成像（MRI）、超声（US）、计算机辅助 X 光照片（CR）、核医学（NM）、数字减影血管造影术（DSA）、数字荧光镜（DF），以及投影式 X 光照相。这些图像通常以不同形式、在不同介质上保存，如像磁盘、磁带、光盘、录影带、电影胶片、数字式通用磁盘（DVD），或者数字线性磁带（DLT）。手工操作调阅这些图像显然烦琐而低效率。PACS（图像存档与传输）系统的实施给医学图像的存储、传递、管理、维护提供了一种先进的技术。图像档案子系统作为 PACS 的一部分，提供一个可靠、有效的手段来存储和处理高容量的医学图像，支持 PACS 的整体操作。

由于存在多种操作平台以及多种网络通信协议和文件格式，实现支持 PACS 的操作的医学图像存档系统与个别医学影像设备之间，以及与 PACS 组成部分之间的连通性和协同操作能力往往是很困难的。DICOM（医学数字图像和通信）标准的引进，使得在医学影像设备与 PACS 部件之间的数据通信成为可行的。一个基于 DICOM 的图像存档系统可被用于在整个 PACS 环境中控制医学图像的数据获取、存档、读取和分发。

14.2.1　医学图像信息模型

对一个病人的医学影像检查可能生成多幅图像。这些图像一般被组织成一个研究或一个系列。一个研究通常包含一个或多个图像系列的集合，目的是对病人进行诊断。一个系列是指一个成像过程（例如，一次 CT 扫描）中所获取的图像集。

由各种形态的数字图像设备所生成的医学影像被作为由像素组成的信息对象来存储。像素是一个数据元素，它在灰度图像中包含灰度等级，在彩色图像中包含 RGB（红，绿，蓝）值。灰度级可以是从 0～255（8bit）、0～1023（10bit）或是 0～4095（12bit），取决于影像设备的采像程序。RGB 值由红、绿、蓝元素组成，每一种颜色由一个 8bit 值（0～255）来表示。

多数片层式图像（CT，MRI，US 等）是二维的。这样一幅图像的大小可以由行数、每行像素数以及每像素比特数（比特深度）来量度。于是，说明为 2495×2048×8bit 的一幅图像表示该图像包含 2495 行、每行 2048 像素、每像素包含的最大值为 255。如果用字节表示，上述图像大小为 2495×2048×1=5 251 072B，或称近似为 4.87MB。然

而，对那些 12bit 或 16bit 像素的数据，每个像素将需要 2B 存储空间，因为计算机存储器是按字节计算的。因此，512×512×12bit 的 CT 图像等价于 512×512×2=524 288B，或近似 0.5MB。表 14.9 给出了一些常见的医学影像形态所对应的文件大小。

表 14.9 一些常见的医学影像形态所对应的文件大小

类型	英文缩写	图像维数	每次检查平均图片数	每次检查数/MB
磁共振成像	MRI	256×256×12	80	10
计算机辅助断层摄影术	CT	512×512×12	60	30
计算机辅助 X 光照片	CR	2577×2048×12	2	20
超声	US	512×512×8	36	9
数字减影血管造影术	DSA	1024×1024×12	20	40

14.2.2 医学图像存档系统

PACS（Picture Archiving and Communication System，医学图像存档与通信系统）的 3 个主要组成部分为数据获取、存档和显示。数据获取系统包含多台计算机，用于获取各种影像设备在临床检查中生成的医学影像。存档系统由一台装备有海量存储器的主机组成，用于将高容量的医学图像存档，以支持以后的读取操作。显示系统包含多个显示工作站，每一工作站由一台控制计算机和高分辨率的监视器组成，允许临床医师观察和处理有关图像。

3 个子系统通过通信网络连接。由获取系统得到的医学图像被传送到存档系统的服务器主机，在这里被存档到存储设备，或者分发到不同的显示工作站。

PACS 中的一个存档系统由 4 个主要部分组成：档案服务器，数据库管理系统，存储子系统和通信网络。图 14.6 所示为多数 PACS 系统所广泛采用的中心档案系统。系统由一个档案服务器、一个镜像档案数据库、一个由快速存储器（如，磁盘或高速 RAID）和长期存储器（DLT 磁带库或光盘库）组成的存储子系统。档案服务器连接到通信网络。图像通过网络从获取计算机传送到档案服务器和显示工作站。一个与医院信息系统（HIS）和放射科信息系统（RIS）接口的 PACS 网关使档案服务器能从 HIS 和 RIS 接收信息。

档案服务器是一个多任务计算机，支持多个进程在它的操作系统环境下同时运行。带有高容量主存（RAM）、双 CPU 或多 CPU 和高速网络接口，以达到高性能。一个集成的图像档案系统运行灵活的图像处理软件，用以控制医学图像的存档、读取和分发。档案服务器的主要功能包括：

- 从获取计算机接收图像；
- 将图像存档到存储系统；
- 将图像路由到显示工作站；
- 更新数据库表；
- 处理来自显示工作站的检索、读取请求。

档案数据库是一个关系式数据库，由若干预定义的数据表组成，这些表存储档案服

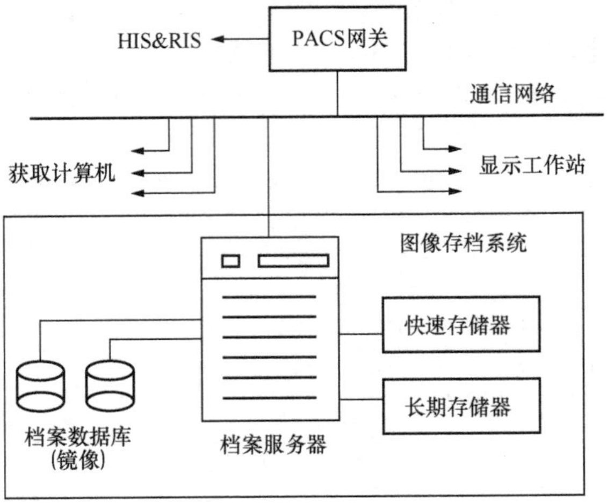

图 14.6 图像存档系统配置

务器为完成图像档案系统所支持的任务所需的必要信息。为确保数据完整性，档案数据库结构中包含镜像特征，允许数据自动复制到档案服务器中的一个分离的系统硬盘中。档案数据库不存储任何医学图像，而存储导向存储在存储子系统的对应图像的索引。

存储子系统为医学图像提供高容量存储能力，支持两级图像存储：

- 用于即时存取的短期存储；
- 用于长期存档的长期存储。

短期存储使用快速数据存取存储设备，如像磁盘，或高速冗余磁盘阵列（RAID），提供对图像的即时存取。长期存储用廉价的、高容量的存储介质，如像磁带、光盘或数字线性记录带（DLT），仅能提供低速读写。

通信网络是一个数字接口，它连接存档系统的档案服务器到其他的 PACS 部件，如数据获取计算机或显示工作站，允许医学图像以及其他信息的通信。廉价的 10Mbps 10Base T 以太网可以被用做网络接口，提供在 PACS 部件之间的通信。然而，高带宽的网络，如像 100Mbps 快速以太网，155Mbps OC-3 ATM（异步传输模式），或 622Mbps OC-12 ATM 更适于这种通信，因为在 PACS 应用中常常需要高容量数据传送。

14.2.3 DICOM 图像通信标准

医学图像系统间以及他们的应用之间的图像通信往往是困难的，这是因为多种平台和多种特定的通信协议和文件格式。DICOM（医学数字图像和通信）标准，是由美国放射学学院（ACR）和美国国家电气制造商协会（NEMA）组成的联合委员会共同制定的，目的是为多种图像设备提供连通性和互操作性，统一各种数字化影像设备的数据格式和数据传输标准，以便于在这些个别系统之间的图像通信和交换。1996 年，ACRNEMA委员会发表了 DICOM3.0，1998 年又推出修订版本，目前，DICOM 标准已经被众多的厂商及机构采用。本节介绍两个用于图像通信的基本的 DICOM 部件：信息对象和服务类。

1. 信息对象

医学图像在 DICOM 中定义为信息对象，或数据集。一个信息对象代表一个真实世界的信息对象的实例（即，一幅图像），由包含这个对象属性的编码值的多个数据元素按照一定的顺序排列组成。每个数据元素包含 3 个域：数据元素标记、值长度、值域。数据元素标记是唯一标识，由一个组号和一个元素编号组成（16 进制表示），用于标识该元素的特定属性。例如，一幅图像的像素数据存储在一个数据元素中，该数据元素的标记为 [7FE0，0010]，这里 7FE0 代表组号，而 0010 代表元素号。值长度指明在元素的值域里包含的字节数。值域包含数据元素的值。图 14.7 表示一个 DICOM 图像信息对象的组成。

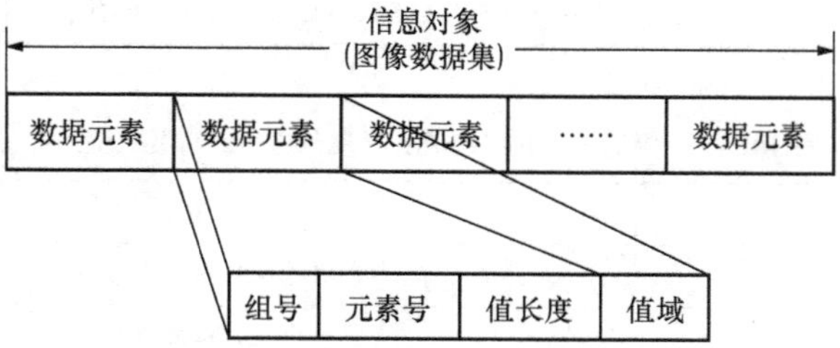

图 14.7 DICOM 信息对象的组成

当一个系统或一个应用将一幅图像传输到另一个系统或应用时，则发生一次医学图像系统之间或相关应用之间的图像通信。图像发送一方按信息对象传输图像数据到图像接收方。例如，在一次图像获取过程中，医学图像从一种图像模式（例如，CT 扫描）作为信息对象传输到一个 PACS 数据获取计算机。随后，这些信息对象从数据获取计算机被路由到指定工作站进行即时显示，或到档案服务器进行存档。

2. 服务类

服务类是将信息对象与作用在该对象上的命令联系在一起，并说明了命令元素的要求以及作用在信息对象上的结果。典型的 DICOM 服务类有查询/检索服务类、存储服务类、打印管理服务类。服务类可以简单理解为 DICOM 提供的命令或提供给应用程序使用的内部调用函数。

一个 PACS 应用被 DICOM 称为应用实体（AEs）。参与图像通信的一个 AE 被设置在一个 DICOM 服务集的顶部。这些服务由 DICOM 消息服务元执行，被归为两个服务类，即 DIMSE-C 服务和 DIMSE-N 服务。DIMSE-C 服务是指那些适用于组合对象的服务（即，在一个 DICOM 信息模型里代表几个实体的对象）并且仅仅提供操作服务。另一方面，DIMSE-N 服务是适用于归一化的信息对象（即，在一个 DICOM 信息模型里代表单个实体的对象），提供操作和通知两种服务。DIMSE-C 服务和 DIMSE-N 服务以及它们的操作分别列在表 14.10 和表 14.11 中。

一个典型的 DIMSE 服务包含两个 AE（应用实体），一个服务类用户（SCU），以及一个服务类提供者（SCP）。一个 SCU 是一个 AE，它需要另一个 AE（SCP）提供指定的 DIMSE 服务。SCP 也是一个 AE，它执行一个适当的操作来提供一种指定的服务。

由 DIMSE 服务完成的操作基于一种客户/服务器方式的应用，这里 SCU 是客户，而 SCP 是服务器。下面将给出一个存储服务类的例子，它使用 C-STORE DIMSE 服务来从一个存储 SCU 向一个存储 SCP 传输医学信息。

表 14.10　组合 DICOM 消息服务元（DIMSE-C）

DIMSE-C 服务	操　作
C-ECHO	两个对等应用实体（AE）之间的通信认证
C-STORE	信息对象从一个应用实体向另一个传输
C-FIND	查询信息对象的信息
C-GET	用 C-STORE 操作从另一个 AE 读取存储的信息对象
C-MOVE	指示另一个 AE 用 C-STORE 操作传送存储的信息对象到第三方 AE

表 14.11　规范化的 DICOM 消息服务元（DIMSE-N）

DIMSE-N 服务	操　作
N-EVENT-REPORT	向一个对等 AE 报告一个事件
N-GET	从另一个 AE 读取属性值
N-SET	请求另一个 AE 修改属性值
N-ACTION	请求另一个 AE 在它管理的 DIMSE 服务上执行一个动作
N-CREATE	请求另一个 AE 生成一个新的管理的 DIMSE 服务
N-DELETE	请求另一个 AE 删除一个管理的 DIMSE 服务

3. C-STORE DIMSE 服务例

以下步骤描述一个 C-STORE DIMSE 服务的操作。该服务从一个 PACS 数据获取计算机向一个档案服务器传送图像（图 14.8）。

1）数据获取计算机（存储 SCU）向一个档案服务器（存储 SCP）发布一个 ASSOCIATION 请求。

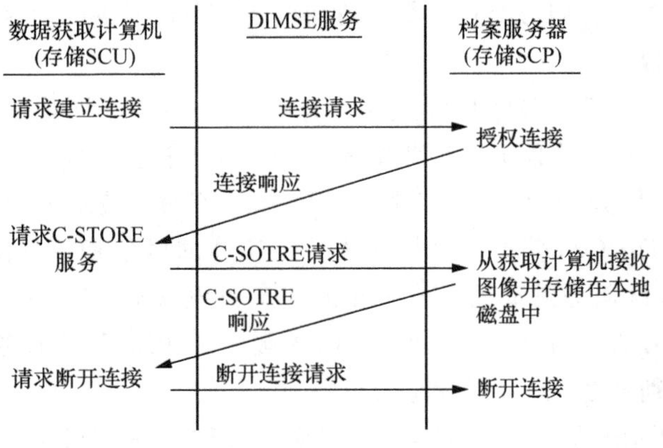

图 14.8　应用于 PACS 图像获取过程的 DICOM 存储服务类，获取计算机作为存储 SCU 传送图像给档案服务器（存储 SCP）

2）档案服务器准许连接（association）。

3）数据获取计算机调用C－STORE服务，并请求在档案服务器中存储一个图像。

4）档案服务器接受请求。

5）数据获取计算机传送图像到档案服务器。

6）档案服务器存储图像在它的存储设备中，并且通知成功操作。

7）数据获取计算机发布一个解除连接的请求。

8）档案服务器解除连接。

14.2.4 档案软件组成部件

在一个档案服务器中执行的软件控制医学图像的存档、读取和分发。在档案服务器中，通过使用C/S编程、查询机制和作业（job）优先权机制，设备功能的过程独立运行，并同时与其他过程通信。表14.12描述运行于档案服务器上的主要过程的功能。档案服务器执行的主要任务包括图像接收、图像路由、图像堆栈、图像存档、数据库更新、图像读取和图像预取。

表 14.12 在档案服务器上的过程

过 程	说 明
arch	从快速存储器向长期存储器复制图像。更新档案数据库。通知 cache _ mgr 和 arch _ ack 已成功存档
arch _ ack	通知数据获取计算机成功存档。在获取计算机上的 acq _ del 过程删除本地存储的图像 处理图像信息，更新档案数据库，通知 dcm _ send 和 arch 过程
image _ mgr	从档案数据库选择历史图像，通知 retrv 过程
pre _ fetch	从获取计算机读取图像，通知 image _ mgr 过程。(dcm _ recv：DICOM 存储 SCP)
dcm _ recv	从 HIS 或 RIS 接受 ADT 消息。通知 pre _ fetch 过程 从快速存储器或长期存储器读取图像，通知 dcm _ send 过程
adt _ gw	发送图像到目的地显示工作站。(dcm _ send：DICOM 存储 SCU)
retrv	管理档案服务器的快速存储
dcm _ send cache _ mgr gr _ server	在显示工作站上处理来自显示过程的查询和读取请求。(gr _ server：DICOM 查询/读取 SCP)

1. 图像接收

由获取计算机从各种医学影像设备中获取的图像通过通信网络传送到档案服务器，传送过程使用标准的DICOM存储服务类和TCP/IP网络协议。存储服务类基于C/S应用，这里一个获取计算机（客户）作为一个DICOM服务类用户（SCU）把图像传送到一个服务类供应者（SCP）或者档案服务器。像多数客户/服务器应用，档案服务器支持并行连接，以便多个获取计算机接收图像。

2. 图像路由

从各个获取计算机到达档案服务器的图像被立即路由到它们的目的地显示工作站进

行即时显示。路由过程是一个 DICOM 存储服务类，这里，档案服务器扮演 SCU 的角色，把图像传送到显示工作站（SCP）。路由算法被预定义的参数所驱动，这些参数有图像检查类型、病人类型、显示工作站的地点、断层放射学专家和责任医师。这些参数存储在一个被档案数据库管理的路由表里。路由过程对每一个经由医院信息系统（HIS）/放射科信息系统（RIS）接口接收到的、基于 HL7 标准的信息的图像执行表查询。由查询结果确定该图像应该发送的目的地。

3. 图像堆栈

图像堆栈是一种数据获取机制，它将图像暂时存储在高速存储设备中，如像磁盘或 RAID，以便快速读取。档案服务器从各种数据获取计算机接收到的图像，并将其堆积在档案服务器的快速存储器中（磁盘或 RAID），允许即时读写。在成功地存档到长期存储器之后，这些图像仍然保留在快速存储器中，按医院、按病人进行管理。按这种方式，所有那些已经不在一个显示工作站的本地磁盘上的近期的图像，仍然能从档案服务器的快速存储器中读取，而不必从低速的长期存储器读取，如光盘库或 DLT 磁带库。这种及时地存取图像的能力对于从一个位于不同放射科或不同部门的显示工作站上调阅图像的放射科医生或内科医生来说特别方便。

4. 图像存档

档案服务器将来自各种获取计算机上的图像从快速存储器复制到长期存储设备，如光盘库或 DLT 磁带库，以便长期存档。这些图像作为标准 DICOM 图像文件被存储，此后可被 PACS 通信网络上的显示工作站读写。

5. 数据库更新

从档案服务器接收到的图像的数据元素中提取出信息并将其插入档案数据库。这些数据被分类，并被存储在预先定义的不同的表中，每个表仅仅描述一类实体。例如，病人描述表包含病人的记录，其中存储病人一般信息、检查结果和相关的研究；档案索引表包含个别图像的档案记录；研究描述表包含描述个体的医学图像过程的研究记录。这些表为档案服务器提供执行特定任务的必要信息，例如文件索引、查询和读取键值查找、图片路径选择，以及图片预取。

6. 图像读取

图像读取通过通信网络连接到一个档案系统的显示工作站完成。读取请求由显示工作站发给档案服务器，用 DICOM 查询/读取（Q/R）服务类通过 TCP/IP 网络协议，在客户/服务器基础上发出。在读取操作中，档案服务器充当 Q/R SCP，处理它从显示工作站（Q/R SCU）接收到的查询和读取请求。被请求的图像由档案服务器从存储子系统读取，并用 DICOM 的存储服务类分发给目标显示工作站。

14.2.5 HIS/RIS 接口和图像预取

如果没有与 HIS 和 RIS 的接口，应用于临床实践的 PACS 系统不可能成功地操作。

这一节描述 HIS/RIS 接口，并且介绍由档案系统应用这个接口在 PACS 中执行的预取机制。

1. HL7 通信标准

HL7 是一个工业标准数据接口，广泛地应用在许多健康护理信息系统中（例如，HIS，RIS，PACS)，用于交换正文信息。发生在这些不同类型的计算机系统之间的信息交换是通过通信网络和应用 TCP/IP 协议，在客户/服务器模式的基础之上进行的。

PACS 通过医院整体通信网络，利用 HL7 界面，从 HIS 或 RIS 得到消息或事件，比如病人的基本信息、ADT（许可、卸下和转移)、检查时间表、检查种类，以及诊断报告。从这些消息提取的信息能被 PACS 档案子系统使用，以执行专用任务，比如路径选择、堆栈机制和图片预取机制。

2. 预读取机制

操作在临床的环境下的 PACS 需要快速读写病人的以往的和当前的图像，以支持在线诊断。在临床检查期间，从低速的长期档案中调阅历史图像的时间延迟，将使医生对 PACS 的应用失去兴趣。图像预取机制的实现将减少图像的在线调阅，从而将增加 PACS 的临床应用。当 PACS 档案服务器通过 ADT 消息从 HIS 或 RIS 检测到病人的到达时，预取机制被触发。被选的历史图像以及相关的诊断报告从长期存储器和档案数据库中读出。这些数据然后在病人的当前检查完成之前被分发到目的显示工作站。预取机制的算法是基于表查询过程，该过程被某些预定义的参数所驱动，这些参数如检查类型、疾病分类、显示工作站的位置、部门的放射科医生、主治医生、病人的档案图像的数量和年限。这些参数存储在一个由档案数据库管理的预取表中，它将决定哪些历史图像应被读取。

下面一些参数影响预取操作机制：

- 显示工作站有能力堆栈预取的历史图像的存储空间；
- 在档案系统中的存储设备处理多个同时发生的读取操作的能力；
- 网络支持大容量的图像同时传送的能力；
- 显示工作站在临床检查过程中，以最少的终端用户干预来接收预取的历史图像的能力。

当实施一个预取机制时，所有这些参数都应被考虑。

14.2.6 DICOM 图像档案标准

这一节讲述档案系统使用 DICOM 标准规定的 Q/R 服务类所执行的医学图像的存档和读取。

1. 图像文件格式

医学图像按照 DICOM 格式的文件被存档到存储介质。一个 DICOM 文件由一个超信息文件头和一个图像信息对象组成。文件的超信息头由 128 字节的文件序文、4 字节的 DICOM 前缀（‘D’，‘I’，‘C’，‘M’）和文件超元素（DICOM group 0002）组成。

这个文件信息头包含识别封装的 DICOM 图像数据集的信息（图 14.9）。

档案服务器从获取计算机作为信息对象接收 DICOM 图像。这些图像首先要与对应的超信息头一起封装，形成 DICOM 文件，然后存档。当这些存档的图像文件从存储设备中读出时，仅仅从文件中提取封装的图像信息对象，然后，再将其作为信息对象被传送到目的地。

图 14.10 和图 14.11 给出了一个 DICOM 图像文件的简单示例。

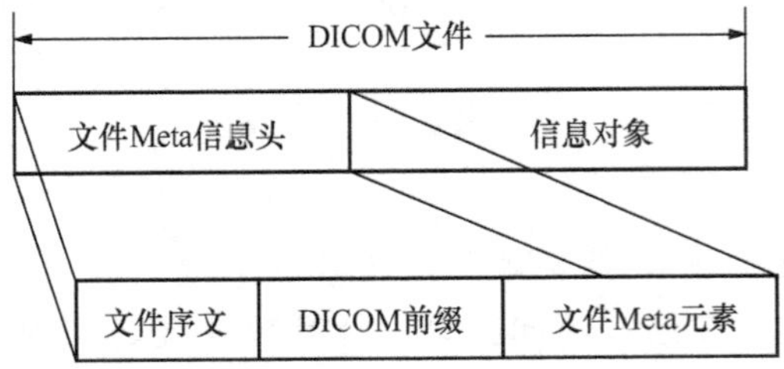

一个 DICOM 文件由一个超信息文件头和一个信息对象（图像数据集）组成。超信息文件头由文件序文、DICOM 前缀和多个文件超元素组成

图 14.9 DICOM 文件格式

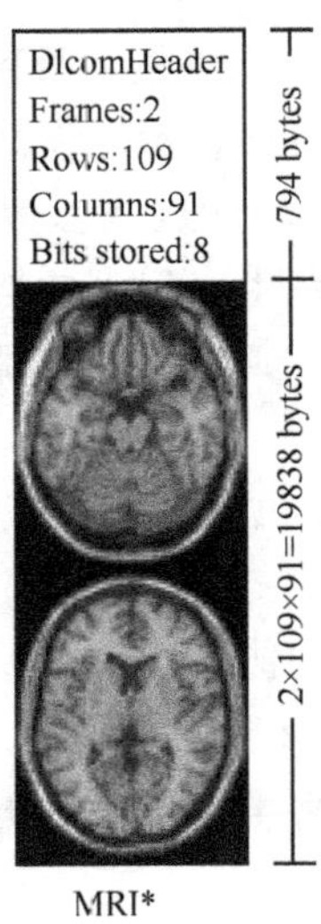

图14.10 DICOM 文件示例

First 128 bytes: unused by DICOM format
Followed by the characters 'D','I','C','M'
This preamble is followed by extra information e.g.:

0002,0000,File Meta Elements Group Len: 132
0002,0001,File Meta Info Version: 256
0002,0010,Transfer Syntax UID: 1.2.840.10008.1.2.1.
0008,0000,Identifying Group Length: 152
0008,0060,Modality: MR
0008,0070,Manufacturer: MRIcro
0018,0000,Acquisition Group Length: 28
0018,0050,Slice Thickness: 2.00
0018,1020,Software Version: 46\64\37
0028,0000,Image Presentation Group Length: 148
0028,0002,Samples Per Pixel: 1
0028,0004,Photometric Interpretation: MONOCHROME2.
0028,0008,Number of Frames: 2
0028,0010,Rows: 109
0028,0011,Columns: 91
0028,0030,Pixel Spacing: 2.00\2.00
0028,0100,Bits Allocated: 8
0028,0101,Bits Stored: 8
0028,0102,High Bit: 7
0028,0103,Pixel Representation: 0
0028,1052,Rescale Intercept: 0.00
0028,1053,Rescale Slope: 0.00392157
7FE0,0000,Pixel Data Group Length: 19850
7FE0,0010,Pixel Data: 19838

图 14.11 示例文件头信息列表

如前面所述，医学数字图像和通信标准 DICOM 是由美国国家电器制造商协会（NEMA）创立的。这个标准的第 10 部分描述一个用于图像分发的文件格式。这个文件是老版本 NEMA 标准的扩展。多数人把符合 DICOM 标准第 10 部分的图像文件看作是 DICOM 文件格式。

单个的 DICOM 文件包含文件头（其中存储病人姓名、扫描类型、图像尺寸等信息）和全部图像数据（可以包含三维的信息）。这与流行的 Analyze 格式不同，后者将图像数据存储在一个文件中（*.img），而头部信息存储在另一个文件中（*.hdr）。在 DICOM 和 Analyze 文件之间的另一个不同是，DICOM 图像数据可以被压缩（封装）

以减小图像文件大小。可以用 JPEG 的有损压缩或无损压缩来压缩文件，也可以用无损游程编码格式（它等同于某些 TIFF 格式中的打包的位压缩）来压缩图像。

为说明问题，图 14.10 显示一个假设的 DICOM 图像文件。在这个例子里，前 794 个字节用于 DICOM 格式头，后面跟着 19838bit 的图像数据（109×91×2 像素，每像素 8bit）。文件头描述图像维数并包含其他关于这次扫描的文本信息。文件头的大小取决于存储多少头信息。图 14.11 显示本例详细的 DICOM 文件头列表。DICOM 文件开始有 128B 的序言（通常全部置为 0），跟随着是 4 个字母‘D’，‘I’，‘C’，‘M’，随后便是头信息，头信息按编组组织。例如，0002（十六进制）组是文件超信息组，本例包含 3 个元素：其一定义了组长度，其二存储文件版本，其三存储传递语法。必需的 DICOM 元素取决于图像类型，这些类型在 DICOM 标准第三部分列出。例如，本例中图像形态是“MR”（参见元素 0008，0060），因此它应该还有其他元素描述 MRI 回响时间。在这个示例中缺失这个信息，这违反了 DICOM 标准。事实上，许多 DICOM 格式浏览器软件（包括 MRIcro 和 ezDICOM）不检查这类元素的存在与否，仅仅提取描述图像大小的头部信息。

NEMA 标准领先于 DICOM，二者结构非常相像，具有许多同样的元素。主要区别是 NEMA 格式没有 128B 的导言和字符“DICM”。此外，NEMA 不能明显地定义多帧（三维）图像，因此不包含 0028，0008 元素。

2. DICOM 浏览器软件

进行医学图像处理和研究时常常需要在 DICOM 图像格式和其他文件格式之间转换。下面介绍几个可以免费下载的 DICOM 浏览器软件。

- ezDICOM：“http：// www. psychology. nottingham. ac. uk/staff/cr1/ezdicom. html”。运行在 Windows 操作系统平台。可以作为单机程序，或一个 ActiveX 组件（允许即插即用，可与 Delphi，VisualBasic，C＃，VisualC，InternetExplorer 其他 ActiveX 控件程序一起使用）。它能显示多种类型的 DICOM 图像（许多其他浏览器仅限于显示未压缩的灰度级 DICOM 图像），还可以自动检测和打开 Analyze，DICOM，Genesis，Interfile，Magnetom，Somatom 和 NEMA 图像。ezDICOM 是 Sourceforge 的一部分。
- MRIcro：“http：// www. psychology. nottingham. ac. uk/staff/cr1/mricro. html”。(Windows，Linux) MRIcro 可以浏览 Analyze，DICOM，ECAT，Genesis，Interfile，Magnetom，Somatom 和 NEMA 图像，并能转换他们为常用的 Analyze 格式。它与 ezDICOM 使用同样的 dicom. pas Pascal 程序单元，但是包含一些附加特征，它比 ezDICOM 难以使用，但是功能更强大。
- Dicom2：“http：// dicom2. barre. nom. fr/”。(Linux，Sun，Windows) 可以分析和转换 DICOM 图像。
- ImageJ：“http：// rsb. info. nih. gov/ij/”。是一个很流行的基于 Java 的 DICOM 浏览器软件。配合免费的 plugins 软件（“http：// rsb. info. nih. gov/ij/plugins/index. html”）使 ImageJ 能支持广泛的图像格式（e. g. Analyze）和图像处理函数（包括体绘制）。

3. DICOM 标准规定的 Q/R 服务类：检索/读取服务类操作

在一个档案服务器上运行的一个服务器过程控制存储在档案系统中的医学图像的查询和读取。这个服务器过程起到了 Q/R 服务类中与显示工作站（Q/R SCU）通信的 SCP 角色，允许后来分别从档案数据库和存储子系统查询和读取图像。

Q/R 服务类是基于下列的 DIMSE 服务：C-FIND，C-GET，C-MOVE 和 C-STORE。这些 DIMSE 服务说明如下：

C-FIND 服务被一个 Q/R SCU 请求激活，该请求要求匹配一个 Q/R SCU 提供的属性值序列，或者查询关键字（例如，病人姓名、检查日期、成像模式类型）。Q/R SCP 对每一个匹配返回所请求的属性和他们的值的列表。

C-GET 服务被一个 Q/R SCU 的请求激活，该请求要求根据请求者所提供的属性从一个 Q/R SCP 读取一个信息对象（即，一个 DICOM 图像），并把这个对象传送给发出请求的 Q/R SCU。

C-MOVE 服务被一个 Q/R SCU 的请求激活，该请求要求根据请求者所提供的属性从一个 Q/R SCP 读取一个信息对象（即，一个 DICOM 图像），并把这个对象传送给第三方 DIMSE 应用。

C-STORE 服务被一个存储 SCU 的请求激活，请求在一个存储 SCP 计算机系统上存储一个信息对象（即，一个 DICOM 图像）。存储 SCP 从请求者 SCU 接收该信息对象，把它存储在存储子系统中。

下面例子说明 DICOM 如何使用上述的 DIMSE 服务来执行一个 Q/R 服务类操作：

假设一个放射科医生在一个显示工作站查询图像档案系统，要找出一个存在该工作站的以往的 MRI 检查结果，与当前的研究比较。要执行这个 Q/R 操作，涉及 3 个 DIMSE 服务：C-FIND，C-MOVE，C-MOVE。档案服务器在其中作为一个 Q/R SCP 和一个存储 SCU，而显示工作站作为一个 Q/R SCU 和存储 SCP。为完成操作，执行下列程序：

1）显示工作站的 Q/R 客户过程（Q/R SCU）向档案服务器请求一个 Q/R 服务器过程（Q/R SCP），以建立一个连接。

2）Q/R 服务器过程授权连接。

3）Q/R 客户过程发出一个 C-FIND 请求，查找一个给定病人的一次历史的检查。

4）Q/R 服务器过程返回一个匹配 Q/R 客户过程提供的属性值的列表。

5）在显示工作站操作的放射科医生从历史检查中选择一个感兴趣图像，并发出一个 C-MOVE 服务请求。

6）Q/R 服务器过程从存储设备调出所请求的图像，并请求档案服务器的 C-STORE 客户过程（存储 SCU）传输图像给显示工作站的 C-STORE 服务过程（存储 SCP）。

7）C-STORE 客户过程请求 C-STORE 服务过程建立一个连接，等待这个连接被授权，然后传输图像到 C-STORE 服务器过程。

8）在成功传输图像之后，C-STORE 客户过程结束存储服务类连接。

9）C-MOVE 客户过程结束 Q/R 服务类连接。

4. Q/R 服务类支持级别

在档案服务器上的 Q/R 服务过程在 Q/R 服务类中扮演 SCP 角色，基于图像档案系统所支持的、在一个 Q/R 信息模型中定义的属性信息来处理查询和调阅请求。这个 Q/R 信息模型可能是一个在 DICOM 中定义的标准的 Q/R 信息模型，或者是一个在执行的档案系统中，在一致性描述部分定义的私有的 Q/R 信息模型。

DICOM 定义了 3 种层次化 Q/R 信息模型（表 14.13）。它们是 patient root，study root，patient/study only 模型。Patient root Q/R 信息模型基于一个 4 级层次：病人层次、研究层次、序列层次和图像层次。病人层次是最高层次，包含与对应图像的信息对象定义（IODs）的病人信息实体（IE）相关联的属性。病人层次的下一级是研究层次，它包含与对应图像的 IODs 的研究实体 IE 相关联的属性。研究层次的下一级是序列层次，它包含与对应图像的 IODs 的序列实体 IE 相关联的属性。最低一级是图像层次，包含与图像 IODs 相关联的属性。一个关键字属性列表，或常用在支持 Q/R 服务类操作的层次搜索算法中的检索关键字，在表 14.14 中给出。在 Patient root Q/R 信息模型的每一级，IE 的一个属性被定义为一个唯一键值属性，提供对于相关 IE 的存取。一个 Q/R SCU（即，在一个显示工作站的 Q/R 客户过程），可以执行一个层次化查询和读取操作，以便在任何信息模型级别上得到所需的图像或图像集。

Study Root Q/R 信息模型类似于 Patient Root Q/R 信息模型，但其最高级是Study级。

Patient/Study Only Q/R 信息模型类似于 Patient Root Q/R 信息模型，但是它不支持 Series 和 Image 级。

表 14.13 Q/R 服务类信息模型和它们的支持级别

	Q/R 信息模型		
	Patient Root	Study Root	Patient/Study Only
Q/R 层次结构	Patient		Patient
	Study	Study	Study
	Series	Series	
	Image	Image	

表 14.14 在 Q/R 服务类操作中常用的关键属性

病人级	序列级
病人姓名	序列实例 UID
病人 ID	序列 ID
研究级	形态
研究实例 UID	图像级
研究 ID	SOP 实例 UID
研究日期	图像数
研究时间	
访问数	

* UID：唯一标识符；SOP：服务-对象对。

14.2.7 PACS 研究应用

图像处理应用于医学科研使得许多临床诊断和处理更加有效和精确。例如，一种成熟的结节检测算法应用于数字乳房 X 光片图像，有助于乳腺癌的早期发现。然而，图像处理的应用通常需要重要的设施和认真的评估，才能被临床应用所接受。这需要大量图像数据和用于显示和处理这些图像的图形工作站。对于这个目的，PACS 可以被用做一个强有力的工具：

1）提供大量的有统计学意义的样本图像，为图像处理算法的调试和测试所用。

2）显示工作站带有内置的图像处理功能，来支持临床评估。

PACS 为获取、存储、处理各种各样医学图像设备生成的医学图像提供一种手段。这些图像可以用于临床检查、诊断以及相关研究。DICOM 的引入提供了一种在各种不同的医学图像设备和 PACS 部件之间互连的工业标准，允许在这些计算机之间的图像通信和信息交换。

数字图像档案提供了对于病人历史图像的在线存取，方便了放射科医生和其他医生的临床实践。存档的图像可用做相关科研的图像数据资源。当一个图像档案系统置于一个支持 PACS 的临床环境下，对于图像的可靠地、实时的存取成为这个系统是否满足要求的必要因素。能支持在整个 PACS 上图像的可靠地存档、读取和分发的灵活的图像处理软件将扮演重要角色。

当实现一个用于临床的、支持 PACS 的图像存档系统时，应考虑以下方面：

- 数据完整性，确保不丢失图像及其相关数据；
- 系统效率，对当前的或历史的图像都能提供及时的存取操作；
- 系统可扩展性；
- 系统可用性。保证 100％的系统时间用于在整个 PACS 上的图像存档、存取和分发。

14.3 临床 PACS 中的图像标准化

医院集成图像存档和通信系统（HI-PACS）已经形成一个多发送站和多用户医学系统（图 14.12）。对于这样一个系统，需要考虑两个层次的标准化。第一层标准是在 PACS 中的多发送站设备（如获取站、工作站、文档库）所需要的。而且，作为集成的结果，PACS 也接受医院里的其他信息系统的数据，例如，放射科信息系统（RIS）、医院信息系统（HIS）或数字声音系统（DVS）。这些信息系统传递那些要在多发送工作站被观察和分析的数据。第二层标准是那些从事于与 PACS 系统有关的专业职务的人所需要的。他们之中有放射科专家、临床医师、技术人员和入院服务管理人员。数据的格式和内容多种多样，包含诊断图像、医生报表、医嘱或者管理报表。因此，两级标准都要考虑才能使得整个系统在临床环境中更有效。

第一层的标准化是为集成在 PACS 中的所有设备所必需的，涉及处理信息访问和系统之间通信所需要的数据和图像的工业标准。第二层的标准化是为了便利医学需求和数据的使用。本节集中讨论如何调整图像内容以使得图像更可读，有更好的质量用于医

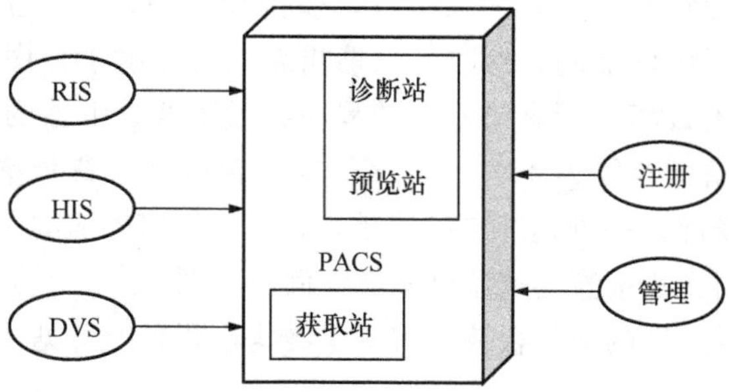

图 14.12　PACS 集成为一个医院环境下的多发送站、多用户系统

学诊断。首先讨论通过消除两类图像背景来改进 X 射线图像的质量问题，包括由准直器阻塞引起的背景以及病人轮廓之外的背景。然后，介绍用直方图修正技术调整所关注的解剖学结构。此外还讨论了图像取向问题和它的矫正。最后，简要地讨论工业标准，并给出一些关于如何在临床 PACS 中实现图像标准化功能的提纲性介绍。

14.3.1　背景消除

图像背景通常被描述为一个不属于被增强的与重要内容相关的区域。在图像标准化中，3 个不同的区域可以被看作是背景。第一种考虑把放射线范围以外的区域作为背景，由于准直器阻塞引起，形成白色的边界环绕放射线区域。另两种背景位于放射线区域之内。依赖于图像分析不同阶段和预期结果。图像分析第一阶段通常侧重于检测病人的轮廓和方位修正。这时，病人轮廓之外的区域被看作是背景并置为 0 值。在随后的图像分析阶段，包括图像分割和感兴趣区（ROI）的提取，可以考虑在病人轮廓内的某些区域作为背景。例如，在整形外科中对骨头的分析，以及在骨龄评估中骨的和骺的分析中，相对于骨结构而言，可将软组织看作背景。胸片分析中需要将臂、纵隔和隔下等当作背景。许多图像处理程序的目的是抑制背景和/或增强前景（即，诊断学上重要的区域）以增加信一噪比和/或提取高辨别能力的特性。本节仅涉及在图像标准化（预处理）过程消除的背景，即讨论消除准直器引起的背景和病人轮廓外侧的区域背景。

1. 消除准直器阻塞引起的背景

在图像阅读过程中，来自周围的光线反射的增强将导致所关注的放射线区域反射光的减弱。这个现象影响对于 X 光片细节的辨识。因为背景光线的增强改变了视觉的灵敏度阈值，减小了眼睛对于给定的刺激增量的响应，减低了对比度辨别能力。图像背景部分透明的区域导致过度的光强刺激观察者的眼睛，使得眼睛感到疲劳和不适，它也降低了视觉的对比度敏感性。无关的外围光线可以通过在读片室提供较弱的环境光线来减弱，从而把反射光减低到不至于改变视觉灵敏度阈值的水平。图像的透明的背景则可以通过软件功能把图像边界外区域置为黑色来解决。这样处理还能增加图像的视觉质量。

在临床 PACS 中消除背景有两个主要的好处：第一，提供无损压缩。这是在图像归档和通信中的一个重要的性能一价格比参数。第二，已经实行的背景消除对于一定类型的图像将减少进一步图像标准化和计算机辅助图像诊断软件设计中所需的努力。使后来的自动图像分析集中于诊断学上重要区域的信息分析。一般需要在把获取的图像发送到归档站之前自动执行背景消除。如果失败，使得图像中诊断学上重要的部分被擦除，背景消除软件程序是不可恢复的。这时，只能重新执行放射学程序。为了确保不使诊断学上有效的图像部分被毁坏，所有已开发的程序减低了背景消除的精度。已开发的算法对于消除整个背景的精度范围为42%～91%，对于消除部分背景精度为86%～99%。

图像背景有几种情况。一种是纯粹的背景，它不与任何外部的对象或密集的解剖学结构重叠；另一种是有时由于准直器壁厚度不够，假肢［图 14.13（a)］或标记物投射到背景上；第三种情况，高灵敏度的成像板使得解剖学结构在背景上可见［图 14.14（a)］。

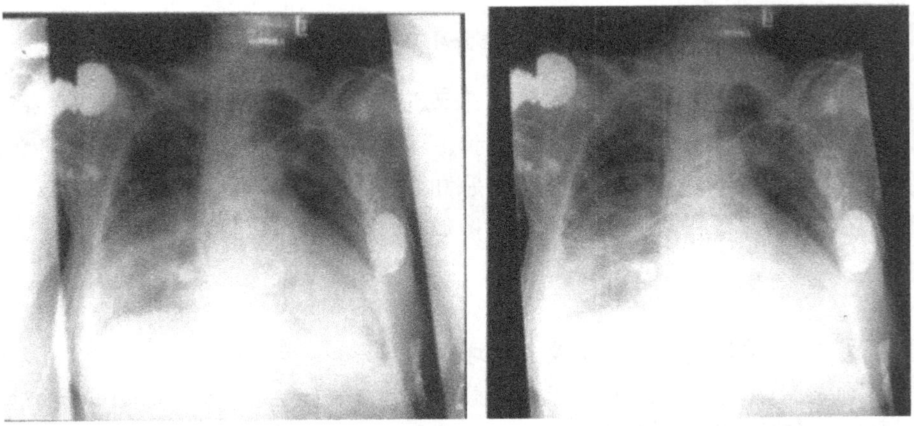

(a) 原始CR图像，有一未曝光背景，左臂有假肢　　(b) 消除背景后的CR图像

图 14.13　由于准直器壁厚不够，标记物投影到背景上

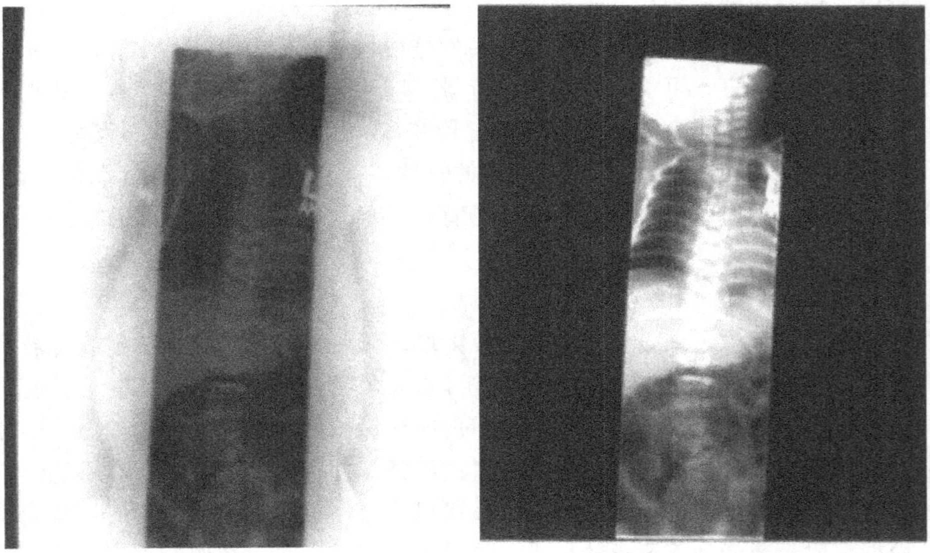

(a) 原始CR图像，有一未曝光背景解剖学结构在背景上可见　　(b) 消除背景后的CR图像，诊断区域得到增强

图 14.14　高灵敏度的成像板使得解剖结构在背景上可见

Zhang J 开发了一种高精度背景消除算法。算法的第一步，计算 CR 图像背景的亮度分布，并确定各个像素属于图像背景的概率。估计值基于在随机选择的 50 幅临床 X

光照片上标记的1000个分区中找出的背景特征。在每一个分区中，连续像素的平均强度之间的关系产生一个参数，称做背景分值。指定每一个分区为背景或诊断区域，则可给出背景分值和背景概率之间的关系的定义。Zhang J 将图像背景的识别定义为背景边界的位置。他使用一个梯度方法。图像 I 在 x，y 点的微分产生一个矢量 $\mathbf{V}(x, y)$，定义为

$$\mathbf{V}(x,y) = \rho(x,y)e^{i\theta(x,y)} \tag{14.4}$$

式中

$$\rho(x,y) = \left[\left(\frac{\partial I}{\partial x}\right)^2 + \left(\frac{\partial I}{\partial y}\right)^2\right]^{\frac{1}{2}}$$

$$\theta(x,y) = \tan^{-1}\left(\frac{\dfrac{\partial I}{\partial y}}{\dfrac{\partial I}{\partial x}}\right) \tag{14.5}$$

一整套 $\mathbf{V}(x, y)$ 形成一个梯度图像。当一个像素的 $\rho(x, y)$ 超过一个经验决定的阈值，并且像素本身的位置接近图像边缘的时候，这个像素被选择。这些在下一步分析中要考虑的像素的选择是依据前面描述的背景概率。每一个被选择的像素符合下面的背景边界条件：如果在一个像素与它的朝向图像中心一侧的邻居的平均强度之差大于这个像素与它在图像边缘一侧邻居的平均强度之差，则认为这个像素是在边界上。

为了避免由于消除背景的失败而造成诊断上有用的部分被擦除，需利用两个附加条件：

1）将低分值的像素排除在外；

2）假定准直器的边缘是直线。这样，背景像素的角度分布曲线有4个最大值，这4个峰值对应于4个边。其梯度值在峰值半宽度位置的像素被用来拟和一条被看作背景边界的曲线。用来拟和这条线的每一个像素的贡献互不相同，具有不同的权重，定义为

$$w = A \times e^{k\times\Delta\theta} \tag{14.6}$$

其中，A 和 k 是正常数，$\Delta\theta$ 是当前的像素梯度角与曲线角分布的最大值之间的差。

最后，在背景消除中一个非常重要的步骤是可靠性估计。被选择的点的拟和是通过应用 chi－square 拟和技术。第二步是基于两个直方图的比较。一个是从原始图像得出，另一个是从消除了背景的图像得出。如果图像的直方图在诊断学上重要的部分保持不变，则背景消除是可接受的，否则，这个消除步骤被忽略。这个功能的实施示例显示在图 14.13 和图 14.14。

由准直器阻塞引起的背景的消除是一个依赖于形态也依赖于解剖学结构的过程。这个过程仅仅对计算机化的X射线图像和数字图像适用。而且，并非所有解剖学部位需要实施这个过程。它适用于儿科学图像（对所有解剖学），以及成人的肢、手和头部图像。准直器引起的背景一般不出现在成人的胸片和骨盆X射线光片中。

2. 消除病人轮廓之外的背景

在下面的讨论中，背景是指图像中在病人轮廓之外，而在放射线区域之内的区域。这个区域也包含标签，标尺，病人的人口统计学数据（姓名、出生日期、ID号等），这些在图像处理系统中最直觉的和常用的关于背景的定义。在多数情况下，这个算法是解

剖学依赖的，应该对每一个解剖学结构分别开发。通常它应用于那些解剖学结构能清楚地与背景分离的情况。作为例子，一个 CR 手和肢的图像或者乳房 X 线照片图像属于这一情况。背景消除不仅用于图像浏览或图像预处理函数，而且也常常用做一个无损压缩方法，用来减小一个被存档或被传输的图像的大小。文献中已经介绍了许多方法，但没有一种方法能适合于所有的解剖学结构。本节介绍两个方法。一个基于直方图分析，另一个用一个动态阈值技术，阈值的确定是由背景的统计学分析得到的。

(1) 直方图方法

一幅图像的直方图是显示每一个灰度值的发生频率的灰度值分布图。对于一个大小为 1024×1024×8(bit) 的图像，直方图横坐标范围从 0～255；总的像素数等于 1024×1024。原始图像直方图的修正技术常常用在图像增强程序中。

直方图分析基于一个假设，即前景（解剖学结构）的灰度值与背景（病人轮廓之外的区域）的灰度值是可区分的［图 14.15（a)］。这种情况在直方图中出现两个峰［图 14.15（b)］。这些峰通常互相重叠，它们之间的最小值可以被确定，以分开两个对象。在对直方图进行平滑后，阈值就可以通过定位局部的最小值和最大值来确定，或者用统计学方法确定。这就分开了前景和背景。在背景不均匀的情况下，这个方法不适用。这个阈值估计非常粗糙，常常会切掉一部分解剖学结构，特别是背景和前景之间的边界部分。

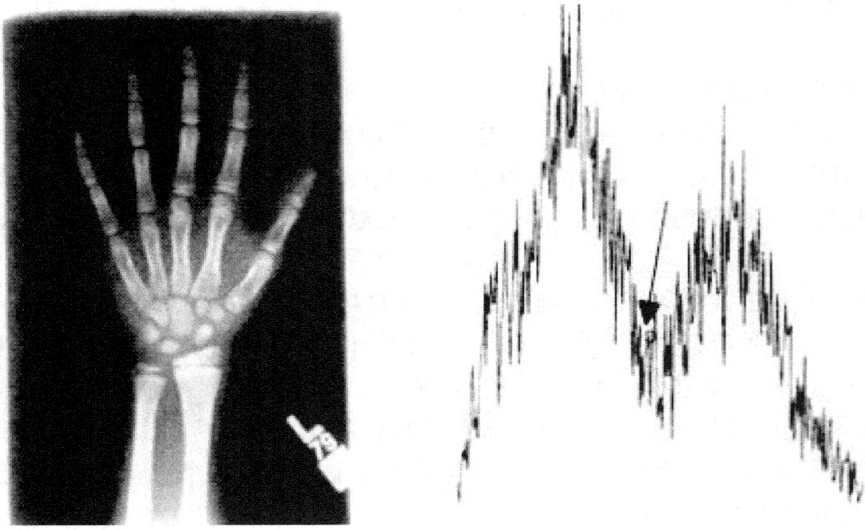

(a) 手/腕的CR图像

(b) 手/腕图像的直方图（箭头所指为阈值位置）

图 14.15　手腕直方图

(2) 动态阈值法

在动态阈值法中，阈值动态地被调节，调节过程取决于当前的背景值。在第一阶段，用一个固定大小的窗在垂直方向扫描，同时计算窗内以下统计学参数：平均值、方差、最大梯度、最大值。位于图像 4 角的 4 个窗具有最低方差，成为候选的背景区域。然后，位于图像中心部分具有最高平均值的窗被当作在解剖学结构内。因为各种各样的标记和标签位于图像外围，具有最高平均值的窗口的位置被限制在图像中央部分。最高和最低平均值的比率指示图像的质量，并被当作质量控制参数。这个参数将约束这个函数的性能。

用背景窗的平均值和方差定义局部阈。然后，在垂直方向的一个线性插值为每一行产生阈值。在水平方向上也进行插值，为每一列产生阈值。产生阈值的过程在两个方向分别进行。将低于局部阈值的像素置为黑色，而对于大于局部阈值的像素不予改变。如果必要的话，可通过搜索直方图的最密集区域查找一个频率最低的灰度值来检测出标注和标签。使用形态学滤波来消除在背景中的所有小的噪声元素。一个 3×3 像素结构元素的侵蚀函数将所有等于或小于这个结构元素的背景元素置为 0。

前面介绍的两种背景消除的方法在临床图像上实施都可能损坏部分诊断区域。特别是靠近病人轮廓的区域可能被部分地擦除。这种方法在没有权威人士许可的情况下不能在 PACS 中应用。可以在工作站应用它抑制背景，以改进视觉感知性能，或者作为一个预处理函数，用在计算机辅助诊断中。

14.3.2 视觉感知性能的改进

视觉的感知性能是在显示器上进行医学诊断的一个重要的因素。如果不实行亮度和对比度的调整，监视器不会提供一个诊断学上可接受的显示质量标准。当阅读数字化图像的时候，这一点尤其重要。图像增强对于各种不同的形态和解剖学结构都是需要的。这里讨论两种图像增强的方法，它们都是在首先消除图像背景的前提下。第一种方法，可以在一个工作站执行人工的窗/水平调整，由使用者来调节图像增强和显示质量。第二种方法，可借助于直方图修正技术自动发现图像增强参数，这些参数储存在图像文件头。在工作站，使用者能容易从一套参数转变为另一套，每组参数增强一个不同的解剖学区域（如骨的结构、软组织、肺等）。

1. 窗/水平修正

在窗/水平概念中定义了两个参数。窗是指在显示监控器的整个动态范围内的一个灰度值的分布范围。窗值减小则增加显示图像的对比度，在窗范围以外的灰度值被转换为黑色或白色。窗范围间隔的中心被称为水平值。

窗/水平调节可以在工作站手工或自动完成。手工移动灰度水平的上、下边界将改变窗值，还可以通过鼠标或跟踪球调节。一个垂直方向的移动典型地改变窗水平，而一个横向（水平）的移动控制灰度水平值。使用一个查找表可实现灰度值的实时调节。对于查找表的映射可以通过定义一个输出灰度级相对于输入灰度级的变化曲线来实现。

计算机化的窗/水平调整程序首先找出整个图像直方图的最大值和最小值。为了抑制无关的灰度值，应从直方图两边切掉 5%的值。这意味着最小的灰度值是累积的直方图的 5%灰度范围水平，而最大值是在 95%水平上。最小和最大值定义了窗的范围，而它们的平均值产生出灰度水平。用窗和水平来生成用于图像显示的缺省的查找表。窗/水平矫正的计算机化的方法可以应用于单个图像（例如，CR 图像或数字化图像）以及计算机化断层扫描图像（CT）或磁共振图像（MR）。如果分析单个图像，可以建立起它的直方图。对于 CT/MR 图像，可用整个图像集来计算直方图。

2. 直方图修正法

图像处理中常用的直方图均衡技术可以被用于改进图像的外观。图 14.16 显示直方图均衡在一个 CR 胸片图像上的执行结果。另一种直方图方法可用于增强特定的解剖学结构。这个方法的目标是生成几个分片式的线性查找表来调节不同密度的组织的亮度和对比度。第一步是分析图像直方图，以找到关键的断点，把图像分成 3 个区域：背景（在病人轮廓之外、放射线区域之内），X 射线照相术中的软组织（皮肤、肌肉、脂肪，过度感光的肺），以及 X 射线照相术中的密集的组织（纵膈、膈下部分、感光不足的肺）。通过使用不同的增益，可以使对比度增加或减小。依据这种方法，分别生成几个查找表。其中某些是为了增强 X 射线照相术中的密集的组织，另一些增强 X 射线照相术中的软组织。还有一个查找表不起增强作用。在临床 PACS 中，这种分析在获取网关完成，参数存储在图像的文件头。在显示过程中，图像增强水平可以由用户手工选择，以改进一定灰度级区域的亮度和对比度。

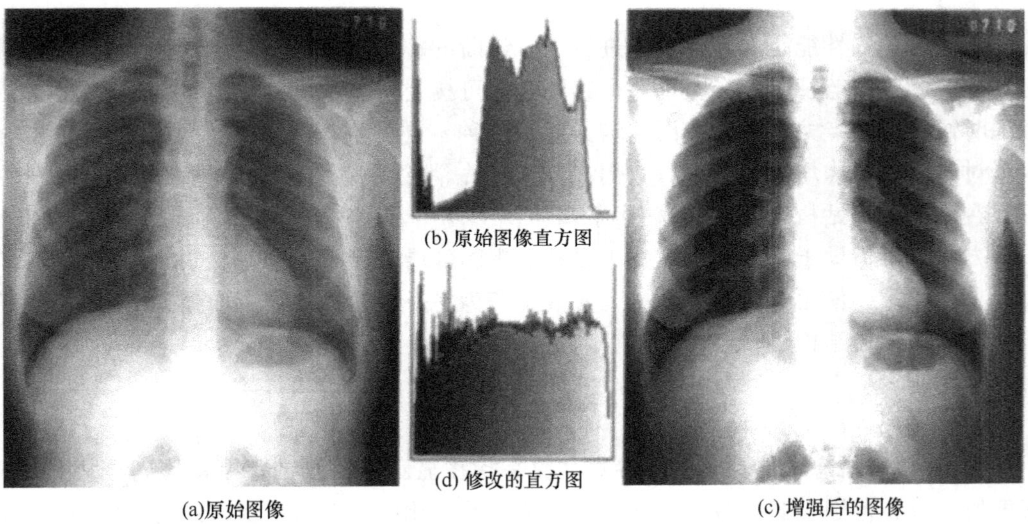

图 14.16　直方图均衡举例

14.3.3　图像方位调整

在用软拷贝显示进行临床诊断的放射学系统中，图像方位问题成为一个非常重要的议题。一个标准的方位要考虑放射学专家观察的位置。典型的，有两种情况容易产生不适当的图像方位。首先，在对影像胶片数字化的过程中，胶片放在错误的位置则造成非标准化的图像方位。此外，计算化的 X 射线照相术（CR）是容易产生错误的图像方位的一种形态。有人对小儿科的 CR 的调查发现，有 35%～40%的程序没有按正常的方位完成。这是由病人条件和临床的环境引起的。CR 盒式磁带能被放置在各种不同的方位以适应检查情况。由于成像板的放置位置，需考虑八种不同的图像方位（图 14.17）。他们被划分为二个大组。第一大组方位包括正确的［图 14.17（a)］，上下颠倒的［图 14.17（c)］，顺时针 90°旋转的［图 14.17（b)］和反时针 90°旋转的

[图 14.17 (d)]。腹背投影沿 y 轴翻转的情况 [图 14.17 (e)]给出附加的 3 个可能的图像方位：沿 y 轴翻转后上下颠倒的 [图 14.17 (g)]，沿 y 轴翻转后 90°顺时针旋转的 [图 14.17 (f)]，沿 y 轴翻转后 90°反时针旋转 [图 14.17 (h)]。

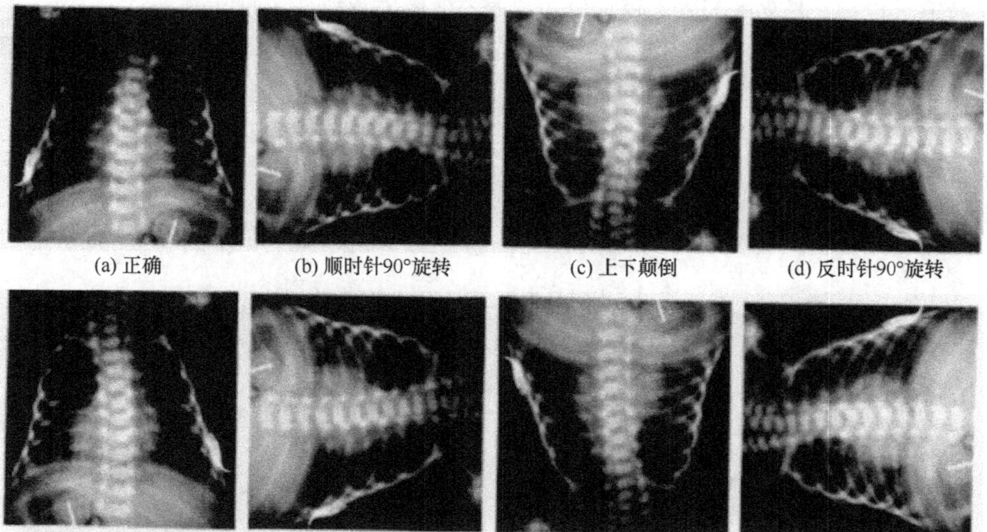
(a) 正确　(b) 顺时针90°旋转　(c) 上下颠倒　(d) 反时针90°旋转
(e) 腹背投影沿y轴翻转　(f) 沿y轴翻转后90°顺时针旋转　(g) 沿y轴翻转上下颠倒　(h) 沿y轴翻转后90°反时针旋转

图 14.17　胸部 X 光照片的 8 种可能取向

临床诊断由阅读胶片转向软拷贝显示使得方位矫正成为一个重要的问题。因为方位矫正算法关系到图像中的解剖学结构，应该对每一种解剖学部位（胸、骨盘、手/手腕等）要应用不同的矫正函数。对于胸部 X 光片，方位矫正函数处理各种不同类型的 CR 胸图像：成人背腹的（PA）或腹背的（AP）以及侧向投影，小儿科的背腹的（PA）或腹背的（AP）以及侧向投影。虽然所有的这些是胸图像，在这些类型中每一种类型有不同的问题需要说明。成人胸图像比小儿科的图像更接近于一个标准的图像，其纵膈通常在图像中央，而且图像本身只包含胸。小儿科的图像问题更困难些。图像可能包括全部或部分的头，双臂的位置是随意的，而且纵膈下曝光的区域大小在不同图像里互不相同。时常甚至把腹部区域也包括在内，图像通常不在中央，并且常常相对于图像的垂直轴的角度是任意的。

1. *旋转角度的检测*

方位矫正过程是利用解剖学特征决定当前取向和必须的旋转角度。对于 3 种解剖学结构介绍 3 种程序：胸、骨盘、手/手腕。对胸图像的分析分三步进行。首先，找到纵膈并确定它的方向。这一步将两大组中 90°顺时针和反时针旋转的图像排除在外。然后，搜索膈下部位。根据膈下与纵膈的相对位置可排除两大组中上下颠倒的图像。最后，测试图像是否是沿 y 轴翻转的。

解剖学结构的探测（即纵膈，膈下，肺）是基于在预定义的窗内水平方向和垂直方向扫描所测得的平均密度。窗的大小由膈下的宽度决定，而这个宽度以小儿科的 X 射线临床图像为基础来估定。平均密度测量产生反映平均的灰度值在水平 [图 14.18 (a)]和垂直

[图 14.18 (b)]方向上的变化的平均轮廓。在水平方向，纵膈被位于二个代表肺的低值水平之间的高值平台来标记，高值平台对应于一个在垂直方向标记的，在二个低值平均轮廓之间高值平均轮廓。这些平均轮廓的一边增加，反映膈下的位置，膈下在水平方向对应于一个高值平台。一旦纵隔和膈下被定位，图像就能被旋转到直立的位置。

探测 y 轴方向翻转，可通过一种指示左边或右边的标记来识别，或通过对心脏区的分析来鉴别。标记通常用字母 L 或 R 位于放射区域内，有时也在病人轮廓之内。他们的方向是随机的，大小也在各个图像中互不相同。这使得对它们的探测很困难。标记物的标准化将使得这个任务容易些。

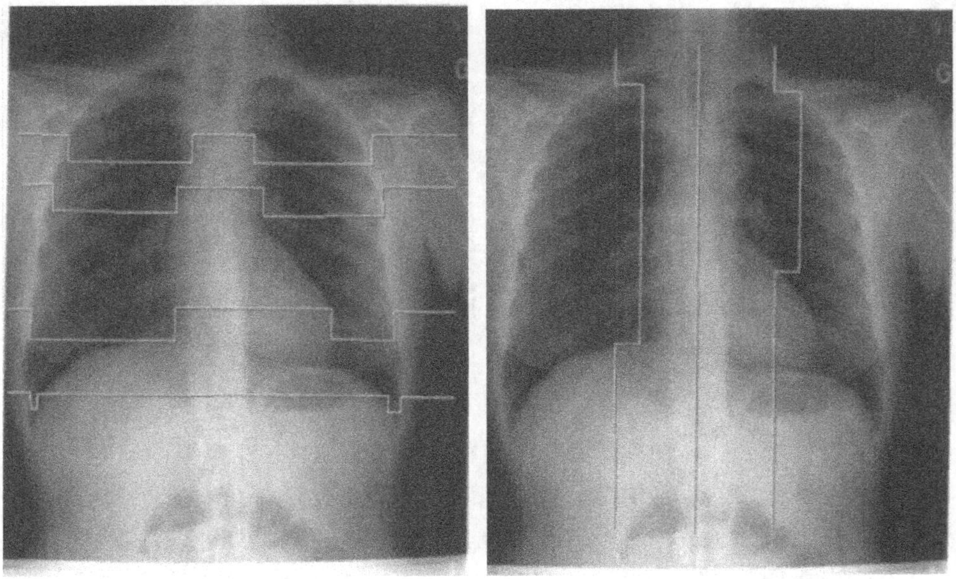

(a) 水平扫描轮廓　　(b) 垂直扫描轮廓

图 14.18　检查一个 CR 胸图像取向的轮廓分析

探测 y 轴方向翻转的另一个方法是分析心脏阴影。已有许多文章讨论了肺的分割和心脏阴影大小估计问题，这里不做详细讨论。一个简单的平均轮廓分析在肺的下部进行，产生两个值，被当作右心指数（RCI）和左心指数（LCI），定义为

$$\mathrm{RCI}=\frac{b}{a+b},\mathrm{LCI}=\frac{c}{c+d} \tag{14.7}$$

这里，a，b，c，d 如图 14.19 所示。它们反映了在横膈的两边心脏阴影的尺寸与肺的尺寸之比。LCI 应该比 RCI 大。如果不是这样，那么图像是沿 y 轴翻转的。

每一个解剖学结构要求有针对性的函数。对于腹部图像，也要扫描水平和垂直的平均轮廓。如像对胸片的处理一样，第一步通过搜索一个高值平台定位脊骨。然后，在垂直于脊骨方向测试高和低平均轮廓的平均密度和均匀度。一个较密的区域指示为横膈。脊骨和腹部的位置决定旋转角。无须考虑 y 方向的翻转问题。

对于手的图像，方位分析建立在前面介绍的确定阈值的基础上。为了找到修正角，扫描一对平均轮廓并向中心移动，直到一个平均轮廓与前臂相交，而另一个至少相交三个指骨（图 14.20）。如果一个高值平台位于图像中心部分，而两个相邻的低值水平线覆盖了整个图像宽度（或高度），则探测到了前臂。如果 3 个高值平台位于平均轮廓之内，则三

个指骨被探测到了。这些平台的宽度范围是依据临床儿科手图像的前臂和手指的宽度来定义的。当有一对平均轮廓（水平或垂直扫描）满足上述准则时，则完成搜索。

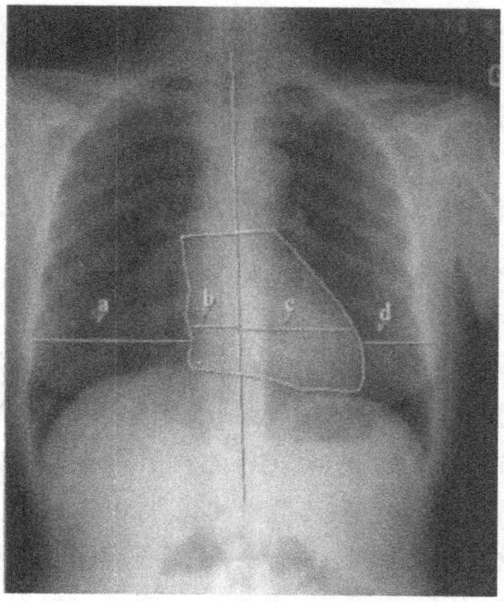

图 14.19　在检查是否沿 y 轴翻转时的心脏阴影分析

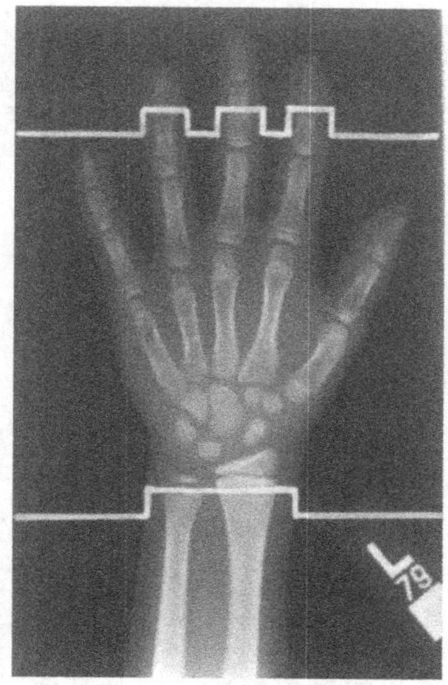

图 14.20　在一个 CR 手/腕图像上的一对平均轮廓扫描

2. 图像旋转

一旦矫正角被找到，可实施一个旋转过程。考虑 4 个可能的旋转角度。0°意味着没有旋转。3 个其他的旋转角度（90°顺时针和反时针，180°）可能伴随着 y 轴翻转。对于旋转程序，让我们首先考虑一个坐标系统，x_1 和 y_1 轴被旋转，而坐标原点不动，这样产生一个新的坐标系，原点与原来的坐标系相同（图 14.21）。对于一个旋转角度 ϕ，老坐标与新坐标的关系由下式表示

$$\begin{bmatrix} x_2 \\ y_2 \end{bmatrix} = \begin{bmatrix} \cos\phi & \sin\phi \\ -\sin\phi & \cos\phi \end{bmatrix} \begin{bmatrix} x_1 \\ y_1 \end{bmatrix} \tag{14.8}$$

旋转函数在没有 y 轴方向翻转的情况下为

$$\begin{Bmatrix} x_2 = y_1 \\ y_2 = -x_1 \end{Bmatrix}, \phi = \frac{\pi}{2} \tag{14.9}$$

$$\begin{Bmatrix} x_2 = -x_1 \\ y_2 = -y_1 \end{Bmatrix}, \phi = \pi \tag{14.10}$$

$$\begin{Bmatrix} x_2 = -y_1 \\ y_2 = x_1 \end{Bmatrix}, \phi = \frac{3\pi}{2} \tag{14.11}$$

如果需要沿 y 轴方向翻转，则旋转函数为

$$\begin{Bmatrix} x_2 = -x_1 \\ y_2 = y_1 \end{Bmatrix}, \phi = 0 \tag{14.12}$$

$$\begin{Bmatrix} x_2 = -y_1 \\ y_2 = -x_1 \end{Bmatrix}, \phi = \frac{\pi}{2} \tag{14.13}$$

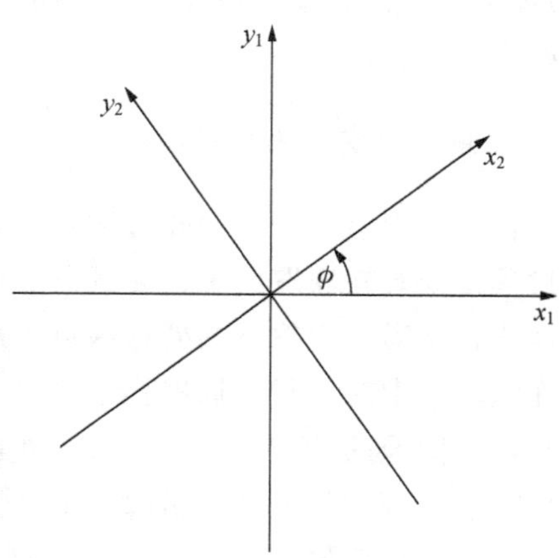

图 14.21　坐标系统旋转示意

$$\begin{cases} x_2 = x_1 \\ y_2 = -y_1 \end{cases}, \phi = \pi \tag{14.14}$$

$$\begin{cases} x_2 = y_1 \\ y_2 = x_1 \end{cases}, \phi = \frac{3\pi}{2} \tag{14.15}$$

方位矫正函数仅仅应用于 CR 图像。其他图像形态不需要这种形式的标准化。获取工作站本身保证了正确的图像方位。

14.3.4 图像标准化函数在 HI-PACS 中的实现

1. 图像格式和通信的工业标准

虽然从 1992 年以来，DICOM 3.0 在国际范围被广泛接受，而在许多临床过程和数据库方面仍然遵循 ACR-NEMA 2.0 标准。这样，在多数情况下需要进行 ACR-NEMA 2.0 到 DICOM 3.0 的转换。DICOM 3.0 比先前的 ACR-NEMA 2.0 版本有几个主要的增强。如上一章所介绍的，DICOM 3.0 的两个基本组件是信息对象类和服务类。信息对象定义了一套图像集的内容和它们之间的关系（例如：病人、图像形态、研究）。它们由规格化的对象组成，包括真实世界实体的固有属性，以及结合了规格化的对象类的合成对象。另一方面，ACR-NEMA 描述了从不同形态获得的对象，基于一个组合信息概念。

服务类描述在对象上实施的动作（例如：图像存储、查询、回取、打印）。这些命令与早期的 ACR-NEMA 版本兼容。组合的命令是更一般化的，而规格化的命令是更详细而精确的。对于图像传输来说，DICOM 使用基于 ISO/OSI 的现有的网络通信标准。如果一个图像设备用一个 DICOM 3.0 命令来传送一个图像对象，那么接收器也必须用一个 DICOM 3.0 命令来接收信息。然而，如果一个 DICOM 对象以 TCP/IP 通信协议传送（没有激活 DICOM 通信），则任何连接到网络上的设备都可以用 TCP/IP 接收数据。

ACR-NEMA 到 DICOM 的转换也成为一个预处理函数。通常，发送方提供给用户一个 DICOM 接口，它生成一个新的文件格式，允许获取站（或工作站）工作在 DICOM 环境下。如果用户喜欢自己处理转换问题，那么预处理函数应该安装在获取站或获取网关上。

2. 图像内容标准化函数

在临床 PACS 中，矫正过程可以在两个场所进行。如果图像标准化在存档前完成，该过程则安装在获取网关，并且只运行一次。矫正过的图像然后被存档，并且可以发送给用户，不需要再执行预处理函数。然而，如果一个未处理的图像被存档了，标准化需要在图像请求时执行。标准化程序安装在归档网关，或直接安装在工作站上。任何时候当有读取图像的请求时都要执行预处理函数。这将减慢系统响应时间。但其优点是可以避免在预处理函数失败时引起的不可恢复的图像损坏。当标准化在获取网关执行时，如果发生了不希望的图像修改，则必须重新做一次放射科检查。两种安装场所的比较见表 14.15。

表 14.15　标准化在获取网关和归档网关执行的比较

标准化在获取网关	标准化在归档网关
标准化的图像被归档	未处理的图像被归档
标准化只执行一次	标准化执行多次
不影响响应时间	减慢系统响应时间
在矫正失败时引起不可恢复的图像损坏	在矫正失败时，未处理的图像在档案站有副本

要执行的标准化函数依赖于图像形态和在图像中显示的解剖学部位。并非所有的图像都要进行本节讨论的预处理。对于一定类型的图像有一套确定的预处理函数。包括图像格式矫正、背景、方向、搜索窗/水平值、最佳化亮度/对比度，矫正图像大小以改进定量测量精度。依据应用需要，预处理函数可以被分为两类：仅依赖于形态的与形态、解剖学都有关的。

临床经验告诉我们，每一种形态都有它特定的问题，需要在软拷贝图像应用于诊断之前解决。在血管造影术中，血管直径的定量分析和测量扮演重要角色。这需要实现一种技术来减少把平面的表面映射到球形的图像增强的表面而带来的畸变。

CR 图像需要消除未曝光部分的背景，图像方位标准化，以及通过调节选择的解剖学区域来改进视觉感知性能。背景消除操作不适于成人胸片和腹部影像，而适用于手、肢和头部影像。另一方面，大约 70%的儿科影像显示较宽范围的未曝光背景，应该被消除。一般说来，所有儿科影像需要执行一个矫正过程。因为背景消除函数与图像中的解剖学内容无关，一种函数可应用于所有儿科解剖学影像。临床测试表明背景消除函数不会破坏诊断区域。当然，这个函数达到一定精度是在特定的临床环境下，针对特定的技术设置，包括放射科设备，准直器类型，图像感光板灵敏度，等等。因此，在一个新的环境下安装标准化程序之前，还是需要用大量临床数据进行仔细测试。

因为在放射科设备上获取的大约 35%～40%的图像都不是在一个垂直的位置，图像方向的矫正成为一个重要问题。采用人工选择旋转角度来旋转图像的方法会干扰基于软拷贝显示的医学诊断，以及在学术讨论、教学和学术会议上的图像演示。前面讨论的方向矫正方法不会破坏图像内容。也许结果的取向仍然不合适，但这是可恢复的。所以这个函数也应该安装在获取网关。图像旋转需要花费很多时间。如果这个函数安装在归档网关或工作站，将大大加长整体系统响应时间。当然，延迟时间长短取决于图像大小。

对于 CR 以及 CT/MR 图像，需要一定的 LUTs（查找表）来增强某个解剖学区域，而减弱其他区域。在一个图像浏览站，固定的 LUTs 对于教学、会议期间图像预览特别重要。也可用于初步诊断期间，在不同级别上增强各个灰度级区域（例如：胸片中的肺、纵膈）。实现这些预处理函数的最好处所是获取网关。这时，增强参数被存储在图像文件头。该操作不会损坏图像。

14.4　压缩医学图像的质量评估

对于医学应用来说，图像质量的概念应当与诊断决策的正确性相关，并且依赖于特定的诊断任务。有损压缩图像的客观质量常常使用信号-噪声比（SNR）来描述，主观质量用评审人员打分的统计分析，或者用接收器操作特性（ROC）曲线来表征。

如前所述，有损压缩不能从压缩格式完全恢复为初始图像，而只能恢复为一个近似值。如何评价这一近似值？图像质量是一种属性，具有许多可能的定义和解释，依赖于图像如何被使用。有时，人们认为，“高质量”的压缩图像应该从视觉上与原始图像无法区分，这被称作“透明的质量”或“认知上无损”，因为在图像上施加的压缩对观察者来说是透明的。按最初的考虑，这一视觉上不能辨别的概念似乎应该是图像质量阈的简单定义，每个人应该都能赞成。但情形不是这样。某个人从视觉上不能辨别的两幅图像，其他人观察时也许是能够辨别的。例如，两幅医学图像，普通观察者可能认为是相同的，但是一个受过训练的放射科医生在观察那些图像时可能检测到差别。同样地，两幅图像由同一个人在某一观察条件之下可能看起来是相同的，但是在不同的条件下，比如周围的照明条件，观察距离，或者显示特性不同，则可能很容易看出两幅图像的区别。第三个理由是，压缩图像可能与原始图像不同，但不会变得质量更差。以保持“透明”的质量作为最终的质量目标忽视了一种可能性，即某种类型的计算机处理，包括压缩，可能在某种情况下使得图像比原始图像在视觉上效果更好些。第四个理由是，图像有不同的应用，而“高质量”这个术语对某些特定的应用来说可以特指有用信息，而不是表明一幅图像从认知上合意，或从视觉上与原始图像是等同的。各种量度质量的方法可以被分为以下 3 类：

- 可计算的客观畸变量度，例如平方差或信号-噪声比；
- 由生理心理测试或调查表方式，通过数字式分级获得的主观质量；
- 图像的特定应用的模拟和统计分析，例如，通过临床模拟和统计分析得到的医学图像的诊断精确度。

在最后一类评价方法中，接收器操作特性（ROC）曲线方法学在历史上占支配地位，但是多种多样的其他方法也被使用。主观质量评估和 ROC 分析花费非常高，而且费时、费力，通常不精确，一致性也不好；平方差或信号－噪声比之类的客观测量没有与人类视觉系统属性关联。在过去 30～40 年间人们做了许多努力开发新的客观图像质量测量，努力结合进人类视觉系统特性模型，例如对于边缘的敏感，对于纹理的不敏感，和其他屏蔽效应，但很少成功。总之，图像质量的度量是一个困难的任务，没有哪一种质量度量的方法是能为所有人所接受的。下面，简要介绍这三类图像质量评估方法。

14.4.1 平均畸变和 PSNR

迄今通用的可计算的图像质量客观测量是均方差（MSE）和信号-噪声比（SNR）。设 $f(x, y)$ 表示原始图像，$\tilde{f}(x, y)$ 表示压缩后的图像，它们之间的平均平方差（MSE）为

$$\mathrm{MSE}=\frac{1}{N\cdot M}\cdot\sum_{i=1}^{N}\sum_{j=1}^{M}[f(x_i,y_j)-\tilde{f}(x_i,y_j)]^2 \tag{14.16}$$

其中，N 和 M 分别是 x 和 y 方向的分辨率。计算每一个像素的平方差，对整个图像求和，再用图像的维数归一化。

MSE 的一个问题是它大大依赖于图像强度比例。例如，MSE＝100.0 对于一个 8bit 图像（像素值为 0～255）看起来很糟糕，但对于一个 10bit 图像（像素值在［0，1023］之间）其畸变却是难以注意到的。峰值信号-噪声比（PSNR）可以避免上述问题。压缩图像的质量通常用 PSNR 来量度，PSNR 越高，图像质量越好。PSNR 的定义可表示为

$$\text{PSNR} = 10\log_{10}\frac{(\max[\max(f(x,y)),\max(\tilde{f}(x,y))])^2}{\text{MSE}} \tag{14.17}$$

其中，分子上是两个图像中的亮度最大值。当图像像素值用 r-比特表示时，通常可用 $(2^r-1)^2$ 作为分子。PSNR 用分贝表示（dB）。PSNR 量度也不是很理想，但是被广泛使用。PSNR 对于比较一幅图像与它的重建结果是很好的量度，但是在不同图像之间比较 PSNR 是没有意义的。

畸变测量的一个关键属性是减少计算量，但是其他性质也是重要的。理想地，一个畸变测量应该反映认知的质量或在一个特定的应用中的可用性。平方误差作为可计算的畸变测量正具有这个属性，它容易计算并得到一致赞同。但是，平方误差的一个公认的缺点是图像的一个很小的空间移动将引起大的数字畸变，然而并没有视觉的失真。另一方面，如果所有的误差集中在图像的一个小的重要的区域，则即使平均畸变很小也可能导致很坏的视觉效果。正是因为这些缺点，人们研究了许多其他的质量测量方法。如图 14.22所示，测试信号 1 与原始信号之间没有很大的视觉失真。但它与视觉失真很大的测试信号有同样的 MSE。

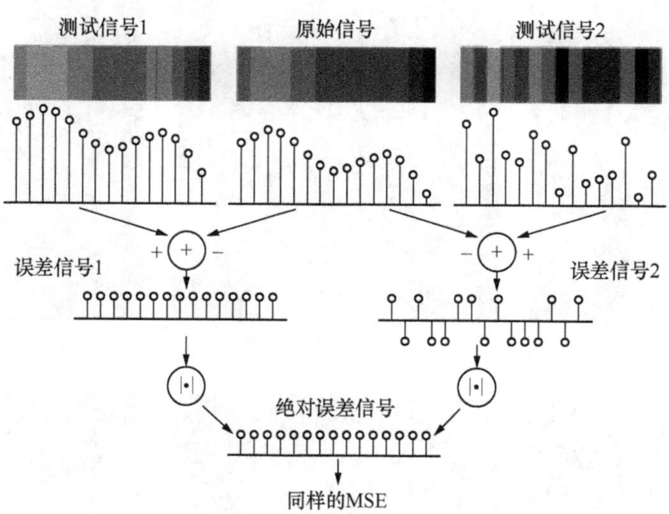

图 14.22　平方误差不能反映认知的图像畸变

美国德克萨斯大学的 Zhou Wang，Alan C Bovik 和 IBM 公司的 Ligang Lu 等人提出一种新的思路，称做以结构畸变为基础的图像质量测量。考虑到人眼的主要功能是从视域中提取结构信息，人类视觉系统高度适应于这个目的。因此，一个结构畸变测量应该是认知的图像畸变的很好近似。他们开发了一个简单的质量指标算法：设 $x=\{x_i \mid i=1,2,\cdots,N\}$，$y=\{y_i \mid i=1,2,\cdots,N\}$ 分别表示原始图像和测试图像。图像的质量指标定义为

$$Q=\frac{4\sigma_{xy}\,\overline{x}\,\overline{y}}{(\sigma_x^2+\sigma_y^2)[(\overline{x})^2+(\overline{y})^2]} \tag{14.18}$$

其中，$\overline{x}=\frac{1}{N}\sum_{i=1}^{N}x_i$，$\overline{y}=\frac{1}{N}\sum_{i=1}^{N}y_i$，$\sigma_x^2=\frac{1}{N-1}\sum_{i=1}^{N}(x_i-\overline{x})^2$，$\sigma_y^2=\frac{1}{N-1}\sum_{i=1}^{N}(y_i-\overline{y})^2$，$\sigma_{xy}=\frac{1}{N-1}\sum_{i=1}^{N}(x_i-\overline{x})(y_i-\overline{y})$。$Q$ 的动态范围是 [−1，1]，当且仅当 $y_i=x_i$ 对于所有的 $i=1$，2，…，N 成立时，可达到最佳值 1。这个质量指标将任何畸变模拟为 3 个不同系数的结合：相关性损失、平均畸变、方差畸变。为了理解它，我们重写 Q 的定义为 3 个分量的乘积

$$Q=\frac{\sigma_{xy}}{\sigma_x\sigma_y}\cdot\frac{2\,\overline{x}\,\overline{y}}{(\overline{x})^2+(\overline{y})^2}\cdot\frac{2\sigma_x\sigma_y}{\sigma_x^2+\sigma_y^2} \tag{14.19}$$

第一个分量是在 x 和 y 之间的线性相关系数，它的动态范围是 [−1，1]。第二个分量，其取值的范围 [0，1]，测量在 x 和 y 的平均值之间如何接近。当且仅当$\overline{x}=\overline{y}$时，这个分量等于 1。第三个分量测量信号的方差如何相似。其取值的范围也是 [0，1]，当且仅当 $\sigma_x=\sigma_y$ 时达到最佳值 1。

质量指标应用于自然图像，使用一个滑动窗方法，窗的大小为 8×8。质量指标在窗内计算，得出图像的一个质量地图。总体质量指标值为质量地图的平均。图 14.23 所示为一些测试图像，其中原始的 Lena 图像经过各种不同形式的畸变：对比度拉伸、附加的高斯噪声、冲激式盐－胡椒噪声、模糊化以及 JPEG 压缩。图 14.23 还给出了

(a) 原始Lena图像 512×512, 8bit/pixel

(b) 对比度拉伸的图像 MSE=225, Q=0.9372

(c) 高斯噪声污染的图像 MSE=225, Q=0.3891

(d) 冲击式噪声污染的图像 MSE=225, Q=0.6494

(e) 模糊化的图像 MSE=225, Q=0.3461

(f) LPEG压缩的图像 MSE=215, Q=0.2876

图 14.23　用各种方法畸变了的 Lena 图像质量评估

MSE 和新的质量指标值。在这个实验中可以看出具有同样 MSE 的图像在认知质量上大不相同。作为比较，新的质量指标显示出与主观测量非常一致。更多的示例图像以及上述算法的一个有效的 MATLAB 实现方法可以从以下网址获得：http://anchovy.ece.utexas.edu/~zwang/research/quality_index/demo.html.

14.4.2 主观质量分级

主观图像质量测量方法被称做心理生理定标工具，在一个心理测定等级测试中，人类观察者被要求评价图像质量。分值越高，质量越好。有 3 种常用的分等级方法：

1）将样品排序。

2）根据某种准则在二者中选一。

3）将样品分为几类。

适当地随机化了的图像集被呈现给那些选择来给图像进行质量评估的放射科专家。打分的范围一般为 1～5。随后进行统计分析，如计算平均值、方差和在数据中的其他趋势。常用方法有平均评价计分（Mean Opinion Score，MOS）和称作诊断可接受测量（Diagnostic Acceptability Measure，DAM）的描述性的分级。这种主观测试在语音和音频压缩系统中是很常用的，对于静态图像质量分级至今还没有作到标准化。

14.5 分形图像压缩简介

分形压缩基于一个称为迭代函数系统 IFS（Iterated Function Systems）数学理论。这个理论是 1981 年由 John Hutchinson 建立的。美国佐治亚州技术学院的研究人员 Michael Barnsley 后来写了一本很流行的书，书名为“Fractals Everywhere”，书中将 IFS 作为计算机图形学中建模技术的一种新的工具，叫做拼图法则（collage theorem）。该法则说明为了表示一幅图像，IFS 必须是什么样子。这引出了一种有意义的设想：如果分形数学能生成复杂的自然的图像（云彩、山峰等），它能否用于图像压缩呢？从一个已知图像找出能够生成它或它的近似的 IFS，这是有名的“求逆问题”。1988 年 1 月，Barnsley 在 BYTE 杂志上发表了一篇关于高压缩率计算的论文，但是没有给出解决“求逆问题”的具体方法。后来，1988 年 3 月，Barnsley 的博士生 Arnaud Jacquin 发表了用 IFS 表示图像的修正方案，称作分割的迭代函数系统（Partitioned Iterated Function Systems，PIFS）。Jacquin 方法的主要思路是，一幅图像不应该被当作是整幅图像变换后的副本的拼贴，而应是它的小的部分的副本的拼贴。从此诞生了分形图像压缩。

14.5.1 分形图像压缩概念

考虑一个特殊类型的复印机，它将输入图像的尺寸减小一半，并取 3 个减小后的副本按一定形式排列作为输出。如果把输出又作为该复印机的输入，重复上述操作，这样循环多次，结果图形是什么样子呢？图 14.24 显示输出图形。显然，输出图像会会聚成有名的 Sierpinski 三角形（图 14.24 右列）。这个最终的图像被称作这个特殊复印机的吸引子（attractor）。因为这个复印机缩小了输入图像，如果我们不断重复上述过程，初始图像将被缩小为一个点。由此，加在该复印机输入端的初始图像不影响最终的吸引子。换句话说，吸引子与最初的图像是什么样子无关，这个特征是分形图像压缩的关键之一。

图 14.24　在“特殊复印机”上前 3 次复制的结果

这个例子启发我们，假如对于一幅图像能找到一个简明的“复印机制”可以重现该图像，那么可以仅存储这个“复印机制”的说明，而不必以像素集的形式存储图像本身。这样可以大大节省存储空间。那么，如何描述这种“复印机制”呢？下面形式的变换可以帮助我们

$$w_i\begin{bmatrix}x\\y\end{bmatrix}=\begin{bmatrix}a_i & b_i\\c_i & d_i\end{bmatrix}\begin{bmatrix}x\\y\end{bmatrix}+\begin{bmatrix}e_i\\f_i\end{bmatrix} \tag{14.20}$$

这个变换称为平面的仿射变换。可以对一个输入图像歪斜、拉伸、旋转、缩放和平移。

Barnsley 首先提出，如果能找到少数仿射变换的参数，通过这些参数可以生成一幅图像，那么，存储这些参数而不是存储图像本身可以达到图像压缩的目的。我们仅需要少数几个仿射变换参数就能从任何初始图形生成 Sierpinski 三角形。但是，自然的图像不适于用仿射变换来生成，因为自然的图像很少是自相似的。下面介绍迭代函数系统 IFS（Iterated Function Systems），它是分形图像压缩的基础。

14.5.2　迭代函数系统

迭代函数系统（Iterated Function Systems，IFS）是一个数学模型，它由收缩性仿射变换的集合组成。这个仿射变换的集合定义了一个映射

$$W(*)=\bigcup_{i=1}^{n} w_i(*) \tag{14.21}$$

对于一个输入集 S，若对每一个 i 计算变换 w_i，把这些变换结果结合在一起，便得到一个新的 $W(S)$。例如，在图 14.25 所示的映射中，仿射变换的形式为

$$\left.\begin{aligned} w_1\begin{bmatrix} x \\ y \end{bmatrix} &= \begin{bmatrix} \frac{1}{2} & 0 \\ 0 & \frac{1}{2} \end{bmatrix}\begin{bmatrix} x \\ y \end{bmatrix} \\ w_2\begin{bmatrix} x \\ y \end{bmatrix} &= \begin{bmatrix} \frac{1}{2} & 0 \\ 0 & \frac{1}{2} \end{bmatrix}\begin{bmatrix} x \\ y \end{bmatrix} + \begin{bmatrix} 0 \\ \frac{1}{2} \end{bmatrix} \\ w_3\begin{bmatrix} x \\ y \end{bmatrix} &= \begin{bmatrix} \frac{1}{2} & 0 \\ 0 & \frac{1}{2} \end{bmatrix}\begin{bmatrix} x \\ y \end{bmatrix} + \begin{bmatrix} \frac{1}{2} \\ 0 \end{bmatrix} \end{aligned}\right\} \tag{14.22}$$

对于图 14.25 中的输入（一个在边长为 1 的正方形内的图形）施加式（14.22）所示的 3 个变换，然后将 3 个变换结果粘贴到一起。随后，这个输出又被作为输入进行同样的操作。如果 $A=\{x\}$ 代表输入图像，则这个变换可以表示为

$$W(A) = w_1(A) \cup w_2(A) \cup w_3(A) \tag{14.23}$$

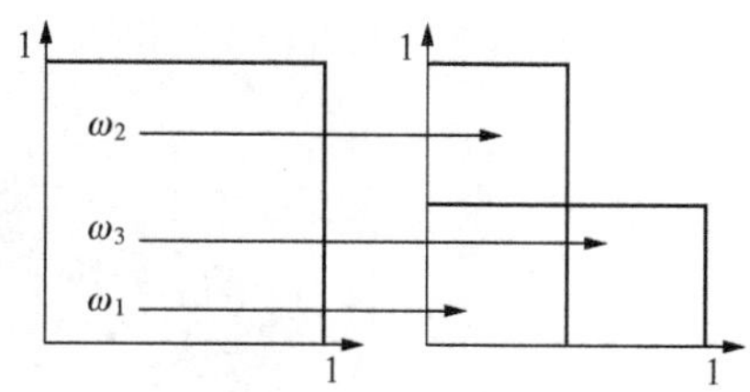

图 14.25　仿射变换示例

一般说来，如果变换集 W 包含有 n 个变换，则 W 可用公式（14.21）表示。

Hutchinson 曾证明了迭代函数系统中的一个重要事实：如果 w_i 是收缩的，则 W 也是收缩的。说一个变换 w 是收缩的是指，对于任意两点 p_1，p_2 距离

$$d(w(p_1),w(p_2)) < s \cdot d(p_1,p_2)$$

这里，$s<1$ 是一个常数。也就是说，收缩变换总是将空间任意两点的距离拉得更近。

Hutchinson 法则告诉我们，映射 W 在所有的图像空间中有一个唯一的固定点。这意味着，不管初始图像是什么，重复的运用变换 W，初始图像将会聚为一幅固定的图像。变换 W 完全决定了一幅唯一的图像。换句话说，给定一个输入图像（或图像集）f_0，重复地运用变换 W。我们将得到 $f_1=W(f_0)$ 作为第一次迭代的结果，$f_2=W(f_1)=W(W(f_0))=W^{(2)}(f_0)$ 作为第 2 次迭代的结果。作为变换多次迭代的最终结果，我们将得到吸引子，即唯一图像，表示为

$$|W| \equiv f_\infty = \lim_{n\to\infty} W^{(n)}(f_0) \tag{14.24}$$

14.5.3　图像自相似性

为了讨论图像压缩问题，需要一个数学模型。用函数 $z=f(x,y)$ 来表示一幅灰阶图像。这里 $z=f(x,y)$ 表示在图像中每一点 (x,y) 的像素的灰度值。为简单起见，假设图像的大小是在一个边长为 1 的正方形范围内。即 $(x,y)\in\{(u,v):0\leqslant u,v\leqslant 1\}\equiv I^2$，并且 $f(x,y)\in I\equiv[0,1]$。这里 I 表示间隔 [0，1]，I^2 是单位正方形。现在，我们要找出一个从输入图像产生一个输出图像的映射 W。为了知道 W 是否是收缩的，需要定

义两个图像之间的距离。虽然可以选择许多不同的量度，但最简单的是采用 sup 制

$$\delta(f,g)=\sup_{(x,y)\in I^2}|f(x,y)-g(x,y)| \tag{14.25}$$

这个量度找出两幅图像 f 和 g 差别最大的位置（x，y），并设定这个最大差值为 f 和 g 之间的距离。

自然图像都不是完全自相似的。也不包含它自身的仿射变换。但是，这些图像还是包含不同类型的自相似。图 14.26 显示 Lena 图像的取样区域存在某种程度的相似性：她的肩膀的一小部分重叠在一个几乎等同的区域上；她的帽子在镜子里的反射的一部分经变换后相似于帽子的一部分。与图 14.24 中所看到的自相似不同的是，前者是将整个输入图像经多种不同变换的副本组成了输出图像，而这里图像是由它自身经过适当变换的部分的 副本来组成。这些变换的部分不可能很适合地组合在一起，形成原始图像的精确的副本。在用一套变换集合来表达图像时必须允许某些误差。可以认为，这样表达出来的图像只是原始图像的一个近似。

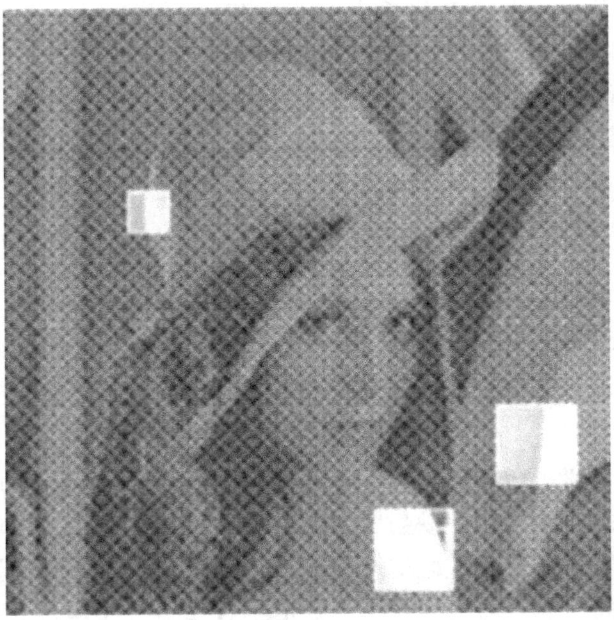

图 14.26　图像中的自相似性

14.5.4　分割式迭代函数系统

为了编码和解码一个灰阶图像必须考虑以下 4 个变量分量：

1）有多少个不同变换的副本需要结合在一起形成输出图像。

2）对于每一个变换副本的位置、缩放、拉伸、歪斜、旋转等参数的设置。

3）对于每一个副本的对比度和亮度的调节。

4）对每一个副本能选择原始图像的一部分进行变换的屏蔽能力。

最后一条意味着将图像划分为小片分别进行变换。这样就允许编码许多用 IFS 难以编码的形状。想象一个特殊复印机有许多镜头，每一个镜头选择原始图像的一个部分，我们用 D_i 表示，对其进行亮度和对比度的变换，制成一个副本作为生成的图像的一部

分，我们用 R_i 表示。D_i被叫做域，R_i被叫做范围，而对应的变换叫做 w_i。对于一幅图像 f 来说，在分割为 N 个小片的情况，一步变换可以表示为

$$W(f) = w_1(f) \cup w_2(f) \cup \cdots \cup w_n(f)$$

如前面所描述的，这个变换以循环迭代的形式重复多次。这个特殊的分割式复印机的比喻所对应的数学模拟就是分割的迭代函数系统 PIFS（Partitioned Iterated Function Systems）。PIFS 的定义不依赖于变换的类型，为了说明问题，我们仍然采用仿射变换。因为(14.20）式表示的仿射变换只能对图形的几何形状进行变换，而不能变换像素的灰度值。为了表示灰阶图像，我们对公式（14.20）加进另一维，于是变换 w_i可写成如下形式

$$w_i\begin{bmatrix} x \\ y \\ z \end{bmatrix} = \begin{bmatrix} a_i & b_i & 0 \\ c_i & d_i & 0 \\ 0 & 0 & s_i \end{bmatrix}\begin{bmatrix} x \\ y \\ z \end{bmatrix} + \begin{bmatrix} e_i \\ f_i \\ o_i \end{bmatrix} \tag{14.26}$$

其中，s_i控制变换的对比度；o_i控制变换的亮度。为了方便，可写出下面公式

$$v_i(x,y) = \begin{bmatrix} a_i & b_i \\ c_i & d_i \end{bmatrix}\begin{bmatrix} x \\ y \end{bmatrix} + \begin{bmatrix} e_i \\ f_i \end{bmatrix} \tag{14.27}$$

即将变换 w_i分别考虑。v_i决定原始图像分割的域如何映射为它的副本，而 s_i和 o_i 决定变换的对比度和亮度（z 方向）。需要记住的是，每一个 w_i变换仅仅施加在图像中的 D_i 域上。即 v_i（D_i）$= R_i$。变换 W 必须在 x，y，z 所有这 3 个方向上都是收缩的。当 z 方向的距离按小于 1 的系数缩小时，或者当每一个 s_i小于 1 时，这个变换是收缩的。

14.5.5 图像编码

假设要对图像 f 编码，这意味着要找出一个映射的集合 w_1，w_2，…，w_N 满足 $W(*) = \bigcup_{i=1}^{n} w_i(*)$和 $f = |W|$。就是说，要使 f 成为映射 W 的吸引子。表示为

$$f = W(f) = w_1(f) \cup w_2(f) \cup, \cdots, w_N(f) \tag{14.28}$$

寻找 f 的一个分割，把图像分割成 N 个小片，对这些小片分别施加变换 w_i以得到 f。这个期望太理想化了，因为图像不是精确地由一些可以被变换的，且正好能拼贴在某个位置的小片组成，所以只能期望得到一个近似图像 $f' = |W|$ 使得 $\delta(f', f)$ 最小。换言之，我们寻找一个变换 W，它的吸引子是与 f 很接近的图像。在这种情况下

$$f \approx f' = W(f') \approx W(f) = w_1(f) \cup w_2(f) \cup \cdots w_N(f) \tag{14.29}$$

为做到这一点，应使下式所代表的量最小化

$$\delta(f \cap R_i, w_i(f)); i = 1, 2, \cdots, N \tag{14.30}$$

即应该找出一个小片 D_i和映射 w_i，使得当对 D_i施加 w_i变换后能得到与目标图像的某个范围 R_i 非常接近的副本。通过最小化他们之间的距离来找出 R_i 和对应的 D_i 是问题的核心。

14.5.6 分形压缩示例

下面给出一个简单的示例：假设要处理一个 256×256 像素的图像，像素的灰度值用 8bit 表示（256 灰阶）。将图像分割为 8×8 像素的不重叠的小方块，分别用 R_1，R_2，…，R_{1024}表示。设 D 为图像中所有可重叠的 16×16 像素的小块的集合。在集合 D 中包含(256－16＋1)×(256－16＋1)＝58 081 个方块。对于每一个 R_i 搜索整个 D，以找出一个

D_i，使得公式（14.30）最小化；就是说，在图像中找到一个部分这个部分与 R_i 处的图像相像。我们说这个域能覆盖相应的范围。一个正方形区域与另一个比较共有 8 种方法（首先，旋转到 4 个方向上比较，然后翻转过来，再从 4 个方向上比较），这样，对于 1024 个范围的每一个 R_i 要比较 8×58081 次。另一方面，一个 D_i 所包含的像素数是 R_i 中的 4 倍。所以当最小化公式（14.30）时，要么必须对 D_i 进行二次采样，要么对对应于 R_i 中每个像素的 2×2 个 D_i 中的像素取平均。最小化（14.30）式有两个含义。首先，要找出一个与 R_i 最相近的 D_i。第二，对于 w_i 找到一个好的对比度和亮度设置 s_i 和 o_i。对于每一个 $D_i \in D$ 我们可以用最小平方回归来计算 s_i 和 o_i，也可以给出平方根平均平方差（RMS）的结果。一个具有最小的 RMS 的 D_i 就是要找的 D_i。

最小平方回归算法描述如下：给定图像中的 2 个正方形区域，各包含 n 个像素。像素强度为 a_1，a_2，…，a_n，（来自 D_i）和 b_1，b_2，…，b_n，（来自 R_i）。寻找 s 和 o 使能最小化 R

$$R = \sum_{i=1}^{n} (s \cdot a_i + o - b_i)^2 \tag{14.31}$$

这将得出一个对比度和亮度的设置使得仿射变换的 a_i 和 b_i 有最小平方距离。当关于 s 和 o 的偏导数为 0 时，R 值最小。这时

$$s = \frac{\left[n^2 \cdot \left(\sum_{i=1}^{n} a_i b_i\right) - \left(\sum_{i=1}^{n} a_i\right)\left(\sum_{i=1}^{n} b_i\right)\right]}{\left[n^2 \sum_{i=1}^{n} a_i^2 - \left(\sum_{i=1}^{n} a_i\right)^2\right]}$$

且

$$o = \frac{\left[\sum_{i=1}^{n} b_i - s \cdot \sum_{i=1}^{n} a_i\right]}{n^2}$$

选定一个 D_i，加上对应的 s_i 和 o_i 便决定了一个式（14.26）所示的映射 w_i。一旦有了集合 w_1，w_2，…，w_{1024}，就可以由估计 $|W|$ 来对图像编码。

现在来算一下这个例子的压缩率。存储原始图像需要 65536B，而存储变换仅需要 3968B（每一个变换在 x 和 y 方向上各需要 8bit 来确定 D_i 的位置，7bit 用于 o_i，5bit 用于 s_i，3bit 用来决定把 D_i 映射到 R_i 所需的旋转和反转操作，故 1024×(16+7+5+3)/8=3968)。这样，给出的压缩率为 16.5∶1。

14.5.7 分形压缩特点与应用前景

分形编码的图像没有天然的大小。它是在图像的域和范围上定义的变换集。当想要解码图像的时候，仅需要反复的应用这些变换到任何的起始图像（对于灰级图像通常是用一个灰色的长方形）上。每个重复都向被解码的图像更靠近了一步。在每个重复之后，关于被解码的图像的细节越来越鲜明（图 14.27）。这说明，分形编码的图像能在任何大小上被解码。在比较大的尺度上所需的解码的额外细节由编码变换自动地产生。一个很容易想到的问题是：如果在越来越大的尺度上解码一个图像，能看见组成 Lena 的脸的原子吗？因为我们编码的是数字化的图像，它只是自然图像的近似值，所以答案

当然是，不。但是在比较大的图像尺寸之上，分形压缩不会招致像素化的效应而能得到较鲜明的细节（图 14.28）。分形图像压缩的这个特征是独一无二的。

图 14.27　原始图像（左上）；编码变换的第一次（右上），第二次（左下）和第 10 次迭代（右下）
（图源自 Yuval Fisher，Fractal Image Compression）

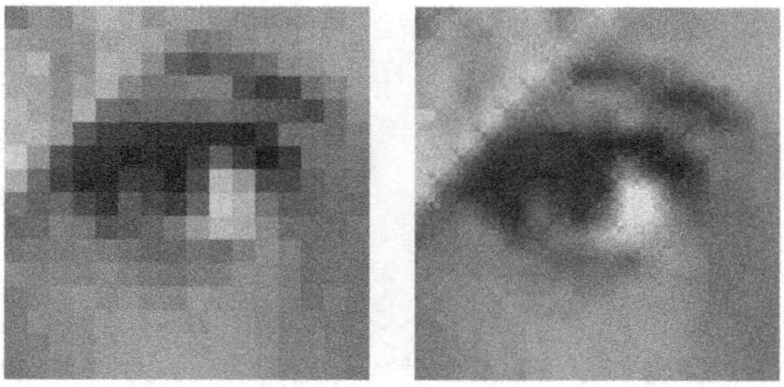

(a) 原始图像　　(b) 以编码尺寸的4倍解码

图 14.28　Lena 的眼睛

除了本节所介绍的分形压缩算法外，还有许多改进的算法，如 quadtree 分割、HV-分割、三角形分割、自身矢量量化、卷绕变换编码等。

关于彩色图像的分形压缩方法文献中很少报道。有人建议不要分别对 RGB 分量编码，而要对 YIQ 通道分别编码。I 和 Q 通道可以比 Y 通道用较低的位率编码。还有人建议对 RGB 的绿色分量编码，然后预测其他两个分量（R 和 B）。

分形压缩与 JPEG 压缩比较，在高压缩率上，分形压缩与 JPEG 压缩标准有相似的压缩和质量性能。

分形压缩是一个不对称的过程。压缩比解压缩需要更长的时间。而 JPEG/DCT 是对称过程，压缩和解压缩需要的时间相同。例如，对于一个 640×400 像素 24bit 的彩色图像，JPEG 软件压缩和解压缩各需要 6s，分形压缩时间是 68s，而解压缩仅需要 1s。读取初始的未压缩图像需要 2s。用专门的硬件可以减少分形压缩的时间。许多不同的公司和研究人员正在尝试开发新算法以达到比较短的编码时间和比较小的文件。但是分形图像压缩仍然是在发展之阶段。不存在分形压缩标准，图像格式也不是标准化的，而且没被嵌入任何浏览器之内。尽管如此，它已经显示出作为一种可行的压缩技术的前景。除了在压缩比/保真度的结果上可以与 DCT 和小波压缩相比拟外，它的强项是在计算上的简单编码。它的潜力很大，如果把在 DCT 和小波变换方面所花费的几千人·年的努力给它一小部分的话，这种方法便可以发挥重要作用。

14.6 用小波变换进行三维图像压缩

图像压缩可以在初始的空间域或在变换域中执行。后一种情形，图像首先被变换，随后在变换域上进行压缩操作。用在标准的 JPEG（Joint Photographic Experts Group）算法中的余弦变换方法便是一个例子。自从 Daubechies 和 Mallat 分别于 1988 和 1989 年发表了他们的研究成果，小波变换用于图像压缩引起了注意。与余弦变换相比较，小波变换的基本的优点是，小波变换局限在空间域和频率域；因此，一个给定信号的变换将包含该信号空间的和频率的这两方面的信息。而余弦变换基无限地扩充，结果使得空间的信息扩展到整个频率域。因为这个属性，小波图像压缩在医学图像处理方面显示出很好的应用前景。虽然目前压缩技术主要地应用于二维图像，但日益增加的三维 CT 和 MR 体数据集的可用性提高了对于三维压缩技术的需求。本节介绍用三维小波变换进行压缩，并讨论小波滤波器的选择。此外，还将采用 JPEG 和二维小波变换对三维数据集的压缩结果与三维小波变换方法获得的压缩结果进行了比较。

14.6.1 小波理论

1. 基本小波理论和多分辨率分析

图像变换依赖于用一套基函数，图像被投影到其上而形成变换后的图像。在余弦变换中，基函数是一系列余弦函数，结果域是频率域。在小波变换的情况，基函数由母小波函数通过尺度伸缩和平移得出。在一维空间小波变换中，基函数是由母小波函数 $\psi(x)$ 得到

$$\psi_{a,b}(x)=\frac{1}{\sqrt{a}}\psi\left(\frac{x-b}{a}\right) \tag{14.32}$$

这里，a 和 b 分别是尺度和变换系数。函数 $f(x)$ 的连续的小波变换表示为

$$F_w(a,b)=\frac{1}{\sqrt{a}}\int_{-\infty}^{\infty}f(x)\psi^*\left(\frac{x-b}{a}\right)\mathrm{d}x \tag{14.33}$$

式中，* 是复数共轭操作符。

当 a 和 b 是连续的时，公式（14.32）中给出的基函数是冗余的。然而，将 a 和 b 离散化以形成一个正交规范（orthonormal）基是可能的。离散化 a 和 b 的一种方法是设 $a=2^p$，$b=2^pq$，这样，式（14.32）成为

$$\psi_{p,q}(x)=2^{-p/2}\psi(2^{-p}x-q) \tag{14.34}$$

式中 p 和 q 为整数。公式（14.33）中的小波变换因而成为

$$F_w(p,q)=2^{-p/2}\int_{-\infty}^{\infty}f(x)\psi^*(2^{-p}x-q)\mathrm{d}x \tag{14.35}$$

因为 p 和 q 是整数，公式（14.35）被称为小波序列。从这个表达式可看出小波变换包含空间和频率两方面的信息。

小波变换也依赖于多分辨率分析的概念，它将信号分解为一系列平滑信号以及在不同的分辨率级上与它们关联的细节信号。"m"级的平滑信号可以从"$m+1$"级平滑信号和相关联的"$m+1$"级细节信号重构。

2. 一维、二维、三维小波变换

首先使用一维情况来讨论多分辨率分析的概念。考虑在 m 级上的离散信号 f_m，分别通过它与 h（低通）滤波器的卷积以形成一个平滑信号 f_{m+1}，与 g（高通）滤波器的卷积以形成一个细节信号 f'_{m+1}，从而把它分解为 $m+1$ 级，如图 14.29 所示。这个过程可以用下列公式表示，这里使用了 Mallat 提出的金字塔算法

$$\left.\begin{aligned}f_{m+1}(n)&=\sum_k h(2n-k)f_m(k)\\ f'_{m+1}(n)&=\sum_k g(2n-k)f_m(k)\end{aligned}\right\} \tag{14.36}$$

其中，f_{m+1}是在分辨率级 $m+1$ 上的平滑信号，f'_{m+1}是细节信号。在 f_m 上的离散点的总数等于 f_{m+1}和 f'_{m+1}的离散点的和，为此，f_{m+1}和 f'_{m+1}两者必须在公式（14.36）所描述的操作之后，在每隔一个数据点上采样。相同的过程能被进一步应用到 f_{m+1}上，在下一分辨率级创建细节的和平滑信号，直到达到所期望的分辨率级别。

图 14.30 描画出由信号 f_0 的三级分解产生的分量。水平坐标轴指示初始信号的离散点的总数，垂直轴是分解的级数 m。在分辨率级 $m=3$，信号是由相应分辨率级上的细节信号 f'_1，f'_2和 f'_3，加一个平滑信号 f_3 组成。在每个级上的信号能通过量化和编码方法而被压缩，以达到所需的压缩比。在所有级上这些压缩的信号的累积能被用于重构初始信号 f_0。

在二维变换的情况，第一级将在 x 方向和 y 方向产生 4 个分量（图 14.32）。图 14.31 显示一个头部 MR 图像的二级小波分解。

三维的小波变换可以用扩展的一维和二维金字塔形的算法来计算，因为多维的小波变换能由公式表示为可分离的。图 14.32 显示由 f_m级到 f_{m+1}级这

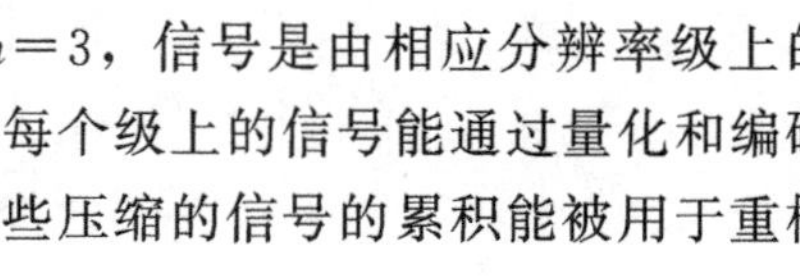

↓2 表示每隔一个数据点采样

图 14.29 信号 f_m被分解为 $m+1$ 级的平滑信号 f_{m+1}和细节信号 f'_{m+1}

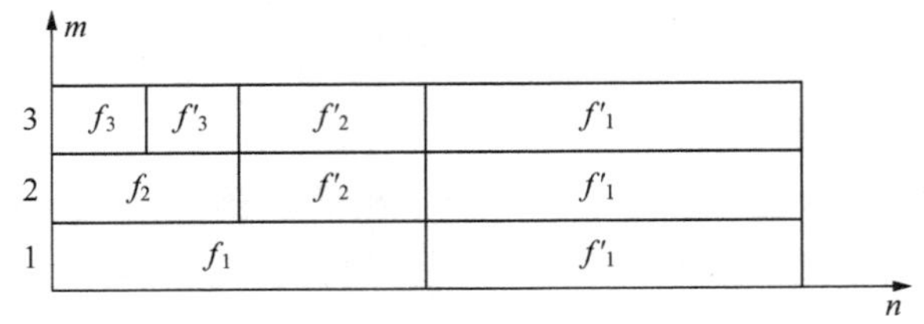

图 14.30　一个信号的三级小波分解

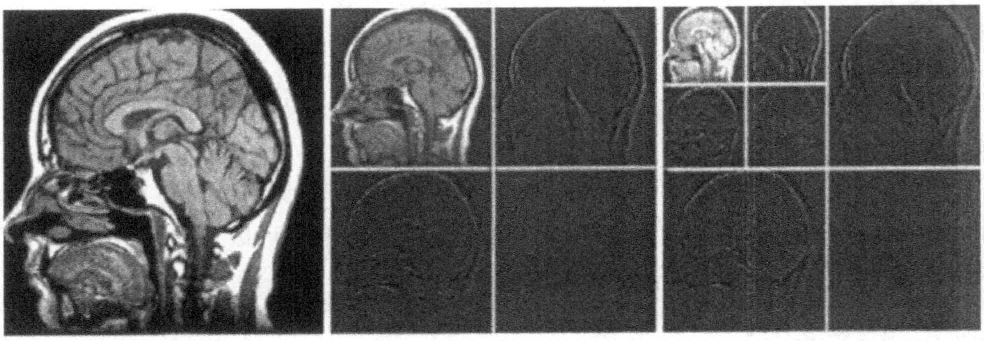

(a) 原始图像　　(b) 一级分解　　(c) 二级分解

在每一级左上角显示平滑图像，其余 3 个象限是细节图像

图 14.31　一个 MR 图像的小波压缩

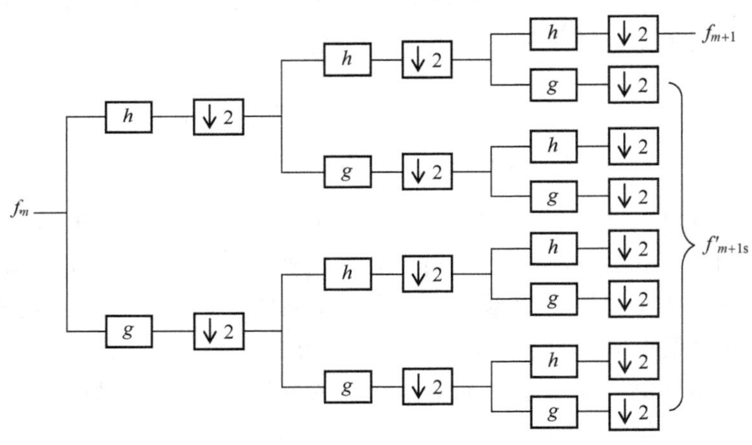

图 14.32　三维小波分解

一级分解的过程。首先，在三维图像数据集的 x 方向的每一行与滤波器 h 和 g 卷积，随后，在 x 方向每隔一个体素上二次采样，以形成平滑和细节数据行。得出的体素在 y 方向与 h 和 g 卷积，跟着是 y 方向上的二次采样。最后，同样的过程应用于 z 方向。结果信号有 8 个分量。因为 h 是低通滤波器，只有一个分量 f_{m+1} 包含所有低频信息。其余的 7 个分量至少一次与高通滤波器 g 卷积，因此它们包含在不同方向上的细节信号 f'_{m+1}。对于低频信号 f_{m+1} 重复相同的过程，以形成小波变换的下一级，如此下去，直到达到希望的级。

14.6.2 用小波变换进行三维图像压缩

1. 方框图

小波变换对于压缩三维医学图像数据集来说是一个非常有效的方法，它能产生高压缩比的图像，且具有好的质量。图 14.33 给出三维小波变换压缩和解压缩的方框图。在压缩过程，一个三维小波变换被首先应用于三维图像数据集，结果生成图像的三维多分辨率表达。然后小波系数用标量量化。最后，使用游程（Run-length）编码和 Huffman 编码，在量化的数据上进行熵编码。

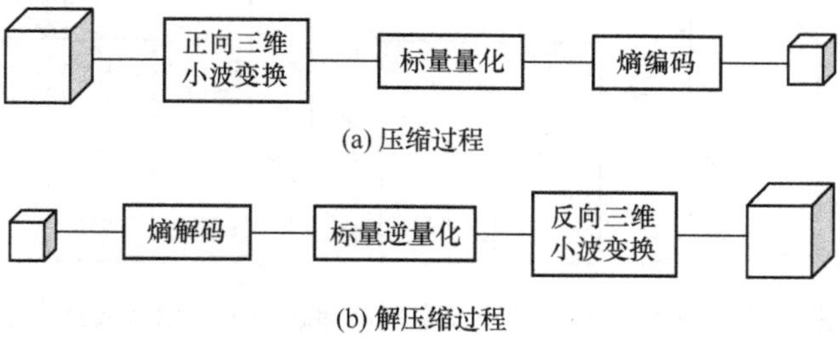

图 14.33　采用三维小波变换的压缩和解压缩方框图

解压缩过程是压缩过程的逆过程。已压缩的数据首先进行熵解码，一个逆量化过程被应用到解码的数据上，生成重构的三维图像数据。

2. 三维小波变换的数学公式

三维小波变换是基于一个标量函数 Φ 和 7 小波函数 Ψ。所有这 8 个函数都是可分离的，就是说，它们可以被表示为 3 个一维函数的乘积，每一个函数对应一维。

标量函数有以下形式

$$\Phi = \phi(x)\phi(y)\phi(z) \tag{14.37}$$

式中，$\phi(x)$，$\phi(y)$ 和 $\phi(z)$ 分别包含在 x，y 和 z 方向上的低通滤波器 h［见式 (14.36)］。

7 个小波函数有以下形式

$$\left.\begin{aligned}
\Psi^1(x,y,z) &= \phi(x)\phi(y)\psi(z)\\
\Psi^2(x,y,z) &= \phi(x)\psi(y)\phi(z)\\
\Psi^3(x,y,z) &= \psi(x)\phi(y)\phi(z)\\
\Psi^4(x,y,z) &= \phi(x)\psi(y)\psi(z)\\
\Psi^5(x,y,z) &= \psi(x)\phi(y)\psi(z)\\
\Psi^6(x,y,z) &= \psi(x)\psi(y)\phi(z)\\
\Psi^7(x,y,z) &= \psi(x)\psi(y)\psi(z)
\end{aligned}\right\} \tag{14.38}$$

其中，$\psi(x)$，$\psi(y)$ 和 $\psi(z)$ 分别包含在 x，y 和 z 方向的高通滤波器 g。在每个变换级期间，标量函数和 7 个小波函数分别应用于本级的平滑（或初始的）图像，形成了总共 8 个图像——一个平滑图像和 7 个细节图像。小波系数是这 8 个图像变换后的体素值。

图 14.34 显示在一个图像体数据集上的二级三维小波变换。第一级将数据分解为 8

个部分：f_1 是图像数据的低（平滑）分辨率部分，剩余的块是高分辨率（细节的）部分 f'_1。如图 14.34 中间的图所示，f_1 可以被进一步分解为 8 个更小的体积，标识为 f_2 和若干 f'_2。在第一级的细节图像 f'_1 比第二级的那些 f'_2 包含较高的频率成分。

通过适当选择小波函数，在 m 级的低分辨率分量在转换后为原始图像大小的 $1/(2^3)^m$，但包含在 m 级总能量的 90%。很明显，高分辨率分量分散到不同的分解级别上了。由于这些原因，小波变换分量对于压缩的目的而言，提供了原始图像的一个有效表达。不同级的表达可以采用不同编码，以达到所需的压缩比率。

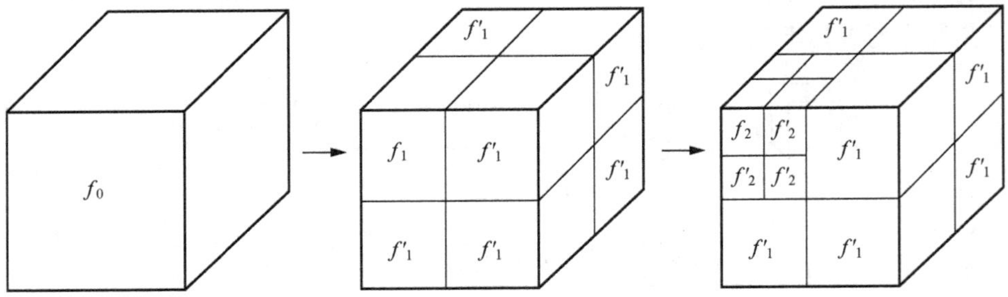

图 14.34　一个二级三维小波变换施加在一个图像体数据集上

3. 小波滤波器的选择

小波滤波器的选择是一个决定性的步骤，它决定了图像压缩的性能。一个好的滤波器组应该是相当快的，应该提供一个变换，使大多数能量被打包在少数的系数之中，而且应该不引进畸变。主要有以下特征

1）紧凑支撑。紧凑支撑的小波和定标函数应该在有限的范围内取值，而在此范围之外为零。因此它们能用有限的脉冲响应（FIR）滤波器来实现。因为采用 FIR 滤波器的滤波大大快于采用无限脉冲响应（IIR）滤波器，紧凑支撑小波提供快速的处理。

2）平滑。小波的平滑可以与最高一级相当，在这一级力矩消失，以至于 $\int x^m \psi(x)\mathrm{d}x = 0$ 当 $m=0, 1, \cdots, N-1$。高度平滑的小波可使畸变最小化，并将导致更好的表达，即使大多数能量封装在少量的系数中。

3）对称。对称是重要的滤波器特性，因为它在滤波器的频率响应上提供线性相位。具有线性相位的滤波器将产生更少的畸变。

4）滤波器长度。一个短的滤波器允许小波变换的快速计算，但是长滤波器可获得较好的平滑。图像压缩是在滤波器长度和压缩性能之间取折衷。总的来说，对于三维 MR 和 CT 图像来说，下列类型的小波滤波器可以很好地工作。

- Daubechies 正交小波，D4-D20；
- Coiflet 滤波器；
- 双正交小波滤波器。

4. 量化

压缩的第二步是量化。量化的目的是通过降低体数据的精度，将大量的输入值映射

到较少的输出值的集合上。在这一步可能丢失信息。小波变换的数据是浮点值，且由两种类型组成：低分辨率图像成分，它包含大部分能量；高分辨率图像成分，它包含来自清晰边缘的信息。

因为低分辨率成分包含大部分能量，维持这部分数据的完整性是重要的。为使这一部分数据的损失最小化，每个浮点值可被映射到它的最邻近的整数值（NINT）。在小波系数的高分辨率组成部分，有许多小的幅度系数对应于初始图像的平坦的区域。这些系数包含非常少的能量，可以除去他们而不会在重构图像时造成明显的畸变。选择一个阈值 T_m，任何比 T_m 小的系数将被置为零。高于阈 T_m 的值，一定范围内的浮点值将被映射到一个单一整数。对于高频的系数一个量化的例子是

$$\left.\begin{aligned} a_q(i,j,k) &= NINT\left[\frac{a(i,j,k)-T_m}{Q_m}\right] \quad a(i,j,k) > T_m \\ a_q(i,j,k) &= 0; \quad -T_m \leqslant a(i,j,k) \leqslant T_m \\ a_q(i,j,k) &= NINT\left[\frac{a(i,j,k)+T_m}{Q_m}\right] \quad a(i,j,k) < -T_m \end{aligned}\right\} \tag{14.39}$$

这里，$a(i,\ j,\ k)$ 是在三维情况下的小波系数，$a_q(i,\ j,\ k)$ 是量化的小波系数，m 是小波变换的级数，$Q_m=Q2^{m-1}$，Q 是一个选定的常数。阈 T_m 可以在所有级上被设定为一个常数，或者可以是 m 的函数。在量化之后，每一个系数将取一个有限范围内的整数值。

5. 熵编码

在第三步，量化系数是通过游程编码跟随着 Huffman 编码而得到的。游程编码检查连续的量化系数，并确定有相同值的系数组成的序列。每一个序列由共同值和在游程中具有该值的系数个数所表示，生成的结果与原来完整的系数序列相比有更紧凑的信息。在量化过程，高频成分取阈值的结果典型地生成大量的零，这样，再经游程编码预期可大大减小数据量。在游程编码之后，如果数据流的每个值用一个新的代码表示，而该代码能最小化数据中的总比特数，那么数据能被进一步压缩。当每次仅考虑一个数据值时，Huffman 编码是用于这一目的的最佳技术。它分配给每个值一个具有不同比特数的新的编码，以使得在数据中频繁出现的值用较小比特数编码，而那些出现较少的值可以用较大比特数编码。通过 Huffman 编码使数据量显著减少。

14.6.3 用于三维图像数据集的小波滤波器选择

1. 三维 CT 和 MR 体数据集

滤波器组的性能也依赖于图像特性。一个图像的平滑，锐化和噪声都会影响滤波器组的压缩性能。对于一个三维的图像集合，图像特性在二维片层内和在片层间的方向上可能不同。一个统一的三维小波可能不能提供最好的性能，因为片层内像素间的相关性与片层间是不同的。在片层内像素间典型的距离变化范围是 0.3～1.2mm，而片层间的距离远大于此。每一片层有一定厚度，且两个相邻片层间有间隙。定义片层距离为片层厚度和片层间隙之和。CT 图像典型的片层距离在 1～10mm 之间，而 MR 图像的片层距离在 1.5～8mm 之间。因而，在片层内的（在 x 和 y 方向）最佳小波滤波器组可能

与在片层间（z 方向）的不同。

图像特征，如分辨率、噪声、锐度等由解剖学和图像形态决定。表 14.16 和表 14.17分别显示 Jun Wang 和 H K Huang 用来测试小波滤波器性能的 CT 和 MR 图像集，这些图像集包括不同形态、解剖学、获取技术和像素大小的图像。

表 14.16 选择用来评价小波滤波器的一套 CT 图像

解剖学部位	像素大小/mm		解剖学部位	像素大小/mm	
腹部	0.66	0.83	胸腔	0.66	0.94
脑	0.39	0.43	脊骨	0.29	0.43

表 14.17 选择用来评价小波滤波器的一套 MR 图像

解剖学部位	T1 权重的像素大小/mm		T2 权重的像素大小/mm
腹部	0.84	1.25	* * *
脑轴向	0.78	1.17	* * *
脑冠状	0.78	1.17	* * *
膝盖	0.55	* * *	0.55
肩部	0.55	* * *	0.63
脊骨	0.70	1.10	0.78

图像 $f(x, y)$ 的平滑可以用自动相关函数来量化，定义如下

$$c(m,n)=\sum_x\sum_y f^*(x,y)\cdot f(x+m,y+n) \tag{14.40}$$

式中，$*$ 表示负数共轭，m 和 n 分别是定义在 x 和 y 方向上像素之间的间距（滞后）的整数。相关系数定义作

$$cc(m,n)=\frac{c(m,n)}{c(0,0)} \tag{14.41}$$

图 14.35 显示对于在表 14.16 和表 14.17 中所列出的样本图像当 $n=0$ 时（即 $cc(m, 0)$）相关系数作为 m 的函数。一个大的相关值表明邻近的像素更可能有相似的值。具有高相关系数的图像通常具有较低的高频分量，较少的尖锐边缘，显得较平滑。对于 CT 图像[图 14.35（a)]，脊骨和腹部图像的相关系数比那些头和胸图像的相关系数大的多。因此，脊骨和腹部图像比较平滑并且有较低的高频分量。一般来说，具有较小像素大小的图像比较大像素的图像（对于同一解剖学部位）有更高的相关系数。例如，在图 14.35（a)中，像素尺寸为 0.66mm 的胸片图像（胸 66）比像素大小为 0.94mm 的胸片图像（胸 94）的相关系数高。

对于多数 MR 图像［图 14.35（b)］，当位移 m 较小时，相关系数是非常接近的。一般来说，对于同样的像素位移，CT 图像比 MR 图像有较大的相关系数，因为 CT 图像常常比 MR 图像平滑。

2. 用于二维片层图像的小波滤波器

表 14.18 所给出的 5 个小波滤波器提供在压缩质量、压缩比、计算的效率之间的较

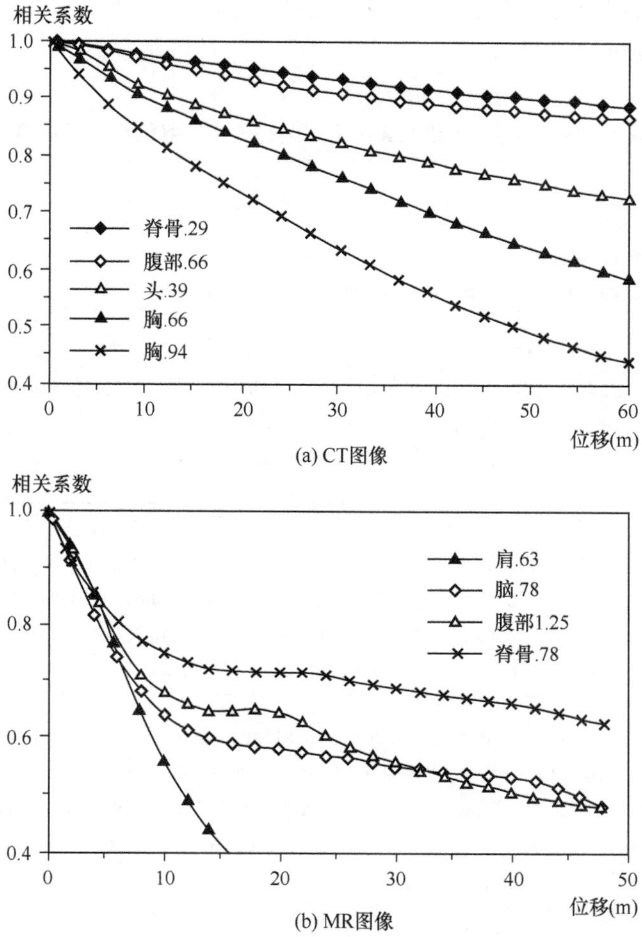

图 14.35　样本图像的相关系数

好的折衷。在表 14.18 中第一列指示滤波器组的类型和系数的数量，前 3 个滤波器是双正交的，后两个是正交的。表 14.18 的第 2 列是滤波器系数。对于双正交滤波器组，低通 h_0 和高通 g_0 滤波器都被列出。对于正交滤波器组，仅给出低通系数，因为高通滤波器很容易利用下面的正交性质从低通滤波器得到

$$\left.\begin{aligned} & g(j)=(-1)^j h(1-j) \\ & \sum_j h(j)=\sqrt{2} \\ & \sum_j g(j)=0 \end{aligned}\right\} \tag{14.42}$$

表 14.18 列出的小波滤波器的性能用表 14.16 和表 14.17 描述的样本图像来评价。压缩质量常常用原始图像 $f(x, y, z)$ 和压缩后重构图像 $f_c(x, y, z)$ 之间的差值均方根来量度。于是

$$\text{RMSE}=\left\{\frac{\sum_{x,y,z}\left[f(x,y,z)-f_c(x,y,z)\right]^2}{N}\right\}^{1/2} \tag{14.43}$$

式中，N 是图像中的像素总数。

比较性研究指明所有这 5 个滤波器其压缩是相似的，但是 3 个双正交滤波器组稍微优越于正交滤波器组。

表 14.18 用于 CT 和 MR 图像压缩的 5 个最好的小波滤波器*

滤波器组	滤波器系数
9/7	h_0 0.026749，－0.016864，－0.078223，0.266864，0.602949，0.266864，－0.078223，－0.016864，0.026749 g_0 0.045636，－0.028772，－0.295636，0.557543，－0.295636，－0.028772，0.045636
13/11	h_0 －0.00599119，0.00265816，0.03343325，－0.02367046，－0.04870418，0.27101229，0.54252426，0.27101229，－0.04870418，－0.02367046，0.03343325，0.00265816，－0.00599119 g_0 0.01002830，0.00444934，－0.07688893，－0.04890542，0.31686063，0.58891216，0.31686063，－0.04890542，－0.07688893，0.00444934，0.01002830
17/11	h_0 0.00134975，－0.00135360，－0.01201420，0.00843901，0.03516647，－0.05463331，－0.06650990，0.29754791，0.58401575，0.29754791，0.06650990，－0.05463331，0.03516647，0.00843901，－0.01201420，－0.00135360，0.00134975 g_0 0.01020092，0.01023007，－0.05566486，－0.02854447，0.29546394，0.53662880，0.29546394，－0.02854447，－0.05566486，0.01023007，0.01020092
Daubechies20	0.026670057901，0.188176800078，0.527201188932，0.688459039454，0.281172343661，0.249846424327，－0.195946274377，0.127369340336，0.093057364604，－0.071394147166，0.029457536822，0.033212674059，0.003606553567，－0.010733175483，0.001395351747，0.001992405295，－0.000685856695，－0.000116466855，0.000093588670，－0.000013264203
Coiflet6	－0.00169185102，－0.00348787622，0.01919116068，0.02167109464，－0.09850721332，－0.05699742448，0.45678712217，0.78931940900，0.38055713085，－0.07043874879，－0.056514193868，0.03640996261，0.00876013071，－0.01119475927，－0.001921335414，0.00204138098，0.00044583040，－0.00021625728，0.0004458303975，－0.00021625728

* 前 3 个是双正交的，后 2 个是正交的。

3. *片层间方向的小波滤波器*

（1）用于评估小波滤波器的样本图像

因为在 x 和 y 方向上的像素大小不同于片层距离，用在片层方向的最好的滤波器组可能不同于用于 x，y 方向的。在 Jun Wang 和 H K Huang 的研究中，对于片层间方向的最佳的小波滤波器由表 14.19 中描述的从不同的解剖学部位和不同的图像形态采集的 12 套三维图像数据集来决定。表中第一列是每一个图像集的名字，其中前 2 个字母表示图像形态，随后的 2 个字母代表解剖学部位。在 MR 图像中的最后一个字母，a 或 c，分别表示轴向或冠状。如第 4 列所示，片层间距由 1～7mm 不等。

（2）小波滤波器组的评价

对于在 x 和 y 方向一个确定的滤波器组，例如，9/7 滤波器，可通过把不同的小波滤波器施加到表 14.19 描述的三维图像集的 z 方向的作用来评价它们的性能。对于 z 方向的 3 个最好的滤波器为 9/7，Daubechies4（D4）和 Haar。图 14.36 显示出对于两个不同的 CT 膝部图像集在 1mm 和 5mm 片层距离上的压缩例子。两套图像来自同一个病人，但是是两次研究。使用 9/7 小波到 1mm 片层距离的图像集上得到的压缩比率比用 D4 和 Haar 小波要好［图 14.36（a）］。相对的，对于 5mm 片层距离的图像集，Haar 小波显得性能更好些［图 14.36（b）］。该图还表明，对于同样的 RMSE，较薄的片层距离产生较高的压缩比。

表 14.19　具有各种不同的片层厚度、用于评价在 z 方向的小波滤波器的 MR 和 CT 图像集

图像集	图像形态	解剖学部位	片层间距/mm	像素间距/mm	片层数
CTBR1	CT	脑	1	0.41	51
CTBR3	CT	脑	3	0.43	31
CTBR5	CT	脑	5	0.41	24
CTKE1	CT	膝部	1	0.43	151
CTKE5	CT	膝部	5	0.43	31
CTSP3	CT	脊骨	3	0.39	69
CTCH7	CT	胸	7	0.74	43
MRBR1.5-a	MR	脑-轴向	1.5	1.02	124
MRBR3-a	MR	脑-轴向	3	1.17	47
MRBR6-a	MR	脑-轴向	6	0.78	26
MRBR4-c	MR	脑-冠状	4	1.17	45
MRBR6-c	MR	脑-冠状	6	0.78	28

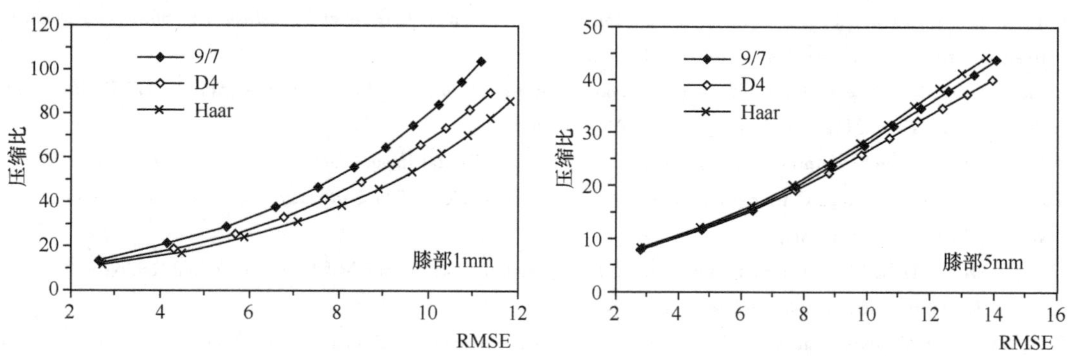

(a) 具有1mm片层距离的CT膝盖图像集　　(b) 片层距离为5mm的CT膝盖图像集

图 14.36　对于 3 种不同的滤波器组在片层方向上的压缩比率相对于 RMSE 变化曲线

4. 二维小波，三维小波和 JPEG 比较

Jun Wang 和 H K Huang 还介绍了用两套三维图像数据集的一些压缩结果。第一套数据是三维 MR 脑数据集，用 GE 5x Sigma 扫描仪获取，共 26 幅图像，片层距离为 6mm，每幅图像为 256×256×12(bit)。第二套数据是三维 CT 脊骨，来自一个 GE CT 扫描仪，共 69 幅图像，片层距离为 3mm，每幅图像为 512×512×12(bit)。二维小波，

三维小波，和JPEG压缩技术应用到每套数据集上。二维小波压缩在 x 和 y 方向上用9/7滤波器组实现，并施加到每一个片层。他们分别比较了三维小波和JPEG算法、三维和二维小波压缩的性能，画出了压缩比作为等价的峰值信一噪比（EPSNR）的函数的曲线，EPSNR定义如下

$$\mathrm{EPSNR} = 20\log \frac{f_{win}}{\left\{\frac{\sum [f(x,y,z) - f_c(x,y,z)]^2}{N}\right\}^{1/2}} \tag{14.44}$$

式中，f_{win} 是图像的显示窗宽，依赖于图像的形态和类型。从比较结果可以看出，对于同样的EPSNR，三维小波的压缩比优于JPEG和二维小波压缩。

通过比较在原始图像和从三维小波，二维小波，JPEG方法压缩的解压缩图像之间的差值图像可知，小波压缩图像的差值图像在所有区域有均匀的误差。这是由于小波操作在多分辨率下这个事实，而且滤波器可以调节小的纹理、边缘和均匀区域的表达。三维小波压缩比二维小波压缩有较好的性能，因为前者利用了在3个方向上的信息，并能利用数据结构和 z 方向上的冗余。JPEG差值图像在高频区域比三维差值图像有较大的误差。

参考文献

康晓东（天津科技翻译出版公司）. 2000. PACS和Telemedicine系统. 现代医学影像技术.

张凯，吕扬生. 2001. DICOM标准及应用. 世界医疗器械，7(3).

B J Betts. 1991. A statistical Analysis of Digital Mammography. Ph. D. Thesis. Stanford University, Department of Electrical Engineering.

Daubechies I. 1988. Orthonormal Bases of Compactly Supported Wavelets. Comm. Pure Appl. Math. 41:909—996.

Jun Wang, H K Huang. 2000. Three Dimentional Image Compression with Wavelet Transforms. Handbook of Medical Imaging Processing and Analysis. Academic Press: 851—861.

Mallat S G. 1981. A Theory for Multiresolution Signal Decomposition: the Wavelet Representation. IEEE Trans. On Pattern Analysis and Machine Intelligence, 11(7): 674—693.

Y Fisher. 1994. Fractal Compression: Theory and Application to Digital Images. Springer Verlag, New York.

Yuval Fisher. Fractal Image Compression, SIGGRAPH '92 Course Notes. The San Diego Super Computer Center, University of California, San Diego.

Zhang J, Huang H K. 1997. Automatic Background Recognition and Removal (ABRR) of Computed Radiography Images. IEEE Trans. Med. Imaging MI-16, 762—771.

Zhou Wang, Alan C Bovik, Ligang Lu. Why is Image Quality Assessment So Difficult? http://anchovy.ece.utexas.edu/-zwang/research/

第15章 图像引导手术与医学虚拟现实

15.1 图像指导治疗技术

传统的医学诊断和治疗对于病人体内的组织和脏器的病理改变只能通过间接的测量和化验手段来推测和了解。活检虽然能够看到组织的形态，但只限于人体有限的部位，而且病人需忍受较大的痛苦。计算机技术的迅速发展使复杂的医学信息可视化。从前，手术时器械操作到什么地方只能看到体表及切口附近的组织，对表面下面的病灶或肿瘤的情况所知甚少。即使手术前看过X光片或超声图像，医生的头脑中仍很难建立一个完整的病灶或肿瘤的立体形象。对于计划入路附近敏感的关键神经、血管和其他组织更是没什么把握。可以说，手术的成功率基本取决于医生的临床经验。一般，手术持续时间较长，医生和病人都承受较大的负担和压力。断层扫描图像的三维重建使医生能够了解病灶或肿瘤大小、形状及在人体内部相对的空间位置，提高了医生手术的信心和成功保证，缩短了手术的时间，也减少了病人的痛苦。不仅在手术过程中图像引导起着重要的作用，医学图像还能使治疗效果可视化，直接了解治疗的过程和疗效。今天的医学图像研究特点是更加真实地反映人体内部的情况，也就是说，让医生看到病人体内的图像，实现在最少人工介入情况下进行最安全、高效的治疗。医学图像在手术和治疗的许多方面得到日益广泛的应用。就总体概念来说，图像指导治疗（Image Guided Therapy，IGT）技术包括3个主要的组成部分：成像技术、医学图像后处理及治疗方法（图15.1）。

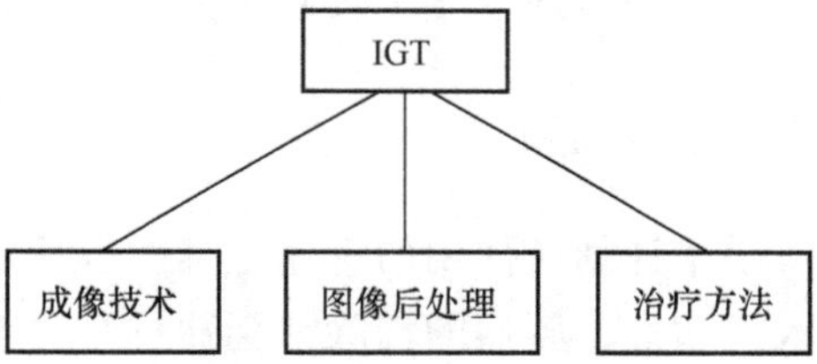

图15.1 IGT组成部分

15.1.1 成像技术

1. 多种模式成像

从几种不同的成像设备获取的医学图像往往能够提供互补的病人信息，供医生诊断和治疗参考。例如CT和MR图像给出病人的解剖信息，PET和SPECT图像提供病人的功能信息。在研究人脑时，选用MR图像可以很好地识别大脑灰质、白质等密度相近的软组织，而在观察密度差较大的骨组织时，CT图像具有较好的分辨。即使同一种MR扫描设备，在激励脉冲序列和成像参数设置不同时产生的图像也能从不同的方面提供有用的治疗信息。T1，T2和PD加权MR图像的结合使用，又称多谱医学图像分析就是典型的例子。医学图像在辅助诊断方面有重要的应用。图15.2是用^{18}F脱氧葡萄糖作示踪剂的人脑PET扫描像。由于肿瘤对脱氧葡萄糖有亲近性，因此在肿瘤部位示踪剂浓度大，图像呈高强度。图中亮区表明有一肿瘤形成。PET图像功能的强大在于它不仅能够揭示已经形成的肿瘤的位置、大小和形状，有时某一部位的功能已经改变，而形态尚未发生变化的潜在肿瘤区也能预报。

在心脏介入手术之前，对 ROI 做两个扫描图像：一个是^{13}NH3 血流灌注像。如果图中病人的局部血流减少，说明局部的心肌梗塞。还要做 FDG PET 图像，如果该区的葡萄糖代谢增的话，说明这里的心肌并没有全部坏死，可以施行心脏介入手术。这种决策对无望修复的病人可以免去不必要的痛苦和经济损失，也可增强医生手术的信心。

图 15.3 是一组重建的人脑某个剖面图像。上面一行是正常人的，下面一行是患有运动障碍疾病病人的图像。左面灰色的是 MRI 图像，可以看出病人 MRI 图像中小脑萎缩。右面彩色图是 PET 和 MRI 融合的图像，在同一区域，病人的图像呈暗区，表明控制运动的小脑功能减弱。

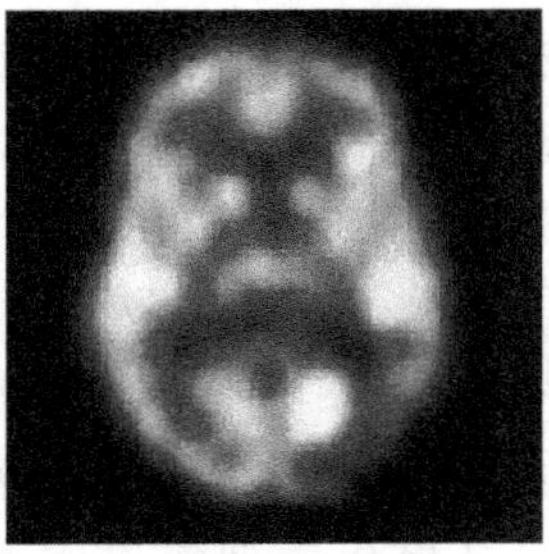

图 15.2　脑部肿瘤 PET 图像

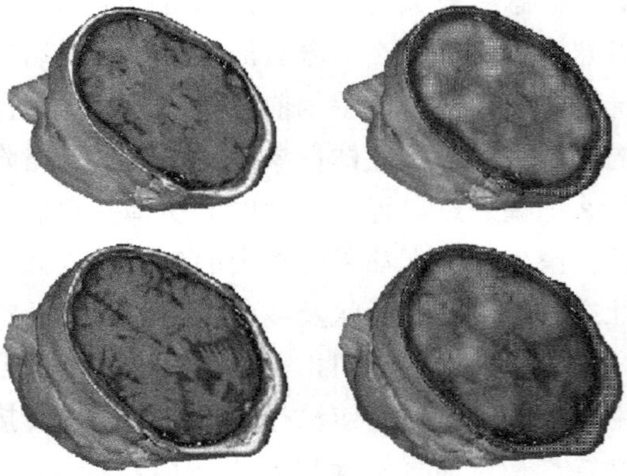

图 15.3　正常人与运动障碍病人的 MRI，PET 图像

2. 术间成像

手术计划所使用的重建三维图像是术前采集的。手术过程中由于手术器械破坏性的介入或病灶、肿瘤的切除都会造成有关组织的局部变形，使实际情况与重建图像偏离，影响手术的准确性。最先进的手术导航技术是在手术过程中实时采集 MR 或超声图像与术前采集的三维图像融合，指导手术过程的进行。将庞大的 MR 扫描装置搬进手术室对一般医院来说是很困难的事，但哈佛大学医学院实现了这点。图 15.4 是未来手术室的样子，病人横卧在开放式的 MR 扫描设备内，医生和助手站在中间开放的部位进

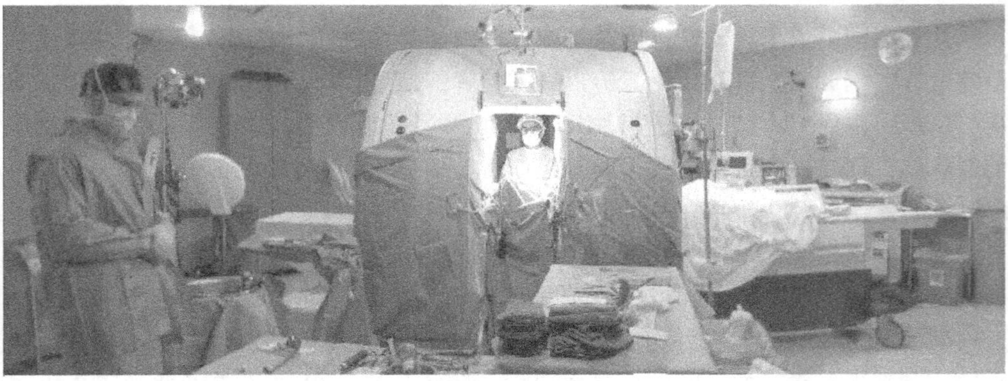

图 15.4　MR 扫描设备进入手术室

行手术，实时采集的较少层数的 MR 图像与术前图像快速融合，给出手术进展的实况。医生每时每刻对眼前病人手术表面下的情况了如指掌，当然增加了手术的安全性，加快了手术进程。

与术间 MR 相比起来，超声设备要便宜得多。许多研究小组正在从事术间超声图像与术前 MR 图像快速融合，用以指导手术。

3. 新成像技术的研究

为了适应手术过程的实际需要，人们不断寻求一些新的成像技术。例如扩散张量 MR 成像（DT-MRI），它以映射图像的方式给出各种组织中局部水扩散的二阶对称张量场的描述。在一定程度上反映内部纤维组织的空间分布。相位对比 MRA 则能给出血流流速的向量场分布。渐次行扫描技术则可加速图像的采集和重建过程，利于手术过程中实际使用。

15.1.2 图像后处理

1. 适配滤波

医学图像的质量，特别是图像的信噪比是临床诊断中的一个重要参数。因此，需要采取有效的滤波技术改进图像的质量。然而在医学图像中，有用信息的保留往往比简单的提高信噪比要重要得多。因此需要强有力的适配滤波技术。

2. 术间图像分割

准确的图像分割是术间导航的基础。一种称作适配模板稳健分类（adaptive template moderated classification）的方法将统计分类方法与数字化解剖图谱的配准结合起来，有效地解决了这个问题。三维的数字解剖图谱给出分类局部关系信息。可将术前采集的图像数据作为特定病人的图谱。由于术前数据是在手术施行之前采集的，因此有足够的时间进行分割。即算法本身应尽量强健和准确，不管花费时间多少。这种预分割的目的是建立一个组织分类的空间分布模型。予分割的方法可以是手工的、半自动的或全自动的。根据具体的临床应用选择最适宜的预分割方法。然后将分割出的各类组织转换为具有明确空间位置和分布的体积模型，即什么组织应在什么位置，包括大小、形状等信息，用以指导术间采集图像数据的分割和组织分类（图 15.5）。

3. 多模图像配准与术间融合

计算机断层扫描与重建技术使我们有可能直接看到人体内部的组织与结构，多种成像模式的结合使我们不仅可以观察到结构形态已经发生变化的病灶，例如正在生长的肿瘤等，对于那些虽然没有形态变化，但已丧失部分功能的组织也可通过功能成像观察到。从术前获取

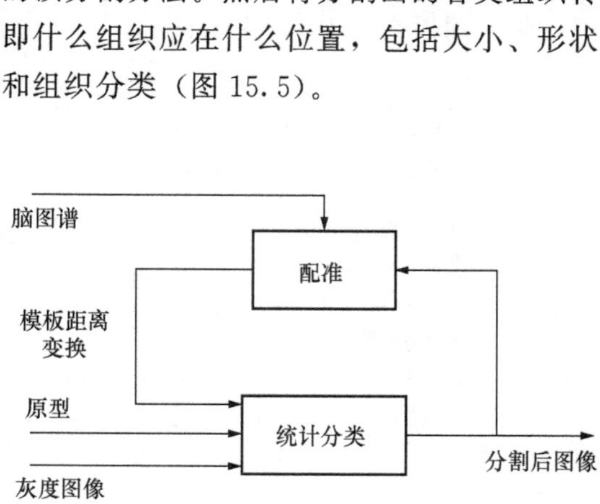

图 15.5　适配模板稳健分类的框图

的图像，例如 MR［图 15.6（a)]经组织分类得到感兴趣的组织或结构［图 15.6（b)]，再将这些结构形成模型做三维重建［图 15.6（c)]。图 15.6（d）是 MR 图像、结构模型和血管的融合图像。图 15.6（e）是融合到病人头部的情况。

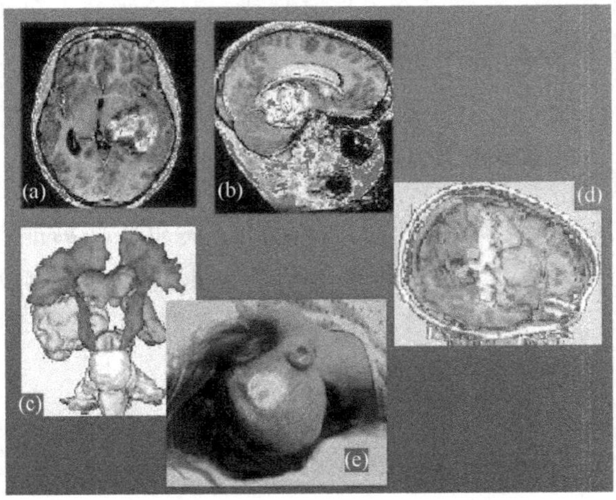

图 15.6　术前多模图像融合

在很多情况下需要进行手术治疗，包括肿瘤切除与核医学治疗。治疗的过程要最大限度地保证去除病灶，而不伤害健康组织。更不能因失误伤及关键的神经和血管，给患者造成新的创伤。手术和治疗的过程是动态的，术前的图像是静态的，因此，如何以最快的速度跟踪手术过程中组织变形，最准确地以可视化形式显示给医生才是手术成功的关键。

处理深部脑结构或待切除的组织很大时，现有的刚性配准及可视化方法面临很大的困难。手术过程中大脑形状的改变属于非刚性形变。除通常的空间几何变换外，还必须考虑大脑内部结构的生物物理特性。精细的生物力学仿真须采用有限元离散化的脑形变计算。对于一个尺寸为 256×256×60 的体积图像，约有 400 万个体素。这意味要求解一个巨型方程组。必须用高性能计算方法解决。

手术过程中图像数据的采集及图像处理与手术操作是同步进行的，其时间安排可如图 15.7 所示。手术过程中还可对手术实况摄像，将视频信号与术前图像融合得到增强现实效果，用以指导手术（图 15.8)。

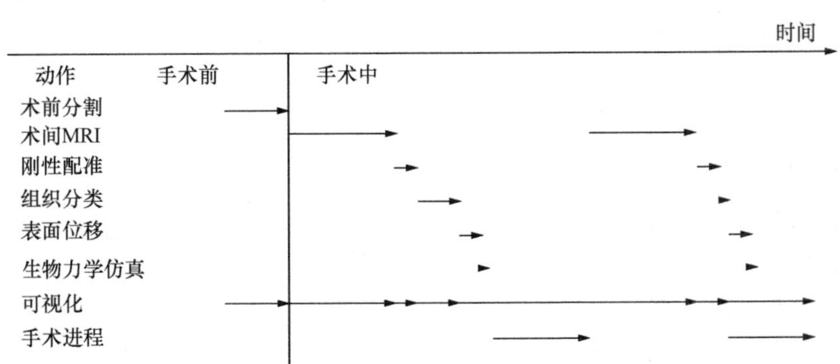

图 15.7　图像引导神经外科手术的图像处理时间表

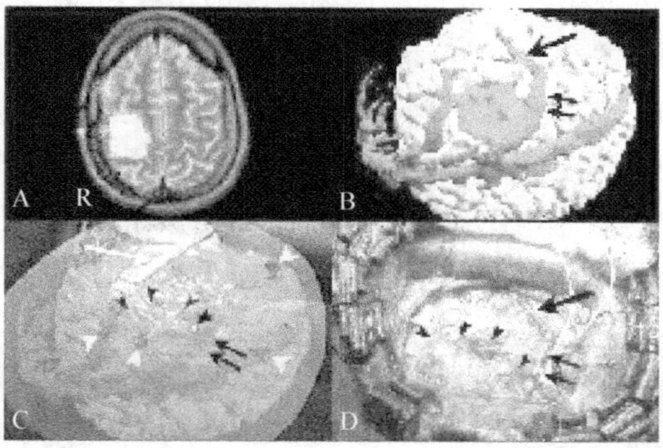

图 15.8　视频摄像与术前图像融合的增强现实

15.1.3　治疗方法及应用

脑肿瘤（例如神经胶质瘤）摘除手术。

1. 头皮功能区标识

为确保手术安全，可将术前采集的人脑功能信息，例如 fMRI 图像中的重要功能区、穿颅磁刺激信息（TMS）等叠加在重建的大脑皮层上，或融合术间电生理记录（图 15.9）。医生可参考此图像避开关键功能组织。

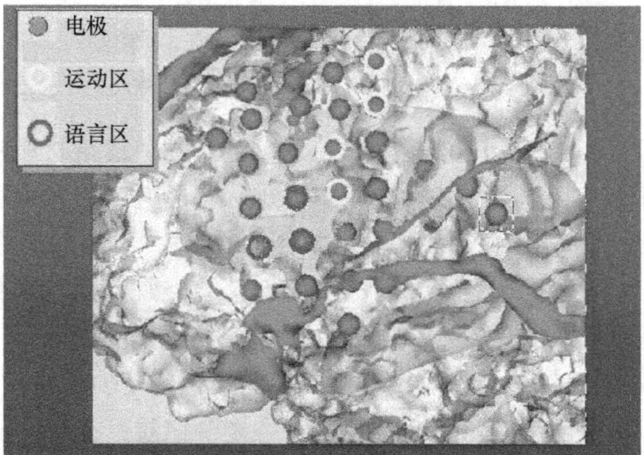

图 15.9　大脑皮层术间电生理映射

2. 切口处脑移动

用手术器械开颅时，切口附近脑组织位置要发生变化，可用计算机仿真脑移动的时间过程，精确估计其对手术导航的影响。

3. 白质纤维束分布

一般的 MR 图像不能反映人脑功能区分布情况，然而 fMRI 则可以做到这一点。我们可对术前采集的 fMRI 进行分割和重建，并融合到病人头部的三维重建图像中。

图 15.10是一个脑脊瘤患者头部重建图像的例子。图中绿色部分是肿瘤，紧靠运动神经区（浅蓝色，从 fMRI 人工分割得到的），深蓝色部分是基底神经节。脑髓束（红色）漫散地分布在它们中间。可见，在对肿瘤手术切除时如果不小心就很容易损伤运动神经区，给患者造成严重伤害。更为麻烦的是，即使不触及运动区，而拉动了脑髓束。后者会拖动与之相连接的其他敏感组织，造成与直接损伤该组织相同的损害。所以，这种融合有白质束与敏感神经或血管的三维重建图像将使手术过程更安全。

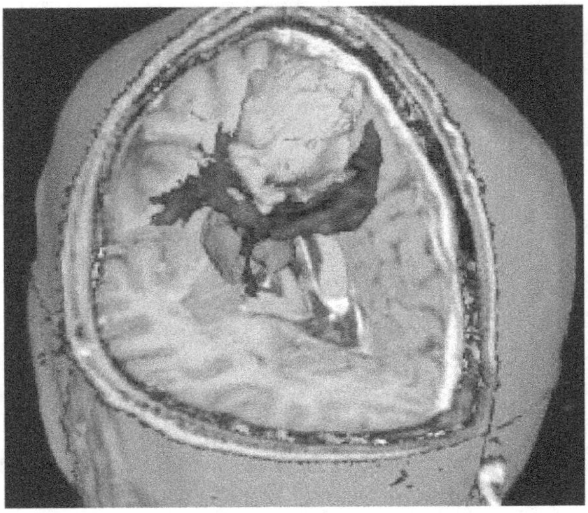

绿色：脑脊瘤；红色：脑髓束，一直延伸至大脑脚；浅蓝色：fMRI 中手工提取的运动区；深蓝色：基底神经节

图 15.10　脑脊瘤患者头部融合像

如上所述，手术过程中不仅不能触及敏感的关键结构，就是对那些可能连接这些结构的白质束也必须格外小心。但是，这种白质束极难从普通 MR 图像中提取。近期研究出的扩散加权 MRI 成像技术可使脑白质束可视化。图 15.11 中，图（a）是一个神经胶质瘤患者的 T1 MR 图像。我们可以清楚地看到肿瘤的部位，但是却无法识别它周围的白质束。图（b）和图（c）是用扩散加权技术获取的特征向量分布图。图（b）可见肿瘤周围纤维组织的分布。图（c）则对扩散加权像做了进一步的处理，其中红色：视觉辐射束；绿色：膝状距束；浅绿色：听觉辐射束，清晰地显示多种重要白质束的空间分布。

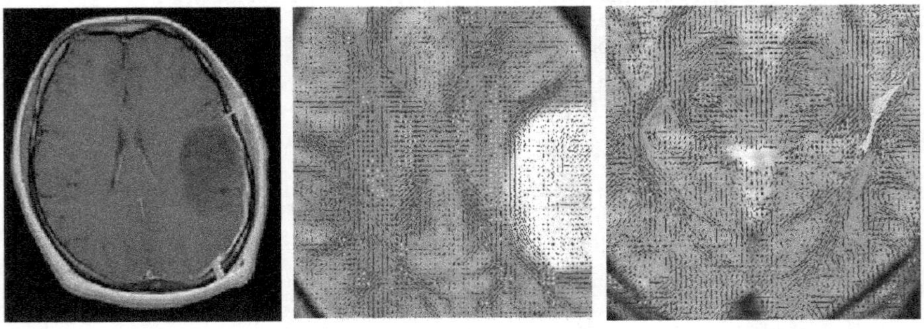

(a) T1 MR图像　　(b) DT-MRI　　(c) 进一步处理后的DT-MRI

图 15.11　神经胶质瘤患者图像

IGT 技术还在前列腺近距放疗和脊椎神经疾病的临床治疗中得到应用和良好效果。

(1) 激光治疗

激光治疗中对病灶区的定位以及激光光流分布可以通过图像了解。实时控制激光手术进行。在激光凝固疗法中也可以用图像监视治疗过程中化学药物移动的情况。

(2) 聚焦超声 (Focused Ultrasound，FUS) 治疗

FUS 通过相位阵列使超声能量集聚在病灶区，起到杀伤病灶治疗疾病的目的。图 15.12是用 FUS 治疗乳腺肿瘤的示意图。配合 MR 图像制定治疗计划，对乳房凝块定位。治疗过程中超声能量储存情况可由图像显示，并可通过 MR 图像了解治疗前后乳房肿块的变化。

在低温治疗的过程的仿真和控制中，IGT 也得到有效的利用。

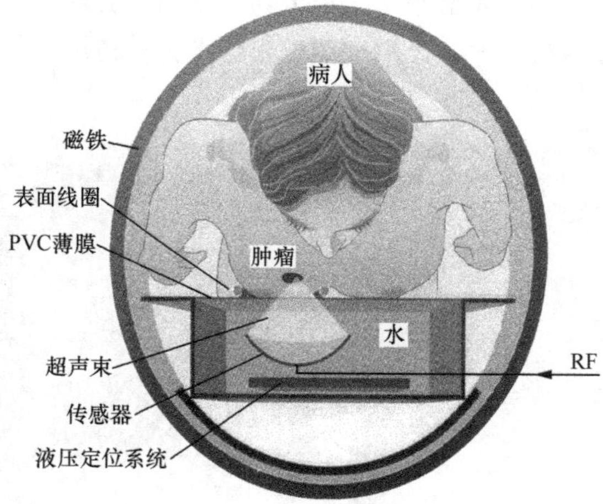

图 15.12　聚焦超声治疗乳腺肿瘤

15.1.4　IGT 的研究趋势

IGT 的出现不足 10 年的时间，由于它对提高现代临床医学，特别是疾病治疗和手术水平方面的巨大影响，因此发展十分迅速。关于 IGT 的研究趋势可以概括为以下几点：

- 从线性分析到非线性分析；
- 从简单的几何建模到结合物理特性建模；
- 可视化技术从低维到高维；
- 从静态模型到动态模型；
- 包含解剖和功能信息的图谱得到广泛的应用；
- 新成像技术和成像方法的研究。

用图像实时引导手术过程要求对术间获取的图像在尽可能短的时间内处理。一个包含结构形态改变的体积图像，在考虑人体组织的材料特性的情况下，需解数十万乃至数百万个方程，属于高性能计算 (HPC)，只有用超级计算机并行处理才能实现。哈佛大学使用 Sun Microsystems 公司的 Ultra HPC6000 超级计算机。由 20 个 250MHz UltraSPARC-II，有 4MB Ecache 的 CPU 组成，系统 RAM 为 5GB。对基于生物力学的人脑

形变运算时间约 10～20s，不只限于手术仿真，而且已经临床应用。他们还实验了其他的方案。例如，使用多个 CPU 为 533MHz，RAM 为 768MB，硬盘 2.1GB 的 Compaq Alpha 工作站通过 10/100 Mbps 以太网联结的机群结构，得到相近的效果。这些硬件对绝大多数开发者来说是显得高些。但现在的超前研究与遵从摩尔定律的计算机发展规律是一致的。硬件的速度、价格的迅速变化使超前的 IGT 很快能够在一般医院实现。

功能强大的可视化 IGT 软件更加实用化。无须计算机专家操作，负责手术的医生经过短期的培训就能很好掌握。在具有术间 MR 的手术室里，医生能够自己独立使用三维 Slicer 软件（图 15.13），用图像实时指导手术，进行脑肿瘤切除手术。医生能够掌握软件的主要功能和用法表明 IGT 软件的研制应与临床紧密联系。医学软件应具有对用户非常友好的界面，功能不必很多，但要易于掌握。另一方面，必须提高临床医生的素质，使他们乐于接触新技术，经培训能够很快掌握和使用现代化的医疗手段，包括 IGT 技术。

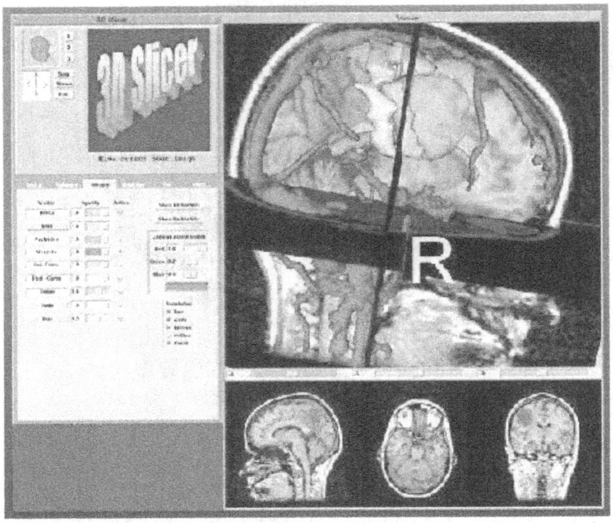

图 15.13　三维 Slicer 软件界面

15.2　手术计划和导航

在外科手术中，图像引导工具给医生提供一个到人体内部的虚拟的、非侵入的窗口，使医生能够看到用其他工具无法看到的解剖细节与生理功能。近 20 年来，随着计算机计算速度、存储容量及显示能力和三维诊断成像设备的发展，图像引导手术计划和导航系统（Image Guided Surgical Planning and Navigation）也有迅速发展，变得更为有效、实用，对医生更为友好和安全可靠。

由于 CT，MRI 和 PET 都是数字化的成像技术，对患者头部扫描重建的三维图像可以准确揭示病灶的位置、大小与形状，给神经外科医生确定切口（或钻孔）的方向、路径、深度及周围区域情况的手术计划提供准确、可靠的信息。如果使用具有 6 个自由度的机器人系统将重建的三维图像与患者头部坐标联系起来，在手术过程中就可实现导航。探针或手术器械的位置会实时地在三维图像中得到反映。图 15.14 是一个图像引导神经外科手术导航系统的屏幕显示，包括探针位置处的 3 个正交剖面与合成三维图像。图 15.15 是医生正在使用该系统施行外科手术。

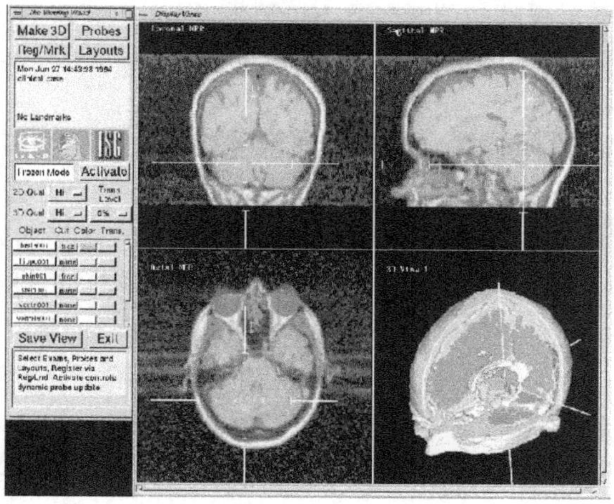

图 15.14　图像引导神经外科手术导航系统的屏幕显示

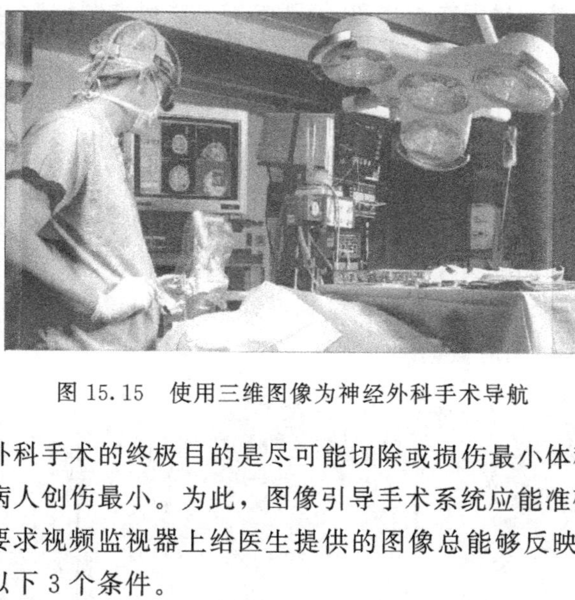

图 15.15　使用三维图像为神经外科手术导航

最小侵入神经外科手术的终极目的是尽可能切除或损伤最小体积的脑组织，在达到治疗效果前提下对病人创伤最小。为此，图像引导手术系统应能准确报告术间引导器械在脑中的位置。这要求视频监视器上给医生提供的图像总能够反映大脑实际几何状态。即要求很好的满足以下 3 个条件。

- 图像假设：用于手术引导的图像包含手术引导所需要的全部有关的解剖和功能信息。这些来自不同成像模式的图像不仅自身是高质量的，而且彼此间精确配准。
- 器械假设：手术器械跟踪装置无定位误差，图像-病人三维空间配准，图像数据中与病人大脑中的同一结构实现严格的匹配。
- 脑组织假设：引导系统与手术感兴趣区组成完全刚性系统，意味手术过程中，大脑中感兴趣的结构相对于病人-图像配准过程中所使用的外部标志点位置保持不变。

然而，实际临床医学图像质量并非理想，配准也欠准确；即使病人-图像配准解决得非常的好，大多数引导系统用的是手术前的图像信息，在手术过程中由于器械的介入，组织的创伤与切除造成的局部形变都会影响手术导航的准确程度。即 3 个基本假设条件受到不同程度的破坏。当前关于手术计划与导航的研究大多集中在这些问题上。下面介绍一些与图像引导手术计划和导航有关的研究。

15.2.1 高质量的脑图谱

在放射手术中要使手术引起的创伤最小，需要对功能损伤的部位准确瞄准，这就要使解剖图谱与功能图谱一起使用。为了不致刺穿血管还要融合血管系统的信息。这样才能增强医生手术的信心，减少治疗时间，做到较少介入、减轻病人的痛苦和不安。显然，一个高质量的数字化图谱是这项工作的关键。例如，在用丘脑切开术和/或苍白球切开术治疗帕金森病的功能神经外科手术中，应当使用详细的解剖和功能图谱实现在丘脑与基底节内准确导航。但使用一般的 MR 图像，我们无法看清脑内的许多结构。这是因为定义这些结构的灰/白质边界对扫描装置的分辨来说太小或不同的功能区并不表现为灰/白质对比度的差别。像丘脑和基底节这样由一些完成不同功能的细胞组成的结构，仅能从组织学或生理学上鉴别。要正确识别这些区，应将基于组织学或细胞结构分区的脑图谱与这些解剖图像结合使用。同时还必须辅以功能数据来区分那些组织上相同，而功能不同的区域。尽管在过去 20 年已有了一些标准图谱对这些小的深部脑结构做出说明，学者们还在探索开发一个丘脑、基底节与颞叶结构的高分辨图谱，用于手术中与单个的病人配准（图 15.16）。

显然，同一个受试者 4T MR 成像设备获取的图像比用 1.5T MR 成像设备获取的图像分辨要高。图 15.16（a）图显示出图 15.16（b）看不见的深部脑结构。用此数据集作为新开发的高分辨图谱之解剖模板。图谱的功能信息可有几个来源：

- PET 或 fMRI 的功能图像；
- 带有重要功能区与神经结构标识的标准解剖图谱；
- 积累的临床刺激-响应数据。

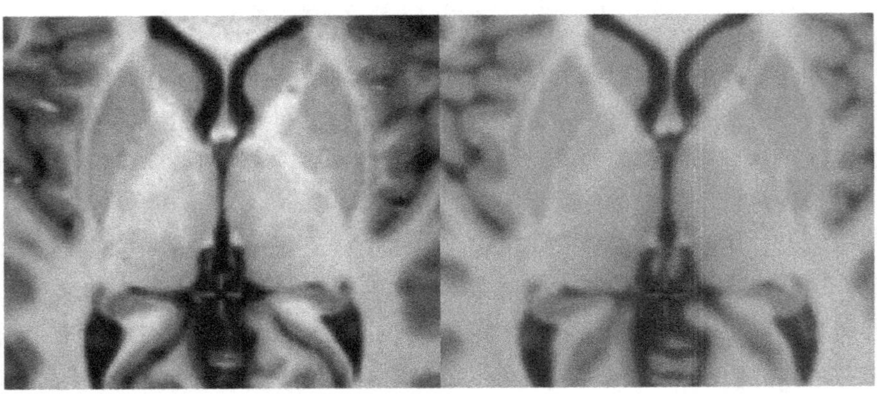

(a) 4T MR，体素大小：$1mm^3$，9次平均　　(b) 1.5T MR，体素大小：$1mm^3$，27次平均，T1 GRE 序列，MNI的“超级脑”(superbrain)

图 15.16　深部脑结构的图像

可以将 PET 或 fMRI 图像的功能信息融合到高分辨解剖模板上，或依据标准图谱给模板中感兴趣区加标识。图 15.17 是数字化 Shaltenbrand 与 Wahren 标准解剖图谱与一个高分辨、低噪声模型脑（superbrain）仔细配准并得到一些关键的解剖标识的结果。这是将新图谱与单个病人自动配准的基础。

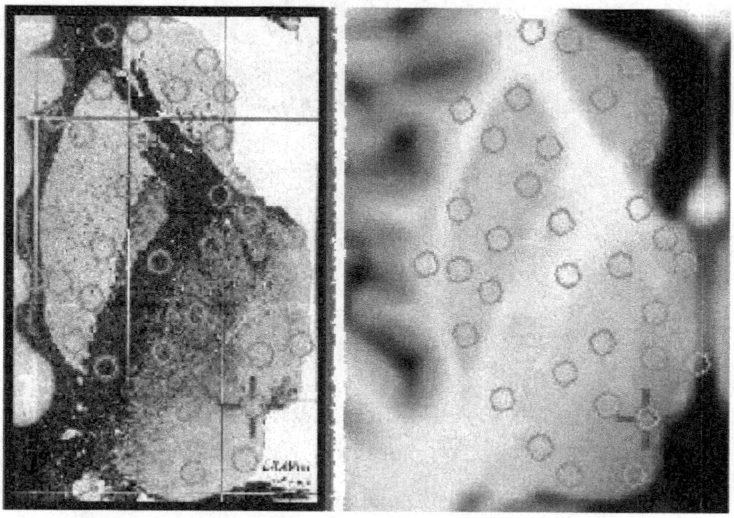

(a) Shaltenbrand与Wahren标准解剖图谱的一个轴向染色切片　　(b) 超级脑（superbrain）的一个对应断层图像

图 15.17　用标准图谱对新的高分辨图谱做解剖标识

一般在手术过程中要对病人做深部脑电刺激引出病人的响应，或记录病人对感觉或运动活动响应的深部脑电信号。积累这些测量数据构建一个刺激-响应数据库，这是丘脑和苍白球概率功能图谱的基础。还要与 fMRI 研究中感官刺激得到的丘脑与基底节中的功能数据结合起来建立一个用于神经外科手术的功能图谱。

也在可跟踪的探针上连接一个双极性刺激器（bipolar simulator)，用于确定大脑关键部位，包括运动及感觉皮层及语言区。当刺激器放在运动皮层时，会发生肌肉响应；放在感觉皮层，就会报告身体不同部位的感觉。当刺激器碰到语言区时，会发生语言抑制甚至瞬间失语。在神经医生刺激大脑的不同部位并接收反应时，一般放置一些数字记号标记应避开的区域。当探针与刺激器连接时，会立即得到针尖的位置，并用彩色编码可视化标注这些重要区域。

图 15.18 是一个基于刺激-响应数据脑功能图的示例。用反向非线性变换将 5 个病人的数据映射到标准空间，数据包括受到电刺激的响应及因肢体刺激诱发的电活动。图中红色表示该部位受刺激，手臂肌肉会强烈收缩；橙色表示刺激该部位会使震颤的手臂停下来；蓝色和黄色是肢体本身受刺激时用微细胞记录法在该区记录到电活动。前者是肩部受刺激臂伸展，后者是肘部受刺激前臂伸展的情况。

15.2.2　手术工具的建模

如果在神经外科手术中，我们能够对手术工具（深部电极或探针等）所造成的损伤的大小和影响建模，就可以精确控制手术工具的入路，将其准确地放置在靶点附近。避

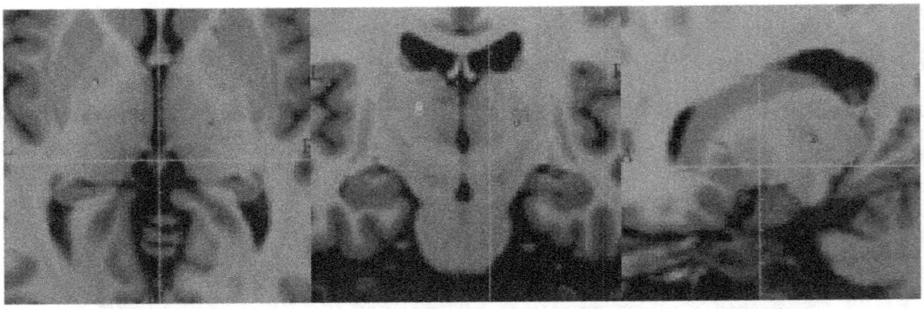

(a) 横向图　　(b) 冠向图　　(c)侧向图

图 15.18　基于刺激-响应数据的脑功能图谱

开关键结构做到在最小侵入手术中可以较大范围活动。合理控制手术工具的损伤范围，实现最大限度地破坏局部病灶而不损伤或少损伤周围正常组织。

在图像引导手术中使用图谱的初衷是让医生对手术工具入路心中有数，改进帕金森病手术的计划和导航。现今，已能成功对脑白质切断器建模，可预报手术治疗帕金森病过程中大脑深部损伤的大小和形状。也有用射频探针在大脑深部造成损伤的。目前，这样的创伤探针在针尖周围形成各向同性的影响区。但损伤形状不能随目标解剖结构做适应性改变。若修改探针针尖处的电绝缘范围，就可很好控制损伤形状（图 15.19）。这样的建模可用于帕金森病与颞叶癫痫的手术治疗。

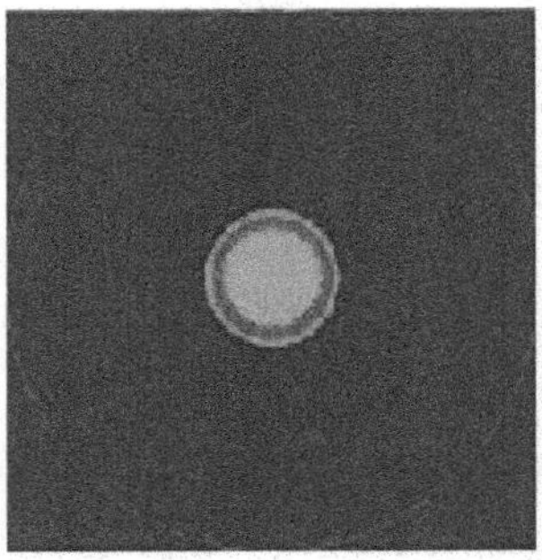

(a) 标准各向同性损伤工具的温度辐射剖面

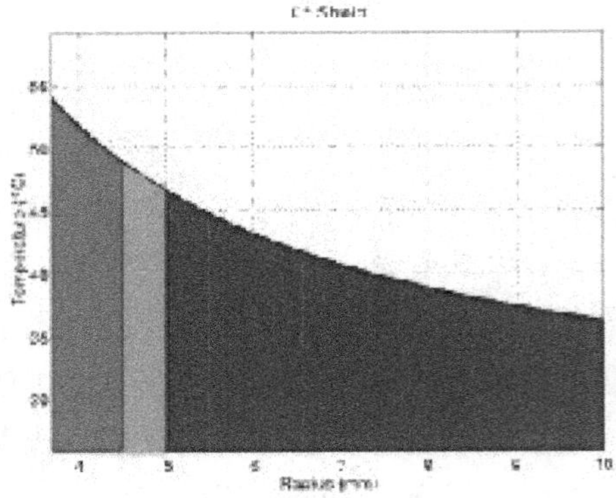

(b) 相应的温度分布曲线

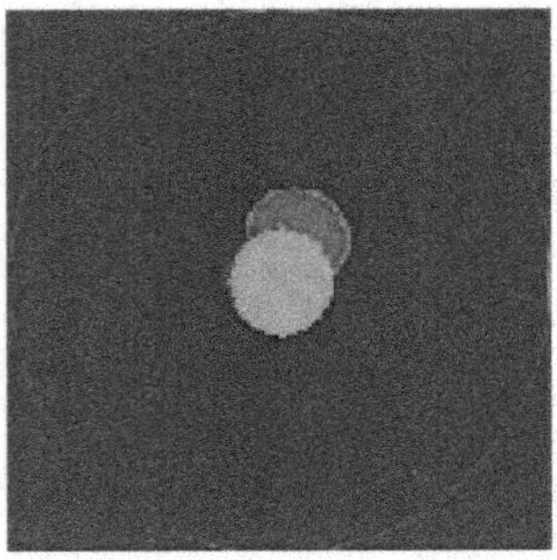

(c) 修正过的探针（带有315°角屏蔽）损伤工具的温度剖面

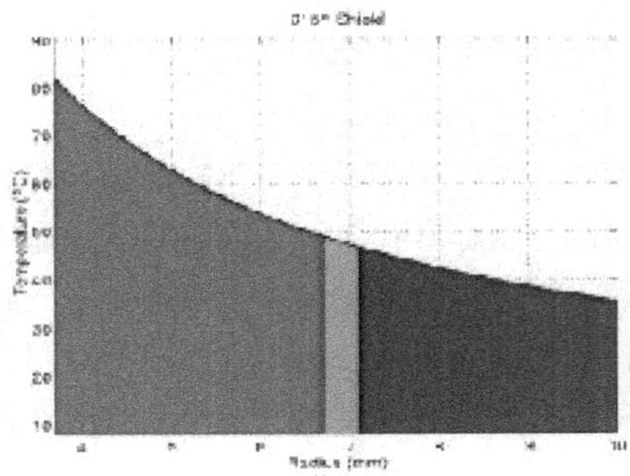

(d) 相应的温度分布曲线

红色：细胞开始死亡；绿色：可逆性损伤；橙色：探针内部；蓝色：无损伤作用

图 15.19　可适形的射频损伤探针的初等有限元仿真

15.2.3 虚拟内窥镜图像

最小介入手术的一个问题是很难用肉眼或超声监视手术部位。内窥镜作为手术的辅助工具，已使用数十年了，大多是用在矫形与腹部手术之中。现在也开始用于大脑手术。成像透镜可以放入脑中靠近手术的部位。在图像引导手术的环境有效的使用内窥镜要求对手术过程准确的跟踪，使目标区直接内窥镜可视化。而且，得到的内窥镜图像应与术前 MRI 或 CT 体数据配准。

可以使用基于光纤技术的柔性内窥镜对手术任务跟踪。这种技术也可用做组织的光学活检（optical biopsy)，组织的特性是靠跟踪间隙中内窥镜检测到的反射或发射光谱确定的，而不是靠实际组织样本。虚拟内窥镜也是一种很好的方法。该技术使用一个标准的三维 MRI 或 CT 扫描，计算从所选角度用内窥镜能够看到的图像。这是计算出来的图像，而且具有立体感，称作仿真内窥镜图像。如果我们把真实的光学内窥镜图像与虚拟内窥镜图像结合起来，即将跟踪到内窥镜图像与从术前三维 MRI 或 CT 数据计算得到的虚拟内窥镜图像一起配准并显示。此融合过程使内窥镜图像连同其周围环境可视化。这种内窥镜增强的最小介入手术引导技术会减少颅脑切开术的风险，避免组织与图像误配准的问题。该方法开始时用于显示血管系统，以后要用在切除手术中检查切除后的空洞。

图 15.20 是人血管的内窥镜图像。普通内窥镜图像是平面的。虚拟内窥镜则可从术前三维 MRI 重建立体图像。图（b）左、中两图用于双眼同时观察，而中、右两图供两眼交替观察。由于 MR 图像有限分辨率，体绘制表面图像质量不如普通内窥镜。

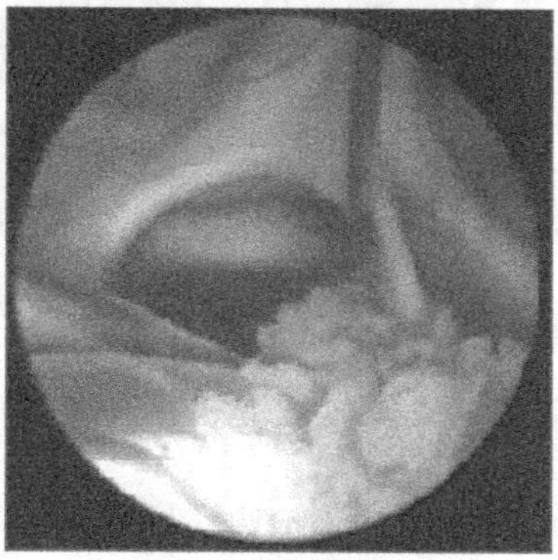

(a) 内窥镜图像

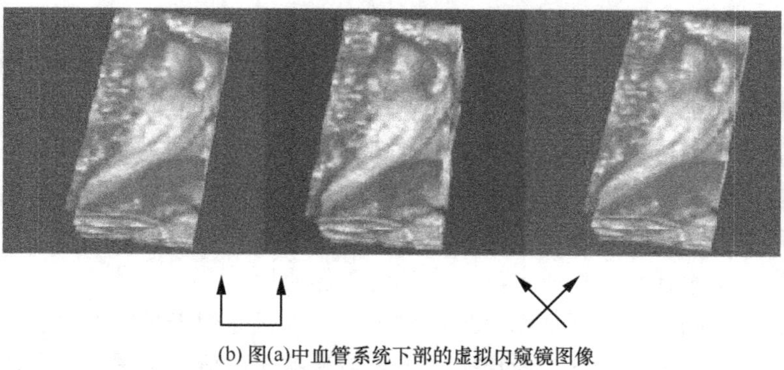

(b) 图(a)中血管系统下部的虚拟内窥镜图像

图 15.20 人血管系统的普通内窥镜与虚拟内窥镜图像

虚拟内窥镜与普通内窥镜的区别还在于，普通内窥镜能够去的地方有限，而虚拟内窥镜则可在感兴趣区的三维空间自由漫游，心脏、大脑及血管内没有禁区。图 15.21 中间是根据可视人（男）CT 与染色切片重建的躯干透明模型。周围是用虚拟内窥镜的多种应用。图 15.21 的左下图：胃，左中图：结肠，左上图：脊柱，上中图：食管，右上图：气管，右中图：靠近心脏的主动脉弓，右下图：胃的另一角度视图。虚拟内窥镜图像可以多位置、多角度浏览。

有关虚拟内窥镜原理的详细讨论参见 12.3 节。

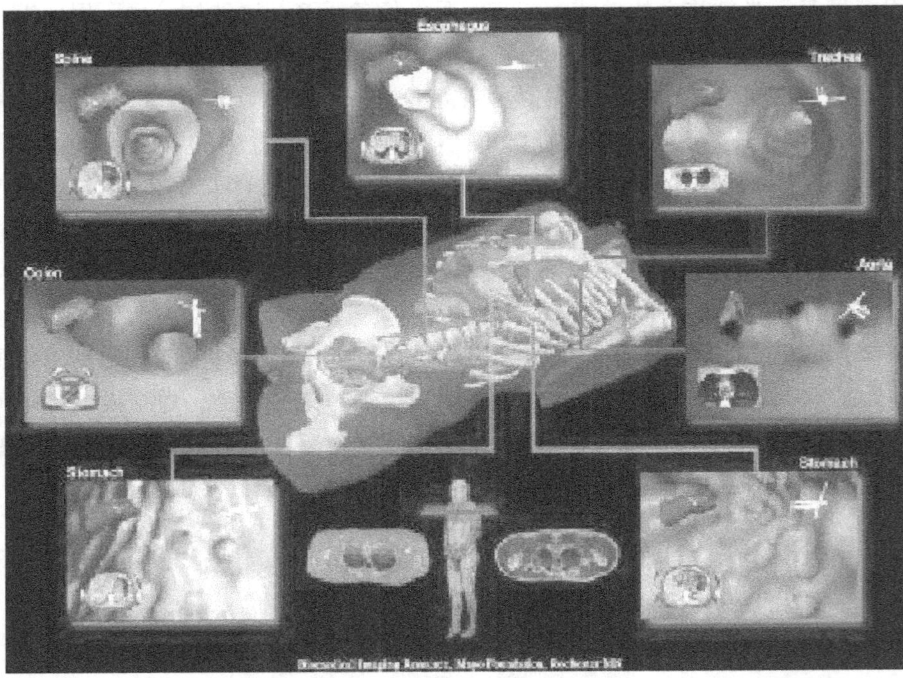

图 15.21　虚拟内窥镜的多种应用

15.2.4　立体感可视化与增强现实可视化

手术计划和引导中立体感可视化是术前病人图像中固有的三维信息传递给医生的有效手段，已经成为手术计划和引导的常规部分。我们这里介绍的立体感可视化则更进了一步。它不只是术前三维 MRI 重建的静态立体图像，而是手术场景计算机模型建模并显示手术工具、实际创伤及目标结构的空间位置、相互作用及形态改变。能够测试医生对治疗工具相对目标区的最佳定位能力，实现手术室中基于虚拟现实显示最终设计的稳健引导。立体显示的定量研究是一个很难的课题。

由于交互式计算机显示中三维物体的不同表示方法会对手术性能有影响，可使用三维物体的多种表示方法（点群、实体表面、有限元网格等）表示治疗工具、实际创伤及目标结构，做到手术计划立体感可视化工具的最佳使用。

图 15.22 是大脑白质切断手术计划的例子。手术目标处于丘脑之中。丘脑的立体感显示源于人脑图谱。可以从图中看出手术工具与丘脑作用情况。图 15.22 的下图是手术工具与图谱中 3 个结构成分间的位置关系，背景是通过手术工具尖部层面的 MR 图像。

下部的符号表明这仍是作用于人的双眼的立体感图像。

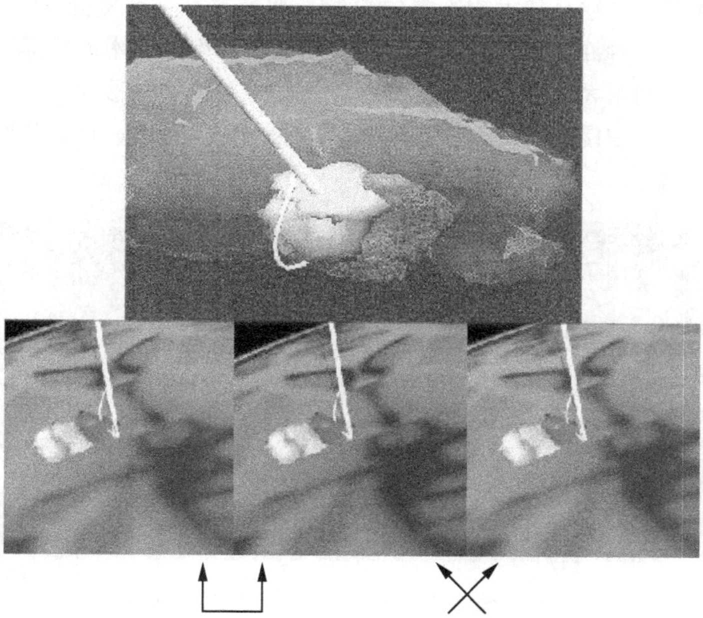

图 15.22　大脑白质切断手术计划

图 15.23 是用射频手术工具杀伤病灶的手术计划情况。上面的球代表球形射频创伤，射频手术工具可以放置在作为切除目标的任何图谱结构的上面（下面的球），此图仍是双眼立体感可视化图像。

手术期间还可以用照相机或摄像机摄取手术实况，再配合术前三维 MR 重建图像，使医生既能看到开颅后大脑暴露部分的情况，又能“穿透表面，看到相对相机视点的内部结构。相当医生有 X 光透视能力，这种技术称作增强现实（enhanced reality)。这是最小侵入手术所需要的。

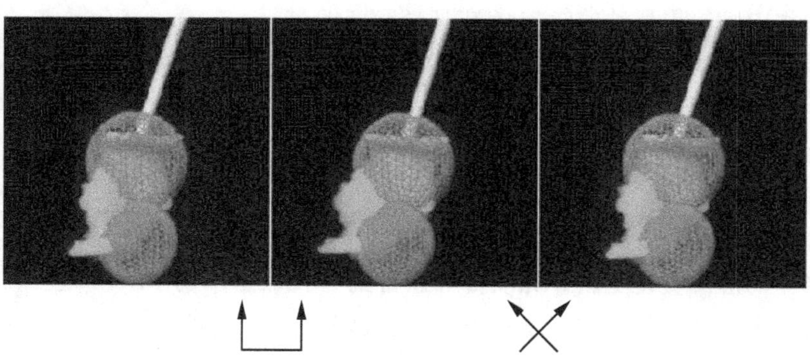

图 15.23　射频杀伤病灶手术的立体感可视化

15.2.5　手术过程中组织的移动

由于最小侵入手术创伤体积小，因此不必过多关注手术过程中脑组织的移动，一般的图像引导技术的二维平面及三维重建图像已经能够将创伤与目标的解剖很好可视化。

但是在需要开颅的手术中情况就大不一样，大脑会发生10～20mm的移动（图15.24）。这种移动很难跟踪，往往会使术前绘制的图像不准确。尽管有术间MRI扫描这种解决办法，但代价昂贵，对许多手术任务不合适。使用图像引导手术的实际用户都了解这些问题。一些人试图利用大脑皮层记号进行跟踪，部分补偿这种移动。但结果不能令人满意，因为这样的记号是侵入性的，并且不能可靠的固定。目前，可以从两个方面较为有效地解决这个问题。

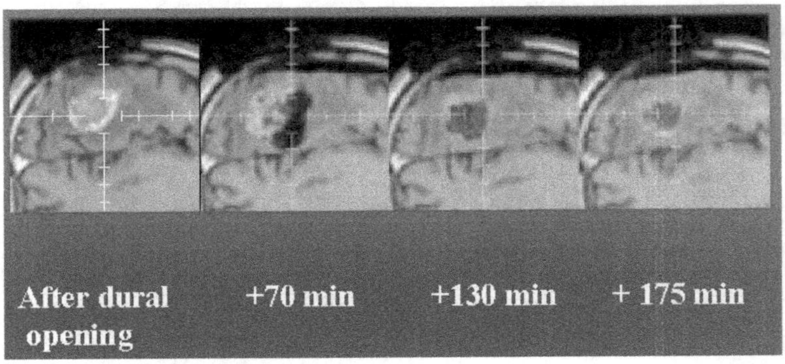

图15.24　硬脑膜打开后大脑组织移动的时间过程

一是用激光扫描定位仪（laser-scanning range-finder）跟踪大脑皮层表面，测量神经外科手术过程中大脑组织移动的程度，修正图像引导手术技术。

在手术过程中，利用从激光扫描定位仪扫描暴露的皮层表面，得到的表面信息，更新大脑模型。从记录的光学剖面重建三维表面的数学表示。使用该系统，可以对基于预先计算的三维CT或MRI图像定义的重要脑内区域在手术中准确识别。当功能MR图像活动映射到从术前MR图像导出的皮层表面表示时，效果尤佳。跟踪术间皮层结构的位移，并将此位移回映到术前图像去，功能活动区可以正确地放置在皮层表面。

另一个办法是利用术间超声技术。即使三维超声成像与术前MRI结合，修正神经外科手术过程中脑组织移动的影响（图15.25）。

最近报告新一代超声成像装置能够使颅内血管可视化和重建三维体数据，表明术间超声与术前MRI结合临床可应用性。神经外科手术过程中融合MRI与超声图像可以检测和解决组织移动问题。为达此目的，须研究匹配在超声和MR图像中检测到的相似结构（血管及组织边界）的策略，推测超声和MR图像间标志点间的位移量。该位移量可用来计算将术前MRI匹配超声图像所需的形变。原来的三维MRI数据可根据手术中超声检测到的形态变化更新。此项目可以得到一个保留术前MRI属性的接近实时术间成像系统。无论在图像分辨还是花费上，它都远优于专门的术间MR扫描技术。

15.2.6　三维图像导航的触觉接口

医学图像是实体结构的力学、纹理和功能等特性的虚拟表示。尽管提供了光标接口，光标可以自由在体数据中漫游，但是在手术计划或导航中没有给操作者反馈，以防止他将光标移出器官或组织之外去，或让他感知这样边界存在的事实。另一方面，临床医生检查一个器官，无论是活体还是在实验器皿中，很大程度上是靠他作用在被观察对

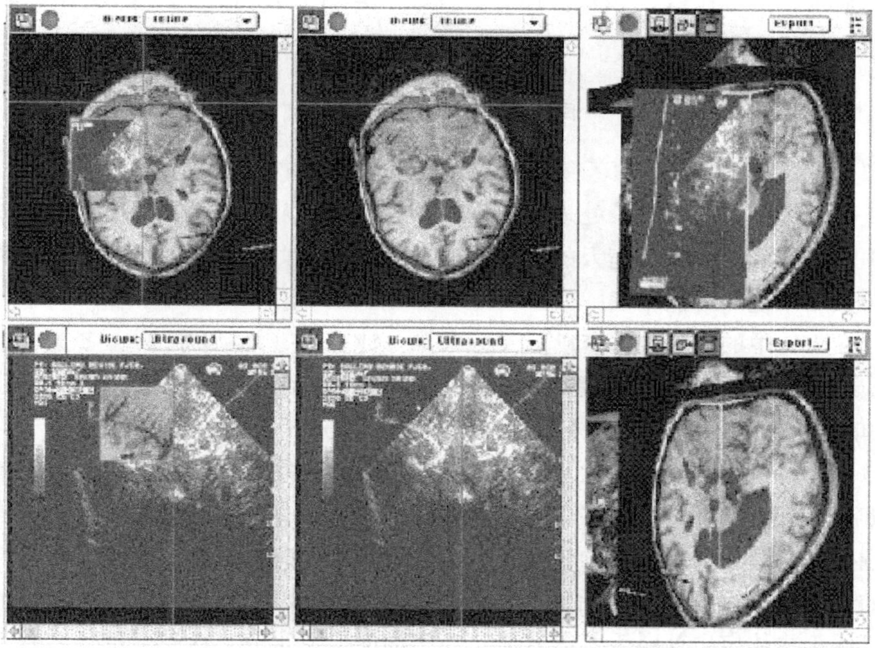

图 15.25　术间三维超声成像与术前 MRI 结合修正神经外科手术过程中脑组织移动的影响

象的外表时的触觉反馈。直到最近，用触觉反馈增强医学图像解释的工作仍受到一般可用的计算设备速度的限制。然而一些近期初步研究表明，在很多情况下将三维图像与触觉接口（tactile interfaces）结合是很有效的。专家们在研究在建模创伤的定位、及有刺激或创伤探针时、有内窥镜时脑内导航使用触觉接口的好处。在每种情况下，触觉反馈都以力或振动形式通过一个与计算机连接的手持设备传送给医生。当预计的损伤器械位置危险地靠近重要结构时，或当探针或内窥镜就要进入危险领域时（例如，就要穿孔血管壁时），触觉反馈就会以一种自然的方式警告医生。给图像引导手术仪器添加触觉反馈使医生做手术又增加了一层信心。

15.3　医学虚拟现实及其相关技术

虚拟现实（Virtual Reality，VR）是用于创建一个虚拟世界的计算机系统，它给用户造成一种印象，就好像身临其境，能直接地、直观地、即时地在这个虚拟世界里行动，并能操纵其中的虚拟对象，或与之交互作用。

VR 的医学应用最初由医务人员需要将某些复杂的医学数据可视化的需求而激发。特别是在外科学、手术计划以及医生的教育和培训方面。医学虚拟现实至少包括数据（通常是解剖学数据）的三维可视化，并且能与可视化的数据交互作用。换句话说，VR 中的三维可视化必须是可操作的，通过用户与提供可视化的计算机系统交互作用来实现。除此之外，还包括可视化的数据的行为的仿真和作为交互作用结果的行为的仿真，以及除视觉之外的形态（声音、力、触觉、气味等）的反馈信息。

医学虚拟现实的相关技术包括对象建模和行为模拟，显示和交互作用技术，后者又包括视觉显示、操作跟踪、触觉反馈、力反馈、声音反馈等。此外，还有增强现实和CAVE技术等。

15.3.1 虚拟人体和人体器官

虚拟世界是指为特定仿真系统所创造的全部虚拟环境。在医学虚拟现实中，这个虚拟环境主要是医生进行检查、处理和操作的对象：虚拟人体和人体器官。在VR手术训练系统中，操作者对一个从病人的解剖数据建造的模型实施手术。很显然，该模型对于可利用的数据来说尽可能精确。

使用在VR中的病人数据有以下一些来源：计算机（辅助的）断层摄影术（CT或CAT），磁共振成像（MRI），超声，生理学功能成像（PET-正电子发射断层扫描仪，SPECT-单光子发射计算机断层摄影术），以及雷达定位，等等。

通常，外科医生需要查看大量的二维“切片”图像并需要能在头脑中想象出这些二维图像如何与三维解剖学的真实关联。这对于某些复杂、精细的机体结构来说是很困难的，特别是在病理或天生畸形的情况下。虚拟现实所作的就是把原先仅仅在外科医生的想像下的三维数据可视化，然后这些三维的表示就能被详细考察、与其他人分享和讨论，也可用于立体定向外科手术等方面。在医学虚拟现实中，首先采用以上成像技术从病人收集解剖学的或生理学的数据，然后用计算机图像技术（绘制和建模）将这些数据显示为三维虚拟人体或虚拟器官以致它们能被检查和处理。

下面首先介绍有关成像和绘制的技术，然后讨论对象的建模和他们的行为的仿真。

1. 表面绘制和混合模型

表面绘制用等值面的形式转换体数据为几何学的原始的形状。等值面靠灰度“阈值”确定，这需要有关数据的知识。因为噪声使区域之间的边界变得模糊，噪声的滤除将导致来自原始测定的体数据信息的重大损失。表面绘制技术很流行，因为它在计算机图形学的条件下易于处理。它利用众所周知的多边形几何学方法，在现有的硬件和软件上容易实现。它允许明暗和其他计算，包括表面的变形。因为仅考虑表面，数据的复杂性减少，绘制速度较快。表面绘制的一个问题是，提取表面不是一件容易的事，因为用以确定内部和外部的阈值必须经过计算和识别，创建一个表面会产生成数百万个多边形。图15.26是表面绘制三维重构的例子，原始数据来自首都医科大学北京同仁医院螺旋CT。

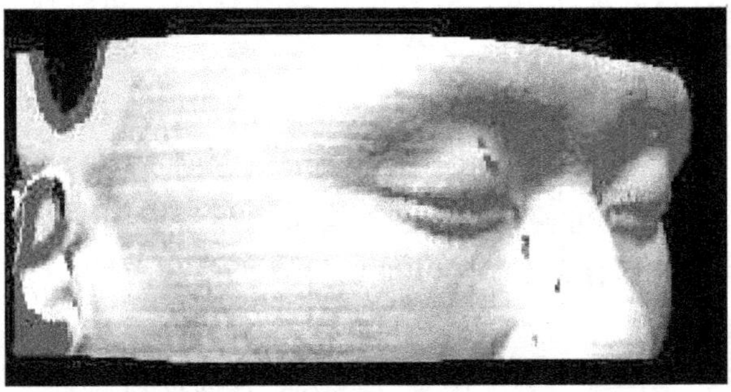

图15.26 来自螺旋CT二维片层图像的表面绘制（首都医科大学）

混合模型现在被非常广泛地采用，它由多边形的表面原型组成，二维纹理映射在上面。这能产生相当逼真的效果，缺点是当对象从不同角度观察时能发现不精确性，这是因为施加的表面纹理趋向于均衡的（始终如一的），或者说是不随观察角度和距离而改变的。一些成功的外科训练程序，特别是用于内窥镜手术和用于简单的开放手术，就应用这样的混合模型。图 15.27 是来自波士顿动力学研究所采用混合模型的例子。

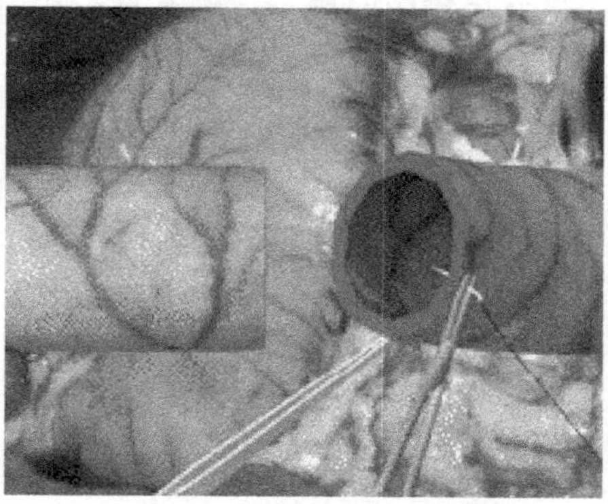

图 15.27　手术缝合训练（boston dynamics）

2. 体绘制

体绘制依赖于从被观察的立体位置投射到人眼的光线。体绘制的好处是能将体数据直接转换为真实的三维表达。它支持选择性的透明度、断面视图等特征。体绘制的不足之处是必须处理大量的数据，待处理的数据集可能达到几百兆字节，体绘制直接操作在体数据上，每次刷新都要通过全部数据集进行绘制。已经有许多技术可以直接对体数据快速操作，例如，Silicon Graphics 公司采用三维纹理体绘制技术专用硬件可以实现快速体绘制。还有一些公司试图进行实时体绘制，有的使用专用硬件，有的不用。VOXAR 是其中之一。德国公司 Volume Graphics 正在开发一个用于 PC 的软件，该软件用 4 个 CPU 来做体绘制。图 15.28 是维也纳技术大学计算机图形和算法研究所采用“肥皂泡”算法的交互式体绘制所描绘的头部侧面图。各等值面被绘制成半透明薄膜状。该技术不依赖于专用硬件。

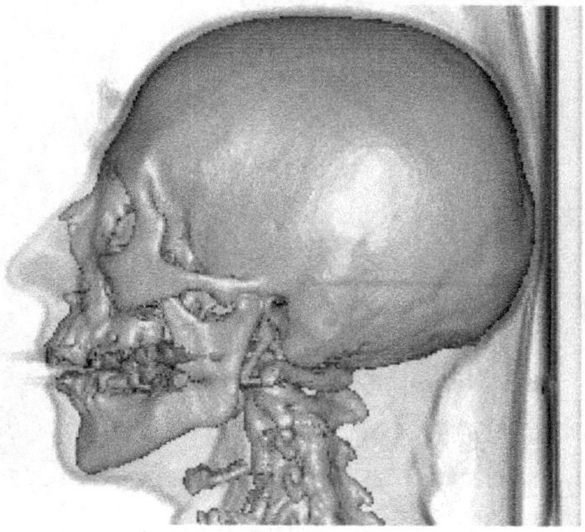

图 15.28　体绘制所描绘的头部侧面图（维也纳技术大学）

15.3.2　对象建模和行为仿真

对象的建模是给计算机扫描和显示的图像赋予意义的第一步。首要问题是辨识在一套体数据中哪里是要考察的对象？一旦对象被确定，模拟与对象有关的行为便成为可能。这意味着，在一种简单的情况下，如果对象是已知的而不仅仅是被显示出来，外科医生就能对它进行交互式操作。现在有许多电子解剖图谱，大部分建立在可视人的基础上，或建立在外科手术使用的标准解剖图谱基础上。有了已识别的对象，就可能在它们上面做工作，比如加亮它们，把它们绘制为透明的，旋转或移动它们等。进而，通过基于实体的模型，还可能模拟从对象自身继承来的行为，如像应用特别方法在对象上施加压力时它们压缩或弯曲的情况。

模拟手术或手术计划的一个实质性的问题是实时、精确地模拟软组织的变形。这是一个非常困难的问题——精确的有限元模型在工作站或巨型计算机上典型的需要运行若干小时。文献中报道了各种各样的模拟软组织的方法。其中之一是应用线性有限元模型(FEM)。大量的计算可以在运行仿真程序之前离线进行。然而，FEM不够精确，除非是变形在1%以内。这是不现实的。实际手术中变形到100%也是常有的事。加州大学旧金山分校、伯克利分校和圣巴巴拉分校联合研究组采用非线性FEM，并综合了计算量压缩技术，其方法称做“动力学渐进网格”(dynamic progressive meshes)，可以精确模拟生物组织的高度非线性的压力－拉紧属性。德国Karlsruhe研究所用对于几何和纹理的动画技术，不需要任何专用的三维纹理存储硬件，实现了对内窥镜妇科手术仿真中可变形对象的抓住、切割、安放夹钳以及流血、烟雾凝结等的实时动态仿真和可视化。图15.29和图15.30分别是模拟子宫切口后流血和烟雾凝结在内窥镜镜头上的图片（来源：Forschungszentrum Karlsruhe GmbH）。

对象和行为的仿真的一个很大的好处是它允许预言操作结果，而不仅仅用在手术计划方面。例如，可以通过虚拟现实对重建的塑胶外科之后的脸可视化，以达到所要求的结果。

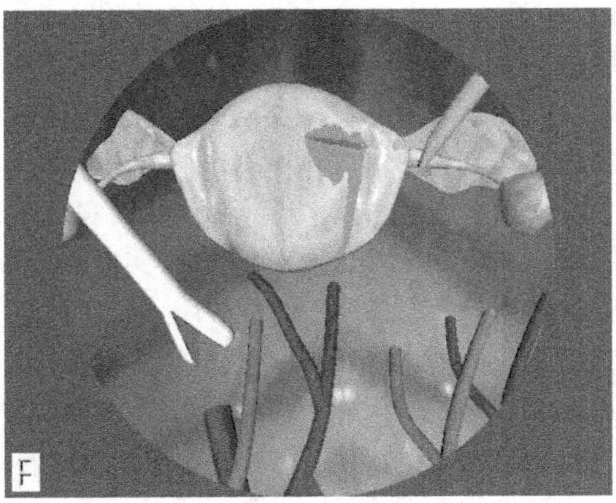

图15.29　仿真子宫切口后流血

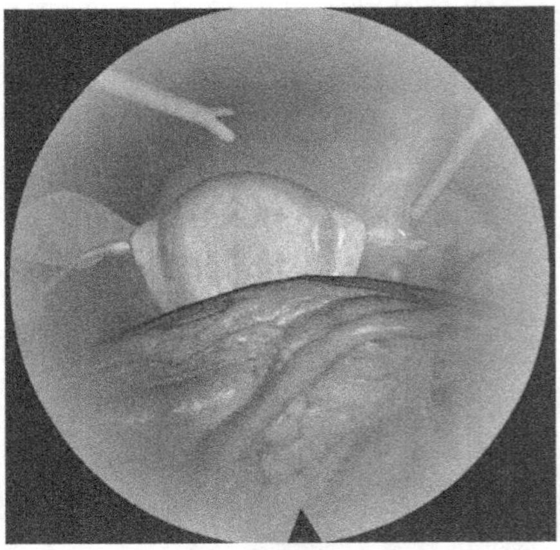

图15.30　仿真烟雾凝结在镜头上

15.3.3　显示和交互作用技术

VR的交互作用技术包括到用户的输出和从用户的输入之间的密切关系。通常通过不同的设备对输入输出分别处理，然而这二者越来越不可能分隔开来了。下面，我们讨论输入和输出问题，有时分别处理，有时用一综合的方法。例如，关于视觉显示的讨论大部分是关于从系统输出，“跟踪”一节是关于输入的，然而“力反馈”一节是将两者结合起来。

1. 视觉显示

当前，虚拟现实的中心是视觉显示。VR是由计算机图形学发展起来的，它将大量的数据以可视形式最好地表现出来，给予操作者一个真实的感觉。其中，重要的是如何传达一个三维的感觉。大多数模仿双目视觉效果的手段是绘制两幅略微地不同的显示，分别把他们提供给两只眼睛，以给出立体效果。当头被追踪并使用适当的显示时，头移动造成的视差也被用作立体视觉暗示。关于头动跟踪对于三维效果是否有用看法并不一致。一些研究表明其好处有限，而计算的花费很高。对象移动引起的视差也提供了关于深度的暗示，但是只有当对象之间相对移动时才有作用。其他有关人类感知深度的立体感的线索（眼睛的适应性调节，肌肉收缩，眼球外形和压迫，纹理流等）在 VR 中通常不使用。其他问题包括显示的分辨率（能显示到什么细节）和是否需要对被显示物体的精确处理。

基于桌面显示屏的 VR 分辨率是很高的，但是身临其境的感觉不够强，头动跟踪在这种场合被认为不太有用。因为用户未“沉浸”在所生成的虚拟空间里，不能方便地“进入”该空间来操作虚拟对象，要么他的手妨碍了显示在屏幕的前面立体影像，要么屏幕妨碍了显示在屏幕后面的立体影像，使他不能触及。这些问题的发生显然是因为三维空间被生成在二维屏幕上。而映像系统使用一个镜中的虚拟图像来产生一个外观上的三维空间，具有高分辨率，并且用户的手可以触及。避免了上述问题。

头盔式显示（HMD）用另一个方法避免了这一问题：将显示图像直接放置在眼睛前面，头的位置被跟踪并适当地刷新显示。用户能操纵显示在三维空间的对象，不会遇到手的妨碍，也不会有在屏幕后面不能达到的空间。但是这种方法分辨率较低，并且对于头动和不受拘束的手的位置的跟踪是不准确的，计算代价也很昂贵。此外，这种沉浸式 VR 的用户会有“晕船”的感觉，这是由于当他们的头移动时图像的更新缓慢。当然，HMD 技术在不断改善，并且新的技术（比如视网膜激光扫描和光导管技术等）显示出其有相当的发展前途。图 15.31 是美国北卡罗来纳州大学改进的头盔式显示设备之一。

机械式束缚显示（tethered displays）力图避免 HMD 的低分辨率和跟踪头位置固有的问题，把显示屏幕附加在脸的前面，并机械式的跟踪它的位置。这同样是相当笨重、麻烦的，图 15.32 所示为 Fakespace Labs 公司的 BOOM 系统。该公司还有一个较小型桌面式版本的产品，称为 PUSH。

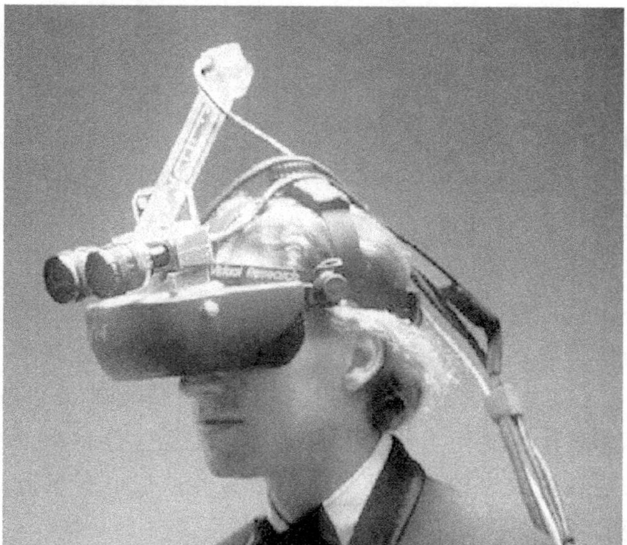

图 15.31　UNC 的 HMD 系统之一

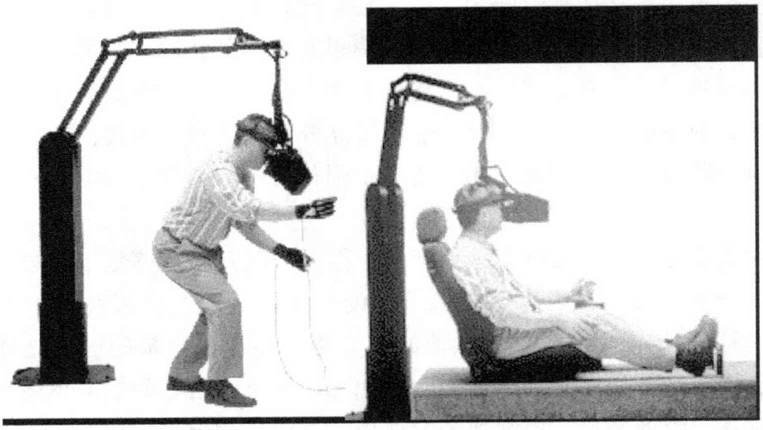

图 15.32 用于虚拟现实的 BOOM 系统（Fakespace Labs Inc.）

CAVE 技术结合了高分辨率，高图片质量，图片质量好并且带有完全沉浸式输出技术的大视景。CAVE 提供一种亲临现场的幻觉，用户使用后感到看到的 VR 场景环绕在自己周围。对于在虚拟场景中行进或和虚拟对象交互作用来说，CAVE 支持 1∶1 比例的空间印象。安装在 IGD（德国数据图像研究所）的 5 面 CAVE 包含 5 个互相垂直的立体投影屏幕（3 面墙、地板和天花板，每面 2.4m×2.4m）。整个构造主要地以木头为材料制作，以避免任何对于跟踪系统的电磁的失真。为实现从地板下面投影，他们将 CAVE 系统从地面提升起来 2m。地板是特殊丙烯酸玻璃材料制作的 30mm 厚的超级玻璃板，强度足以载重 10 个人，不会有明显的光束失真，也没有显著的光的吸收。屏幕由特殊塑胶材料制成，边角处熔合在一起，以保证没有投射阴影。投影图像分辨率为 1024×1024 像素，刷新频率 120Hz。图像由 6 个 CPU、3 个显像管的 SGI ONYX（R10000）计算机生成。另外，该系统还连接了三维声音设备、4 个麦克风和一些三维位置设备。

2. 跟踪

跟踪是指检测身体某一部位的位置，反映用户的操作，以至于虚拟场景和虚拟对象的显示能跟着变化。通常是跟踪手、头的动作，偶尔也跟踪能用于操纵或检查数据的身体的其他部位。跟踪涉及不同的方法，普通使用的追踪器包含各种各样的带导线的手套、小道具、操纵杆，以及带按钮的专用追踪器。

当使用在外科领域，追踪器反馈信号报告跟踪目标的三维空间的位置和方位。这些设备多数依靠射频信号 RF（收音机频率）连接，而不是靠导线连接，因为这允许较大的操作范围，以及无妨碍的交互作用。常用的通用的追踪器有 Polhemus 铁笔和 Ascension Bird 等，线圈常被用于磁轨导管。其他连接方法还包含超声。超声是廉价的，但是存在盲区；机械耦合式较为精确，但是体积较大，并且也有盲区；红外线法花费较低，但是需要清楚的场景路线，因此其结果也存在盲区。

数据手套能报告手指位置和角度，提供一个非常自然的人机界面。它们也需要追踪器来确定手的绝对位置。缺点是，它们很难被校准，而且戴起来很笨拙。

3. 触觉反馈

触觉反馈的目的是传达触摸一个对象或表面的感觉，诸如它的纹理、重量、对压力的反应，等等。振动触觉设备采用声音线圈或者压电振动器以不同的频率振动指尖表面。同样地，电触觉设备也在指尖表面产生颤动，其功能有点像理疗医师用电刺激肌肉的衬垫。微钉阵列更为复杂也更灵活，能给出一个复杂表面纹理的印象。这种设备包含细小的针的矩阵，每一根针都能把压力施加到皮肤上，从而反映表面纹理。此外，这种设备还能提供有关边缘的信息。

气动系统更为高级，能传达外形、纹理和边缘信息。气动装置通常结合数据手套一起使用，通过动态地在手套气袋内填充空气来传达触摸虚拟对象的感觉。然而，它们不能处理较大的力，因此，当手指施加压力时，幻象将被破坏，看起来似乎手指直接穿过了对象。

4. 力反馈

力反馈系统将来自系统的力的输出与位置和力对于系统的输入结合起来。这意味着用户能感到对象响应施加到其上的力的反作用力。对象有外在的重量和惯性。力反馈系统需要一个能产生力的结构。有时借助于一个能够配合手或手套的框架，或者一个专门的台架，在这上面能实施所有操作。为了防止当用力过大时手会“穿过”对象，骨架或台架必须用螺钉固定到一个相对不可移动的物体上，比如重书桌或地板。力反馈系统适合于某些类型的应用，典型的有内窥镜手术仿真，但是对于传达在软组织类型之间微妙的触觉差别来说它们仍然是太粗糙了。图 15.33 是德国 Karlsruhe 研究所在其内窥镜手术训练系统中所采用的 HIT 力反馈设备。图 15.34 是可用于医学仿真系统中的 PHANToM 触觉接口，由 SensAble 技术公司制造。

5. 听觉反馈

声音目前仅被用来提示相对简单信息，当某一特定结构被选定时发出声音信号，或者用于吸引注意力。然而，听觉反馈的潜力是很大的。人类在检测听觉的信号的变化方面有很强的能力，可用声音来传达表面纹理在一定范围的微妙的变化。声音也能传达位置信息以及提供是否一个路径被精确地跟随的反馈信息。

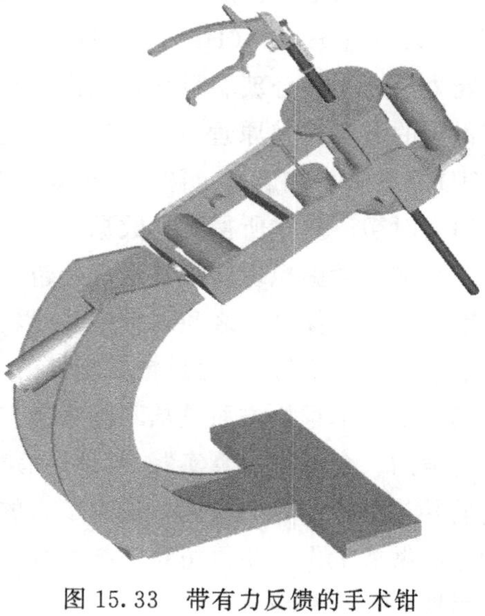

图 15.33　带有力反馈的手术钳

Wegner 和 Karron（Computer Aided Surgery Inc.）的一篇文章中描述了应用听觉的反馈引导如何在活组织检查中放置针头的盲操作。它们的听觉反馈系统相对于预先计划好的针的轨道在三维空间产生误差信号。这个误差信号和手术前的计划被用于激发一个位置超声算法，产生适当的声音指导操作员正确放置针的位置。英国曼彻斯特大学开发了一整套基于

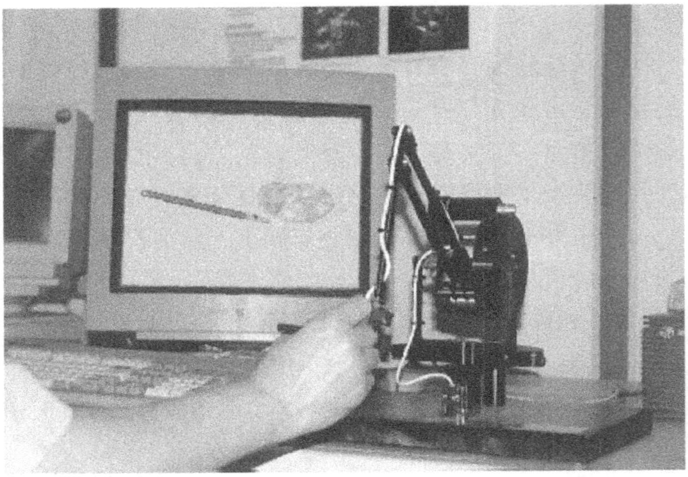

图 15.34　PHANToM 触觉接口（SensAble 技术公司）

Web 的外科手术仿真器，其中关于腰椎穿刺手术仿真也采用听觉反馈引导针刺操作。

听觉的反馈在医学虚拟现实的所有领域都有应用潜力，从内窥镜手术训练器到复杂的外科手术计划。主要的缺点是听觉的表达是不自然的，但是人们仍然在继续检验这种技术在实践中的重要性。

15.3.4　增强现实

增强现实（Augmented Reality，AR）是指把模拟的虚拟世界（来自于医学数据）和真实世界（来自普通视觉或视频）混合在一起，用附加信息来增强用户对于现实世界的视觉印象。在 AR 中，虚拟对象和真实对象共存。通过将实况视频输入和沉浸式显示技术结合的办法，AR 允许用户操作和检查实际三维对象，同时看到有关对象或有助于手边的任务的附加信息。这种技术的关键是要将两个或更多数据来源精确地配准。用于 AR 的设备有 HUD（Head Up Display，平视显示系统）。HUD 使用一种兼有透视和反射能力的光学组合玻璃眼镜，允许观察者同时看到投射在上面的计算机生成的影像和真实世界的景象，其原理见图 15.35。它的主要关键是不同信息来源的精确配准。这使 HUD 非常笨重和麻烦。图 15.36 是一个 HUD 的例子。一个很流行的应用是在产科学，使用实时超声扫描所得到的数据。

当前医学虚拟现实的不足之处包含仿真的对象与真品比较的低保真度，交互作用的速度（只能与保真度之间取折中），以及缺乏真实性（有限的形态，来自交互作用的反馈信息真实性不够）。力反馈是粗糙的。对于外科应用来说，需要进一步发展真实性和保真度。一个重要方面是从不同来源（例如，MRI 和 CAT）的数据的互相配准，以产生精确的、合成的“真实”。其他还有气味的反馈，行为和软组织特性的精确模拟，真实世界与虚拟世界的集成，或者二者的互相转换，等等。还需要在人类-计算机界面设计方面做些工作，使得仿真系统的操作更为舒适自然，从而改善在实际医学设置方面的可用性。

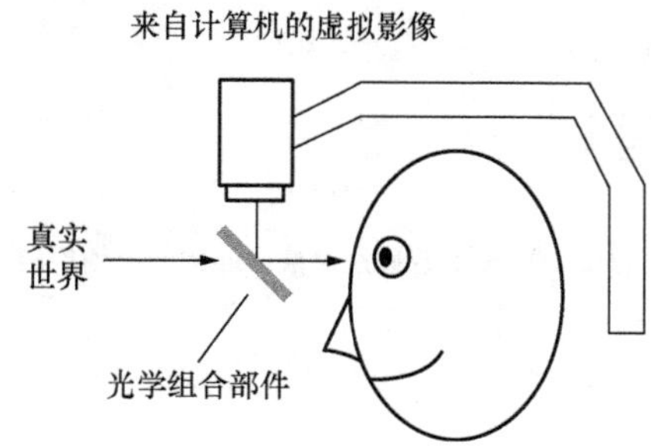

图 15.35　HUD工作原理

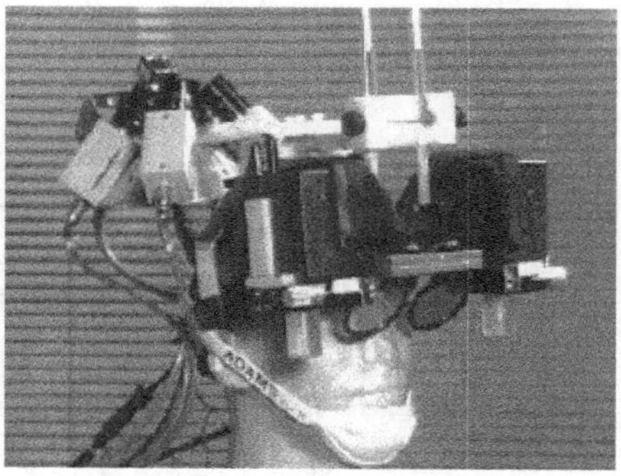

图 15.36　美国北卡罗莱纳州立大学研制的 HUD

参 考 文 献

罗述谦. 2000. 图像引导手术计划与导航研究新进展. 世界医疗器械，6 (8)：14—18.

罗述谦. 2001. 图像指导治疗技术及应用. 世界医疗器械，7 (5)：22—27.

周果宏，罗述谦. 1997. 图像引导的手术导航系统. 世界医疗器械，3 (3)：27—31.

Azuma Ronald, Gary Bishop. 1994. Improving Static and Dynamic Registration in an Optical See-Through HMD. Proceedings of SIGGRAPH'94. Orlando, FL, 7:24—29.

Azuma Ronald T. 1997. A Survey of Augmented Reality, Teleoperators and Virtual Environments 6, 4, 8:355—385.

Balázs Csébfalvi, Eduard Gröller. Interactive Volume Rendering based on a Bubble Model. http://www.cg.tuwien.ac.at/research/vis/vismed/IVRBM/

John A. Waterworth, Virtual Reality in Medicine: A Survey of the State of the Art. http://www.informatik.umu.se/~jwworth.

Noninvasive Measurement of the Elastic Properties of Living Tissue. http://www-kismet.iai.fzk.de/MRICTUS/html/homepage.html.

Philip J Edwards, Andrew P King, Calvin R Maurer, et al. 2000. Design and Evaluation of a System for Microscopr-Assisted Guided Interventions(MAGI). IEEE Transactions On Medical Imaging, 19(11):1082—1093.

The Karlsruhe Endoscopic Surgery Trainer, A Virtual Reality Based Training System for Minimally Invasive Surgery. http://www.iai.fzk.de/TRAINER/mic_def1.html.

附录　英文缩写词

6 DOF：six degrees of freedom，6 自由度。能沿着 3 个空间方向移动，以及沿着通过对象中心的 3 个轴旋转

ACO：Ant Colony Optimization，蚁群算法

ACR：American College of Radiology，美国放射学会

AE：Application Entity，应用实体

AFCM：Adaptive Fuzzy c-Means Algorithm，适配模糊 c 均值算法

ALC：affine linear contraction，仿射线性收缩

AR：Augmented Reality，增强现实

AS：Ant System，蚂蚁系统

BAFCM：基于有偏场校正的适配模糊聚类分割算法

BOOM：Binocular Omni-Orientation Monitor，双目全方位监控器

Binocular，为每一只眼睛显示不同的图像，目的是达到立体视觉的效果

BP：Back Propagation，反向传播

BPE：Bit-Plane Encoding，位平面编码

bpp：bits per pixel，每像素比特数

CADe，CADx：Computer-aided Detection，Computer-aided Diagnosis，计算机辅助检测，计算机辅助诊断

CAT，CT：Computed Tomography，计算机辅助 X 射线断层摄影术

CAVE：一种虚拟显示技术，结合了高分辨率、高图片质量、大屏幕投影，是带有完全沉浸式输出技术的大视景

CDs：Compact Disks，光盘

CR：Computed Radiography，计算机放射成像

CTR：Cardiothoracic Ratio，心胸比率

Computer Graphics，计算机图形学：计算机科学的一个分支，研究产生、修改、分析图形数据的方法。主要技术是绘制和建模

DAM：Diagnostic Acceptability Measure，诊断可接受性测量

DataGlove，一种带有导线和传感器的手套，连接到计算机系统，用于在虚拟环境中手势的识别和导航

DCT：Discrete Cosine Transform，离散余弦变换

DF：Digital Fluoroscopy，数字荧光镜

DFT：Discrete Fourier Transform，离散傅里叶变换

SFMD：Digitized Screen/Film Mammography，数字化的荧屏/胶片乳腺 X 光片

DICOM：Digital Imaging and Communications in Medicine，医学数字图像通信标准

DIMSE：DICOM Message Service Elements，DICOM 消息服务元

DLTs：Digital Linear Tapes，数字线性磁带

DML：Direct Maximal Likelihood，直接最大似然法

DOT：Deformable Object Technology，可变形（虚拟）对象技术

DPCM：Differential Pulse Code Modulation，差分脉冲编码调制

DRWT：Discrete Redundant Wavelet Transforms，离散冗余小波变换

DSA：Digital Subtraction Angiography，数字减影血管造影术

DVDs：Digital Versatile Disks，数字式通用磁盘

DVS：Digital Voice System，数字声音系统

DWI：MR Diffusion-Weighted Imaging，MR，扩散加权成像

Electromyography，肌电图描记器

Electrooculography，眼动电图描记器

EM：Expectation Maximization，期望值最大化

FACD：Fully Automatic Computer Diagnosis，全自动的计算机诊断

FCM：Fuzzy c-Means Algorithm，模糊 c 均值算法

FDA：Food and Drug Administration，（美国）食物药品管理局

FFDM：Full-field Digital Mammography，全视野乳房 X 光片

FLAIR：Fluid-Attenuated Inversion Recovery，流体衰减反转恢复

FOV：Field of View，视域

FPF：False Positive Rate/Fraction，假阳性率/假阳性分数

FROC：The Free-Response Receiver Operating Characteristic，自由-回应接收器操作特性

FTCS：Forward in Time Centered Space，前向时间中心空间

FUS：Focused Ultrasound，聚焦超声

fMRI：Functional Magnetic Resonance Image，功能磁共振图像

Force Feedback，力反馈。一个外部设备，它传递压力或震动力，以一种阻力或典型的一种重力或惯性的感觉提供给 VR 参与者

Fractal，分形。一种自相似图形模式，由在各个细节级别上用同样规则生成，即一种图像模式，它在逐级缩小的规模上不断自我重复

GVF：Gradient Vector Field，梯度向量场

HI-PACS：Hospital Integrated Picture Archiving and Communication System，医院集成图像存档与通信系统

HINT：Hierarchical Interpolation，层次结构插值

HIS：Hospital Information System，医院信息系统

HMD：Head Mounted Display，头盔式显示

HUD：Head-Up Display，一种显示设备，允许用户看到计算机图像叠加到他们对于真实世界的视景上

HVS：Human Visual System，人类视觉系统

Hybrid Models，混合模型，一种多边形模型加上 2D 纹理映射

ICD：Interactive Computer Diagnosis，交互式计算机诊断

ICM：Iterated Conditional Modes，迭代条件模式

IGT：Image Guided Therapy，图像指导治疗

ISO/OSI：International Standard Organization/ Open System Interconnection，国际标准化组织/开放式系统互联

ISODATA：Iterative Self-Organizing Data Analysis，迭代自组织数据分析

LCD：Liquid Crystal Display，液晶显示器

LINAC：Linear Accelerator，线性加速器

LUT：Lookup Table，查找表

MAP：Maximal Posterior Probability，最大后验概率

MAR：Multiplicative Autoregression，乘法自回归

MCF：Mean Curvature Flow，平均曲率流

MIP：Maximum Intensity Projection，最大强度投影

MIS：Minimally Invasive Surgery，最小侵入外科外手术

MinC：用于医学图像分析的一种数据文件格式

MLL：Multiple Level Logistic，多级 Logistic 模型

MOS：Mean Opinion Score，平均评价计分

MRI：Magnetic Resonance Imaging，(Nuclear)，磁共振成像（或称核磁共振 NMRI）

MRA：Magnetic Resonance Angiography，磁共振血管造影术

MRF：Markov Random Fields，马尔可夫随机场

MRV：MRI of Veins，静脉血管磁共振成像

MS：Multiple Sclerosis，多发性硬化症

MSE：Mean Squared Error，平均平方误差

MTANN：Massive Training Artificial Neural Network，大规模训练人工神经网络

NCI：National Cancer Institute，（美国）国立癌症研究所

NEI：National Eye Institute，（美国）国立眼科所

NEMA：National Electrical Manufactures Association，美国国家电气制造商协会

NIDCD：National Institute of Deafness and Other Communication Disorders，（美国）国立耳聋与交流失常研究所

NIDCR：National Institute of Dental and Craniofacial Research，（美国）国立牙科与颅面研究所

NIMH：National Institute of Mental Health，（美国）国立精神健康研究所

NINDS：National Institute of Neurological Disorders and Stroke，（美国）国立神经失常与中风研究所

NLM：National Library of Medicine，（美国）国立医学图书馆

NM：Nuclear Medicine，核医学

NMRI：Nuclear Magnetic Resonance Imaging，核磁共振成像

NN 插值：Nearest Neighbour Interpolation，最近邻插值

NSF：National Science Foundation，（美国）国家科学基金

OS-FCM：方向敏感的模糊 c 均值算法

PACS：Picture Archiving and Communication System，医学图像存档与传输系统

PDE：Partial Differentiate Equation，偏微分方程

PET：Positron Emission Tomography，正电子发射断层扫描仪

PVB：Partial Volume Bayesian Method，部分体积贝叶斯方法

PVH：Periventricular Hyperintense，脑室周围高亮度区

PVP：Predictive Value Positive，预报值阳性

PPV：Positive Predicted Value，阳性预报值

Pitch，倾斜．侧向轴相对于垂直于它的水平轴偏移的角度

Pixel，像素，一个 2D 图像的最小单元

RAID：Redundand Array of Inexpensive Disks，高速冗余磁盘阵列

Ray Tracing，光线跟踪，一种用于显示一个具有明暗和阴影的三维对象的技术

RIS：Radiology Information System，放射学信息系统

Real-Time Imaging，实时图像、图形或图像与真实世界的时间或事件同步

RLE：Run-Length Encoding，游程编码

ROC：Receiver Operating Characteristic，接收器操作特性

ROI：Region of Interest，感兴趣区

SCP：a Service Class Provider，服务类提供者，DICOM 定义的两个应用实体之一

SCU：a Service Class User，服务类用户，DICOM 定义的两个应用实体之一

SNR：Signal-to-Noise Ratio，信号-噪声比

SOFM：Self-Organizing Feature Map，自组织特征图

SS：Scheduling System，时序安排系统

SVM：Support Vector Machine，支持向量机

SVQ：Scalar-Vector Quantiser，标量-矢量量化器

Shutter Glasses（快门眼镜），一种能与计算机显示的左、右眼图像同步地交替阻断左、右眼视觉的眼镜，用于提供在计算机屏幕上的有立体感的图像

SPECT：Single Photon Emission Computer Tomography，单光子发射计算机断层扫描仪

Stereopsis，Stereoscopic Vision，实体视觉

Stereotaxis，立体定向

Surface Rendering，表面绘制

TCP/IP：Transmission Control Protocol/Internet Protocol，传输控制协议/Internet 协议

TMS：穿颅磁刺激

Tactile Feedback，触觉反馈，模拟一种施加到皮肤上的感觉

Tactile Displays，触觉显示器，一种能提供触觉或肌肉运动知觉的设备

TPF：True Positive Rate/Fraction，真阳性率/真阳性分数

Texture Mapping（纹理映射），一种位图模式，加到对象上以增加真实性

TLC：Total Lung Capacity，肺容量

US：Ultrasound，超声

VBM：Voxel-Based Morphometry，基于体素的形态测量学

VHD：Visible Human Dataset，可视人数据库

VHP：Visible Human Project，可视人计划

VQ：Vector Quantization Method，矢量量化方法

Virtual Reality（虚拟现实），一个计算机系统。用于创建一个人为的世界，在这个世界里，用户感觉身临其境，能够在其中行走，或操作这个世界里的对象

Visualisation（可视化），一种图形化地表示抽象数据的能力

Volume Rendering，体绘制

Voxel（体素），立方体体积像素

WMH：White Matter Hyperintense，白质高亮度区域